JN275372

水谷清

古事記眼

八幡書店

はしがき

本書は古事記大講第二十五卷として、古事記上卷の主眼點を纒めて講述したものを謂はゞ總括の意味で發表したものであります。上卷の研究はまだ二、三卷出す豫定ですが、爰に斯うした一卷を加へることは、切に必要な事と考へたのであります。また大講を讀まない方々が、大體著者の古事記に對する見解を知られるにも便利なりと考へ、別に普及版を發刊する事に致しました。名づけて『古事記眼』と云ふ。日本固有の大精神を世界に高調すべき時に方り、深奥なる三大皇學を研修する一面、複雜に講述された中から一貫した主眼點を簡潔に摑むことは、此際非常に肝要なことではないでせうか。何卒御精讀を希ひます。

昭和八年二月十六日

著者白

古事記眼目次

国史の週期的時代相……四三三

古事記眼（下）

序説

本講

余論……六三〇

古事記眼（上）

無始無終無邊周遍の絶對神たる天之《アメノ》御中主神《ミナカヌシノカミ》が、止《ヤ》むに止《ヤ》まれぬ自受法樂《ジジユハフラク》の爲め、「タカアマハラ」と鳴《ナ》り出で給ふたのが、即ち天地初發《アメツチノハジメ》でした。「タカアマハラ」こ鳴《ナ》り出で給ふたと謂へば、天之《アメノ》御中主神《ミナカヌシノカミ》の發し給へる御聲《ミコエ》に因つて、天地開闢を見た事になりますが、古事記本文の如く「成《ナリ》」の文字を充當すれば、天之《アメノ》御中主神《ミナカヌシノカミ》が「タカアマハラ」といふ容相《スガタ》で顯はれ給ふたのが、天地初發と云ふことになるのです。また「生《ナリ》」の文字を充當すれば「タカアマハラ」は生命の發現で、生命靈動が天地開闢の源であるといふことになります、斯樣な譯ですから、古事記は鳴《ナリ》、成《ナリ》、生《ナリ》、三種の解説をすることが必要な條件です。古事記

本文は、

天地初發之時《アメツチノハジメオコルトキ》　於高天原成神名《タカアマハラニナリマセルカミノミナハ》　天之御中主神《アメノミナカヌシノカミ》。

です。然らばその「タカアマハラ」とは如何なる義かと申せば、それは天之御中主神《アメノミナカヌシノカミ》の至情發露ですから解説すること殆ど不可能です。が自受法樂《ジジユハフラク》の御聲ですから、笑ひ聲、乾坤に鳴り響く歡聲であつたであらうと、我々の力だけでは考へられます。成程《ナルホド》タカアマハラ Takama,Hara. の六音は、盡く其母韻が「ア」でアヽヽハラの笑ひ聲に成つてゐるのは妙です。高天原をタカマノハラとかタカマガハラとか訓《ヨ》むのは勿論誤です。訓《ンデ》二高《ノ》下《ノ》天《ヲ》一云《フ》二阿麻《アマ》一下效《フ》レ之《ニ》と註してゐるのでも、タカアマハラが當然です。タカーマハラ（Takāma, Hara.）と「カ」を長く曳いて訓むのです。そんな訓《ヨ》み方は日本語には無いといふかも知れないが、今は日本語を論じてゐるのではなく、天地初發の聲を紹介してゐるのです。日本語としても、高低の高（タカ）と、光明發射のタカァとは區別して發音するのが正しいのです。例せば高光日子はタカアヒカルヒノミコ。高千穗はタカアチホです。榮はサカアです。堺、境はサアカ。（英語のサークルも同語原か）坂、逆はサカです（アクセントは違ひますが）。オホサカシ（大阪市）をオホサカアシと云へば大なる繁榮の都市、オホサアカシと云へば、大なる堺域を保つ都市と成ります。八をヤと訓《ヨ》む場合もイヤと發音するのが正しい場合が多いのです。彌《イヤ》の義です。八坂をイヤサカア、八尋殿をイヤヒロドノ、八百萬神をイヤホヨロヅノカミ等です。タカアと訓むから、創めて高天原《タカアマハラ》の本義が顯はれます。高天原を高い天上の廣々した處こ解いてゐる間は、高天原《タカアマハラ》は勿論、天地初發も宇宙構成も判るものではありません。日本語の整理は將來主要な大課題です。

天之御中主神《アメノミナカヌシノカミ》のナカヌシの意義は、非常に難解ですから、漸次判かるやうに致して參る考へですが、先づ第一中主《ナカヌシ》は宇宙の實在ですから、それが現象とならなければ、我々の五官には觸れません。タカアマハラは即ち天之御中主神《アメノミナカヌシノカミ》の現象界です。現象即實在ですから、タカアマハラ即ち天之御中主神です。故に天之御中主神を知らんとせばタカアマハラを精査する外はありません。然るにタカアマハラは至情發露ですから、普通の精査方では判る譯がありません。我々がタカアマハラの中に沒入し、一體に成つて見なければ味讀はされない理《ワケ》です。故に皇典の研究方式は、專ら直觀に基く外はありません。所謂體驗に訴へて直にその聲なり性相なり生命なりの中へ、浸り切つて了《シマ》ふ事が肝要です。タカアマハラの體驗は、先づ以て「ア」一音の直觀から始まります。アメの音に天と充字《アテジ》するから、天なら判《ワカ》つてゐると思つてゐるやうですが、アメは「ア」を直觀する者のみアメ（天）を識る譯です。アメこは「ア見え《メ》」で。「見え」が括《ツヾ》まつて「メ」と成つてゐます。「ア」の直觀は晴夜仰いて天空を凝視すること數刻、深くその廣大にして無邊、悠遠にして無限の感に撃たれた時、體驗者の最後に發する自然の發音は、單にアーの一音のみです。この無限の感激に撃たれた刹那、思はず識らずアーと發するその人こそ「ア」を直觀したのです。即ち「ア」を觀《ミ》たのです。アメと我と一體に成つたのです。この時アメの外に我無く、我の外にアメはありません。所謂「天人一體」です。天之《アメノ》御中主神《ミナカヌシノカミ》のアメの義が斯うして明確に摑めます。ツチの體驗は、闇黑の小室(又は洞窟内)に端座し、瞑目してツ、、、、と無限小を逐つて縮み縮み縮み込む觀想を行じます。其無限小に縮み極《キ》つた時、忽然として觀ずるものがあります。この時この人はツチを觀《ミ》たのであり、ツチと一體に成り極《キ》つたのです、アメの體驗は無限大を觀じたが、ツチの體驗は無限小を觀じたのです。併し無限大は即ち無限小(8＝0)ですから、アメツチ一體觀(天地一體)が忽ち成就する理《ワケ》です。斯く天地一體であるが、併し天《アメ》は無限大、地《ツチ》は無限小ですから、單に無限といふのみで、その内部の現象は何も判《ワカ》つて居ません。故に無限に限界を附ける必要が起ります。これをハジメと云ふのです。ハジメはハシミエで端《ハシ》を觀《ミ》ることです。端《ハシ》とは限界です。無始無終無邊周遍ではハシがありません。現象とは無限が有限の形式を採つた狀態をいふのです。どうして限界が立つか。それは「ア」にしても タ(Ta)とか カ(Ka)とかマ(ma)ハ(ha)ラ(ra)とか云ふように成つて、創めて成立するのです。ですからタの體驗カの體驗等を重ね、乃至タカァの體驗とか、タァマの體驗とかハラの體驗とかを爲して、最後にタカァマハラの大體驗を爲し、完全に高天原《タカアマハラ》に即し切つて了ふのですが、今は一々左樣な事は致して居られませんから、私の體驗を基として、タカァマハラの解說を致して見やうと思ひます。

タカァマハラを些細に探究して見ますと、それが四語の合成語であることが判《ワカ》ります。順讀しても四語合成、逆讀しても四語合成で、次の通りです。

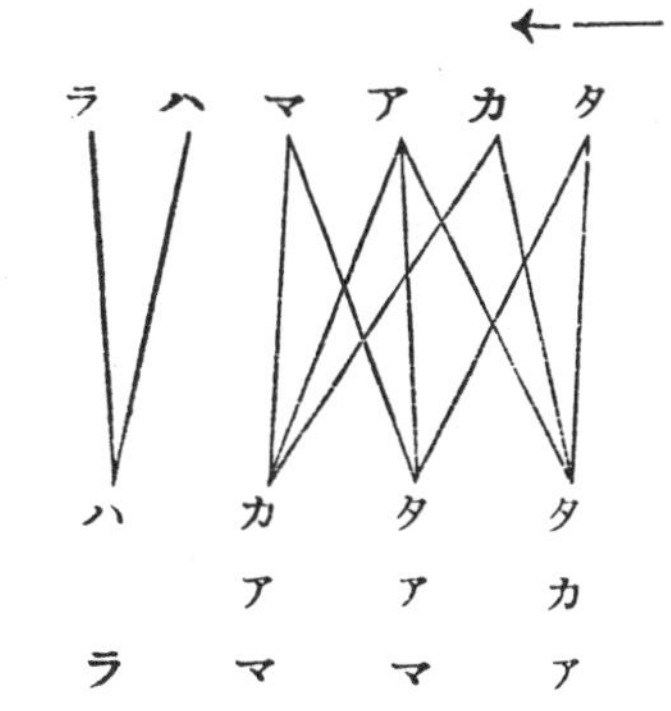

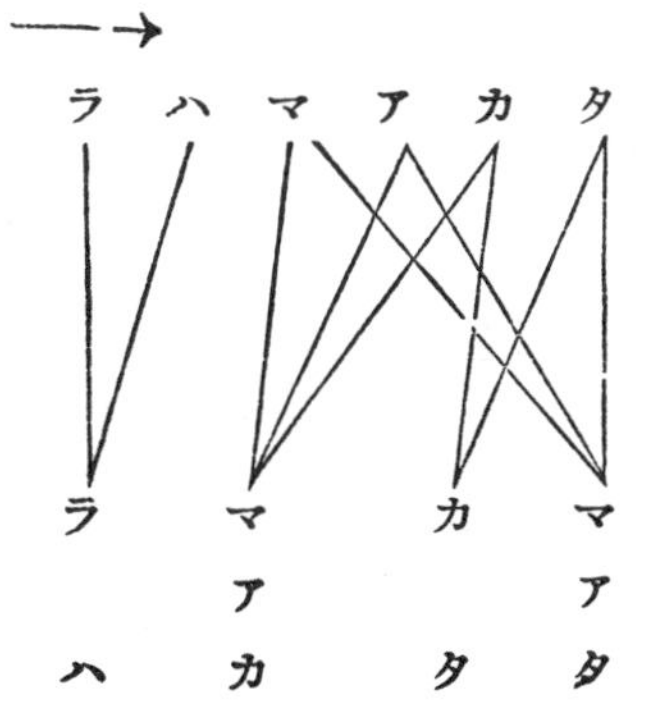

（右がき左がきの二樣が世界に存在してゐるのはおもしろい現象と思ふ。）

タカァは光明遍照の義。タァマは攝取堅縛の義、カァマは圓融交流の義。ハラは發伸旋廻の義で、言ひ換へて見れば、タカアは中心から遠心力的に發射する神力。タァマはその反對で中心に向つて求心力的に凝聚する神力。カアマはタカアの發射力とタァマの凝聚力とが、相互に同時に行はれても、無障碍に行はれる圓融交流の神力、ハラは螺狀を描いて旋廻する神力です。がこのハラ旋廻力はタカアにも、タァマにも、カアマにも附隨して、不離に働く力ですから、タカァマハラは、

タカア、ハラ　遠心的發射が螺狀を描いて旋廻する力。

タアマ、ハラ　求心的凝聚が螺狀を描いて旋廻する力。

カアマ、ハラ　圓融的交流が螺狀を描いて旋廻する力。

の三大神力であると申して宜しいのです、これが宇宙構成の根本神力根本要素です。また逆流の方のマアカとは全、大、多、勝の義、マアタとは殳、股、分、部、枝、支等の義、カタは片であり半分です。ラハは漢字の螺波《ラハ》が能く當つてゐて、鱗形の波《ナミ》です。逆讀の方は形《カタチ》（容、姿、相、態）であつて、タカアマハラの順流の方は力です。故に宇宙は力の外に相《スガタ》が一方の要素と成つてゐます。而して「力」の作川で「相《スガタ》」が現はれ、「相《スガタ》」の作用で「力《チカラ》」が種々に現はれます。でこの力と相とは本來一體でありながら、しかも

相反する兩面に働いてゐるものです。相反する兩面に働いて居て、その本來は一體であるといふ處に、宇宙構成の大根柢があるのです。精神と物質、生と死、光明と闇黑。構成と破壞、動と靜……此等は皆相反する兩面ですが、しかも其の根柢は一體のもので、これ等は悉く皆なタカァマハラの諸相です。心理學者が物質と精神との見方を種々說いてゐますが、皇典では一體の兩半面を受持ち、順流と逆流だと埀示されて居ます。

タカアマハラの順流即ち神力發作の方面を「タカア」で代表し、それに「ムスビ」の語を附けて、「タカア、ミムスビ、ノカミ」と申し、高天原の神力系統の大祖神と仰ぎ、高天原の逆流即ち神相方面を「マアカ」で代表し、それに「ムスビ」を附して、「マアカ、ミムスビ、ノカミ」と申し、神相系統の大祖神と仰ぎ、これから力と相との二神統が互に相結合《ムスビ》して、天地萬有の諸相諸性等が無量に發現することに成る譯です。

「タカア、ミムスビ、ノカミ」神力大祖神

「マアカ、ミムスビ、ノカミ」神相大祖神

古事記の本文では「タカア、ミムスビ、ノカミ」は高御產巢日神の文字を充てゝ居り、「マアカ、ミムス

ビ、ノカミ」には神産巣日神を充てゝゐますが、この神産巣日神は中途誤記されたもので、御産巣の上にマァカ（又はマカ）を附けなければなりません。カミムスビではいけません。で我々は「眞神産巣日神」と書いて、「マカ、ミムスビ、ノカミ」と訓《ヨ》んでゐます。「タカアミムスビノカミ」は萬有の父系に亘らせられ、その頭字で呼んで「タタァ系」と申し、「マァカミムスビノカミ」は母系に亘らせられ、その頭字で呼んで「ママァ系」と申します。タタア（父）系は常は神漏岐《カミロギ》系と呼ばれる神統で、ママァ系が物質系統なるに對して、靈魂系（略して靈系）と申し上げ、ママア（母）系は常は神漏美《カミロミ》系と呼び、タタア系を靈系と呼ぶに對して、體系（物質系）と申し上げます。だから宇宙構成は、靈系體系二系の御作用と申すことに成るのです。玆に一寸注意して置くことは、皇典は其根柢を全然神に置いてゐることです。史學でもなく、眞理の探究でも無く、全然神の御意思、神の御行動のみを傳へてゐます。ですから先づ此處に「神とは何ぞや」の問題を解釋しておきませう。「カミ」とは五種神身の頭字と尾字とを併せて呼ぶ名で、五種神身とは、

カクリミ（隱　身）……………絶對神。
カゴリミ（假凝身）……………創造神。

カカリミ(燿　身)……………統一神。
カケリミ(翔　身)……………自在神。　カミ
カキリミ(限　身)……………限定神。

です。カギリミとは我々の如く一定の體容體重等を保つてゐて、忽ち巨大に成つたり、忽ち微小に成つたり、男が女に、小供が老人に成つたりする等の變身自在の許されない神身で、斯ういふ神が限身《カギリミ》神です。カケリミとは變身自在の神で變現出沒端覓すべからざる妙身を具へ給ふ神です。彼の觀世音菩薩等がそれです。カガリミこは身より光明を放ちて十方世界を照らし、三十二相八十種好を具備し給ひ、一切の萬神萬生萬有を統治し給ふ神身で、天照大御神《アマテラスオホミカミ》はカガリミ神即ち統一神にわたらせられます。カゴリミとは、假《カリ》に凝《コ》る身《ミ》の義で、所謂創造の神です。あらゆる萬神萬生萬有を永遠より永遠に亘つて創造し給ふ神です。伊耶那岐《イザナギ》伊耶那美神《イザナミノカミ》はカゴリミ神であらせられます。カクリミとは創造神業も統一神業も自在神業も限定神業も、皆な盡く其の本體はカクリミの神業に外ならぬのですが、毫も表面には現はれずして、永遠に隱れた身と成つて居られます。だからカミと申せば、カクリミ神を申すと見て宜しいのですが、常にカゴリミ、カガリミ、カケリミ、カギリミとしてのみ現はれ給ふが故に、いつでも神業は四種神身が其衝

に當つてお出で遊ばすのです。斯様な譯ですから、いかに無量の神が現はれ給ふても、要はカクリミの一神に歸着し、天之御中主神《アメノミナカヌシノカミ》に外ならないのであります。それは勿論その筈で、最初天之御中主神《アメノミナカヌシノカミ》が自受法樂の爲めに「タカアマハラに成《ナリ》（鳴、生）出で給ふて、萬神萬生萬有が發現を起すことになつたのですもの……。でタカアマハラ順流の大祖「タカア、ミムスビ、ノカミ」も、逆流の大祖「マアカ、ミムスビ、ノカミ」も、要は天之御中主神《アメノミナカヌシノカミ》の父系（靈）母系（體）の現はれである譯です。乃ち三神は夫々異つた意義の神ではあるが、並《ナラ》んだ儘に獨神《ヒトリカミ》なんですから。古事記本文には

此三柱神者《コノミハシラノカミハ》　並獨神成坐而《ナラビヒトリガミナリマシテ》　隱身也《カクリミニマス》

とあります。而してこの「並獨神成坐而《ナラビヒトリカミナリマシテ》」は何處までも續きます。好《ヨ》しや八百萬神々が御發現に成つても、其儘各自の特質を有し乍ら、並《ナラ》んだ儘《マヽ》の獨神《ヒトリガミ》です。故に皇典は「萬神即一神《バンシンソクイッシン》」といふ一神教《イッシンケフ》であり、「一神即萬神《イッシンソクバンシン》」といふ萬神教《バンシンケフ》です。一神を本位に立てれば、萬神は隱身《カクリミ》に成り、萬神を本位に立てれば、一神は隱身《カクリミ》に成ります。斯く父母二系の大祖が顯はれ、ムスビの御名を保つて居らせられますが、まだムスビが開始された譯ではなく、父母對峙の姿です。本來ムスビには矢張五種のムスビがあつて、之を(1)地性のムスビ、(2)水性のムスビ、(3)火性のムスビ、(4)天性のムスビ、(5)中主性のムスビと申すのです。地性

のムスビとは、物質が物質に結合することで、絲を結《ムス》ぶといふのは、單に二本の糸の端と端とを繋ぎ合はすだけの事ですが、古今集に「袖ひぢてむすべる水のこほれるを」とある歌のムスビは、水が氷となる作用を云ひ、長石と石英と雲母とが結合して、花崗石を構成する等は、餘程強いムスビであり、銅と亞鉛を合金せしめて眞鍮を造る等は、更に一層強い結合《ムスビ》です。が要するに此等は地性のムスビに外ならぬものです。それから更に進んで、元素と元素とがムスビして、他の物質を構成する、所謂化學作用（化合）といふやうなものに成ると、これを水性のムスビといひます。また「君が代は千代に八千代にさゞれ石のいはほとなりて苔のむすまで」のむすは生命の發動で、ムスコ（息子）ムスメ（息女）等のムスもそれです。酵化作用と云ふが如き狀態も、矢張ムスと云ひますが、これ等のムスビを指して、火性のムスビといひます。また盟約とか結黨とかいふのは、專ら精神と精神との堅いムスビ即ち魂の結合《ムスビ》で、斯樣なのを天性のムスビといひます。神佛に身を捧げて信仰するといふが如き狀態は、靈魂も肉體も共に神佛にむすび着けて、不離一體の狀態になるものですから、これは前の四つのムスビを總括してゐる狀態のもので、中主性のムスビと申すものです。

ムスビには斯樣に樣々のムスビがありますから、單にムスビといふだけでは、明瞭にその本領を見分ける事が出來ません。天地初發の時に於ても、夫等のムスビが雜然として勃發してゐる狀態で、所謂渾沌たるものでした。で古事記には「次國稚如浮脂而《ツギニクニイトケナクウキアブラノゴト》　久羅下那洲多陀用幣琉之時《クラゲナスタダヨヘルトキ》」と申してあります。事實吾々の心理狀態としても、天地初發からの講義を此處まで聽いて來ただけでは、どうも解《ワカ》つたやうな解《ワカ》らないやうな、渾沌たるものであらうと想ひます。所謂浮脂《ウキアブラ》の如く久羅下那洲《クラゲナス》ぶか〳〵した多陀用幣琉《タダヨヘル》ものでありませう。がその浮脂《ウキアブラ》の如く水母《クラゲ》の狀態で漂《タヾヨ》つてゐる時に、非常な熱心が湧いて來て、この研究が徹底したいといふ精神が萠《モ》え騰《アガ》つて來ます、それが古事記の「如葦牙因萠騰之物而《アシカビナシモエアガルモノニヨリテ》　成神《ナリマセルカミ》」といふ所に當つてゐます。天地初發の時にも、タカアマハラに此の發動が起つたのでした。アシカビはムスビの中では火性に屬するもので、生命の發動なんですが、しかし當然物質がこれに伴つて、酵化狀態に成つてゐる理《ワケ》です、葦牙《アシカビ》のアシは速力、カビは酵素で、酵化作用が或る速度を以て發動を起した狀態です。モエアガルは火性ムスビたるの立證で、酵化作用はモエ、モユと活《ハタラ》きます。このアシカビに發射《タカア》と內聚《タアマ》と交流《カアマ》と而して旋廻《ハラ》の伴つてゐるのは當然です。あらゆる天體が先づ最初に螺狀星雲から生れ出たとは、現今天文學上の定說と申してよろしいものですが、あらゆる天體が宇宙の第一原理たるタカアマハラに基いて發生したことを知る者は稀です。天體構成は實に宏遠なる一大神業の展開です。がまだこの時天體が成立したと

第一圖

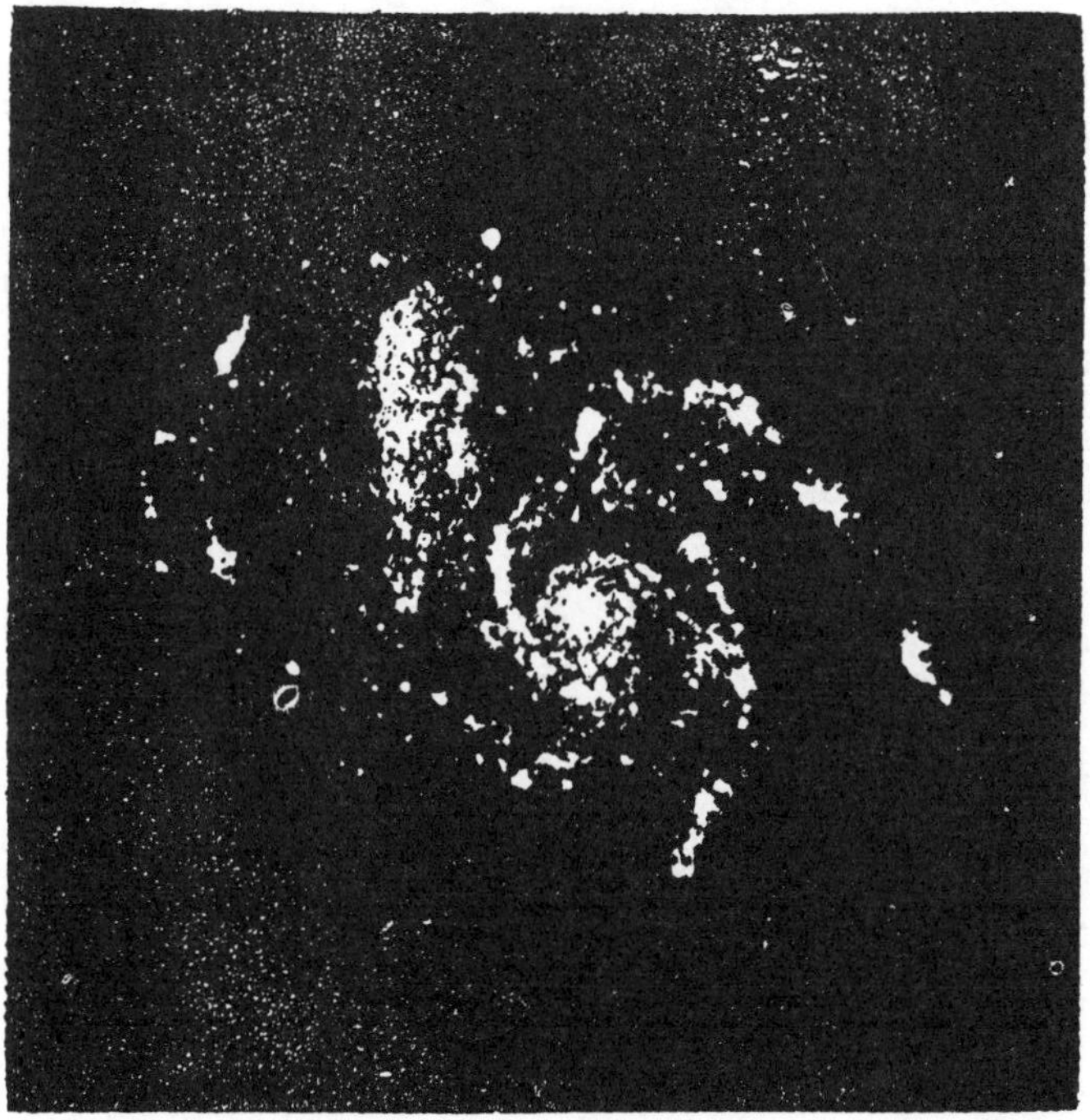

螺狀星雲の圖

思つてはいけません。アシカビが萠え騰つただけの現狀です。斯様にアシカビの萠騰《モエアガ》る時、一大神格が認められます。其が「宇《ウ》麻《マ》志《シ》阿《ア》斯《シ》訶《カ》備《ビ》比《ヒ》古《コ》遲《ヂ》神《ノカミ》」です。ウマシとは自受法樂の無量の歡喜《ヨロコビ》で、形容し難い至樂の極致です。アシカビは鳴《ナリ》、成《ナリ》、生《ナリ》の發動。而してヒコヂとは圓融無障碍の狀態を申します。でこの神名は乃ちウマシはタアマハラ、アシカビはタカアハラ、ヒコヂはカアマハラの發動と申して宜しいのです。斯く宇《ウ》麻志阿斯訶備比古遲神《マシアシカビヒコチノカミ》の御出現があれば、必然天性のムスビが發現して、靈魂の不滅を證する事に成ります。これを「天之常立神《アメノトコタチノカミ》」と申し上げます。このアシカビの無限の發動と、而して靈魂不滅の無窮の大保證とは一體不離の獨神《ヒトリガミ》であらせられますから、古事記には「此二柱神《コノフタハシラノカミ》亦獨神《モマタヒトリガミ》成坐而《ナリマシテ》　隱身也《カクリミニマス》」とある所以《ワケガラ》です。次に「上件五柱神者別天神」とあるのは、後人の記入で意味はありません。斯く火性天性のムスビが明瞭に發動を起しますと、相對應して地性水性のムスビが發現するのは當然で、「國之常立神《タニノトコタチノカミ》」なる物質不滅の大保證（萬世一系の樹立）と、「豊雲野神《トヨクモヌノカミ》」なる麗美至淨の無量のムスビの妙諦こが發現いたします。トヨクモヌこはトヨは無量豊滿の義、クモヌはクミヌシで、あらゆるムスビを盡くすヌシの義です。トコタチは不滅の義ですが、それを積極的にトコタチと申す處に皇典の一大特色があります。佛典では極樂淨土等といふのですが、皇典では極樂は宇麻志阿斯訶備比古遲神《ウマシアシカビヒコヂノカミ》の御自體で斯神を離れて極樂は無く、極樂は斯神の御胎《ミハラ》です。我等が本來に斯神《コノカミ》の御胎《ミハラ》に宿されて居ることを自覺した時、それが極樂往生なんです。而して斯神《コノカミ》は天之常立神《アメノトコタチノカミ》と一體なんですから、極樂往生は永遠無窮なものです。尙ほ淨土といふのは豊雲野神《トヨクモヌノカミ》の御胎《ミハラ》なんですから、我等は既に本來に於て淨土のものであり、豊雲野神《トヨクモヌノカミ》と國之常立神《クニノトコタチノカミ》とは一體の神ですから、我等の淨土は永遠不滅なものです。豊雲野神と國之常立神との一體なる旨は、本文に「此二柱神《コノフタハシラノカミ》亦獨神成坐而《モマタヒトリガミナリマシテ》隱身也《カクリミニマス》」とあるので明瞭です。而して尚ほ宇麻志阿斯訶備比古遲神《ウマシアシカビヒコヂノカミ》、天之《アメノ》常立神《トコタチノカミ》、國之常立神《クニノトコタチノカミ》、豐雲野神《トヨクモヌノカミ》の四柱は、並獨神成坐而《ナラビヒトリカミナリマシテ》隱身也《カクリミニマス》」なんですから、極樂こ淨土は一體のものであり、乃ち靈魂と肉體とは一體であり永遠無窮の存在者です。肉體の永遠の保證が萬世一系を顯示し、靈魂の永遠が天壤無窮の彌榮《イヤサカア》を保證いたします。

斯く四神の御發現は、極樂淨土、萬世一系、天壤無窮等の尊嚴なる御保證神に亘らせますが、この四神も、要はムスビの發動に基き、そのムスビはタカアマハラの三大神力に基くものですから、極樂淨土も萬世一系も天壤無窮も、三大神力が根本たるは申すまでもありません。この三大神力こそ、

タカア、ハラ‖光明遍照の神力……八咫鏡《イヤアタカガミ》の種子本因。

タアマ、ハラ‖攝取堅縛の神力……八阪瓊曲玉《イヤサカアニノマガタマ》の種子本因。

カアマ、ハラ‖圓融無碍の神力……草薙劒《クサナリノツルギ》の種子本因。

で、爰に三種神寶の種子本因が明瞭いたすかと拜察されまして尊き限りです。次に古事記に「國稚《クニイトケナク》」とありますが、皇典ではこの大宇宙（三世十方）を「國」と見るのです。だから古事記は徹頭徹尾「國」のことを顯示したものです。古事記序文には「斯《コレ》乃《チ》邦家之經緯、王化之鴻基焉《ナリ》」こしてゐます。併し「國」と云

ふ以上は、君主、國民、國土の三者が具備されて居らねばならない譯です。天地初發に、既に左様な義が存在したでせうか。然りさうです。天之御中主神《アメノミナカヌシノカミ》は君主であらせられ、高御産巣日神《タカミムスビノカミ》は國民で、眞神産巣日神《マカミムスビノカミ》は國土です。祖孫一體の義から申せば、大祖の内にあらゆる子孫は包含せられてゐますから、大祖の御出現だけで、もはや立派な國です。而してこの高天原《タカアマハラ》の直統を繼承したのが我が日本國である事になります。

斯く高天原が立派な國なる上、極樂淨土も、萬世一系も、天壤無窮も保證されたのですから、更に其内實を顯はす次々の神の御出現があるのです。即ち宇比地邇神《ウヒヂニノカミ》、次ニ妹須比智邇神《イモスヒヂニノカミ》、次ニ角杙神《ツヌグヒノカミ》、次ニ妹活杙神《イモイクグヒノカミ》、次ニ意富斗能地神《オホトノヂノカミ》、次ニ妹大斗乃辨神《イモオホトノベノカミ》、次ニ淤母陀琉神《オモダルノカミ》、次ニ妹阿夜訶志古泥神《イモアヤカシコネノカミ》の八柱神の御出現が夫れです。前の四神は靈の靈（天之常立神）靈の體（宇麻志阿斯訶備比古遲神）體の靈（豐雲野神）體の體（國之常立神）と申す御神格でしたが、今回の八神は更に靈體が分かれた意義の神々で、次の如く成つてゐます。

宇比地邇神《ウヒヂニノカミ》……奇魂《クシミタマ》の神
角杙神《ツヌグヒノカミ》……荒魂《アラミタマ》の神（亦幸魂《サキミタマ》の神）

意富斗能《オホトノ》地神《チノカミ》……和魂《ニギミタマ》の神
淤母陀琉神《オモダルノカミ》……寢魂《ヌルミタマ》の神

奇魂《クシミタマ》とは各種の神通を現はす魂で、超意識神力です、頗る不可思議なる現象を呈する魂ですから、奇《ク》しき御魂《ミタマ》と申す御名です。荒魂《アラミタマ》（幸魂）は普通意識と稱してゐる魂力で、我々人類の平素發揮してゐる意識力始め一般動物の具へてゐる魂ですから、動物魂と申して宜しいものです。和魂《ニギミタマ》は半意識狀態で、之を植物魂と申して宜しいもので、不隨意運動を司る根元です。寢魂《ヌルミタマ》は眠つてゐる魂の義で、礦物始め自然現象のそれ等は之に屬するものです。故にどんなものにも悉く魂が存在してゐて、何一つ死物といふものは無い譯です。而してこの四魂は相互に互具して居ますから、一の魂の内に、他の三魂を保有してゐるのです。一靈《レイ》四魂《コン》また四魂を總括して中主隱身《ナカヌシカクリミ》の位に當る者を、活魂《イクムスビ》と申します。普通は「靈」と呼んでゐます。一靈四魂と謂へば、一靈即四魂、四魂即一靈を現はします。次に

妹須比智邇神《イモスヒヂニノカミ》……精體《セイタイ》
妹活杙神《イモイクグヒノカミ》……氣體《キタイ》
妹大斗乃辨神《イモオホトノベノカミ》……液體《エキタイ》

妹阿夜訶志古泥神《イモアヤカシコネノカミ》……固體《コタイ》

で、精體とはX線ラヂウム線光線熱電氣等を申すので、超物質と名くべきものです。氣體液體固體は普通物理學上で云ふのと等しいもので、この四體は何れも物質に屬するものです。而してこの四體は矢張互具してゐて、一の體の內には他の三者を必然に具へてゐるので、變化自在を現はします。水が氷に成つたり、蒸氣に化《ナ》つたり、電氣に化《ナ》るのは其證です。

四體を總括した中主隱身を「結」又は「元」と申します。一元《ゲン》四體《タイ》と云へば一靈四魂に對應する名となります。而して更に魂と體とが互具して、魂中に體を體中に魂を包含してゐて、魂體一如の義を完成してゐます。またこの魂並に體に色彩や色光を配したり、音韻を配したり、數量を配したり、象相を配したり、方位を配したりなぞして、魂體の意義を研究する上に便宜とする事があります。或は宇比地邇《ウヒヂニ》を天神統、妹須比智邇《イモスヒヂニ》を風神統、角杙《ツヌクヒ》を火神統、妹活杙《イモイクグヒ》を雷神統、意富斗能地《オホトノヂ》を水神統、妹大斗乃辨《イモオホトノベ》を海神統、淤母《オモ》陀琉《ダル》を地神統、妹阿夜訶志古泥《イモアヤカシコネ》を山神統と申し上げることもあります。支那の易經でも大極から兩儀を生じ、兩儀は四象を生じ、四象から八卦を生ずとしてゐるので、頗る能く似た點があるのですが、彼は天理原則の學ですが、我に在つては何處までも神統の發現、神の御意思の御發動で、眞理原理等といふのとは根柢に於て等しくありません。眞理原則とは、神それ御自體の永遠の御發動の影であるのみなんです。この點を決して忘れないで下《クダ》さい。八柱神の御發現の次に、伊耶那岐神妹伊耶那美神《イザナギノカミイモイザナミノカミ》が御發現に成りましたが、この二柱神は、前の八柱神の總括神で、伊耶那岐神《イザナギノカミ》は一靈神、妹伊耶那美神《イモイザナミノカミ》は一元神であらせられます。表示すれば次の通りです。この表で見る通り、伊耶那岐神《イザナギノカミ》は魂神四柱の總括神に亘らせられますから、奇魂《クシミタマ》、荒魂《アラミタマ》、和魂《ニギミタマ》、寢魂《ヌルミタマ》を保つて四體に對立し、妹伊耶那美命《イモイザナミノミコト》は精體氣體液體固體を保つて、四魂に對立して居らせられます。

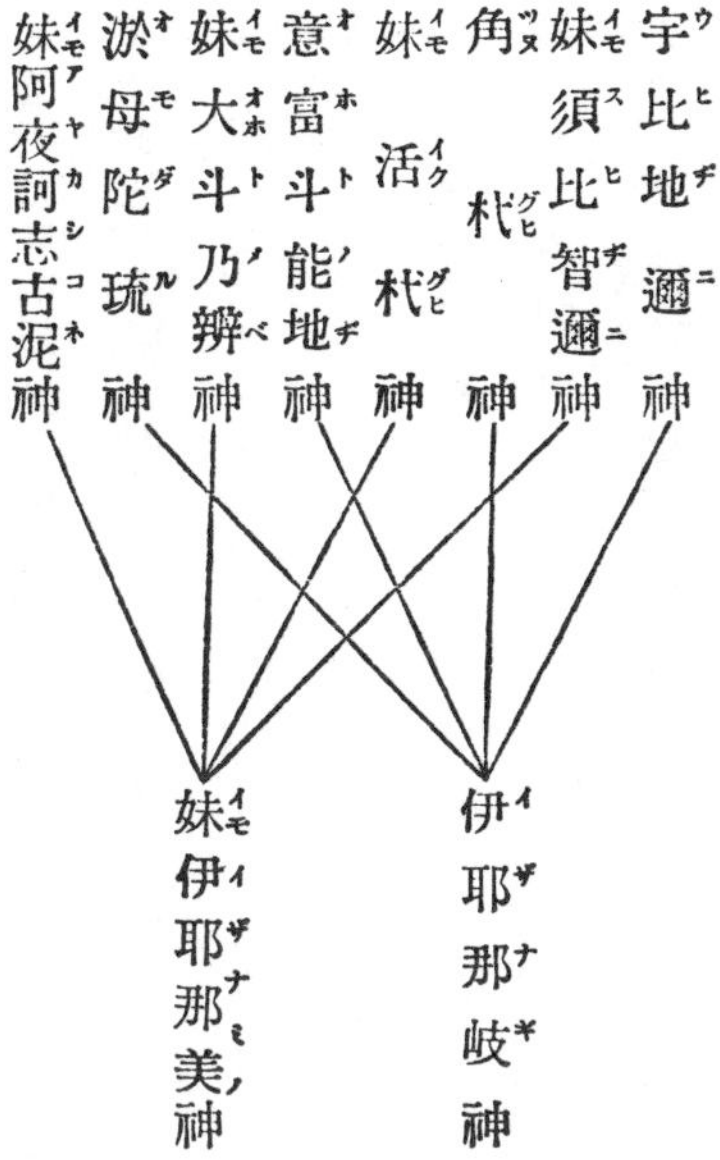

これまでは宇宙構成の要素神とも申すべき神々の御發現で、伊耶那岐伊耶那美《イザナギイザナミ》二神の御活動遊ばす際は、盡く隱身《カクリミ》と成り給ふ神です。岐美《イザナギイザナミ》二神は、この隱身《カクリミ》の大要素を受け持ち給ふて、實際の御活躍を爲し給ふので、カゴリミカミと申し上げます。カゴリミは創造神で、永遠より永遠に亘つて、無窮の創造を營み給ふ神です。

皇典の本文では「於是天神諸命以《ココニアマツカミモロ〱ノミコトモチテ》詔伊耶那岐命《イザナギノミコト》伊耶那美命《イザナミノミコト》二柱神《フタハシラノカミニ》修理固成是多陀用幣流國《コノタダヨヘルクニヲツクリカタメナセトノリゴチテ》」とあつて、天神諸命《アマツカミモロ〱ノミコト》を以て、二柱神に是多陀用幣流之國《コノタダヨヘルクニ》を修理固成《ツクリカタメナ》せと申されてありますが、上に述べた通り、天神諸《アマツカミモロ〱》が總括されて。伊耶那岐命伊耶那美命《イザナギノミコトイザナミノミコト》として顯はれ給ふて居るのですから、天神諸《アマツカミモロ〱》と岐美《イザナギイザナミ》二神とは御一體であり、自己が自己に對して詔命を降して居させられる形です。卽ち彼我一體の御神事。自他一如の御行事です。而して更に其の多陀用幣流國《タダヨヘルクニ》それ自體が既に二神の御自體そのものですから、この御詔命は專ら自己內部の修理固成に外ならないものです。斯ういふ事を考へて見ると、永遠より永遠を通じて、二神が其の內部整理、內部伸展、內部構成を營んで居らせられるのが、即ち天地萬有の現象そのもので、その他には何物も何事も無いと云ふ事が克く判明いたしませう。二神が遠き昔に於て、宇宙を構成されたと見るのは、全く誤で、二神は過去も、現在も、未來も永遠に亘つて、常に創造の神業に從はせ給ふてゐるのです。皇典ではこの御詔命と倶に「天沼矛《アマノヌボコ》」を賜ひて、その矛《ホコ》で經營に當れと仰せられて居ます。天沼矛《アマノヌボコ》とは何でせうか。皇典では決して前から因緣も關係もないものが突如として出ることはありません。――この事は確と記憶して居て下さい――然るに今や突如として、誰が何で何時等の一つも判《ワカ》らない「天沼矛《アマノヌボコ》」が出て來ました。がこれは決して考古學などの眼で見ては判《ワカ》らないもので、「天沼矛《アマノヌボコ》」は四體四魂そのもので構成された、謂はゞ伊耶那岐《イザナギ》伊耶那美《イザナミ》二神の御當體を申すのです。二神の御當體以外に、宇宙構成の何物も無い事を知るものは、天沼矛《アマノヌボコ》が二神の御當體であることが承認されませう。而して二神の御當體は、タカアマハラの神力神相に基くものですから、その構造が大樣判明するかと想はれます。タカアマハラの發射、凝聚、交流、旋廻を圖示すれば、次の通りです。

第二圖

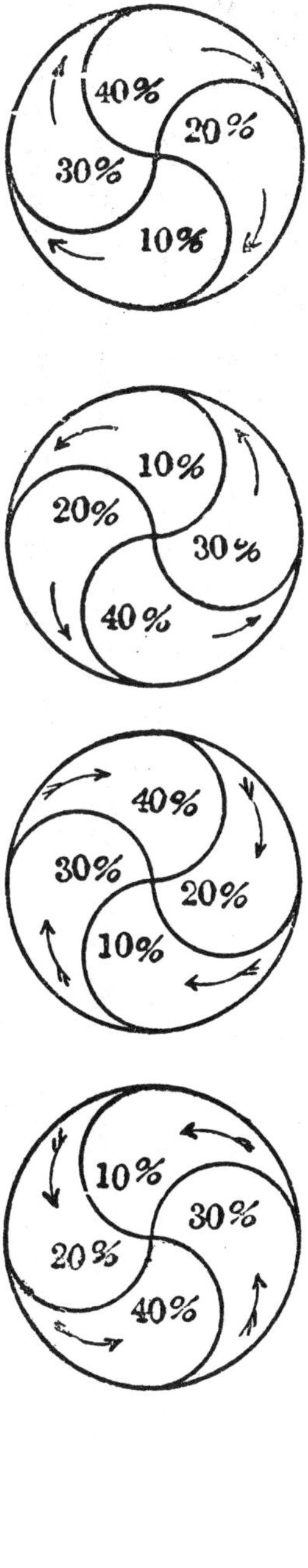

（向つて）右旋發射　（同）左旋發射　（同）右旋内聚　（同）左旋内聚

向つて右旋本質左旋の發射は靈魂發動で、圖の四線で現はした一線々々に、四魂が夫々走つて居ると見てよろしいし、また向つて左旋本質右旋の發射は體動で、其四線で現はした線を、四體が夫々走つてゐると見てよろしいのです。また向つて右旋本質左旋の內聚は、魂が走つてゐるし、向つて左旋本質右旋の內聚は、體が走つてゐるし、魂の發射してゐる內面を體が逆流して內聚し、體の發射してゐる內面を魂が逆流して內聚してゐる事が明瞭です。「天沼矛《アマノヌボコ》」は斯ういふ相性力作を保つ宇宙構成の根本寶器でなくてはなりません。

二神は斯樣な矛《ホコ》を持つて、言ひ換へれば「天沼矛相《アマノヌボコノスガタ》」を御自體の上に御發現に成つて、先づ最初に天浮《アメノウキ》橋《ハシ》にお立ちになりました。二神は創造の神であらせられますから、前に述べた通り、永遠より永遠に亘つて、過程《プロセス》をのみ追はせ給ふ神で、終局と云ふものがありません。故に天浮橋《アメノウキハシ》に立《タム》してとこれを申すのです。つまり天浮橋《アメノウキハシ》は理想と現實との間に懸る橋で、進めば進むほど前へ〳〵と伸びて、永遠に渡り切ることの不能《ダキナ》い橋です。斯樣な創造の過程に立つて、二神は天沼矛《アマノヌボコ》を指下して、旋廻運動を行事なさいました。これが鹽許袁呂許袁呂邇《シホコヲロコヲロニ》　畫鳴而《カキナシテ》　です。天沼矛《アマノヌボコ》の旋廻ですから、鹽許袁呂許袁呂《シホコヲロコヲロ》が、左旋右旋外發內聚の旋廻たるは當然です。此處に鹽《シホ》ごあるのは、アシカビの四線が、各々其力（速度《アシ》）や性格を異にしてゐるので、旋廻に濃い淡い差が出來まして、單なる平準即ち淡水でない所から鹽《シホ》と申すのです。コヲロ〱は攪《カ》く時に起る音響で、これから見てもアシカビに音が伴つてゐることが解《ワカ》ります。旋廻する毎に音響が伴ひ、また線劃等が現はれるので「畫鳴《カキナシ》」といふ文字が頗る意義を保つてゐます。最初天之御中主神《アメノミナカヌシノカミ》がタカアマハラになりましたといふ所で申した通り、タカアマハラには、成《ナリ》の相《スガタ》、鳴《ナリ》の音聲《コエ》、生《ナリ》の生命《イノチ》が必然具備されてゐるので、今天沼矛《アマノヌボコ》の行事にも、この三種が伴つてゐるのは當然です。

成《ナル》(相)を本位に皇典の研究を進めるのが＝天津金木學《アマツカナギガク》。

鳴《ナル》(音)を本位に皇典の研究を進めるのが＝天津祝詞學《アマツノリトガク》。(一名日本言靈學《ニツポンコトタマガク》)

生《ナル》(生命)を本位に皇典の研究を進めるのが＝天津菅曾學《アマツスガソガク》。

こいふ專門の學術が起るのです。これを三大皇學と申します。

二神は天浮橋《アメノウキハシ》に立《タタ》して、天沼矛《アマノヌボコ》を旋廻され、其矛《ホコ》を引き上げ給ふた時に、其矛《ホコ》の末《サキ》より垂落《シタタ》る鹽《シホ》が累積《ツモ》りて嶋《シマ》さ成つた。これ淤能碁呂嶋《オノコロシマ》である。オノコロジマは自《オノヅカ》ら凝《コ》る嶋《シマ》で、旋廻すれば自然に成立する嶋の義です。要するに宇宙構成の中樞軸が成立した譯です。タダヨヘルクニを整理する爲めには、先づ第一に中心軸を決《キ》めなければなりません。中心が定まつて四圍の構成が漸次整備される順序です。中心軸を定めるには旋廻運動を起さねば定まりません。それは桶へ砂を混じた水を容れ、旋廻すれば中心に砂の累積するを見ても明瞭なことでせう。さて二神はこの中心のオノコロジマにまづ天降《アモ》りまして、其の中心に「天《アメ》之《ノ》御柱《ミハシラ》」をお建てになりました。「天之《アメノ》御柱《ミハシラ》」が天沼矛《アマノヌボコ》そのものであつたことは當然です。天沼矛《アマノヌボコ》が宇宙創造の中心柱と成つて、外圍の構成が創まる譯です、乃ち天沼矛の發射旋廻の力で、直に「八尋殿《イヤヒロドノ》」が建てられます。「八尋殿」はイヤヒロドノと訓み、イヨ〱外へ〱と無限に伸展する宮殿の義です。ヒロは伸展。トノは宮殿ですが、要は宇宙構成の範圍を定め、構成の圖式を劃することで、八尋殿《イヤヒロドノ》が建てば、宇宙構成の様式が先づ定まる譯です。その様式内に萬有が漸次成立するので、八尋殿《イヤヒロドノ》は直にまた二神の御體容の全相であり、換言すれば、大宇宙即ち二神の大宮殿なんです。

斯様な譯ですから、八尋殿は宮殿の圖式即ち劃然たる圖割《ツワリ》なんですが。この圖割《ツワリ》が構成の第一根基となるものですから、「八尋殿《イヤヒロドノ》」の研究は頗る肝要な大課題です。而して八尋殿《イヤヒロドノ》は天沼矛《アマノヌボコ》の伸展圖相に外ならないものですから、其の圖式の中には左旋右旋外發内聚の全部が包含されて居り、而して其の伸展は無限を目指してゐます。若しこの劃線即ちアシカビを伸展せしめなば、イヨ〱〱廣い〱範圍を劃して、無邊に達し、三世十方を悉く掩ひ盡くすのは當然。十萬億土も何のそのです。無限イヤヒロドノ内の構成が

第三圖

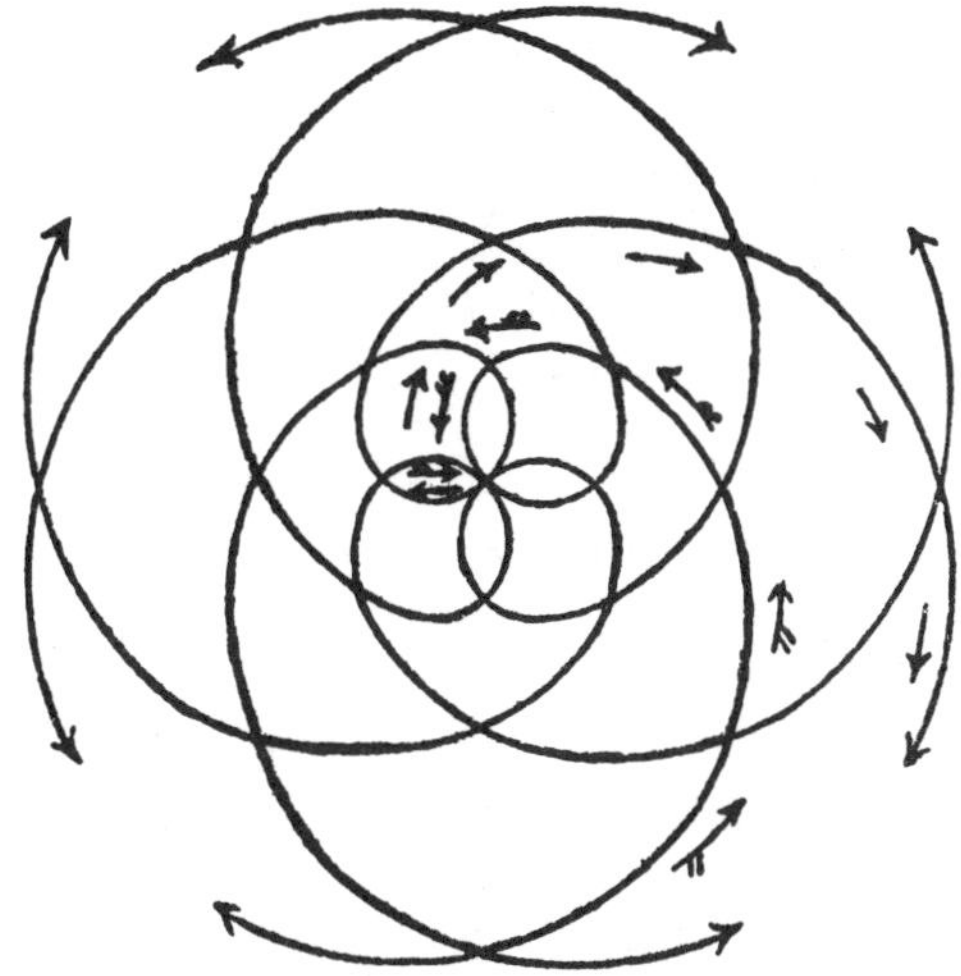

八尋殿の圖

二神の御神業なんですから、これ以上偉大な神業はありません。がこのイヤヒロドノは螺狀ですから、又何處でも限界が附いて、どんな小さい構成でも、適度適應の區劃を構成し得る妙諦を保つものです。このイヤヒロドノの相を佛者は蓮華相と謂つてゐるようです。

ココロ（心）と云ふ語は、コヲロコヲロの發音から來たもので、甲から乙へ、乙から丙へ…と轉々してゐる狀態のものです。だから勝手に何でも思つたり考へたりします。匹夫も其志を奪ふべからずです。天を駈ることも地の底を駈ることも自由自在です。どんな事でも自由に思つたり考へたりする心が、我々に存在してゐるのを見ても、我々に天地構成の要素が授かつて居ることが證される譯です。創造は自在の上に於てのみ可能です。自在と創造とは不離なものです。

イヤヒロドノは自在創造の極元なんですから、この中から何でも彼でも一切發現いたします。あらゆる相は狹義には之をあらゆる文字と解することが出來ますから、例を現今の速記文字に就いて述べて見れば、

第四圖

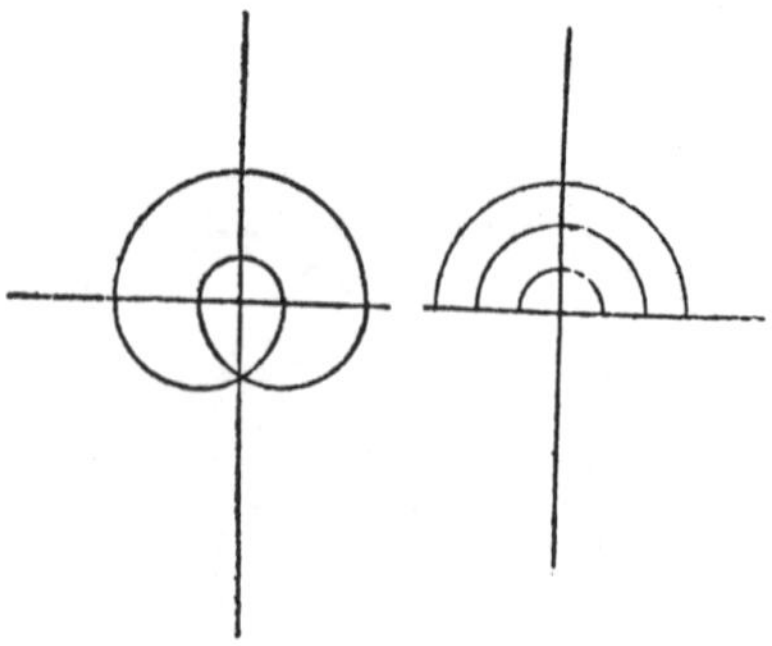

速記文字の基準は上圖の通りで、十字と三個の半圓から成立してゐます。がこの基準はイヤヒロドノの相から出たもので、中の半圓を取つて(乙)圖の如くすれば、則ち向つて左旋並に右旋の螺狀アシカビを得る譯です。速記文字はこの基準線に則つてあらゆる發音を記すのですから、イヤヒロドノが一切文字の所有者たることは明瞭です。一切文字はまた一切相の義に一致するので、あらゆる現象がこのイヤヒロドノから出ることも明瞭です。能く佛者は一念三千《イチネンサンゼン》なぞといふから、その立證の爲に、いかにイヤヒロドノから鬼が出たり佛が出たりするかを圖示して見ませう。此等の圖はアシカビ線の陰陽に對して忠實に描いたものですから、篤と留意されたい。

第五圖

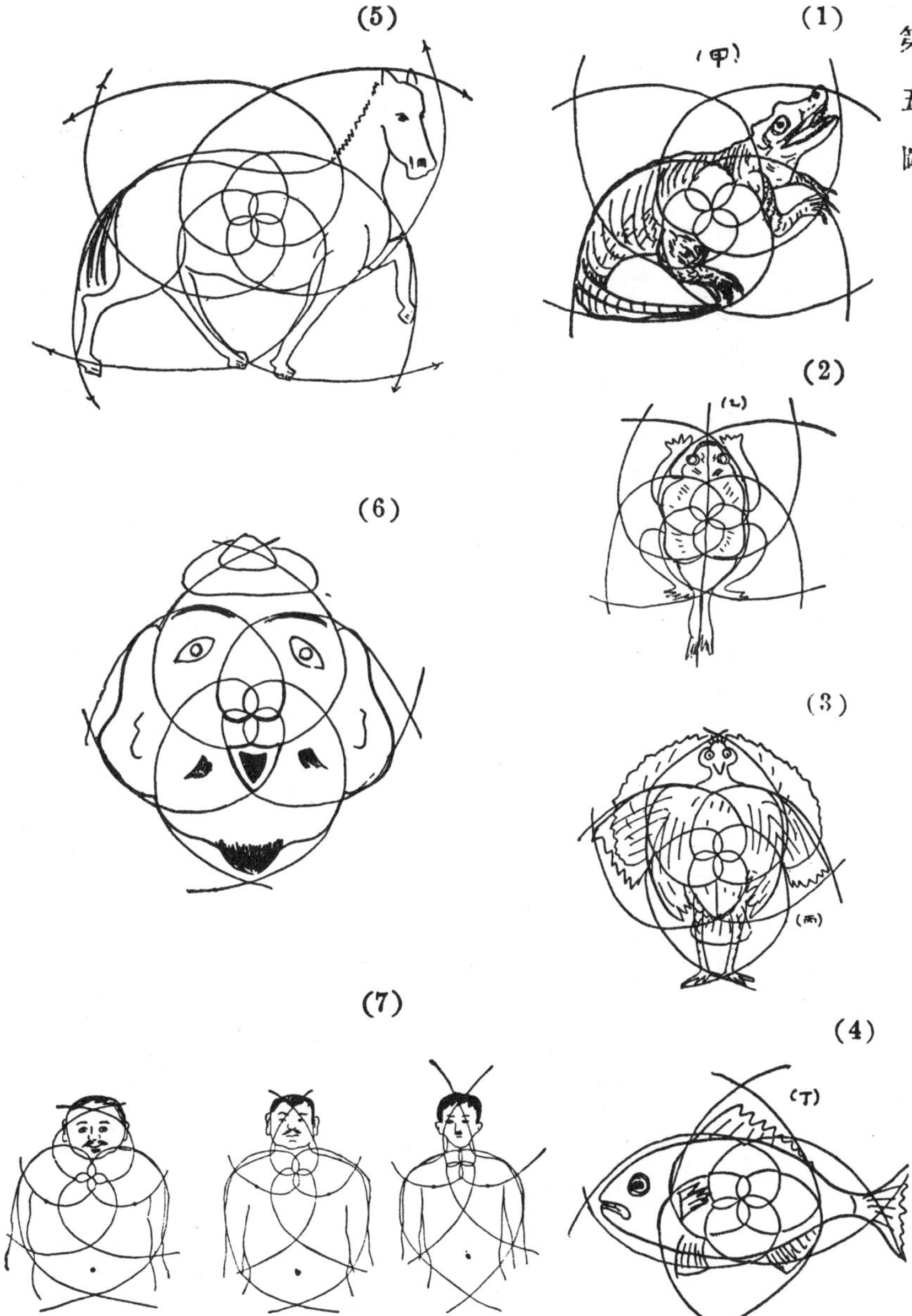

氣質體質の根本因圖

(8)

辨財天

(9)

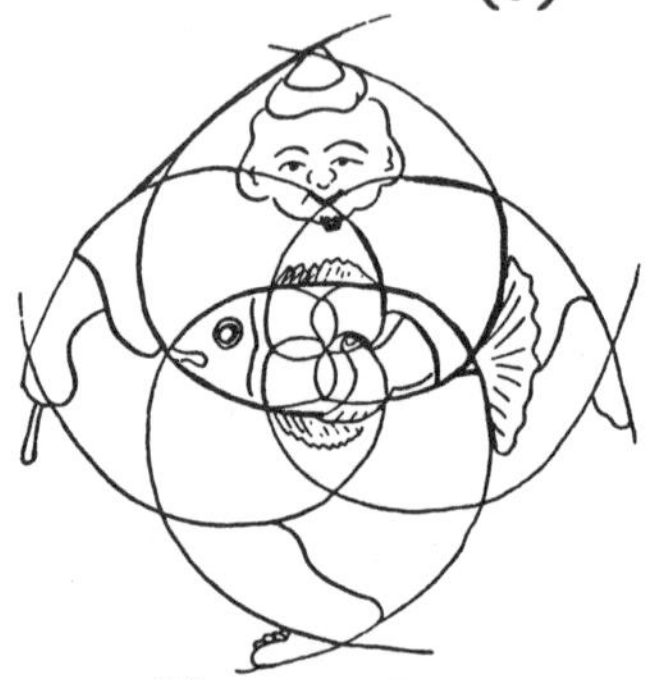

エビス天

(10)

大黒天

(11)

福祿壽

(12)

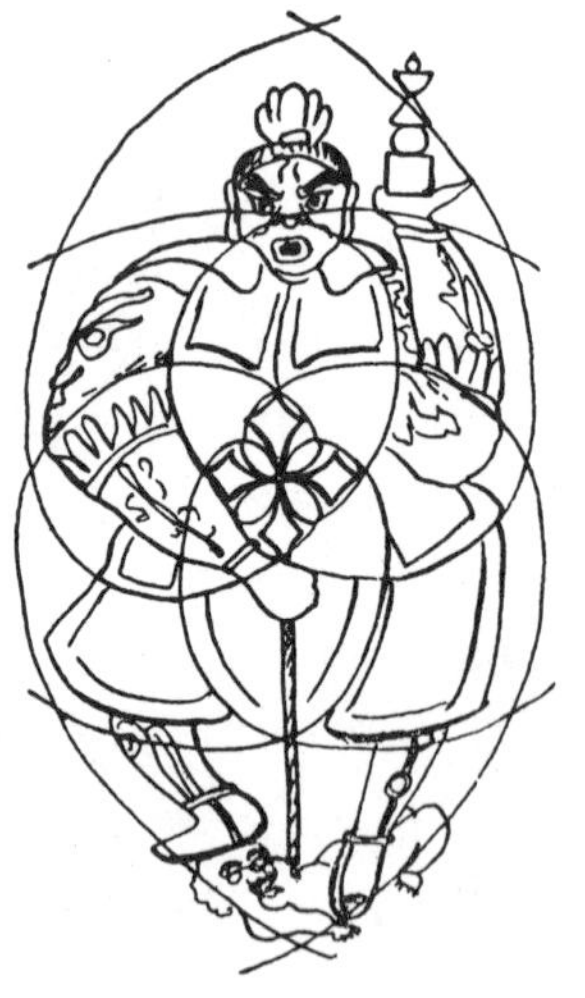

毘沙門天

(13)

壽老人

(14)

布袋

(15)

弓士

(16)

愛染明王の像

(18)

(17)

如意輪觀音の像

第(17)圖は、如意輪觀音《ニヨイリンクワンオン》の圖で、如意輪《ニヨイリン》こは意の如く即ち思ひの儘にの義ですから、もはやこれ以上の圖を描いて示す必要がないものと承認されませう。がもつと異つたものを描いて見ませう。次に圖示した男女神和合の圖は、イザナギ、イザナミ二神の國產みが、どうして可能なるかの立證を示す所の神聖な圖です。アシカビの交錯してゐる陰陽線に眼を止めねば深義が觧せられません。

更に茲にマドンナ(聖母)の圖を紹介しておきませう。この圖は聖子降誕が皇典に據つてのみ如實に立證されることを示すもので

マドンナ、デラ、セデイア＝ラファエル作

（甲）

（乙）

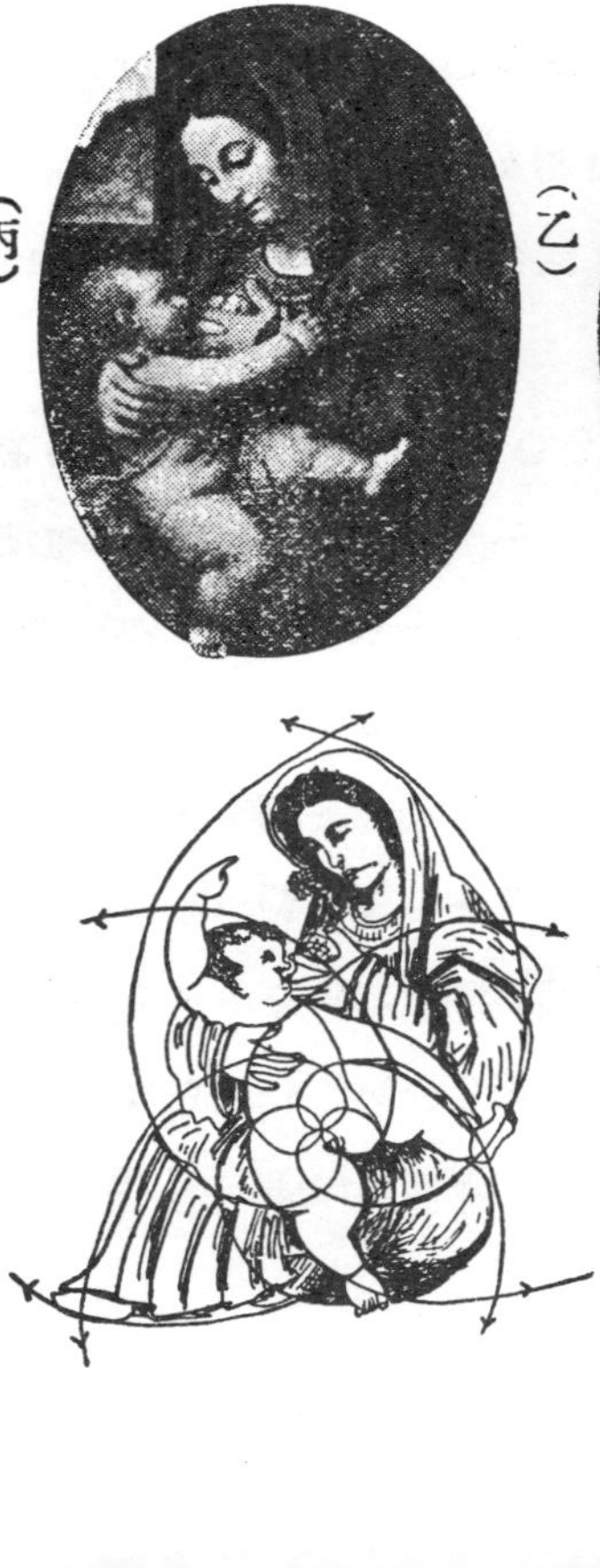

（丙）

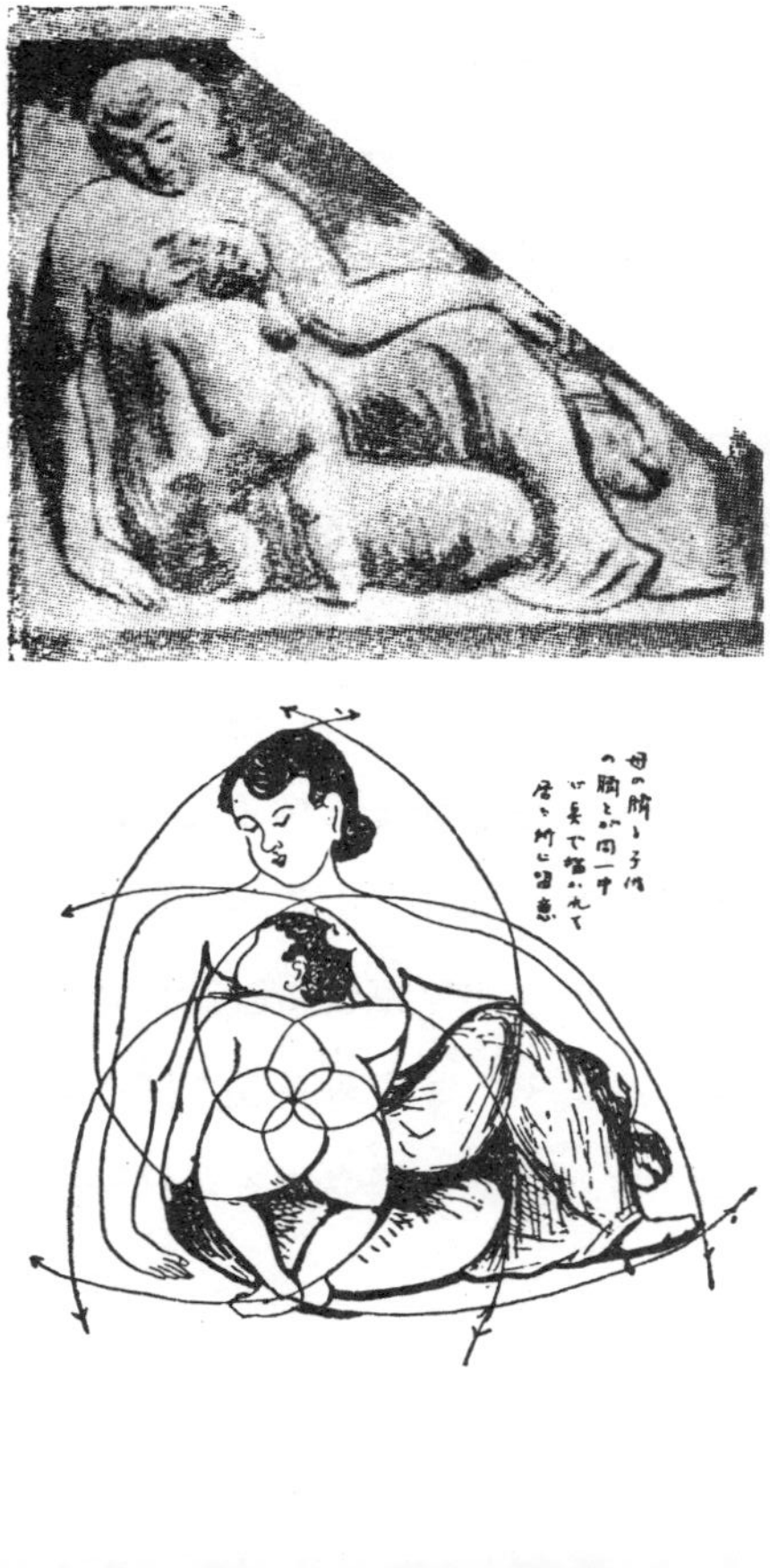

佛教も基督教も皇典に統一され、その確實なる保證の下に於てのみ、其眞價の發揚されることが、自然に諒解されませう。神子降誕說に對しては色々述べる事がありますが、今は其違を有《も》ちません。尙ほイヤヒロドノから復活可能論や、遺傳學說や、性の決定問題や、體質氣質論や、人體經絡說や、吉凶禍福論等が必然解決されます。

我々の心ですら轉々自在の創造性を保つのですから、宇宙創造の無限の自在性が、いかに超越したものであるかは、略々想像の附くことゝ存じます。創造の本質は斯く自在のコヲロ〳〵ですから、一定の目的が成立せねば何事も纒つた發現はしない事に成ります。だから二神はオノコロジマを構成し、その上に信念の中心柱を建て給ふた次第ですが、その信念なるものは、何處から來たかと申せば、天神諸命《アマツカミモロ〳〵ノミコト》即ち詔命から來てゐます。ですから詔命《ミコト》が一切發現の根本義を定める權威なんです。神の世界が過去から現在乃至永遠の未來に亘つて發動してゐる所以のものは、悉く神の詔命に基く譯です。絕對の眞理とか原則とかが宇宙に在つて、夫から萬事萬有が發動し發現してゐるものと解してゐるようでは、皇典の眞解はされません。宇宙表現の一切は神の詔命《ミコト》のまゝなのです。中庸では「天命之《テンノメイ》を性《セイ》と謂ふ、性《セイ》に率《シタガ》ふ之を道《ミチ》と謂ふ道を修むる之を教《ヲシヘ》といふ」と謂つてゐるが、皇典は天命を天神諸命《アマツカミモロ〳〵ノミコト》即ち天神諸《アマツカミモロ〳〵》の詔命《ミコト》と申してあります。詔命に基いて創めて道も敎も成立するのです。乃ち「ノレ」の詔命が根柢で、直にその詔命に應じて「ノル」の性が現はれ、その性に率《シタガ》つて「ノリ」の道が成立します。而してその「ノリ」を修むる方式が「ノラン」で、その本質は矢張ノリ（敎）です。ですから皇道の要素は、ノレ、ノル、ノリ、ノランですが、是等は一體不離なもので、離れては道《ノリ》と成らずまた敎《ノリ》ともなりません。然るに更に此處に「ノロ」こいふものがあつて、種々の錯綜を招來せしめるのです。「ノロ」は呪詛です。「ノロ」の爲めに皇典は種々の妙趣を産み出してゐます。斯ういふ事を先づ心に止めて置いて次々の研究に進まれたいものです。

さて八尋殿《イヤヒロドノ》の性相を能く觀察致しますと、大きい二つの相違した點を認めます。乃ち皇典では「於是《コヽニ》問其《ソノ》妹伊耶那美命曰《イモイザナミノミコトニ》　汝身如何成《ナガミハイカニナレルトトヒタマヘバ》　答白吾身者成成不成合處《アガミハナリナリテナリアハザルトコロヒトトコロアリトマヲシタマフ》　一處在　爾伊耶那岐命詔《イザナギノミコトノリタマヒツラク》　我身者《ワガミハ》成成餘處《ナリナリテナリアマレルトコロヒトトコロアリ》　一處在」とあるのが夫です。

第六圖

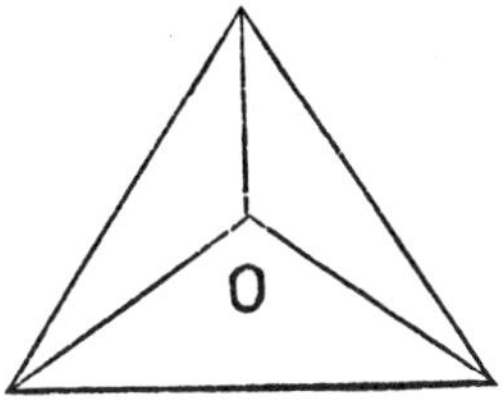

上圖は心理學者の描く圖で、三角形の中心O點を最初に凝視して漸次周邊へ眼を遷せば、中央が隆起する三角錐に見えますが、反對に周遍から見て漸次中心へ眼を遷せば、中央が奥の方へ窪んで、漏斗のように見えます。乃ち同一三角形ですが、見方の相違で凸凹に見えます。イザナギ

イザナミ二神の神相もこの道理で、イヤヒロドノが凸凹の二狀態に活《ハタラ》くことに成ります。中心から周遍へ眼を移す方式は、研究法で謂へば演繹法で、周邊から中心へ眼を移す方式は歸納法です。この歸納演繹の二法式が互に調和する所に、中和の妙趣が興る譯です。宇宙の最根柢にもこの二狀態があつて、一方は成《ナ》り成《ナ》つて成《ナ》り餘《アマ》れる形、一方は成《ナ》り成《ナ》つて成《ナ》り合《ア》はざる形です。現代の研究方式は、專ら歸納推理にのみ偏重の傾がありますが、天降《アマクダリ》式の演繹方式を尊重せねば、何事に對しても完全な解決が獲られない事に、迅に氣が附かれたいものです。凸式は男性的で、凹式は女性的です。靈と體とが男性的又は女性的に様々現はれて、ムスビの妙相を營むのです。がその中に吉なるあり凶なるありで、詔命を果たす上に種々の問題が起つて參るのです。

凸凹の關係を考へて見れば、發射のみでは外圍構成は出來ないし、內聚のみでも完全な構成は出來ません。外發內聚の二力が互に相結合して、創めて完全な構成は成就されますから「故以此吾身成餘處《カレコノアガミノナリアマレルトコロヲ》 刺塞汝《ナガミノナリ》身不成合處而《アハザルトコロニサシフタギテ》 爲生成國土奈何《クニウミナサムトオモフハイカニ》。伊耶那美命《イザナミノミコト》 答曰 然善《シカヨケムトマヲシタマフ》」とある譯合です。この成り合はざる需要に對して、成り餘れる供給を充たす所に、天地の需要供給の關係から、「宇宙經濟論」こいふようなものが起りも致しませう。男女雌雄の交合は、生物進化の上から必要に應じて起つたもの丶ように、現代の生物學者科學者等は考へてゐるようですが、伊耶那岐伊耶那美《イザナギイザナミ》二神の、絶大な御神性を承けて、必然にさうなつて居る譯柄を深く覺らなければなりません。伊耶那岐伊耶那美《イザナギイザナミ》二神の所謂國產《クニウミ》は、八尋殿《イヤヒロドノ》を充分心得て居れば、明瞭にその順路が解《ワカ》る筈です。皇典に「爾伊耶那岐命《コヽニイザナギノミコト》　詔然者吾與汝《シカラバアトナト》　行廻逢是天之御柱而《アメノミハシラヲユキメグリアヒテ》　御美《ミトノ》斗能麻具波比《マグハヒセナトノリタマフ》とあります。「天之御柱《アメノミハシラヲ》を行廻逢《ユキメグリア》ふ」方式が左旋右旋のアシカビに基く御行動たるは勿論で、ミトノマグハヒは凸凹の最もほどよいムスビの極致です。而して次に、「如此云期《カクイヒチギリテ》　乃詔汝者自右廻《スナハチナハミギリヨリメグリ》逢《アヘ》　我者自左廻逢《アハヒダリヨリメグリアハムトノリタマヒ》」と申すことに成るのも、當然の順次なりと拜せられます。左旋と右旋との本義に則らねば、決して構成はされませんが、併しその旋廻が色々ありますから靈體のムスビが樣々に現はれる事になります。本來伊耶那岐伊耶那美《イザナギイザナミ》二神の行事は、所謂國產《クニウミ》で、謂はゞ物質を表面に立てゝの構成ですから、靈は內面に活く構成に成ります。然るに「靈」も發射し體も發射するとすれば、靈體が並んで發射する體勢と成るから、ムスビは成立はするが、靈力が强いので、體は單に放射能を現じ、光つて見えるほどの狀態に止まるべきです。皇典にこれを「ヒルコ」（水蛭子）を生《ウ》むと申してあります。ヒルコはヒカルコ放射線の義です。だから此子《コノミコ》は葦船《アシフネ》即ち速力の船に乘せて流し棄《ス》つと申してあります。然るにその反對に「靈」も內聚し體も內聚することに成れば、靈の內聚は物質を現はすが、體の內聚は魂を現じ・魂體のムスビは成立せるが、並び内聚するので、伸展の力が無く、白霧の如き狀態を呈して、中央に塊《カタ》まる狀態のものしか現はれない筈です。これを淡嶋《アハシマ》といつて、是亦不入子之例《コモミコノカズニハイラズ》と申してあります。今まで述べた所が本文では「約竟以廻時《チギリヲヘテメグリマストキニ》　伊耶那美命《イザナミノミコト》先言《マヅ》阿那邇夜志《アナニヤシ》愛袁登古袁《エヲトコヲトノリタマヒ》　後《ノチニ》伊耶那岐命《イザナギノミコト》言阿那邇夜志《アナニヤシ》愛袁登賣袁《エヲトメヲトノリタマフ》　各言竟之後《オノモ〱ノリタマヒヲヘテノチニ》　告其妹曰《ソノイモニ》　女人先言不良《ヲミナヲトコサキダチテフサハズトノリタマフ》　雖然久美度邇興而《シカレドモクミドニオコシテ》　生子水蛭子《ミコヒルコヲウミタマフ》　此子《コノミコ》者入葦船而流去《ハアシフネニイレテナガシスツ》　次生淡嶋《ツギニアハシマヲウミタマフ》　是亦不入子之例《コモミコノカズニイラズ》」とあります。「アナニヤシ、エ、オトコヲ」、「アナニヤシ、エ、オトメヲ」は、戀慕の極致の聲で自然これが天地の氣合《キアヒ》に成つてゐます。アナニは互に愛情を傾けて相對する體勢、ヤシは強く擊ち込む體勢、エはグツと押す又は引く極致の妙用で、ヲトコヲ、ヲミナヲは、互に大刀を引いて、結果を祝福する體勢です。これが氣合術《キアヒジユツ》の基本です。

「クミドニオコシテ」は組むべき方式に準據してです。好《ヨ》しや間違つて居たと知つても、あらゆる「ムスビ」を示す爲めに、水蛭子《ヒルコ》や淡嶋《アハシマ》を產み給ひて天律を示し給ふのです。この行事は不良《フサハズ》とあるのですが、その實は最初は光の狀態、次は星霧星雲の狀態を經て、宇宙は構成されたのですから、自然の順序を踏み給ふた譯です。併し整然たる組織紋理が宇宙間に描《エガ》かれた譯ではないので、不良《フサハズ》こ申されるのです。アナニヤシ、エ、ヲトメヲのエ。に愛の字を充てたのは、留意すべき事で、エは愛の極致です。彼我一體の絕對抱

合です。愛を以て宇宙は構成され、愛を根基として道《ノリ》は發動するので、神は愛なりです。女人先言《ヲミナヲトコサキダチテ》とい

ふことを、心學道話者流に解して、女人は出しやばつてはいけない、牝鶏晨を司るは不祥だといふ工合にのみ見るのは、餘りにも淺薄な見方です。男神が女名《ヲミナナ》を呼び、女神が男名《ヲトコナ》を呼んで、和合の成就する義を深く究むべきです。物質的構成こ云ふ詔命の上から良否を判定するから、この場合女人先言不良の義が成立するのみです。が併し二柱神は議《ハカ》りて今吾生《イマアガワ》める子不良《ミコフサハズ》といふので、天神の御所に奏上せんとて、共に參《マ》ゐ上《ノボ》つて、天神之命《アマツカミノミコト》を請はれました。すると天神の詔命を以て「布斗麻邇爾《フトマニニ》卜相《ウラエテ》」こいふことに成りました。フトは公でマニはマニ〳〵即ち絶對遵奉の法式です。故にフトマニは公式と申してよろしいのです。タカアマハラの公式は、天沼矛《アマノヌボコ》始め八尋殿《イヤヒロドノ》の根本的性相であるべき筈なんですから、それで推せば何事も明瞭するのがフトマニだつたと拜されます。乃ち

(1)靈性發射と體性發射のムスビは‖ヒルコの發射能あるのみ。

(2)靈性內聚と體性內聚のムスビは‖內部に凝聚する雲霧狀態を形成するのみ。これ淡嶋《アハシマ》成立で、共に不良に屬し、國土構成とはなりません。

(3)靈性發射こ體性內聚（この時は體性が靈性に變《ナ》る）ムスビは‖靈こ靈このムスビと成りますから、物質

的構成即ち國土發現とは成りませんが、宇宙構成の靈的旺溢を成就致します。

(4)靈性內聚（この時は體性に變る）と體性發射のムスビは‖體と體とのムスビであるから、宇宙の物質的構成が成就いたします。

故に二神の宇宙構成は (4) の狀態を以て營まれねばなりません。靈性內聚がウマシで、體性發射がアシカビ、其ムスビがヒコヂと成る譯です。斯く成立した物質的宇宙構成の裏面には、(3)の靈性ムスビが必然存在してゐるので、これでこそ詔命の旨に全然適應した構成が成就する譯です。これでフトマニ通り成る譯です。男神が先言し內聚して妹名《イモナ》を呼び、女神が發射して背名《セノミナ》を呼び給へば、それで完全な修理固成の方式が、正しく行はれる譯合です。

そこで「因女先言而不良《ヲミナヲコトサキタチテフサハズ》 亦還言改降《マタカヘリクダリテアラタメイヘ》」といふ御判定を得給ふて、再び反降《カヘリクダ》りて、更に其天之御柱《アメノミハシラ》を先の如く往廻《ユキメグ》りて、今回は伊邪那岐命《イザナギノミコト》が先づ「アナニヤシ、エ、ヲトメヲ」と發言し給ひ、後に妹伊邪那《イモイザナ》美命《ミノミコト》が「アナニヤシ、エ、ヲトコヲ」と言《ノ》り給ひて、御合《ミアヒ》まして、淡道之穗之狹別嶋《アハヂノホノサワケノシマ》を生み給ひ、次に伊《イ》豫之二名嶋《ヨノフタナノシマ》を生み給ふ。此嶋は身一而有面四《ミヒトツニシテオモヨツアリ》、每面有名《オモゴトニナアリ》、故伊豫國《カレイヨノクニ》を愛比賣《エヒメ》と云ひ、讚岐國《サヌキノクニ》を飯依比古《イヒヨリヒコ》と云ひ、粟國《アハノクニ》を大宜都比賣《オホゲツヒメ》といひ、土佐國《トサノクニ》を建依別《タケヨリワケ》と申します。次に隱伎之三子嶋《オキノミツゴノシマ》を生み給ふ。亦名を天之《アメノ》

第七圖

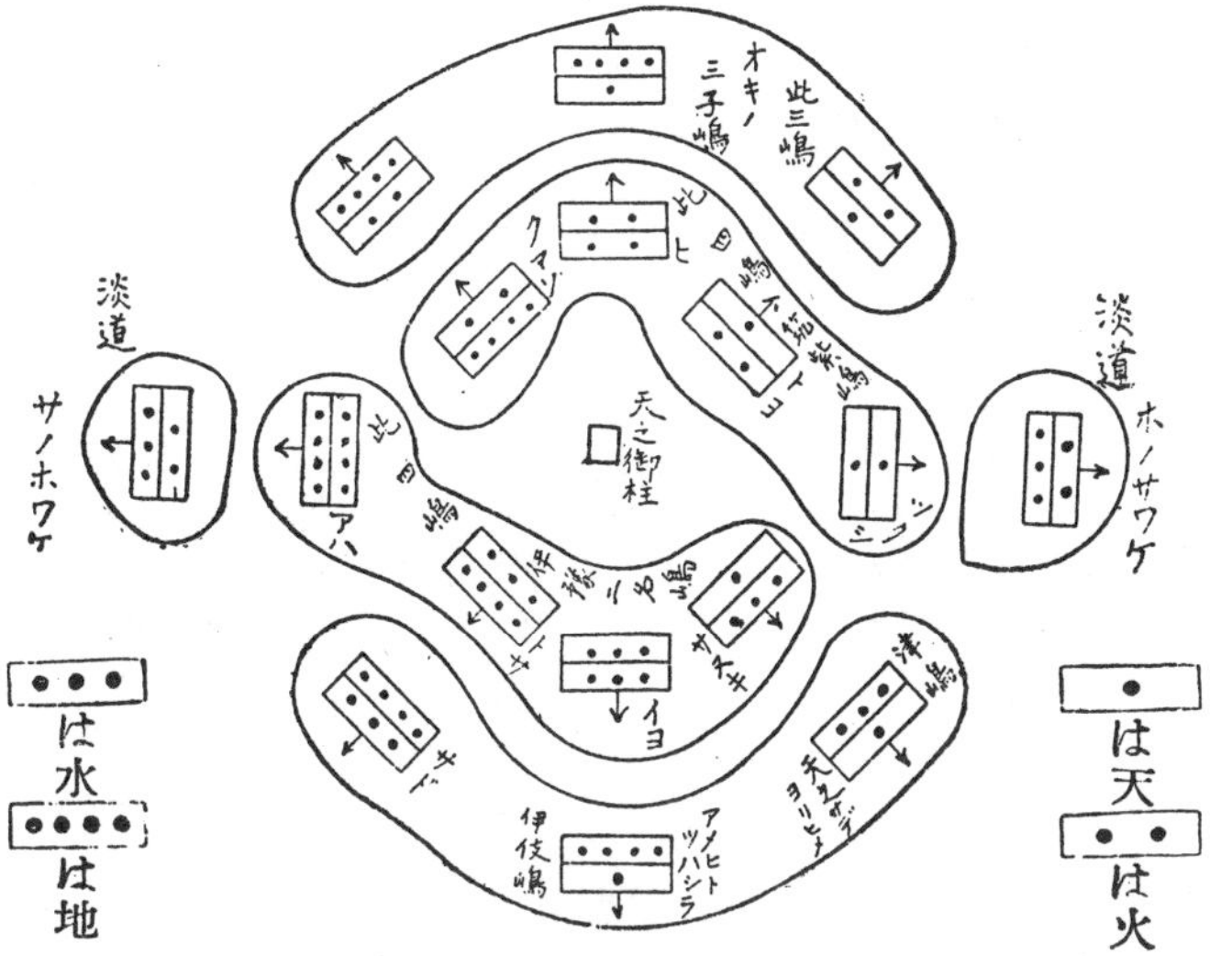

忍許呂別《オシコロワケ》と申す。次に筑紫國《ツクシノクニ》を生み給ふ。筑紫《ツク》も亦た身一つにして面《オモ》四あり。面毎に名あり。此嶋國《クニ》を白日別《シラヒワケ》、豐國《トヨクニ》を豊日別《トヨヒワケ》、肥國《ヒノクニ》を建日《タケヒ》向日《ムカヒ》豊久《トヨクシ》志比泥別《ジヒネワケ》、熊曾國《クマソノクニ》を建日別《タケヒワケ》と申します。次に伊伎《イキノ》嶋《シマ》を生み給ふ亦名を天比登都柱《アメヒトツバシラ》と申す。次に津嶋《ツシマ》を生み給ふ亦名を天之狹手依比賣《アメノサデヨリヒメ》と云ふ。次に佐《サ》度嶋《ドノシマ》を生み給ふ。といふ事に成つてゐます。此處に皇典に少々注意すべきこゝ、又脫誤がありまして、淡道の穗狹別《アハヂノホノサワケ》は火水別《ホノサワケ》で、これは火水《ホノサ》と水火《サノホ》との二嶋を一名で呼んでゐること、隱伎之三子嶋《オキノミツゴノシマ》が三嶋であるのが、その一々の名の脫してゐるここ、今一つは佐度嶋の亦名の脫した事等です。兎も角も淡道之穗狹別嶋《アハヂノホノサワケシマ》から佐度嶋《サドノシマ》までは合計十六

嶋ありまして、その出來た相を圖示致しますると、上の如く成つてゐます。此處に留意せねばならぬことは、淡道嶋《アハヂシマ》を穗狹別《ホノサワケ》と申したり、伊豫國《イヨノクニ》を愛比賣《エヒメ》と申したり、隱伎嶋《オキノシマ》を天之忍許呂別《アメノオシコロワケ》、筑紫國《ツクシノクニ》を白日別《シラヒワケ》、伊伎嶋《イキノシマ》を天比登都柱《アメヒトツバシラ》と申す等、嶋や國の名の外に別名のあることです。これは靈體二系のムスビに因つて顯はれましたので、體系即ち母系を本位に申す場合、之を嶋とか國とか云ひ、靈系即ち父系を本位に申す場合は神名を申し上げる譯です。而して嶋にも國にも生命乃至靈が宿つてゐるといふことを、この一事が立證してゐるのです。國土そのものが生命精神を具へてゐるといふ思想は、皇典の特色たると同時に、永遠を通じて我等の神觀上に忘れてならない中心思想です。今この全體の形を見ますと、恰も漢字の國の草體「心」になつてゐるのは妙です。一々嶋名の意義を略解すれば、

淡道《アハヂ》のホノサワケは火水《ホノサ》の結合で……………………閑象を示し、
淡道《アハヂ》のサノホワケ(假名)は水火《サノホ》の結合で………………爭象を示し、
伊豫《イヨ》のエヒメは火《エヒ》が秘められて水水の結合を現じ……………衰象を示し、
讃岐《サヌキ》のイヒヨリヒコは水天の結合で…………………………失象を示し、
粟國《アハノクニ》のオホゲツヒメは地地の結合で…………………………枯象を示し、

土左《トサ》のタケヨリワケは地水の結合で……………亂象を示し、
隱伎《オキ》のホキジマは火天の結合で……………廢象を示し、
隱伎《オキ》のトキジマ（假名）は地天の結合で……………危象を示し、
隱伎《オキ》のトホジマ（假名）は地火の結合で……………亡象を示し、
筑紫《ツクシ》の白日別は天天の結合で……………榮象を示し、
豊國《トヨクニ》のトヨヒワケは天火の結合で……………治象を示し、
肥國《ヒノクニ》の建日《タケヒ》向日《ムカヒ》豊久《トヨク》士《ジ》比《ヒ》泥《ネ》別《ワケ》は火火の結合で……………盛象を示し、
熊曾《クマソ》のタケヒワケは火地の結合で……………得象を示し、
伊伎《イキ》のアメヒトツバシラは天地の結合で……………安象を示し、
津嶋《ツシマ》のアメノサデヨリヒメは天水の結合で……………存象を示し、
佐度《サド》のミヅツワケ（假名）は水地の結合で……………興象を示し、
と成つてゐるのです。茲に治亂、興廢、安危、閑爭、得失、存亡、榮枯、盛衰の八對の象を現じ、整然として其の坐位を占めてゐるので、この八對十六嶋を稱して「大八嶋國《オホヤシマクニ》」と申すのです。この大八嶋《オホヤシマ》は天火

第八圖

（甲）

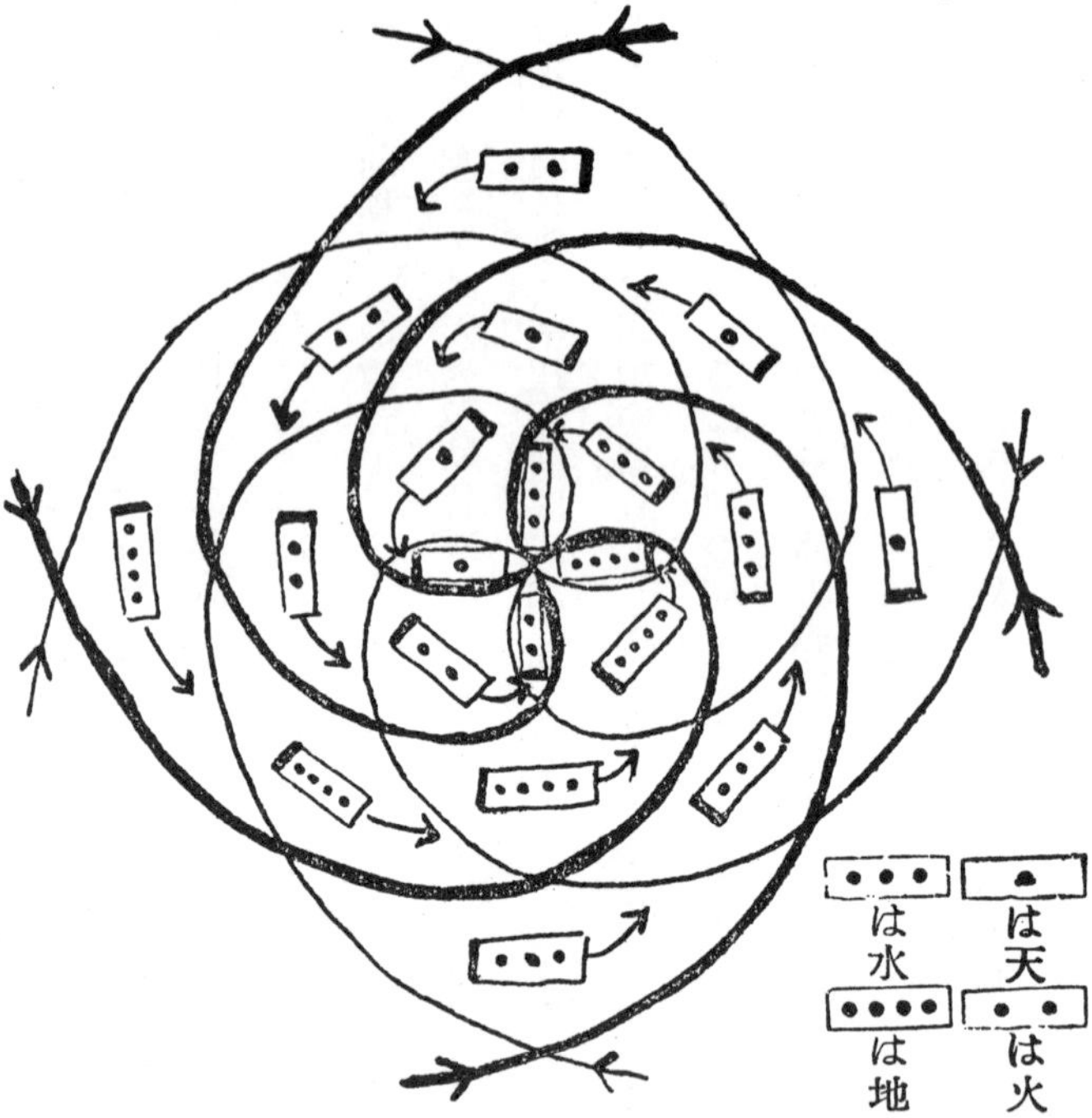

水地の神性が、左旋内聚、右旋外發に因つて結合して成立したもので、宇宙間に組織紋理の構成された大莊嚴です。現在日本の淡路《アハヂ》や隠岐《オキ》や筑《ツク》紫《シ》等で無いことは勿然です。この結合の仕方や、その象名の因つて起る事柄に對し、それを少々順序立てゝ圖示しておきませう。(甲)圖は伊耶那岐神の内聚狀態を示し、(乙)圖は伊耶那美命の發射狀態を示し、この(甲)(乙)の二圖を一つに結合したものが、前に掲げた第七圖です。よく御覽下さいませ。どの嶋が此處とい

（乙）

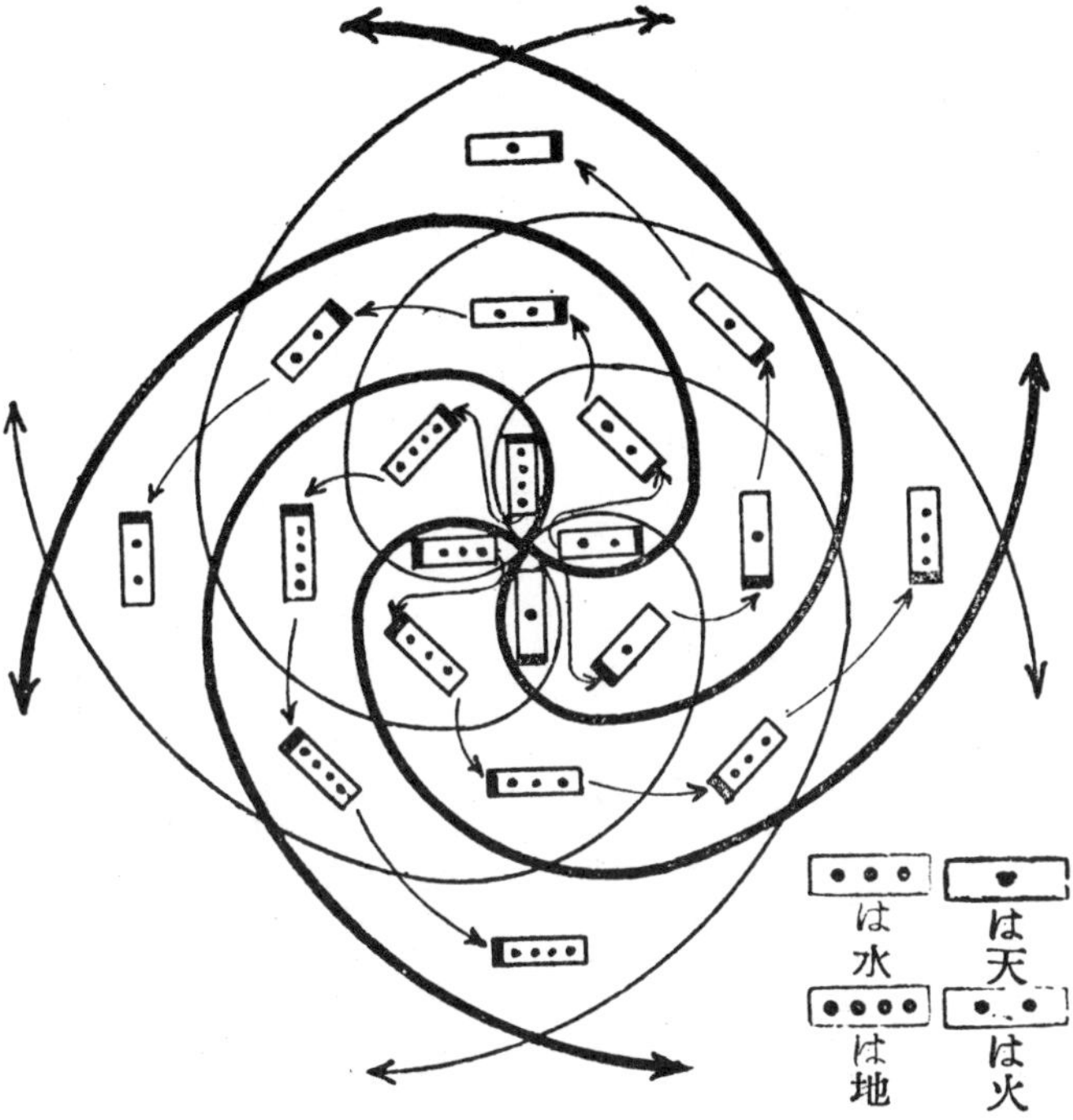

ふ事は神名の意義がよく解《ワカ》らないと一寸説明し難いのです。次に象性ですが、これは天を極身《キミ》、火を大身《オホミ》、水を小身《ヲミ》、地を手身《タミ》と見立てて判定したもので、次の如くなつてゐます。

天の御威光が上にも下にも照り亘る時は、榮象。君（天）の威が上に輝き大臣（火）の智量が下に照る時は、治象。君（天）の威が上に輝き小臣（水）の和合が下に行はれる時は、存象。君（天）の威が上に輝き民（地）の勤行が下に旺溢する時は、安象。

大臣の智量が上に照り君(天)の威が下に在る時は、廢象。

大臣の智量が上下に旺溢して居る時は、盛象。

大臣の智量が上に輝き小臣の和合か下に行はるれば、閑象。

大臣の智量が上に輝き民(地)の勤行が下に行はれる時は、得象。

小臣の勢力が上に行はれ君(天)の威が下に在る時は、失象。

小臣の勢力が上に行はれ大臣(火)の勢力が下に在る時は、爭象。

小臣の勢力が上下に蔓る時は、衰象。

小臣の勢力が上に在り手身(地)が下に勤行すれば、興象。

手身(地)の勢力が上に在つて君(天)の威が下に在る時は、危象。

手身(地)の勢力が上に在つて大臣(火)の勢力が下に在れば、亡象。

手身(地)の勢力が上に在つて小臣(水)の勢力が下に在る時は、亂象。

手身(地)の勢力が上下に在つて旺溢する時はこれ、枯象。

皇典は邦家之經緯を中心に研究せなければならないので、我々は常にこの基準に照らして萬事を判決すべきです。故にこの十六嶋の象性を記憶することが肝要です。

第九圖

(1)

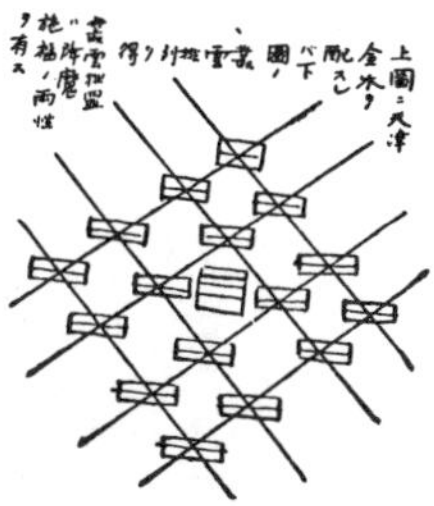

若しこの八對十六象を第九圖(1)の如く排列して見ると天津《アマツ》金木《カナギ》學《ガク》上の段階《ダンカイ》排列《ハイレツ》、此處に「不動明王」の像を得ます。不動明王は火を負ひ水に浴し風を起し磐石の上に据して居給ふと聞くが、なる程圖を見るとさうなつてゐる。して見ると不動明王といふのは自然現象の基準的表徴を人格化した明王であり、乃至邦家經綸の規範を示す尊像と見るのが正當らしい。その不動の利劍は、恐らくカアマハラ至嚴律則であり、その持てる羂索はこれタアマハラ攝取堅縛の至剛の魂緒《タマノヲ》であるのであらう。而してまたこの排列を熟視せると、半面は吉象で、半面は凶象で、×型の妙相を保つてゐるから、彼の降魔の一面と施福の一面を保つと云ふ、三面大黒天の像が直に聯想されて來るようで、降魔と施福とは斯く本來は一體の吉凶二面なるが、それが全く異つた象性を現はし、恒に萬事の均衡を保たしめて行く所に、妙趣の當ることを感ずるものです。タカアマハラは要するに斯く吉凶二象が相互に均衡を保たんとして、精緻至妙の作用を營んでゐる神界のようです。我々はこの至妙の均衡を名づけて、マツリ(祭)マツリゴト(政)と申して居ます。マツリとは眞釣《マツリ》で、天秤《ハカリ》の兩端に懸け合

(2)

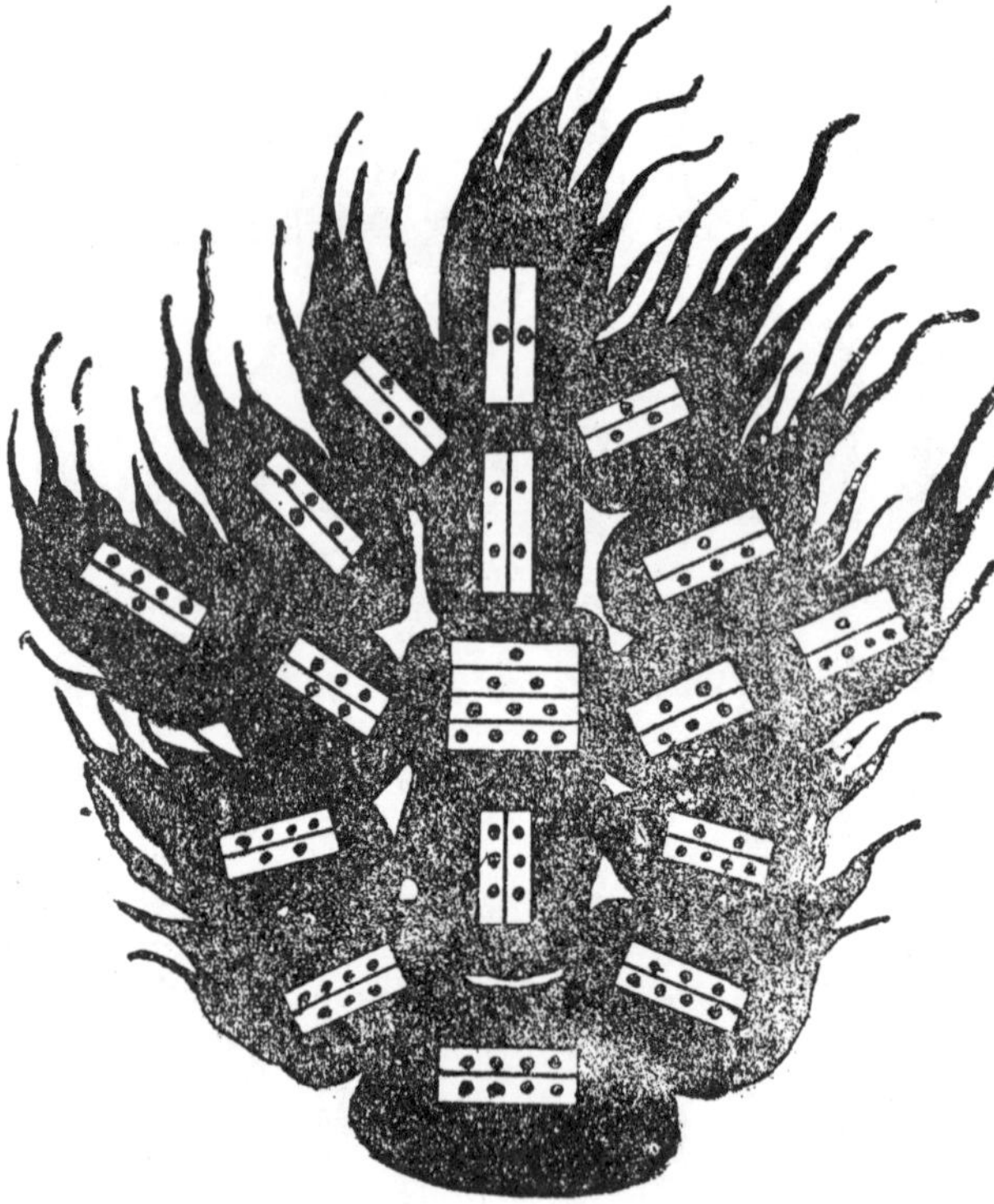

はせて釣り合はす意義なんです。邦家の經綸こは、この至妙均衡の外には無い筈です。無限の均衡を策する大量《オホパカリ》亦名神度劍《カミドノツルギ》とは、この×型の——天秤《テンビン》と申しても宜しい——秘的度衡の事なんでありませう。

三寶荒神の圖像等も同一方式から出たことが明瞭です。又我邦の年中行事等の作法の中には、或は新年の供饌や、松竹梅を飾つて祝福を祈ることや、オニヤラヒの行事や、幣（玉串）の切り方や、三方

（4）

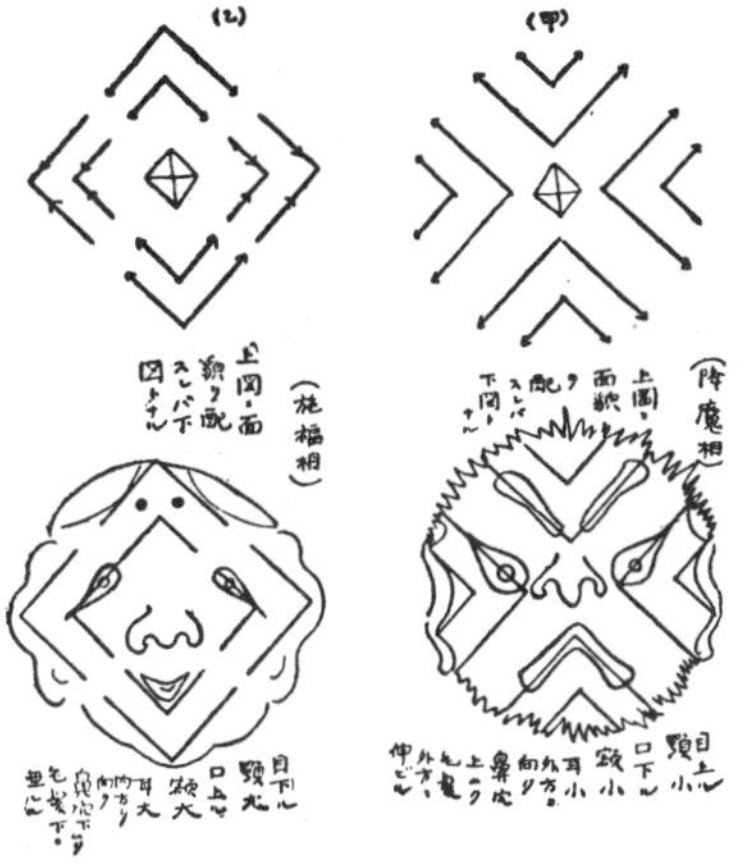

（3）

軍神の大黒天の圖

（三寶）の製作方等の中にまで、タカアマハラの意義が宿つてゐる事は、眞に神國たるの感を一入深くするものです。以上大八嶋の構成に對して種々述べて來たのですが、爰に尚一つ大なる重要點を我々は逸して居るのです。龍を畵いて點睛を逸すとはこの事です。八對十六嶋は、中心の基準たる天之《アメノ》御柱《ミハシラ》から出發したもので、謂はゞ天之御柱の擴大されたものに外ならぬのに、その天之御柱樹立のオノコロジマを忘れて居るので、大八嶋國に一系中主の君臨が無いのと等しい狀態に陷つて居たのです。此處に天之《アメノ》御柱《ミハシラ》の樹立してゐるオノコロジマを整理して、大倭豐秋津嶋《オホヤマトトヨアキツシマ》が嚴立したことを忘れてはなりません。亦名は天御《アマミ》虛空《ソラ》豐秋津《トヨアキツ》根《ネ》別《ワケ》と申し上げます。大倭豐秋津嶋《ナホヤマトトヨアキツシイ》は外圍大八嶋の根本の御國ですから、その形は小さくとも大八嶋の全相全象を具備

(5)

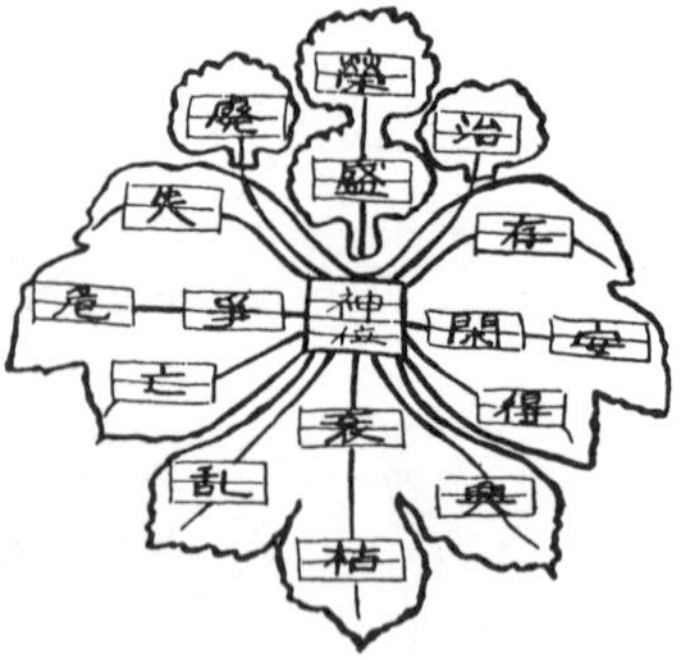

桐葉御紋章は恐らくこの大八嶋相から出たかと存じます。草薙劍と桐葉御紋章の一體に思ひ及べ。熱田神宮の御紋は桐の下に五枚笹が附いてゐます。

(6)

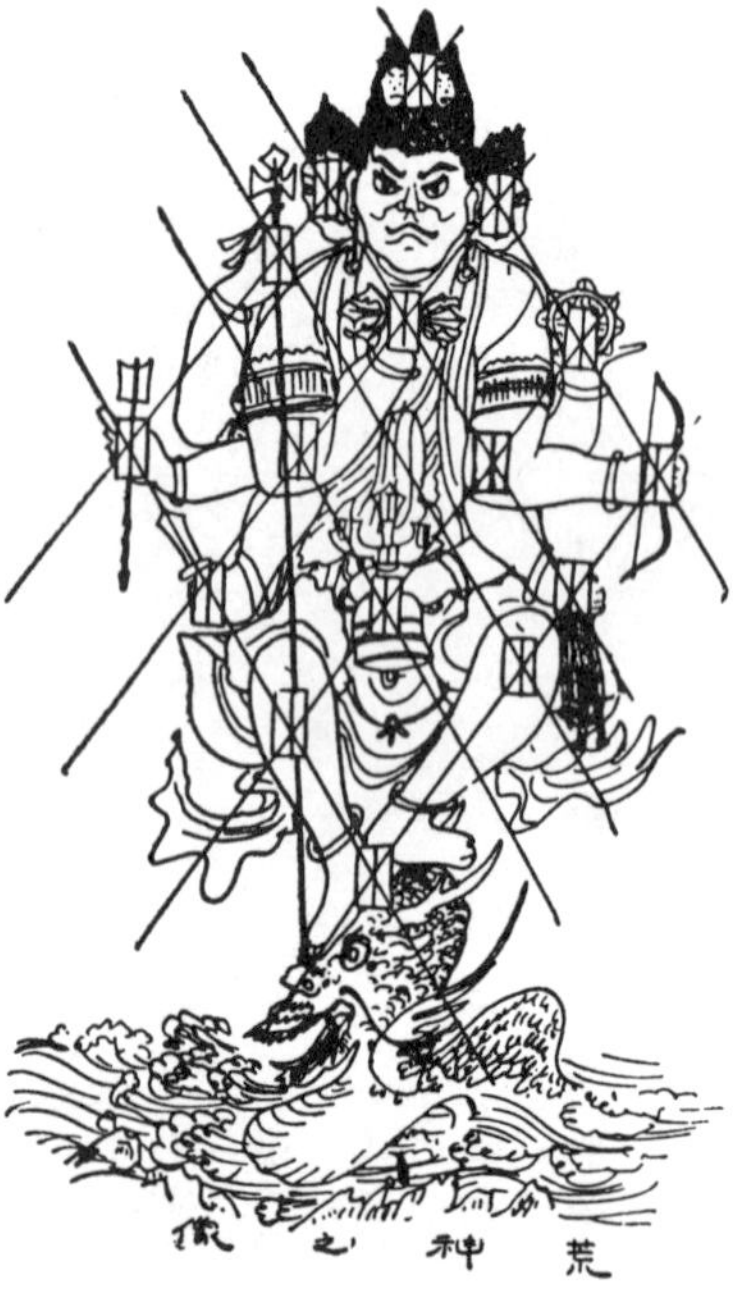

して、種子の姿で中樞に君臨しますのです。故に皇典に「故因此八嶋《カレコノヤシマニヨリテ》先所生謂大八嶋國《サキニウメルヲオホヤシマクニトイフ》」とあります。コノヤシマと云ふのは、大倭豐秋津嶋《オホヤマトトヨアキツシマ》で、大小の八《ヤ》嶋《シマ》が對應整列して「アキツノトナメ」爲《ナ》してゐる妙相が拜されます。我が地球はこの時出來たのでは勿論ありませんが、この大小の八《ヤ》嶋《シマ》が相似形に對立し、アキツトナメの相を呈して現はれてゐるのは當然ですが聊か不思議です。故に世界地圖を繙いて日本を中心としその地相を見れば、最も明瞭にその眞相

が知悉されます。乃ち我が四國の眞下には、大形の四國の相を爲した濠洲があり、北海道に對應して大北

(7)

第十圖

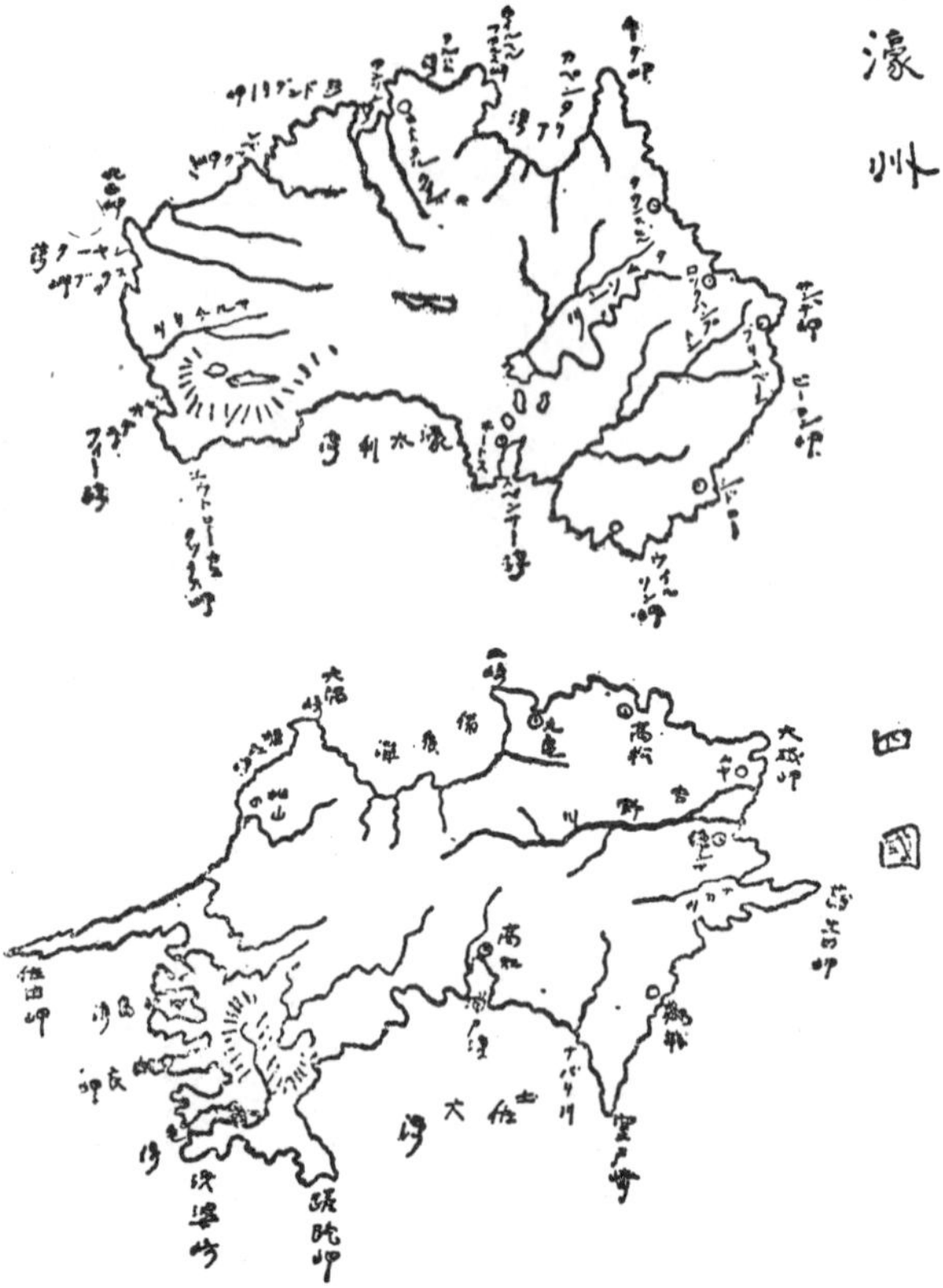

海道の相を寫した北アメリカがあり、九州に對應して大九州の相を寫したアフリカがあり、本州に對應してアジアとヨーロッパの大陸があり、臺灣に對應して南アメリカがあり、樺太の南半に對應してカムチヤツカ半嶋があり、その相對の地形始め山脈河川等一々之を比較する時、その一致してゐることの甚しきに驚くの外はありません。また胎兒

(2)

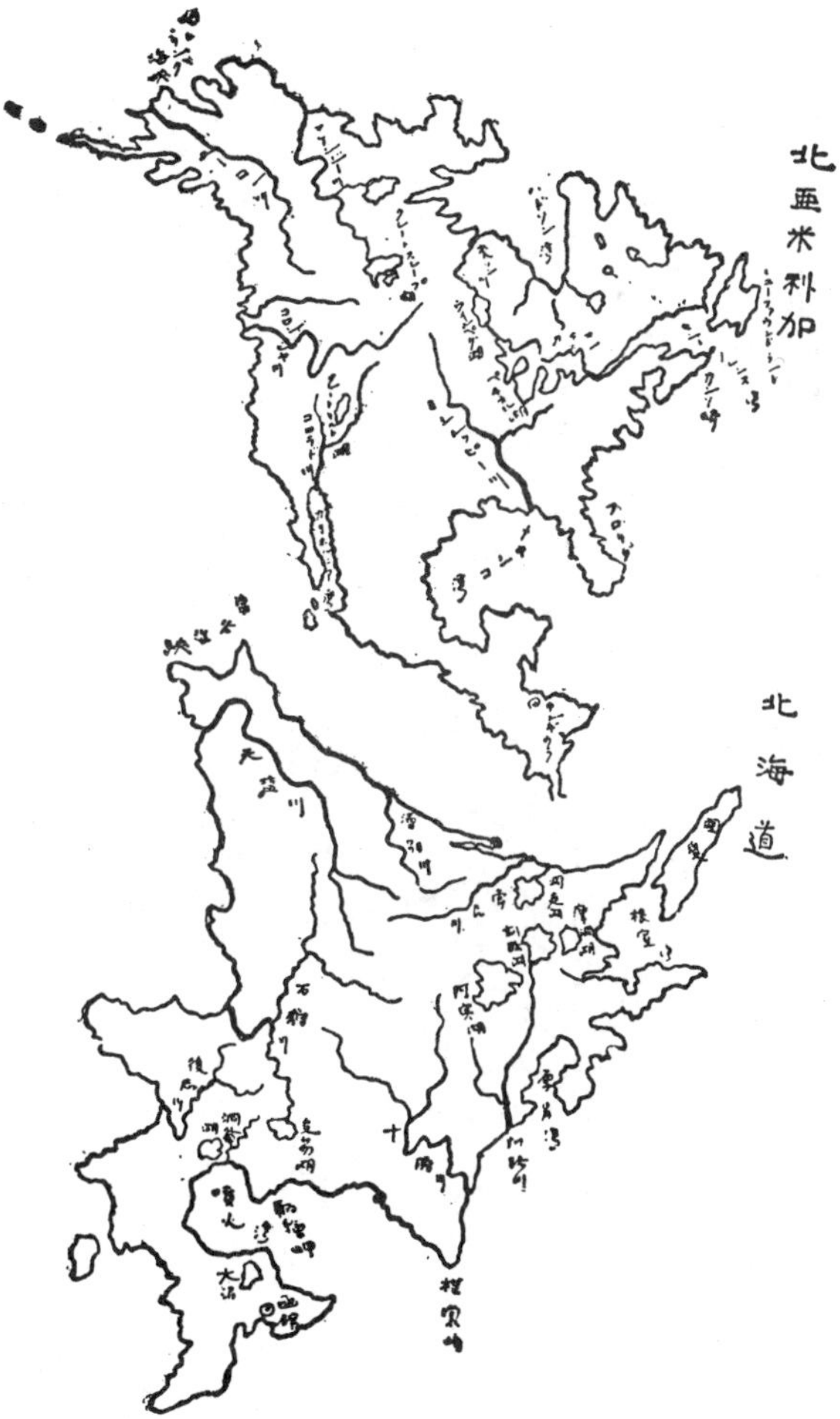

が母の胎內で、母體と同一型の體相を享けて出産するのも、この神則に基く必然の行事、必然の神約と見るべきものです。（前掲マドンナの圖參照あれ。）

(3)

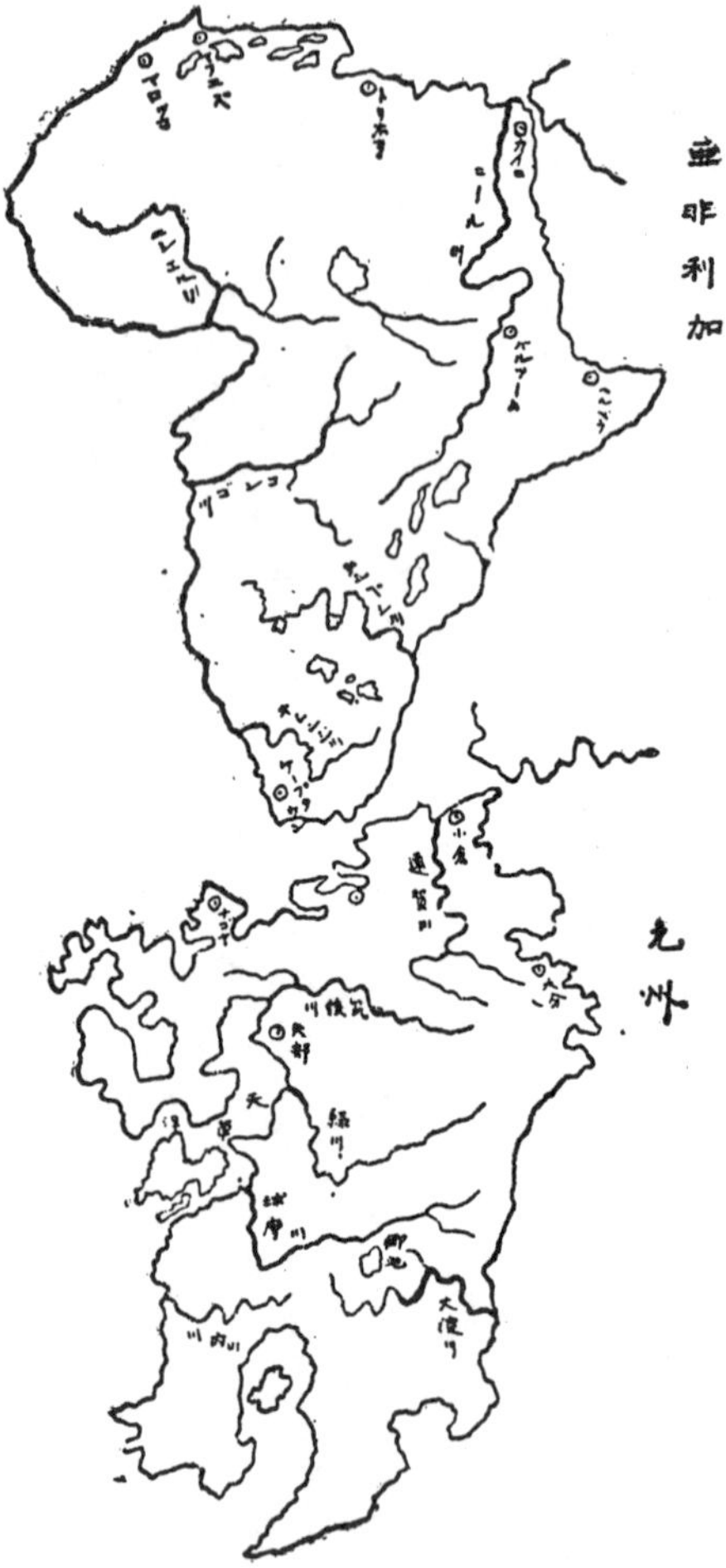

アキツトナメの語は日本書紀神武天皇の卷に

三十有一年　夏四月乙酉朔　皇輿巡幸　因登《テ》二腋上嗛間丘《ワキガノホ・マガヲカ》一而廻《テ》二望國狀《シテ》一曰《ヲハク》　妍哉乎國之獲矣《アナニヤクニヲエツ》　雖內《ウツユウノ》

木綿之眞迮國《マサキクニトハイヘドモ》 猶如蜻蛉之臀呫焉《ナホアキツノトナメセルガゴトクニモアルカ》。

とある、そのアキツトナメで、通常二匹の蜻蛉が交尾した狀と解するのですが、何ぞ知らん、そのアキツは非常に大きいアキツで、小なる日本のアキツが、大なる世界のアキツとトナメしてゐる事を申すのです。

(4)

書紀ではこの神語を神武天皇が創めて仰せられた如く錄してゐるが、この「妍哉乎《アナニヤ》 國之獲矣《クニヲエツ》……」は恐らく伊耶那岐伊耶那美二神が、國を產み終へ給ひ、その懌の餘り發し給ふたお語《コトバ》と拜察されます。そ

(5)

の證據は、書紀では「是ニ
始《メテ》有《リ》ニ秋津《アキツ》洲《シマ》之《ノ》號《ナ》一也」云々
と申してゐるが、アキツシ
マの名は、皇典では二神の
國產《クニウミ》の所に明らかに出てゐ
て、大小のアキツシマが内《ウツ》
木綿《ユウ》の眞迮國《マサキクニ》ではあるが、
猶ほ蜻蛉《アキツ》の臀呫《トナメ》を爲してゐ
るわいと申された、的然の
事實を直視するからです。
神武天皇は東征後、國を獲
たまひしお懌を、祖神の發
し給へるおコトバで、仰せ

られたものであらうと存ぜられます。かくてこそ宮殿御造營時の御詔勅が、明確に其意義を永遠に輝かす事と拜されます。

上則《ハチ》答《ヘ》二乾靈授《クル》レ國《ヲ》之德《ニ》一　下則《ハチ》弘《ム》二皇孫養《フ》レ正《ヲ》之心《ヲ》一　然《テ》後《ニ》兼《テ》二六合《ヲ》一以《テ》開《キ》レ都《ヲ》　掩《テ》二八紘《ヲ》一而爲レ宇《スト》
不《ナラズ》二亦《タ》可一乎《ヤ》。

次に考へて見ねばならぬことは、中心の八嶋相が變化すれば、外圍の大八嶋が盡く變化するといふことです。中心が變すれば外圍が悉く變ずるものであると云ふ保證を示す爲めに、古事記には幾多の嶋が現はれたことを記してゐます。併し中心基準の變相は、實に多數の變化があるのですが、その內最も標準と成るべきものは次の七種です。この七種は中央基準が一定の方式で衝動を享けた時に現はれるもので、その名が古事記には圖の右側に記した通り成つてゐます。

第十一圖

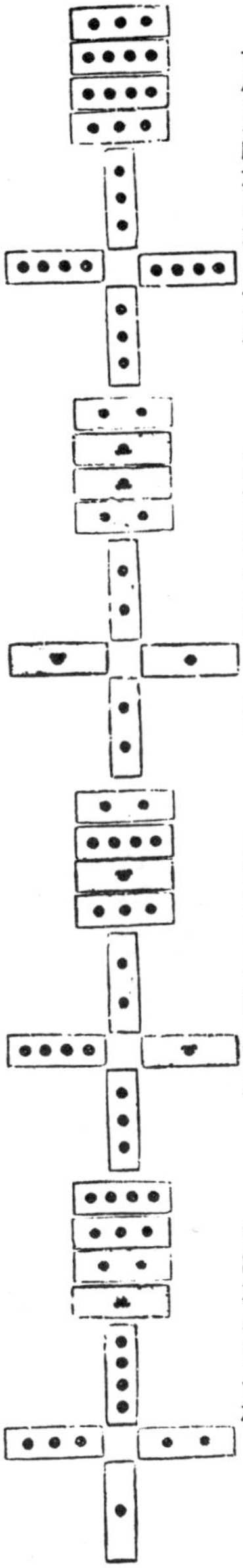

吉備兒嶋亦名建日方別

小豆嶋亦名大野手比賣

大嶋亦名大多麻流別

女嶋亦名天一根

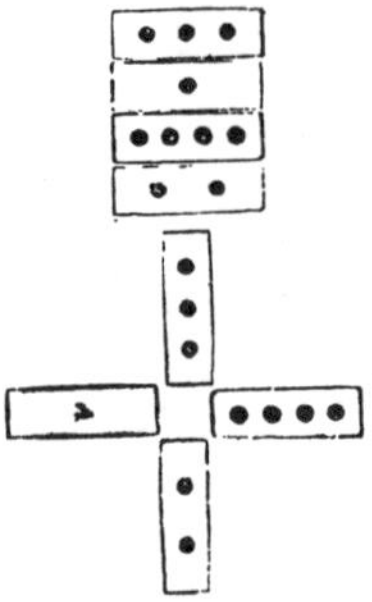

知訶嶋亦名天之忍男

兩兒嶋亦名天兩屋

斯く中央に還つて、この七種の變相を行ひ、一々その外圍の伸展構成を行つて見れば、もはや其他無量の變相や擴充等は、悉く遣つて見なくとも、判明する事柄なんですから、標準七嶋を掲げて之を示されて居る譯です。この中央の變相や、外圍擴充の方式を行へば、いかに八尋殿《イヤヒロドノ》が豐けき內容を保有してゐるかゞ、明瞭に判《ワカ》るので、豐秋津《トヨアキツ》嶋《シマ》の名がいよ〳〵輝きを放つ譯です。秋津《アキツ》は現に明らかに顯はれる義。大倭《オホヤマト》は無障碍自在の創造を包擁し、統制ある擴充を行ひ得る義ですから、大倭《オホヤマト》が天《アメ》御《ミ》虚空《ソラ》一體の表現である事まで判知されて、一入《ヒトシホ》尊嚴味を覺える次第です。八《ヤ》嶋《シマ》は八對十六嶋から來た名であることは前述の通りですが、また變相自在の上からイヤシマであり、いよ〳〵創造進化を重ねる嶋とも解せられます。大八嶋また必然オホイヤシマです。又大八嶋の變相する狀態を天文學上から解して、螺狀星雲が漸次變化して往く道程と見る事も出來ると思ひます。さうすれば吉《キ》備兒《ビノコ》嶋《シマ》以下七嶋は、例の環狀と成つて遂には太陽を中心

とする、太陽系の構成を見るまでの進化的狀態と解することが出來ませう。大事忍男神《オホコトオシヲノカミ》以下は必然その環狀系列《システム》の構成と見ねばならぬものです。大八嶋相は角度を異にする三個の十╳×型を現はしてゐますが、その脚の兩端が中心の一點で均衡を保つて、其一點が今は中主《ナカヌシ》の位を示してゐる事を見ます。治亂は永遠の對象で、絶對の治も亂もありません。得失存亡榮枯盛衰……等皆盡く然りです。永遠の對立ですから、その一方を絶滅せしめることは出來ません。一切の萬象は永遠の對象で、しかもそれは一體のものです。ですが中心の一點のみは、如何に外圍の對象が千變萬化するとしても、毫末も變動を見ない中主です。我々が創造の當初に於て、中主を考へ自在を考へて居た事が、今や頗る明瞭な形で顯はれたと見る事が出來ます。而して中主ミタカアマハラとの關係も非常に明瞭に成つて參つた譯です。中心で交叉して其處に金剛不動の大倭豊秋津嶋《オホヤマトトヨアキツシマ》の成立したことは、邦家經緯上に大基底を獲た保證ミ申して宜しいのです。自在とは中心點に支へられた兩端對象の上に於てのみ自在であり、創造は中心に立つて變化を營む上に於てのみ無量たる事が鮮明した譯です。叉た大八嶋相を見る時、創めて中主から二神統四神統八神統の成立したことも整然と窺はれ、かくて伊耶那岐《イザナギ》伊耶那美《イザナミ》二神の永遠の御神業が、頗る明確に拜せられる氣が致すのであります。次に古事記の本文に、

「既生國竟《スデニクニウミヲエテ》　更生神《サラニカミヲウム》　故生神名大事忍男神《カレウミマセルカミノミナハオホコトオシヲノカミ》」とあります。

大事忍男神《オホコトオシヲノカミ》が、中心基準の變相であることは論の無い所ですが、前の吉備兒嶋《キビノコジマ》等の變相とは、大にその趣を異にし、定位置の排列とか、構成とか云ふよりも、運轉とか順環とか云ふ事を本位にする變相と成つたので、既に國生み畢へて、更に神を生むと申してあるのでありませう。大事《オホコト》は全部を一團として統率する義、忍男《オシヲ》は強く伸展擴充する義、乃至旋轉するといふ義であらう。その生れます。石土毘古神《イハツチビコノカミ》、石巣比賣神《イハスヒメノカミ》、大戸日別神《オホトビワケノカミ》、天之吹男神《アメノフキヲノカミ》、大屋毘古神《オホヤビコノカミ》、風木津別之忍男神《カザグツワケノオシヲノカミ》、大綿津見神《オホワタツミノカミ》、水戸神《ミナトノカミ》、の八神は、大事忍男神《オホコトオシヲノカミ》即ち中心基準の位が、圓輪狀に變相したので、その外圍に夫々排列され擴充された神々の御名たることが判ります。即ちその排置は第十二圖の通りで、斯うなると單に空間的の存在であるばかりでなく、時間的な乃至旋廻的な排列と成つて、循環の作用を營み給ふことが本位となる譯です。

さて此處に螺狀排列とは異つて、最も新らしい事柄を深く考慮に入れねばならぬことに成つて參りました。といふのは螺狀排列の場合にも勿論存在はしてゐたが、圓輪になると、內外といふ事が非常に大きい關係を保ちます。外を顯界とすれば內は幽界で、外方に伸展するには內方の基礎準備を要し、內外相對應して其整備を策せねば成就しない譯です。が併しその內外（顯幽）の呼應が頗るむつかしいので、その間

第十二圖

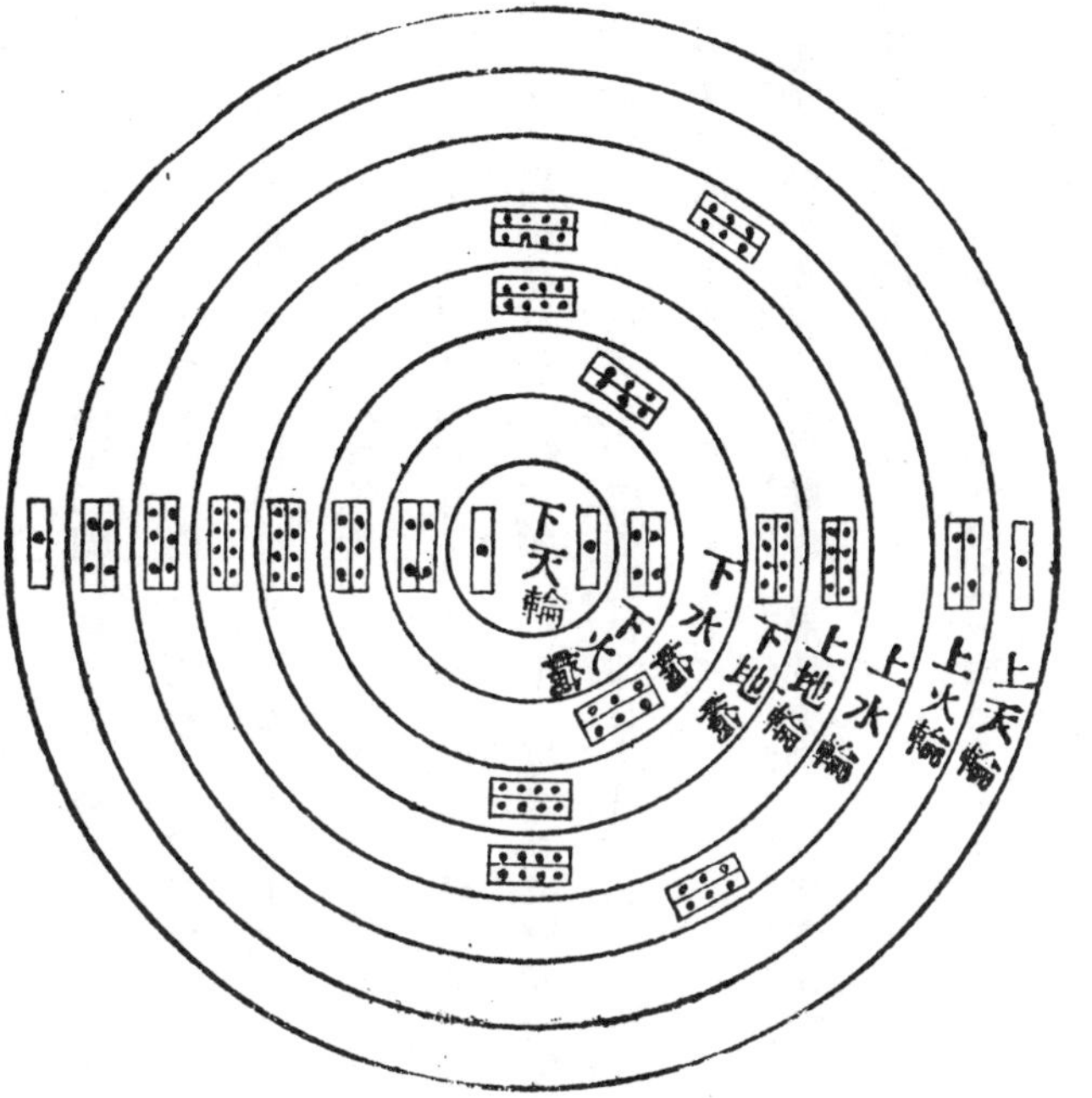

大事忍男神相圖

上天＝天之吹男神
上火＝大戸日別神
上水＝水　戸　神
上地＝石土毘古神
下地＝石巣比賣神
下水＝大綿津見神
下火＝大屋毘古神
下天＝風木津別之忍男神

にひきつりが起ると大變です。前には「女人先言不良《ヲミナヲコトサキダチテフサハズ》」位で濟んだが、今回はそれ所ではいけないことに成るかも知れません。第十二圖を見ると上地下地で內外を區劃し、所謂顯幽を區分して居り、而して上地、上水、上火、上天は降つて內に入らんとし、下地下水下火下天は昇つて外方に伸出せんとしてゐます。が地性は鈍重ですから自力でどうすることも出來ません。猛烈な下火はその上の水を沸騰せしめて猛威を揮はんとしますが、水層地層の爲めにさうはされない。下天も火を煽つて伸出を强く冀求するが、最底に居てさう易々とは出られない。上水は地に浸透して下水に通ぜんとし、上火上天はその下降の機を狙《ネラ》つてゐます。斯樣な狀態の時、先づ以て一等容易に交通の開けるのは水ですから、上水下水が發動を起して交通を開いた。これが水戶神《ミナトノカミ》名速秋津日子神《ハヤアキツヒコノカミ》次妹《イモ》速秋津比賣神《ハヤアキツヒメノカミ》の二神《フタカミ》が河海に因《ヨ》りて持別《モチワ》けて生神《ウミマスカミ》こいふのです。河は上水、海は下水です。

沫那藝神《アワナギノカミ》　沫那美神《アワナミノカミ》　頰那藝神《ツラナギノカミ》　頰那美神《ツラナミノカミ》　天之水分神《アメノミクマリノカミ》　國之水分神《クニノミクマリノカミ》　天之久比奢母智神《アメノクヒザモチノカミ》
國之久比奢母智神《クニノクヒザモチノカミ》（八神）

以上は上水下水の交通で、水性の種々相を八大分類した神名で、地層を透しての交通です。この上水下水の交通が行はれると、默つて居れないのが最底の下天で、志那都比古《シナツヒコ》、志那都比賣《シナツヒメ》の神力を起して、忽ち伸出の機を狙《ネラ》つたが、未だその機ではなかつた。最も猛烈な慾求に燃えて居る下火は、最底の風力が眼を醒したので、この時とばかり、久久能智《ククノチ》神力を發揮した。皇典にはこの神は木神《キノカミ》とあるが樹木の神でなくて、下火神力です。皇典では「木」は多くの場合「火」に通じてゐます。下火神力が發動すると、その影響が忽ち上地下地に及んで、上地に鹿屋野比賣《カヤヌヒメ》亦名は野槌《ヌツチ》神が發動し、下地に大山津見《オホヤマツミ》神が發動し、大山《オホヤマ》津見《ツミ》神と野槌《ヌツチ》神の爲めに、大なる變動が起つて、

天之《アメノ》狹土神《サツチノカミ》　國之《クニノ》狹土神《サツチノカミ》　天之《アメノ》狹霧神《サギリノカミ》　國之《クニノ》狹霧神《サギリノカミ》　天之《アメノ》闇戸神《クフドノカミ》　國之《クニノ》闇戸神《クラドノカミ》　大戸《オホト》惑子神《マヒコノカミ》

大戸惑女神《オホトマトヒメノカミ》　（八神）

が御發現になつた。この八神は上地下地の發動から起つた神ですが、其の神統は地神統には多く屬せず、風神統に屬する神が多いのです。して見ると大山津見《オホヤマツミ》と神槌《ヌツチ》の發動は、水層を震はしめ火層を震はしめ、下天上天に影響して、大きな氣息《イキ》を滿喫したような狀態に見えます。斯うなると上天に鳥之石楠船神《トリノイハクスフネノカミ》亦名天鳥船《アメノトリフネ》が現はれ、最奥の下天に大宜都比賣神《オホゲツヒメノカミ》が現はれて、顯幽交通の可能を、充分確認された姿が拜知されます。顯幽交通の可能が確認されて、最高最低の感應が成立した以上は、もはや猶豫すべき時ではないと見て執り、一時に猛然として發動したのは、當然下火でした。之を火之夜藝速男神《ヒノヤギハヤヲノカミ》亦名火之炫毘古神《ヒノカヾビコノカミ》亦

名火之迦具土神《ヒノカグツチノカミ》の躍動と申すのです。斯く猛烈に下火が發動した爲めに、下界即ち幽界を受け持つて發動し給へる伊耶那美神《イザナミノカミ》は、其の美蕃登《ミホド》（產出口）を炙《ヤ》かれて、疾患を起されたのでした。疾患とは變態を指し上昇の順調が害せられた事に當ります。その疾患の結果として、

多具理《タグリ》に生《ナ》る金山毘古神《カナヤマビコノカミ》　次金山毘賣神《カナヤマビメノカミ》　屎《クソ》に成《ナ》る波邇夜須毘古神《ハニヤスビコノカミ》　次波邇夜須毘賣神《ハニヤスビメノカミ》　尿《ユバリ》に成《ナ》る彌都《ミツ》波能賣神《ハノメノカミ》　次和久產巢日神《ワクムスビノカミ》（六神）

が生《ア》れました。この神の神統は地神統に屬します。皇典には和久產巢日神《ワクムスビノカミ》の子を豐宇氣毘賣神《トヨウケビメノカミ》と謂ふと錄してゐますが、勿論この神は此時の御出生ではありません。前掲の神々の御名は、火山から噴出する溶岩《ラバー》から饒土、饒土から濕土、水田と順次土壤變化を表現する御名で、地球成立後は、當然地層がこの順序で成立し、遂には豐宇氣毘賣神《トヨウケビメノカミ》即ち穀物の豐稔を見るに至つた譯ですが、今此處は尙ほ大宇宙の進化過程と見るべき所ですから、地球すら成立して居ない時です。斯様な譯で猛烈な下火發動の爲めに、昇騰的威力が却て災されて、反對に內部へ惹き返さねばならぬ混亂狀態に立ち至つたのでした。が併しこれも豫定の御行動らしく、却つて地層が大なる進化度を加へた結果を見たので、寧ろ祝福すべきかも知れません。がこは例の女人先言《ヲミナヲコトサキタチ》の例に漏れず、幽部が先に發動したから起つた災厄で、不良と見做すべきものに屬

し、伊耶那美命は遂に神避《カムサリ》ますの餘義なきに至つた次第でした。神避《カムサリ》こは、向上昇騰の力が、今は全く下向して、顯幽交通の念慮を斷念するに到つた狀態を指して申すのです。斯様な神避《カムサリ》を見られました伊耶那岐神は、これは大變なことが出來たといふので、非常に哭《ナ》き悲んで、地に轉々として哀痛の極みを演ぜられました。その時その涙から生《ア》れましたのが泣澤女神《ナキサハメノカミ》でした。皇典では「故爾《カレコヽニ》伊耶那岐命《イザナギノミコト》 詔之《ノリタマハク》 愛我《イツクシャ》那邇妹命乎《アガナニモノミコトヤ》 謂易子之一木乎《コノヒトツケニカヘツルカモトノリタマヒテ》 乃匍匐御枕方《スナハチミマクラベニハラバヒ》 匍匐御足方而《ミアトベニハラバヒテ》 哭時《ナキタマフトキニ》 於御涙所成神《ミナミダニナリマセルカミハ》 坐香山之《カグヤマノウネヲ》畝尾木本《ノコノモトニマス》 名泣澤女神《ナハナキサハメノカミ》」と申してあります。子之一木《コノヒトツケ》に易へつるかもの一木《ヒトツケ》は「下火」で、子なる下火に因つて、全く伸展が下降に變じ、顯幽交通の機能が消滅したので、天に騰つた蒸氣は下つて雨こ成つて降り、岐命《イザナギ》の神力は方途を失ひ、まご〳〵して唯だ哭《ナ》くより外は無かつたのでした。香山之畝尾《カグヤマノウネヲ》は、火を噴く山の畝尾《ウネヲ》爲《ナ》して伸び亘つてゐる義、木本《コノモト》は谷間の熔岩の在る邊。そんな所に雨が溜つて、水の澤が幾つも出來たことを申すのです。而してその神避《カムサリ》ました伊耶那美神は、出雲《イツモ》即ち顯界と伯伎《ハハキ》即ち幽界の堺なる比婆之山《ヒバノヤマ》に葬つたといふのです。此處まで解して來ると、今まで顯幽二界の交通このみ考へて居た兩界が、生と死との兩界でもあつた事を識るに到つたので、これからは二神の關係が顯幽生死の二重交渉になつて參る譯です。

そこで先づ伊耶那岐神は、その御佩之十拳劍《ミハカセルトツカツルギ》を拔《ヌ》いて、其子迦具土神《カグツチノカミ》の御頸《ミクビ》をお斬《キ》りになりました。伊耶那岐神の十拳劍がカアマハラ圓融無障碍の威力たるは必然です。此劍は天沼矛《アマノヌボコ》の眞實相を保ち、フトマニの至嚴な作法の營まるべき利劍で、迦具土神《カグツチノカミ》の頸を斬られたのは、決して彼が母を死に至らしめたのを忿怒して斬られたのではありません。斯うすることが、顯幽生死の交通を回復する、最も適應の手段なりご信じ給ふたからでした。これ十拳劍の明斷です。迦具土神《カグツチノカミ》の斬られた時に、

其御刀前《ミカタナノサキ》に著ける血が湯津石村《ユフイハムラ》に走就《タバシリツ》いて　所成神名《ナリマセルカミノミナハ》　石拆神《イハサクノカミ》　次根拆神《ネサクノカミ》　次石筒之男神《イハツヽノヲノカミ》　次御刀本《ミカタナノモト》に著《ツ》ける血が湯津石村《ユツイハムラ》に走就《タバシリツ》いて　所成神名《ナリマセルカミノミナハ》　甕速日神《ミカハヤヒノカミ》　次樋速日神《ヒハヤヒノカミ》　次建御雷之男神《タミカツチノヲノカミ》亦名建布都神《タケフツノカミ》

亦名豐布都神《トヨフツノカミ》

次御刀之手上《ミカタナノタガミ》に集《ツド》ふ血が手俣《タナマタ》より漏出《クキイデ》て　所成神名《ナリマセルカミノミナハ》　闇淤加美神《クラオカミノカミ》　次闇御津羽神《クラミツハノカミ》　（以上八神）

この神々は、火神統の神で、地球に就いて云へば、地下火が脈を爲して縱横に走つてゐる狀態の神格化です。石拆根拆《イハサクネサク》は岩石や堅牢な地層を粉碎する火力、石筒之男《イハツヽノヲ》は火脈の太い線や、核の部分、甕速日《ミカハヤヒ》、樋速日《ヒハヤヒ》は火脈の比較的細くて、猛き勢を以て川の如く走つてゐる線、建御雷之男《タケミカツチノヲ》は雷電的の尖銳なる火性、闇淤加美《クラオカミ》は土中に潛在して、端覔すべからざる神力を現はす火性、闇御津羽《ケラミツハ》は水中に潛在して、秘力的な發

動を時々起す火性で、この二神は普通龍神と呼ばれてゐる神です。これ等の神は、湯津石村《ユツイハムラ》に走就《タバシリツ》いた血《チ》の神ですから、あらゆる萬有の內に普遍的に潛在する神性です。特に建御雷之男《タケミカツチノヲ》は亦名に建布都豊布都《タケフツトヨフツ》等があるので、極めて多方面に發動する神で、現代電氣科學の進歩してゐるのも、其の神性の一部を顯揚してゐると申してよろしいのでせう。闇淤加美《クラオカミ》と闇御津羽《クラミツハ》は潛熱と謂つた意味の神名です。

それから皇典は、殺された迦具土神《カグツチノカミ》の死體から、山津見神《ヤマツミノカミ》の出來たことを述べてゐるが、これは地球を本位に說く場合は、當然地上に山脈の出現したことに當るので、地下に地火脈が出來たり噴火作用が起つた爲めに、山岳が隆起したと見るべき所です。其山津見《ヤマツミ》は、頭に正鹿山津見神《マサカヤマツミノカミ》、胸に淤縢山津見神《オドヤマツミノカミ》、腹に奥《オク》山津見神《ヤマツミノカミ》、陰に闇山津見神《クラヤマツミノカミ》、左手に志藝山津見神《シギヤマツミノカミ》、右手に羽山津見神《ハヤマツミノカミ》、左足に原山津見神《ハラヤマツミノカミ》、右足に戸山津《トヤマツ》見神《ミノカミ》、（以上八神、これ山神統の神）といふ譯です。頭とか胸とか腹とか云ふのを地球を本位に見る場合は、アフリカを頭、亞細亞歐羅巴を胸、東亞細亞を腹、陰部を日本、左手はスカンヂナビヤ半島地方、右手はマレー半嶋から濠洲へかけての部、左足は北アメリカ、右足は南アメリカと見るのです。第十三圖はアフリカを最頂に見た世界地圖ですが、その全地相がいかに人體相に見えるかに、驚くの外無いではありませんか。左手を肩上に曲げて何か撃ち碎かんとする姿勢、右手を伸して掌を廣く開き、左右の足を踏張

第十三圖

つて、口を開いてゐる（紅海は世界の口で、その水が紅いのもおもしろい）容態は、彼の觀音さんの門に立つてゐる「二王像」（向つて右の金剛力士）そつくりなのは頗る妙味を覺えます。前にアキツトナメの事を述べた際に、日本と世界各土とは大小の相似を爲してゐる旨を述べましたが、斯うして人體像に擬して地圖を見る場合、日本は世界の局部に當つて、聖子降誕の相を爲してゐるのは、何と云ふ妙趣に富んでゐる事でせう。併し伊耶那岐伊邪那美二神の神業は、大宇宙の構成ですから、この時地球が出來たのでは無いのです。故に山津見《ヤマツミ》と云つても、地上の山脈と見るのは當つて居ません。宇宙に幾多の山脈が出來た。それがこの時の山津見《ヤマツミ》の出現で、地球上面に山脈の出來たのは、後に地球が出來た際に、此の神業が再演されたからの結果です。一地球の上にも宇宙構成の神則が其儘營まれるから、宇宙の律則即ち岐《イザナギ》 美《イザナミ》二神の創造御神業は尊いものです。斯樣な譯合のものですから、地球上の山脈にも夫々この山津見《ヤマツミ》名を充當することが出來る理《ワケ》です。大宇宙間に山脈が存在してゐる證左は彼の銀河《アマノカハ》等を見ても判る譯です。微星の集團が脈を爲し、綿亘として長く〳〵蔓延してゐる狀態は、地上の山脈に異らないものでありませう。彼の星座と名づけるものは、一定の星と星とを繼ぎ合はせて、その出來た形を以て、星座名を附けたもので、獅子座、白鳥座、巨蟹座。大熊座、天蝎座。寶瓶座、雙魚座。…………等の名があります。星座も一種の山津見ご見て差支ないもので、星座の上に山津見名を與へることも、或は可能でありませう。それは兎も角も大宇宙にも頭、胸、腹、手足等の部分があつて、巨大な像を爲してゐるように皇典の上からは考られます。伊耶那岐神《イザナギノカミ》が迦具土神《カグツチノカミ》を斬られた十拳劍《トツカツルギ》の名は、天之尾羽張《アメノヲハハリ》、亦名を伊都之尾羽張《イツノヲハハリ》と申します。この天之尾羽張《アメノヲハハリ》がタカアマハラのカアマハラ無礙交流の稜威《キツ》力を保ち乃至イヤヒロドノのアシカビ無限の發射力を保有するのは當然です。而してこの廣大無邊の天之尾羽張《アメノヲハハリ》が、世界地圖上尾張《ヲハリ》國熱田《アツタ》宮に鎭座し給ふ天叢雲劍《アメノムラクモノツルギ》（草薙劍）に必然の聯關を保つことは疑ふ餘地のない所でありませう。熱田《アツタ》の名もアツツチであり、熱《アツ》と迦久《カク》即ち燿《カヤ》くとが一致し、熱田即ちカクツチではあるまいか。迦久《カク》の赤色觀念から、熱田はまたアカツチの意義でもあらう。赤土山脈の北海に迫る尾に當つて、尾張あり熱田あるは妙味が深い。愛知《イチ》もまたアカツチ又はアツツチで、天之尾羽張《アメノヲハハリ》と離れない名であらう。

斯樣に伊耶那美神は、火神の爲めに產出即ち向上の力を失つて、內部凝聚に向はれたので、伊耶那岐神は顯幽（靈體）和合の成就が冀待されず、天神の詔命にお對《コタ》へすることが出來ないのを患み、どうかして今一度妹命《イモミコト》を呼び起して、向上發伸の途を採らしめなんものと、其子火神の頸を斬り、その伸出の氣勢を促されたが、それ位では未だ妹命《イモミコト》の心を飜らすことが出來なかつた。そこで今回は伊耶那美命に直接面會せんものと思召され、黄泉國《ヨモツクニ》へ浸入することにされました。黄泉國《ヨモツクニ》は幽界です。伊耶那岐神はイヤヒロドノ構成の作法を御承知ですから、其イヤヒロのアシカビ線を逆に傳ひ、內聚して顯幽の堺なる比婆山《ヒバノヤマ》に到り「愛《イツ》くしき我《ア》が妻《ナニモ》の命《ミコト》や、吾汝《アレナ》と作れりし國未《イマ》だ作り竟《ヲ》へずあれば、お還《カヘ》りなさいませ」と仰せられました。すると伊耶那美命は答へて「悔《クヤ》しきかも速《ト》く來給《キタマ》はなかつたので、吾《アレ》は黄泉戸喫《ヨモツヘグヒ》致しました。然れども愛《イツ》くしき我《ア》が夫《ナセ》の命《ミコト》の入り來ませること恐《ナシコ》ければ、還りたうございますから、眞具《マツブサ》に黄泉神《ヨモツカミ》と協議致して見ませう。妾を見ないで居て下さい」と仰せになつた。黄泉戸喫《ヨモツヘグヒ》とは向上伸出の力が、反對の位置を採つて、頭と尻とがぐるりと反つたことです。斯うなれば內聚が本位に成つたのだから、還る爲めには、全く方向を返還しぐるりと廻り直さなければなりません。それは容易な事ではありません。故に餘程念入りに下向內聚の力を說き伏せて、その承認を經なければなりませんので、その間妾を見て下さるなと謂はれるのです。何れ其時は、醜い狀態で、ひつくり返へる行動を爲さねばならぬから其醜態を恥られての事でせう。且具とあるは眞具でマツブサニと訓むべきでせう。また悔哉《クヤシキカモ》不速來《トクキマサズテ》とある處を見れば、伊耶那美命の神避《カムサリ》後、餘程經過してから、伊耶那岐命は訪ねられたやうです。勿論さうであらうと想はれます。火勢が劇闘の巷を現出してゐる際には到底近づき得べくもないので、御涙で熱氣を消し、火神の頸を斬つて火勢を整へ、山津見《ヤマツミ》を造つて平穏な狀態に復歸せしめる迄には、相當に永い期間を要した事でありませう。若し天文學上の語で謂へば、幾十乃至幾百光年を經たのかも知れません。が兎も角も時期が到來したので、黄泉を訪ねて、再起を促されたのがこの段です。

伊耶那美命は岐命《イザナギノミコト》を待たせて置いて、其殿內に還り入り給ふたが、いつまで經ても、何等の御返答も無く、甚だ久しいので、伊耶那岐命は待ち切れなく感ぜられました。何れこの間も長い〳〵期間であつたのでありませう。そこでもう待ち切れないので、決心して左之御美豆良《ヒダリノミミヅラ》に刺《サ》せる湯津津間櫛《ユツツマクシ》の男柱《ヲバシラ》を一箇《ヒトツ》取闕《トリカ》いて、一火燭《ヒトツビトモ》して殿《トノ》の內へ這入て御覽に成ると、こはそもいかに、蛆が群生してどろ〳〵の狀態で、目も當てられぬ醜狀を呈してゐる上、頭には大雷《オホイカヅチ》居り、胸には火雷《ホノイカヅチ》居り、腹には黑雷《クロイカヅチ》居り、陰には拆雷《サクイカヅチ》居り、左手には若雷《ワカイカヅチ》居り、右手には土雷《ツチイカヅチ》居り、左足には鳴雷《ナルイカヅチ》居り、右足には伏雷《フシイカツチ》居り、并せて八雷神《ヤグサノイカツチガミ》が鳴つて、雷神統の集團を形成して居ました。この八雷神は雷神統で、地球本位にいふ場合は地下雷です。これが興起したものが火山系脈と成る譯です。

斯様な醜惡な狀態であつたので、伊耶那岐命は大にあきれて怖を抱き、逃げ還ります時に、其妹伊耶那美命が、「吾に恥辱を與へ給ふた」といふので、黄泉《ヨモツ》醜女《シコメ》といふ地獄の魔女を遣はして追はしめられました。そこで伊耶那岐命は黒御鬘《クロミカヅラ》を取つて投げ棄て給ふた。するとそれが蒲子《エビカツラノミ》に生《ナ》つた。ヨモツシコメが是を摭食《ヒロヒ》ふ間に逃げ給ふたのを、猶ほ追かけて來た。そこでまた其右御《ミギリノミ》美豆良《ミヅラ》之湯《ノユ》津津間櫛《ツツマグシ》を引《ヒ》き闕《カ》いて投棄て給へば、乃ち笋《タカンナ》に生《ナ》つた。是を抜食《ヌキハ》む間に逃げ行き給ふた。これは伊耶那岐命の豫定の御行動と申しても宜しいもので、兎も角も伊耶那美が黄泉戸喫《ヨモツヘグヒ》してゐるのを外部へ向はせ、伸出の途を採らせさへすれば目的は達する。そこで逃ると見せて伸出の氣を促して居たまふ譯です。地球の進化を本位に本段を解けば、地層に一種の醱化作用が起き、生物でも發生しさうな程度に、土壌に落着と肥滿の狀態が現はれて來た時、その當初は國土の構成即ち單に物質的な組織や集團の構成に止まつた創造神業が、今や幽は死の國、顯は生の國といふ狀態が現はれて見れば、生と死の交渉を決定し、靈統と體統とのムスビを本位に行動することが、却て天神の御本意であらうといふので、逃げつゝ其策戰を講ぜられたのでした。伊耶那岐命の黒御鬘《クロミカヅラ》は靈魂の上からは寢魂《ヌルミタマ》で、ヨモツシコメが寢魂《ヌルミタマ》が滿地に蒲子《エビカツラノミ》の如く充實した時、それを食つたとは、萬物が寢魂の所有者たる自覺を得た事です。次の右御《ミギリノミ》美豆良《ミヅラ》之湯《ノユ》津津間櫛《ツツマクシ》は和魂《ニギミタマ》で、その笋《タカンナ》の如く滿地に充溢した和魂《ニギミタマ》を食ふことに因つて、植物發生の第一原因が地中に宿つたのです。斯く生物發生の因は宿されたが尚ほ其發生を見るまでには、幾多の準備幾多の整理を要しました。これが伊耶那岐命の後を追つて八雷神《ヤクサノイカツチカミ》に千五百之黄泉軍《ヨモツイクサ》を副へて追はしむといふ所に當り、火山噴出となり、土壤が幾多の破碎作用に出遭ふことを示し、漸次豊穰の地質を構成したことを述べた所です。土壤の準備が出來なければ植物は發生が出來ないから、そんな策戰を伊耶那岐命は御心の内に案じつゝ、その最も條理的な伸展を促す御考から、御佩之《ミハカシノ》十拳劒《トツカツルギ》を拔いて、後手《シリヘデ》に布伎都《フキツ》都逃げてお出になりました。布伎都《フキツ》都は策戰の圖式を畫き、その圖線を辿つて整然たる結果を冀待する仕方で、外見には逃げると見せかけて、思ふ壺に篏めんとする、逆指導の方式と解して宜しいのです。

八雷神千五百之黄泉軍は、それとは知らず、策戰通りに後を追つて來たので、遂に顯幽の境なる黄泉《ヨモツ》比良《ヒラ》坂《サカ》の坂本《サカモト》に到つた時に、いゝ好《ヨ》しと、其坂本に在る桃子《モヽノミ》三箇《ツ》を取つて待擊ち給ふたので、悉く八雷神の軍隊は逃げ返つた。鬼に對して桃を投げると云ふ傳説は、世界の各處に傳はる有名なもので、種々解説がありますが、桃子《モヽノミ》三箇《ミツ》は生物の原生種子で、土壤が生物發生に適當な狀態に成つた、即ち其の機會に遭遇したことを述べ、斯うなれば八雷神軍は土壤完備の任務を終り、生物が地上に發生し其力で破碎作用を營むことに成るから、原始的な噴火作用等は漸次必要を減ずるので、其處を桃子に擊たれて悉く逃げ返ると申してあるのです。斯う見て來ると、逃げて追はれる伊耶那岐命の策戰は、矢張同時に伊耶那美命の策戰でもあつたので、靈體のムスビが必然に斯うして創められ、斯うして進んで、第二段の國産み即ち生物發生の源が開らけて往く次第です。神界の妙理は實に味へば味ふ程深遠なものです。

そこで伊耶那岐命が、桃子に告げて「汝吾を助けし如く、葦原中國《アシハラノナカツクニ》にあらゆる愛すべき人民の、苦瀬《ウキセ》に落ちて難儀する時に助けよ」と告《ノ》り給ひて、意富加牟豆美命《オホカムヅミノミコト》といふ名を御授けになりました。これは後日植物を食糧として人類始め動物等が生存を續ける生命素たらしめん御神慮で仰せられたもので、桃子三箇《モヽノミツ》は、皮を食するもの、果肉を食するもの、仁核を食するもの〻三箇を指すのでありませう。オホカムヅミの大《オホ》は美稱又種族の多きを意味し、加牟《カム》は嚙む即ち味ひ喰ふ義、豆美《ツミ》は美はしき身の義であらう。我等は植物を糧《カテ》としその苦しき生活の中にも、豊けき生命の存續を爲して參りますが、こは偏に大神の深き御仁愛の賜です。

さて最後には其妹伊耶那美命《イザナミノミコト》が、身自ら追來て、靈體のムスビ即ち生物發生の問題ならば、大に決定して置かねばならないといふ譯で、乃ち千引石《チビキイハ》を其黄泉比良坂《ヨモツヒラサカ》に引塞《ヒキサ》へて、其石を中心に置いて、各對立して、誓約の決定案を交換する事にされました。伊耶那美命は最初は國土構成を本位に御活動遊ばされたのでしたが、今は局面が展開して、靈體の和合、生死の問題に成つて來たので、永遠の生命存續乃至種族の伸展等を、確に保證しておかねばならなくなりました。そこで顯幽二界の誓約を明確に決定せんとされた譯です。この時先づ千引石《チビキイハ》を顯幽の堺に置かれたのは、神聖にして犯すべからざる金剛の立脚を意味し境堺を嚴別されたのです。而して幽界神たる伊耶那美命言《ノタマ》はく「愛《ウツ》くしき我那勢命《アガナセノミコト》、此《カ》く爲《シ》たまはゞ汝國《イマシノクニ》の人草《ヒトクサ》は一日に千頭絞殺《チカシラクビリコロ》さむ」と。これが大提案でした。カクシタマハヾこいふのは、前を承けて靈體二系のムスビを本位に、永遠の行動を採り給はゞの意です。故に憎むべきではなく、我愛すべき那勢命《ナセノミコト》と呼びかけられてゐるのです。人草《ヒトクサ》は人類ですが、此處は廣義に一般生類を代表せしめて人草《ヒトクサ》と申してゐるのです。「千頭絞《チカシラクビ》り殺さむ。」聊か怨恨を晴らす忿怒が燃えてゐる感が致しますが、併し生命の問題を議する以上、生死何れからか提案が無くては議は決定しないので、體神の方から千頭絞《チカシラクビ》り殺さむの鐵則が先づ提出された譯です。之に對して生の神伊耶那岐命は「愛《ウツ》くしき我那邇妹命《アガナニモノミコト》や」ご矢張極めて親愛なる語を以て迎へて、「汝《イマシ》しか爲《シ》たまはゞ吾《ア》は一日に千五百產屋《チイホウブヤ》を立たん」ご申されて、これで生死の誓約が決定しました。「是を以て一日に必ず千人死し、一日に必ず千五百人生まるゝのである」といふのです。がこれは必ずしも千人千五百人といふので無く、死よりは生の方が五割も力強さを保つてゐると云ふことで、生物の彌榮《イヤサカ》を保證された、生命乃至種族永存の神約と見るべき憲章であります。この生死の憲章は非常に大切な條件でありまして、創造に基づく構成と破壊との根本律則から割出した鐵則なんです。斯くて顯界と幽界とが嚴然たる對立の境域を立てたので、伊耶那美命を黄泉津大神《ヨモツオホカミ》と申し上げます。黄泉津大神《ヨモツオホカミ》は黄泉國の大王、死の國の全主宰者です。而して この死なるものは必然追ひ詰めて毫も許す所なく、嚴に追ひいゝ、しきるから、黄泉津大神《ヨモツオホカミ》を道敷大神《チシキノオホカミ》とも申し上げます。生物が死の來訪を避くることの出來ないのは、光明へ暗黑の射し入るが如く、一體不離の道敷《チシキ》であるが故です。而して生と死とは嚴然たる境域の一面にしか存在が出來ないので、生きた儘で死の國に到り、死者は毫も生界には止まることが出來ません。そは其中間を千引石《チヒキイハ》を以て塞がれたからです。故に其金剛の磐石を道反大神《チガヘシノオホカミ》亦た塞坐黄泉戸大神《サヤリマスヨミドノオホカミ》とも申します。而して黄泉比良坂《ヨモツヒラサカ》は丁度生と死との一等接近してゐる境堺ですが、今之を出雲國即ち顯界の方から見れば伊《イ》賦夜坂《ブヤサカ》と申します。イブヤザカは臨終とか、終焉とか名げて居る所のもので、薄紙一葉を隔てぬほどだが、千里万里を忽ち隔つる不思議な堺《サカ》です。

斯樣な狀態に至つたので、伊耶那岐大神即ち黄泉津大神《ヨモツオホカミ》に對して、顯界（生の國）の大神と成り給ひし伊耶那岐大神は、「吾はまあ醜《シコ》め醜《シコ》めき穢《キタナ》い國に到つて居たわい」と仰せに成り、「故に吾は御《ミ》身之禊《ミノミソギ》を爲《セ》ん」と仰せられて、乃ち筑紫日向之橘小門之阿波岐原《ツクシノヒムカノタチバナノヲドノアハギハラ》に到り給ひて、禊祓《ミソギハラヒ》をなさいました。死の國は醜い穢い國であると云ふ感が、強くこの文からは響きますが、生物發生の神業から見れば、當然の策戰が策戰通り行はれたので、大御滿悅な譯です。しかし靈體の和合は飽まで靈を本位として行はるべきものであるので、體を怖れ體に媚び體の醜穢を留めて居てはいげない。そんな御神慮から靈神は禊祓を遊ばすわけです。筑紫日向之橘小門之阿波岐原《ツクシノヒムカノタチバナノヲドノアハギハラ》は、筑紫《ツクシ》は(天)、日向《ヒムカ》は(日、火)橘小門《タチバナノヲド》は(水)阿波岐原《アハギハラ》は(地)で、天火水地を表現するムスビの聖位なんですから、此處での禊《ミソギ》祓は、即ち上天下天、上火下火、上水下水、上地下地の當初の行事に一度立ち返つて、其の整否を廻想し、其の完備完成を期し、以て神聖なる行程を進め給はんとする、禊祓《ミソギハラヒ》であると云ふ事が明瞭する譯です。で禊祓《ミソギハラヒ》とはあるべきものをしてあらしめ、爲《ナ》すべきを爲《ナ》す神聖なる態度を定める方式と申してよろしいのです。

伊耶那岐命の禊祓《ミソギハラヒ》は、先づ第一に其所有物の放棄から始まりました。而して投棄《ナゲウ》つ御杖に成る神名《カミナ》は衝立《ツキタツ》船戸神《フナドノカミ》、放棄御帶《ナゲウツミオビ》に成る神名《カミナ》は道之長乳齒神《ミチノナガチハノカミ》、投棄《ナゲウ》つ御裳《ミモ》に成る神名は時置師神《トキオカシノカミ》、投棄《ナゲウ》つ御衣《ミケシ》に成る神名は和豆良比能宇斯能神《ワヅラヒノウシノカミ》、投棄《ナゲウ》つ御褌《ミハカマ》に成る神名は道俣神《チマタノカミ》、投棄《ナゲウ》つ御冠《ミカガフリ》に成る神名は飽咋之宇斯能神《アキクヒノウシノカミ》、投棄《ナゲウ》つ左御手之手纏《タマキ》に成る神名は奧疎神《オキサカルノカミ》、次に奧津那藝佐毘古神《オキツナギサビコノカミ》、次奧津甲斐辨羅神《オキツカヒベラノカミ》、投棄《ナゲウ》つ右御手之手纏《タマキ》に成る神名は邊疎神《ヘサカルノカミ》、次邊津那藝佐毘古神《ヘツナギサビコノカミ》、次邊津甲斐辨羅神《ヘツカヒベラノカミ》以上十二神ですが、左御手之手纏《ヒダリノミテノタマキ》よりの三神は、一神の亦名と見て差支ない神であり、同じく右御手之手纒《ミギノミテノタマキ》に成れる三神も、同神と見てよろしい神ですから、其實は八神で、これが天神統の御發現です。この八神に因つて成立したのが太陽系を構成する準備圖式の展開で、その圖式は第十四圖の通りです。若し地球上面の構成と見る場合は第十五圖の如くで、

第十四圖

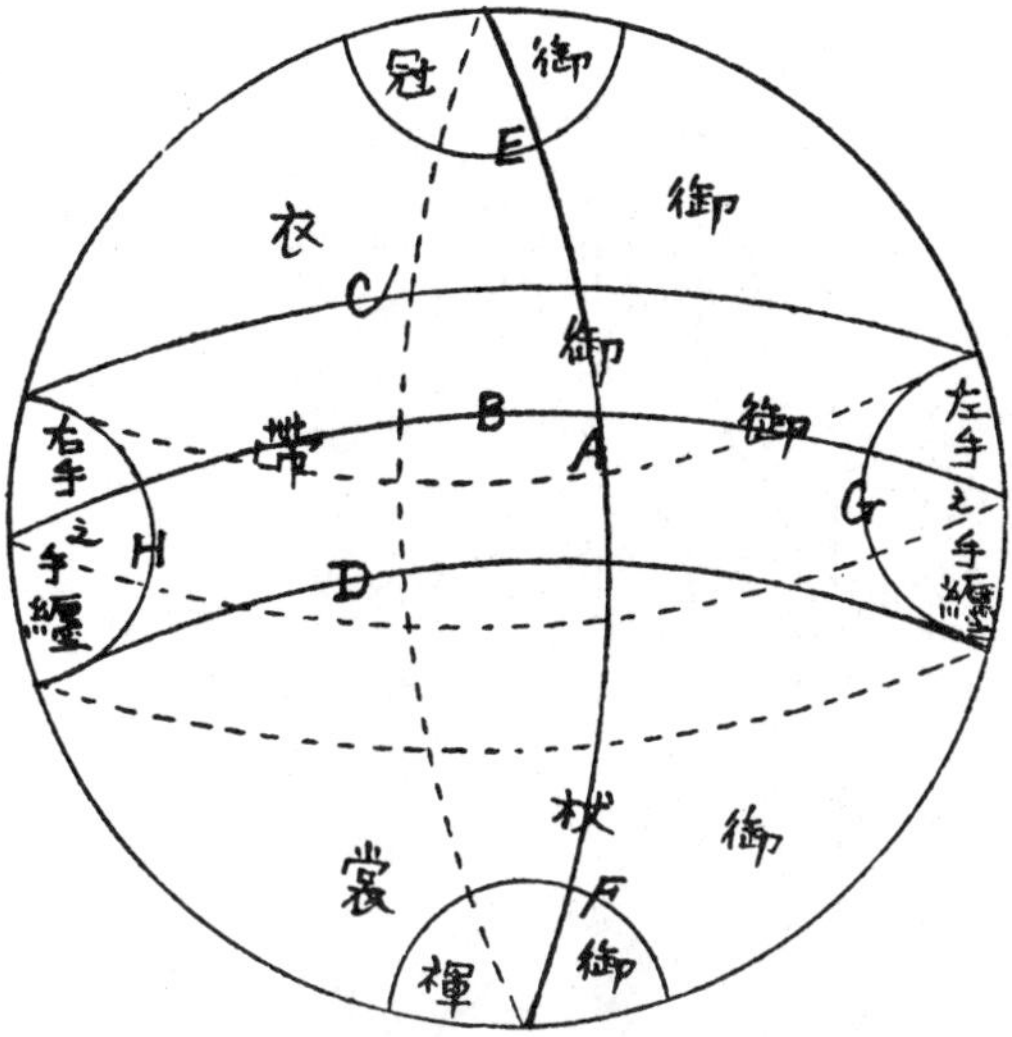

地球の子午線と見るか乃至は地上を盈《ミ》たす海水に起る、潮流と之を見るのです。

茲に留意すべき事は、禊祓《ミソギハラヒ》が一切放棄から始まつた事です。一切放棄は所謂解脱です。あらゆる對象から一度脱却し盡くして、中樞のカクリミ(隱身)に立脚せなければ、禊祓《ミソギハラヒ》の清淨觀は成就しないので、一切放棄は一切解決の根抵です。聖者の修行が常に一切放棄に始まるのも、この神則を服膺されるものと解すべきです。「於是伊耶那《コヽニイザナ》岐神《ギノカミ》『上瀬《カミツセ》者《ハ》瀬速《セハヤ》し、下瀬《シモツセ》は瀬弱《セヨワ》し』と詔《ノ》り給ひ

第十五圖

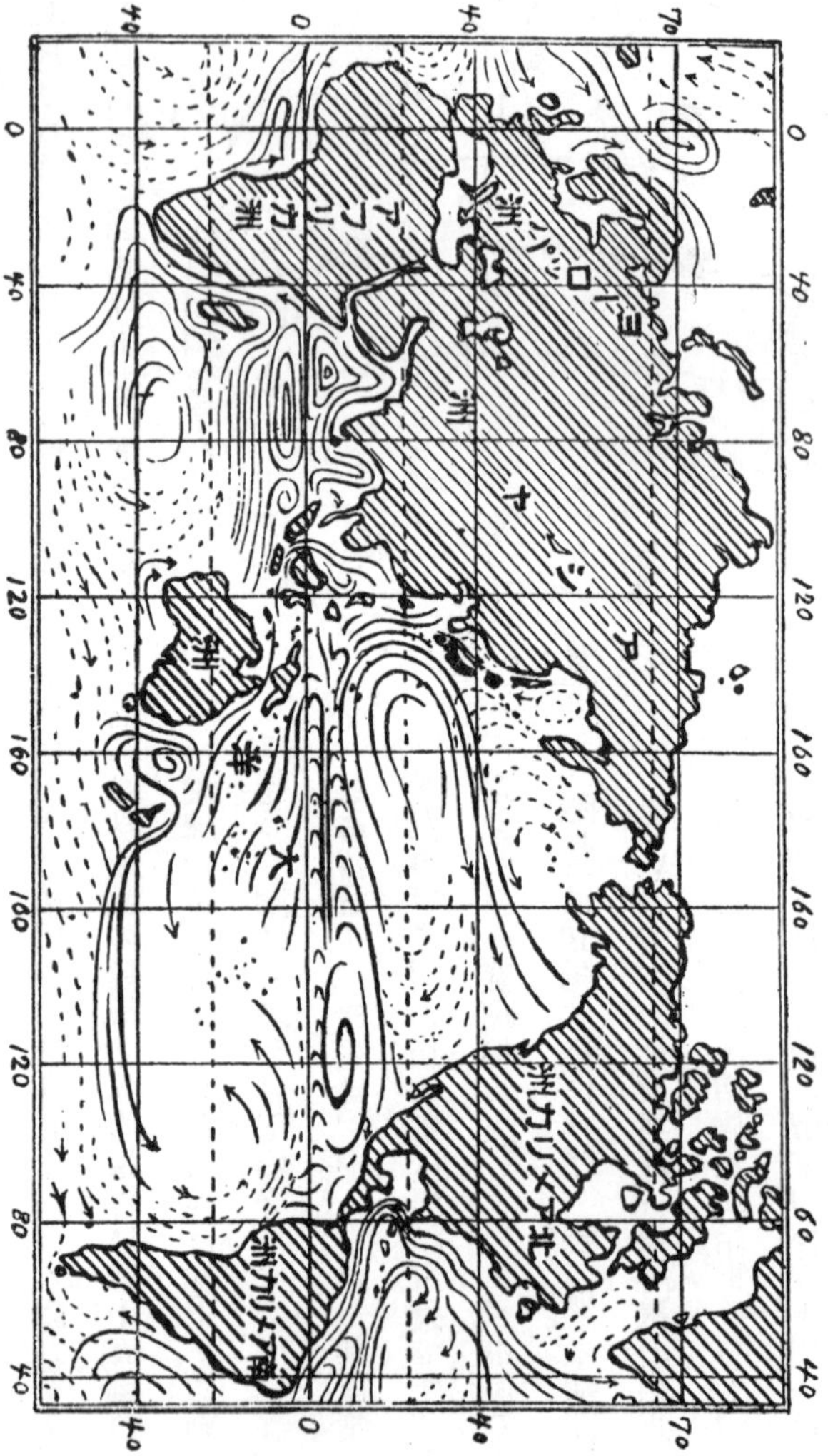

て、初めて中瀬《ナカツセ》に降り水中に入り水を浴《ア》びて滌《ミソ》ぎ給ふ時に、幾多の神の御發生を見ました。伊耶那岐神が上瀬《カミツセ》は瀬《セ》速《ハヤ》し、下瀬《シモツセ》は瀬《セ》弱《ヨワ》しと仰せられ、中瀬《ナカツセ》で禊祓《ミソギハラヒ》を爲し給ふたのは、中主隱身の大義、タカアマハラの發現、乃至鹽《シホ》コヲロコヲロの行事、八尋殿《イヤヒロドノ》建設の本義等を、根抵に遡つて行ひ給ひし義に當り、創造が中樞に立脚すべきここを示させられた、重要なる一事件に屬します。赤裸の禊祓に因て先づ最初に成り出で給ひし神は、八十《ヤソ》禍津《マガツ》日神《ヒノカミ》、次大禍津《オホマガツ》日神《ヒノカミ》でした。この二神は其穢繁國《キタナキクニ》に到り給ひし時の汚垢《ケガレ》に因つて成りませる神でした。この二神は國產みの段では水蛭子《ヒルコ》と淡嶋《アハシマ》の二者に當り、今は太陽系の成立する際ですから、無軌道な星屑の群叢が現はれた事に當つて、別けて謂へば八十《ヤソ》禍津《マガツ》日《ヒ》は小遊星で大禍津《オホマガツ》日《ヒ》は幾多の彗星を指すべきであらう。

要するに、整然たる軌道を保つて、夫々の遊星が顯はれた以前の狀態であつて、渾沌の域を脫しないから、禍津《マガツ》日《ヒ》時代こ申すのでせう。が漸次整然たる旋廻が行はれるに連れて、各層の環圏が軌道正しく構成された譯です。その軌道的旋廻が成立して、整つた體系を形成したのが大直毘《オホナホビ》、神直毘《カミナホビ》です。この時其の中心に當つて稜威に輝く主星が現はれた。それが伊豆能賣神《イツノメノカミ》です。整つた軌道を三層に分けて、中心に近い方を水底と謂ひ、中心に遠い方を水上と名づけ、中央を中と稱へ、一々その各層を整へ給ふ時に、水底

第十六圖

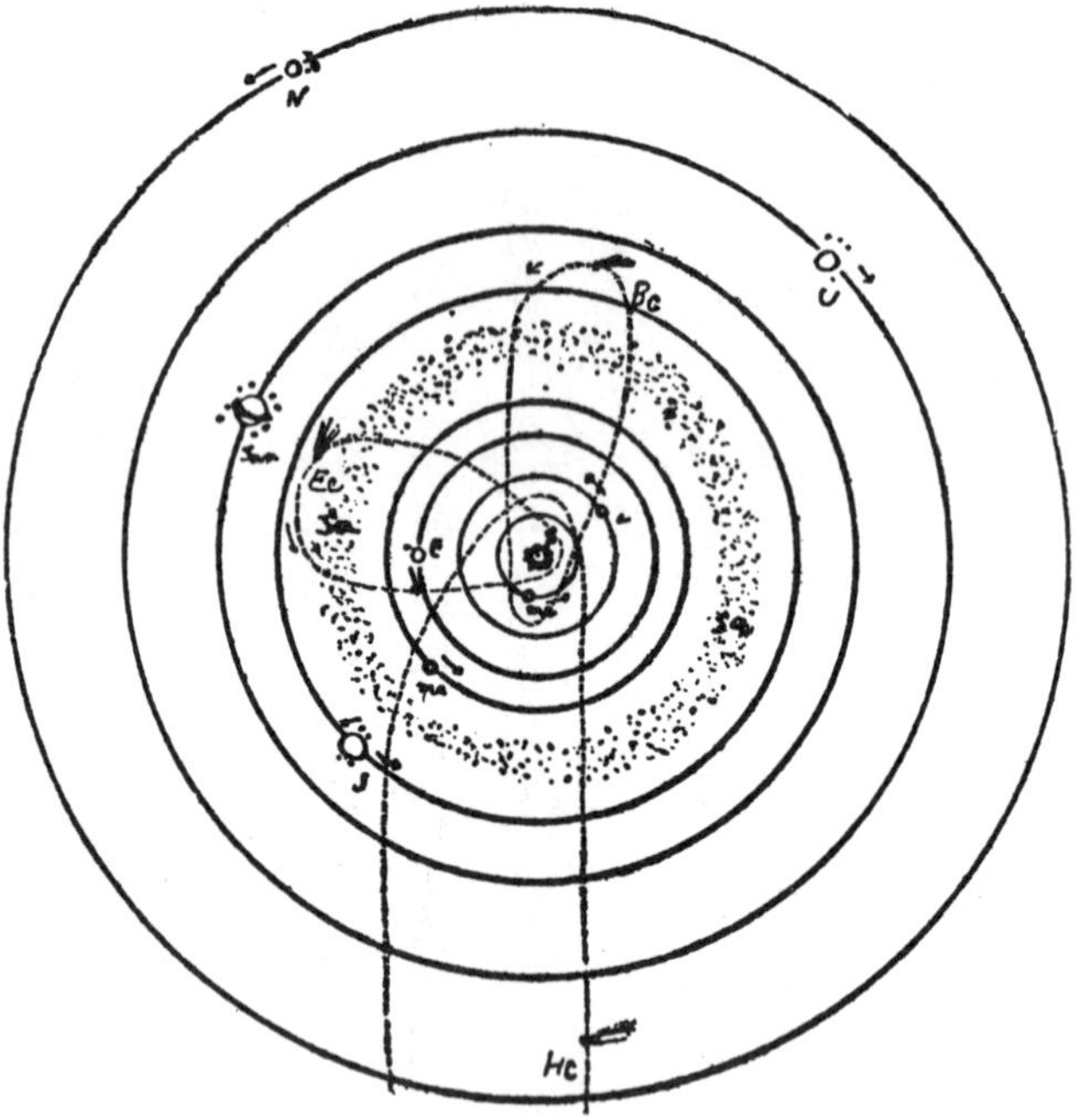

S	太陽
M	水星
V	金星
E	地球
Ma	火星
Sa	小遊星
J	木星
Sar	土星
U	天王星
N	海王星
Hc	ハレース彗星
Ec	エンチユース彗星
Bc	ビエラース彗星

の滌《ソヽ》ぎから底津《ソコツ》綿津《ワタツ》見神《ミノカミ》、次底筒之男命《ソコツヽノヲノミコト》、中に滌《ソヽ》ぎ給ふ時に中津《ナカツ》綿津《ワタツ》見神《ミノカミ》、次中筒之男命《ナカツヽノヲノミコト》、水上に滌《ソ》ぎ給ふ時に上津《ウハツ》綿津《ワタツ》見神《ミノカミ》、上筒之男命《ウハツヽノヲノミコト》が漸次に御出現に成つたのでした。この段は太陽系が成立して、各遊星の配置が明瞭に定まつて往つた經路を示したもので、第十六圖を見て、其の實際が知られたいものです。この段は神統から謂へば、海神統の發生された所ですが、また一面からは太陽系の所屬遊星を述べる段ですから、綿津《ワタツ》見神《ミノカミ》と筒之男《ツヽノヲ》とが混在の姿で、頗る見分け難い個處です。筒之男《ツヽノヲ》のツヽはユフツヽのツヽで、星のことです。星と海水とが頗る緊密なる關係者たることを爰に暗示してゐるやうです。兎も角もこれで上天下天、上火下火、上水下水、上地下地の全部の結合が成就完成したので、之を神統別に列記して見れば、即ち次の通りです。

◎天神統八神の出現

1 八十《ヤソ》禍津日神《マガツヒノカミ》　2 大《オホ》禍津《マガツ》日神《ヒノカミ》　3 神《カミ》直《ナホ》毘神《ビノカミ》　4 大《オホ》直《ナホ》毘神《ビノカミ》

5 伊《イ》豆《ツ》能《ノ》賣神《メノカミ》　6 底《ソコ》筒《ツヽ》之《ノ》男命《ヲノミコト》　7 中《ナカ》筒《ツヽ》之《ノ》男命《ヲノミコト》　8 上《ウハ》筒《ツヽ》之《ノ》男命《ヲノミコト》

◎風神統八神の出現

1 久《ク》久《グ》能《ノ》智神《チノカミ》　2 鹿《カ》屋《ヤ》野《ヌ》比《ヒ》賣神《メノカミ》　3 天《アメ》之《ノ》狹《サ》霧神《ギリノカミ》　4 國《クニ》之《ノ》狹《サ》霧神《ギリノカミ》

5 天之《アメノ》闇《クラ》戸《ド》神《カミ》
6 國之《クニノ》闇《クラ》戸《ド》神《カミ》
7 大《オホ》戸《ト》惑《マヒ》子《ゴノ》神《カミ》
8 大《オホ》戸《ト》惑《マヒ》女《メノ》神《カミ》

◎火神統八神の出現

1 石《イハ》拆《サクノ》神《カミ》
2 根《ネ》拆《サクノ》神《カミ》
3 石《イハ》筒《ツヽ》之《ノ》男《ヲノ》神《カミ》
4 建御《タケミ》雷《カヅチノ》之男《ヲノ》神《カミ》
5 甕《ミカ》速《ハヤ》日《ヒノ》神《カミ》
6 樋《ヒ》速《ハヤ》日《ヒノ》神《カミ》
7 闇《クラ》淤《オ》加《ガ》美《ミノ》神《カミ》
8 闇《クラ》御《ミ》津《ツ》羽《ハノ》神《カミ》

◎雷神統八神の出現

1 大《オホ》雷《イカヅチノ》神《カミ》
2 黒《クロ》雷《イカヅチノ》神《カミ》
3 若《ワカ》雷《イカヅチノ》神《カミ》
4 鳴《ナル》雷《イカヅチノ》神《カミ》
5 火《ネノ》雷《イカヅチノ》神《カミ》
6 拆《サク》雷《イカヅチノ》神《カミ》
7 土《ツチ》雷《イカヅチノ》神《カミ》
8 伏《フシ》雷《イカヅチノ》神《カミ》

◎水神統八神の出現

1 沫《アワ》那《ナ》藝《ギノ》神《カミ》
2 沫《アワ》那《ナ》美《ミノ》神《カミ》
3 頬《ツラ》那《ナ》藝《ギノ》神《カミ》
4 頬《ツラ》那《ナ》美《ミノ》神《カミ》
5 天之《アメノ》久《ク》比《ヒ》奢《ザ》母《モ》智《チノカミ》神
6 國之《クニノ》久《ク》比《ヒ》奢《ザ》母《モ》智《チノカミ》神
7 天《アメ》之《ノ》水分《ミクマリノ》神《カミ》
8 國《クニ》之《ノ》水分《ミクマリノ》神《カミ》

◎海神統八神の出現

1 衝《ツキ》立《タツ》船《フナ》戸《ドノ》神《カミ》
2 道之《ミチノ》長乳《ナガチ》歯《ハノ》神《カミ》
3 時《トキ》置《オカ》師《シノ》神《カミ》
4 和《ワ》豆《ヅ》良《ラ》比《ヒ》能《ノ》宇《ウ》斯《シ》能《ノ》神《カミ》
5 道《チ》俣《マタノ》神《カミ》
6 飽咋《アキグヒ》之《ノ》宇《ウ》斯《シ》能《ノ》神《カミ》
7 奥《オキ》疎《サカルノ》神《カミ》
8 邊《ヘ》疎《サカルノ》神《カミ》

◎地神統八神の出現

1 金《カナ》山《ヤマ》毘古神《ビコノカミ》　2 金《カナ》山《ヤマ》毘賣神《ビメノカミ》　3 波邇夜須毘古神《ハニヤスビコノカミ》　4 波邇夜須毘賣神《ハニヤスビメノカミ》

5 彌都波能賣神《ミツハノメノカミ》　6 和《ワ》久《ク》産巣日神《ムスビノカミ》　天之《アメノ》狹《サ》土神《ツチノカミ》　8 國《クニ》之《ノ》狹《サ》土神《ツチノカミ》

◎山神統八神の出現

1 正鹿山津見神《マサカヤマツミノカミ》　2 奥《オク》山津《ヤマツ》見神《ミノカミ》　3 志藝《シキ》山津《ヤマツ》見神《ミノカミ》　4 原《ハラ》山津《ヤマツ》見神《ミノカミ》

5 淤縢《オド》山津《ヤマツ》見神《ミノカミ》　6 闇《クラ》山津《ヤマツ》見神《ミノカミ》　7 羽《ハ》山津《ヤマツ》見神《ミノカミ》　8 戸《ト》山津《ヤマツ》見神《ミノカミ》

而して之を最初圓輪に配坐した大事忍男神《オホコトオシヲノカミ》の、周圍に配した八祖神が、漸次結合して一々共配坐を明瞭に表現し給ふ圖相で示せば、即ち第十七圖の如く成つて、整然たる神統系譜が構成されるのみならず、時代の運律始め四季の順律等を示し、この圖を見れば天象が如何に動いてゐるか、一年が何故三百六十五日餘で旋廻するか、また地上の生類が如何なる運律を辿つて盛衰榮枯の巷を流轉するか、邦家經綸の行事をどう定めて行くべきものであるか等を、明瞭に讀むことを得ますが、それは天津金木學專攻の研究に讓らねばなりません。第十二圖からこの第十七圖にまで遷つて來た變化は、大事忍男神《オホコトオシヲノカミ》御出現以下の皇典の文句に據つて、些細に天津金木學を行事して爰に到つたものです。この圖は一言で申せば天地間のあらゆる現

第十七圖

(1)

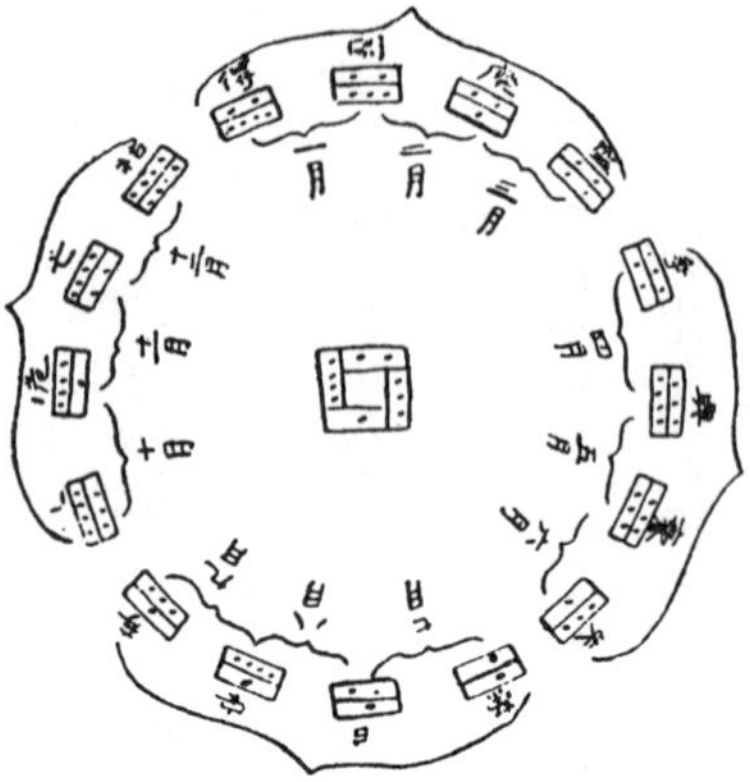

象の律則、即ち曆儀《コヨミ》でありまして、之を御《ミ》倉板擧神《クラタナノカミ》と申します。

それから皇典には「此三柱の綿津見神《ワタツミノカミ》は阿《ア》曇連《ツミノムラヂ》等が祖神《オヤカミ》と以《モ》ち齋《イツ》く神なり。故れ阿曇《アツミノ》連《ムラヂ》等は其綿津見神《ワタツミノカミ》之子、宇都志日金拆命《ウツシヒガナサクノミコト》の子孫也」とあります。創造神（假凝身《カゴリミ》）が次の統一神（燿身《カガリミ》）たる天照大御神に一度總括されて、更に自在神（翔身《カケリミ》）として出現し、その神から限定神（限身《カギリミ》）と成つて我々人類の氏族が出現するまでの事柄に就ては、今は說明してゐる遑持をちません。

また「其底筒之男命《ソノソコツヽノヲノミコト》中筒之男命《ナカツヽノヲノミコト》上筒之男命《ウハツヽノヲノミコト》三柱神は、墨江之三前大神也《スミノエノミマヘノオホカミナリ》」とある墨江《スミノエ》

(2)

は之を地名に見る說と、太陽系に屬する遊星が、海より出て海へ沒する見かけ上からの名稱即ち廣く蒼海といふ意義に見る說と尙ほ遊星往來の軌道面を墨江《スミノエ》即ち平安なる航行路こ見る解說があります。が要するに三柱神は墨江之《スミノエノ》三前大神《ミマヘノオホカミ》こして、特別に崇敬するのも、三柱神は我地球と兄弟の關係ある親しい神なれば、斯く申すのでありませう。次に皇典は「於是《コヽニ》洗左御目時《ヒダリノミメヲアラヒタマフトキニ》所成神名《ナリマセルカミノミナハ》　天照大御神《アマテラスオホミカミ》　次洗右御目《ツギニミギリノミメヲアラヒ》時《タマフトキニ》　所成神名《ナリマセルカミノミナハ》　月讀命《ツキヨミノミコト》　次洗御《ツギニミハナヲ》鼻時《アラヒタマフトキニ》　所成神名《ナリマセルカミノミナハ》　建速須《タケハヤス》佐《サ》之男命《ノヲノミコト》」こして、専ら太陽系の中心たる太陽を司り

給ふ天照大御神と、遊星中の中央坐を占める地球を司る建速須佐之男命《タケハヤスサノヲノミコト》と、地球の衛星たる月を司る月讀《ツキヨミノ》命《ミコト》の御出現を述べて、一歩我々に接近して參りました。眼《メ》とは宇宙の大眼目で、全體を總攝する極點、鼻とは生死を司る天地呼吸の根元です。

此時伊耶那岐命は大に御歡喜遊ばされて、「吾者御子生《アハミコウ》み生《ウ》みて、生《ウ》みの終《ハテ》に三貴子《ミタリノウズノミコ》を得たり」ご詔《ノ》り給ひて、其御頸珠之玉緒《ミクビタマノタマノヲ》をゆら〳〵と取りゆらかして、天照大御神に賜ひて、「汝命《ナガミコト》は高天原《タカアマハラ》を知《シ》らせ(統治)と御繼承の大義を含めて御授受になりました。故れ其御頸珠名《ミクビタマノナ》を御倉板擧之神《ミクラタナノカミ》ご申します。この御倉板擧之《ミクラタナノ》神《カミ》のタナはタナバタのタナで、天體運行の儀を保つ義、御倉《ミクラ》は三座《ミクラ》で、恒天暦、陰陽暦、時代暦の三座の暦《コヨミ》儀です。要するに伊耶那岐神の御頸珠《ミクビタマ》は、宇宙萬有の玉緒《タマノヲ》即ち生命が聯珠されてゐる、生命脈統の全表現で、タカアマハラの全內容を示すものであり、第十七圖に掲げた全內容を指して、大神の御頸珠ご申すのです。天照大御神が伊耶那岐大神の御頸珠を御授受遊ばされ、御倉板擧《ミクラタナ》統理の主神ご成り給ふたのは、即ち全高天原大權の御繼承なるが故に、「汝命《ナガミコト》は高天原《タカアマハラ》を治《シラ》せ」と仰せられたのであります。次に月讀《ツキヨミノ》命《ミコト》に對しては「夜之食國《ヨルノヲスクニ》を知《シ》らせ」と御任命あらせられ、建速須佐之男命《タケハヤスサノヲノミコト》に對しては、「汝命《ナガミコト》は海原《ウナバラ》を知《シ》らせ」と御任命に成りました。高天原が顯幽の二界に分かれた事は、前に述べた通りであるから、幽界統治の意義を以て、月讀命《ツキヨミノミコト》に夜《ヨル》(闇黒)之食國《ノヲスクニ》を治《シ》らせと分任を委ねられ、また其の顯幽二界の堺たる水《ミツ》こ火《ホ》との交渉地帶、即ち豊葦原水穗國《トヨアシハラノミヅホノクニ》を最も難治の境域こして、建速須佐之男命《タケハヤスサノヲノミコト》に御分任遊ばされたのでした。豊葦原《トヨアシハラ》は程よい速度で旋廻をしてゐる義、水穗《ミツホ》は地層を中に隔てた水《ミツ》と火《ホ》の交渉せる巷たる義、また海原こある通り、當時地球は水を面《ホ》にした一個の星であつたので、水頬國《ミツホノクニ》の義もあつた事であらう。そこで各々御任命ありしまに〱、勵んで其の統治に御從事遊ばされたが、須佐之男命のみは、任命された國を治むることをせずして、八拳鬚《ヤツカヒゲ》が胸前《ムナサカ》に至るまで啼《ナ》き荒び給ふた。これは須佐之男命が横着で哭き荒びられたように見えるが、其實は水火《ミツホ》の國の統理は實に至難で、嘗て祖神伊耶那美神はその御行事中神避《カムサリ》給ふまでに到つた悲劇さへ演ぜられました。だから須佐之男命も水火《ミツホ》の中に卷き込まれて、殆ど地球が老齢に達したかと思はれる時代まで、一定の形さへも保ち難い、擾亂喧囂の狀態を續けさせ給ふた譯でした。故に水蒸氣は昇騰して天に冲し、噴火は勝手に各處に勃發し、咆哮し、黒煙を吐き、旋風を起し、電光閃々、百雷轟々、名狀し難い大混亂大劇場を現出したのでした。「其泣狀者《ソノナクサマハ》 青山如枯山泣枯《アヲヤマヲカレヤマナスナキカラシ》 河海者《カハウミハ》 悉泣乾《コトゴトクナキホス》 是以惡神之音《コヽヲモテアラブルカミノオトナヒハ》 如狹蠅皆滿《サバヘナスミナワキ》 萬物之妖《ヨロヅノモノヽワザハヒ》 悉發《コトゴトクオコル》」とはその狀態を述べたものです。こは國稚《クニイトケナク》もろ〱くらげなす漂《タヽヨ》へる元始の狀態を地球が再演することに當り、又た續いて地球が岐《イザナ・》美《イザナミ》二神の國産《クニウミ》から更に大事忍男神《オホコトオシヲノカミ》以下の神事を再演して、順次修理固成され往く狀態に當ります。そこで伊耶那岐大御神が速須佐之男命に「何故に汝は任命した國を治《シ》らさずして哭《ナ》き荒びてゐるのか」とお訊になりました。すると答て「僕者《アレハ》　妣國根之堅州國《ハハノクニネノカタスクニ》に赴きたうございますから哭《ナ》くのです」と申されました。だから伊耶那岐大御神は大に忿怒なさいまして、「然らばもはやこの水穗國に止まる必要はない」といふので、根の國へ御放逐になりました。すると速須佐之男命《ハヤスサノヲノミコト》は「然らば其旨を天照大御神に御奉告して然る後參りませう」と云つて、天上を目指して參ゐ上られました。この邊は伊耶那美神が火神を生みます以後を聯想することが肝要で、地球上面に陸地が現はれ、水陸を平穩なる狀態に到らしめ、生物發生に向ふ順路の豫備的行爲を述べた物語ですから、その積りで解せねばなりません。地球の濫亂狀態は長く續いたが、時代はもはや太陽から降《クダ》る生命線が地中に胎《ヤド》るに好適の時を迎へて來た。が併しまだ充分には其機會が熟して居ない。けれども天翔《アマカケ》り國翔《クニカケ》る底の神變不可測の神身を生み給ふには、恰も好期に接したので、須佐之男命が伊耶那美命の故智に遵つて、黃泉戸喫《ヨモツヘグヒ》する前に、昇騰して天照大御神に面會せんとされたのです。

併し須佐之男命の昇天は其勢が強烈で、山川悉く動《ドヨ》み、國土皆な震《ユ》るといふ狀態でしたから、天照大御神は聞き驚かれて、「我が須佐之男命の上《ノボ》り來ます故は、必ず善心《ヨキコヽロ》ではあるまい。我國を奪はうとせられるのであらう」と仰せられて、乃ち御髪《ミカミ》を解《ト》き、御美豆羅《ミミヅラ》に纒《マ》かして、左 右《ヒダリミギリノ》御美豆羅《ミミヅラ》にも亦た御鬘《ミカヅラ》にも、左右の御手にも各八尺勾璁之五百津之美須麻流之珠《イヤサカアニノタマノイホツノミスマルノタマ》を纒き給ひ、背平《ソビラ》(セナカ)には千入之靫《チイリノユギ》を負《ヲ》ひ、五百《イホ》入之《イリノ》靫《ユギ》を附け、亦た稜威《キツ》の竹鞆《タカトモ》を取り佩《オバ》して、弓腹《ユバラ》振立《フリタ》てゝ、堅庭《カタニハ》はごん〴〵相撲取《スマフトリ》がしこゝゝろを踏むように、あたりに沫雪《アワユキ》の如く蹶散《クエハ》らして、眞に勇ましく雄々しく、威儀凛然として、待ち問ひたまはく、「何故上《ノボ》り來たまひしや」と。速須佐之男命は答へて「僕は邪心無し、唯だ父大御神が僕の哭《ナ》き荒びる譯を御問になつたから、僕は妣國《ハヽノクニ》に往かうと存じます。故に哭《ナ》くのですと申しました。すると大御神は汝は此國に居る必要はないと仰せられて御放逐に成りましたから、根國へ罷り去らうとする狀《サマ》を申し上げやうと存じて參ゐ上つたのみです。異心《ケシキコヽロ》はありません」と仰せられました。

此處に留意すべき事は、天照大御神の御態度が、いかにも仰山《ギョウサン》らしい事です。勿論國を奪はれるといふ事は重大事中の重大事ですから、國の武威を示す爲めに、威儀堂々の御出陣はさることですが、併しその美装が餘りにも威を示すと同時に、歡喜雀躍して珍客を迎へるが如き感がありはしないでせうか。皇典のこの場面は、地上から立ち騰る或る地氣を迎へて、靈系の主神が偉大なる自在神を生まんとせられます際たる事を、先づ以て承知して居らねばなりません。天照大御神の御装の八尺勾璁《イヤサカアニノタマ》之《ノ》五百津《イホツ》之《ノ》美須麻流《ミスマル》之《ノ》珠《タマ》は生命魂線《タマノヲ》の無限に伸展をする珠であり、千入之靫《チイリノユギ》も五百入之靫《イホイリノユギ》も伊都之竹鞆《イツノタケトモ》も弓腹振立《ユバラフリタテ》も、これ等は皆な生命線を發射して、深く強くその種子（即ち魂《タマ》）を射込む神力を指したものですから、その勇姿雄々しく振舞ひ給ふ御動作は、これ即ち玉之緒母由良邇《タマノヲモユラニ》の作法で、喜悦に溢れる餘り、震ふまでにその參ゐ上りを待たれる御狀態です。故に我が那勢命《ナセノミコト》と呼びかけてゐらせられる譯です。

だから天照大御神が「然らば汝心《ミマシノコヽロ》の清明なることは如何にして知らん」と仰せられるのに對して、須佐之男命は乃ち答へて「誓約《ウケヒ》て子を生みませう」と申されました。心の清明を證する爲めに子を生まうといふのです。天照大御神も忽ち其義に贊同されました。實に妙な解決案です。がこれは双方御豫定の行事なんでした。其御子生みの段は「故爾《カレコヽニ》各《オノモ〱》中置天安河而《アメノヤスノカハヲナカニオキテ》　宇氣布時《ウケフトキニ》　天照大御神　先乞度建速須佐之男命所佩《マヅタケハヤスサノヲノミコトノミハカセル》十拳劒《トツカツルギヲコヒワタシテ》　打折三段而《ミキダニウチヲリテ》　奴那登母母由良爾《ヌナトモモユラニ》　振滌天之眞名井而《アメノマナヰニフリスヽギテ》　佐賀美爾迦美而《サガミニカミテ》　於吹棄氣吹之狹霧《フキウツルイブキノサギリニ》　所成神御名《ナリマセルカミノミナハ》　多紀理毘賣命《タギリビメノミコト》　亦御名謂奧津嶋比賣命《オキツシマヒメノミコト》　次市寸嶋比賣命《イチキシマヒメノミコト》　亦御名謂狹依毘賣命《サヨリビメノミコト》　次多岐都比賣命《タギツヒメノミコト》」と申してある。これは地氣を本位に生み給ふた翔身神《カケリミカミ》であらせられますから、變身自在端寛すべからざる靈異の三女神ですが、地氣を本位の神ですから體神統に屬する神です。須佐之男命の十拳劒《トツカツルギ》を三段に打ち折られたので、生れました三女神は、自から理性本位、感情本位、意志本位の神であらせられました。ヌナトモモユラとは珠と珠とが相觸れて玉音瑲々と鳴り、玉之緒《タマノヲ》が千早《チハヤ》に震動して、ムスビの妙用を營む作法です。天之眞名井《アメノマナヰ》は太陽と地球との中間位で、地氣の昇騰した中に、酵化作用が起つて、充分に釀《カ》まれた上、風の作用でその釀《カ》まれた靈體が、狹霧《サギリ》の狀態に成つて、翔《カケ》つて飛び去られました。これは五彦神たる翔身神《カケリミカミ》の御出生狀態ですが、三女神の方は須佐之男命の十拳劍から出生し給ふた翔身《カケリミ》神ですから、地中や水中を翔り給ふが本位の海龍的な女神でした。

次に速須佐之男命「乞度大照大御神《アマテラスオホミカミノ》所纒左御美豆良《ヒダリノミミヅラニマカセル》八尺勾璁之《イヤサカアニノタマノ》五百津之美須流珠而《イホツノミスマルノタマヲコヒワタシテ》　奴那登母母由良邇《ヌナトモモユラニ》振滌《メノ》天之眞名《マナヰニ》井而《フリスヽギテ》　佐賀美邇迦美而《サガミニカミテ》　於吹棄氣吹之狹霧《フキウツルイブキノサギリニ》　所成神御名《ナリマセルカミノミナハ》　正勝吾勝勝速日天之忍穂耳命《マサツアノカチハヤヒアメノオシホミヽノミコト》　亦《マタア》乞度所纒右御美豆良《ミギリノミミヅラニマカセルタマヲ》之珠而《コヒワタシテ》　佐賀美邇迦美而《サガミニカミテ》　於吹棄氣吹之狹霧《フキウツルイブキノサギリニ》　所成神御名《ナリマセルカミノミナハ》　天之菩卑能命《アメノホヒノミコト》　亦乞度所《マタミカヅラニ》纒御鬘之珠而《マカセルタマヲコヒワタシテ》　佐賀美邇迦美而《サガミニカミテ》　於吹棄氣吹之狹霧《フキウツルイブキノサギリニ》　所成神御名《ナリマセルカミノミナハ》　天津日子根命《アマツヒコネノミコト》　亦乞度所纒左御手之珠《マタヒダリノミテニマカセルタマヲコヒワタ》而《シテ》　佐賀美邇迦美而《サガミニカミテ》　於吹棄氣吹之狹霧《フキウツルイブキノサギリニ》　所成神御名《ナリマセルカミノミナハ》　活津日子根命《イノツヒコネノミコト》　亦乞度所纒右御手之珠而《マタミギリノミテニマカセルタマヲコヒワタシテ》　佐賀美《サガミ》邇迦美而《ニカミテ》　於吹棄氣吹之狹霧《フキウツルイブキノサギリニ》　所成神御名《ナリマセルカミノミナハ》　熊野久須毘命《クマヌクスビノミコト》」と記《シル》されこの五神は靈神統です。

斯様な譯ですから、於是《コヽニ》天照大御神が速須佐之男命に告《ノ》りたまはく「是後《コノノチ》に生《ア》れませる五柱の男子は、物《モノ》實《ザネ》が我物《アガモノ》に因りて成りませり。故に自然吾子である。先に生める三柱の女子は、物實汝物《モノザネミマシノモノ》に因りて成りませり。故に乃ち汝子也」こ詔別《ノリワ》けられました。其の先に生める三柱女神たる多紀理毘賣命《タギリヒメノミコト》は、胸形之《ムナカタノ》奥《オキ》津《ツ》宮《ミヤ》に在《マ》し、市寸嶋比賣命《イチキシマヒメノミコト》は胸形之《ムナカタノ》中津《ナカツ》宮《ミヤ》に在《マ》し、田寸津比賣命《タギツヒメノミコト》は胸形之《ムナカタノ》邊津《ヘツ》宮《ミヤ》に在《マ》す。丁度下水界の奥、中、邊の三所を鎭座所と定め給ふ神々です。此三柱神は胸形君等《ムナカタノキミラ》の以《モ》ち齋《イツ》く三前《ミマヘ》の大神であると云ふのです。胸形君は九州北部の豪族です。

斯う詔別《ノリン》けられて見るこ、その何れが勝ちであつたのか。體を本位とすれば、須佐之男命の勝と云つて善く、靈を本位とすれば、天照大御神の勝の譯ですが、本來この御行事は靈體和合を目的として行はれたものですから、その何れが勝何れが負といふ道理は無く、その双方の目的が達成された譯です。が、須佐之男命は生物の本位は地上を立脚こすべきものであるから、爾後《コレカラ》漸次その發生を見るのは、體が進化して行くのが本位である。故に「我心清明《アガコヽロアカキ》が故に、我が物實《モノザネ》からは手弱女《タワヤメ》を得た、此に因りて立言すれば自《オ》から我勝てり」こ仰せられて、その勝つた勢に乘じて、天照大御神之營田《ミツクダ》の畔放《アハナ》ち、其溝《ミゾ》を埋《ウ》め、また其の大嘗《オホニヘ》を召し上がる殿に、屎《クソ》を麻理散《マリチ》らされました。これは非常な惡戯の如く見えますが、例の天上に騰つた地氣が、黄泉戸喫《ヨモツヘグヒ》の姿を採つて、ひつくり返つて地球へ返へる際に、地上に屎をまるが如く、分解された土壌等が播き散された事に當るのです。これは自然にタグリに成る神、金山毘古《カナヤマビコ》金山毘賣《カナヤマビメ》、屎《クソ》に成る神波邇《ハニ》夜須毘古《ヤスビコ》、波邇夜須毘賣《ハニヤスビメ》、尿《ユバリ》に成る神彌都波能賣《ミツハノメ》等の御出生の再演に當るもので、斯うせなければ、地上に生物の榮えを見る事が出來ません。で天照大御神もこの悪戯と見える行爲に對して、毫も咎めずして、屎《クソ》をするのは畢竟醱酵的作用を營む爲めに爲《ナ》すことで、これも地上に生物の榮えを希求する所以であらう。また田之阿《タノア》離《ハナ》ち溝埋《ミゾウ》めるのは、要するに土地を愛するが故にこそあれ、愛《ヲ》しむが故に新らしい土壌開拓の促進を爲すのであらう、それに相違ない」と全く善意に解決されましたが、猶ほ悪態は止まずして屢々繰返され、永く繼續して行はれた。天照大御神は生命線を織つて、生物發生の整然たる出現を見たいものと、せつせと地上に玉緒《タマノヲ》を送つて勤しみ勵み居させられました。これが天照大御神「坐忌服屋而《イミハタヤニマシヽテ》令織神御《カムミソオラシメ》衣之時《タマフトキニ》」です。その時須佐之男命は其服屋之頂《ハタヤノイタヾキ》を穿つて、天斑馬《アメノブチコマ》を逆剝《サカハギ》に剝《ハ》いて墮《オト》し入れ給ふたので、天《アメノ》服織女《ミソオリメ》が見驚きて梭《ヒ》に陰部《ホド》を衝かれて死にました。これは地球の表面が成熟して、もはや充分に生物即ち限身《カギリミ》の種子《タネ》を宿すに足る狀態に到つたので、地中に生命線を埋め入れて、太陽から來る生命の織絲を此處で遮斷したことに當ります。地中に生命線を享け容れて、地球自體の力で生物發生の任に當り得る狀態に到つたので、其處で生命線を斷ち切つて地球が妊娠狀態に爲つた譯です。斯樣な譯で、太陽からの魂線を織つて、天地の繼《ツナギ》を營んで居た天服織女《アメノミソオリメ》が、織《ハタ》を斷られてその交通の能力を失ひ、天上に歸つた次第でした。斯うなるこ天照大御神から發射されて居た魂線は、地中に入つて姙娠狀態に成つたが、それこ同時に、天地の交通上に大變動が起つて、天日爲めに闇らしといふ狀態を呈したのでした。丁度伊耶那美神が崩御の際、伊耶那岐神が御枕邊《ミマクラベ》に匍匐《ハラバ》ひ、御足方《ミアトベ》に匍匐《ハラバ》ひて哭《ナ》き給ふ所から、迦具土神《カグツチノカミ》の頸を斬つて、其血が湯津石村《ユツイハムラ》に走《タバシ》り就く狀態、幾多の山津見神《ヤマツミノカミ》の御出現といふ場合の再演に當り、惡疽《ツハリ》狀態と申すべき狀態です。皇典では「故於是天照大御神《カレコヽニアマテラスオホミカミ》 畏見《ミカシコミテ》 閇天石屋戸而《アマノイハトヲタテ、》 刺許母理坐也《サシコモリマシツ》。爾《コヽニ》 高天原《タカアマハラ》 皆暗《ミナクラク》 葦原中《アシハラノナカツ》國《クニ》 悉《コトゞク》 闇《クラシ》 因此而常夜往《コレニヨリテトコヨユク》。於是萬神之聲者《コヽニヨロヅノカミノオトナヒハ》 狹蠅那須皆滿《サハヘナスミナツキ》 萬《ヨロヅノ》 妖《ワザハヒ》 悉《コトゞク》 發《ニオコル》」こ申してあります。彼の伊耶那岐神が黃泉國《ヨモツクニ》を訪ひ一火燭《ヒトツビトモ》して見ます時に、宇士多加禮斗呂呂岐弖《ウジタカレトトロギテ》 八種雷神《ヤクサノイカヅチノカミ》が鳴つて居たといふ所までの再演です。宇宙現象が今や地球を立脚に行はれてゐるのです。そこで爾《コレ》から以下天岩戸前《アマノイハトマヘ》の行事は、黃泉界に於ける伊耶那岐神の逃げると見せての御策戰、並に禊祓《ミソギハラヒ》に因つてすつかり潔齋行事が畢つて、三貴子御出生と成ると云ふ段の御再演に當る譯です。

先づ最初に八百萬神《ヤホヨロヅノカミ》が天安之河原《アメノヤスノカハラ》に神集《カミツド》はれました。が一體この八百萬神が何時《イツ》の間に御出生に成つたかゞ問題です。その頃は地上は擾亂の巷ですから、寸地も集會を開く處なんかありませんので、天安之河原《アメノヤスノカハラ》が月讀命《ツキヨミノミコト》の御領土であつたことの想像が着きます。八百萬神は、一神即萬神の義から考へれば、容易に其の御出生の因由が判る事と存じます。カゴリミの創造神業が統一されて、高天原主宰の大御神こして、天照大御神が高天原を御繼承遊ばされたのですから、一神は即ち天照大御神であらせられるは當然であり、萬神即ち八百萬神は一神の分身でなくてはならない道理です。故に八百萬神は天照大御神の分神の無量神であるに相異ありません。が、この時には既に五彥神なる翔身《カケリミ》神の御出生があつた後ですから、時代としては翔身神《カケリミカミ》時代であり、御兩親の間に起つた非常な騷亂を、その御子神達が袖手傍觀して居られる道理はないから、翔身《カケリミ》神たる五彥神の變身諸神が、八百萬神と成つて現はれ給ふたこ見るのが自然の見方であり、且つ神身の變遷上から見て必然さうであつたのでありませう。故に五彥神が種々無量に變身遊ばされた中に、高御產巣日神《タカアミムスビノカミ》の本義を顯はし給ふ神が、思金《オモヒカネノカミ》神であらせられたと見るべきであらう。高御產巢日神は隱身《カクリミ》神に亘らせられるから、思金《オモヒカネノカミ》神が翔身《カケリミ》神として高御產巢日神の實義を營み現はし給ふたと拜すべきです。思金《オモヒカネノカミ》神は斯樣な神格ですから、八百萬神の總括神即ち靈系大祖の位置を占めさせられた譯です。皇典は思金神を高御產巢日神の御子であると申すのですが、限身時代に到つてからの御子の意義とは、全く異つた形式で現はれ給ふた御子です。思金神の御胸中にはタカアマハラの一切が極めて明瞭に解つて居り、靈體二系の關係、左旋右旋內聚外發を始め、天沼矛《アマノヌボコ》の威力、イヤヒロドノの建立……何も彼も根本的に御知悉なんですから、どんな巧な行事でも可能な譯です。先づ最初に常世《トコヨ》の長鳴鳥《ナガナキドリ》を集《ツド》へて鳴かしめられたのは、タカアマハラの天津《アマツ》祝詞《ノリト》即ち言靈《コトタマ》の行事を營まれたもので、光明の消滅した世に、魂線《タマノヲ》經綸の威力を示すには先づ第一着手に、音響の作用に因るムスビの大方式を顯示するのが順序ですから、常世《トコヨ》の長鳴鳥《ナガナキドリ》の御行事が營まれたものと拜すべきです。次には天安河之河上《アメノヤスノカハノカハカミ》の天堅石《アメノカタシハ》を取りて、天金山之鐵《アメノカナヤマノカネ》を取りて、鍛人《カヌチ》天津麻羅《アマツマラ》を求《マ》ぎて、伊斯許理度賣命《イシコリドメノミコト》に科《オホ》せて「鏡《カヾミ》」を作らしめられました。これには大なる二つの意義があるようです。先づ其一はイヤヒロドノの圖式に基いて、光明遍照即ちタカアマハラの作法を營む準備に供せられたこと、其二は姙《ハラ》まれた胎兒をして、どんな體相を得せしめるかの基準圖式を定むる爲めに　この鏡の御製作が在つたかゞ拜されます。この時の鏡は勿論八咫鏡《イヤアタカヾミ》でありました。次に玉祖命《タマノオヤノミコト》に科《オホ》せて八尺勾璁之五百津之御須麻流之珠《イヤサカアニノタマノイホツノミスマルノタマ》を作らしめ給ふた。これは申すまでもなく、生命一體の表現であり、無邊無量の聯珠、攝護總持の威力乃至生物體發現の個々體構成の御靈代《ミタマシロ》でありまして例の黑御鬘《クロミカツラ》の投棄・右御美豆良之湯津津間櫛《ミギリノミミヅラノユツツマクシ》の放棄の條の再演に當る譯であります。

次に天兒屋命《アメノコヤネノミコト》布刀玉命《フトタマノミコト》を召《メ》して、天香山之《アメノカグヤマノ》眞男鹿之《マヲシカノ》肩《カタ》を內拔《ウツヌキ》に拔《ヌ》きて、天香山之天波波迦《アメノカグヤマノアメノハハカ》を取りて、占《ウラ》へ麻迦那波《マカナハ》しめてとあるは、御佩《ミハカ》せる十拳劔《トツカツルギ》を後手《シリヘデ》に布伎都都《フキツツ》に當つて、例の遡つては國産みの際に行はれた布斗麻邇《フトマニ》の作法に當つてゐます。而して次の天香山之五百津眞賢木《アメノカグヤマノイホツマサカキ》を根こじにこじて、上枝に八尺勾《イヤサカアテノ》璁之五百津之御須麻流之玉《タマノイホツノミスマルノタマ》を著け、中枝に八咫鏡《イヤアタカヾミ》を取繫《トリカ》け、下枝に白丹寸手《シラニギテ》青丹寸手《アヲニギテ》を取垂れて、此種種《コノクサグサノ》物《モノ》は布刀玉命《フトタマノミコト》、布刀御幣《フトミテグラ》と取持ちて、天兒屋命《アメノコヤネノミコト》布刀詔戸言禱白而《フトノリトゴトネギマヲシテ》」とある行事は、黄泉比良坂《コモツヒラサカ》の坂本《サカモト》に在る桃子三箇《モヽノミミツ》を取りて、待擊者《マチウチタマヘバ》悉く逃返《ニゲカヘ》る、爾《コヽ》に伊耶那岐命が桃子に告げて云々とある條に當る再演であります。が今回は非常に具體的に生物が母胎内でその體構成や魂線の脈絡等を具備する狀態が示されてゐる點に留意を要します。生物はタカァマハラの至寶で構成され、永遠を祝ぐ眞賢木《マサアカキ》を以て中軸としてゐる狀態です。三姫神五彥神も、天照大御神須佐之男命の至寶たる寶珠や寶劍を構成の中樞として生《ア》れました翔身神《カケリミ》なんですが、今や限身神《カギリミ》を生みますに當つては、常世《トコヨ》の長鳴鳥《ナガナキトリ》の行事始め、實に整然たる準備を整へて、種々の尊い作法や、寶物の靈代《ミタマシロ》を以て、いと懇に取當まれました次第であります。「白金《シロカネ》も黄金《コガネ》も珠《タマ》も何せんに、まされる寶子《タカラ》にしかめやも」の感が深いものがあります。

次に天手力男神《アメノタチカラヲノカミ》が戸掖《トワキ》に隱れ立ち給ひ。天宇受賣命《アメノウズメノミコト》が天香山之天之日影《アメノカグヤマノアメノヒカゲ》を襷《タヅキ》に繫けて、天之眞折《アメノマサキ》を鬘《カヅラ》として、天香山之小竹葉《アメノカグヤマノササバ》を手草《タグサ》に結《ユ》ひて、天之石屋戸《アメノイハヤド》に槽《ウケ》を伏《フ》せ、その上へ登つて、ドン〱踏み鳴らしながら、神懸《カミカヽリ》して、胸乳《ムナチ》を掛《カ》き出で、裳緒《モヒモ》を陰部《ホド》に押し垂れての狂舞に、高天原は動搖して八百萬神が共に咲《ワラ》つた。於是《コヽニ》天照大御神は怪《アヤ》しと思召されて、天石屋戸を細く開いて内より告げ給はく、「吾が隠れゐるに因りて、天原《アマハラ》は自《オ》から闇《クラ》く、葦原中國《アシハラノナカツクニ》も皆な闇からむと思はれるに、何由《ナニユヱ》に天宇受賣《アメノウズメ》は歡樂《アソビ》し、亦た八百萬神一同は咲ふことであるぞ」と仰せになりました。その時天宇受賣《アメノウズメ》が「汝命《ナカミコト》に勝《マサ》りて貴神《タフトキカミ》坐《イマ》すが故に歡喜して咲《ワラ》ふのであります」と申し上げました。斯う言つてゐる間に、天兒屋命《アメノコヤネノミコト》布刀玉命《フトタマノミコト》が彼の鏡を指出して、天照大神に示し奉つた時に、これは愈々奇怪なりと思召されて、稍々戸より出でました時に、その隠れて立つて居た天手力男神《アメノタチガラヲノカミ》が、其御手を取つて引出し奉つた。

此處は例の伊耶那美命が、自《ミ》ら黄泉國《ヨモツクニ》から出て來て、千引石《チビキイハ》を黄泉比良坂《ヨモツヒラサカ》に引塞《ヒキサ》へて、其の石を中に置いて、生死の誓約を決定し給ふといふ處に當り、生の凱歌を奏して伊耶那岐神の禊祓《ミソギハラヒ》の段に移り、禊祓が首尾克く終つて、天照大神の御出現に成るといふ處までに當つて、禊祓《ミソギハラヒ》行事の再演です。天兒屋命布《アメノコヤネノミコトフ》刀玉命《トタマノミコト》の製作された五百津眞賢木《イホツマサアカキ》は、是れ則ち神籬《ヒモロギ》の根本的完備したもので、自然に八咫鏡《ヤタカヾミ》は人體相の頭部、八尺勾瓊之《イヤサカアニノ》珠《タマ》は胸部、白丹寸手《シラニギテ》青丹寸手《アヲニギテ》は腹部の相を示し、生物發生上に意義の深い製作物です。勿論五百津《イホツ》賢《マサカ》木《キ》が、既に生命そのものゝ表現であり、生々成々のイホツノマサカア（榮）木《キ》である譯ですが、

第十八圖

それに鏡や珠等の繋《ツナ》がる上から、我等は生物體の構成や內部器官や、乃至各種機能の由來等の根元を拜知することを得て、無限の尊嚴さを畏んでゐる次第です。また天《アメノ》宇《ウ》受賣命《ズメノミコト》の容相や其の態度の上から、我等は性慾並に出生に對する幾多の事柄を學び得る譯です。由來タカアマハラには、二種の偉大なる性相が存在してゐます。その一つは降魔でその一つは招福です。俗言でいへば福は內鬼は外です。福は生々の祝ぎを示して、鬼は闇黑の使徒であり、死の誘引です。天宇受賣命《アメノウズメノミコト》は招福の神として生を招いて死を退け、闇黑を拂つて光明の招來を開かしめる神で、生々の途を示す爲めに、陰部を露出して性慾を以て萬事の解決を告げしめんとする神です。降魔と招福とはその本來に於ては一體ですが、自ら相反する二面を保つて、×の作用で奇《ク》しき行事を營み給ふのです。第十九圖はイヤヒロドノ內に描かれた降魔招福の相を示したもので、この場合大に研究する必要ある圖です。また天照大御神が怯しと思召されて、細目に戸を開いてお問になつた時に「汝命《ナガミコト》に勝《マサ》りて貴《タフトキ》神《カミ》在《イマ》すが故に歡喜遊樂す」と答へた所に留意すべき點があるこ思ひます。高天原統治の主神たる天照大御神としては、こは容易ならぬ問題

第十九圖

でした。しかも見れば直前に已が姿こ同様な尊影が映じ出されてゐるではありませんか。こはいよ〳〵奇怪な譯でした。戸を開いて見屆けねばならぬ重大事でした。他日皇孫御降臨に際して、「この鏡を吾《アガミ》御魂《タマ》こして齋《イツ》きまつれ」と仰せられ、御授與遊ばされるのは、意義深遠な旨がこの段で旣に明瞭であらうと存じます。地上に發生する生物は、即ち天照大御神の御魂《ミタマ》の繼承者でありまして、いとも不可思議なる存在者です。汝命《ナガミコト》に優《マサ》りて貴神《タフトキカミ》と謂はれても、お咎なき程の愛くるしい生存者です。永い地中の姙娠狀態から、愛くるしい生《イ》きものは、光明を仰いて出現することに成りました。天宇受賣の産婆さんの力で、嬉々として現はれたものは、好しやそれがどんな微小な生物であつたにしろ、彼等はタカアマハラの全能の御力を承けて、構成されて出て來たものです。この寵兒は自ら内に生命を宿して、自ら生存の途を辿り得るものであつたのでした。故に天照

大御神の後方に尻久米縄《シリクメナハ》を控度《ヒキワタ》して、この時を限つて、地質が生命線を受胎して姙娠狀態を呈する機會を斷たれ、爾後生物の發生は地上の生命體からのみ分殖するに限ることに決定された次第でした。斯樣な譯で、地上に生物といふ靈體和合の種子が發生しました。現今の生物學者や進化論者が、生命の起源に種々の臆說を與へてゐますが、太陽からの生命線を地球が宿して、姙娠狀態を呈したが、時が至つて母胎を出でゝ創めて生物の發生を見たと傳へる、皇典の解說でその解決が就く譯です。がそれは太陽も地球も、單に其時代にのみ行はれた事柄であつて、シリクメナハで境域を限られた後はもはや其の事は再度不能になつた次第でした。生命は生命のみより生ずるのです。

さて物語は元へ戻つて、天照大御神が天石戸《アマノイハト》から御出現遊ばされたので、高天原も葦原中國も自《オ》づから照明を得ました。そこで八百萬神が共に議して、速須佐之男命《ハヤスサノヲノミコト》に千位置戸《チクラオキド》を負はせ、亦た鬚《ヒゲ》を切り手足の爪を拔いて、妣國根國《ハハノクニネノクニ》へ放逐されました。速須佐之男命《ハヤスサノヲノミコト》が黄泉戸喫《ヨモツヘクヒ》して、幽界に返る際に、前の生物發生の因が地中に宿され、今やその出現をさへ見たのですから、須佐男之命としても滿足して根國入をなさる譯です。千位置戸《チクラオキド》は例の千引石《チヒキイハ》で、生死の堺に塞がる金剛磐石の律則です。この千位置戸《チクラオキド》を負んだ爲めに、須佐之男命は永久その塞戸《サヤリド》から外部へ出ることが出來ない事に成つたのです。また噴火とか暴威を揮ふ手足の爪を拔いて、極めて溫順なるものとして放逐されたので、その以後地上には、噴火や地震が皆無と云ふ譯ではないが、高天原が動搖したり豐葦原中國が震撼するような暴狀は、現はれない事に成りました。又た大氣津比賣神《オホゲツヒメノカミ》即ち天鳥船神《アメノトリフネノカミ》に對應して出現された幽界代表の女神に對して、食物產出の御要求がありましたので、大氣都比賣《オホゲツヒメ》がその鼻口及び尻から、種々の味物《アチモノ》を取出し、種々作り具《ソナ》へて進《タテマ》る時に、速須佐之男命が其の態《シワザ》を立伺ひ見て、穢汚なものを奉進《タテマツ》るよと見られて、乃ち其大宜津比賣神《オホゲツヒメノカミ》を殺されました。これは生物が發生する時、その地味を異にするにつれてその種族に種々異つたものが發生するに到つた事を申すもので。最初は極めて一律的なものであつたが、それが漸次その進化度を加ふるにつれて、種族の異つたものを生じた。が、それはその發生した地味の如何、その發生した地域の如何で定まつたといふのです。そこで其殺された大宜津比賣神《オホゲツヒメノカミ》の身から生じた物は、頭に蠶、二目に稻種、二耳に粟、鼻に小豆、陰に麥、尻に大豆が生《ナ》り出たのでした。この出生したものは、眞神產巢日御祖命《マカミウムスビミオヤノミコト》が是を取らしめて種子《タネ》と成し給ふた。眞神產巢日御祖命は高天原の體神統の大祖で、生命の問題も此處まで遡ればもはや確定した大保證を得たものとなるので、體神統の場合は眞神產巢日御祖命にまで、靈神統の場合は高御產巢日御祖命にまで遡るのが天則です。天岩戸前《アマノイハトマヘ》の行事は高御產巢日神の御指令に基いて行つたので、今やその決定を見た生物種子の問題には、眞神産巣日御祖神の御手に懸るのが必然の順序です。皇典の記事は眞に至嚴です。

この段は太陽から來た生命線が、地球に宿つて居たものが、この時事實上に發生した事を述べたのです。何れも植物の種子ですが、獨り頭からは蠶が生れてゐます。勿論これは只今で申す蠶ではなくて、原生動物の最も最初のものであつたでせう。稻種、粟、小豆等と申した處で、最初から左樣な種子が出た譯はないので、極めて原始的な種子であつたのは當然です。大宜都比賣《オホゲツヒメ》の味物《アヂモノ》提供は原形質に相當し、それから動物植物の第一祖先が發生した譯です。須佐之男命が放逐されて、出雲《イヅモ》の肥河上《ヒノカハカミ》へ辿り着かれたまでの物語は、古事記には何等の記事が傳へられて居ませんが、この間に動植物の種子は、漸次進化を重ねて、根や莖が出來たり。或は寒氣や、或は熱暑等に苦められたり、雨や雪に惱まされたり、幾多の苦難を經た後に、漸く植物らしい植物に成り。葉が茂つたり、枝が榮えたりするに致つたのでしたでせう。更に其後花が咲いたり、果實が實《ミノ》るまでに至つた、植物の歷史には、淚ぐましいものがあつたことでありませう。日本書紀なぞにはこの間の記事を幾分精細に傳へて、我々に非常に大切な資料を提供してゐるようです。今その一端を揭げて見れば、

于レ時霖《ナガサメフル》也　素戔嗚尊《スサノヲノミコト》　結二束《ユヒツカネ》青草一《ヲ》以《テ》爲《シ》二笠簑一《ト》而乞《フ》二宿《ヲ》於衆神一《ニ》　衆神曰《ク》　汝是躬《ノ》行《ヒ》濁惡而　見二《セラル》逐謫一者、如何《デカ》乞二宿《ハン》《ヲ》於我一《ニ》　遂《ニ》同《ジク》距レ之《ヲ》　是以《ヲテ》風雨雖《ドモ》レ甚《シト》不レ得二留休一《スルヲ》而辛苦降矣《シテクダル》。

これは須佐之男命が逐謫後苦慮を重ねて降られる狀態を傳へたものですが、青草を結束《ツカ》ねて笠簑と爲す以下、妙趣に富む物語ではありませんか。又書紀一書曰

素戔嗚尊《スサノヲノミコト》曰　韓鄉之嶋《カラクニノシマ》　是《レ》有二金銀一若使吾兒所レ御《シタヘスル》之國　不レ有二浮寶《ウキタカラバ》一者　未二是《ザル》佳《レカラ》一也　乃《チ》拔《テ》二鬚髯一《ヲ》散《ズ》レ之《ォ》　即《チ》成レ杉《ルト》　又拔《タキ》二散《ズ》胸毛一《ヲ》是成レ檜《レルト》　尻毛《ハ》是成レ柀《レルト》　眉毛《ハ》是成二櫲樟一《シルト》　已而定《ム》二其當《ベキ》一レ用《フ》　乃《チ》稱レ之曰《ハク》　杉及《ビ》櫲樟　此《ノ》兩樹者《ハ》　可《ベシ》三以《テ》爲二浮寶一《スト》　檜《ハ》可《ベシ》三以《テ》爲二瑞宮之材一《スト》　櫲《ハ》可《ベシ》三以《テ》爲二顯《ウツシ》見蒼生奧津棄戶《アヲヒトクサノオキツスエド》將《フサン》レ臥之具一《ト》　夫《ノ》須啜八十木種皆能《ナ》播生《クス》　于レ時素戔嗚尊之子　號曰二五十猛命《イタケルノミコト》妹大屋《オホヤ》津姫命《ツヒメノミコト》次抓津姫命《ツマツヒメノミコト》一　凡《ソ》此《ノ》三神　亦能《タク》分二布木種一《ヲ》　即《チ》奉レ渡《シ》於二紀伊國一也云々

初《メ》五十猛神　天降之時　多將《クチテ》二樹種一《ヲ》而下《ル》　然不《ルニ》レ殖《ズエ》二韓地一《ニ》　盡《トク》以《テ》持歸《チル》　遂《ニ》始レ自《ヨリ》二筑紫一　凡《ソ》大八洲國之內　莫レ不二播殖一　而成《テナス》二青山一焉　所以《ユエニ》稱《シテ》二五十猛命一《ヲ》　爲《ス》二有功之神一《ト》　即《チ》紀伊國所坐《マス》大神是《レ》也云々

等と出てゐます。これ等を見ても、須佐之男命が木種の大神であることが明瞭致しませう。尙ほ近松門左

衛門の「日本振袖始《ニホンフリソデハジメ》」を始め須佐之男神が樹王系である傳說は幾らもあり、植物の進化過程を物語る資料に供すべきものも色々ありますが、今は左樣な點を長々紹介してゐる遑を持ちませんから、省略致します。

須佐之男命は放逐されて、出雲の肥河上《ヒノカハカミ》なる鳥髮地《トリカミノトコロ》に降られました。出雲は顯界ですが此處は一般地上を云ふのです。肥河《ヒノカハ》は土地豐穰を意味し、鳥髮地《トリカミノトコロ》は草木繁茂の地帶を指してゐます。地球は今や生物特に植物の發生に適した狀態と成つたのでした。さういふ譯ですから、河水に草や木の拆れ枝が流れても來るのでした。須佐之男命はこの狀態を頗る興味深く御覽に成つて、河上に向つて遡られました。河上に登つて參られると、老夫と老女が童女を中に置いて泣いて居るのを御覽になりました。この老夫老女は、幾年も〳〵植物と成るべき原始的な種子を愛護養育して來たもので、今や漸く植物が一人前の形體を保ち、年々歲々若やいて成育するのを見るほどに成つたが、一年に一回づゝ見舞ふ寒威の爲めに、その愛孃が枯死の運命に遭ひ、幾度生育してもその運命から脫せしめることが出來なかつたのでした。老夫の名は大山津見《オホヤマツミ》神《カミ》の子で足名椎《アシナヅチ》、老女の名は手名椎《テナヅチ》でした。足名椎手名椎は足手を椎《ツチ》の如く働かせて、土壤を耕耘し滋養を供給するものといふ名です。而してその娘の名は櫛名田比賣《クシナダヒメ》で櫛は櫛の齒の如く並んでゐる義、また奇しき生存者の義で、生物を讃美した語、名田《ナタ》は稲田《イナダ》で、實《ミ》の果《ナ》る艸の總稱です。老夫老女は須佐之男命に「我が愛孃は本來いよ〳〵益々發生成育する稟性の持主ではありますが、高志之八俣遠呂智《コシノヤマタヲロチ》といふ奴《ヤツ》が、毎年來て喫《クラ》つて行きます。丁度。今ま夫の來るべき時でありますから泣くのであります」と申し上げるのをお聽き遊ばされて、「その形はどんなであるか」とお訊ねになると、「彼の目は赤酸醬《アカカヾチ》の如く輝いて、身一つに八頭八尾あります。また其身に蘿《コケ》及び檜椙《ヒスギ》が生《ハ》えてゐます。其長さは谿八《タニヤ》谷峽《タニヲ》八尾《ヤヲ》を度《ワタ》りて、其腹を見れば悉く常に一面に赤く爛《タヾ》れて居ります」と申し上げました。これは冬の襲來を形容したもので、其目といふのは、月を指していふので、月が重なれば遂に冬が到來し、その輝く赤酸醬《アカカヾチ》の如き目で、植物を枯死せしめます。身一つに八頭八尾ありといふのは、彼の大八嶋の條で申した、治、亂、興、廢、得、失、存、亡、安、危、閑、爭、榮、枯、盛、衰の八對象で、天運の順律はこの八對象の見舞ふことを避けることが出來ない。榮えも時の間に枯に至り、盛もいつしか衰に至る。八俣遠呂智《ヤマタノヲロチ》は即ちその八對象を自體として凶象の頭と吉象の尾とを持つてゐます。其身に蘿《コケ》及檜椙《ヒスギ》が生えてゐるとは、冬が來ても常綠木は枯れないで居るから、それを身に被《キ》てゐると見たのです。其長《タケ》の谿八《タニヤ》谷峽《タニヲ》八尾《ヤヲ》を度《ワタ》りては、十六象が普遍的に充塞し延蔓してゐる狀を言ひ、且つ冬の寒風が谷々尾々の檜椙の間から一面に吹いて來る態《サマ》をも併せて申してゐるのです。其腹は常に赤色に爛《タヾ》れてゐるとは、草木の葉を紅に染めて冬の襲來するさまを云ひ、又た森林に火が起つて、草木を燒く狀態をもいふのだらう。そこで須佐之男命は其老夫に向つて「是れ汝の女《ムスメ》ならば、吾に奉らんや」と仰せられました。須佐之男命は植物愛護上から、櫛名田比賣《クシナダヒメ》に對しては、滿腔の同情を傾けて其の前途を祝福される譯です。老夫は答へて「恐《カシコ》けれども御名《ミナ》を存じません」こ申し上げました。氏も素性も判《ワガ》らないものには、今ま殺される娘としても差上げることは出來ないといふ所に、神統尊重の意義が窺はれて奥ゆかしい限りです。そこで答へて「天照大御神の伊呂勢《イロセ》である」とお答へになり「今ま天から降つて來た所であるぞ」こお告げになりました。我は日神の兄神であると申された所に、日に對する植物の無限のなつかしみがあります。寒月は赤酸醬《アカカヾチ》の如き目で枯死を急がせますが、日は冬といへども愛護の熱を與へて下さる。足名椎《アシナツチ》手名椎《テナツチ》は「然かまさば畏れ多し奉りませう」こ申したのでした。そこで速須佐之男命は櫛名田比賣《クシナダヒメ》を湯津爪櫛《ユツツマクシ》に飾り立てゝ、御美豆良《ミミツラ》に刺《サ》させました。こは次代の種子を得る爲めに、櫛名田比賣に美しく飾り立てた花を咲かしめられた事で、好しや年々歲々植物は枯れるにしても、其の種子さへ殘せば次代の承繼者を得るから、幾年の後までも種族の永存を冀待するこごが出來る。枯れた古株から新らしい芽が出て、年々歲々榮枯の律を踏む仕方の外に、種子に因つて次代存續の途を開かんこせられるのが、須佐之男神の御神慮なんでした。そこで足名椎手名椎に命じて、「八鹽折之酒《ヤシホヲリノサケ》を釀《カ》み且つ垣《カキ》を作り廻《メグ》らし、その垣に八門を作り、門毎に八佐受岐《ヤツノサズキ》を結《ユ》ひ、其佐受岐《サズキ》毎に酒船を置き、船毎に其八鹽折酒《ヤシホヲリノサケ》を盛りて待て」と命ぜられました。八鹽折之酒《ヤシホヲリノサケ》は植物性滋養で、植物の種子を得るためには、適當な滋養の必要がある譯です。また垣を作つて八門を設けるのは、天運順環の季節に應ずる爲めで、季節に應じて順次適應の機能を具へねば、種子を得るには至りません。そこで季節の來訪に應じ、漸次滋養を供給すれば、自然に目的通り次代存續の種子が得られる道理です。この深遠なる策謀はフマトニにト占《ウラ》へて、天地經綸の根本に基いて案出し給ふたもので、どんな八保遠呂智《ヤマタヲロチ》でもひつ懸らなければならない妙策でした。かく設け備へて待つて居ると、其八保遠呂智《ヤマタヲロチ》が信《マコト》に言つた通り來ました。そして船毎へ己の頭を垂入れて其酒を飲んだ。飲んで飲んで醉つてとう〳〵皆伏《ハバリソ》して寢《ネ》ました。これは季節が到來して開花期から結實期に至る間の狀態を申したものです。そこで速須佐之男命が其御佩《ミハカ》せる十拳劍《トツカツルギ》を拔いて、その蛇《ヲロチ》を切り散らし給ふたので、肥河《ヒノカハ》が血に變《ナ》つて流れました。肥河《ヒノカハ》血に變じて流れるとは、種子が成熟して滿地に散布され、河水に浮んで流れ、廣く他の地方々々へ播布され往く狀態を申すのです。其中尾を切り給ふ時に御刀之刄が毀《コボ》れたことは、本來十六象は×型を爲して排置してゐるもので、中尾とは其組合つた中央

の一點で。その位置から見れば×はその刄が双方へ割れて伸出し右から入るものは左へ出で、左から入るものは右へ出で、實に奇《ク》しき交叉を爲してゐるから、いかにも恠《アヤ》しと思はれたのです。で明瞭に刺き割つて御覧になれば、都牟刈之大刀《ツムガリノタチ》が發見されました。

第二十圖

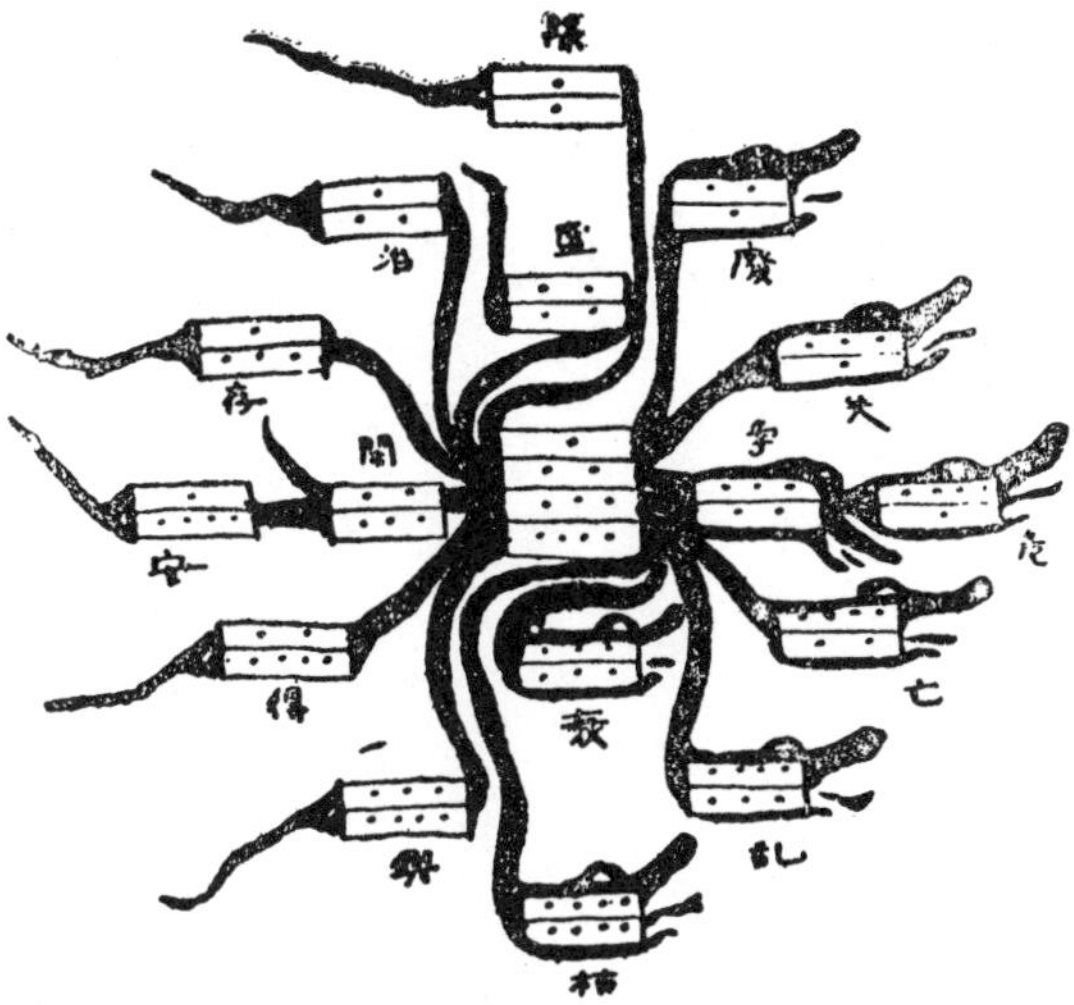

八俣遠見智の圖

ツムガリとは至嚴至利の威力を保つて、萬有の諸相を嚴正判定し、解剖し、顯示し得る義で、稜威《イツ》の審判刀です。この大刀は實に異物であると思召されて、之を天照大御神に御献上になりました。是は草那藝之大刀《クサナギノタチ》であります。クサナギは植物神話上から草を薙ぐ意義があり、またクサ〳〵の一切事件を薙ぎ拂ひて、全解決を告げしめる威力の劍であるといふ意義もあるが、この劍が×型《クサナリ》に成つてゐるので×型《クサナリ》と見るのが一層正しい解釋でせう。この劍を天照大御神に献上されたのは、もはや此劍が體神統の所持品ではなくて宇宙經綸の大量《オホハカリ》である。カアマハラの寶劍である。高天原統治の主神の本來の至寶である。決して私することは出來ない。詔命の至嚴を服膺する保證こして、須佐之男命は此劍を献上されたのでした。其處に高天原の神約を深く拜知すべき鍵があります。後日大國主神がその全國土を擧げて皇孫に奉献し給へるも、既にその根元は、須佐之男命が、草那藝之大刀《クサナギノタチ》を奉献された、其時決定されてゐた事を忘れてはなりません。植物は季節に順應して、宇宙の第一原理を具象的に保ち、天地經綸の實を年々歳々示してゐるのです。あゝ何といふ奇しき現象でありませう。この一事を見ても宇宙の大法が畏まれます。一木一艸の盛衰榮枯を見ても、大神の無限の御偉德が拜察せられます。草那藝之大刀《クサナギノタチ》は生物の生命そのもの身體そのものです。永遠を通じて生命は草薙劍の天則を服膺して、×の巷を旋轉いたします。而して其劍を天照大御神に奉献する處に、皇道の本義が確立致します。

從來の古事記解釋者は生物發生記事も、人類の史實も、双方をゴタ混ぜにして解說せんとしたから、全く筋が立たなくなりました。先づ生物——今この場合では植物——として說いて、人類が發生し人類が伊耶那岐伊耶那美二神の神業や、天照大御神須佐之男命の神業の再演を營む時代に成つた時、振り返つて史實的に植物神話を人類物語に解釋する用意を要します。これは過去の人類の物語が、皇典の再演を保證するばかりでなく、現今に於ける一切の事柄、尙ほ將來起る一切の事柄、其等の悉くが皇典の再演たる事に着眼を置くべしと謂ふ意義です。八俣遠呂智《ヤマタノヲロチ》の物語の如きは、世界的にも內地的にも、充分人類の史實として解說されるもので、旣に種々の說も出てゐるのですが、我々は先づ以て植物神話としての解釋を終つてから、適當な所で歷史的解說を致さうとしてゐるのです。

是を以て速須佐之男命《ハヤスサノヲノミコト》は、櫛名田比賣《クシナダヒメ》と結婚の爲め、宮造るべき地を出雲國にお求めになりました。須佐之男命の宮殿は勿論「植物宮殿」です。基督は曰く「かの野の百合花《ユリ》を見よ。紡《ツム》がす勞《ツト》めざるなり、されど吾爾曹《ワレヤムヂラ》に告げん。ソロモンの榮華の時の極みだにその裝《ヨソヒ》この花の一つに如《シ》かざるなり」と。あゝ百合花の一もとにこそ、無限莊嚴の宮殿は建立されてゐるではないか。須佐之男命の宮殿の莊嚴妙美さよ。こゝに須佐之男命は須賀《スガ》の地に到りまして詔《ノ》り給《タマ》はく、「吾此地に來て我心スガスガシ」とのりたまひて、其地に宮をお造りなさいました。須賀《スガ》は植物の年々歲々いかに榮枯盛衰を重ねるにしても、極めて安住の地として、天律その儘を樂しむ心すが〳〵しき境界です。生物には無量變遷の刹那も止まらぬ運命が附添つてゐるけれども、達觀すれば、生命存續の歡喜に滿ちた淸淨處が存在してゐます。（須賀《スガ》の地を波斯《ペルシヤ》のスサに求め、アキツトナメの上から、日本の名古屋に聯關する解說は別課題に屬します。）

須佐之男命が須賀宮を御建設になる時、其地より雲が立ち騰りました。そこで「やくもたつ、いづもやへがき、つまごみに、やへがきつくる、そのやへがきを」とお歌ひになりました。植物が雨雲を望み見るほど愉快なことがあらうか。氣運に應じ春夏秋冬を通じて、雲は立ち騰り而して雨は降る。その雨は天の美祿として植物の踊躍して之を待ちこがれ、之にはぐくまれるものです。八雲立《ヤクモタ》つ出雲《イヅモ》八重垣《ヤヘガキ》よ。あゝ何といふ樂しき、おこづれよ。植物發生生育開花結實の爲めに、八重垣《ヤヘガキ》をつくるその八重垣よ。そこで足名椎を召して「汝は我宮之首《アガミヤノオビト》たれ」と告《ノ》りたまひ、また其名を稲田宮主須賀之八耳神《イナダノミヤヌシスガノイヤミミノカミ》と賜はりました。八耳はイヤミミでイヤはいよ〳〵種族の伸展する義、ミミは御身です。斯う定め給ふて、櫛名田比賣《クシナダヒメ》即ち植物女神をして進化蕃殖の理法に則つて、多種多様の稀族の分殖を行はしめられました。今その結果を表示すれば次の通りです。

須佐之男命
- 五十猛命《イタケルノミコト》（顯花植物の神）
  - 大年神《オホトシノカミ》（被子植物の神）
  - 宇迦之御魂神《ウガノミタマノカミ》（裸子植物の神）
- 八嶋士奴美神《ヤシマジヌミノカミ》（隱花植物の神）
  - 布波能母遲久奴須奴神《フハノモヂクヌスヌノカミ》（苔蕨植物の神）
    - 淤美豆奴神《オミヅヌノカミ》（羊齒植物の神）
    - 天之冬衣神《アメノフユギヌノカミ》（蘚苔植物の神）
  - 深淵水夜禮花神《フカフチノミヅヤレハナノカミ》（菌藻植物の神）

「久美度邇起而《クミドニオコシテ》」とは進化の律則に應じ、種族の分殖を爲す義。皇典には五十猛命《イタケルノミコト》が出て居ないが、顯花植物の祖としてどうしても御出生が無くてはなりません。八嶋士奴美《ヤシマジヌミ》は隱花植物の神で、五十猛命《イタケルノミコト》から大《オホ》年神《トシノカミ》と宇迦之御魂神《ウカノミタマノカミ》とが御出生になりました。大年《オホトシ》は年々歳々季節に應じて開花結實を繰り返し營む被子植物の神、宇迦之御魂《ウガノミタマ》は裸子植物の神です。八嶋士奴美神《ヤシマジヌミノカミ》（隱花植物の祖）が木花知流比賣《コノハチルヒメ》に娶《ミア》ひて、布《フ》波能母遲久奴須奴《ハノモヂクヌスヌ》なる苔蕨植物の神と、深淵之水夜禮花神《フカフチノミツヤレハナノカミ》なる菌藻植物の神を生まれました。木花知流比《コノハチルヒ》賣《メ》の名は隱花植物の母神として實に妙味があるではありませんか。深淵之水夜禮花《フカフチノミツヤレハナ》は深淵の水底に色とりどりに花の如く誇り顏なる海藻を云ふ名ですが、何といふ麗はしい表現でせう。八嶋士奴美神《ヤシマジヌミノカミ》が天之都度《アメノツド》閉知泥神《ヘチネノカミ》に娶ひて生める子、淤美豆奴神《オミヅヌノカミ》、こは羊歯植物の神、布怒都豆神《フヌツヌノカミ》の女布帝耳神《フテミミノカミ》に娶ひて生子《ウメルミコ》、天《アメ》之冬衣神《ノフユギヌノカミ》、こは蘚苔植物の神です。皇典に此神此神とあるのは、其何れに當るかゞ頗る判斷し難くなつて居ますが、前表を見れば明瞭です。季節が植物をして旋轉の妙趣を營ましめるのか。植物が季節の旋廻を立證するために、この世に生存してゐるのか。季節と植物との聯關の妙諦を傳へるのが、須佐之男神の神夜良比《カミヤラヒ》後の物語で、要は御倉板擧神《ミクラタナノカミ》の一方面の内容顯示と見るべきものです。

此神が刺國大神《サシクニオホカミ》之女名は刺國若比賣《サシクニワカヒメ》に娶ひて生める子、大國主神《オホクニヌシノカミ》といふのが、その次ですが、其處からは植物神話が終つて、動物神話に入る初めで、刺國若比賣《サシクニワカヒメ》のサシクニは恐らく國土を幸《サキハ》ひする幸國《サキクニ》であらう。殆ど最原始的な比賣ではあらうが、また一面あらゆる動物の祖神たる女神ですから偉大です。ワカヒメのワカは水ですから、最初は水中の御生存でありましたでせう。

大國主神に亦名が大穴牟遲神《オホアナムヂノカミ》、葦原色許男神《アシハラシコヲノカミ》、八千矛神《ヤチホコノガミ》、宇都志國玉神《ウツシクニダマノカミ》等あるは、動物進化の時代的區分を現はしたもので、この神ほど複雑な性格の神は他には餘りありません。此の大國主神に兄弟八十神ありきごいふ事から物語は初まりますが、その兄弟神には種々の意義があつて、或は自然現象或は同じ原生生物と見る等の說があります。最初大國主神は大穴牟遲《オホアナムヂ》神の名を以て出發して居られます。大《オホ》は多量の義、牟遲《ムヂ》は所持の主の義で、多量の穴を所有された主神の義ごなり、穴居生活を表はす事にもなります。大穴《オホアナ》牟遲《ムヂ》は八十兄弟神と共に稻葉之八上比賣《イナバノヤガミヒメ》に婚を求めん爲めに、帒《フクロ》を負ばせられて、共に稻羽《イナバ》へ御出發になりました。稻羽《イナバ》は日光が稻葉を照らす暖い豊饒な土地を申します。八上比賣はイヤカミヒメで向上伸展の無限の威力を保つ女神の義です。こは太陽から來る一種の光線を人格化した神名で、この光線を享けるものは、非常に伸展の力を得て、他の追從を許さぬ發展を爲すので、誰も彼もその婚を切望した譯です。八上比賣は天岩戸前の段に出て居る、天服織女《アメノミソオリメ》の同族神でありませう。

さて物語は氣多之前《ケタノサキ》に八十兄弟神が到りますと、裸《ハダカ》なる菟が伏して居た、八十神は其菟に「汝その赤裸を癒さんとならば、海潮《ウシホ》を浴《ア》びて風の吹くに當《アタ》りて高山《タカヤマ》の尾上《ヲノヘ》に伏して居ろ」と申された。動物神話にまづ菟の物語の出るのは緣が深い。がまだ此時代に菟なんか居なかつたのは當然ですから、この菟は例の月の異名と見るべきでせう。月と兎とは常に離れぬ因緣物です。月は一月二月三月四月……と十二月まで到つて、其處で皮を剝がれた如くなつて、また最初の一月へ返る、斯く第一月の月が海潮を浴びて、風の吹くに當つて高山の尾上に懸つてゐる狀態。これを八十神達の敎唆と視た譯です。月は木枯にさらされて、ひい〳〵哭いて居た。海潮と月との關係も暗示が深い。又兎は十二支の卯で十二支を代表し、和邇は甲乙丙丁の十干……を表現し、例の干支の組合せで年次の吉凶等を卜する方式のものと見てもよろしいと想ふ。そこへ最後に來ました大穴牟遲神《オホアナムヂノカミ》が、その兎を見て「何故に哭《ナ》くか」とお訊ねになりました。すると兎は「僕が淤岐嶋《オキノシマ》に在りて、此地に渡らんと致しましたけれども、渡るべきたよりがありませんので、海《ウミノ》和邇《ワニ》を欺いて言ふには、吾汝と族《ヤカラ》の多少を競べよう。だから汝は其の仲間の在るだけ率ゐて來て、此嶋から氣多前《ケタノサキ》まで列を作つて並んで見よ。吾其上を踏んで走りつゝ讀み渡らう。さうすれば吾族と汝族と何れが多いか判るわけだ。斯う申しましたれば、欺かれて列を作つて伏し並んだ時に、吾其上を踏みつゝ、一二三四………と讀み渡り來て、今將《マサ》に地に下《オ》りんとする時に、汝は我に欺かれたのだよと言ひ竟《オハ》れば、一等端に居た和邇《ワニ》が私を捕へて、斯樣に皮を剝いでしまつたのでございます。ですから泣き患ひて居ました。すると、先に來ませる八十神の申されるには、海鹽《ウシホ》を浴びて風の吹に當《アタ》りて伏し居れと申されたので、その敎への通り致しましたれば、我身悉く傷《ソコナ》はれてしまひました」と申しました。和邇《ワニ》は日の使徒で、この時列を作つて三百六十五匹並《ナラ》んだ計算です。兎の月は、一月二月三月………と十二ケ月を計量し終つた譯です。然るに三百六十五日と四分の一といふ端數があるので、一寸其端數にまごついてゐると、皮を剝がれた譯です。大穴牟遲《オホアナムヂ》は四季順運に應ずる機能を具へ、曆數の心得があつたものですから、白兎に適當な指導を爲すことを得たのでした。で其兎に敎へて「今急に此水門《ミナト》に往つて水を以て汝身を洗ひ、其水門《ミナト》之蒲黃《カマノハナ》を取つて敷散《シキチラ》して、其上に輾轉《コロゲマロ》びなば汝身本《モト》の膚の如く必ず癒へなむ」と敎へ給ふた。これは四分一の殘餘を巧に年曆の中へ繰り入れて、幾年經ても旋轉の律が立つ、曆儀《コヨミ》の成立を示されたもので、兎の皮の癒えたのは、一面動物が巧に季節の順運に適應して、種々の保護や變態や進化等を爲して往くことを示した事にも當ります。斯くて動物が植物に比して、異常の伸展を見、後日地上に王者の位置を占め得るに至つた所以の原因が判る譯です。此稻羽之《コレイナバノ》素菟《シロウサギ》といふ者で、即ち年曆《コヨミ》の物語、季節に順應する動物の進化法則を述べた物語と見ても宜しいものです。そこで其菟が大穴牟遲神に向つて「此八十神は必ず八上比賣なる無限向上の力を得じ、帒《フクロ》を負ひ給へども汝命《ナガミコト》こそ之を獲《エ》たまはん」と申しました。

八十神は八上比賣の許に到り、婚を申し入れたが、八上比賣は「吾は汝等《イマシタチ》の言を聞かじ、大穴牟遲神《オホアナムヂノカミ》に嫁せん」と申されました。そこで八十神が怒つて大穴牟遲神を殺さんと協議して、伯伎國《ハハキノクニ》の手間山本《テマノヤマモト》に到りて、大穴牟遲に「此山に赤猪《アカヰ》が居る。だから我々が追下つて來たらば、汝待つて居て生捕《イケド》れ、若し生捕らねば必ず汝を殺さん」と云つて、猪に似た大石を火で燒いて轉ばし落して來た。そこで大穴牟遲《オホアナムヂ》は約束通り生捕らうとして其赤猪に飛び附いたので、其石に燒き著かれて死んでしまはれた。これは動物が今日に至るまでに遭遇した苦難の徑路を物語るもので、其第一次は噴火や森林の火災等の爲めに、燒かれた石で壓死した事情を物語るものであらう。併し一たん絶えた動物の生命も、再び發生の氣運を迎へて、地上へ現はれることが出來たのでした。それは母の命《ミコト》哭患《ナキウレ》ひて、天に參ゐ上《ノボ》りて、眞神產巢日之命《マカミムスビノミコト》に奏請されたのが聽屆けられたからの事でした、太陽からの生命線が地中に潜伏して、新らしい生命體を作ることは、シリクメナハを張られて、絶對不可能と成つたから、八上比賣の力でもどうすることも出來なかつた。が母命の力は再び動物の種子をして、發生の機會を與へる途あることを信じ、體神統の大祖神の根元《ネモト》にまで参つて、地上生命の種子が復活せんことを請はれたのでした。そこで體神統の大祖は蚶貝比賣《キサカヒヒメ》と蛤貝《ウムギヒメ》とを遣はして、復活せしめることにされました。其仕方は蚶貝比賣《キサカヒヒメ》が死骸を取り集め、整へ組み立てるのを、蛤貝比賣《ウムギヒメ》が母乳汁《オモノチシル》を塗つて固めたので、大穴牟遲は麗《ウル》はしき壯夫《ヲトコ》と成つて出で遊び行《アル》きました。蚶貝比賣《キサガヒヒメ》蛤貝比賣《ウムギヒメ》はこの時代に發生した貝殼類をいふと見るのは、當然の見解でありませう。

大穴牟遲が國を出發して稻羽《イナバ》に到り、燒石の遭難に遭つて復活を見たまでには、原生動物、海綿動物、腔腸動物、棘皮動物、扁形動物、圓形動物、環形動物時代を經たのでありませう。而して第一遭難後は軟體動物時代で、斧石類、腹足類、頭足類發生の時代であつたので、この貝殼治療の物語が出たに相違あるまいと想ふ。第二遭難は八十神がまた大穴牟遲を欺いて、山に率《キ》て入り、大樹を切り伏せ、矢を茄《ハ》めて其木に打立て、例の罠仕掛《ワナシカケ》を作り、「已等《オレラ》が獸を追つて來るから、汝は其中へ這入つて番をして居ろ」、斯う命じて獲物の犧牲として大穴牟遲を氷目矢《ヒメヤ》を打離《ウチハナ》して拷殺した。そこでまた母命が哭《ナ》きつゝ求め出し、其木を拆《サ》いて取出だし活かしたいといふのですが、その時の復活の仕方は何も書いて無いので、何動物が發生したか不明ですが、尚ほ矢張軟體動物中の腹足類さゞえ、かたつむり、たにし等の力に頼る治癒か、或は頭足類のいか、たこ、等の治癒方式では無かつたらうかと想はれます。而して次の木國之《キノクニノ》大屋《オホヤ》毘《ビ》古神《コノカミ》の元に到り、終に須佐之男神の根國生活時代に至つて、節足動物（甲殼類、手足類、蜘蛛類、昆蟲類）の發生物語と成るのに相違ない。母命は「汝此間《イマシコノアヒダ》にあらば、遂に八十神に滅《ホロボ》されなむ」と仰せられて、乃ち木國の大屋毘古神《オホヤビコノカミ》の御所《ミモト》に急ぎ遣《ヤ》り給ふた。八十神が後から追ひ來て、背後で矢刺《ヤサ》す時に、木俣《キノマタ》から漏逃《クキノガ》れて去り給ふた。此處に大穴牟遲の木國滯在時代といふものがあつたかどうか、それは本文の上では不明だが、あつたとすれば、動物發生の順位から見て、必然甲殼類たる、えび、やどかり、かに、等の時代を當てるべきであらう。次で母命が「須佐之男命の坐《マ》す根堅洲國《ネノカタスクニ》に參《マ》ゐ向へ必ず其大神宜しく取斗つて下さるであらう」と仰せられた。そこでその仰せの通り、須佐之男命の御所《ミモト》に參ゐ到り給へば、其女の須勢理《スセリ》毘《ビ》賣《メ》が出で見て、目合《マグハヒ》して、還り入り、其父に「甚麗《イトウル》はしき神が來たまふた」と申されました。須勢理毘《スセリビ》賣《メ》は天眞名井《アメノマナヰ》の神事の際《トキ》生れました三比賣神の總稱名、又は大祓祝詞《オホハラヒノリト》の後段で見る速佐須良比賣《ハヤサスラヒメ》と同神等にも當りますが、廣く地熱を本位とする地氣を司る女神と見るのが解し易いでせう。大神がどれと出て見られまして、「此は葦原色許男《アシハラシコヲ》といふものである」と仰せられて、乃ち喚び入れて其蛇室《ヘミノムロヤ》に寢しめ給ふたとあります。此處に蛇とあつても勿論爬蟲類の蛇ではなくて、「さそり」とか「だに」とかいふものを指して云ふのであらう。然るに其妻の須勢理毘賣《スセリビメ》が蛇比禮《ヘミノヒレ》を其夫に授けて、「若し其蛇咋《ク》はんとせば、此の比禮《ヒレ》を三擧《ミタビア》げて打撥《ウチハラ》ひ玉へ」と敎へ給ふた。そこで敎へられた通り爲し給ふたので、蛇が自然に靜まつたから、平く寢て出で給ふた。次に來日《クルヒ》の夜は呉公《ムカデ》と蜂《ハチ》の室《ムロヤ》に入れ給ふた。これは當然呉公は多足類で、蜂は昆蟲類で當期の發生者です。

然るにまた其妻が呉公《ムカデ》蜂《ハチ》の比禮《ヒレ》を授けて、先に敎へた通りさせたので、平けく寢ねて出で給ふた。この比《ヒ》禮《レ》を打振つて撥ふ咒術は、或古代に行はれた方式であらうが、今の場面は生物が殆ど咒術と思はれるほどの、巧な方式を心得て、其生存を完うしたことを傳へたものと見るべきです。記事は一夜の如く見えますが勿論幾千幾萬年かの長歲月に亘つての事柄でありませう。次に鳴鏑《ナリカブラ》を大野の中に射入れて其矢を採らしめ給ふ。大穴牟遲が矢を採らんとして野中に這入られた時、四方から其野を火で燒き廻らされたので、出づる所を知らず、大に狼狽してゐると、鼠が來て「內《ウチ》は富良富良《ホラホラ》、外《ト》は須夫須夫《スブスブ》」と云つた。斯ういふたから其處《ソコ》を踏んで見玉へば、深い洞があつたので、その洞穴へ潛《モグ》つてゐる間に、火が燒け過ぎました。この段は矢張節足動物時代であるに相違ないから、これは恐らく昆蟲類の生活狀態を述べたものであらう。昆蟲類が大野に生活し、產卵はしても野原が火の爲めに燒かれるこ、その卵まで燒けてしまつて、次代の存續者を失つてしまふ。故に昆蟲はその產卵をする爲めに、穴を堀つて其中で產卵する。すれば冬に至つて枯草が焼かれても卵は殺されないでゐることが出來る、そのことを述べたものであらう。鳴鏑《ナリカブラ》が生殖器能を指すのは常の事なんです。また鳴鏑が雷鳴電光電火等に用ひられる事も常の例ですから、夏日大野で、昆蟲類のある種類例へば蟻等が働いてゐる時、落雷の爲めに野が焼けた、其時其昆蟲類が穴の中へ這入つて、難を避けるといふ物語でもあらうか。此處に鼠といつても哺乳類の鼠ではなくて、ネヅミは根《ネ》住《ズミ》で、根即ち地下等に住むものを指していふ名です。又季節の子《ネ》で大國主神の遭難を、專ら暦儀《コヨミ》物語と見る一面も存在します。大野の草が焼け過ぎた後で、鼠が其鳴鏑を持つて出て來て、之を大國主に奉つたとしてゐるのは、卵の孵化を物語るものではあるまいか。其矢羽は其鼠の子等が皆な喫つたとあるのは、昆蟲が卵から出れば幼蟲で、卵を產んだ頃の蝶蛾の狀態とは異り、羽根の無いことを云ふのではあるまいか。昆蟲は實に妙味のある生活を爲すもので、卵から幼蟲期、次に蛹期、次に蛾蝶期の變態を經るので、一回づゝ死んだかと思ふ期間がある。故に其妻の須勢理毘賣《スセリビメ》は葬具を持つて哭《ナ》きつゝ來ましたといふのであらう。須佐之男大神も死んだものと思つて來て見られると、幼蟲は活き〳〵して躍つて居た。そこで今度は家へ率《ヰ》て入りて、八田間大室《ヤダマノオホムロヤ》に喚び入れて、其頭の虱を取らしめ給ふた。この段は勿論節足動物期をまだ出て居ないから、恐らく虱とは極めて微小な生物で、みぢんこ、魚蝨《テフ》等を謂ひ、呉公が居たとは多足類の時代たるを示し、其妻が牟久木《ムクノキ》を咋《カ》み破つて、赤土《ハニ》を含んで唾出《ツバキイダ》せと教へたのは、昆蟲類、蜘蛛類、多足類、甲殼類の中には、巧に唾を以て泥土を固めて、巢を造つたり、唾を出して網を張つたりするものゝある事をいふのであらう。兎も角もこの時代に達すれば、生物も餘程進化して來たので、もはや一人前の生存を續ける事であらうと安心して、大神は安く寢られたのでした。生物が斯くまで苦慮を重ね、幾多の試練に堪へて、熾に繁殖するようになつたことは、大神の無限のお歡びであり、心に愛すべきものよと思はれてその眠りは裕かであつたであらう。しかし生物の方では、まだ〱こんなことでは承知ができない。無限に進化せんと望む心は一刻も止まる所のない向上心は、大神の羈絆を脫して更に一段高い生活に進まんとしたのでした。大神の羈絆を脫する爲めには、大神の追跡から免れる工夫を先づ第一に考へなければならなかつた。それには大神の髮を其室《ムロヤ》の椽毎《タリギゴト》に結著《ユヒツ》けるといふのが一等名案でした。大神の髮とは植物の事で、植物の根を地中に蔓《ハビコ》らせて、その火力が徒らに地上へ出ないやうにすること、地上の生存者が安心して大躍進を爲すことが出來る。故に植物を以て動物の進化を保證する策を講じ、專ら獨立の生存を營む爲めに、五百引石《イホビキイハ》を其塞戸《サヤリド》に取塞《トリサ》へて、其妻須勢理毘賣《スセリビメ》を負んで大神の生大刀《イクタチ》生弓矢《イクユミヤ》及び天詔琴《アメノノリゴト》を取持ちて逃出されたのでした。

生大刀《イクタチ》生弓矢《イクユミヤ》天詔琴《アメノノリゴト》の解釋は種々あるが、生大刀《イクタチ》生弓矢《イクユミヤ》は生命の威力であり、天詔琴《アメノノリゴト》は音聲の威力で、生命の威力を肉體的に見たのが生大刀《イクタチ》、精神的に見たのが生弓矢《イクユミヤ》となる譯でせう。生物の肉體はかく幾多の機能で飾られて來たので、須佐之男大神の植物大宮殿も莊嚴ですが、今や動物の體構成は、幾層莊嚴美妙の極みでした。或は見る力、或は聽く力、或は味ふ力、或は嗅ぐ力、或は寒暖を感ずる力等が具備され、眼、耳、鼻、舌、身の夫々の器官も整つて實に美事《ミゴト》でした。それは現在の我々から見れば、單なる下等の生物としか見えますまいが、その當時に遡つて考へて見れば、何といふ偉大な神工名作であつたことでせう。しかもその肉體には精神力さへ宿つて、色々の本能が働き乃至種々の思考さへ働くのでした。勿論その當時の生弓矢《イクユミヤ》は多分に本能的なものであつたらうけれども、それでもその一擧一動は、眞に驚異に値するものがあつた譯合です。特に生物が發聲の機能を有して、昆蟲の中には美妙な音聲さへ出し得るものがあるに至つた事は、飛び立つほど大神の心を歡ばしたことでありませう。その逃げ出した時に、天詔琴《アメノノリゴト》が樹に觸れて地動《トドロ》き鳴つたとは、蟬なぞが樹上で鳴き立てた初夏の時代を述べたのであらう。蟬が地中生存者として「しくぢ」の狀態で永い間潜伏して居たが、今や地中を拔け出で、殼を拔いで樹上に登り、聲高々と大地も搖げと鳴き立てた譯です。

八田間大室《ヤタマノオホムロ》の段を蟬の身上に解いて見ると、最初は虱の如き微小なものであつたが、それが漸次呉公の如き幼蟲に成長し、木の根や土を喰ひ、唾を出して殼を作つて蛹と成り、安全な眠り狀態に入り、それが夏の候に入ると、地中から匍ひ出て、その殼を破つて蟬と成り、樹上に登つて鳴き立てる。この順次が實におもしろいと思ふ。これで節足動物（昆蟲類、蜘蛛類、多足類、甲殼類）時代を終つて、次にはいよ〳〵脊索動物時代に這入ります。

斯様な譯で生物進化に一の大なる伸展があつて、葦原色許男《アシハラシコヲ》時代が八千矛《ヤチホコ》時代に移る際に、寢入て居た大神は驚いて起き上り、其室を引仆して其後を追はんとされたが、髮が椽《タルキ》毎に結《ユハ》へてあるので、容易には之を解くことが出來ず、一本々々解いてゐる間に遠く逃げられました。髮を解いた大神が後を追つて來られた時は、旣に黄泉比良坂《ヨモツヒラサカ》を越して居たので、もはや大神の威力は其及ぶ範圍外に屬して居た。黄泉比良坂《ヨモツヒラサカ》は例の生と死との兩界の境界線で、須佐之男神は妣國《ハハノクニ》の繼承者として黄泉大神《ヨモツオホカミ》に成つて居させられるから、生の國へは其威力が及ばないのです。これを見ても葦原色許男《アシハラシコヲ》の根國脫出が蟬等の拔出た狀態と見ておもしろい譯です。又大國主神の根國入りからが、幽界生活、（死界の經歴）、暗黑時代の史的經過、乃至出產以前の胎內生活等と見る解釋も成立するし、また伊耶那岐神《イザナギノカミ》の黄泉《ヨミノクニ》御訪問の再演乃至天照大御神の天岩戸隠れの再演とも見ることが出來る譯ですから、本講の如くこの根國時代を、葦原色許男《アシハラシコヲ》時代即ち節足動物時代と見る解説の外に、夫等の解説が必然詳細に講述されるのは當然の事です。皐典は實に内容の豊富なものです。それは兎も角も葦原色許男《アシハラシコヲ》時代が終つて、生物が更に一段の向上發展を爲すべき機運を迎へたことを見た須佐之男神は、愛すべきものを手放し、他に奪はれる底の怨恨を感ぜられたが、また一面頗る大滿足を覺えられたのは當然で、もはや自己の勢力範圍外に逃げ出た大國主神に對して、黄泉比良坂《ヨモツヒラサカ》に到り、遙に望んで呼びかけられました。

「其汝《ソノナ》が所持《モタル》　生大刀《イクタチ》生弓矢《イクユミヤ》を以て　汝《ナ》が庶兄弟《マヽハラカラ》をば　坂之御尾《サカノミヲ》に追伏《オヒフ》せ　河《カハ》の瀬《セ》に追撥《オヒハラ》ひて　意禮《オレ》大國主神《オホクニヌシノカミ》と爲《ナ》り　また宇都志國玉神《ウツシクニタマノカミ》と爲《ナ》りて　其我女《ソノアガムスメ》須世理毘賣《スセリビメ》を嫡妻《ムカヒメ》として　宇迦能山本《ウガノヤマモト》に　底津《シタツ》石《イハ》根《ネ》に宮柱《ミヤハシラ》　布刀斯理《フトシリ》　高天原《タカアマハラ》に氷椽《ヒギ》多迦斯理《タカシリ》て　居《ヲ》れ　是奴《コヤツ》よ」

これが須佐之男神が、後から追ひ來て申されたお言葉《コトバ》ですが、これは實に地神統の主神が、地上に威力を振舞はしむべき大詔命を降されたもので、實に偉大な詔命です。

が併し其の生大刀《イクタチ》生弓矢《イクユミヤ》天詔琴《アメノノリコト》は、後には御授受の形式に成つてゐるが、その最初は盗み出したものであり、且つその使用の方途は、庶兄弟を斃すに在るのでした。して見れば大國主神の建國は所謂征服國家であり、優勝者が弱者を倒して建てた驟國と見なければなりません。斯様な建國が將來どんな運命を保つかは大に注目に値する譯柄です。また須世理毘賣を嫡妻とすることは、物質を本位とすること、個人主義たること、勞働を餘儀なくせしめられること等の條件が伴ふものと思はれるから、宇迦能山《ウガノヤマ》の山本《ヤマモト》に宮殿を建てるといふことも、宇迦は廣くは物質全體ですが狹くは穀物の事であるから、食糧を第一條件とする宮殿の建設と見なければなりません、衣食住を本位の建國が宇迦能山《ウガノヤマ》の山本《ヤマモト》の宮殿建造なんだから、現今の世界の狀態と同然、常に喧囂の域を脱することが出來ない事と思はれます。が併し底津石根《ソコツイハネ》に宮柱太敷立《ミヤハシラフトシキタチ》、高天原《タカアマハラ》に氷椽《ヒギ》高知《タカシ》りは、無限絶大の伸展發揚を期すべきことを保證される語で、大國主神の威力は實に絶大に及ぶべく、福德の無量も豫想されますが、最後の一語に在る通り、決局は、「是奴《コヤツ》よ」です。是奴《コヤツ》は飽くまで是奴《コヤツ》であつて、決して權威の主ではありません。愛すべき極みの奴ですが、權威の前にはヤツコの地位を忘れてならぬ身柄です。これは神統上から來る必然の法則で、その爲めに須佐之男神は八俣遠呂智《ヤマタヲロチ》から出た草那藝之大刀《クサナギノタチ》を天照大御神に奉献して居させられます。ですから是奴《コヤツ》として大國主神も其根本地位に立つことを忘れてはなりませんでした。併し大國主神の賜つた生大刀生弓矢の威力は偉大なもので、忽ちにして其八十神を坂《サカ》の御尾《ミヲ》毎《ゴト》に追伏《オヒフ》せ、河瀨毎に追撥《オヒハラ》ひて、始めて國をお作りになりました。坂の御尾毎、河の瀬毎と謂つて全地を蓋くしてゐます。元より生活本位ですから、生活の地盤としての坂の御尾や河の瀬等が、第一に征服されたのは當然でありませう。葦原色許男《アシハラシコヲ》時代を經て八千戈神《ヤチホコノカミ》と成られた大國主神は、あらゆる方面に征服の軍を進められた事は、八千戈《ヤチホコ》の御名でも能く之を知り得る理《ワケ》です。

八千戈《ヤチホコ》神が根國から光明の國に出て見られると、先づ第一に戀しかつたのは、その最初八十神と求婚に出掛けた八上比賣の事でした。仰いで天日を望めば向上伸展の燃ゆるが如き希望が勃發するのでした。今までの生物は地熱が本位で發生したが、八上毘賣は天上界の使徒ですから、この女神からの出生は、非常に精神的(靈的)伸展度を見る譯です。併し大國主神には嫡妻があるので、八上比賣は先に婚約した通り、互に交合されて御子を產まれ、宮殿へ率ゐて來られましたが、其嫡妻を畏《カシコ》みて、其生子《ウメルコ》を木俣《キノマタ》に刺し挾んだまゝお歸りになつてしまひました。故に其子の名を木俣神《キノマタノカミ》亦名を御井神《ミ井ノカミ》と申します。いよ〳〵これからが脊索動物時代に入るのです。脊索動物中專ら陸上生存者を木俣《キノマタ》神と申し、水中生存者を御井《ミヰ》神と申すのであらう。斯く木俣神は天日本位の神で廣義には一般有脊動物の祖、狹義には哺乳類の祖、尙ほ狹義には人類の祖と申す事に成ります。

哺乳類にしても人類にしても、その最初の生存時代は、水中生存者であつたから、其時代を御井神時代、陸上生存に成つてからを木俣神時代と見るのも一の解釋でせう。生類の進化は或程度までづゝ進んでは、其處で進化の止まつたものが、現在世に存在してゐる現狀ですから、同じ脊索動物にしても、その中から哺乳類はずんと擢でゝ向上の途を辿り、更に人類はその哺乳類中でもずんと向上した次第でした。故に人類史を本位とすれば、木俣神《キノマタカミ》は人類の祖で、他の生類とはその最初からの出發點を異にした譯ですが、木俣神《キノマタノカミ》と八千戈神《ヤチホコノカミ》とを一體神と見る場合は、木俣神の中から人類が特殊の向上を爲したと見るべきで、この兩様の見方は何れも可能であるから、皇典には「此八千戈神《コノヤチホコノカミ》」がと木俣神《キノマタノカミ》を八千戈神《ヤチホコノカミ》と呼んでゐる觀があるのです。何れにしても木俣神《キノマタノカミ》亦名御《ミ》井神《ヰノカミ》は、八上比賣を母神とする神統ですから、須勢理毘賣《スセリビメ》の地熱統さは聊か出發點が異るので、嫡妻の嫉妬問題が起る譯です。併し體熱は生物の嫡妻ですから、天日本位に伸展する生物に執つても、その本義は永久に離れない譯柄です。

八千戈神は何が任務かと申せば、根國時代に發生した生物以上に、益々其の進化を圖る事でした。故に先づ以て、他の女神との婚を第一要件とされたのでした。八千矛神の第一婚は高志《コシ》の沼河比賣《ヌナカハヒメ》とであつて、沼河比賣《ヌナカハヒメ》は沼河の女神たるは其名の示す通りです。沼河比賣の神統は明瞭しないが、恐らく胸形《ムナカタ》の三姫神中の中津宮《ナカツミヤ》に坐す市寸嶋比賣《イチキシマヒメ》の亦名でありませう。八千矛神《ヤチホコノカミ》は沼河比賣《ヌナカハヒメ》の家に到り、先づ歌を以て申し入れられました。

八千戈《ヤチホコ》の　神の命《ミコト》は　八嶋國《ヤシマグニ》　妻覓《ツママ》ぎかねて　遠々《トホトホ》し　高志《コシ》の國に　さがしめを　ありときかして　くはし女《メ》を　ありときこして　さよばひに　あり立《タ》たし　よばひにありかよはせ　太刀《タチ》が緒《ヲ》も　いまだ解《ト》かずて　おすひをも　いまだ解《ト》かねば　をとめの　なすや板戸《イタド》を　おそぶらひ　わがた丶せれば　ひこづらひ　わが立たせれば　青山《アヲヤマ》に　ぬえは啼《ナ》く　さぬつ鳥　きゞしはとよむ　にはつとり　かけはなく　うれたくも　鳴くなる鳥か　この鳥も　うちやめこせね　いしたふや　あまはせづかひ　ことの語《カタ》りごとも　こをば

この歌の意義は八千矛の神の命《ミコト》は、その使命天職として、生類に對して無限の伸展を致さしめねばならぬから、八嶋國《ヤシマクニ》にありとしある女を覓《モト》めて、婚を成就せねばならぬ。そこで遠い〳〵高志《コシ》の國ではあるが、賢き女ありと聞き、麗しき女ありと聞いて、是非とも求婚の爲めにゝ、遠路を來て、大刀《タチ》の緒を解いて一憩する暇もなく、覆の下緒を解いて休む暇もなく、駈けつけて、乙女の家の板戸《イタド》を押しても見、また引いても見て居るゝ、青山ではぬえといふ依態《エタイ》のわからぬ奴《ヤツ》が嘲るが如く啼き、さぬつ鳥やきゞしなぞの口やかましい連中が、わい〳〵騒ぎ立てるやら、また鷄は啼いて急ぎ夜の明けるのを告げる。本當に癪にさわるほど啼く鳥があるわい。この鳥も撃ちやめて欲《ホ》しいものだ。世の語りごとに天驅使《アマハセツカヒ》といふ天使があつて、戀する者の胸に箭を射れば、その戀は成就すると聽くが、果して天驅使《アマハセツカヒ》がその箭を放つて射おうしてくれさうなものだといふのです。その時沼河比賣《ヌナカハヒメ》は未だ戸を開かずして內より歌ひたまはく。

八千矛《ヤチホコ》の　かみの命《ミコト》　ぬえくさの　女《メ》にしあれば　わがこゝろ　うらすのとりぞ　いまこそは　千鳥《チドリ》にあらめ　のちは　和鳥《ワトリ》にあらむを　いのちは　なしせたまひそ　いしたふや　あまはせづかひ　ことのかたりごとも　こをば　青山に　日がかくらば　ぬばたまの　夜《ヨ》はいでなむ　あさひの　ゑみさかえきて　たくづぬの　しろきたゞむき　あわゆきの　わかやるむねを　そだゝき　たゝきまながり　またまで　たまでさしまき　もゝながに　いはなさむを　あやに　なこひきこし　やちほこの　かみのみこと

　ことのかたりごとも　こをば

この歌の意義は、八千矛の神の命《ミコト》よ、妾はぬえくさの如き女でございますれば、妾の心は進んで早速お合ひ致したいのは山々でございますのよ。今は胸が騷いでぢつとしておられぬ狀態ですが、併しそれではよろしくないのでございます。で心が落附いて和鳥《ナトリ》の如く、理性に訴へて事が運ぶようになりませうから、決して御落膽なさいますな。世の語りごとの通り、天驅使《アマヽセツカヒ》は必ず戀の箭を放つに相違ありませんから、靑山に日がくれたならば、夜のような闇黑な盲目的な行爲もされませうが、それではいけない事よ。朝日の笑《エ》み榮え來て、眞に理解ある婚が成就するならば、其時こそは、もはやどんな振舞に出てもよい事よ。白い胸もあらはに、嬉しさにばた〳〵叩いて、誰憚からず手こ手とを組み合つて強く抱き合ひ、股長に致しませうほどに、よく〳〵この旨を御聞きわけ下さいまし。これが後世八千矛神《ヤチホコノカミ》の語《カタ》りごこゝなるのでございますからこいふのです。「八千矛神の語《カタ》りごこ」は、戀するものゝ永遠の御規範ですから輕々しい事は出來ません。

斯樣な譯で其夜は合はずして明日の夜御合ひなさいました。明日の夜こあつても必ずしも翌夜といふのではなくて、生物進化の或道程を隔てゝの義ですから長年月でしたのでせう。八千戈神と沼河比賣この婚は沼河比賣は其名の示す通り、沼河の神格化で、有椎類中の兩棲類（かへる、ゐもり、さんせうを）等の發生を見た譯です。この婚に依つて日本書紀では建御名方神《タケミナカタノカミ》が生れて見えます。建御名方は兩棲類の守護神です。八千矛神が沼河比賣に婚されたここを知つて、嫡妻の須勢理毘賣《スセリビメ》が痛く嫉妬なさいました。それは生物が進化に進化を追へば、從來の地熱系が漸次置去りされる形になるように思はれての御嫉妬なんでせう。併し八千矛神は、その使命として飽くまで生類を伸展せしめねばならないので、非常にヂレンマに懸つて困られたが、出雲《イツモ》より倭國《ヤマトノクニ》に上りませんとして束裝して居《キ》させられた時、其片手は御馬の鞍《クラ》に繫け、其片足は御鐙《アブミ》に踏入れ乍ら、お歌ひになりました。

ぬばたまの　黒きみけしを　まつぶさに　とりよそひ　おきつどり　むなみるとき　はたゝぎも　これはふさはず　へつなみ　そにぬぎうて　そにどりの　あをきみはしを　まつぶさに　とりよそひ　おきつどり　むなみるとき　はたたきも　こもふさはず　へつなみ　そにぬぎうて　やまがたに　まぎしあたねつき　そのきがしるに　しめころもを　まつぶさに　とりよそひ　おきつとり　むなみるときはたゝぎも　こしよろし　いとこやの　いものみこと　むらとりの　わがむれいなば　ひけとりの　わがひけいなば　なかじとは　なはいふとも　やまとの　ひともとすゝき　うなかぶし　ながなかさまく

あさあめの　さぎりに　たゝむぞ　わかくさの　つまのみこと　ことの　かたりごとも　こをば

この歌は自己の天職をその妻に訴へて、充分の理解と了解を得、喜んでその使命に就かしめるように諭された歌です。夫の使命を理解せず、單に嫉妬する妻は困ります。併しその使命が何であるかを知らない時は止を得ません。充分理解に訴へて之を諭し、其諒解を得るのが大切です。それも他の事柄なれば兎も角他の女神に多く婚するのが天職である場合、妻に對してその理解を求めるのは當然の事でせう。妻としてもそれが天職の爲めの行爲であるこ知れば、いかなる事柄に對しても、快くそれを承認して、夫をして進んで天職を盡くすように勵ますほどにもなる譯でせう。歌の意味は多くの女神に婚する爲めには、先づ女の心を惹く爲めに、服裝からして注意せねばならない。最初黑い裝束を着けて、これでどうかこ、見廻し眺め廻して立つて見たり歩いて見たりして容子を整へて見たが、これはいけないと、すつぱり脱いでしまつて、次にはそにどりのような青い服を着て、しつかり容子を整へ、見廻し眺め廻し、立つて見、歩るいて見たが、これもいけないと、すつぱり脱ぎ棄てしまひ、次には山で求め得た茜《アカネ》を舂《ツ》いて榛《ハリ》の木を搾つた汁で染めた服を、すつかり整へて身に着け、見廻し眺め廻し、立つたり歩いたりして見たが、これでよろしいといふ段取に成る譯だ。使命を果たすといふ事は容易のことではない。或は世間では浮氣男のように謂ふかも知れないが、これが私の切なる念願であり、天職であるのだ。斯うして天職に盡さんとするのだから、その積りで居て貰ひたいものだ。斯うするこさが、其實はおん身自體の向上伸展でもあるのだ。若し斯うしないで從來の儘でゐるならば、何等向上進化の途はないのだ。併しどこまでも私の行爲が不滿なら、私は仕方がないから、群鳥のように行つてしまひ、候鳥のように立ち去つたら、いかにおん身が氣強く泣かないと謂つて居たからとて、必ず山陰の一本《ヒトモト》すゝきの如き寂寥を感じ、頸《ウナ》だれて泣くことであらうぞ。朝雨のさ霧の如き内に閉ぢこめられて、孤獨の中に立つことであらうぞ。よく理解して天職に對して満腔の讃意を表してくれ、これが春の野の若草見たいな、奥さんたるもの丶永遠の語りごとなることであるからねといふのです。

この歌は矢張生物進化の事柄を歌つたもので、生物は幾度も其外衣を脱ぎ棄て脱ぎ換へて、醜より美へ美へと進んだものです。故に葦原醜男《アシハラシコヲ》時代の生物は八千戈の進化を見て嫉妬することであらう。が併し進化の理法は、しかく適者優存の途を辿つて進むけれども、それだからとて、從來の嫡妻を忘れてゐる譯ではない。勿論絶種するものもあるけれども、大觀すれば進化は矢張肉體そのもの丶進化であるのだ。若し向上進化を取り去つてしまつたとすれば、種族は漸次絶滅に陷つて、一本《ヒトモト》す丶きの如き寂寥を感じなければなるまいし、朝霧の中に立つて孤獨に泣かなければならないであらう。進化の大船に乘つて進むと思へば永遠に八千矛を離れず、永遠に相抱合して樂しい生涯を送ることが出來る譯合であると申されるのです。

そこで嫡妻須世理毘賣もその道理が克く解つたので、大御酒杯《オホミサカヅキ》を取つて、立寄つて指し擧げ、夫君の天職を祝福し、その永遠の榮えを祈らむ爲めに、

八千矛《ヤチホコ》の　神《カミ》のみことや　あが大國主《オホクニヌシ》こそは　をにいませば　うちみる　しまのさきざき　かきみる

いそのさきおちず　わかくさの　つまもたせらめ　あはもよ　女《メ》にしあれば　なをきて　男《ヲ》はなし　汝《ナ》おきて　つまはなし　あやかきの　ふはやがしたに　むしふすま　にごやがしたに　あわゆきの　わかやるねむを　たくづぬの　しろきたゞむき　そだたき　たゝきまながり　またまで　たまでさしまきもゝなかに　いをしなせ　とよみきたてまつらせ

この歌の意味は、八千矛の神の命《ミコト》は即ち大國主神であつて、大國主神てふ總名の上から云へば、八千矛神は其部分名であり、時代名である。故に八千矛の神業を大國主神てふ總體から見れば、何事も達觀されて個々の神業が統一されて來ます。須勢理毘賣《スセリビメ》は大國主神の嫡妻で、永遠に離れぬ夫妻一體の間柄である。それを區別を立て、目前の事のみに執着すれば、種々の怨恨も嫉妬も出る譯で、貴方は男でゐらせられるから、何處へお出になるとても、美くしい若い女を持つて居らせられるが、妾は女でありますから、貴方を措《オイ》ては男はなし・貴方を措《オイ》ては夫はありません。ですから嫉妬も起りますが、今はもはや達觀致しました。その目から見れば貴方の多數の女に合はれることは、要するに妾の婚の廣まつたものに相違ないことが解りました。ですからもう妾はいつまでも〳〵永遠に貴方とは綾の帷の搖《ユラ》ぐ蔭で、馴れた衾《フスマ》の軟い下で、雪のやうな胸を廣げ、栲綱《ククツナ》みたいな腕を伸べ、固く抱き合つて兩手をさし交《カハ》し、のんびりこ寝て離れないわけよ。あゝ愉快でならない事よ。祝福の御酒をお上りなさいませといふのです。斯くお歌ひになつて、次に乃ち宇佐由比《ウキユヒ》して宇那賀氣理《ウナガケリ》て、至今《イマニ》 鎭坐也《シヅマリマス》 此謂之神語也《コレヲカミゴトトイフ》 とあるのは、心と心とが眞《マ》ともに通じ合つて、頸に手を懸け合ひ、今に至るまで鎭まりますと申すのですが、これは生物が永遠の進化向上を辿つて進む間、嫡妻の須勢理毘賣《スセリビメ》(地熱)は永久密合して離れ給はず、如何に變態變狀を重ねるとしても、天熱だけで生物は生存はされない。地熱は飽まで嫡妻として生物の生命を保證するものであると云ふ神則を物語つたものです。故に神語《カミコト》と謂ふと申してあるのです。從來の解釋の如く、互に離れじと頸に手を懸け合つてのみ居られると見るのでは、次に 故此《カレコノ》大國主神娶坐胸形奥津宮神《ムナカタノオキツミヤニマス》 多紀《タキ》理 毘 賣 命 生子《リビメノミコトニミアヒテウメルミコ》 阿遲鉏高日子根神《アヂシヤタカヒコネノカミ》 次妹高比賣命《ツギニイセタカヒメノミコト》 亦名下光比賣命《シタテルヒメノミコト》云々 とあるのは、甚だしい破約であり、矛盾と成つて頗る變です。が胸形奥津宮《ムナカタノオキツミヤ》に坐す多紀理毘賣《タギリビメ》は須勢理毘賣の內部に宿る名で、多紀《タギ》理毘賣《リヒメ》との婚は即ち須勢理毘賣《スセリビメ》(總名)との婚ですから、達觀された通り、其儘に永遠密合の立證です。古事記には八千戈神と沼河比賣との婚に因つて生れました建御名方神《タケミナカタノカミ》の名が脱けてゐるし、尙ほ其次の所へ

「此神が何々神之女《ムスメ》何々比賣に娶《ミア》ひて生子《ウメルコ》」といふ意味の本文があつて、

久久紀若室葛根神《クグキワカムロツナネノカミ》……兩棲類中の冬は土中に冬眠して經過する族の祖神

久久年神（終生尾を有す）……兩棲類中の年中同一狀態で生活する族の祖神と無くてはならぬと思ふし。次に八千戈神が胸形奥津宮《ムナカタノオキツミヤ》に坐す多紀理毘賣命《タギリビメノミコト》に娶ひて生子《ウメルミコ》、阿遲鉏高日子《アヂシキタカヒコ》根神《ネノカミ》とある次にも、「此神が何々神の女何々比賣に娶ひて生める子」として、

……硬骨類の祖
……硬鱗類の祖
……肺魚類の祖
……軟骨類の祖
……圓口類の祖

（この神名は不明。夏高津日神《ナツタカツヒノカミ》亦名夏賣神《ナツノメノカミ》、次秋毘賣神《アキビメノカミ》等が當るかと思ふが、それは肉味の最も良期を示す名の如くに思はれ、下の分類には合致せぬ。魚類の分殖に對しては獲田毘古の段で述べる事に致します。）

の魚族分類名が傳へられて、居たであらうと想はれます。阿遲鉏高日子根神《アヂシキタカヒコネノカミ》は魚類の守護神です。此神は今ま迦毛大御神《カモノオホミカミ》と謂《マヲ》す神であるとしてある。迦毛《カモ》は地名で大和國葛上郡賀茂鎭座今も高賀茂大神と稱して祀られて居らせられます。次に「大國主神　亦娶神屋楯比賣命　生子《マタカミヤタテヒメノミコトニミアヒテウメルミコ》　事代主神《コトシロヌシノカミ》」とあります。神屋楯《カミヤタテ》比賣命《ヒメノミコト》は、本居翁等も唱へて居られる通り、胸形《ムナガタ》の邊津宮《ヘツミヤ》に坐す多岐都比賣《タギツヒメ》の亦名でありませう。此處にも矢張脫文があつて、

「此神何々神之女何々比賣に娶ひて生みます子《ミコ》として、

若年神《ワカトシノカミ》……………蛇類の祖

若沙那賣神《ワカサナメノカミ》……………蜥蜴類の祖

若山咋神《ワカヤマグヒノカミ》……………鰐魚類の祖

彌豆麻岐神《ミヅマキノカミ》……………龜類の祖

と在つたらうと思はれます。舊事本紀には　八重事代主神化ニ爲八尋熊鰐一通ニ三嶋溝杙女活玉依姫一生ニ一男一女ヲ」とあるので、聊かその俤が窺はれる文ですが、一男一女とあるのはどうかと思ひます。古事記には「羽山戸神《ハヤマトノカミ》　娶大氣都比賣神《オホゲツヒメノカミニミアヒテ》　生子《ウメルミコ》　若山咋神《ワカヤマグヒノ》　次若年神《ワカトシ》　次妹若沙那賣神《ワカサナメ》　次彌豆麻岐神《ミヅマキ》　次夏高津日《ナツタカツヒ》神亦名夏之賣神《ナツノメ》　次秋毘賣神《アキビメ》　次久久年神《ククトシ》　次久久紀若室葛根神《ククキワカムロツナネ》一　とあるのは、兩棲類並に爬蟲類の發生であるから、誤つてあんな處へあんな記述で這入つたものであらうと想はれます。これは大膽な主張のやうですが、古事記の記述方から見て、疑はれないものと信ぜられます。次に「亦娶八嶋牟遲能神之女鳥耳神《マタヤシマムヂノカミノムスメトリミミノカミニミアヒテ》　生子《ウメルミコ》　鳥鳴海神《トリナルミノカミ》」とあります。八嶋牟遲能神《ヤシマムヂノカミ》は天菩日命《アメノホヒノミコト》又は其子天夷鳥命《アメヒナトリ》の事であらうと思はれます。天夷鳥《アメヒナトリ》は鳥を表榜する御名であるし、其妹或は子に鳥耳神《トリミミノカミ》のあるのは自然ですから、これは間違はないであらうと想ひます。鳥耳《トリミミ》は鳥御身《トリミミ》です。鳥鳴海《トリナルミ》は鳥成身《トリナルミ》です。

大國主神が八上比賣《ヤカミヒメ》を娶りて生れます木俣神《キノマタノカミ》(亦名御井神)……哺乳類の祖又守護神

大國主神が沼河比賣《ヌナカハヒメ》を娶りて生れます建御名方神《タケミナカタノカミ》……兩棲類　同

大國主神が多紀理毘賣を娶りて生れます（阿遲鉏高日子根神《アヂシキタカヒコネノカミ》　下光比賣命《シタテルヒメノミコト》）……魚　類　同

大國主神が神屋楯比賣《カミヤタテヒメ》を娶りて生れます事代主神《コトシロヌシノカミ》……爬蟲類　同

大國主神が鳥《トリ》耳神《ミミノカミ》を娶りて生れます鳥鳴海神《トリナルミノカミ》……鳥　類　同

の發生があつた譯です。鳥鳴海神が御出生遊ばされた際、次て此神《コノカミ》娶日名照額田毘道男伊許知邇神《ヒナテリヌカタヒビヲイコチニノカミニミアヒテ》　生子《ウメルミコ》國忍富神《クニオシトミノカミ》……として順次鳥類の分殖を連ねて述べて居る點から見て、前の脫文說の立證がされる譯です。

この記述方は後に至つて哺乳類の分殖される所でも、一々この形式で傳へられてゐるから、阿遲鉏高日子《アヂシキタカヒコ》根神《ネノカミ》、八重事代主神《ヤヘコトシロヌシノカミ》の御出生の後にもその分殖記事の無いのは、どうしても脫文としか考へられません。

鳥鳴海神《トリナルミノカミ》の御子は次の通りです。

鳥鳴海神《トリナルミノカミ》
日名照額田毘道男伊許知邇神《ヒナテルヌカタビヂヲイコチニノカミ》に娶ひて生子　國忍富神《クニオシトミノカミ》……走禽類の祖又守護神

鳥鳴海神
葦那陀迦神《アシナダカノカミ》(亦名八河江比賣《ヤカハエヒメ》)に娶ひて生子
　速甕之多氣佐波夜遲奴美神《ハヤミカノタケサハヤヂヌミノカミ》……游禽類の祖又守護神

鳥鳴海神
天之甕主神《アメノミカヌシノカミ》之女前玉比賣《サキタマヒメ》に娶ひて生子
　甕主日子神《ミカヌシヒコノカミ》……鳩鴿類の祖又守護神

鳥鳴海神
淤加美神《オガミノカミ》之女比那良志毘賣《ヒナラシビメ》に娶ひて生子
　多比理岐志麻流美神《タヒリギシマルミノカミ》……鶏類の祖又守護神

鳥鳴海神
比比羅木之其花麻豆美神《ヒヒラギノソノハナマヅミノカミ》之女活玉前玉比賣《イクタマサキタマヒメ》に娶ひて生子
　美呂浪神《ミロナミノカミ》……鳴禽類の祖又守護神

鳥鳴海神
敷山主神《シキヤマヌシノカミ》之女青沼鳥沼押比賣《アヲヌママヌマオシヒメ》に娶ひて生子
　布忍富鳥鳴海神《ヌノオシトミトリナルミノカミ》……渉禽類の祖又守護神

鳥鳴海神
若晝女神《ワカヒルメノカミ》に娶ひて生子
　天日腹大科度美神《アメヒバラオホシナドミノカミ》……猛禽類の祖又守護神

鳥鳴海神
天狹霧神《アメノサギリノカミ》之女遠津待根神《トホツマチネノカミ》に娶ひて生子
　遠津山岬多良斯神《トホツヤマサキタラシノカミ》……攀禽類の祖又守護神

と成つてゐます。斯様に鳥類の分種と見るのは夫々の神名に現はれてゐる上から判定致されます。國忍富《クニオシトミ》はこの地上に於て最も强力强大なる體格の所有者の義。葦那陀迦《アシナダカ》は葦の繁茂する邊を喜ぶ義。又脚の長い特色ある義。前玉《サキタイ》は穀食の義。甕主《ミカヌシ》は飼養に適する義か。比那良志《ヒナラシ》は脚で地を掻く義、多比理岐志麻流美《タヒリキシマルミ》は肉體の肥滿の義。活玉前玉《イクタマサキタマ》は肉食穀食。美呂浪《ミロナミ》は羽毛の美麗の義、比比羅木之其花麻豆美《ヒヒラギノソノハナマツミ》は樹々に止つてゐる狀態が花の咲いてゐる如く美くしいこと。靑沼馬沼《アヲヌママヌマ》は種々の沼のこと、布忍富《ヌノオシトミ》は鳥禽類中で最も高尙な容態を具へてゐる義、大科度美《オホシナドミ》は體が强大で且つ武器を備へ、天日腹《アメヒバラ》は中天高く翔ぶ義か。遠津山岬《トホツヤマサキ》多良斯《タラシ》は深山に居て氣永く一處に止まり根氣よく餌食を漁る義。待根《マチネ》は樹木の根方に待つ義もあるか。これで有脊推動物中の兩棲類、魚類、爬蟲類、鳥類の事柄を終つたのですが、皇典は次に有名な少名毘古那《スクナビコナ》神の御來訪を傳へて居ます。少名毘古那《スクナビコナ》神の來訪の段は、種々の解說があるのですが、前からの續き物語として之を解說すれば、少名毘古那神は渡禽《ワタリドリ》を傳へたもので、雁鴨等の物語と解すればよろしいのでせう。先づ大國主神が出雲之御大之御前《イツモノミホノミサキ》に坐ます時に、波の遙か彼方から天之羅摩船《アメノカヾミノフネ》に乘つて、鵝皮《ヒムシノカハ》を肉《ウツ》剝《ハギ》に剝《ハ》ぎて衣服として寄《ヨ》り來る神があつた。天之羅摩船《アメノカヾミノフネ》といふのは、水禽の泳ぐ狀態が、いかにも船に乘つてゐるように見えることをいふか。或はあの大きい翼で天空を翔ぶ狀態を指して天之羅摩船《アメノカヾミノフネ》に乘つてゐると見るのであらう。鵝皮《ヒムシノカハ》を着てゐるとは、あの羽毛を着てゐる狀を指して云つたものであらう。そこで其名を問つたけれども答へない。また所從之諸神に問はれたけれども皆な知らずと白《マヲ》します。これは渡鳥であるから、非常に遠方から來たので、誰もその名を知らないと云つてゐるのです。こゝに多邇且久《タニグク》が白《マヲ》すには、「此者久延毘古《コハクエビコ》が必ず知つて居りませう」と白《マヲ》しました。久延毘古《クエビコ》は山田の案山子《カヾシ》で、秋に成つて毎年鳥類を見張つてゐる者だから、案山子《カヾシ》ほど鳥類のことを知つてゐるものはありません。而してその案山子《カヾシ》が禽鳥の事はよく知つてゐると谷蟆《クニグク》即ち蛙が推薦したのもおもしろい關係者です。蛙が案山子を推薦して、彼が禽鳥の事なら何でも知つてゐると申してゐます。そこで久延毘古《クエヒコ》を召して早速訊いて見ると、答へて「此者眞神產巢日神《コハマアカミムスビノカミ》の御子少名毘古那神《スクナビコナノカミ》である」と申しました。で眞神產巢日御祖命に御伺ひ致すと、「此者《コハ》實に我子である。子の中に我が手俣《タナマタ》より久岐斯子《クキミコ》なり」と申されました。眞神產巢日神は體神統（地神統）の御祖神であらせられるので、決してこれは天上から來たものではない。矢張地上に發生したものであるといふ證を示されたのです。我が手俣《タナマタ》より久岐斯子《クキシミコ》であるといふのは、卵生を以て生れ出たといふ事であらう。「故に汝葦原色許男命《イマシアシハラシコヲノミコト》と兄弟と成つて其國を作り堅めなせ」と仰せられました。此處に大國主神を葦原色許男命の名で呼んでゐるし、次にこれより大穴牟遲《オホアナムヂ》と少名毘古那《スクナビコナ》と二柱神が、相並んで此國を作り堅められたこと。其處《ソコ》では大穴牟遲と別名を以て呼んでゐるのは、大國主神性の種々相を發揚したものか。それにしても國を作り堅めるといふ偉大な事業を、禽鳥類がするとは大袈裟な言分と謂はねばなりません。が皇典は幾度も同一義が當事者を異にして行はれるので、人類が地上に現はれ、少名毘古那物語に相當する事柄を演ずる際は、必然少名毘古那《スクナビコナ》が國土經營作業を行はれるので、そんな關係から斯くは傳へたものであらう。さて後には其少名毘古那神は常世國《トコヨノクニ》に渡ります。常世國《トコヨノクニ》は遙に遠方で考へられない程も遼遠の土地であり、又た極めて豐けき常に變らぬ季節の處といふほどの義で、渡鳥の行方を詩的に謂つたのであらう。最初ヨリクルカミアリには有歸來神として歸來とし、今は度于常世國也として渡る義を含めて居るらしくて、いよ〳〵渡禽なる義が明瞭するようです。其少名毘古那神を顯はし白《マヲ》した久延毘古《クエビコ》は今に山田之曾富騰《ヤマダノソホド》といふもので、案山子《カヾシ》です。此神は足は步《アル》かねども天下之事《アメノシタノコト》を盡く知る神であると云ふのは、案山子は常世國から來て、常世國に去る鳥すら知つて居る程だから、足は步かないけれども、天下《アメノシタ》のあらゆる事柄を知つてゐる神であると讚美したのであらう。

そこで大國主神が愁ひて、「吾獨りで如何で能く此國を作り得む。孰《イツ》れの神と與《トモ》に吾は能く相作らむ」と仰せられました。是時に海原を光らして寄り來る神あり、其神の仰せには一能く我前《ミマヘ》を治め給はゞ、吾れ共に相作り成してむ、若し然らずは國成り難からう」と仰せられました。今回の來訪者は雁鴨等の渡鳥の去つた後へ再び海上から光つて來られたので、或は燕等の來訪かこも思はれるが、この神はもつと偉大な神で、彼の稲羽八上比賣《イナバノヤカミヒメ》の生まれました木俣神《キノマタノカミ》亦名御井神《ミヰノカミ》が大に進化を積まれまして、哺乳類の祖こして現はれ給ふたのでした。木俣神は大國主神の御子ですが、父子一體の義を保つて、今や宇都志國魂《ウツシクニタマ》時代の主神として御來訪になつたのでした。大國主神は「然らば治め奉らむさまは奈何《イカ》に致すべきや」と問はれましたのに對して、答へて「吾をば倭之青垣東山上《ヤマトノアヲガキヒガシヤマノヘ》に齋《イツ》きまつれ」と申されました。此者御諸山上神《コハミムロヤマカミノカミ》にますので、これが御諸山《ミムロヤマ》即ち三輪《ミワ》の神體山に祀る大物主神《オホモノヌシノカミ》です。大國主神と大物主神との一體神たることは出雲國造神賀詞《イツモクニツコカミホギノコトバ》に「乃大穴持命乃申給久《スナハチオホアナモチノミコトノマヲシタマハク》 皇御孫命乃靜坐牟大倭國申天《スメミマノミコトノシヅマリマサムオホヤマトノクニトマヲシテ》 已命和魂乎《オノレミコトノニギミタマヲ》 八咫鏡爾《ヤアタカヾミニ》取託天倭大物主櫛𤭖玉命登名乎稱天《トリツケテヤマトオホモノヌシクシミカタマノミコトトナヲタヽヘテ》大御和乃神奈備爾坐《オホミワノカミナビニマセ》」とあり、書紀には大巳貴命の幸魂《サキミタマ》奇魂《クシミタマ》とある等で能く判ります。大物主神を哺乳類の祖神であるといふことは、皇典の次の本文が明らかに之を示してゐます。故其大年神《カレソノオホトシノカミ》として、大物主神《オホモノヌシノカミ》を大年神《オホトシノカミ》と申して居るのは、この大年神《オホトシノカミ》は全く大物主神の別名で、須佐之男神の御子の大年神とは別と見なければなりません。若しさもなければ、この大年神は大物主神の誤記と見なければなりません。神活須毘神《カムイクスビノカミ》は、五彦神中の熊野久須毘命《クマヌクスビノミコト》の亦名であらうと信ぜられます。

大物主神
神活須毘神《カムイクスビノカミ》之女伊怒比賣《イヌヒメ》に娶ひて生子

大國御魂神《オホクニミタマノカミ》……………………大陸人類の祖

同　上　韓《カラノ》　神《カミ》……………大陸高原地方人類の祖

同　上　曾富理神《ソフリノカミ》……………………海洋諸島人類の祖

同　上　白《ムカ》日《ヒノ》神《カミ》（日に向ふ義の神名）…………熱帶圈人類の祖

同　上　聖《ヒジリノ》　神《カミ》（日を後にする義の神名）……寒帶圈人類の祖

これが人類發生の起源です。人類の起源には一元か多元かの問題があるが、皇典では五元說です。がその五人種は大物主神の一元に發源してゐるのですから、遡れば當然一元なんです。これから始めて人類が地上に現はれて活動する基が開けたのでした。普通歷史家は古事記の最初からを人類史として解說したがるのですが、斯く秩序を立てゝ宇宙構成、太陽系成立、地球の整理、植物の發生、動物の發生、哺乳類の發生を經て、漸く人類發生に入り來つた點を味ふべきです。古事記のその次に記してある多數の神々の御出生は、即ち人類以外の哺乳類の分族を傳へたもので、次の通りです。

大物主神《オホモノヌシノカミ》
香用《カヨ》比賣《ヒメ》に娶ひて生子

大香山戸臣神《オホカヤマトオミノカミ》……………猿猴類の祖
次　御年神《ミトシノカミ》……………有蹄類の祖

大物主神
天知迦流美豆比賣《アメチカルミヅヒメ》に娶ひて生子
（以下同前）

奥津日子神《オキツヒコノカミ》
次　奥津比賣命《オキツヒメノミコト》
亦名大戸比賣……………游水類の祖
次　大山咋神《オホヤマグヒノカミ》
亦名山末之大主神……………食肉類の祖
次　庭津日神《ニハツヒノカミ》……………長鼻類の祖
次　阿須波神《アスハノカミ》……………貧齒類の祖

次 波比岐神《ハヒギノカミ》……………嚙齒類の祖

次 香山戸臣神《カヤマトオミノカミ》……………翼手類の祖

次 羽山戸神《ハヤマトノカミ》……………單孔類の祖

次 庭高津《ニハタカツ》日神《ヒノカミ》……………有袋類の祖

次 大土神《オホツチノカミ》……………食蟲類の祖
亦名土之御祖神

香用比賣《カヤヨヒメ》、天知迦流美豆比賣《アメシルカルミヅヒメ》の神統は明瞭しないが、恐らく五彦神中の活津日子根命《イクツヒコネノミコト》の兩女共御子であらうと信ぜられます。奥津日子神《オキツヒコノカミ》奥津比賣命《オキツヒメノミコト》は、皇典には此者《コハ》諸人《モロビト》の竈神《カマドガミ》と以齋《モチイツ》く神也こ謂つてあるのは、水に親しい種類である上から、火を防備する意義で之を竈神として祀つたのであらう。尙ほ大山咋神《オホヤマグヒノカミ》は猛獸の種族であるが、山末之《ヤマスエノ》大主《オホヌシ》として崇敬されて居り、近江國之日枝山《ヒエノヤマ》に坐《マ》す又た葛野之松尾《カツヌノマツノヲ》に坐す鳴鏑《ナリカブハ》に用《ナ》りませる神也とあるが、近江の日枝《ヒエ》や葛野之松尾《カツヌノマツノヲ》には其當時この族が居たことを珍らしいから傳へたものであらう。鳴鏑《ナリカブラ》は恐ろしい聲で雷鳴の如く哮り啼く意であらう。猛獸を山のヌシと呼ぶ事は、今の世にも聞くことです。

古事記には大國主神と少名毘古那神との協力に依てどんな偉業が行はれたか、何も述べてゐません。日本書紀では「夫《ノ》大已貴命與《ト》二少彦名命一戮《ハセ》レ力《ヲ》一《ニシ》レ心《ヲ》經《ツクル》二營天下《ヲ》一復爲《タメニ》二顯見蒼生《ウツシキアヲヒトクサ》及《ビ》畜産《ノ》一則《チ》定《ム》二其《ノ》療病之方《ヲ》一又爲《タメニ》レ攘《フ》二鳥獸昆蟲之災《ヲ》一則《チ》定《ム》二其禁厭之法《ヲ》一是《ヲ》以《テ》百姓至《マテ》レ今《ニ》咸《ク》蒙《ル》二恩頼《ヲ》一」と申してあり、出雲風土記等には尙ほ種々の功績を傳へた記事に接します。が渡島物語と解する場合は、餘り記事の無い方が却て宜しいやうに想ひます。大物主神の御來訪に對しても、頗る簡單に運んで、哺乳類の發生に大なる主力點を置いて居るのみで何も傳へて居ません。大物主神は人類始め哺乳類の祖神に亘らせられ、例の三輪山神話といふ、神子托生說の御本尊でもあるし、極めて妙趣に富む神格の持主に亘らせ給ふ神で、生物に「生めよ殖えよ地に盈ちよ」の祝福を垂れ給ふ大神であらせられます。而して一面宗教的神秘の宿る神で、クリスト教なぞにも深い聯關のあるらしい神です。大和の三輪町の大神神社《オホミワジンシャ》は大神と書いてオホミワと訓ます程神の代表的神社で、社殿は無くて、神體山を神體として拜します。つまり全山が大イハクラなんです。現今斯うして人類始め哺乳類が全盛を極めてゐるのは、要するに大物主神の大々的御繁榮な譯です。此處に生物の發生に就て、種々の事柄を學び得ました。其の原生動物時代から軟體動物までは專ら生母神の愛護の下に生育し、節足動物時代からは、地熱を嫡妻として其の愛護の下に生育し、脊椎動物に至つて魚類、兩棲類、爬蟲類は水の精女を母として生育し向上し、鳥類は天統の胤を間接に惹き、哺乳類は八上比賣なる天統を母として生育し向上し、地熱よりも天日のはぐくみを多く享ける狀態に進んだが、しかしこれで止まつたならば、哺乳類の向上進化も末止《ウラト》めとなるので、後には翔身界から天神の降臨があつて、哺乳類中の人類が特殊の伸展を爲すといふ段取になる譯です。進化論者は單に第三者の位置に立つて、生物の進化を見てゐるのみですが、皇典は親と成り、子と成り、夫となり、妻となり、兄と成り、弟と成つて、生物それ自體を發生して來て居ます。神の力が現實に活《イ》きて間斷なく聯續し、働き續け、活き續け、生まれ續けて、神性神相神作神體神力等の無限の妙用を顯はし示させ給ふてゐるのです。自然の環境といふが如き冷かなものではなくて、溢れる愛と、涙と、漲る戀愛の誠と、迸る抱擁の熱情……そんなものが結合して、必然の途を必然に辿つた生物であつたことを物語つてゐます。あゝ感謝と歡喜の涙なくて皇典を讀むものは、眞の意義の判つてゐるものではありますまい。

次に皇典には羽山戸神《ハヤマドノカミ》が大氣都比賣神《オホゲツヒメノカミ》に娶ひて生子若山咋神《ワカヤマグヒノカミ》云々以下の記事が載つてゐるが、これは前に云ふ通り。誤謬もあり、脫文もあり、且つ入れ場も誤つたのであらう。また大國主神の段は動物發生の事柄を順次解說して參つたのですが、地上に人類が現はれ、その人類が順次進化を重ねた道程にも、大國主の五種神名時代があり、大穴牟遲《オホアナムヂ》から再演を致したから、人類史として大國主神の段を解說しておく事もこの場合必要なことでありませう。人類の起源は學者に依て夫々其年數を異にしてゐるが、一百三十五萬年程以前に顯はれたと見るのが通說であるらしい。併し極めて古い時代の事は明瞭には判らない。現今人類學者の解說してゐる所は、二十萬年位にしか當らないから、皇典との比較は充分ではないが、兎も角も次の如き事が述べられるかと存じます。

原始人は人目を惹かぬ極めて醜い恰好の哺乳動物であつた。彼は小さかつた。太陽の暑い〳〵光熱や嚴寒膚を刺すやうな冷い風は彼れの皮膚の色を黑いやうな赤茶色に焦《コガ》した。その頭や身體の各部分は長い毛に蔽はれてゐた。彼の手は猿猴の手のやうな恰好をしてゐて、指は極く薄つぺらで長く、而も極めて丈夫に出來てゐた。彼の額は平たくその頰骨はその齒をフォークやナイフとして用ひる猛獸の頰骨のやうに出來てゐた。これが當然大穴牟遲時代の相貌たる事は忽ち判定されると想ふ。この時代の人類は勿論衣服などは着てゐなかつた。彼は全く素つ裸だつた。彼は地球全面を煙や熔岩で充たしたゴロ〳〵ドロ〳〵と奇妙な音を立てゝ鳴り動いてゐる無數の火山に、燒え立つ火焰より他には火を見なかつた。そして時々は遽に爆發する大噴火の爲めに、彼等の多數は無慘の最後を遂げた。これが大穴牟遲の燒石で燒殺された物語に相當する場面です。次の時代には彼等は涯《ハテ》しもなく打ち續いた鬱蒼たる大森林の濕つぽい暗い奥の方に棲んでゐた。夜間は餌食を探してゐる獸類が、吼えたり叫んだりする騷々しい聲に怖れをなして、大木の洞穴の內へもぐり込んだり、一面に苔が蒸《ム》して大きな蜘蛛などが巢を構へてゐるやうな、數個の大きな轉石の蔭にかくれたりしてゐた。而して倒れる木や石等で壓殺される事も屢々であつた。これが八十神の梏殺事件から木國への脫出時代に當つてゐる。次に人類の接した最も大なる苦痛は氷河時代の襲來であつた。雪は何ヶ月も何ヶ月も何年も何年も降り續いた。植物は悉く死に、動物は南方の太陽を探しに逃げ出した。谷間は住むことが出來なくなつた。男達は子供を脊中に背負ひ上げ、常に武器として用に慣れた數個の石片を携へ、新らしい住み所を探しに出掛けた、これから穴居時代に這入つた。穴居時代は即ち須佐之男命の根國生活時代で、この生活時代にその穴の中に棲で居る蛇類に苦しめられたことは屢々で、蜂や呉公や蝙蝠やあらゆる種類の蟲けら等にも苦められたのは當然です。併し彼等は夫等の害から漸次免れる術を色々工夫し出した。この時代からもはや呪術が始まつて其呪術で毒蟲の害などを避けて居た。この時代に物凄い雷暴風の時、時とすると怖ろしい落雷があつて大木が焦《モヤ》されてしまふことがあつた。時にはそれが燃えひろがつて森林全體が炎々たる火焔に包まれて了ふこともあつた。原人等はこの火害を避ける爲めに奇怪な叫びを發しながら逃げ惑つた。ぢり〳〵と自分の蒙つて居た毛皮が焦げた。終に燃え上つた。急に脫ぎ捨てゝ元の裸に歸つたまゝ氷雪の上を逃げ廻る者もあつた。逃げ遲れたものは身體中の毛を焦がされて了つたり、皮膚をだら〳〵に燒け爛らされたりした。中には猛火に包まれて忽ち影も形も消え失せて了ふものがあつた。それを目擊した仲間はいよ〳〵深く穴を堀つて隱れた。これが大野に鳴鏑を射入れた物語に當る場面です。併しこの苦難の爲めに彼等は頗る有益なることを思ひ附いた。それは火を使用するといふ事です。火を焚いて暖を採つたり、獸肉等を燒いて食したりする術を學び得た事です。この原人の大發見は實に偉大なる効を奏して、巧に自然の大迫害から脫し得る程度の自覺を持ち得るに至つたのでした。これが八田間大室《ヤタマノオホムロヤ》の段の物語で、原人は尙ほ穴居生活者であつたが、火を使用する事を覺え、調理法の工夫と貯藏の工夫を學び得、石器の外に土器の製作にも成功した。而して言語といふものを幾分使用することの出來るやうになつた原人は、もはや自然の壓迫にのみ盲從することを許さなかつた。彼等は自然の壓迫に出來るだけ擊ち勝つて、生活の向上を試みんとして、大勇を鼓して穴居生活から外界征服の途に上り初めた。これが須佐之男神の根國を脫出する所に當り、生大刀生弓矢とは石器類の武器や料理の具や等をも含むが、その最も要素として擧ぐべきものは、火を使用する偉力であり、智能の活きのそれです。天詔琴《アメノノリゴト》は言語の使用です。この火の使用と言語の發達とは、人類の最大なる寶器であつて、この寶器を使用して、人類はいよ〳〵自然の征伏に向かつたのでした。大國主神の自然征服が八十神退治の段に當るのです。現今に於ても人類は尚ほ自然を征服する爲に無限の努力を拂つてゐるから、大國主神の八十兄弟神退治の連續なんです。

兎も角も斯ういふ有樣で、人類は順次進化向上を志して着々その實蹟を擧げて來たのですが、次て各地に散在した原人等が氷河時代を終つて水邊生活に入つた。これが木俣神御井神物語りこして傳へられたもので、彼等は石で各種の武器を製作した。特に石斧は有力な武器で、凡ゆる動物中で最も弱く最も孤獨無援だつた人類の有力な腦髓は、今や人類が他の凡ての動物の君主となり得たほどの怖るべき破壞器を案出したのでした。自然に對する最初の大勝利は次てまた獸獵にも漁獵にも適した武器を案出することを得て、洞窟民等は今度は新らしい住地を探し始めた。河川や湖沼などの岸邊は一定の活計を保つ上に最上の機會を供してくれた。今や人類は水邊に生活しまた其家といふものを鳥の巣から考へついて、木の枝の間に造つた。また或者は木を伐り倒して是等の丸太を深い湖の底の軟かい土中へ打ち込んで、其等の杭の頂上に木を並べて床敷を造り、此上に彼らの最初の木造家屋を建てた。これが木俣又は御井の名の出た所以だらう。次には人類の文化が進んだ一方には、地方を異にした幾種かの文化が萠芽を出して居た。而してその接觸が行はれる事に成つたのが、沼河比賣の婚以下の物語だらう。沼河比賣の婚物語以下は頗る記事が簡素で詳細は分らないが、この地上に結婚を中心の活躍時代があつたのではなからうか。この時代に人類は多樣な種族を分殖し、廣く遠く全地に擴がり住むことに成つたらしい。而して夫等の民族がトーテムを以て呼ばれたらうと思はれる。彼等は魚類爬蟲類或は鳥類の名をそのトーテムとしたことであらう。彼の兎と和邇《ワニ》との物語の如きも兎と名づける民族と和邇《ワニ》と名乘る民族との間に起つた爭闘事件を傳へたものであるかも知れぬ。或は更に遡つて八俣遠呂智《ヤマタヲロチ》物語も、ヲロチと名乘る民族がその暴威を振つた物語で、其の時代に季節神話が民族の上に再演されたと見るべきであらう。山陰の船通山を中心とする地方は、例の砂鐵の豊富な地帶であるから、鐵器製作の技術を有する民族が恐らくシベリヤ方面から入り込んで來て、盛に砂鐵から鐵器を製作し、その性格の狂暴な上からヲロチと異名されてゐた——或は自ら名乘つてヲロチ族と謂つたものであらう。——彼等は農耕に從事して順柔な手名椎《テナツチ》足名椎《アシナツチ》民族に對して、時々襲來して來て其の女等を掠奪し去つたものであらう。八俣遠呂智《ヤマタヲロチ》の容態は火爐のさまを述べたもので、彼目は赤加賀智《アカカガチ》の如しといふのは、火爐で火焔の輝く狀態を指し、それが谿《タニ》から谿《タニ》へ伸び亘つてゐることを、一身に八頭八尾ありこ云つてゐるし、それが杉や檜の間に見え、其腹を見れば血が爛れてゐると云つたのも、鐵砂を燒く火の常に絕えない狀態を指すのであらう。手名椎足名椎は農耕者であつたので酒を釀む術を知つて居た。故に須佐之男命は彼等に酒を釀ましめて、ヲロチの隊長等を饗應させ、醉つて醉ひ伏した所を、ずん〳〵斬りまくられ、斯くてヲロチ民族を平らげ、櫛名田比賣《クシナダヒメ》との婚が成立して、子孫の繁榮を見たといふ解說は、既に幾多の學者に依て唱へられて居るもので、事實砂鐵地帶としての彼地を視察して見れば、旺に鐵を採取し、火爐で燒いた形跡があることを見ませう。がこの事柄が今から幾千年乃至幾萬年前の事だか、それは一向判明致さない。ヲロチ族の至寶として持つて居た草薙劍が現に神寶として我邦に奉祀されて居るものとすれば、この事實は當然在つた事に相違なく、須佐之男命が朝鮮に緣故の深い神であり、日韓同祖說も多分に信ぜられる點があるのであるから、史實的に古事記を說く事は可能である。或は手名椎足名椎はその女《ムスメ》の名にも現はれてゐる通り、クシの民族であつて、出雲民族が我邦に渡來した以前から此地に住んで居た穴居民族、土蜘蛛民族であつたらうと推測される點があるのです。クシ民族は性質が順柔な上、技工に秀でゝ居たので、多くの石器土器等の遺物を遺した民族で、髯がうすくて、身長の短いのは、夷大黒《エビスダイコク》の像がよくその風貌を表はしてゐるやうです。出雲民族は須佐之男命の容貌でも判《ワカ》る通り、巨身魁威長髯の民族であつたので、大黒さんは大國主神、夷さまは其御子事代主神《コトシロヌシノカミ》と云ふのは、民族的に見てはそぐはぬことで、恐らくヱビス民族を統理する司神であつたのが、轉じて司神がヱビスさんと變《ナ》つてしまつたものであらうと思はれます。兎も角も植物神話が動物神話に、更に動物神話が人類の史實として繰返しこの地上に發現することは、神則の然らしめるところには相違ないが、頗る妙趣に富む事柄と申さねばなりません。

特に少名毘古那の來訪は人類史から見ても重要なもので。これを歐羅巴の歷史の上で謂つて見ると――突然原始狀態で居た彼等の孤立狀態に終局を告げる日として、怒濤逆卷く海原を勇ましくも乘り越え、行く手を阻む山々を踏み越えて、未知の南國からやつて來た旅人が、中央ヨーロツパにちらほらと散在して居た。彼等野人の國へ現はれたのである旅人は、荷物を背負つてゐた。その袋の內には珍らしいものばかり這入つて居た。彼等は青銅の鎚や斧、鐵造りの色々な手道具、銅造りの兜、旅人が硝子《ガラス》と呼んだ不思議な色をしてゐる物で出來てゐる、美しい裝飾品などであつた。斯くて長かつた石器時代が終つて、新文明の曙光が音づれだ。この新らしい新文明は何處で始まつたか。それを物語る爲めにはヱヂプトや西方アジヤの話に移らねばなるまい。が兎も角渡來民族の來訪を受けた歐羅巴の文化は、其後目ざましい發展を見たのであつた。これを少名毘古那の來訪に比して物語る事が、大なる附會と見られるものでせうか。寧ろ私共は餘りにもそれが當然の如く思はれてならないものです。勿論私共は大國主神を來訪された少名毘古那物語は、石器時代を遡ること遠く、恐らく舊石器時代、否もつと遡つた曙石器時代……もつと遡つた時代にも起つた事柄と思つて居るが、それが斯く歐洲の石器時代の終りに南方種族の來訪として再演されてゐる事は、おもしろいこと丶思ふ。が單に之れは歐洲に起つたことのみではなく、世界の各地に起つたことであらうし、特に日本を本位に歴史家の解説して居る通り、南方民族の來訪、又クシ民族がエゾ民族を來訪した物語等として慥に解説が就くのだが、更におもしろいのは、彼の嘉永六年に米國の水使提督ペルリの來訪が、いかに少名毘古那の來訪を再演してゐるかを考へて見ることです。彼等の言語の不通、ラシヤ猩々緋のツヽツポ長ヅボンの異裝、その驚くべき物質文明の輸入、谷具久《タニグク》に當る外國語研究の潜伏者、クエビコに當る西洋醫術研究者こんな比較を仕出すと、本當に少名毘古那が極めて新らしい事實に解説されてしまひます。ですから古事記の本文はそれがいかに古いことでもあり、また新らしいことでもあるのでせう。

特に日本と世界との双方に、アキツトナメの状態を保つて、同一様の事實が演ぜられた保證として、舊約聖書所載の記事を參照することを愉快に思ふものです。「人類世界を一新せるノアの大洪水の後、神の國を新たに地上に建設せるノアに三子あり。セム、ハム、ヤペテといひ、孰れも子孫繁殖して各々その民族の祖先と成つて、而して希伯來民族は長男セムより出で、ヱブスは次子ハムの裔なるカンナ人の子孫である。ヱブス人は短軀にして無髯なる亞細亞型民族で、頭に糊をつけざる折烏帽子の如きものを冠り、幅廣いズボンを穿き、原始的なる魚革の靴を穿ち居たやうです。專ら漁業を營み、山間に住むものは農業に從事し、冬は穴居して居た。故にホリヒツトと呼んだ。ホリは洞でヒツトは人に當るので洞人の義である。カンナの先住民ヱブスは豊饒なる地に住して泰平の夢を見て居たが、エサウこいふ民族の襲來をうけて漸次東へ追はれる事になつた。エサウは毛深しといふ義で、容貌魁偉の民族である。エサウ民族はエドム一名エドミヤを首邑として起つたもので、隣國埃及の文化に浴し綺羅を飾りたる服裝にてエドの都を彷徨したらしい。其祖先はアブラハムの次の世嗣イサクの長子エサウである。エサウ民族がヱブス民族の住んで居たカンナの地に向つて襲來したのは、一に歷史的に讐敵たるイスラエル人に征服された關係からで、エサウ人はヱブスを壓迫し乍らも、イスラエル人の襲擊に對しては、兩民族が共同して防いだ事もあつたらしい。併しイスラエル人はカンナの地に侵入して、ヱブスの王アドニゼデクを殺し、其國都も燒拂つたのでヱブスの殘徒はシオンの丘に住んで居たが、猶太王ダビデ此地をも攻取りてヱブス人を逐ひ、エルサレムに都を築いた。エサウ民族も又たイスラエル人に征服せられ、東方に亡命し、僅に故國に殘りたる者も紀元前三百年頃、アラビヤ人の一派なるナバセアン族に征服せられて、其國が亡びて以來、故國に其痕を絕つに至つた」がこの事實が我が日本の國内に於ても同一順序を執つて起つたのは不思議です。日本の先住民は土蜘蛛といふ穴居民族で、これはツチゴモリの轉訛です。ツチゴモリとホリヒツト即ち洞人を比較する時、その發音まで頗るよく似てゐるのです。土蜘蛛はアイヌ人の呼んでコロボツクルと稱するものでヱビス族が夫に當ります。ヱブスとヱビスとの音の類似も妙です。ヱビス族は無髯短軀で、漁業や海草を採取して生活して居た事は彼の「夷さま」を見てもよく判ります。現今地中から發掘される縄紋式土器はこの民族の使用したものとの事です。このヱビス族が東海の樂土に長く泰平の夢を貪つて居た時に、エゾ民族が北部朝鮮の方面から襲來して來ました。エゾ（蝦夷）とエサウの音も頗る近いのです。エゾ民族はエドム民族で、イヅモ民族です。イツモ族は容貌魁偉で多鬚多毛であつた。須佐之男命を考へて見ればその民族の容貌はよく判るようです。このエゾ民族はヱビス民族を壓迫して漸次東方へ逐つてやつたが、併し各地には兩民族の相混じて住んで居たことも明瞭で、須佐之男命の如きはクシ族の稻田比賣に婚して居られまするし、少名毘古那と大國主神とは相協力して國土を開拓して居られます。然るに西部亞細亞のカナを中心として起つた事件と同一事件が我邦にも起つた。それは天孫民族が出雲民族に對して其國土を奉献さすに到つた事實である。斯くてエゾ即ち出雲民族は東方へ逐はれ、ヱビス民族たる穴居族も共に逐はれたが、降伏して天神族の間に止まつたものもあつた。其後神武天皇の東征以後歷代の東征が行はれて、エゾに最初逐はれたヱビス民族は現今では遠く極北地方にエスキモーとして住んで居り、エゾは北海道や樺太に渉つてアイヌ族として現存してゐる。斯樣な相似の事實が西部アジヤの地と日本との双方に發現したのは何といふ妙味に富む事柄でありませう。世界には三つの中樞があるやうです。人體に於ても頭と胸と下腹とに三焦又は三宮を立てゝ居ると同樣、頭部アフリカ、胸部中央アジヤ、下腹部支那が世界の三中樞で、人類が最も古く榮え出したのも亦た此三地方であつたらしい。ヱヂプトの文化が中央アジヤ地方へ移り、中央アジヤの文化が支那へ移つかことも立證されるようです。頭から胸、胸から腹へ民族も移動し文化も移動したのでありませう。斯ういふことを考へると種々の問題が解決されるやうです。が併し地球が胎兒を分娩するに至つて、頭から胸、胸から腹への流れが、此處に全く新らしい展開の方途を獲たやうです。乃ち胎兒の分娩に因つて、全く新らしい生活に轉換する方式を採るに至つたらしい事です。日本は世界の胎兒で。世界を一箇の桃の實と見れば、日本は仁核に當の部です。西王母の桃の實は三千年にして實るといふが、この桃の實も頗る長い年月間を經過して實つた譯です。而して外圍の果肉が漸次に爛熟に陷つて、もはや次代の萠芽が伸び出で、新生命に復活しつゝある現狀です。桃太郎の童話は恐らくこんな所から出たものではないでせうか。日本一の桃太郎が鬼ヶ島を征伐するといふ物語は、地球を桃に見て、妙味の頗る深きを覺えるものです。

約翰《ヨハネ》默示《モクシ》錄《ロク》に女が子を產むのを迫害する物語が載つてゐる。婦は日を着月を足にふみ首に十二の星の冕を戴けり。彼すでに孕み居りしが子を產んとして甚だ苦み泣叫べり。その時大なる赤龍が來て婦の前に立つて產を待て其子を食はんとす。赤龍とは龍を徽章とする支那ではないか。婦、男子を生り。其子鐵の杖をもて萬國の民を主理らんとす。彼神と其寶座の下に擧られたり。これが日本だ。婦のがれて野に往けり神そこには彼を千二百六十日の間食はしめん爲に備給へる一の所あり。斯くて天地に戰起れり。ミカエルその使者を率て龍と戰ふ、龍も亦たその使者を率て之と戰ひしが勝こと能はず日再び歸ることを得ず、惡魔の老蛇と成つて地に降つた。天上は歡びに盈ちたが、龍はおのが既に地に逐下されしを見て彼の男子を生る婦を容めた。この婦大なる鷲の二の翼を與へられ野に飛で其處で養はれた。鷲とは以佛等を指すのではないか。その時また豹の形で熊の足をし獅子の口をした怪獸が現はれた。熊とはロシヤで獅子とは英國ではあるまいか。この二國が聯合したものであらう。龍は己の能力と座位と大なる權威を之に與へた。その內の一匹の獸は負傷を受て、殆ど死なん狀であつたが、其傷が癒えたので全地の人これを奇として從つた。龍その權威を獸に與へたので人々が龍を拜し又この獸を拜した。かれ口を啓て神を讟し其名と其幕屋および天にすむ者等を讟した。又た一匹の二の角ありて羔の角の如し且その言ふこと龍の如し。是奴がまた地にすむ者を欺いて龍や獸を拜せしめた。それから天使が降つて地上の整理に向はれた。その天使の內に白雲の上に御して手に鎌を持つて居るものがある。天使が利鎌を持つて居られるのは何といふ妙味あることでせう。カァマハラ利劍です。地の葡萄すでに熟したり爾の利鎌を入て葡萄の球を刈斂めよの詔命が降つた。天使その鎌を地に入れ、地の葡萄を刈斂めて、神の怒の大なる醡に投入られた。それから次々に天使が降つて、あらゆる災殃を掃つて往かれます。これ等は總て世界の將來を豫證したものであると謂ふのです。頗る留意すべき記事です。

舊約聖書ダニエル書第二章にはまたバビロンの王ネブカデネザル王の夢物語を掲げてゐます。ネブカデネザル王の夢はダニエルに依つて解かれました。ダニエル應へて王の前に言けるは王の問たまふ秘密は智者法術士博士卜筮師など之を王に奏上《マヲシアグ》ることを得ず。然ど天に一の神ありて秘密をあらはしたまふ。彼後の日に起らんところの事の如何なるかをネブカデネサル王にしらせ給ふなり。汝の夢み給ひしは一箇の巨なる像の光輝は常ならずその形は畏ろしくあり、其の像は頭は純金、胸と兩腕とは銀、腹と腿とは銅、脛は鐵、脚は一分は鐵一分は泥土なり。汝見て居たまひしに遂に一箇の石、人手によらずして鑿れて出でその像の鐵と泥土との脚を撃てこれを碎けり。斯りしかばその鐵と泥土と銅と銀と金とは皆ともに碎けて夏の禾場の糠のごとくに成り風に吹はらはれて止まる處なかりき。而してその像を撃たる石は大なる山となりて全地に充り。この夢の解は純金の頭は即ちネブカデネザル王の國を表現して居るが、汝の後に汝を亡《ホロボ》す一の國おこらん。また第三に銅の國おこりて全世界を治めん。第四の國は堅きこと鐵のごとくならん。鐵は能く萬の物を毀ち碎くなり。鐵の是等をこと〳〵く打碎くがごとく其國は毀ち且碎くことをせん。汝その足と足の趾を見たまひければその國は鐵の如く强からん。その足の趾の一分は鐵一分は泥土なりしごとくその國は强きところもあり脆き所も有ん。汝が鐵と粘土との混りたるを見たまひしごとく其等は人草の種子と混らん然ど鐵と泥土との相合せざるごとく彼と此と相合すること有じ、この王等の日に天の神一の國を建たまはん是は何時までも滅ぶること無らん此國は他の民に歸せず却てこの諸の國を打破りてこれを滅せん。是は立て永遠にいたらん。かの石の人手によらずして鑿れて出で、鐵と銅と泥土と銀と金とを打碎きしを汝が見たまひしは即ちこの事なり。大御神この後に起らん處の事を王にしらせたまへるなり。その夢は眞にしてこの解明は確なり」といふのです。がこの豫言が其後の世界に的確に現はれたのは眞に不思議です。バビロンはそれより品等の下つたペルシヤ、メデヤの聯合軍の爲めに亡されました。これ銀の王國ですが、この國も銅の王國として立つたギリシヤの爲めに亡されました。アレキサンダア大王の率ゐる强軍は天下を統一して文化の華を咲かせました。が、强剛鐵の如きローマの爲めに希臘國も亡びました。羅馬の强いことは鐵の如しで諸國を毁ち碎いて强大なるローマ帝國を建設し威を四隣に輝かした。が、その末路は東西ローマの二つに分岐し、それが更に末には岐れて十小國に成りました。今日の英國佛國獨逸以多利……皆悉くローマの分岐國です。此等の國は鐵と泥土との混じた國であるから、强きあり脆きありて一定せず、常に爭鬪を續けて治まりません。種々の條約を結び又は結婚に依て人草の種を混へ平和を冀待するが、到底相和合致しません。その時天の神一の國を建て、永遠の勝利を保證されるのです。この國は他の國に歸せず却て諸國を滅ぼして永遠に至らんといふのです。彼の小石が足の上へ墜ちて全世界の偶像を打砕き、それが大なる巖と成つた如く、萬代不易の國と成りませう。小さい石が足へ墜ちてそれが大なる巖と成るとは、何こいふ妙味の深いことでせう。もう一度申します。小さい石が大きい巖こなる……斯ういふ國歌を持つてゐる國が世界の中に在りはせんでせうか。聽け!!

君が代は　千代に八千代に　さゞれ石の　いはほとなりて　苔のむすまで

神の豫言は實に至嚴です。約翰《ヨハネ》默示《モクシ》錄《ロク》は各國が獸で表はされて居て、頗る皇典上から見て妙味を感じて居たが、今このダニエル書《フミ》は金銀銅鐵泥土で構成された偶像が、小さい一箇の石で粉碎され盡されるのは一入興趣の深いものです。私は皇典を解說するには世界のあらゆる文獻を以てし、科學者等の研究をも總合して、之を解說することの肝要なことを深く感ずるものです。

尙ほ大國主神を聖書のヨハネに、希臘神話のサムソンやヤソン等に又埃及神朝のオジリスに、須佐之男命を希臘神話のヘーラクレース及びペルセウス等に、大國主神の御子八重事代主神をアポローンに比較研究する等は興味多い事であり、又た事代主神《コトシロヌシノカミ》を全軍の總督に、阿遲《アヂ》鉏高日《シキタカヒ》子《コ》根神《ネノカミ》を海軍の元帥に、建御《タケミ》名方《ナカタノ》神《カミ》を水陸兩界の聯絡將帥に、鳥鳴《トリナル》海神《ミノカミ》を航空將帥として、大國主神が南船北馬威を天下に振ひ給ふに當つて、常に御活躍遊ばされた事蹟を、出雲風土記等に基き世界的に解說する事を、愉快に思つてゐるものです。特に大國主神が天日槍《アメヒボコ》と對戰の際、難戰苦鬪の巷に在つて、其御子等が如何に武威を示されたかは、想像するだに勇ましき限りです。出雲系の神社が全國到る處に散在し、殆ど全國の樞要なる地位を占めて居る事を考へる時、如何に其勢力が隆々として全土を風靡して居たかを知る保證となりませう。これは單に我が國內に於てのみならず、全世界の舞臺に立つて、大國主神の神業が如何に各時代を通じて、素破らしい勢で席卷を逞うしたか、今も尙ほ―現代そのものが―大國主系の世界活躍時代ではあるまいかと感じ、我等は如何に愕きの目を見《ミ》張《ハ》り、乃至如何に興趣深く考へて居ることでせう。皇典は永遠です。決して動物の發生のみで畢つたのではありません。人類の過去の事業のみで終つたのではありません。現代を皇典に讀み、未來を皇典に察する事こそ、皇典の偉大性を保證する所以であると信ぜられます。

斯ういふ譯だから、天國を地上に建設する上に根基を措いて、過現未を通じて我々は眼を皇典の上に馳せなければなりません。人類が地上に廣く生存すればするほど、文化が進めば進むほど、地上統制の問題は複雜さを加へ、人心を收攬して地上に平和を確保することが彌々困難になる譯です。大國主神の地上征服は先づ最初は呪術を以てその中心に立てられたが、次には武器に據る征服に移り、次には結婚政策に移り、次には智力政策乃至萬邦の文化を總合して、一大指導原理を建て、以て統理の實を擧げんとし、次には徳政時代に入り、最後には宗教時代に入られたらしく考へられます。彼の大物主神の來訪は全く宗教時代を物語つてゐるらしいが、併しいつの時代にも、充分な平安は獲られなかつた感があります。いかに勤勉であり、いかに仁慈を施し、學術を奬め、神を敬しても、いつの世にも紛擾が起つて喧囂であり騷亂も亦た絶えなかつたらしい。有史以來の世界の狀態を通觀しても、治亂興廢は轉廻に轉廻を重ねて、到底底止する處を知らない狀態で、この分で進めば、世の中は永遠に流轉爭奪の巷に始終する外はあるまいかと想はれます。此處に天上の會議が始まり皇孫降臨の幕が開ける段取となるのですから、皇孫御降臨の一條ほど、意義深長の段はありますまい。

大國主神の國が亂れて居たことは、皇典には伊《イ》多《タ》久《ク》佐《サ》夜《ヤ》藝《ギ》弖《テ》有祁理《アリケリ》とあり、書紀には「彼《ノ》地《ニ》多《ク》有《リ》ニ螢火《ノコァ》光《ク》神及《ビ》蠅聲《サバヘナス》邪神《アヤシキカミ》復《タ》有ニ草木咸《ナ》能言語《クモノイフコト》ニ」とあり、出雲國造神賀詞には「豐葦原乃水穗國は晝は如《サバヘ》五月蠅《ナス》水沸《ミナワ》き　夜は如火瓮光神在《ホベナスカヾヤクツミア》り　石根木立青水沫毛《イハネコタケソヲミナワモ》事問《コトトヒ》て荒國在利《アラフルクニナリ》」とあつて所謂權利の主張や、自由の唱導で喧囂を究めて居た狀態が窺はれます。これでは到底何時まで經《タツ》ても到底至治平和の到來を望むことは不可能です。そこで天地初發の大詔命を以て臨まねば、決して權威が認められないと云ふので、いよ〳〵天神降臨の議が起つたのでした。

天照大御神の命以《ミコトモチ》て、豊葦原之《トヨアシハラノ》千《チ》秋長《アキナガイ》五百《ホ》秋之《アキノ》水穂國《ミヅホノクニ》は我御子《アガミコ》正勝吾勝速日天忍穂耳命《マサカアガツカチハヤヒアメノオシホミミノミコト》の知《シ》らさむ國と言《コト》因《ヨサ》し賜ひて天降したまふ。これからは専ら人類史に入る事に成る發端で。豊葦原之《トヨアシハラノ》千《チ》秋長《アキナガイ》五百《ホ》秋之《アキノ》水穂國《ミヅホノクニ》は、地球全般の國土です。豊葦原は豊けき速度を以て旋廻する義、千秋長《チアキノナガイ》五百《ホ》秋《アキ》とは幾回も〳〵永久に旋廻する度毎に、季節の順運を現はして、違はぬ年次の繰返を見る義。水穂《ミヅホ》は水を表面に現し、闇黒と光明との往還し交渉する巷の義です。陸地は水火《ミヅホ》の關係から隆起したもので、水陸がミヅホの意義を能く示してゐます。太子天忍穂耳命《アメノオシホミヽノミコト》は翔身《カケリミ》神です。

そこで天忍穂耳命《アメノオシホミヽノミコト》が天浮橋《アメノウキハシ》に立《タヽ》して、下界を御覧になつて「豊葦原《トヨアシハラノ》の千《チ》秋長《アキナガイ》五百《ホ》秋《アキノ》の水穂國《ミヅホノクニ》は痛《イタ》く擾亂してゐるわい」と仰せられ、更に還り上《ノボ》りまして、天照大御神に御奏請になりました。豊葦原水穂國には種々の生物が發生し、その中でも人類といふ將來頗る偉大なる事業を爲し得る素質の所有者が出たのであるが、何しろ其時代は頗るまだ草昧の世であつたので、弱肉强食の甚だしい活劇を演じ、地上は實に擾亂喧囂の狀態であつたのでした。併し翔身神たる天忍穂耳命《アメノオシホミヽノミコト》は至嚴壯烈の神に亘らせたまひ、萬軍の師を率ゐて地上に臨み玉はゞ、地上の擾亂を平定する位の事は、一擧手一投足の勞にしか値しないほどであつたでせうが、それにも係らず天浮橋《アメノウキハシ》から還つて、天照大御神に更に御奏請ありしは、地上の生物は限身《カギリミ》として發生したもので、今之を翔身界の威力を以て壓迫することは、決して神の道でない。限身界は宜しく限人神《フラヒトガミ》を以て統治せしむべきである。併し夫れには未だ時期が尙早だ。限身界を限人神が統治するにしては、餘りに地上の生物は貧弱である。斯樣な譯合で、今暫く時期を眺め、天上から地上の進化を促し、其の時期到來を俟つて、國土奉献の形式を以て、葦原之水穗國の至治を圖るべきであらうといふので、再び還つて此旨を天照大御神に奏上せられたのでした。斯くて高御產巢日神《タカアミムスビノカミ》天照大御神之命《ミコトモチ》以て、天安河之《アメノヤスノカハノ》河原《カハラ》に八百萬神を神集《カミツト》へ集《ツド》へて、思金神《オモヒカネノカミ》をして深謀熟慮せしめて仰せらるるには「此葦原中國は我御子の知《シ》らさむ國こ言依《コトヨサ》し賜《タマ》へる國である。然に此國に荒《アラ》ぶる神等の多數騷ぎ立てゝゐるのは、何神を使はしてか降伏させたものであらうぞ」と仰せられました。天照大御神の外に高御產巢日神の御出顯があつて、御詔命をお降し遊ばすのは、事が頗る重大であり、且つ神身上の根本的問題たる事件に關聯するが故です。天神統の重大事に高御產巢日神の御出顯に成るのは、體神統の重大事に眞神產巢日神の御出顯になるのに對象して、其深意を拜知すべきです。天安河之《アメノヤスノカハノ》河原《カハラ》の神集《カミツド》へは、これで第二回目で、第一回は天岩《アマノイハ》戶前《トマヘ》の行事の時でした。これを以て見ても豐葦原水穗國の統治問題が、いかに重大な議であるかを知るべきです。先づこの使者の撰定には、二重の重要條件が含まれてゐた。其一は地上人類の進化の上に重要なる力を及ぼし得べきこと、其二は時期の熟する時に及んで、速に國土奉献を爲さしめるに有力なる神たるを要することでした。そこで思金神《オモヒカネノカミ》及び八百萬神等が議して、「天菩比神《アメノホヒノカミ》是れ遣《ツカ》はすべし」こ奏上されました。

天菩比神《アメノホヒノカミ》が最適任者であつたことは、この神は太子天忍穗耳命《アメノオシホミミノミコト》の兄弟神であらせられ、脉統上から見て先づ第一の適任者であり、且つこの神の子の天夷鳥神《アメヒナトリノカミ》の女は、大國主神に娶《ミア》ひて有力なる御子を多數生んでゐる。斯樣な譯であるから、生物の向上進化の上にも、外戚の有力なる神の來訪は、頗る有意義なことであらうし、更に天菩比神《アメノホヒノカミ》は清澄秋の空の如き性格の神であつたから、國土奉献に際して、最も適切な所置に出で給ふべきも明確であるので、所謂三拍子揃つた使臣であつたと拜せられます。が併し天菩比神《アメノホヒノカミ》は三年に至るも何等復奏をされなかつた。此處に三年とあるのは、現今で云ふ三ヶ年とは違つて、數千年乃至數萬年を一期とする三期間といふ事であらう。その間に生物特に人類は大なる向上伸展を爲したことであらう。神々の行事が季節の律に應じて何事も運ばれるのは當然であり、特に豐葦原《トヨアシハラノ》の千秋長《チアキノナガイ》五百《ホ》秋《アキ》の水《ミツ》穗國《ホノクニ》は、季節を以て根本本位とする國柄です。だから天菩比神の降られたのは、夏が終つて秋に入つた時であつたので、在留三年間即ち三期間は、萬物の稔《ミノリ》豐けき時期であつたであらう。天忍穗耳命《アメノオシホミミノミコト》の天浮橋《アメノウキハシ》上の御觀望時代は、夏期であつた爲め、五月蠅《サバヘ》なすが正面に目に附いたとも見られます。天菩比神は秋に降られた。否な秋として降つた秋の人格化とも見るべき神で、淸純の氣字に盈ちた、而して豊穰な裕《ユタカ》さを保つ神でした。

皇典には「乃《スナハチ》媚附大國主神《オホクニヌシノカミニコビツキテ》至于三年《ミトセニイタルモ》不復奏《カヘリゴトマヲサズ》」と申してあるが、天菩比神は、一面外戚の舅として、情誼的にどうも强い事も謂はれず、蠶巡として三年間を送られたやうですが、また一面には、天系との接近を策する爲めに、非常に考慮を拂はれ、その間人類の進化向上の上に大に見るべきものがあつたのではあるまいかと想はれます。それは兎も角も三年間も復奏が無いので、高御産巣日神天照大御神は、また諸神に御問ひ遊ばすには「葦原中國に遣はせる天菩比神《アメノホヒノカミ》、久しく復奏せず。また何神を使はして吉《ヨロ》しからう」と。こゝに思金神答へて白《マヲ》さく「天津國玉神《アマツクニタマノカミ》の子天若日子《アメワカヒコ》をお遣《ツカハシ》ありたいものであります」と申しました。天津國玉神《アマツクニタマノカミ》は恐らく天津《アマツ》日《ヒ》子《コ》根神《ネノカミ》の異名であらう。天津日子根神は矢張太子忍穗耳命《オシホミミノミコト》とは兄弟神に亙らせ給ふ五彦子の御一人であらせられ、皇使として最も適當な方ですが、翔身神《カケリミ》の降臨は既に天菩比神《アメノホヒノカミ》の差遣で失敗に畢つてゐるし、時代の上から見ても、限身《カギリミ》に接近する體容の神を要するので、其子の天若《アメワカ》日子《ヒコ》が撰定されたのは意義深いことゝ拜せられます。天若日子《アメワカヒコ》は翔身と申しても、餘程限身性の多分に加はつて居た神であつたと想はれます。その證は天若日子《アメワカヒコ》と云つて神《カミ》とも命《ミコト》ともないのが其一、其二は天之《アメノ》麻迦古弓《マカゴユミ》や天之波波矢《アメノハハヤ》を賜はつてゐることで、身神の威力を補ふ爲めに、此等の寶器を以てせられた事が拜知されます。天若日子の降つたのは冬期でした。故に天若日子は冬の神であり、寒冷の威力者です。だから天之麻迦古弓《アメノマカゴユミ》天之波波矢《アメノハハヤ》は寒威發射の具である譯です。(また精神上の鋭敏さを示すこ見る說もある。)天若日子《アメワカヒコ》は其國に降り着いて、大國主神の女下照比賣《シタテルヒメ》を娶つて妻とし、また其國を掠奪せんとする野心を抱いたのでした。天若日子が大國主神の女下照比賣《シタテルヒメ》を娶つた譯は深い考があつての事で、元來天照大御神高御產巢日神が、大國主神に對して國土奉献を迫られるのは、天神系即ち靈系と地神系即ち體系との和合を行ひ、靈肉調和の麗はしい限身《カギリミ》を得んと欲し給ふのが第一因であつたので、天若日子《アメワカヒコ》は太子の降臨を俟たず、自ら進んでその大業を決行せんと企圖した譯でした。それは勿論大逆心ですが、天若日子の立場からは、最も陷り易い事柄で、その神身は限身《カギリミ》に接近してゐる上、その神統は太子と同系であつて見れば、その野心を滿足するには好箇の所有者であつた譯合です。で天若日子は先づ以て大國主神の女に娶《ミア》ひて、其の據城を固め、書紀等の記事を總合して考へると、多くの地神《クニツカミ》の女に通じて、多數の子を生ましたようです。子を產むこいふことが靈肉和合の第一條件たるは申すまでもない所で。英雄型の天若日子は旺《サカン》に女人を漁つて、多數の子を擧げ、着々その野望に向つて邁進するのでした。

神話的に解釋すれば、天若日子は冬の寒威を示す神であるから、大國主神の女たる下照比賣《シタテルヒメ》に娶ひてとは地上の水を凍らしめて氷と化《ナ》したことに當り、乃至空中の水を凍らして雪として降《フ》らしめ、枯木にも萬朶の花を綴らしめたことに當るのです。下照比賣《シタテルヒメ》は地上に照る義、また高比賣の名もタカアヒメで輝き亘る雪景色等を表はす名です。斯樣な譯で、地上は冬季寒冷の期に當つて居たのですが、その間に天若日子は地上の幾多の女と婚して天地和合の義を行ひ、靈肉調和の上に見るべき進化を奏したことが想像されます。人類學的に解説すればこの時代は非常な寒威襲來の時代（氷河時代か）で、人類は悉く穴居生活を營んで居た譯ですが、その穴居生活時代に、人類は非常に精神的の進歩を見ることが出來たことゝ思はれます。天若日子は天地和合の義を營み、皇使たることを忘れて、自らその衝に當り、多數の子を産むと共に自分がその國を奪つて主神たらんとするに至つたのは一面時代の力でもあつたのでした。謂はゞ野心を勃發せしめるに、餘りに條件が揃ひ過ぎて居た感があるのです。併しこれも達觀すれば、天地運行の自然の順路であつて、斯うして下準備の爲めに、豫定の立案が定められて居たとも解せられないことは無い譯です。天若日子は八年間復奏しなかつたとあるが、これも例の八期間で、人類史の上では幾千乃至幾萬年の經過があつたものとせなければならないのでせう。

天照大御神高御産巣日神は、また諸神等に問ひ給はく「天若日子《アメワカヒコ》久しく復奏せず。又た曷神《イヅレノカミ》を遣《ツカ》はして、天若日子の淹留してゐる理由を詰問させたものであらうぞ」と仰せたまふ。そこで諸神及び思金神答へて「雉名鳴女《キヾシナナキメ》を遣はしたいものでございます」と申す時に、「汝行きて天若日子に問ふべき要領は、汝を葦原中國に遣はした所以は、其國の荒振神等《アラブルカミタチ》をば征服せよといふ故であつた。然るになぞ八年に至るも復奏しないのか」と問へと仰せられました。そこで鳴女《ナキメ》が天より降《クダ》り着きて、天若日子の門なる湯津楓《ユツカツラ》の上に登つて、委曲《ツブサニ》天神の詔命を宣《ノ》べ傳へました。この雉名鳴女《キギシナナキメ》は風の神格化で冬から春に移る際の尚ほ寒威の中に吹く風で、木枯を襲つてヒユー〱吹らす鳴女《ナキメ》でした。此處に天佐具賣《アメノサグメ》こいふ者が、此鳥の言《イ》ふ語《コト》を聞いて、天若日子に「此鳥は其鳴音《ナクネ》が甚だ醜悪だから射殺し給へ」と勸めた。雉名鳴女を全く鳥の如く傳へてゐるのは、雉が雪の中にけたたましい鳴聲を立てるので、木枯吹く風に對應して、雉を出したのかと考へられる。兎も角も天若日子の寒威を揮つてゐる時に、早春の音づれとして、木枯に風が音づれ、雉が啼くのは、冬の天使にはおもしくない事柄であるので、天佐具賣《アメノサグメ》が天若日子に之を射殺し玉へと勸めたのです。

そこで天若日子は天神から賜はつた寒威の弓矢を持ちて、其雉を射殺してしまつた。こは寒威が強く天に歸る氣勢を示して、その風を凪《ナギ》させた事に當るので、晩冬から早春に移る際の出來ごとです。地上から射上げた寒威の箭は、木枯吹く風の胸を通つて、逆に射上げられて、天安河之《アメノヤスノカハノ》河原《カハハラ》にます天照大御神高木《タカギノ》神《カミ》の御所に到りました。そこで高木神《タカギノカミ》即ち高御產巣日神が、其矢を取つて御覽になれば、其矢羽に血が著いて居た。血とは熱のこと。そこで高木神が「この矢は天若日子に賜はつた矢であるわい」と仰せられ、諸神等に示して、詔《ノタマハ》せられるには、「もし天若日子が詔命を誤らず惡神を射た矢が至つたのならば、天若日子に中《アタ》らざれ、もし邪心あらば天若日子此矢に斃れよ」と仰せられて、其矢を取つて、其矢穴から衝返《ツキカヘ》し給へば、天若日子が胡床《アグラ》に寢ねたる高胸坂《タカムナサカ》に中つて死にました。寒威が天に射上げられたのが、次に再び地上に射返されるまでには、其矢が熱せられて、溫線即ち暖風と成つて降るわけです。だから天若日子が眠つて居た胸に中つて寒冷が死去した譯です。矢の穴より元來た路を衝き返し給ふ所に、天律の至嚴の意義が窺はれ、フトマニの義が保證され、權威のほどが示される譯合です。即これが天之麻迦古弓《アメノマカゴユミ》天之波波矢《アメノハバヤ》の威力顯示でもある譯です。

天若日子は射殺されたが、使した雉は還らなかつた。故に今に諺に「雉之頓使《キジノヒタツカヒ》」といふ根元は是である。

木枯を吹いて冬の神の眠を覺まさんとした風の音づれは、もはや再び聽かれなく成つた。これ季節が春に入つて春風と代つたからである。雪が溶け氷が溶けて、谷間には水の音がさかんな音聲を響かせ、木々には春の音つれが聞え初めました。これが「下照比賣の哭聲《ナクコヱ》風と與《トモ》に響いて天に到る」といふのです。そこで天若日子の父天津國玉《アマツクニタマ》神及び其妻子どもが、聞いて降り來て、哭き悲しんだ。これは春雨の襲來で、世は刻々と春の光を迎へて往くのです。其處に喪屋《モヤ》を作つて、河雁《カハザリ》を岐佐理持《キサリモ》ちとし、鷺《サギ》を箒持《ハハキモ》ちと爲し、翠鳥《ソニ》を御食人《ミケビト》と爲し、雀《スヽメ》を碓女《ウスメ》と爲し、雉《キジ》を哭女《ナキメ》と爲《ナ》し、如此《カク》行ひ定めて、八日八夜葬儀の爲めに歌つたり舞つたりした。これは早春の狀態を述べたもので、雪解の水に戲れ遊び、囀り交はす鳥類のさまを述べ、以て早春の景物としたものです。勿論或時代の葬儀の行事を述べてもゐるのですが、根本は早春のさまを述べた點にあるので、人類學的に見れば、氷河時代が終つて、再び溫い時代を迎へ、穴居して居た人類が歡んでその新生活を創めた時代に當るのです。第何回目かの氷河時代はこれで終つたのでした。

さて此の時下照比賣の兄の阿遲志貴高日子根神《アヂシキタカヒコネノカミ》が到りまして、天若日子《アメワカヒコ》の喪《モ》を弔はれました。阿遲志貴高日子根神は水性神であり、魚類の守護祖神であるので、春水の勢よい流に乘つて、訪はれた譯です。春も餘程歩を進めて參つた狀態です。その時天若日子の父亦た其妻が、皆な哭《ナ》きて「我子は死《シ》なないで居たわ

原始人類時代表

西歴紀元前	石器		人類
六十萬年		最初の曙石器	
五十五萬年	鮮新世の終 最新世の始		直立猿人の時代
五十萬年	第一氷雪時代		
四十萬年	第二氷雪時代		
二十五萬年	第二間氷雪時代	粗悪な初期古石器 石器はまだ粗製ではあるが其構造は曙石器よりは進歩して居る 所謂シエリアン時代	ハイデルベルヒ人は此時代のものと云はれてゐる
十五萬年	第三氷雪時代		
十萬年	第三間氷雪時代		
五萬年	第四氷雪時代	優良な初期古石器所謂ムーステリアン時代	曙人 原人
三萬五千年	後期石器時代		眞正人類時代
一萬五千年			
元年	座業發達の時代		

眞正人類時代表

時代	年代		文化期	遺物	人種	
初期古石器時代の末期	西歴紀元前一約 五萬年	第四氷雪時代		『ムーステリアン型』の石器	原人	
後期古石器時代	一同三萬五千年	ステップ（荒野）時代	オーリニャシアン期	優良な石器 洞窟繪畵 小形彫像	所謂馴鹿人種	眞正人
			ソリュートリアン期	最良の石器		
	一同一萬五千年		マグダレニアン期	小形石器 骨製魚扠骨製浮彫等		
産業發達の時代		森林時代『アジリアン』期		色彩石礫		
	一同一萬年	現在の狀態	新石器時代	磨した石器 石斧 石鏃 土器 家畜等	現在人種	
	一同五千年		青銅時代			
	一紀元年		鐵器時代			
	一現在					

い。我君《ワガキミ》は死なずに坐《マ》したわい」と云つて、手足に取懸《トリカ》つて哭き悲しみました。其の過《アヤマ》つた譯は、此二柱の神の容貌が甚だ能く相似て居たから、それだから過《アヤマ》つたのでした。天若日子は阿遲鉏高日子根神に容貌が甚だ能く似て居た。その譯は第一天若日子は天神より天之麻迦古弓《アメノマカゴユミ》天之波波矢《アメノハバヤ》を賜つた武器の神相であつたが、阿遲鉏高日子根神《アヂシキタカヒコネノカミ》は大量《オホバカリ》亦名神度劍《カミドノツルギ》の神で、同じく武器の神相で、この點が能く似て居て、共に天律の至嚴を表示し、フトマニの相貌を具へて居られたのでした。故に過られる程性格上の一致があつた譯です、第二は人類學的に見て、天若日子時代の人類の相貌が其時代には尙ほ餘程魚類に似た點があつたのではあるまいかと想はれます。第三は天若日子は寒威の權化であつたが、阿遲鉏高日子根神は水性神で冷却を本位とせられ、千變萬化の狀態を具へてゐるが、特に春霞として地上から立ち騰られた來訪を考へて見ると、天若日子の寒雲又は冬靄等の狀態と、その相貌が似て居たのも道理のあることゝ考へられます。兎も角も天若日子に誤認された阿遲志貴高日子根神《アヂシキタカヒコネノカミ》はおもしろくないので、大に怒つて「我は愛すべき友なればこそ弔ひに來たのである。然るに何ぞや我を穢《キタナ》き死人に擬《ナゾラ》へなんかするのか」と云つて、その御佩《ミハカ》せる十掬劍《トツカツルギ》を拔いて其喪屋《モヤ》を切伏《キリフ》せ、足を以て蹶離《クエハナ》ちやり給ふた。此は美濃國の藍見河《アヰミカハ》の河上なる喪《モ》山《ヤマ》といふものである。この阿遲志貴高日子根神《アヂシキタカヒコネノカミ》の喪屋《モヤ》の蹶離《クエハナ》ちは、即ち河水の氾濫して、土砂の山を一時に此方から彼方へ運び去つた事に當り、氷力の威力を示し、春風春水の一時に來つて、もはや冬の神を地上から全部追ひ拂つた狀態を表はすのです。喪山《モヤマ》が藍見《アヰミ》河之《カハノ》河上《カハカミ》に在るといふのでも、その當時の狀態が想像される譯です。美濃は美野《ミヌ》で、平原地一帶を代表してゐる名です。春は野にも山にも蔚然として訪れ來たのです。其の佩せ給へる大刀の名は大量《オホバカリ》亦名は神度劍《カミドノツルギ》で、天律の至嚴を示し、冬が去れば必然春の季節を迎へねばならぬことをこの劍の威力で示された譯です。阿治志貴高日子根神《アヂシキタカヒコネノカミ》は怒つて顏を眞赤にして飛び去られました。これ陽春の溫氣を示し、春霞が野山を籠めて百花爛漫の時期を到來せしめたことを云ふのです。

その時に賓妹の高比賣《タカヒメ》が、其御名を顯はさんとして歌つた歌は、

「あめなるや　おとたなばたの　うながせる　たまのみすまる　みすまるに　あなたまはや　みたにふたわたらす　あぢしきたかひこねの　かみぞや」

この歌は「乙たなばた姫の、頸にかけたまふ、珠の聯珠瑲々《レンジコサウく》たる美觀が、今眼の前にあらはれたのでございますのよ。あの咲き亂れる桃櫻のうるはしさよ。谷こいふ谷は一面に珠を懸け聯ねて、何といふ美しさでありませう。花盛かも白雲のかゝらぬ峰こそなかりけれ、こは阿遲鉏高日子根神の表現し給ふ御力の

あらはれよ」と申す歌です。阿遲鉏高日子根神の水氣の促がしが春をして、斯く谷から谷へ美裝を爲さしめたのでした。此歌は夷振《ヒナブリ》といふ調で歌ふべき歌で、極めて陽氣な而して極めてくだけた調子の謳春譜であるといふのです。人類學的に申せば人類が非常な伸展を示し、特に火力の使用を本位とし、土地の開墾やら、水利の便を圖つたりした、生活の樂しさその樂しさを歌ひ且つ舞ひ、其結果藝術的のものも現はれた時代を現はした段です。

そこで天照大御神詔《ノ》りたまはく、「また曷神《イヅレノカミ》を遣はしたら吉《ヨロシ》からう」と仰せられました。思金神《オモヒカネノカミ》及び諸神が白《マヲ》さるゝには、「天安河河上之天石屋《アメノヤスノカハノカハカミノアメノイハヤ》にます。名は伊都之尾羽張神《イツノヲハハリノカミ》、是を遣はし給へ、若し此神でないならば、其神の子建御雷之男神《タケミカツチノヲノカミ》を御遣はしになりますやうに」と申し上げました。いよ〳〵世は春が終つて夏に遷る譯ですから、建御雷之男神《タケミカツチノヲノカミ》即ち天雷神の降臨となる譯です。天雷神は夏雲に乘つて降らねばならぬが、「天尾羽張神《アメノヲハハリノカミ》は天安河之水《アメノヤスノカハノミヅ》を逆に塞上《セギア》げて道を塞ぎ居られるので、他神は行き得ますまい。故に天迦久神《アメノカクノカミ》を遣はして問ひ給へ」と申し上げた。天迦久神《アメノカクノカミ》は例の火熱神であるから、此神を遣はして先づ寒氣の爲めに塞がれて居る凝塞を解かねばならなかつたのでした。そこで天迦久神《アメノカクノカミ》を使はして天尾《アメノヲ》羽張神《ハハリノカミ》に問ふ時に、天尾羽張神は「畏《カシコ》し仕《ツカ》へ奉らむ」と早速御答へ遊ばされました。「が併し此道には僕が子建御雷神《タケミカツチノカミ》を遣はした方が宜しからう」といふので、乃ち貢《タテマツ》られました。そこで天鳥船神《アメノトリフネノカミ》を建御雷神に副へて遣はされた。是を以て此の二神が出雲國の伊那佐之小濱《イナサノヲバマ》に降り到りまして、十掬劍《トツカツルギ》を抜きて浪穂《ナミノホ》に逆《サカサマ》に刺立《サシタ》てゝ、其劍の前に趺坐《アグミ》て、大國主神に問ひ給はく、

天照大御神高木神之命以《ミコトモチテ》　問使之《トヒニツカハセリ》　汝之宇志波祁流《ナガウシハケル》　葦原中國者《アシハラノナカツクニハ》　我御子之所知國《アガミコノシラサムクニト》　言依賜《コトヨサシタマフ》　故汝心《カレナガコヽロ》奈何《イカゾ》

その時大國主神は「僕はお答が出來ません。我子八重言代主神《ヤヘコトシロヌシノカミ》が御返答申し上げますが、獵鳥漁魚の遊びの爲めに、御大之前《ミホノサキ》に往つて未だ還りません」と申しました。いよ〳〵夏の到來です。誰がどう仕《シ》ようとしてもこの天運の到來を防ぐことは不可能です。そこで天鳥船神《アメノトリフネノカミ》を遣はして、八重事代主神《ヤヘコトシロヌシノカミ》を徴《メ》し來て、問ひ給ふ時に、其父の大神に「畏《カシコ》し此國は天神之御子《アマツカミノミコ》に献《タテマツ》り給《タマ》へ」と云つて、其船を踏《フ》み傾《カタム》けて、天逆手《アマノサカテ》を青柴垣《アヲフシガキ》に打成《ウチナシ》して隠れました。言代主神《コトシロヌシノカミ》には「知《シ》らす」と「宇志波祁流《ウシハケル》」との意義が明瞭に理解されてゐたのでした。即ちシラスは統治であり、權威の發動であるが、ウシハケルは領有であり、一時的の占有の義であるから、その間には天地雲泥の差があります。ウシハケル大國主神の領有は、シラス天神の御子に奉献するのが當然の神約であるから、言代主神は其船を踏み傾けて、天逆手《アマノサカテ》を青柴垣《アヲフシガキ》に打つて降意を示

されたのでした。天逆手《アメノサカテ》は兩手の脊と脊とで打つ仕方、青柴垣《アヲフシガキ》は右手を左方から、左手を右方から手を組み合せて打つ仕方で、これは全然降伏承認を誓ふ當時の方式であつたのでせう。生物學的に云へば人類が爬蟲類型の域を脱した時代を物語るもので、この時代は所謂地上熱暑時代で（氷河時代の反對）暑熱の爲めに人類は大に苦められ、特に巨大な爬蟲類が素破《スパ》らしい獰猛な武器を具へて全地に跋扈し、いかに羸弱な哺乳類就中人類の祖先が、其の猛威を避ける爲めに慘憺たる苦慮を拂つたことでせう。が併し人類の智力と、其の協同一致の力とは、此等の猛威を揮ふ爬蟲類の間に在つても、著々として地歩を進め、巧に其の期間をも切り抜けて、異常な伸展を見るに至つた譯でした。勿論天運の律が必然に爬蟲類を退化せしめた力は偉大なものであつたには相違ないが、智力と協同の威力とは更に一段の光を放つて、恰も鬱熱の氣を一時に雷鳴に因つて拂つた如く、地上の王者として人類が伸出する機會を得たのでした。

そこで皇使は大國主神に「今ま汝子《イマシノコ》事代主神如此《カク》白《マヲ》し誓約を訖《ヲハ》つた。この上は更に承認を經べき子ありや」と訊ねられました。その時大國主神は「尙ほ我子建御名方神《タケミナカタノカミ》あり、此者を除きては無し」。と申されました。かく申して居らるゝ時、其建御名方神が千引石《チビキイハ》を手末《タナスヱ》に擎《サヽ》げて來て、「誰ぞ我國に來てボソ／＼と斯く囁《サヽヤ》くものは、然らば力競《チカラクラ》べせむ」と大見得を切つた。建御名方神《タケミナカタノカミ》が千引石《チビキイハ》を擎《サヽ》げて來たのは深い譯がある。それは神統上から謂へば、大國主神統は神漏美《カミロミ》に屬し、その主神は伊邪那美大神《イザナミノオホカミ》、即ち黄泉津大《ヨモツオホ》神《カミ》に坐《マ》し、道敷大神《チシキノオホカミ》に坐《マ》し、その神統が敵に對する作法として、最も重大にして且つ最も至嚴なるものに、千引石《チビキイハ》の引塞《ヒキサヘ》といふ事がある。乃ち伊邪那美神は生死の境界に千引石《チビキイハ》を引塞《ヒキサ》へて事戸《コトド》を度《ワタ》された。だからその石《イハ》は道反大神《チカヘシノオホカミ》亦名は黄泉戸大神《ヨミドノオホカミ》と崇敬されて居る程である。天照大御神の天岩戸隱《アマノイハトカクレ》も亦たその道反《チカヘシ》大神《オホカミ》の爲めの幽閉と申して宜しい譯でせう。然るに今や天神の使が國に來つて、其國の奉献を迫つてゐる重大場面に臨んで、建御名方神《タケミナカタノカミ》が千引石《チビキイハ》を擧《サヽ》げて來たのは意義が深いことで、建御名方はこの石を以て使神の道を塞いて國に入れまいとされる譯です。乃至祖神の神威に訴へて、雌雄を決せんとされる譯です。謂はゞ遡つて神統の至嚴に立脚し、神漏美《カミロミ》の威力に訴へて根本解決をされんとなさるのです。千引石《チビキイハ》が出た以上はもはや根本の問題で、生死の境界に立つての最後の解決です。地神系は石を神の表現とし、其石を保證に至嚴の解決を迫るのです。出雲系が石を祭る祭祀の形式を採つた事は、今日でも出雲系神社の境域に石座《イハクラ》の存在してゐるのでも明瞭です。建御名方神《タケミナカタノカミ》は千引石《チビキイハ》なる祖神の神體を提げて出て來た譯です。而して「力競《クラ》べせむ。我先づ其御手《ミテ》を取らむ」と云ふて、建御雷神《タケミカツチノカミ》の手を取りました。すると建御雷神は「何だこれ敷《シキ》のものが」と、立氷《タチヒ》といふ取方に成し、また劒刄《ツルギハ》といふ取り方になさいましたので、建御名方は懼れて退きました。そこで今度は建御名方神の手を取らうと乞はれて取り給へば、若葦《ワカアシ》を取るが如く、搤《ツカ》み批《ヒシ》ぎて投げ離《ハナ》ち給へば、建御名方《タケミナカタ》は一目散に逃げ去りました。この手取《テトリ》の力競は、其時代に於ける神誓の一種で、後世の探湯《クガタチ》の方式の如きものでせうが、併しその根本は前に云ふが如く、神統上からの第一義的神律に本據があつた譯です。一日に千頭絞《チカシラクビ》り殺《コロ》さむの本誓と、千五百産屋《チイホウブヤ》を建てんの本誓の神約に基く懸合であるから、建御名方神の敵《カナ》はないのは當然です。しかしこの最後まで競つた建御名方神は神漏美系の根本威力を揮ひ、根本解決を逼られた譯で、頗る勇敢なる行爲であつたと申すべきです。そこで建御雷神は追ひ往きて、科野國《シナヌ》の洲羽海《スハノウミ》に迫《セ》め到《イタ》りて、殺さんと爲し給ふ時に、建御名方神が「畏《カシコ》し我を殺し給ふな、此地《コノトコロ》を除《オ》きては他處へは行きますまい。また我父大國主神の命にも違ひますまい、八重《ヤヘ》事代主神《コトシロヌシノカミ》の言にも違ひますまい。此葦原中國は天神御子《アマツカミノミコ》の詔命のまゝに獻じます」と申しました。

四季の順律から云へば、建御雷神の天降は夏の到來で、雷鳴殷々として訪れ來り、五月蠅《サバヘ》なす狀態が忽ち一掃され、眞に壯快の場面を迎へた光景でした。また之を人類學的に云へば、兩棲類の時代を經過して、人類が專ら地上の王者として、所謂現代人類の起源を開拓した場面に當りませう。建御名方神が科野國《シナヌ》の洲羽海《スハノウミ》に到つてその幽閉を受けたといふのも、之を生物學並に人類學的に見て妙味があると思ひます。斯くて秋から始まつた國譲の交渉は、冬春夏を一巡して、將來永遠に年々歳々の繁榮を見る基が開け、豊葦《トヨアシ》原之《ハラノ》千秋長五百秋之《チアキノナガイホアキノ》水穂國《ミツホノクニ》の眞實義が發揮される事に成つた理《ワケ》です。で建御雷神は更に還つて來て、其大國主神に「汝子事代主神《コトシロヌシ》建御名方神《タケミナカタ》二神は天神の御子の詔命《ミコト》に違はじと誓言し訖《ヲハ》つた。故《カ》れ汝心奈何《ナカコヽロイカニゾ》」と問ひ給ふた。大國主は答へて「僕子等二神の白《マヲ》す通り、僕も違ひますまい。此葦原中國は詔命のまに〳〵奉献致します。唯だ僕の住所をば天神御子の天津日繼知《アマツヒツギシロ》しめさむ、全備具足したる聖なる並獨神隱身《ナラビヒトリカミカクリミ》の本義に立脚し給ひ、底津石根《ソコツイハネ》に宮柱太斯理《ミヤハシラフトシリ》、高天原《タカアマハラ》に氷木多迦斯理《ヒギタカシリ》て、治め賜はゞ、僕は百不足八十坰手《モヽタラズヤソクマデ》に隱《カク》れて侍《サモラ》ひませう、また僕子等《アガコラ》百八十神は八重事代主神《ヤヘコトシロヌシノカミ》が神の嚮導と爲りて仕へ奉らば違ふ神はありますまい」斯ういつて其誓約を保證する爲めに、天神の御使を饗應する事に致しました。この誓約の爲め大國主神は(1)八十坰手《ヤソクマデ》に隱れて奉仕する(2)八重事代主神を嚮導として、其子百八十神を奉仕せしめることが成立したのでした。

天神御子之《アマツカミノミコノ》天津日繼所知之《アマツヒツギシロシメサム》　登陀流天之御巣而《トダルアメノミスナシテ》　於底津石根《ソコツイハネニ》　宮柱布斗斯理《ミヤハシラフトシリ》　於高天原《タカアマハラニ》　氷木多迦斯理《ヒギタカシリ》
而《テ》　治賜者《ヲサメタマハバ》

を、彼の須佐之男命が大國主神に賜へる、

意禮《オレ》　爲大國主神《オホクニヌシノカミトナリ》　亦爲宇都志國玉神而《マタウツシクニタマノカミトナリテ》……於宇迦能山《ウカノヤマノ》之山本《ノヤマモトニ》　於底津石根《ソコツイハネニ》宮柱布刀斯理《ミヤハシラフトシリ》　於高天《タカアマ》原《ハラニ》　氷椽多迦斯理而居《ヒギタカシリテヲレ》　是奴也《コヤツヨ》

に比較する時、そのいかに天神御子の統治と、地神の治世との根本意義に大なる差異あるを明瞭に窺ひ得ることでせう。同じく底津石根《ソコツイハネ》に宮柱布斗斯理《ミヤハシラフトシリ》　高天原《タカアマハラ》に氷木多迦斯理《ヒギタカシリ》なんですが、その根本に於ては全く異つた意義のあることが判ります。

大國主神は天神御子の御世が萬代不易に榮ゆる爲めには、此處に食糧問題の解決を爲して置く必要があるので、皇使を饗應して、其の意思を表示されたのでした。乃ち大國主神は出雲國の多藝志之小濱《タギシノヲバマ》に天之御《アメノミ》舍《アラカ》を造りて、水戸神《ミナトノカミ》の孫なる櫛八玉神《クシヤタマノカミ》を膳夫《カシハデ》として、天御饗《アメノミアヘ》を献じ給ふ時に、禱《ネ》ぎ申《マヲ》して、櫛八玉神《クシヤタマノカミ》が鵜《ウ》に化《ナ》りて、海底に入りて、底の土を咋《ク》ひ出でゝ、天八十毘良迦《アメノヤソビラカ》を作《ツク》り、海布之柄《メノカラ》を鎌《カ》りて、燧臼《ヒキリウス》を作り、海蓴之柄《コモノカラ》を以て燧杵《ヒキリキネ》を作りて、火を鑽《キ》り出でゝ、「是の我が燧《キ》れる火は、高天原には眞神産巢日御祖命《マアカミムスビオヤノミコト》の御庖厨《ミクリヤ》の竈所《カマトコロ》の上の炊烟《スヽ》の、どん〳〵と絶えず熾に八拳垂《ヤツカタ》るまで焼《タ》き擧《ア》げ、地下は底津石根《ソコツイハネ》に焼《タ》き凝《コ》らして、拷繩《タクナハ》の千《チ》尋繩《ヒロナハ》打ち延《ハ》へ、釣《ツラ》する海人《アマ》が口大《オホクチ》の尾翼鱸《ヲハタスヽキ》さわ〳〵に控依《ヒキヨ》せ騰《ア》げて、天上の御饗應に値する天之眞魚咋《アメノマナグヒ》を献《タテマツ》らむ」と申されました。この禱言《ホギコト》には食糧の問題として、地神統としては、魚類を人類の食膳に上ぼす事を承認されたものと見ることが出來ます。「肉食を爲すことが人類に必要ならば、夫は魚類を以て之に充てゝ欲しい。他の肉食はなさいますな」との義が含まれて居るとも解せられます。人類の食糧として魚肉を食膳に上ぼすことは地神の永遠の誓約として、この天之眞魚咋《アメノマナグヒ》の中に保證されて居るようです。その去るに臨んでも、更に將來の繁榮にまで其心を寄せられるとは、實にありがたく涙ぐましい次第ではありませんか。魚類を其の食膳に上《ノボ》して宜しいことを承認される御心事こそいとも畏き極みと申すべきです。本居翁始めの學者がこの天之眞名咋《アメノマナグヒ》を建御雷命が大國主神を饗應されたように解したのは、書紀の優待記事から聯想された大なる誤でした。それは神産巣日御祖命之登陀流《トダル》天之《アメノ》新巣之凝《ニヒスノス》烟とあるので明瞭です。地神統の食事の作法を天神に傳へた即ち地上生活者としての第一要件たる、食糧に因つて身體を養ふ術を新らしく降臨される天神に繼承したのが此段の骨子です。故に天神御子が聖なる作法に則つて、君民一體の統治を遊ばさす方式を、地上に降りましては炊ぐ御膳きこしめす、その烟の絶えざるが如く、地上統治に當り給はゞ、僕は幽界に隱れて奉仕致しませうと聲明したのです。而してその食餌問題を承けて、魚類の饗應をして、地神の誠意の變らぬ證《アカシ》が見て戴きたい、それぞ天之眞名《アメノマナグ》咋《ヒ》の永遠の誓約でありますと申されるのです。靈體の和合は天神地神相與に欲し給ふ所です。而して限身《カギリミ》は食糧を必須とするので、食糧を以てその永遠に變らぬ、また永遠に榮ゆる前途を祝《コトホ》がれたのです。此處は古來の學者が大に意義を誤つた所であり、本文も解し難いので、くどいやうですが、もう一度碎いて述べて見ませう。如天神御子之《アマツカミノミコノ》天津日繼所知之《アマツヒツギシロシメス》　登陀流《トダル》　天之御巣而《アメノミスナシテ》とあるのと、眞神産巣日御祖命之《マアカミムスビミオヤノミコトノ》登陀流《トダル》天之新巣之凝烟之《アメノニヒスノススノ》八拳垂摩弖《ヤツカタルマデ》　燒擧《タキアゲテ》とあるこの二つの句は、前後大なる相異のあることで、前のは天神統の日嗣《ヒツギ》の永遠の作法として、スメ(皇)の本義に基いて、精神的に日常の生活を整へ給ふ事を申すのであるが、後のは地神系は永遠の作法として食糧を味つて、生命を繼ぐことを絶さないので、天神の統治の仕方が表面に立つとしても、裏面には必ず生命保持の爲めに、食餌を絶えさず、身體の榮養を圖らねばなりません。そこで精神の榮える如く肉體が榮え、精神と肉體とが表裏相對應して、何れも永遠に滿足な狀態であつてほしいといふ事を述べてゐるので、天之御巣《アメノミス》と天之新巣之凝烟《アメノニヒスノスス》と同音を用ひて、双互特有の意義を述べた所に句法としての妙味があるのです。人はパンのみにて活くるものに非らずですが、またパンなくては活くるものにも非らずで。たゞ靈を本位として治め玉はゞ肉は八十《ヤソ》坰手《クマデ》に隱れて侍《サモラ》はむこと誓はれるのです。こは靈肉が◉《ス》見《メ》之本義を永遠に顯はす頗る深遠な一段です。日進日新のこの神約が破れるときは、疾患禍災の起る時です。

そこで建御雷神《タケミカヅチノカミ》が返《カヘ》り參《マ》ゐ上《ノボ》りて、葦原中國を征服致した狀況を復奏されました。で天照大御神高木神《タカギノカミ》の詔命を以て、太子正勝《マサカ》吾《ア》勝勝速日《ガツカチハヤヒ》天忍穂耳命《アメノオシホミミノミコト》に詔《ノ》りたまはく、「今葦原中國を平定し終つたといふ復奏に接した。だから卿に任命した通り天降りまして統治あれよ」と仰せられました。そこで太子正勝《マサカ》吾《ア》勝勝速《ガツカチハヤ》日《ヒ》天忍穂耳命《アメノオシホミミノミコト》申し給はく、「僕《アレ》降らんとする裝束《ヨソホヒ》して居ます際に、子が生れ出ました。名は天邇《アメニ》岐《ギ》志《シ》國邇《クニニ》岐《ギ》志《シ》天津《アマツ》日《ヒ》高日子《タカアヒコ》番能《ホノ》邇《ニ》邇《ニ》藝命《ギノミコト》と申します。此子が降したうございます」と仰せられた。皇孫の御名は天邇《アメニ》岐《ギ》志《シ》國《クニ》邇《ニ》岐《ギ》志《シ》で、翔身神《カケリミ》に亘らせられると云ふ條、非常に限身の要素が多分に加はつて、靈性に於ても賑々しき御性格であると同時に、肉體的に麗美な賑かしさを保ち給ふ、天津《アマツ》日《ヒ》高日子《タカアヒコ》即ち天上に輝く日嗣《ヒツギ》の皇子《ミコ》に亘らせ給ひ、番能邇邇藝《ホノニニギ》で圓滿具備の調和した玉體に亘らせられると申す御名です。翔身神が天上から地上を統治遊ばすのは不自然であるから、和光同塵して地上に降り、專ら限身界の統治に當り給ふ際に、この皇子の生れましたのは、時機到來と申さねばなりますまい。卿には天津《アマツ》日《ヒ》子根命《コネノミコト》の子たる天若日《アメワカヒ》子《コ》が、粗ぼ同樣な體質の所有者として地上に降り、大國主神の女始め幾多の女に婚し、多數の子を生んだ點から考へても、太子の直接御降臨があるよりは、この皇孫の御降臨に意義深きを覺える次第です。皇孫は太子忍穂耳命《オシホミヽノミコト》が高木神《タカギノカミ》の女萬幡豐秋津師《ヨロヅハタトヨアキツシ》比賣命《ヒメノミコト》に御合《ミアヒ》まして生み給ひし御子といふのですが、高木神は隠身《カクリミ》神に亘らせられますから、太子が神統の根元に立脚して、變身神力を以て生み給ひし御子で、謂はゞ忍穂耳命が靈肉の調和體として、多分に限身の素質を具へ給ふた御身《ミミ》こ解しても宜しい譯でせう。萬幡豊《ヨロツハタトヨ》秋津師比賣《アキツシヒメ》は無限無量の表現性を保ち、豊裕なる中樞基準に立ち給ふ、出生能力の所有者と申す御名で。皇兄を天火明命《アメノホアカリノミコト》と申し、瓊々杵命《ニニギノミコト》は、其次に生れました皇子ですが、兄命をさし措いて弟命を其任に當らせ給へるは、末子相續の意義も含まれては居ませうが、その末子相續と申すことも、要はその神身の順次が、末子ほど時代の適應者であらせられるからの譯合ですから、地上統治者こしては、天上に輝く赫々たる天火明命《アメホアカリノミコト》よりも、皇孫瓊々杵命《ニニギノミコト》が一等御適任であつたことが明らかに拜知されやうと思ひます。舊事本紀には天火明命《アメノホアカリノミコト》が瓊々杵命より前に十種神寶を授かつて、河内國河上哮峰に降臨ありし旨を傳へて居ますが、今はそれには論及致さない事に致します。是を以て太子の奏請されるまゝに、日子番能邇邇藝《ヒコホノニニギノ》命《ミコト》に「此豊葦原水穂國は汝知らさむ國なり」と仰せられ、「詔命を奉じて天降りますべし」と仰せられました。日本書紀等では

葦原千五百秋之瑞穂國ハ是吾《レガ》子孫可《ノタル》レ王《キミ》之地《クニ》也　宜二爾皇孫《シクイマシスメミマ》就而治一焉《シラスベシ》　行矣《サキクマセ》　寶祚之隆《ナラムコト》當《ベシ》下與《ニ》二

天壤一無《ナカル》上レ窮《マリ》　者矣

こありまして、天壤無窮の御神勅と申し上げて居ますが、皇典の方は頗る簡單に御詔命が傳へられて居ます。がその御內容は毫も相違の無い事は言ふまでも無い所です。天地間の一切は神の詔命に因て定まるといふ事は、前にも屢々述べた通りです。故にこの全地球上の國土は、天神御子《アマツカミノミコ》の統治遊ばすべき國と定められました以上、誰が何と申しましても之が金剛の律則でなくてはなりません。治亂興廢の幾變遷は、運律を逐つて地上を見舞ふことでありませう。が併しその詔命は天壤無窮で、いかに荒ぶる者等が、その大義を忘却することがあるとしても、必然の天律は、いつしか復た其自覺を蘇らしめて、明確に立證されるに到るべきは疑の無い所です。

そこで日子番能邇邇藝命《ヒコホノニニギノミコト》が天降《アモ》りまさんと爲し給へる時に、天之八衢《アメノヤチマタ》に居て、上は高天原を光《テ》らし、下は葦原中國を光らす神が、此處に居た。天之八衢《アメノヤチマタ》は天上から地上に降る、縱橫に道の分岐してゐる境域で、皇孫の御降臨は蓋し春の季であつたのであらう。歡の春光が天上に照り亘り、地上には桃李や櫻等が紅白の色を誇り、豐穣の緑艸が滿地を掩うても居たであらう。春は眞に天に靆き地に靉く風物の季節で、この春光を浴びて、天之八衢《アメノヤチマタ》に一人の神が居たのでした。彼の水氣の神性たる阿遲鉏高日子根神《アヂシキタカヒコネノカミ》は、下照比賣《シタテルヒメ》の歌にもある通り、谿から谿へ引き亘る霞や靄を現じ得る神ですから、この神が皇孫の降臨を迎へに、朝日に匂ふ姿で現はれたのに不思議は無い筈です。が併し皇孫の方では、何の意味で斯く天之《アメノ》八衢《ヤチマタ》に頑張つてゐるかゞ明瞭しないので、そこで天照大御神高木神の詔命を以て天宇受賣神《アメノウズノノカミ》に、「汝は手弱女《タワヤナ》ではあるが、いかなる對者に對しても必ず勝利を占める神である。故に汝往きて吾御子の天降《アモリ》まさんとする道に誰ぞ斯くて居るぞ」と問へと仰せられました。

第二十一圖

天宇受賣神《アメノウズメノカミ》はその容貌が招福型で、いかに剛勇な者といへども、之と相和し、一體兩面の相と成し得る資格者ですから、この時の使者としては最適任者でした。天宇受賣が招福相なることは、大八嶋のタアマハラの性相を保つて、圖の如く成つて居るからです。然るに降魔相はその反對にタカアハラの性相を保つから矢張り圖の如く成つて、忿怒を表はします。が併し招福と降魔とは元と密合不離の表現、一體の二面に過ぎないから、どんな

忿怒相に對しても天宇受賣は面勝神《オモカツカミ》です。そこで天宇受賣が天之八衢《アメノヤチタマ》に居る神に對し、天神の命を傳へると、其者は直に答へて「僕は國神《クニツカミ》名は猨田毘古神也《サルタビコノカミナリ》、出で居る所以《ユエ》は、天神御子《アマツカミノミコ》の天降《アモ》りますと聞きつる故に、御《ミ》前《マヘ》仕《ツカ》う奉らんとして參《マ》ゐ迎へ侍《サブラ》ふ」と申したのに、何等の不思議はありません。

そこで天兒屋命《アメノコヤネノミコト》布刀玉命《フトタマノミコト》天宇受賣命《アメノウズメノミコト》伊斯許理度賣命《イシコリトメノミコト》玉祖命《タマノヤノミコト》の五伴緒《イツトモノヲ》を剖從せしめて天降し給ふた。而してその時遠岐斯《ヲキシ》八尺勾璁鏡《イヤサカアニノタマカヾミ》及草那藝劒《クサナギノツルギ》亦常世思金神《トコヨノオモヒカネノカミ》手力男神《タヂカラヲノカミ》天石門別神《アメノイハトワケノカミ》を副へ給ひて詔《ノ》りたまはく「此《コ》れの鏡は專ら我御《アガミ》魂《タマ》として吾前《アガミマヘ》を齋《イツ》くが如く齋《イツ》きまつれ。次に思金神《オモヒカネノカミ》は前事《ミマヘノコト》を取持《トリモ》ちて政《マツリゴト》を爲《ナ》せ」と仰せられました。五伴緒《イツトモノヲ》神は何れも彼の天岩戸前の神事で活躍された神であり、謂はゞ皇孫御一體の各部構成の神々と申して宜しい神達で、天邇岐志《アメニギシ》、國邇岐志《クニニギシ》、天津《アマツ》日高日子番能邇邇藝《ヒタカアヒコホノニニギ》の意義を、分けて夫々表現し乃至永遠に其の完成と伸展を期し給ふ神なのです。日本書紀では「是《ノ》時《ニ》天照大神手《ヅカラ》持《テ》二寶鏡《ヲ》一授《ケ》一天忍穂耳尊《ニ》一而祝《テ》レ之《ヲ》曰《ハク》吾《ガ》兒視《ルコト》二此《ノ》寶鏡一當《ニ》二猶《ホ》視《ルガ》一レ吾《ヲ》可下與《ニ》同《クシ》レ床《ヲ》共《ニシ》レ殿《ヲ》以《テ》爲中齋鏡《ス》上《ト》」とあります。而してまた天兒屋命《アメノコヤネノミコト》太玉命《フトタマノミコト》に對して、「天津磐境《アマツイハサカ》、天津神籬《アマツヒモロギ》」の御神勅や、「惟爾二神《イヨイマシフタカミ》亦《タ》同《シク》侍《シ》二殿内《ニ》一善《ク》爲《セ》二防護《ヲ》一」の御神勅や、「御齋庭之穂《ミニハノホ》」の御神勅等が傳へられてゐますが、皇典には載つて居ません。

三種神器の御授受に就ては、既に申し述べたことのある通り、三種神寶は

タカアマハラ
- タカアハラ（光明遍照）の表示……………八咫鏡の本因
- タアマハラ（攝取堅縛）の表示…………八尺勾璁の本因
- カアマハラ（圓融無碍）の表示…………草那藝劍の本因

でありまして、高天原《タカアマハラ》の全性相を寫し來つて、其の御靈代《ミタマシロ》と爲し給ひし尊嚴なる寶器であります。遠岐斯《ヲキシ》は普通は招禱こ解してゐるが、高天原の全象全能を寫し來つて、其の御靈代《ミタマシロ》と爲し給ふた意義を含めないと、本義が眞解されません。斯樣な譯ですから、三種神寶御授受は、全高天原を御授受遊ばす義であつて、皇孫御降臨は即ち地上に高天原を御建設遊ばす義と拜すべきです。高天原は天照大御神の御統治界ですが今や皇孫を地上に降して、限身界《カギリミカイ》（限定界）に統治の莊嚴を見んとするに當つて、大御神は高天原の全象全能の靈代《ミタマシロ》を御授與遊ばされて、地上經綸を專ら高天原の移寫とし、高天原地上建設の契機として、この尊嚴偉大なる御儀が行はれた次第であつたと拜されます。

斯樣な譯ですから、地上統治は、專ら高天原の本義に則つて營まれる外には、寸毫も他事を交へないのが本義と拜されます。故に「此之《コレノ》鏡は專ら我御《アガミ》魂《タマ》として吾前《アガミマヘ》を齋《イツ》くが如く齋《イツ》きまつれ」と仰せられてゐる所

以が能く拜察されるかと存じます。この寶鏡は只今では伊勢の五十鈴川上《イスズノカハカミ》内宮に奉祀され給ふことは何人も承知して居る所ですが、八咫寶鏡は天照大御神の御魂《ミタマ》として奉祀してある義を、決して忘れてはなりません。日本書紀では「此鏡を視ること我を視るが如くせよ」こ錄してゐるが、皇典の如く、我御魂《アガミタマ》として吾前《アガミマヘ》を齋《イツ》くが如く齋《イツ》きまつれと申さねば、三種神寶御授受の本義は盡さないかと思はれます。常世思金神《トコヨノオモヒカネノカミ》、手力男神《タチカラヲノカミ》、天石門別神《アメノイハトワケノカミ》は、どの神がどの神寶と申すことは元より明瞭に區別はされませんが、その重なる御任務を申して見れば、

御鏡の守護並に發揮の神………思金神《オモヒカネノカミ》
御璽の守護並に發揮の神………手力男神《タチカラヲノカミ》
御劍の守護並に發揮の神………天石門別神《アメノイハトワケノカミ》

と拜察されますから、八咫鏡と思金神を「此《コノ》二柱神は佐久久斯侶伊須受能宮《サククシロイスズノミヤ》に齋《イツ》き祀《マツ》る」と申してある所以が明瞭するやうに思はれます。思金神は取持前事爲政《ミマヘノコトヲトリモチテマツリゴトセヨ》とある點からは、政治部の發揮に當り給ふかとも見えますが、この政は政治の義よりは總括して全般の取締り役の義ですから、古訓古事記にも「ミマヘノコトヲトリモチテマヲシタマヘ」と訓《ヨ》んでゐる始末です。兎も角も本來この三神は一體不離の神で

手力男神《タチカラヲ》と天石門別神《アメノイハトワケ》とは同神と見てゐる學者が多いのです。天石戸別《アメノイハトワケ》は天石戸開《アメノイハトアケ》で、天岩戸を開けたのは手力男神ですから、同神と見ることに無理はありません。天石戸別神は亦名櫛石窻神《クシイハマド》、亦名豊石窻神《トヨイハマド》と申します。此神は御門之神也《ミカドノカミナリ》とある如く、御門を自在に開閉される神で、其處に×型の圓融無碍の神力が窺はれ、顯幽生死の兩界に亘る自在解決の神たる事が知られます。地神統も此の神に對しては何等施すべき術もない次第で、千引石《チビキイハ》を以て神體と爲し、至嚴の神則を以て塞《サヘ》を宣する出雲神も、この神には敵すべくも無いのは必然です。

此處に「次登由宇氣神《ツギニトヨウケノカミ》　此者坐外宮之度相神者也《コハトツミヤノワタラヒニマスカミナリ》」の一句が挿入されてゐるのは、內宮に八咫寶鏡を奉祀した事を錄した序に、外宮の事を添へたまでと見るべきものでせうが、併し須佐之男命が神ヤラヒに遭つて出發される時に、大氣都比賣《オホケツヒメ》から味物《アジモノ》を請はれた一條のあるのに對應して、今や皇孫御降臨に際して、食糧問題に對する決定は、限身界《カギリミカイ》には重要な條件ですから、必然此處に登由宇氣神《トヨウケガミ》を掲げて、之を暗示したものではあるまいか。日本書紀等には「又勅《タシテ》曰《ク》以《テ》二吾《ガ》高天原所レ御《ミ》齋庭之穗《ニハノホ》一亦當《タ》レ御《ニ》二於吾兒一」の一節が掲げてあるのを見ても、限身對食糧の問題は、必ず考慮せねばならぬ重要な一課題こ申さねばなりますまい。大國主神の天之眞名咋《アメノマナグヒ》の一條も、當然考慮に入れて、この記入があつたのでありませう。

次に手力男神《タチカラヲノカミ》は佐那縣《サナガタ》に坐《マ》すとあるは、古事記を記錄した當時の實際であらうが、佐那縣《サナガタ》は廣く一般地方の義にも採れるから、政治の大權が廣く地方全般に普及する義を含むかと思ふ。次に故《カレ》其天兒屋命者《アメノコヤネノミコトハ》として割註の形で、中臣連等《ナカトミノムラジラ》が祖《オヤ》とし、布刀玉命者《フトタマノミコトハ》として忌部首等之《イムベノオビトラガ》祖《オヤ》、天宇受賣命者《アメノウズメノミコトハ》猿女君等之《サルメノキミラガ》祖《オヤ》、伊斯《イシ》許理度賣命者《コリトメノミコトハ》鏡作連等之祖《カガミツクリノムラジラガオヤ》、玉祖命者《タマノヤノミコトハ》玉祖連等之祖《タマノヤノムラジラガオヤ》と、何れも割註書きに記してある。これは少々異《カハ》つた記述方で、この五伴緒《イツトモノヲ》が夫々の氏族の祖《オヤ》であることを表はしたのには深い意義があるかと思ふ。それは皇孫の御降臨は、一面には幾回も述べた通り、靈肉和合の義を營んで、地上に發生する生物をして、向上進化せしめる重要なる目的が存在してゐますから、皇孫御陪從の神々が、地上に降られた後は、必ず地統の女神に娶《ミア》ひて、子孫の繁榮を策《ハカ》られたことが、容易に了解の出來る事柄と思はれます。この事の保證として猨田毘古《サルタビコ》に對する天宇受賣命《アメノウズメノミコト》の物語が揭げられる譯ですが、これは代表的の一事實で、五伴緒にも夫々の婚姻物語があつたに相違なく、五伴緒以下多數の從神にも、この義は普遍的に行はれたことを決して見逃してはならないと思ひます。で今此處に何々之祖《オヤ》とある點に、我等は多大の注目を拂はざるを得ない譯合です。

さてそこで、天津日子番能邇邇藝命《アマツヒコホノニニギノミコト》が天之石位《アメノイハクラ》を離《ハナ》れ、天之八重多那雲《アメノヤヘタナグモ》を押《オシ》分《ワ》けて、伊都能知和岐知和岐《イツノチワキチワキ》弖《テ》、天浮橋《アメノウキハシ》に宇岐士摩理《ウキジマリ》、蘇理多多斯弖《ソリタタシテ》・竺紫日向之高千穂之久士布流多氣《ツクシノヒムカノタカチホノクジフルタケ》に天降《アモ》りましたのでした。翔身《カケリミ》神は天界を住所とされますから、地上へは文字通りの御降臨です。現代の科學者歴史家等は翔身《カケリミ》神に就ては全く無知ですから、皇孫御降臨を甲地から乙地への御移動位にしか考へないのですが、翔身界《カケリミカイ》の天之《アメノ》石位《イハクラ》を離れて、天八重棚雲《アメノヤヘタナクモ》を稜威《ミイヅ》を放ちて排し給ひ、道を開いて、天浮橋《アメノウキハシ》に於て翔身《カケリミ》界に屬する變身の威力等を去つて、限身界に適する御體容に成らせ給ひ、専ら地上の生存者たる義のみを確く持し給ひて、竺紫《ツクシ》の日向高千《ヒムカノタカチ》穂《ホ》の久士布流多氣《クジフルタケ》にお降り遊ばされたのでした。翔身神は變身自在ですが、千別《チワ》き千別《チワ》きて個々性の差別を本位とし、個々體個々性に立脚して御降臨あらせ給ふた所に非常に地上人類との御接近や親しい御關係等が成就致した譯で、神秘的な狀態が斯くて現實的な狀態に移つて參つたのでした。これを見ても人生の進化が、他の動物の進化とは頗る趣の異つたものであつたことが判る譯です。生物には上來述べ來つたような、幾種もの進化促進の異つた方式があつたことは、進化論者の刮目を望みます。

天孫降臨の地に就て古來有力な説が二つあります。其一は日向國西臼杵郡なる今の高千穂村の地方にありとなすもので・釋日本紀所引の日向風土記逸文に「臼杵郡內地鋪郷《チホノサト》。天津彦火瓊々尊離レ二天磐坐《アメノイハクラ》一ヲ排二シ天八重雲一ヲ稜威《イツ》之《ノ》道《チ》別道《ワキチ》別而《ワキテ》。天ニ降於日向之高千穂二上峰一ニ時ニ天暗冥トシテ晝夜ヲ不レ別ズ人物失レ道フヲ物色難レシ別《チ》於《テ》レ茲《ニ》有《リ》二土蜘蛛一名《テ》曰《フ》二大鉗《オホハンコ》小鉗《ハン》二一人奏二言皇孫尊一以《テ》二尊御手《ヲ》一抜《キ》二稻千穗《ヲ》一爲《シ》レ籾《ト》投二散《ズ》四方《ニ》一必《ズ》得《ン》二開晴《ヲ》一于レ時如二大鉗等所一レ奏搓《モミテ》二千穗稻《ヲ》一爲《シ》レ籾《ト》投散《ズ》即《チ》天開晴日月照光因《テ》曰《フ》二高千穗二上峰《ト》一後人改《テ》號二智鋪《スチホト》一」とあるを論據とし、又一は日向と大隅の國境なる霧嶋山即ち現今の高千穗峰とするもので、同じく塵袋所引の日向風土記の說である。「皇祖裒能忍耆命《ホノニヽギノミコト》日向國贈於郡高茅穗槵生峰ニアマクダリマシテ是ヨリ薩摩國閼駝《アタ》郡竹屋村ニウツリ玉ヒテ云々」のそれで、此の兩地方には色々當時の遺跡などゝ稱するものが傳へられてゐる。學者の論爭も夫々見るべきものがあるが、この問題は容易に決しさうもありません。併し此處に注意を要する點は、豐葦原水穗國《トヨアシハラミツホノクニ》が全地球であると云ふ解說に從へば、高千穗《タカチホノ》峰《ミネ》が必ずしも日本國內であつたと斷定する必要は無く、今現に高千穗峰の候補地が我が九州に存在してゐるといふ事の爲めに、拘束される必要もなく、我々は自由に高千穗を全地上に求めて宜しい譯です。全地上に高千穗峰を求める場合、嘗て伊耶那岐神《イザナギノカミ》の禊祓《ミソギハラヒ》の段等でも述べた通り、地球上面の地相を一の巨人像と見る上から判斷することの約束を忘れてはならないと思ひます。轉輪聖王は頭の肉髻から生れたといふから、地上でいへば亞非利加の部、若くば日本ならば九州の土地に求めねばならず。少名毘古那《スクナビコナ》の如く多《タナ》俣《マタ》から生れたとすれば、濠洲の土地や日本の四國邊に留意せなければならぬ。で木村鷹太郎氏は高千穗峰を地上に求めて亞非利加のカルタゴ地方と希臘のオートリヤマ地方との二ケ所に發見したと謂つてゐるが、普通一般の場合は、生物は母の陰所から出生するものであるから、皇孫降臨が出生の意義を保つて行はれた以上、矢張我々は日本國に皇孫御降臨はあつたものと決定せなければならぬと存じてゐるものです。兎も角も皇孫は日本國に御降臨あつたには相違ないが、日本國の何處であつたかと云ふ事に成ること、日本の頭部九州即ち竺紫日向であつたと斷ずる外は無いようです。日本の腹部富士山を中心に皇孫御降臨地を求めることも强ち暴擧とのみは見られなからう。それは兎も角も高千穗はタカアチホであつて、輝く山即ち噴火山たることを要し、クジフルは奇しき形態の峰の義で。書紀一書には日《ヒ》向《ムカ》襲之《ノソノ》高千穗添山峯《タカチホソフリヤマノミネ》とあります。添山はソフリヤマと訓《ヨ》むのであらうから、五人種中の曾富理《ソフリ》人の住んでゐる山地では無かつたか。この人種は海洋種であるから、日に向ふ海洋中の異靈の火山といふのではあるまいか。又遺跡東北遷の律則を考慮に入るを要す。兎も角この御降臨地を定めることは非常に困難です。

そこで天忍日命《アメノオシヒノミコト》天津久米命《アマツクメノミコト》二人、天之石靫《アメノイハユギ》を取負《トリオ》ひ。頭椎之大刀《クブツチノタチ》を取佩《トリハ》き、天之波士弓《アメノハジユミ》を取持《トリモ》ち、天之《アメノ》眞鹿兒矢《マカゴヤ》を手挾《タバサ》み、御前《ミマヘ》に立ちて、先驅を仕へ奉つた。天忍日命《アメノオシヒノミコト》天津久米命《アマツクメノミコト》は武人で、長く日本歴史上に威名を傳へた族です。クメはクミであり、戰陣の組々の長を謂ひ、また今日で云ふ第何軍とか師團とかいふ軍團制の長を大伴《オホトモ》と云つたらしい。だから二人こあるけれども、夫には多數の從員が從つて居たのは當然で、いかにも堂々たる御盛儀が拜知される譯です。皇典では何程の從臣を率ゐて降臨あらせられたかは明瞭致さないが、恐らく天軍の多數を率ゐて御降臨遊ばされた事でありませう。舊事本紀等には御從臣を比較的詳細に掲げてゐるが、皇典の表面に表はれ給ふ神々人々のみで無かつた事だけは勿論でせう。天忍日命《アメノオシヒノミコト》の此者《コハ》大伴連等之祖《オホトモムラジラガオヤ》、天津久米命《アマツクメノミコト》の此者《コハ》久米直等之祖也《クメノアタヘラガオヤナリ》の用意周到な記事も、五伴緒の場合こ同樣見逃すことの出來ないものです。

皇典は次に「於是《コヽニ》 詔之此地者向韓國《ソジヽノカラクニヲカサヽノミサキニ》 眞來通笠沙之御前《マギトホリテノリタマハク》而朝日之直刺國《コヽハアサヒノタヾサスクニ》 夕日之日照國也《ユフヒノヒデルクニナリ》 故此地甚吉《カレココゾイトヨキ》地 詔 而《トコロトノリタマヒテ》」こしてゐるが、皇孫が高千穗峰へ御降り遊ばされた以後の御行動が明瞭に記して無く、天忍《アメノオシ》日命天津久米命《ヒノミコトアマツクメノミコト》が先驅を仕つて、何處を何《ド》う通過されて笠沙之御前《カサノミサキ》に到られたかも不明です。皇孫は御降臨の後、先づ以て全地を整理する爲めに、一度は普ねく御巡幸あそばされた譯でせうから、其の御巡幸に關して傳へが無くてはならぬと思ひます。日本紀一書には「立《シテ》二於浮渚在《ウキニマリ》之平地《タヒラ》一《ニ》 膂完空國《ソシシノカラクニ》 自《ヨリ》二頓丘《ヒタヲカ》一覓レ國行去《トホリ》 到《リマス》二於吾《ア》田長屋《タノナガヤ》笠狹《カサ》之《ノ》御碕《ミサキニ》一」又は「而膂完胸副國《ソシヽノムナソフクニヲ》 自二頓丘《ヒタヲカ》一覓《マギ》レ國行去《トホリテ》 立《シテ》二於浮渚在平地《ウキニマリタヒラニ》一乃《チ》 召《シ》二國主事勝國勝長狹《コトカツクニカツナガサ》一云々」等とあるがどうも矢張明瞭には御巡路が判らない。猨田毘古神が嚮導申し上げてゐるのだから餘ほど明瞭に全地御巡遊が完全に參つたらうと思ふが何等據るべきものがない。この事は遡つて、その頃地上にはどんな人類がどんな配置で住つて居たか、先づ夫から調査するのが先決問題ではなからうか。當時人類の排置は、

大國御魂神《オホクニミタマノカミ》……大陸所住人種。韓神《カラノカミ》……大陸高原部所住人種。曾富理神《ソフリノカミ》……海洋嶋所住人種。向日神《ムカヒノカミ》……熱帶圏所住人種。聖神《ヒジリノカミ》……寒帶圏所住人種。

と成つてゐる。で今ま県典始の記事を、この五人種の國に篏めて見ると、曾富理《ソフリ》人種の住んで居た所は、膂完《ソジシ》とあるのがそれであらう。ソフリとソシシとは音が通ずる。次に韓國《カラクニ》とあるのは、勿論韓《カラ》人種の住んでゐた土地に相違ない。次に朝日之直刺國《アサヒノタヾサスクニ》とは、向日《ムカヒ》人種の住んでゐた土地ではなからうか。次に夕日之《ユウヒノヒ》照國《テルクニ》とは聖《ヒジリ》人種の住んでゐた土地ではあるまいか。而して笠沙之御前《カサヽノミサキ》は大國御魂《オホクニミタマ》人種の住んでゐた土地の名であつて、ソフリ國を出發後韓國を通過し、笠沙之御前《カサヽノミサキ》を眞來通《マギトホ》りて、大國御魂《オホクニミタマ》の國も過ぎ、向日《ムカヒ》人種の國も聖《ヒジリ》人種の國も見透し得る頗る吉《ヨ》き地と仰せられるのではあるまいか。斯樣な全地を一目に眞來通《マギトホ》す良地は、統治上最も吉地《ヨキチ》であると仰せられて、全地巡幸の結果其處に（必定これも日本國なるべし。アキツトナメの律則を知れ。）底津石根《ソコツイハネ》に宮柱布斗斯理《ミヤハシラフトシリ》、高天原に氷椽多迦斯理《ヒギタカシリ》て御鎭座になりましたのであり

ませう。さていよ〳〵これから統治の段に進むのですが、その統治の第一段の問題は、先づ靈肉和合の義である事が當然の順序と拜察される次第で、此處に天宇受賣命《アメノウズメノミコト》の事柄を代表的に述べて、他は一切之に準ずとして省略されてゐるようです。皇孫御巡幸の供奉は、武人を先登として威武堂々たる盛儀を盡されたのですが、その道案内役を務めたのは、例の御前仕《ミマヘツカ》へ奉らむと申した猨田毘古《サルタビコ》であつたので、今や良地を覓め、宮殿まで建つたのであるから天宇受賣命に、「この御前《ミマヘ》に立つて仕奉つた猨田毘古大神をば、汝送り奉《マツ》れ、また其神の御名は汝負びて仕へ奉れ」と仰せられました。是を以て猨女君《サルメノキミ》等が其猨田毘古之男《サルタビコノヲ》神《カミ》の名を負ひて、女を猨女君《サルメノキミ》と呼ぶことは是が因縁であるといふのです。猨田毘古《サルタビコ》と猨女君《サルメノキミ》、夫は本來一體不離の二神たることは前に述べた通りで、皇典の表面では別に二神が婚せられた如くは見えて居ないが其名の交換に當然婚の義が含まれてゐることを承知せねばなりますまい。天上から降られた從神の內、女を代表するのは天宇受賣命のみですから、地上の體系神に通じて靈肉和合の實を擧げる上に、天宇受賣命だけは、他の從神とは全く異つた方式を採らねばならなかつたので、猨田毘古を養子分にすれば、當然天宇受賣家が表面に立つので、それではおもしろくない。で養子分のような形で、その姓氏は猨田毘古の方を採つて、猨女君《サルメノキミ》とされた譯で、餘ほどおもしろい關係になつてゐるのです。他の從神は斯樣な面倒はないのですが、國つ神の方は單に其女神のみが、天神族に婚したかといふに、さうばかりも無かつたのであらうから、天宇受賣命以外にも名の出て居ない女神の陪從があつたのではなかつたらうか。書紀一書に時ニ高皇產靈尊勅スラク二大物主神一ニ汝若シ以テ二國神一ヲ爲セバレ妻ト吾レ猶ホ謂ハン三汝有リト二疎心一故レ今以テ二吾ガ女メ三穗津姫一ヲ配セテレ汝ニ爲シテレ妻ト宜シク下領シテ二八十萬神一ヲ永ク爲メニ二皇孫ノ一奉ルレ護リ上乃チ使ム二還リ降ラ一云々とあるのは、その事情を傳へたものではあるまいか。兎も角も天系地系の相婚は皇典上重要な留意點です。

本來婚こいふことは單に子を生むといふ意義をのみ目的とはしない。で皇孫御降臨の際の如きは、一般地上に血脈の聯繼を普及することゝ共に、統治上の大義に資せなければならなかつたのでありませう。謂はゞ一種の結婚政策とも見られますが、斯うすることが一石二鳥の策で、この場合としては最も策の得たものと申さなければなりますまい。天宇受賣命が猨田毘古と結婚したことは、猨田毘賣の全承認を得たと同然で、猨田毘古に屬する一切の族は、皇孫奉仕を誓はなければならない事情に成つた譯です。故に皇典には猨田毘古神が阿邪訶《アサカ》に坐《イマ》す時に、漁《スナドリ》して比良夫貝《ヒラフカイ》に其手を咋合《クヒアハ》されて、海潮《ウシホ》に溺れ給ふた事を述べて、以て猨田毘古が一切魚族の主神であることを證し、又た魚族とは海洋民族又は船舶業者と解すべき程ですが、然し生物學的に見て魚族は魚族で、その守護並に仲展の主神が阿遲鉏高日子根神《アヂシキタカヒコネノカミ》であることに想到し猨田毘古大神《サルタビコノオホカミ》と阿遲鉏高日子根大神《アヂシキタカヒコネノオホカミ》との一體たることも知るに至つた譯です。尙ほ魚類の分族は、阿遲鉏《アヂシキ》高日子根神《タカヒヒネノカミ》の御出生の次に記載してあつたらうと思ふが、今爰に至つて、其底に沈み居る時の名は底度久《ソコドク》御魂《ミタマ》ーこれ海底魚族ー其海水之都夫多都時《ツブタツトヰ》の名を都夫多都《ツブタヅ》御魂《ミタマ》ーこれ海中魚族ー其沫咲《アワサ》く時の名を阿和佐《アワサ》久御魂《クミタマ》ーこれ海上魚族といふ譯で、三種魚族の發現と見るべきものが出てゐるから、前の處では省略されてゐたのかも知れない事も判りますが、それは兎も角も、猨田毘古が魚族の主神である以上、もはや魚類は天宇受賣《アメノウズメ》の命令に從はねばならぬので、乃ち猨田毘古を送り、還り到《イタ》りて天宇受賣は悉く鰭廣物《ハタノヒロモノ》鰭狹物《ハタノサモノ》を追《オ》ひ聚《アツ》めて「汝等は天神御子《アマツカミノミコ》に仕へ奉らんや」と問ひ給ふ時に、諸魚皆な「仕へ奉らん」と白《マヲ》す中に・海鼠《コ》のみは返答しない。そこで天宇受賣命が海鼠《コ》に向つて「此口《コノクチ》や答へせぬ口」と言つて、紐小刀を以て其口を拆《サ》き給ふた。故に海鼠《コ》の口が今でも拆《サ》けてゐる。是を以て御世々々、嶋《シマ》の速贄《ハヤニヘ》献る時に、猨女君等に、海鼠を給ふ事に成つてゐる。結婚政策の威力や、實に驚くの外ないではありませんか。が併しこれも既に定まつた神約で・出雲國之多藝志小濱《タギシノヲバマ》に於ける天眞名咋《アメノマナグヒ》の饗應の時、魚族を食膳に上《ノボ》すことが、大國主神との間に締結されて居るのを記憶されてゐる筈です。魚族を船艦隊と見れば魚族奉仕は海上權の掌握で、宇受賣の女性がこれを成就してゐるのは妙味の深い事です。

天宇受賣命の物語が終つて、次で靈肉和合の本筋を傳へる爲めに、皇孫の婚物語の掲げられてゐるのは自然です。是に天津《アマツ》日《ヒ》高《タカ》日《ヒ》子《コ》番《ホ》能《ノ》邇《ニ》邇《ニ》藝《ギ》能《ノ》命《ミコト》が笠沙《カサヽノ》御《ミ》前《サキ》に麗美人に遇ひ給ひ「誰が女《ムスメ》か」とお訊になりました。――笠沙崎《カサヽノミサキ》の所在は、薩摩國川邊郡加世田村附近とする説が最も廣く承認されてゐるが、又た一部の説では日向海岸の或地點に擬して居る――答へて申すには「大山津見神の女《ムスメ》名は阿多都比賣《アタツヒメ》亦名木花之《コノハナノ》佐《サ》久夜毘賣《クヤビメ》でございます」と申しました。季節的に謂へば、春季に當つて、樹々に美花を綴つた陽春の狀態です。でこの物語が植物神話に解されるのは當然です。木之花佐久夜毘賣《コノハナサクヤビメ》は木花咲く姫です。大山津見神は人種としては當然大國《オホクニ》御《ミ》魂《タマ》人種で、笠沙《カサヽノ》御《ミ》前《サキ》はその本國でせう。阿多都比賣《アタツヒメ》の阿多《アタ》は八咫《ヤアタ》のアタで無量展開の義であらう。木花之《コノハナノ》佐《サ》久夜毘賣《クヤビメ》に又「兄弟ありや」とお訊ね遊ばされたに對して「姉の石長比賣《イハナガヒメ》あり」と申しました。こは常緑木の人格化と見るのが當然で　兎も角も花木と常緑木とに擬して、皇孫の人類的繁殖並に其向上進化を物語る段です。皇孫は木花之佐久夜毘賣《コノハナノサクヤビメ》に「汝と結婚が致したいと思ふがどうか」とお尋ね遊ばされました。それに對して姫は「妾は單獨にお答へ致すことが出來ません。お父さんの大《オホ》山津《ヤマツ》見神《ミノカミ》がお返答致しませう」と申されました。そこで其父大山津見神に乞ひに遣《ツカ》はされました時、大に歡喜して、其姉の石長比賣《イハナガヒメ》をも副へて、百取机代之物《モヽトリノツクヱシロノモノ》を持たしめて奉ることに致しました。百取机代之物《モヽトリノツクヱシロノモノ》とは衣類調度、山川の珍味等種々の饗應始めの贈物です。

さて皇孫は石長比賣《イハナガヒメ》を御覽になると、其容貌が非常に醜惡でありますので、これは見るに見兼ねると云ふので、父の元へ送り返されました。花木に比して常綠木はその容貌が醜惡と見られたのは、誰の目にもさうであらうが、皇孫としては、地上の人類をして、優種優性を獲るのが御使命とも申すべきですから、斯様な御判別も無理からぬことゝ拜せられます。大山津見神の方では靈肉和合の御天職であつて見れば、美醜に係はらず、一視平等に愛護されさうなものと思つて、石長比賣《イハナガヒメ》をも副へ、澤山の贈物まで添えて奉つたのに、意外にも姉の石長比賣《イハナガヒメ》が送り返されたので、大に耻ぢて、白《マヲ》し送つて言ふには、「我が女《ムスメ》二人並《ナラ》べて奉つた由《ユヱ》は、石長比賣《イハナガヒメ》を奉つたならば、天神御子《アマツカミノミコ》の御壽命《ミイノチ》は、雪降り風吹けども、磐《イハ》の如く恒久《カキハ》に常《トキ》堅《ハ》に不動であらせられませう。また木花之佐久夜毘賣《コノハナノサクヤビメ》を奉らば、木花の榮ゆる如く、榮えませと、祝詛して貢つたのでありますのに、斯様に今石長比賣《イハナガヒメ》を返して、獨り木花之佐久夜毘賣のみを留められましたれば、天神御子の御壽齡は、木花《コノハナ》の如く麗美に榮えて、頓《トミ》に散り往く運命しか保つことが出來ず、短命であらせられませう」と申されました。斯様な譯で今に至るまで天皇命等《スメラミコトタチ》の御壽齡《ミイノチ》が長くはないのであると申すのです。

此處に天皇命等《スメラミコトタチ》と記してあるが、天皇《スメラミコト》は普ねく萬民を總持し給ふが故に、一般人類の壽齢と見るべきでせう。この物語は大山津見神が忿つて、皇孫に對して短壽の呪詛を爲したものと見えますが、その實は人類の智能の進歩を物語るもので、美を愛して醜を厭ふこいふ感情は、眼耳鼻舌身意の何れにも適應することで、撰擇の智能の進むのは、一面には五慾の執着が高まつて、平等愛に遠かる事にはなるのですが、また一面にはそれが人類文化の進運を謀る根柢こもなるもので、人類は原始の儘に滿足せず、嗜好に應じて勝手に物を撰擇し、智能を益々增進せしめる手段を採るのです。が併しその爲めに五慾の惑を享けて、壽齢の短縮を餘義なくされることは、止むを得ない事柄でせう。若しそれ原始の儘に滿足してゐるのならば、壽命は或は長いかも知れないが、地上に文化の花を綴つて、華麗の建設を見ることは不可能に終るべきでせう。文化こ壽齢＝それは互に相雁行しない根本の素質を持つてゐるものだらうか。して見れば好しや壽齢は短少するとしても、人類が人類こしての亨樂を滿喫するが爲めには、石長比賣を返して木花之佐久夜毘賣のみに婚せねばならぬのも、また止むを得ないことでありませう。

エデンの園に居たアダムこイヴとの物語は、この木花之佐久夜毘賣《コノハナノサクヤビメ》物語に比すべきもので、イヴが桃の實を喰ひ、之をその夫にも進めて喰はした爲めに、智惠を增し、遂に樂園を追ひ出されたといふのも、人類智能の進歩が、神の掟《オキテ》を破るに至つたことを物語るものであらう。希臘神話のプロメトイス傳も、要は神に背いて人類の智能を進めた物語であらう。靈肉の和合は難いものである。僅かに偏する所があれば、それが末には非常に大きい禍厄の因と爲る。が併し一塊の肉で滿足する程ならば、大國主神をして北國土を奉献せしめる必要は毫も無かつたことであらう。人類をして地上に天國の莊嚴を實現せしめる爲めには、どうしても其の智能をして飽くまで向上せしめねばならぬ。が智能の向上が人類の壽齡を縮めるヂレンマに陷る時、限身《カギリミ》の本義に立脚して、寧ろ壽齡の短縮を採られたこの御處置は、人類の等しく感謝する所でありませう。本來限身《カギリミ》は時間の上からも空間の上からも、限定されたる生命の保有者であつて見れば、長短とは比較的の事で、その內實さへ充溢すれば、その長短の如きは論外とせねばならぬ譯です。既に限定的に運命附けられてゐる人類は、短小をして永遠化し、限定の內實に旺溢の無限界を盛《モ》らしむべきでありませう。

皇孫は木花之佐久夜毘賣《コノハナノサクヤビメ》に一宿婚せられたと記してあります。眞に人生は一夜の夢の如きものです。この一夜の甘美に無限の意義を附與せなければなりません。木花之佐久夜毘賣は一夜で妊娠されたのでした。で臨月に至つて參ゐ出て來て、「妾妊《ハラ》めるを今ま產時《ウムトキ》に臨《ノゾ》んで天神《アマツカミ》の御子《ミコ》を私《ワタクシ》に產《ウ》むべきにあらねば御奏請致します」と申されました。皇孫は限定されたる生命の所有者をして、永遠の意義を保たしめねばならぬ點を考へられますと、末々の子孫に對して、餘程深い誡告を與へて置かなければならなかつたのでした。そこで「佐久夜毘賣《サクヤビメ》一宿《ヒトヨ》にや姙《ハラ》める。是れ我子には非らじ。必ず國神《クニツカミ》の子であらうぞ」と仰せられました。その時「吾が姙《ハラ》める子若し國神《クニツミミ》の子ならんには產むこと幸《サキ》からじ、若し天神の御子にまさば幸《サキ》からん」と申されて、無戸八尋殿《トナキイヤヒロドノ》を作つて其の殿內に入つて、土を以て塗り塞いで、方《マサ》に產みまさんとする時に、火を以て其殿に着けてお產みになりました。これは餘ほど異つた產の仕方で、火の中で子を產んで、その子が毫も火に燒けないといふ所に、極めて徹底した精神威力の大試練があるのでした。靈肉和合の妙諦の上に、國神《クニツカミ》では到底不可能な條件が含まれて居るのでした。精神生活の立證として、短小を永遠化す爲めに、この非常な大試驗をされる譯でした。人類の威力が皇孫御降臨の爲めに如何に向上したかの大保證が斯くて示されるのでした。

この物語は一面例の植物神話で、稻や麥等の實を收穫する一種の方式として、小屋の中で火を燒いて穗を落す仕方を傳へたものと見る點があり、斯くて收穫された種子に永遠の生命が宿つて、穀靈は播けばまた發芽する、其處に人生に對する生命の暗示がある。それは兎も角も精神生活を外にしては、人生の意義は無意義に陥り、永遠の生命を忘れては、天神の靈種を傳へた人類が、その本質を沒却する譯ですから、火に入つて燒けずの信念が肝要です。斯うなれば壽齡の短長の如きは問題とはならないことになりませう。其火の盛に燒ゆる時に生《ア》れます御子の名は火照命《ホテリノミコト》、次に生れます御子の名は火須勢理命《ホスセリノミコト》、次に生れませる御子の名は火遠理命《ホヲリノミコト》亦名は天津日高日子穗穗手見命《アマツヒタカヒコホホデミノミコト》、この三貴子が御出生になりました。火照《ホテリ》は最も火の盛なる狀態、火須勢理《ホスセリ》は火勢の稍々衰へたる狀態、火遠理《ホヲリ》は火勢の最も衰微した狀態で、矢張この三貴子は末子相續の例に漏れず、その御體相が最初は餘りに靈力が強過ぎ、漸次限身として地上生活者たるに適應の體相が現はれた譯です。だから火照《ホデリ》時代火須勢理《ホスセリ》時代火遠理《ホヲリ》時代として、その一々の時代が或は幾千乃至幾萬年であつたかも知れないと云ふ説も立つ譯です。

火照命《ホテリノミコト》は海佐知毘古《ウミサチビコ》として、鰭廣物鰭狹物《ハタノヒロモノハタノサモノ》を取《ト》り給ひ、火遠理命《ホヲリノミコト》は山佐知毘古《ヤマサチビコ》として毛麁物毛柔物《ケノアラモノケノニゴモノ》を取り給ふた。海佐知毘古《ウミサチビコ》は漁撈民族又は漁撈時代であり、山佐知毘古《ヤマサチビコ》は狩獵民族又は狩獵時代と見るべきで、漁撈時代が先に起つて、狩獵時代は後に起つたであらう。三貴子の御出生は伊邪那岐神《イザナギノカミ》の禊祓《ミソギハラヒ》の結果、最後に生れ給ふた三貴子に比すべき點があつて、海幸《ウミサチ》の火照命《ホデリノミコト》は須佐之男命《スサノヲノミコト》に、山幸《ヤマサチ》の火遠理命《ホヲリノミコト》は天照大御神《アマテラスオホミカミ》に、火須勢理命《ホスセリノミコト》は月讀命《ツキヨミノミコト》に擬せられ、その運命も常に伴つて往つてゐるやうです。兎も角も海濱生活者は性質が勇猛で荒いが、山間生活者は比較的剛健で柔和であり、原野生活者は生活の上に惠まれてゐるから、食糧上の爭鬪問題は起らないが——恐らく火須勢理《ホスセリ》命は野佐知毘古《ヌサチビコ》であつたらう——山間生活者と海濱生活者との間には、屢々物々交換を始め生活圏の取替問題等が起つたことであらう。それで次の物語も起つたものであらうが、それにしても大國主神に國土を奉献せしめて爾來、餘り國土の統治に關して多く傳へる所なくして、海幸山幸《ウミサチヤマサチ》の交換から起る、一種の鬪爭に類する物語を傳へたのは、どういふ譯だらうか。これは大に考へて見ねばならぬ事柄と思ひます。がこは一面には天神統の方々が地上生活に慣れ給はぬ時代に於ける、必然に起る事柄であるからと云ふ意味もあらうが、更に一面には皇位繼承に關する重要なる問題として、明瞭にしておく必要があると考へられるものです。而してその重要問題が、靈肉の和合に直接關聯し、大綿津見族との婚に勝因の存してゐる點を、是非共見逃してはならないと思ひます。靈肉の和合に就ては、皇孫が自ら大山津見神との婚を成就し給ふたから、殘るは大族として大綿津見《オホワタツミ》族との婚を成就すべき順序でありませう。この二大族との婚の成就は、あらゆる地上神族との婚の成就を物語るものですから、大山津見との婚の後を承けて、次に大綿津見《オホワタツミ》との婚に移るのは必然の順序と申すべきで、海幸山幸《ウミサチヤマサチ》の交換は、要するに、大綿津見《オホワタツミ》族との婚の序幕と見るべきものではなからうか。斯う見る時、忽ち疑の起ることは、然らば何故海幸《ウミサチ》の火照命《ホデリノミコト》が大綿津見《オホワタツミ》族との婚を成就しないで、山幸《ヤマサチ》の火遠理命《ホヲリノミコト》が却てその衝に當り給へりやといふことですが、それには當然神身の御狀態始め、幾多の事柄等を併せ考へなければならないのでせう。

或時火遠理命《ホヲリノミコト》が其兄火照命《ホデリノミコト》に「各々其佐知《サチ》を相易《アイカ》へて使用したいものである」と申込まれ、三度までも請はれたけれども許されない。が遂に纔に許されて其佐知《サチ》を換へて使用することになつた。そこで火遠理命が海佐知《ウミサチ》を以て海で魚を釣られましたが、慣ないことゝて一魚をも獲ることが出來ず、その上其釣鉤《ツリバリ》さへ海に失つてしまはれました。兄の火照命は弟命に其鉤を返せと迫り、「山佐知《ヤマサチ》も已《オノ》が幸々《サチ〳〵》、海佐知《ウミサチ》も已《オノ》が佐知《サチ》々々とするのが適當である。今は元通《モトトホ》り佐知を返還致さうではないか」と申された時、火遠理命《ホヲリノミコト》は「汝の鉤《ハリ》は魚を釣つたが一魚も得ず、其上遂に海に失つてしまひました。どうか許してくれ」と請はれたが、兄命は強て其返却を迫られた。故に弟命は御佩《ミハカシ》の十拳劒《トツカツルギ》を破砕して、五百鉤《イホハリ》を作つて償はれたけれども兄命は取らない。また一千鉤《ハリ》を作つて償はれたけれども受けない。而して其の正本鉤《モトノハリ》を返せと迫られるので、餘りの無情さに弟命は泣患ひて海邊を彷つて居られた。兄命が用ひ慣れた鉤であるから、正本鉤《モトノハリ》を請はれるのに無理はないが、餘りに弟命の誠意を無視して强請された所に剛情な感がある。心學道話的に云へば、その剛情が禍して後で酷い目に遭はれたといふ因果物語に解するのだらうが、何事も既に書下されてゐる一篇の神劇で、弟命に天神正統を承繼される本因が具はつて居り、山幸彦が海神族に婚せられるのが、靈肉和合上に適應律の存在して居る事を知らねばならぬ。由來海濱民族が文化の伸展に寄與したことは寡なく、山間生活者が多く文化の寄與者であつた事を考へて見る時、この幸換《サチカヘ》の物語にも、その聯想が泛んで來るようです。

火遠理命《ホヲリノミコト》が海濱で哭き患ひて居られた時、鹽椎神《シホツチノカミ》が來られて問はれるには、「なぜ虚空津日高《ソラツヒタカ》よお泣き遊ばすのか」と其譯を訊ねたので、お答になるには「我れ兄と鉤《ツリバリ》を易へて其鉤を失つてしまひました。然るに其鉤を返せと乞はれるから、澤山の鉤を償つたけれども受けずして、强て猶ほ其本鉤《モトノハリ》を得んと迫らるゝので、斯くは泣いてゐるのです」と仰せられました。鹽椎神《シホツチノカミ》は海の潮道を明瞭に心得てゐる神の義で、猨田毘古と同神、尙ほ阿遲鉏高日子根神《アヂシキタカヒコネノカミ》と同神であらうと信ぜられます。鹽椎神《シホツチノカミ》は謂はゞ魚族の守護神で海佐知《ウミサチ》たる兄命の味方であらねばならぬ譯ですが、神律を最も明白に解してゐる大量《オホバカリ》の神であるだけに、天神の正統この命《ミコト》に在るを知つて、虚空津日高《ソラツヒタカ》と呼びかけて居ます。而して海の事も魚族の事も、能く心得てゐる斯神は「我汝命《アレナガミコト》の爲めに善議《ヨキコトハリ》を策せん」と云つて、直に无間勝間之小船《マナシカツマノヲブネ》を造つて、其船に載せて、教へて云ふには「我れ其船を押し流さば、差々《ヤヽ》暫し往きませば、自《オ》ら好恰の海路を見出し給はむ。そこで其道に乘つて往きませば、必ず魚鱗の如く造れる宮殿がありませう。これ綿津見神《ワタツミノカミ》の宮であります。其神の御門《ミカド》に至り給へば、傍の井上に湯津香木《ユツカツラ》がありませう。ですから其木上に坐《マ》せば、其海神の女が參つて、見て何とか都合よく運ぶことになりませう」と教へました、无間勝間之小船《マナシカツマノヲブネ》は種々の解釋があるがこれは例のフトマニの作法に訴へる、縱橫の罫線に當るもので、其構造は種々あらうが、要は往くべき必然の行路を過ぎる船の義だから、海路自ら好適の道があつて、律則のまに〳〵進み得る譯であらう。有味御路の文字を使用してゐるのはウマシミチと訓むべきは當然だが、尙ほ有意味の御路と解する必要があるのでせう。魚鱗の如く造れる宮殿は其國の文化が大に進んでゐて宮殿の構造等の華麗にして整然たるさまを含めたものであらう。日本書紀には雉堞整頓臺宇玲瓏とか城闕崇華樓臺壯麗などあります。湯津香木《ユツカツラ》は矢張无間勝間《マナシカツマ》と同樣、天律の必然に訴へる意義を保つものであらう。

そこで虛空津日高《ソラツヒタカ》は、教の通り小船に乘つて少し往かれますと、一々その言ふ通りであつたから、其井上の傍に在る香木《カツラ》の上へ登つて居られました。するとその時海神の女豐玉毘賣《トヨタマビメ》の從婢が玉器を持つて水を酌まうとする時、井の中に光があつた。で仰いで見れば麗壯夫《ウルハシキヲトコ》が居給ふたのでこれは不思議と驚いた。この物語は一面には太陽神話形で虚空津日高《ソラツヒタカ》は太陽を隠し、鹽土神《シホツチノカミ》は海路を知る月を隠し、太陽が潮路を渡つて遠嶋に到り、乃至海底に到り、海底の生物に對して進化向上の靈性を授ける物語とも見られるもので、希臘神話の日向葵姫《クレシヤ》物語等の聯想も起るものですが、此所では本位を人類の上に採つて、海洋族に對して、天神統が靈肉和合の道を求めて、來訪された方へ解釋せねばなりません。皇統の中に於て大綿津見《オホワタツミ》族に婚し得た方が、皇位繼承の實を握り給ふ譯ですから、この物語は非常に重要な物語です。

そこで火遠理命《ホヲリノミコト》が其婢を見て「水を得しめよ」と乞ひ給へば、婢が水を酌んで玉器に入れて貢《タテマ》つた。その時水は飲まないで、御頸《ミクビ》の璵《タマ》を解いて、口に含んで其玉器へ唾《ツバ》き入れられました。すると其璵《タマ》が玉器に着いて離れなくなつてしまひました。ですから婢は璵《タマ》が離れないから、附著したまゝ玉器を豐玉毘賣《トヨタマビメ》に進《ス》めました。すると豐玉毘賣が其璵を見て、婢に向つて「若し門外に人があるか」と訊ねますと、答へて「我井上の香木之上《カツラノキノウヘ》に人が居ます。いと麗《ウル》はしき壯夫であらせられます。我が王に勝りて甚貴《イト》き方であります。其人が水を乞はれましたから奉りますと、水は飲まないで、此璵《タマ》を唾《ツバ》き入れ給ふたのです。が其璵が離れませんので入れたまゝ斯く持つて參つて献るのでございます」と申しました。この玉器の中へ璵を唾入《ツバキイ》れ給ふたのは一種の呪術又は婚約申込の當時の風習等と見る説もあり、太陽神話的の解釋もあるが、豊玉毘賣《トヨタマビメ》の心を充分に惹き附けるに足る好適の仕方であつたのは當然です。そこで豊玉毘賣は姉の言を不思議に思つて、出て見て、非常に心に感動し、視線が衝突して忽ち兩者の間に默契が成立した。で其父に「吾門《カド》に麗人《ウルハシキヒト》居ます」と仰せられました。海神がどれと云ふので自ら出て見て、「此人は天津日高之御《アマツヒタカノミ》子《コ》、虚空津日高《ソラツヒタカ》である」と云つて、直樣內に率《ヰ》て入りて、美智皮《ミチノカハ》の疊八重《ヤヘ》敷き、また絶疊八重《キヌタヽミヤヘ》を其上に敷き其上に坐せしめて、百取机代物《モヽトリノツクヱシロモノ》を具へて御饗《ミアヘ》しました。海神王《ワタツミ》が見て天津日高之御子虚空津日高《アマツヒタカノミコソラツヒタカ》と申して居るのは、海神王の眼界の廣さを示し、大國主神が根國へ參られた時に、須佐之男神が此者葦原色許《コハアシハラシコ》男《ヲ》と見拔かれたのと一對の場面です。海神王の國の文化の進んで居た事は、その敷いた疊でも知られます。而していかに海神王が歡んだかは、その饗應の至れり盡せる心遣ひで知られませう。百取机代物《モヽトリノツクヱシロモノ》を具へて饗應した上其女豊玉毘賣を婚せしめたのは、物語の主眼點と成る所です。これは虚空津日高《ソラツヒタカ》の方から謂つても最上の希望であつたが、海神の方から謂つても最上の願望で、斯くて海神との婚が成立し、靈肉和合の大伸展を見る事こ成つた譯です。

人類學的に云へば、當時の地上の人類は兩棲的の機能を失つて、海中には入れない狀態であつた事は、鹽《シホ》椎神《ツテノカミ》が水の毫も透入しない无間勝間之小船《マナシカツマノヲブネ》に載せて海中に沈めたので明瞭です。而して海中族はその王は海上の模樣を心得て居たが、その女等《ムスメタチ》は毫も知らなかつた、海龍型の體容であつたらしい事も判ります。勿論史實的に解して、海神國は海中の孤島の住民であつたと見るのは、普通の考方なんですが、此所は有史以前といつても非常に古い物語で、現代の人型を其儘に見て解說するのは當らないと見るのが正しいのでせう。

虛空津日高《ソラツヒタカ》は三年に至るまで其國に住み給ふた。この三年も、例の三期間で、その年月は幾千年かの長い間と解するのが適當でせう。或時火遠理命《ホヲリノミコト》は其最初の事柄を思ひ出で給ひて、大なる歎息を一つなさいました。で豐玉毘賣命が其嘆息をお聞きになつて、其父に申されるには、「三年間も住み給へども、平素一度もお歎《ナゲ》き遊ばしたこともないのに、今夜大きい歎息を一つなさいました。若し何か理由のあることでありませうか」と申し給へば、其父の大神が其聟夫《ミムコノキミ》にお問ひするには、「今旦《ケサ》我女の語るを聞けば、三年在《ヲハ》すといへども、恒には歎息し給ふこともありませんでしたのに、今夜大なる歎息をなさいましたとのことですが、何かそれには理由のあることでありませうか。また此國に到りませる譯はどういふのでございませうか」と訊ねますと、火遠理命《ホヲリノミコト》は詳細に其兄命の鉤を失つた事情始めをお告げなさいました。そこで海神が悉く海の大小の魚を召集して、「若し此鉤を取つた魚があるか」と問ひました。すると諸魚の申すには「頃者《コノゴロ》赤海鯽魚《タヒ》が喉《ノミド》に鯁《ノギ》があつて物が食へないので愁ひて居ます」と申し上げたので、「必ず此奴が取つたに相違ない」と云ふので、赤海鯽魚《タヒ》を召し出して其喉を探られたら果して鉤《ハリ》がありました。そこで取り出して、洗ひ清《ス》まして、火遠理命に奉りました。海神が大小の魚等を悉く召集する權能のあることは當然ですが、魚族は既に猨田毘古《サルタビコ》の段に於て天宇受賣《アメノウズメ》の言に誓つて、皇孫奉仕者であるので、魚族も驚き畏み命を奉じた事でせう。鹽椎神と猨田毘古と海神王との不離の聯關が此處に至つて更に明瞭した譯です。

鉤《ツリバリ》を海神がお渡しする時に、誨へて申し上げるには、「此鉤を其兄に給ふ時に、斯うお唱へ遊ばしませ『此鉤は淤煩鉤《オボチ》、須須鉤《ススチ》、貧鉤《マヂチ》、宇流鉤《ウルチ》』と唱へ後手《ウシロデ》に賜へ、而して其兄が高田《アゲダ》を作らば、汝命《ナガミコト》は下田《クボダ》を營み給へ、其兄が下田《クボタ》を作らば汝命《ナガミコト》は高田《アゲタ》を營み給へ。さうなさいますれば、吾は水を掌るが故に、三年の間必ず其兄が貧窮に成りませう。若し然か爲《シ》たまふことを恨怨《ウラミ》て、攻戰して參つたならば、塩盈珠《シホミツタマ》を出して溺らし、若し愁ひ請へば、塩乾珠《シホヒルタマ》を出して活し、斯樣にして惚苦《クルシ》めてお遣りなさいませ」と、云つて塩盈珠《シホミツタマ》塩乾珠《シホヒルタマ》兩箇を授けました。海神の兕詛語の解は、煩惱之根《オボチ》、飢饉之始《ススチ》、貧窮之本《マヂチ》、愚痴之源《ウルチ》と見るべきでせう。が兕語は意義よりもその兕語そのものに威力ありと見るのが本義です。高田下田の教へは、兄が高田を作れば、雨を降らさず、旱魃を到來せしめて苦しめ、下田を作れば、雨が降り續いて作物を腐らす仕方の苦しめ方であるのは當然ですが、一面また漁獵時代や狩獵時代が去つて、農耕時代に入つたと見るのも含味したいと思ひます。塩盈珠《シホミツタマ》塩乾珠《シホヒルタマ》は潮の干滿を自在にする珠で、例の龍の顋《アギト》に在る珠と謂はれる珠でせうが、その本質は大八嶋《オホヤシマ》の八對十六象の上から、×《クス》の義を立脚に研究致すべきものでありませう。そこで和邇《ワニ》魚を悉く召集して、海神が「今天津日高《アマツヒタカ》之《ノ》御子《ミコ》虛空津日高《ソラツヒタカ》が上國《ウハツクニ》へ出でまさんとなさる。誰は幾日で送り奉つて復奏するか」こ訊ねますこ、各が自分の身長の尋《タケ》に應じて、僕は幾日僕は幾日と申す中に、一尋和邇《ヒトヒロワニ》が「僕は一日で送つて還つて參ります」と申しますので、其一尋和邇《ヒトヒロワニ》に「然らば汝送り奉れ、若し海中を渡る時、充分注意して決して御心配になるやうな事があつてはならないよ」と、充分戒愼を加へて、其和邇《ワニ》の頸に載せて送り出しまつりました。和邇《ワニ》はその言つた通り、豫定の一日の内に送り奉りました。和邇を船舶と見るのは史家の常ですが、この一尋和邇《ヒトヒロワニ》は非常の快速力のものでしたから、この場合は別に呼吸に對する心配も無くて、お歸りに成つた譯でせう。非常に古い時代の物語ですから、今日からは充分に想像の着かない御體型であつた譯です。

で送つて來た和邇《ワニ》が、將に返らんとする時、御佩《ミハカ》せる紐小刀《ヒモカタナ》を解いて其頸に著けてお返しなさいました。故に其一尋和邇《ヒトヒロワニ》をば今に佐比持神《サヒモチノカミ》でいふのである。佐比《サビ》は武器、特に刀劍をいひます。紐小刀を賜はつたのは其功を賞し名譽表彰の爲めに授けられた譯でせう。

そこで火遠理命《ホヲリノミコト》は元の國へお歸りになつて、海神の敎へた通り、兄命に呪語を以て後手《シリヘデ》に鉤を與へ、且つ高田《アゲダ》下田《クボダ》の敎もその通りなさいましたので、これより兄命は愈々貧窮に陷つて、弟命を怨み、荒き心を起して攻めて參りました。此處に考へられる事は、兄命が攻めて來られた狀況ですが、これは一人で攻められたのではないこいふ觀測です。その故は海神は攻戰の文字の充《アタ》る語を以て、兄命の攻襲を豫想して居ますし、雨を降らすにしても、旱魃を起すにしても、單に兄命の田のみに限つてといふ譯には往きますまいから、自《オ》ら兄命に屬する族と、弟命に屬する族との二大民族があつた事を承知せねばなりますまい。して見ればその攻めて來る時も、只一人だけでは無くて、軍隊を率ゐて攻襲したものとせねばなりません。而して尙ほ考へられる事は、弟命が天照大御神の日嗣《ヒツギ》の威力を以て臨み給へるに對應して、兄命は皇統上の優勝を決する爲に、須佐之男命の繼承を標榜して、堂々の陣を張つて攻めて來られたと考へられる點がある事です。斯ういふ點から考へると、兄弟兩皇子の交戰が實に重大なる意義を保つものとなる譯です。

我が皇典にはノアの洪水に比すべき洪水物語は何等存在して居ないやうですが、この鹽盈《シホミツ》鹽乾《シホヒル》の物語が、正しくそれに當るものと考へられるやうです。舊約聖書には洪水のために水が山頂をも沒したこあるが、塩盈珠《シホミツタマ》を出して兄命を溺れしめられた時、日本書紀の一書では「弟時《ニ》出《ス》二潮溢瓊《シホミツタマヲ》一兄見レ之《テ》走《リ》二登《ル》高山《ニ》一則《チ》潮亦《タ》沒《ス》レ山《ヲ》、兄縁《ル》二高樹《ニ》一則《チ》潮《モ》亦《タ》沒《ス》レ樹《ヲ》兄既《ニ》窮《シ》レ途《ニ》無《シ》レ所《ロ》二逃去《スル》一乃《チ》伏《テ》レ罪《ニ》曰《ハク》吾《レ》已《ニ》過《テリ》矣従レ今《ヨリ》以往《ユクサキ》吾《ガ》子孫八十連屬《ツヾキ》恒《ニ》當レ爲《ニ》二汝《ガ》俳人《ト》一」とあつて、山をも沒したりとあります。而してこの時の狀態が、後世の神事に遺つて、祇園《ギヲン》の渉水神事と成つてゐるのは頗る注目すべき事柄です。祇園神社の天王祭は須佐之男大神の大祭ですが、毎年七月十七日有名なる全國の天王社では、渉水神事が行はれます。ノア洪水の退水したのが七月十七日に當るのも、共の聯關の證の一つですが、その神輿を舁ぐ眞裸の人々が、或は進み或は退き、水中で溺るゝが如き態を演ずるのは、書紀に「於レ是《テニ》兄著《ケ》二犢鼻《タフサキヲ》一以レ赭《テヲ》塗《リ》レ掌《ニ》塗《リ》レ面《ニ》告《テ》二其《ノ》弟《ニ》一曰《ハク》吾《レ》汚《ス》レ身《ヲ》如《シ》レ此《ノ》永《ク》爲《ラン》二汝《ノ》俳優者《ト》一乃《チ》擧《ゲ》レ足《ヲ》踏《ミ》行《キ》學《ブ》二其《ノ》溺苦之狀《ヲ》一初《メ》潮漬《ツク》レ足《ニ》時《ハ》則《チ》爲《シ》二足占《アウラヲ》一至《ル》レ膝《ニ》時《ハ》則《チ》擧《ゲ》レ足《ヲ》至《ル》レ股《ニ》時《ハ》則《チ》走《リ》廻《ル》至《ル》レ腰《ニ》時《ハ》則《チ》捫《モヂ》レ腰《ヲ》至《ル》レ腋《ニ》時《ハ》則《チ》置《ク》二手《ヲ》於胸《ニ》一至《ル》レ頸《ニ》時《ハ》則《チ》擧《ゲ》レ手《ヲ》飄掌《タビロカス》自レ爾《ヨリ》及《ンデ》レ今《ニ》曾《テ》無《シ》二廢絶《スルコト》一云々」とある狀態を髣髴するものです。斯く祇園祭の渉水神事は火照《ホデリノ》命《ミコト》の潮に溺るゝ故事を演ずるものでせうが、それがどうでせう。世界の民族の上にもその通り現はれて、所謂「俳優民族」なるものゝ存在してゐると云ふ事は、何たる不可思議でせう。俳優民族とは猶太民族の事らしい。ユダは恐らくエダの轉訛であらう。エダは連枝で御兄弟の義です。火照命《ホデリノミコト》は火遠理命《ホヲリノミコト》の兄命なんですが、弟命が本系の御繼承者と成り給ふたので、火照命系は連枝即ちエダなんです。エダ民族は海神の呪詛に遭つて、惚苦《クルシメ》られる運命を負び、本國を逐はれて國を失ひ、世界の流浪民族として、二千幾百年間を經て來た譯ではないでせうか。エダをエタと云へば穢多で、河原ものと呼ばれる俳優を指すことにもなりませう。眞に猶太民族は俳優民族で、彼等は世界を舞臺として、常に大芝居を演じてゐるようです。彼等の一切の所業をお芝居と見れば悉く解決が着くらしいのです。が併し永遠奉仕を誓つた俳優民族が、遂には最初の神約に戻つて、忠誠なる皇僕と成るのは當然の事であり、連枝としての尊敬を全地の人々から享けるのも、亦た必然でありませう。皇典には火照命《ホデリノミコト》を此者《コハ》隼人阿多君之《ハヤビトアタノキミノ》祖《オヤ》としてゐるが、阿多《アタ》は恐らくエタの轉訛で更に轉じてユダではあるまいか。斯ういふ見方で隼人《ハヤト》族を見ると、其後熊曾や蝦夷等の行動した事蹟が、日本並に世界の双方の史實上に大なる聯關を保つて、頗るおもしろい解決がされるやうです根柢に立つて史實の大批判を試みることは、我等の將來大なる課題の一つでありませう。

是に海神の女豊玉毘賣命《トヨタマビメノミコト》が、自ら參《マ》ゐ出て來て申さるゝには、「妾は既に姙娠して居ましたが、今ま臨月になりました。此《コレ》を念《オモ》ふに天神の御子を海原《ウナバラ》で生みまつるべきではありますまい。故に參《マ》ゐ出でましたのでございます」と、そこで即時其の海邊の波限《ナギサ》に、鵜羽を以て葺草として產殿をお造になりました。この産殿がまだ葺き終らない内に、御腹堪へ難くお成り遊ばされたので、産殿にお這入になりました。その方《マサ》に産まんとなさる時に、その夫君に仰せられるには、「總じて佗國《アダシクニ》の人は、産時に臨んで、本國の形に成つて産むものでございますから、妾も今ま本《モト》の身《ミ》に成つて産みます。どうぞ妾を見ないで下《クダ》さいませ」と仰せられました。然るにこの言をどうも不思議と思召されて、竊にその容態を伺つて御覽になると、八尋和邇《ヤヒロワニ》に化《ナ》つて匍匐委蛇として産んでおいで遊ばされました。これを見てこれはどうだと驚き恐れられて、遁げ退き給ふたのでした。すると豐玉毘賣命が其の伺ひ見られたことを知つて、心に耻かしく思はれ、乃ち其の生んだ御子を置いたまゝ、「妾は恒に海道《ウミツヂ》を通じて、往來せんと思つて居ましたものを、妾の形を窺ひ見られました事が甚だ怍《ハツ》かしいから」と申されまして、海坂《ウナサカ》を塞いてお返りになつてしまひました。

この段は人類が非常に古い時代、兩棲類的の體質を具へて居たものが、單なる陸上生活者と成つた、時代的區劃の當時を物語つたもので、現今の歷史家等が考へてゐるよりも、遙に遠い時代に遡つて考へなければならない物語でありませう。日本書紀では神武天皇の御詔として「我《ガ》天祖彦火瓊瓊杵尊《ヒコホノニニギノミコト》開《キ》二天闕一《ヲ》、披《キ》二雲路一《ヲ》、駈《リ》二山蹕一《ニ》以《テ》戻止《シタマフ》。是時《ノ》運屬《シ》二鴻荒一《ニ》、時鍾《レリ》二草昧一《ニ》。故《ニ》蒙以《テ》養《ヒ》レ正《ヲ》、治《ス》二此《ノ》西偏一《ヲ》。皇祖皇考乃《チ》神

乃《チ》聖　積《ミ》レ慶《ヲ》重《ネ》レ暉《ヲ》　多《ニ》歴《タリ》二年所《ヲ》一　自《ヨリ》二天祖《ノ》降跡一　以《テ》逮《ブ》二于今《ニ》一　一百七十九萬二千四百七十餘歳　而《モ》遼遠之地　猶《ホ》未《ダ》レ霑《ハ》二於王澤《ニ》一　遂《ニ》使《シム》二邑《ニ》有《リ》レ君　村《ニ》有《リ》レ長　各《ニ》自《ラ》分《テ》レ疆《ヲ》用《テ》相凌轢《セ》一」云々とあつて、皇孫御降臨より神武天皇までは實に遼遠なる旨を述べてゐます。

そこで其の產みませる御子の御名を、天津《アマツ》日《ヒ》高日子《タカヒコ》波限《ナギサ》建鵜《タケウ》草葺《ガヤフキ》不合命《アヘズノミコト》と申します。斯うして豐玉毘賣は海坂《ウナサカ》を塞いで海陸の交通を絶ち、本國へ歸へられましたが、矢張その窺ひ見られたつれない心情を恨み乍《ナガ》らも、戀しき心に忍びず、其御子を養育し奉らせんとして、其妹なる玉依毘賣《タマヨリビメ》を遣はされた縁《チナミ》に、歌を献《タテマツ》られました。

あかだまは　をさへひかれど　しらたまの　きみがよそひし　たふとくありけり

この歌の意味は、あかだまは自分の事に喩へ、白玉は夫君の事に擬し、赤玉は體系、白玉は靈系を偶し、龍神は珠を所有してゐるので有名だが、その珠は赤玉であつて、體を本位とし、生命の緒即ち肉體存續の限りなき傳統が、子々孫々に傳はる光榮を所有してゐるけれども、靈本位の眞に麗しいその精神的伸展の裝ひには比すべくも無い。あゝ白玉の君の御裝《オンヨソホ》ひは貴いことでありますと申す歌で、龍神が人體進化を讃美し、斯く海坂《ウナサカ》を塞ぐのも、矢張その精神的進化の向上を思へばこそでありますといふ、底意を告げられ

た歌です。これに對して夫君の御返歌は、

おきつとり　かもどくしまに　わがゐねし　いもはわすれじ　よのことごとに

と申すのです。この歌の意味は沖の鳥が水をもぐつて深く入るような國に、吾れおん身と寢ねた、その事は永遠に忘れないぞといふ歌で、靈は飽くまで體を慕うて、その和合を忘れない。精神の伸展は矢張肉體に相交つてこそ永遠にその伸展が冀待される。假令離れて住まねばならぬ運命だとはいへ、永遠に靈が體を忘れない以上、おん身と吾とは離れるものではないといふ歌で、人體の上を思へばおん身の心づくしは能く理解してゐるよと申さるゝのです。大國主神と須勢理毘賣のウナガケリの神語の保證とも見られるもので、斯くて兩統の永遠の和合伸展が成就した譯です。

日子穗穗手見《ヒコホヽデミ》時代鵜葺草葺不合《ウガヤフキアヘズ》時代が、果して幾何年繼續したかは不明です。その婚された豐玉毘賣の妹玉依毘賣《タマヨリヒメ》は、豐玉毘賣よりはその體相が地上生存に大に適して居たことが察せられるから、日子穗穗手見《ヒコホヽデミ》時代は兩棲的狀態を去ること遠からぬ時代であり、これが恐らく幾百千年かの事であつたらうし、次の鵜葺草葺不合《ウガヤフキアヘズ》時代も人類が殆ど現在の如き體形を具へる時代まで、矢張幾百千年かの間が續いたことであつたらうと想はれます。皇代記の地神五代を書いてゐる所には、

天照大神
正哉吾勝勝速日天忍穗耳命 ｝ 己上二代《ハ》尙《ホ》御《ス》二天上一《ヲ》仍《テ》不《ズ》レ知《ラ》二治世年紀一《ヲ》矣
天津彥火火瓊瓊杵尊……治二天下一三十一萬八千五百四十二年。葬《ル》二筑紫日向可愛《エ》山陵一《ニ》
彥火火出見尊……治二天下一六十三萬七千八百九十三年。葬《ル》二日向高屋《タカヤ》山陵一
彥波瀲武鸕鷀草葺不合尊……治二天下一八十三萬六千四十二年。葬《ル》二日向吾平《アビラ》陵一《ニ》

とあります。勿論直ちに信ずることが出來ないのは當然ですが、一面大いに考させられます。皇典には日子穗穗手見命《ヒコホ・デミノミコト》は高千穗宮《タカチホノミヤ》に五百八拾歲ましました。御陵は其高千穗山之西也とあるが、これは恐らく日子穗穗手見命《ヒコホ、デミノミコト》の御一人の壽齡であつて、彥火々出見時代は同一名を呼んで、幾代も繼いたことでありませう。その高千穗山の西に御陵ありといふのも、之を單に日本にのみ求めては本義を盡さないものでありませう。鵜葺草葺不合命《ウガヤフキアヘズノミコト》とても同樣で、同一名を呼ぶ方々が幾代も幾代も繼續して、所謂鵜葺草葺《ウガヤフキ》不合《アヘズ》時代なるものを經過した譯で、決して五百年や、千年ではなかつたのであらう。三輪義凞氏の「神皇紀」にはウガヤフキアヘズ家が富士山麓に五十一代二千七百四十一年間都されたことを傳へてゐるが、尙ほ長い年月間鵜葺草葺不合家は、或意味の時代を劃して、御治世に當り給ふたのでありませう。而してそれは矢張日本にのみ求めず、廣く全地の上に之を求めねばなりますまい。

皇典始め書紀舊事本紀古語拾遺等其他の典籍に、この長かつた時代の事柄が殆ど何等傳はつてゐないのは我等の頗る不思議に思つてゐる所です。特に書紀は神武天皇の御言として、上述の記事を掲げてゐるに係らず、天祖の降臨より神武天皇に至るまでの記事を矢張簡單に傳へて、毫も遼遠の趣が窺はれるような文獻の無いのは、何故でせうか。古事記上卷が秩序整然たる記述を以て、天地初發之時から明白に傳つてゐるに關はらず、其中卷との間の長年月を何故傳へなかつたものであらうか。こは大に研究の必要ありと考へざるを得ません。神倭伊波禮《カミヤマトイハレ》毘古命《ビコノミコト》即ち神武天皇の時代といふのも、亦た恐らく同一名を稱へ給ふて、幾代も幾代も御繼承あらせられたもので、決して御一代では無かつたことゝ想はれます。その證は御東征の記事中に有尾人族が出るのが其證です。勿論尾ある人はその部族の人々を率ゐて出て來たことを云つたものといふ解釋も附くが、純然たる有尾人族と解して決して差支がないので、地上に有尾族の居たのは決して三千年や四千年前の事ではない筈です。神武天皇時代に居た有尾族が僅々三千年後の今日、その尾が無くなつたとは考へられません。有尾族が穴居してゐて、巖を押分けて出て來たといふのは、餘程末の世まで穴居生活者は居たから、神武天皇時代にも穴居は勿論承認されますが、井戸から出て來たといふ風習が、果して三千年前頃に存在した證跡があるだらうか。特に八《ヤ》咫烏《タカラス》が嚮導したといふ記事の如きも、現代ならば飛行機隊とでも解せられるが、これ等を現在の我々の如き身體所有者と解することは出來ますまい。して見れば神武天皇の東征の記事の中には、三千年前頃の實狀でないものが多分に泯じてゐる事が見逃せまいと想ひます。

古事記中卷は餘程解釋上に從來とは異つた用意が肝要と思ひます。有史以前の研究が逐々精密度を加へて參りますから、皇典の解釋も明瞭する日が近づいて居る譯です。が普通の考古學や民族學や人類學のみでは、解釋されない點がありませう。尙ほ爰に書き加ふべき事は、皇典の記述は天地開闢から起つて、天體の構成、太陽系の成立、地球の構成並に進化、植物の發生、動物の發生、人類の發生の順次を追つて秩序整然として、進んで參つたのですから、この次は人類が一團をなして理想的な協同生活、即ち國家的生存を爲し、一大生命體として伸展する上に起る所の、重要事件を傳へる順序であらうと考へられる事です。だから人類發生後の長い時代を敍してゐる必要は餘り大して無いことで、直に人類の理想的協同生活即ち國家の成立を主眼として、日本國の史實に移つた譯ではないのでせうか。人類が向上進步する爲には、理想的協同生活即ち國家生活を必要とするが、之れが高天原の移寫として、地上天國の建設を事實に營む日本國を以て、その基準的存在たることを示す上から、上卷の終を簡略にして措いて、神武天皇の記事へ直に這入り、而して國家の成立を始め其體制を具體的に述べ、その間に起る種々相を示して、人類世界に對して、永遠の規範を垂らさせられたのではないでせうか。斯ういふ見解に立つ時、古事記の中下卷は頗る重要であり、現代の如く世界攪亂の際には、特に尊嚴なる大指鍼を與へ、大救濟の光を全人類に垂れるものが有るのではないかと想はれます。

鵜《ウ》葺草《ガヤ》葺不合命《フキアヘズノミコト》に四皇子あらせられた。五瀬命《イツセノミコト》、稲氷命《イナヒノミコト》、御毛沼命《ミケヌノミコト》、若御毛沼命《ワカミケヌノミコト》、亦名豊御毛沼命《トヨミケヌノミコト》、亦名神倭伊波禮毘古命《カムヤマトイハレビコノミコト》であらせられます。而して皇典には單に故御毛沼命者《カレミケヌノミコトハ》　跳波穂《ナミノホヲフミテ》　渡坐于常世國《トコヨノクニニワタリマス》　稲氷命者《イナヒノミコトハ》　爲妣國而《ミハヽノクニトシテ》　入坐海原也《ウナバラニイリマス》としてゐるのみです。而して書紀では、この事が神武天皇の御東征の途次熊野で起つたことゝしてゐるが、皇典にはさうはないので、何か大なる事情が御東征以前に在つたと考へられます。惟ふに神武天皇の御東征中戰死遊ばされた五瀬命《イツセノミコト》は、五瀬《イツセ》時代を幾年も續けられ、次で亦夫々稲氷《イナヒ》時代、御毛沼《ミケヌ》時代の二時代がこれまた長歳月に亘つて存在し、最後に神倭伊波禮毘古《カムヤマトイハレビコ》時代に入り、今日傳へて居る神武東征はその中の或時代に起つた事柄であり、今日も尚ほ神倭《カムヤマト》時代に在りと申すべきではあるまいか。而して其れは六合開都八紘一宇の過渡期に屬するのではありますまいか。

木村鷹太郎氏の日本太古史ではローマ建國の祖イナイ傳を引き來つて稲氷命《イナヒノミコト》を解し、埃及のピラミット王ミケイリノスを以て御毛沼命《ミケヌノミコト》を解せんとしてゐます。その中には傾聴に價するもの決して寡ありません。古事記の傍證となるべき文献は、世界の各所に散在して居る譯でありませう。要するに世界のあらゆる文献を盡くし、學術進歩のあらゆる解説を總合して、古事記の眞解はされる譯であり、それ自體が古事記である譯でせう。

また木村氏は支那に傳はれる鵜葺草葺不合命の題下に「意ふに大昊伏羲氏《フツヰシ》或は庖羲氏《ホウギシ》なるものは葺不合《フキアヘズ》の神を謂へるものにして、其フツキシと謂ひ或はホーキシと謂ふは、希臘發育全然Phorcys《フオーキシ》と同一たるに由つて之を知るべし。伏羲氏は蛇身人首なりとは支那書の傳ふる所、是れ吾國の豊玉姫を龍或は蛇族と爲したるに一致す」といふような事を述べてゐるが支那史を皇典の一部又は其傍證と見て解説することも充分可能であらうし、印度の古典も北歐の神話も、特に舊約聖書の如きは、當然皇典の一部を爲すものであらうし、尙ほ將來は各種多様の說が出ようが、併しあらゆる世界の典籍が、古事記を中心とし、我が御皇統に統一される本義を逸しては、一切が邪說妄說に陷りませう。我々は神代史から神武天皇に移る際の記事が頗る簡素であることを憂へる必要はありますまい。百川は東海に注いて、大海一味の本義を顯はすことを信ずるが故にです。

鵜葺草葺不合命の四皇子の内五瀬命は御戰死遊ばされ、他の三皇子

神倭伊波《カムヤマトイハ》禮《レ》毘古命《ビコノミコト》は＝天照大御神の本義を保有し給ふ、皇統御繼承者に亘らせ給ひ。

御毛沼命《ミケヌノミコト》は＝跳 波 穗《ナミノホヲフミテ》、渡坐于常世國《トコヨノクニ、イタリマス》で、月 讀 命《ツキヨミノミコト》の常夜國《トコヨノクニ》の本義を保有し給ひ。

稲氷命《イナヒノミコト》は＝爲妣國而入坐海原也《ミハヽノクニトシテウナバラニイリマス》で、須佐之男命《スサノヲノミコト》の本義を保有し給ふ。

と見る事が出來ますから、稲氷命《イナヒノミコト》の御事蹟に須佐之男命大國主神等に關する一切の史實的御活躍があつたのではあるまいか。この點に就てイナイ傳は大に注目される感があり。常世《トコヨ》がまた夜の國常夏國《トコナツノクニ》等の解說から、歐羅巴や埃及《エヂプト》の聯關が大に留意される譯でもあり、乃至少名毘古那《スクナヒコナ》の關係事項も考へられる事でせう。幾度も再演を重ねる古事記の記事は、實に解釋が複雜多端です。私は最後に、本書が史實的解說をいかにも疎略に取扱つて、普通の史家等が夫々の考證を立てゝゐる紹介すら、多く逸してゐる觀あるは、本書の獨自の立場から之を宥恕され、深き御叱責はあるまいかと存じ、更に中下卷に於て大なる新生面を開拓すべきことを約し、爰に擱筆する次第であります。

古事記眼（中）

古事記上卷から中卷に亘る間には、極めて長い歳月があつたのですから、人類學考古學民族學等の上から種々研究する必要がありますが、今は直に中卷の初めから解說することに致します。

古事記上卷は邦家經綸の指導原理を神話の形式で傳へたものであり、中下卷はその事實的保證を示されたものと信じますから、上卷を究め得た力で、中下卷を出來得る限り、明瞭に解說致して見たいと存じます。

地上人類が至幸の生を營むには、是非とも皇典古事記の指導原理を服膺しなければならないので、古事記研究は、必然全人類の最大任務であると申しても宜しからう。況や日本國民が其建國史を知悉し、永遠の理想に向つて邁進することは、何を措いても先づ以て爲さなければならない緊急事たることは、敢て論ずるまでも無いことでありませう。

神倭伊波禮毘古天皇（神武天皇）

古事記中巻は「神倭伊波禮毘古命《カムヤマトイハレビコノミコト》　與《ソ》其伊呂兄《イロセ》五瀬命《イツセノミコト》二柱《フタハシラ》　坐高千穂宮《タカチホノミヤニマシマシテ》而　議《ハカリタマハク》云　坐何地者《イヅレノトコロニマサバカ》　平《アメノ》聞看天下之政《シタノマツリゴトヲタヒラケクキコシメサム》」から始まつてゐます。「何地に都を定めたならば、天下之政を平安に執行すること が出來るであらう」これが皇孫の御降臨あそばされた御目的であらせられたのですから、其御延長たる歴代天皇の御聖慮も、亦此處にあらせられた事は申すまでも無い所でありませう。他國侵略の爲めの御遷都でも、領土擴張の爲めの御出征でもなく、徹頭徹尾天下之政《アメノシタノマツリゴト》を平《タヒラ》けく聞看《キコシメ》さむとしての、御出征であり御遷都である旨を、先以て篤と拜知せねばなりません。まつろはぬ者を言向《コトム》け和《ヤハ》すこさは、邦家經綸上止むに止まれぬ御行動であらせられ、謂はゞ疾病に對する荒療治と云つた意義に外ならぬものでありませう。天下を統治するに最も好適地は、國の中樞地帶たることを要するので、天皇は其皇兄五瀬命《イツセノミコト》と高千穂宮で御協議の上、大和（國の中樞地）に向つて、御出發あそばされることに、立ち到つた次第でした。

日本書紀には「神日本磐余彦天皇《カムヤマトイハレヒコノスメラミコト》は彦波瀲武鸕鷀草葺不合尊《ヒコナギサタケウガヤフキアヘズノミコト》の第四子なり。母を玉依姫《タマヨリヒメ》と曰《マヲ》す。海童《ワタツミ》の小女なり。天皇生れましながら、明達意確如也。年十五にして立ちて皇太子と爲り給ふ。長《ヒトトナ》りたまひて、日向國の吾田邑の吾平津《アヒラツ》媛《ヒメ》を娶りて、妃と爲たまひ、手研耳命《タギシミミノミコト》を生みたまふ。年四十五歳に及びて、諸兄及び子等に謂《カタ》りて曰く、昔、我が天神、高皇産靈尊、大日孁尊《オホヒルメノミコト》、此の豐葦原瑞穗國を擧げて、我が天祖彦火《ヒコホノ》瓊々杵尊《ニニギノミコト》に授けたまへり。是に彦火瓊々杵尊、天關《アマノイハト》を闢《ヒラ》きて、雲路を披《オシワ》け、駈仙蹕戻止《ミサキハラヒオヒテイタリマス》。是の時に運《ヨ》鴻荒に屬《ア》ひ、時草昧に鍾《アタ》れり。故《カ》れ蒙以て正を養ひ、此の西偏を治《シ》らす。皇祖皇考、乃神《チ》乃聖《チ》にして、慶を積み暉を重ね、多《サハ》に年所を歴たり。天祖の降臨ましてより以逮《コノカタ》、今に一百七十九萬二千四百七十餘歳。而るに遼邈之地、猶未だ王澤に霑《ウルホ》はず、遂に邑に君有り、村に長有り、各自ら疆《サカヒ》を分ちて用て相凌轢《シノギキシロ》はしむ。抑又塩土老翁《シホツチノオヂ》に聞きしに曰く、東に美地有り、青山四周、其の中に亦天磐船《アメノイハフネ》に乘りて飛び降れる者有り。余《ワレ》謂《オモ》ふに、彼地は必ず當に以て、天業を恢弘《ヒロメノベ》て天下に光宅するに足りぬべし。蓋し六合の中心か。厥《コ》の飛び降れる者は、謂《オモ》ふに是れ饒速日《ニギハヤヒ》か。何ぞ就きて都《ミヤコ》せざらむや。」諸皇子對へて曰く、「理《コトハリ》實に灼然《イヤチコ》なり。我も亦恒に以て念と爲《シ》つ、宜《ム》べ早《スミヤカ》に行《イデ》ましたまへ。」是年　太歳甲寅　其の年冬十月丁巳朔辛酉　天皇親ら諸皇子と舟師を帥ゐて東を征《ウ》ちたまふ」とあります。凡そ事の成るは成るの日に成るに非ずして、その由て來る因由は、遠く且つ深いものがあります。太古交通不便な時代に於て、果して神武天皇東征の如き大事業が、記紀に傳ふるが如き、僅少な年月を以て、爲し得られたものであらうか。案ふに神武天皇の東征は、非常に遠い時代からの御豫定の御行動では無かつたらうか。聖業の奥底には常に天律の御遵守があらせますから、其の上から聊か拜察致して見ますと、皇孫瓊々杵尊の皇兄天火明命《アメノホアカリノミコト》が、既に皇孫御降臨前、大和國にお降りに成つて居ると傳へてゐるのは、或は大國主神に國土奉献を促す爲めに、天菩比命が第一次皇使として降られたと同樣の意義に於て、豫め其の降臨があつたのではなかつたらうか。而して天菩比命が大國主神に媚付て復奏しなかつた如く、この命《ミコト》も亦降つた儘、其地に止つて、復奏の期を遷延して居られたのではあるまいか。更に次で日子穂々出見命《ヒコホヽデミノミコト》火遠理命）の皇兄火照命《ホデリノミコト》が、第二次天若日子《アメワカヒコ》の降つた再演として、大和國へ赴かれたのではあるまいか。この事は何等立證の資料は無いが、神武天皇の東征中、熊野浦に於ける御遭難の處に、卒に暴風に遇ひて皇舟漂蕩《タヾヨ》ひぬ。時に稻飯命《イナヒノミコト》乃ち歎きて曰く嗟乎《アヽ》吾祖は則ち天神母は則ち海神なり。如何ぞ我を陸に厄《ナヤ》め、復た我を海に厄《ナヤ》むや、言ひ訖《ヲハ》りて、乃ち劍を拔きて海に入りて、鋤持神《サヒモチノカミ》と化爲《ナ》る。三毛入野命《ミケイリヌノミコト》亦恨みて曰く、我母及び姨は並に是れ海神なり、何爲ぞ波瀾を起し、以て灌溺《オボラ》すやといひて、則ち浪秀《ナミノホ》を踏みて常世郷《トコヨノクニ》に往《イデ》ましぬとあつて、火照命の水に溺るゝ狀態に、頗る能く一致してゐる記事を見ると、同一事件を二樣に傳へたものか。或は火照命の敗戰と同樣な運命が、更に稻氷命三毛野命の上にも起つたものか。何れにしても、大和に向つた皇軍が、暴風雨の爲めに敗戰の止むなきに至つた事は、神武東征よりは遙か以前の事で、四皇子同時の御出征であつたと云ふことはどうしても承認が出來ないやうです。皇兄五瀬命の御出征も、神武天皇とは御同行では無く、夫より以前ではなかつたらうか。其賊の箭に傷きたまひ、遂に薨去あそばされたのは、必然雉名泣女《キヽシナナキメ》の運命に比し奉るべきもので、天若日子の場合は、其火箭を射つた箭道を逆に射返して、天若日子を薨したのであるが、五瀬命の場合は、日神の子孫にして日に向つて虜を征つは此れ天道に逆れりと仰せられ、退き還りて弱きことを示し、神祇を禮ひ《イヤマ》祭て《マツリ》、日神の威を背に負ひ、影のまゝに壓躡《オソヒフ》まむに若《シ》かじ。然らば則ち曾て刄に血ぬらず、虜必ず自らに敗れなむと云ふ方針をお採りあそばされましたので、天若日子に當る登美《トミ》毘古《ビコ》や饒速日命を其時斃すことは出來ませんでした。が、日神の威を背に負ひ、影のまゝに壓躡《オソヒフ》むとある處に、天若日子の射た箭道逆射の意義が、充分窺はれるように拜されます。次に大國主命に對する最後の皇使は建御雷神《タケミカヅチノカミ》でしたが、それが神武天皇の場合は、熊野の高倉下《タカクラジ》が建御雷神の神劔を捧ぐる事件に一致し、「天照大神高木神二柱の神の命《ミコト》もちて、建御雷神を召して詔りたまはく、葦原中國は甚《イタ》く騷ぎてありけり。我が御子たち不平《ヤクサ》みますらし、かの葦原中國は專汝が言向《コトム》けつる國なり。かれ汝建御雷神降りてよとのりたまひき。こゝに答へまをさく、僕降らずとも專《モハラ》かの國平《クニマ》けし横刀《タチ》あれば降してむ。（古事記本文）』とあります。で建御雷神の神劔が、天皇の御手に入つてからは、天皇の御軍は彼の建御雷神の御威力で、大國主神を全降伏せしめた如く、破竹の御威勢を以て御進軍あそばされたことが拜察されませう　大國主神の一族即ち出雲神族は皇孫降臨前に、擧つて出雲國から大和國へ遷つたことは、出雲《イツ》國造《クニツコ》神賀詞《カムホギノコトバ》に明かに出てゐるから論ずるまでも無い事だが、更に(1)出雲には神話で須佐之男命大國主神系統の神であると傳へられてゐる神を祀つた神社が多い(2)その出雲神の後裔と標榜する豪族が有史時代に於ては出雲に存在せない(3)而して其の子孫と傳説せられる三輪氏族は出雲に居ない代りに、大和三輪山を中心として、附近に出雲系の神を祀り、上古から中古に亘つて榮えてゐる事を考へて見ると、出雲神族は大國主神が其の八十兄弟神を征服して、出雲國家を建てられた如く、武力を以て大和に向つて進出し、祖神のされたと同樣な威力を其地方に示した。が、亦た丁度大國主神が、遂に其國土の全部を皇孫に奉献した通り、大和に威を揮つて居た出雲神族も、第一次第二次第三次の征服に遭ひ、最後に神武天皇の征討を以て、全部降伏したやうに思はれてなりません。が更に考へて見ねばならぬ事は、出雲神族は大和（日本胸部）を去つて、富士山を中心とする地帶（日本腹部）へ大移動を企て、其處でも矢張、嘗て祖神や父祖等の爲したと同樣な事業や運命を繰返したように思はれ、頗る運命の不可思議が感ぜられて來ます。今文献に徵して其點を聊か考證して見れば、伊勢津比古《イセツヒコ》は大國主神の御子建御名方《タケミナカタ》と同神ならんと見られてゐる人物で、最初伊勢津彦は伊勢地方に居た豪族であるから、その緣故の神社が伊勢に殘つてゐる。然るに神武天皇の命を承けて進軍した天日別の爲めに、伊勢津彦は敗北して東へ逐はれた。が、その裔と稱する豪族が伊勢には殘つて居ない（志摩にはあるが）而してその去つたといふ東國にその裔が大に榮えてゐる。伊勢には天日別の子孫が國造《クニツコ》となり皇大神伊勢遷御の後には、神國造《カムクニツコ》又は渡會神主《ワタラヒノカムヌシ》として榮えてゐるのは、出雲に於ける出雲神族と天孫族との關係乃至大和に於ける出雲族と天神系との關係に一致してゐて頗る興味が深い。

また出雲臣族と稱する天卑比命の一族は、出雲から山陰道を經て近畿に及び、更に東海道を下つて關東地方に大に榮えて居る。而してまた天津彦根命《アマツヒコネノミコト》の後裔と稱する凡河内《オホシフチ》氏族も、近畿に大いに榮えて、東海道を下り、矢張關東地方から奥州の南部に蔓つて居る。天津彦根命と天卑比命の御兄弟は、最初豊國から相伴つて周防國に降り、一は周防の國造の祖と爲り、一は大島國造の祖と成り、國を二分して居られた傳說がある。而して二神は出雲へ降り、前述の經路を探つて東へ〱と進まれたが、關東に於ても兩氏族は相摸より常陸まで相提携して進んで居られるし。又常陸風土記に長幡部の起原を說明して、天孫に陪從して降つた綺日安といふ神は、日向から美濃國に遷り、その後、代々美濃に住んでゐたが、崇神天皇の朝に至り、その後裔なる多臣命は、三野國を避けて常陸國久慈に遷つたと傳へてゐる。彦坐王の爲めにこれは追はれたものであらう。が、更に大きい問題は現在關東に鹿嶋《カシマ》香取《カトリ》神宮の存在してゐる緣起で、これも風土記等から考へると九州から出發した多臣《オホノオミ》氏族（神武天皇皇子神八井耳命を祖とす）と物部《モノノベ》氏（饒速日命の裔）こが東征した結果である事が知られます。多臣族が氏神こして崇敬し奉齋した建御雷神靈が鹿嶋神宮と成り（九州鹿島の東國鹿嶋への移動）、物部氏が奉齋して進軍した布都之《フツノ》御魂《ミタマ》が香取神宮と成つて存在してゐる譯です。この兩氏族が常陸に於ける活動や東夷征伐の記事は、種々傳はつてゐるものがあるが。特に饒速日命の後裔たる物部氏が武人として尖端を進み、大なる武勳を建てゝゐる點に留意を要します。この事は恐らく橿原朝前後の事柄で、前に掲げた出雲臣族並に凡河内氏族の關東經營とその前後並に聯關は明瞭でないが、神統關係から謂へば、最初出雲臣族並に凡河内族が先づ討伐せられた後へ、鹿嶋並に香取の神を奉じた多臣氏族こ物部氏族が這入つて來て、大平定を爲したこ見るのが當つてゐるのではなからうか。而して更に後になつて安倍氏（即ち孝元天皇の皇裔）が、關東から白河口に入り、一方また北陸を順へて、奧州の南部で聯絡する氏族分布を殘してゐる所を見るこ、此氏族は北海から山間部を進軍して遠く奧州までも及んだものであらう。して見ると崇神天皇の四道將軍の派遣の如きは、既に行はれた從來の足蹟を辿つて、決行された事が想像され、彼の會津傳說の如き或はその事實を說明せん爲めに生れたものかも知れない。斯樣な譯であるから、神武東征が、決して一朝一夕の御發動では無かつたらうし、その先發隊又は交涉隊等が活動した幾多の先蹤があつたので、確然たる御精算の下に御決行ありし事が拜察されるかと考へられます。斯ういふ考を以て東征を硏究すると、大に新らしい目が開けて來るようです。

神武天皇は先づ日向を御出發になり、筑紫に赴き給ひ、豐國《トヨクニ》の宇沙《ウサ》に出で給ふたと傳へてゐます。當時九州の狀勢は南九州と北九州とは海幸山幸の物語に於ても互に其勢力を爭つて居たらしい形勢が察せられるし、神武天皇の御母は海神族であり、其最初の妃は隼人族の有力者であつて見れば、九州の各處に占據して居た豪族中、皇室に因緣の深い者が、互に聯絡して其御行軍を援助したことは當然であらう。して見ると神武天皇の御出發が筑前の岡の港からであつたらうと云つてゐる說も一顧に價するものであらう。兎も角も神武天皇の御東征は皇孫御降臨の再演に當る譯だから、先づ最初御出迎へしたのは、猿田毘古に比せらるべき人物であつたことが察せられませう。

これが書紀には「速吸之門《ハヤスヒノミナト》に至ります。時に一漁人有り、艇に乘りて至る。天皇招《ヨビヨ》せて、因りて問ひて曰く「汝は誰ぞ」對へて曰く「臣は是れ國神なり。名を珍彥《ウヅヒコ》と曰ふ。曲浦に釣魚す。天神の子來ますと聞り、故れ即ち迎へ奉る。」又問ひて曰く「汝能く我が爲に導《ミサキ》つかまつらむや。」對へて曰く「導《ミサキ》つかまつらむ。」天皇勅して漁人に椎檣の末を授《ワタ》して執らしめて、皇舟に牽納《ヒキイ》れ、以て海導者と爲し、乃ち特に名を賜ひて椎根津彦《シヒネツヒコ》と爲したまふ。此れ即ち倭直部《ヤマトアタヒベ》が始祖なり。」とあつて、其問答の狀態、珍彦《ウヅヒコ》が魚を釣つて居た等、頗る能く猿田毘古に一致してゐます。古事記では椎根津彦《シヒネツヒコ》が皇軍に遭つたのは、明石海峽邊であつように記してゐるが、其事に就ては何れ其段に至つて解說することに致しませう。

神武天皇の御進軍に對し沿道到る處は、日神の御子として之を迎へ奉り、太陽の登臨を仰ぐ如くであつたかと察せられます。その證左は八幡宮の所在が之を示すようです。後には八幡宮は應神天皇に定つてしまつたようですが、イヤハタの觀念は、日御子《ヒノミコ》に對する日光映射の義を示す思想であつたらしく、從つて神武天皇も當然八幡神であらせられたことが信ぜられます。イヤハタ觀念は天皇に伴ふ崇敬の標的で、我國には八幡神社が各地に頗る多いのですが、之をイヤハタ觀念から考へることは、非常に大切なことでありませう。またヤマト思想は、恐らく八阪瓊曲玉のヤハスから來たもので、コトムケヤハス皇軍の中心生命とも申すべきでせう、ヤマトの名稱は既に九州に存在して居て、ヒのヤマトが即ちこれである。ヒは日、火、肥を表榜する日光映射の觀念に基くもので、神武天皇の東征も、要はヒのヤマトが近畿ヤマトに移動したとさへ考へられるほどです。

さて天皇は日向を御出發になつて、筑紫から豊國の宇沙《ウサ》に到りたまふ。宇沙は九州から瀬戸内海の航路を經て、大和の中部へ進む要衝で、此處を押へることは、中部日本の運命を左右する譯ですから、天皇が此地に御駐輦あそばされた事は、意義深く拜察されます。この時其土人名は宇沙都比古《ウサツヒコ》宇沙都比賣《ウサツヒメ》二人が足《アシヒ》一騰宮《トツアガリノミヤ》を造つて大御饗《オホミアヘ》を献りました。こは例の天宇受賣命が海の魚類を集めて、奉仕を誓はしめる段に一致し、書紀にはこの時、勅を以て菟狹津媛《ウサツヒメ》を侍臣天種子命《アメノタネコノミコト》に妻として賜はつた事を傳へてゐるが、こは靈體和合の義の行はれた、頗る意義深い事と考へざるを得ません。天種子命は中臣氏の遠祖であるから宗教的にもこの婚が大なる意義を含んでゐたかこ思はれます。次に筑紫之岡田宮――書紀は筑紫國崗水門こしてゐる。筑前遠賀郡遠賀河口で重要な水門であつたと見え、仲哀天皇は崗縣主熊鰐《クマワニ》を嚮導として山鹿岬を廻り、崗浦から水門に御到着、皇后の御舟は洞海から滿潮を待つて、崗津に會合されたと云ふ記事がある。――に一年坐《マシ》ます。又其國より上《ノボ》り幸《イデ》まして阿岐國の多祁理宮《タケリノミヤ》に七年ましします――書紀は安藝國埃《エノ》宮《ミヤ》とす。安藝郡府中こ高宮郡高宮説とがある――又其國より遷り上り幸《イデ》まして、吉備之高嶋宮に八年坐ます――備中國笠岡町の前面神嶋とされてゐる――筑紫岡田宮、安藝の多祁理宮、吉備の高嶋宮の御駐輦中の記事は、何等傳へたのがありませんが、恐らく該地方の豪族等を懷柔したり、或は先發隊を派して前途の安否を絕えず偵察し、前進に遺漏なきを期し給ふた事でありませう。また其國より上り幸ます時に、龜甲に乘つて、釣しつゝ意氣揚々帆に追風を孕ませて來る人物に、速吸門《ハヤスヒナド》でお遇ひになりました。――速吸門は恐らく明石海峽を指すのであらう。後世明石は珍彥後裔の氏族によつて領有されてゐる。――そこで喚び寄せて「汝者誰ぞ」とお問になりますと「僕は國神であります」と答へました。また「汝は海道をよく承知してゐるか」とお問ひになりますと「はい能く知つてゐます」と答へました。また「從者に奉仕致さないか」とお問になりますと「はい仕へ奉りませう」と答へました。そこで船から龜の方へ槁機《サヲ》を指し度《ワタ》して其御船に引入れて、槁根津日子《サヲネヅヒコ》といふ名を賜はりました。日本書紀では速吸門が豊豫海峽附近に當り、皇孫奉迎の爲めに猿田毘古命が天之《アメノ》八衢《ヤチマタ》に居てお迎へ申した故事の再演に當ると解しましたが、今此處にこの記事のあるのは、槁根津日子の名稱は、單に槁機《サヲ》を指度された因緣とのみは考へられず。槁機《サヲ》は或は陽根を寓し、戀の懸橋を務める男子《ヒコ》の義かも知れないと想ふ。「謠曲高砂《タカサゴ》」はその關係記事ではあるまいか。「高砂や此浦舟に帆をあげて月もろともに出でしほの波《ナミ》の淡路《アハヂ》の島陰や、遠くなるをの沖すぎて、はや住《スミ》の江《エ》に着きにけり」は恰も此段の速吸門通路なるらしく、住江の神は「西の海やあをきが原の潮路よりあらはれ出でし住吉の神「續古今集」で、あをきが原は、日向にて住吉神の生れ給ひし土地と謂へば、日向を御出發の神武天皇を住吉神と崇め、高砂在住の尉――これは恐らく阿曇連の一族であらう――が出迎へて、山川萬里を隔つれども、たがひに通ふ心づかひの、妹背《イモセ》の道は遠からずを演じたのではあるまいか。その龜に乘つて鶴の羽衣を打振る容態は、祝言には附ものゝ御代萬歳のしるしではなからうか。相生の松も槁機に縁があつておもしろいと思ふ。して見れば、豊豫海峽附近から大和御上陸までは、一貫して猿田毘古の關係事項が再演されたと見て宜しからうから、紀記所載の重複は、毫も咎める必要が無いやうに思はれます。

さてまた其國より上《ノボ》り幸《イデ》ます時に、浪速之渡《ナニハノワタシ》――謠曲高砂からの推察で、舟が神戸の西宮に着いたとすれば、尼崎邊から住吉へかけての海であらう。――を經て、青雲之白肩津《フラクモノシラカタノツ》――只今不明だが恐らく大和川の沿岸に相違なく或は住江の關係地として今住吉神社のある地を指すのであらうと想はれる。從來は河内國中河内郡日根市村日下の地であらうと謂つてゐる――に泊まり給ふ。これから大和川を遡つて、一擧敵の本據を衝く御策戰であつたかと拜されます。

此處からは大國主神に對して、天上から國土奉献を迫らるゝ再演に當りますから、先づ最初に天菩比神の派遣から始まる譯ですが、これは前に述べた通り、饒速日命が夫に當るのではあるまいか。夫は兎も角も、皇兄五瀬命の御戰死は、最も能く天若日子物語に合致して居るように拜されます。其證は天皇の御軍が先づ大和川を遡つて、敵の本據を突き給はんとした時、登美能那賀須泥毘古《トミノナガスネビコ》が軍を興して待ち向へて戰つたので、御船に入れてあつた楯を取つて下り立ち給ふた。然るにこの戰闘で、五瀬命は御手に登美毘古の尖鋭な矢疵を負ひ給ふた。

こは天若日子の箭に雉名泣女《キギシナナキメ》が射られたのに比すべきもので、この段は冬期戰の不利を覺りたまひ、季節の轉廻を策したまふ義と、祖神に對する敬虔なる御態度とを強く拜しますが、天若日子の時とは異つて、其箭道を逆に射る謀には出で給はず、迂回した箭道を撰ぶのが最も適當であると御考へ遊ばされたかと拜します。饒速日命が天若日子の賜はつたと同じ天羽羽矢《アメノハハヤ》を持つてゐたといふ傳のあることは、大に注意すべきことで、神武東征の大詔が、饒速日命の天羽羽矢の提供で解決を見たといふのも、實に天律の至嚴が畏まれる譯です。五瀬命が血沼海《チヌノウミ》で御手の血を洗ひたまふたのは、嚴寒の季節が終つて、天地に暖氣の催したことを示し、紀國の男之水門に到りまして「あゝ賤奴の痛手を負で死ぬのか。何といふ殘念至極なことだ」と仰せあそばされ、大に痛憤慷慨して崩御《ミア》れあそばす一條は、自ら阿遲鉏高日子根神《アジシキタカヒコネノカミ》の來訪即ち陽春爛漫期の状態を現はした場面に當り、竈山の陵に葬るとあるは、美濃國藍見川の川上なる喪山に聯想される譯合でありませう。

【註】 日下之蓼津は記傳に泉北郡鶴田村大字草部とし、今の河内國中河内郡日根市村の大字であらうと謂はれてゐる。血沼海は和泉國和泉郡茅渟海とされてゐる。男水門は和泉國日根郡呼唹郷今の泉南郡雄信達村大字男里及尾崎村尾里川の河口又は和歌山城下雄町今の同市湊町及小野町といふ説等がある。竈山は海草郡三田村大字和田現在官幣大社竈山神社の所在地。

次に書紀には、名草戸畔《ナクサトベ》を誅す。熊野海中の暴風、稲飯命《イナヒノミコト》海中に投ず、三毛野命《ミケヌノミコト》常世卿《トコヨノクニ》に往きます等の記事があるが、これは天尾張神が塞ぎ居る水を下して、梅雨期を到來せしめられた一條に比すことが出來るかも知れません。兎も角も天地が陰鬱な期に向つたことは當然でありませう。さて皇兄を失ひ給へる天皇は、其地より御廻幸遊ばされて、熊野村に到りませる時に、大なる熊髪《クマガミ》が出沒してゐるのに出遭ひになりました。熊髪は其邊に蟠居してゐた土豪の酋長であらう。熊神とも熊上とも書かず熊髪としたのは、肥川上鳥《ヒノカハカミトリ》髪《カミ》とあると同様、卑んで呼んだのであらう。この時天皇は倏急に毒に中つた如く、昏睡状態に陥り給ひ、全軍の将卒も盡く昏睡して伏してしまひました。

この熊野村に就ては、紀伊國牟婁郡熊野坐神社及熊野早玉神社の地域とする説、三輪崎新宮附近とする説、南北牟婁郡中の一地點とする説等があるが、いかに日を脊負ふ必要があるとしても、そんな大迂廻を爲し難航海を採り、また殆ど現今に於てすら行軍不可能に近い、十津川上り等を爲さる筈はあり得ない事と考へられるから、この熊野村は竈山から紀川《キノカハ》を遡る地方と見る説に贊成したいと思ふ。紀川を遡つて吉野川に出で、道を東へ北へと執つて進めば、松山邊へ出で、敵の本據を東方より西に向つて撃つことに成るから、それが當然の御策戰のように思はれます。でこの熊野村は、紀川を遡つた五條邊から賀名生《アナフ》の地方と見るべきであらう。あの邊を熊野といふのは、今日の地圖からは如何かと思はれませうが、古くは熊野といふ名稱が、餘ほど廣く使用されて居たらしいから、この地帶も熊野として差支はあるまいと思ふ。

さて天皇の一軍が、斯く昏睡狀態に陷つておいであそばされた時、熊野の高倉下《タカクラジ》といふ者が、一横刀を齎《モ》ちて天神の御子の昏睡してお出に成る地に到つて、之を獻《タテマツ》る時に、天神御子忽然として寢起《サメオ》き給ひ「あゝ大層長寢《ナガイ》したわい」と仰せに成り、其の横刀《タチ》を受取り給ふ時に、其熊野山の荒神、自然に皆な斬仆されて、昏睡して伏て居た全軍も悉く醒起ました。高倉下の奉つた横刀は建御雷神の神劍即ち雷電的威力の劍でした。これで見ると皇軍の昏睡したのは、熱暑の瘴氣に中つた譯であらうが、一度雷鳴殷々電光閃々來り訪へば、瘴氣は忽ち散じて、すが〳〵しき夏の凉氣を滿喫し、勃然として勇氣回復したことでありませう。

さて高倉下が橫刀を獲た所由《ワケ》の物語は、夢に天照大神高木神二柱神の詔命を以て、建御雷神を召して詔はく「葦原中國は大層騷擾致してゐて、我が御子等頗る御不懣に亙らせられるらしい。其葦原中國は專ら汝が言向《コトム》けた國であるから、汝建御雷神お降りなさい」と仰せられました。そこでお答して曰く「僕降らずとも、專ら其國を平定致しました橫刀《タチ》がありますれば降したらございます。この刀を降さん狀態《サマ》は、高倉《タカクラ》下《ジ》の倉の頂を穿ちて、其處から隕し入れませう」と申されまして、隕し入れますした。而して「汝取持ちて天神御子に献れ」とお敎へに成りました。そこで夢の敎の如く早旦に已が倉を見ますと、信《マコト》に橫刀がありましので「是橫刀を献るのであります」と申しました。斯うなればもはや皇軍は天下敵なしです。が併し高木大神の詔命を以てお覺《サト》しになりました。

「天神御子此より奧方へは入幸《オハイリ》なさいますな。荒神甚だ多し、今天より八咫烏《ヤタカラス》を遣はさん。其八咫烏がお導き致しますから、翔び行く後より幸行なさいませ」と仰せられました。八咫烏が人體を與へたものであつたか。或は天皇の御心の内に、自から直觀遊ばす光明であつたか。それには二樣の解說があらうが、八《ヤ》咫烏《タカラス》は後に恩賞に預つた事が書紀には出てゐるから、人物とせねばなりますまい。今日で謂へば飛行隊に當るから何でもないが、翔身《カケリミ》時代が終つてゐる時なんですから、飛翔人を認めることは出來難いのでせう。併しこの八咫烏も、大國主神の國譲に聯關のある事で、建御雷神が大國主神の元に至り談判を開始された時「僕は返答が出來ないから、我子八重事代主神に議つて呉れ」と謂はれた時、天鳥船神《アメノトリフネノカミ》を遣して事代主神を召し連れて來たとある。其天鳥船が其に當る譯です。神武東征の時には、賀夜奈流美神《カヤナルミノカミ》（天菩比命の子天夷鳥命の子）の一族が、出雲國造神賀詞で見ると、飛鳥《アスカ》地方に居た筈ですから、其が來つて天皇を導き奉つたのであらうと思はれます。鳥神族が特殊な輕快な動作を以て皇軍を導いたので八咫烏の名を得たのであらう。山城風土記袖中抄や姓氏録等によれば、八咫烏は葛木の賀茂氏に成つてゐる。大國主神系の一族は通有性が多分に在るから、さう見るのも強ち誤とは謂へまい。ともかくも天鳥船の出る場面に八咫烏の出たのは決して偶然ではない。

【註】　此刀の名を佐士布都神《サジフツノカミ》、甕布都神《ミカフツノカミ》、布都御魂《フツノミタマ》等と申すのは、單に武力的威力のみではなく、政治に經濟に思想に……果敢英斷の解決を與へる意義の威名であらう。此刀は石上神宮《イソノカミ》に坐《ヲハ》します。

靈劒を獲給ふた天皇は、八咫の光に接し、偉大なる御神諭を獲たまひ、その御教覺のまに〳〵八咫烏の後より幸行ましたれば、吉野河の河尻にお到《ツキ》になりました。その時筌《ヤナ》（竹をあみて作つた魚を取る具）を作つて魚を取る人が居た。そこで天神御子が「汝は誰ぞ」とお問になりました。すると「僕は國神名は贄持《ニヘモツ》の子《コ》」と答へました。此は阿陀之鵜養《アダノウカヒ》之祖で、これも天鳥船神が事代主神を召しに行つた時、事代主神は鳥の遊、漁の業をして居といふに聯關する記事で、この贄持子《ニヘモツコ》は恐らく事代主神一族に隷屬の者であらう。出雲國造神賀詞に事代主命の御魂を宇奈提《ウナデ》に坐せとしてある、宇奈提は高市郡畝火山の西北に今も雲梯村といふのがあるから、其處が此一族の本據であつたらう。又其地より幸行せば生尾人が井戸から出て來ました。其井は光つてゐました。そこで「汝は誰ぞ」と問はせば「僕は國神名は井氷鹿《ヰヒカ》」と答へました。此者吉野首等祖也。かくて其山にお這入になつたれば、また生尾人にお遇ひになつた。此者は巖を押分けて出て來ました。「汝は誰ぞ」と問はせば「僕は國神名は石押分《イシオシワク》の子、今天神御子幸行ますと聞きましたから、お迎に參つたのでございます」と申しました。生尾人は後へ從屬を率へて、尾を曳いた狀態で出て來たとも解せられるが、生來の有尾人とも解せられ、是等の生尾人が今から三千年程前に吉野地方に居たとは考へられないから、極めて古い物語の混入であらうが、併し吉野地方に生尾に見える容裝した穴居民が、神武天皇の頃にも居たのは（アキツトナメの保證の上から）事實であつたと見ねばなりますまい。石押分《イノオシワク》の子は吉野國巣《クズ》之祖で、クズは例のクグツ族で穴居民である。此處におもしろい事は、姓氏錄にヰビカを女人としてゐることで、天皇の進軍が矢張靈肉和合の義を保つて、常に女性と親交を結ばれたかと察せられる事です。石押分子《イシオシワクコ》も女性であつたかは不明だが、神名帳に擧げた十座の石門別神の中には、女性あり。石押分之子をイシオシワクコと讀めば女性名のようにも聞えます。ヰビカを井光女と書き白雲別神の女と云つてゐる(姓氏錄)所を見ると、贄持之子もニヘモツコと讀み女人であつたかも知れない。鵜養族が食膳部(炊事係)であつたのも其祖が女人であつたからではあるまいか。

以上の記事は矢張八重事代主神が魚鳥の獵狩に耽つて居た時、天鳥船神に率ゐられて來た再演に當り、何れも出雲神族に隷屬して居た者なることが判るようです。

次に其地より山地を蹈み穿ち越えて、宇陀《ウダ》に幸《イヂ》ます。故に宇陀之穿《ウダノウガチ》と申します。さてこの宇陀之穿は次の御到着地たる訶夫羅前《カブラザキ》が今の宇陀郡松山町神樂岡(松山城趾)と見るのが適當でありませうから、上市邊から多武峰を攀ち越えられたと見るべきであらう。其時宇陀に兄宇迦斯《エウカシ》弟宇迦斯《オトウカシ》二人居た——ウカシはウカ(洞穴)ズ(栖)の義であらう——。で先づ八咫烏を遣はして二人に問はしめ給はく「今天神御子幸行になつた。汝等仕へ奉らんや」と。すると兄宇迦斯は鳴鏑を以て其使を待ち射返した。でその鳴鏑の落ちた地を訶夫羅前《カブラサキ》と謂ふ。そこで兄宇迦斯は將に待ち撃たんと云つて、軍を聚《アツ》めたけれども、軍を聚め得なかつたので、陽には仕へ奉らんと欺つて、大殿を作り、其殿内に押機《オシ》を作り、待つて居ました時、弟宇迦斯先づ參ゐ迎へて、拜みて曰すには「僕の兄兄宇迦斯《エウカシ》は天神御子の使を射返し、待ち攻んとして軍を聚めたけれども、聚め得なかつたので、大殿を作り其内に押機《オシ》を張つて、待ち取らんとしてゐます。ですから參り迎へて此議を顯はし白します」と申しました。そこで大伴連等の祖道臣命《ミチノオミノミコト》、久米直《クメノアタヘ》等の祖大久米命《オホクメノミコト》二人が、兄宇迦斯を召して、罵詈して「やい、造り仕へ奉れる大殿の內へは、貴樣先づ這入《ハイ》つてその仕へ奉らむとする狀を明白にせよ」と云つて、橫刀《タチ》を持つて身構へ弓に矢を番《ツガ》へ、兄宇迦斯を追入れた時、自分の作つて置いた押機に自分が撃たれて死にました。そこで控《ヒ》き出して斬り散されました。故に其地を宇陀之血原《ウダノチハラ》と申します。この押機の一條は事代主神が其乘つた船を蹈み傾けて、天逆手《アメノサカテ》を靑柴垣《アヲフシガキ》に打成して隱れたとある所に當ります。船を傾ける作法と押機の壓死とが一致してゐます。だから其戰勝祝に弟宇迦斯《オトウカシ》が大饗を獻つた時、天皇の歌ひ給ひし御歌は、全く逆手《サカテ》が歌ひ込めてありますから、頗る諧謔的に聞えます。

うだの　たかきに　しぎわなはる　わがまつや　しぎはさやらず　いすくはし　くぢらさやる　こなみが　なこはさば　たちそばのみの　なけくを　こきしひゑね　うはなりが　なこはさば　いちさかきみ

の　おほけくを　こきたひゑね　えゝーしやこしや　こはいごのふぞ　あゝーしやこしや　こはあざわらふぞ

意味は宇陀の高城《タカキ》に鴫《シギ》を捕《ト》る羂《ワナ》を張つた。これが既に逆です。鴫を捕るに高い所に羂を張るとは頗る逆です。而して其張つた罟《ワナ》へ海に居る鯨が罹つたのだからいよ〳〵逆です。前妻《コナミ》が魚を呉れと言つたら、少い魚の肉を拔《コ》き取つて與へ、後妻《ウハナリ》が呉れと云つたら、澤山の肉を拔《コ》き取つて與へる。これも全く逆です。天《アメノ》逆手《サカテ》を青柴垣《アヲフシガキ》に打ち成す義が、極めておもしろく現はされてゐます。

尚ほ書紀には「是を來目《クメ》歌《ウタ》と謂ふ。今樂 府《トヨノアカリ》に此歌を奏《ウタ》ふは猶ほ手量《タハカリ》の大小及び音聲《ウタコエノ》巨細《フトサホソサ》此れ古の遺式也」とあります。それから書紀では菟田穿邑から天皇親ら輕兵を率ゐて巡幸まして、吉野に出で給ひ、有尾人の井光《キヒカ》及び同じく磐排別《イシオシワク》之子に出遭ひ給ひ、更に苞苴擔之子《ニヘモチノコ》が梁《ウ》を作ちて魚を取るのに出遭ひ給ふ記事を載せて居るが、これは兄宇迦斯誅伐の前に出るのが順序であらう。次で國見丘上に八十《ヤソ》梟帥《タケル》あり。又女坂に女軍を置き男坂に男軍を置き、墨坂《スヽサカ》に焃炭《オコシスミ》を置き、復た兄磯城《エシキ》軍が磐余邑《イハレノムラ》に布滿してゐるのに出遭ひ給ひ、賊虜の據る所が悉く要害であるので、道路絶塞して通るべき處なしの狀態。そこで天皇は夜、神に祈り給ひて、天香山《カグヤマ》社中の土を取つて祭器を作り、天神地祇を敬祭し給ふた、御苦慮の一節が詳に傳へられて居り、續いて丹生川《ニフガハ》に於ける水無飴《ミツナシアメ》の占の一條から、顯齋《ウツシイハヒ》の嚴格なる職員作法等の定められたことが傳はり、御親祭の上に頗る肝要なる資料が提供され、而して天皇が其の祭祗の嚴瓮《イツベ》の粮《ヲモノ》を嘗《タテマ》つり給ふて、兵を勒して進擊し、八十梟帥を國見丘に破り之を斬り給ふ記事があり、是役也天皇ノ志存二ス必克一ニと錄し、御謠《ミウタヨミ》してとして「かむかぜの、いせのうみの、をほいしに、やい。はひもとへる、したたみの、したたみの、あこよ、あこよ、しただみの、いはひ、もとへり、うちてしやまむ、うちてしやまむ」とあり。

次に國見丘の賊は斬られたが、餘黨猶ほ繁くして其事情も測り難いので、乃ち顧みて道臣命に勅して「汝宜しく大來目部を率ゐて、大室を忍坂邑《ヲサカ》に作つて、盛に宴饗を設けて虜を誘つて之を取れ」との詔命が降る。それからは古事記の記事に合致してゐます。古事記では「さて其地より幸行して、忍坂大室《ヲサカノオホムロ》に到りませる時に、生尾の土雲──土《ツチ》ゴモリ族──八十建《ヤソタケル》が、その室に在りて頑張つて待ち構へて居た」とあります。

この前後の戰鬪は、必然建御名方神を建御雷神の征服される場面に相當してゐて、手取《テト》りの競力《チカラクラベ》等が、今は幾多の大戰鬪として現はれてゐます。

これから戰鬪は、最後の本舞臺に入るのだが、此處に例の千引岩《チビキイハ》の故事を忘れてはなりますまい。イハレ（磐余）といふ語はイハアレで、石像の義に當り、賀茂社松尾社等の御靈代《ミタマシロ》をも阿禮《アレ》と稱します。イハレの舊名片居《カタキ》片立《カタタチ》は石像《イハレ》の一片が坐姿で一片が立姿である事でせう。出雲國造神賀詞によれば、大國主神の和魂が大三輪の神奈備《カミナビ》に坐すので、此地が此神族の中樞の本據地であり、御子等の御魂もその周圍の要害地に據らしめて居たから、石像《イハレ》を本尊として中心本據の大軍が最後の決戰に具へてゐたと見てよろしからう。神武天皇の御名を神倭伊波禮毘古と申すも、この石像《イハレ》の本尊を御名と遊ばされたかと拜察されますから、大三輪を本據とするこの大主力に對する雌雄の決戰が、いかに最後の幕と成つたかゞ判りませう。千引石に對する建御雷神の最後の御威力はもう一歩といふ所まで接近した譯です。書紀にはイハレに就て、夫れ磐余《イハレ》の地、舊名は片居《カタキ》亦は片立《カタタチ》と云ふ。我が皇師の虜を破るに逮《オヨ》むで、大軍集りて其の地に滿《イハ》めり、因りて號を改めて磐余《イハレ》こ爲す。或ひとの曰く、天皇往《サキ》に嚴瓮《イツベ》の粮《ヲモノ》を嘗めたまひて、軍を出して征ちたまふ。是の時に磯城《シキ》の八十《ヤソ》梟帥《タケル》彼處に屯聚居《イハミヰ》たり。果して天皇と大に戰ふ。遂に皇師の爲に滅されぬ。故に名づけて磐《イハ》余《レ》邑《ムラ》と曰ふ、とあり。これ等も皆な一説として見るべし。

先づ天神御子の詔命を以て、八十建に饗宴を賜ひました。八十建は一人ではなく酋長が多數居たので、その八十建の數に宛てゝ、同數の八十《ヤソ》膳夫《カシハデ》を設備して、人毎に刀を佩かし、其膳夫等に誨へて「歌を聞かば一時に斬れ」と命ぜられました。その土雲を擊たんとする時の歌は、

おさかの　おほむろやに　ひとさはに　きいりをり　ひとさはに　いりをりとも　みつみつし　くめのこが　くぶつゝい　いしつゝいもち　うちてしやまむ　みつみつし　くめのこらが　くぶつゝい　いしつゝいもち　いまうたばよらし

この歌の意義は「忍坂の大きな岩窟に多くの土賊共が屯集してゐる。しかしいかに多くの土蜘蛛共が集つて居やうとも、わが勢猛き久米部の兵士等が、頭椎《クブツチ》の大刀を以て撃ち平げてしまふであらう。勇猛なるわが久米部の兵士等よ。その頭椎の利刀を以て、今撃つならばよささうに思はれる。」みつみつしは久米に冠する詞、くぶつゝいは頭椎の武器、いしつゝいは石が頭椎となつてゐる武器。

書紀では饗宴中此歌を聞いて我卒一時に劒を抜て虜を殺す。殘類なきまでの鏖殺であつた。そこで皇軍大に悦で、大笑して歌をうたひ狂喜する光景が傳へられてゐる。それから皇軍大擧して磯城彦《シキヒコ》の攻撃に遷り、兄磯城《エシキ》の不順弟磯城《オトシキ》の歸順を述べ、更に弟磯城を遣はして、兄倉下《エクラジ》弟倉下《オトソラジ》に歸順を勸めさせたが、兄磯城等は猶ほ愚謀を守つて承服を肯ぜない。故に椎根津彦の計を採用し給ひて、連戰連勝されましたが、將卒の疲勞が激しかつたので、之を慰むる爲めに歌ひ給ふとして「たゝなめて、いなさのやまの　このまゆも……」が歌はれ、奮戰して遂に梟師兄磯城《エシキ》等を斬り給ふことを傳へ、皇師は遂に長髓彦《ナガスネヒコ》を撃ち、連《シキリ》に戰て勝を取ること能はず。その時例の名高い金鵄《キンシ》の瑞が顯はれて、長髓彥軍は迷眩して力戰が出來ないので、皇軍が鳥見邑を占據することになつた。孔舍衞《クサヱ》の戰に五瀨命矢に中つて薨じ給ふたので、この時の天皇の御憤懣は頂點に達してゐたことあります。此處は大國主神の御子領全部が征服される段を心に措いて、研究することが肝要です。古事記にも書記にもその時の御歌として、次の歌が載つてゐます。

みつみつし　くめのこらが　あはふには　かみらひともと　そねがもと　そねめつなぎて　うちてしやまむ

みつみつし　くめのこらが　かきもとに　うゑしはじかみ　くちひびく　われはわすれじ　うちてしやまむ

かむかぜの　いせのうみの　おひしに　はひもとほろふ　したゞみの　いはひもとほり　うちてしやまむ

この御歌の意義は「勇猛なわが久米部の兵士達の、住んでゐる所の粟畑を見ると、そこに韮が一本生へて居るが、其の莖も根も芽も一つ殘らず拔き取るように、登美毘古の黨類も、一人殘らず討ち滅してしまはう。また。久米部の兵士等の軍營の垣根に植ゑてある生薑を食べること、いつまでも口がぴり〳〵と痛むがそれと同じやうに、吾は皇兄五瀬命の御落命の事は何時になつても忘れる事が出來ぬ。此度こそ賊徒登美毘古の一味を撃ち滅ぼさなければ止まないぞ。また。伊勢の海の大石に這ひ繞つてゐる細螺《シタダミ》の、隙間もないように登美毘古を四方から圍んで伐ち果してしまはう。

古事記はまた兄師木《エシキ》弟師木《オトシキ》を撃ち給へる時に、御軍が暫らく疲れた。その時の御歌として、

たゝなめて　いなさのやまの　このまよも　いゆきまもらひ　たゝかへば　われはやゑぬ　しまつとり
うかひがとも　いますけに　こね

この歌の意義は、「伊那佐の山の木の間から、敵情を窺つてあちらこちらと巡つて居たところが、わが軍は糧食に窮して、大いに飢ゑ疲れた。鵜養の族よ。はやく糧食を運んで來て、飢を助けて呉れよ。」といふのでありますが、書紀ではこれが登美毘古攻撃の前に出てゐます。

この忍坂大室に生尾土雲八十建を、饗宴の策を以て討ち給ふた時の御狀態並にそれから以後の戰闘は、正しく建御雷神が建御名方に對せられた方式即ち手取りの力競べの一條に當るもので、對者を立氷《タチヒ》に取り成し、また劒刄《ツルギバ》に取り成しといふ所が、この饗應の策戰に相當いたします。而して其後の登美毘古との戰闘が、建御名方神の手を取られたれば、若葦を取るが如く搤《ツカ》み批《ヒシ》ぎて投離ち給ふと云ふ所に當つてゐます。

而してまた兄師木弟師木を撃たれた時の方式が、建御名方が逃げて科野《シナヌ》國の洲羽《スハ》海に到つたのを追つて、之を取りおさへて殺さうとされたと云ふ所に當り、最後に邇藝速日《ニギハヤヒ》命が長髓彦を誅して降參して來たのが、大國主神が國土奉献を全部承認するといふ段に當つてゐます。

さて爾《コヽ》に邇藝速日命《ニギハヤヒノミコト》が參《マ》ゐ來て、天神御子に白し上げるには「天神御子天降りましぬと聞きつるゆゑに、追て參ゐ降り來ましつ」と。そこで「天津瑞《アマツシルシ》を献りて仕へ奉りました。」邇藝速日命は登美毘古《トミビコ》の妹、登美《トミ》夜毘賣《ヤビメ》を娶つて、宇摩志麻遲命《ウマシマヂノミコト》といふ子を生みました。宇摩志麻遲命は物部連《モノノベノムラジ》、穂積臣《ホツミノオミ》、婇臣《ウネベノオミ》の祖である。これで見ると、邇藝速日命は天皇を援ける爲めに、追ひて參ゐ降つたと云ふので、舊事本紀の所傳の如く、邇々杵命より以前に降つたのではなく、書紀に傳ふる如く、時長髓彦乃遣行人言於天皇曰 嘗有天神之子 乘天磐船自天降止 號曰櫛玉饒速日命 是娶吾妹三炊屋媛 遂有兒息 名曰可美眞手命 故吾以饒速日命爲君而奉焉 夫天神之子 豈有兩種乎 奈何更稱天神子 以奪人地乎 吾心推之 未必爲信 天皇曰 天神子亦多耳 汝所爲君 是實天神之子者 必有表物 可相示之 長髓彦即取饒速日命之天羽羽矢《アメノハハヤ》一隻及歩靫《カツユギ》以奉示天皇 天皇覽之曰 事不虛也 還以所御天羽羽矢一隻及歩靫賜示於長髓彦 長髓彦見ニ其ノ天表一ヲ益々懐クニ踧踖一ヲ然ドモ而凶器已ニ構テ其勢不レズ得ニ中休一スル而猶ホ守ツテニ迷圖一無シニ復タ改意一饒速日命本ヨリ知ニ天神慇懃ニ唯ダ天孫是レ與《タミスベキヲ》一且ツ見四夫ノ長髓彦ノ禀性愎恨ニシテ不レ可三教フルニ以ニ天人際一乃チ殺シレ之ヲ帥ヰテ二其衆一ヲ而歸順ス焉天皇素ヨリ聞ニ饒速日命ハ是レ自レ天降者一而今果シテ立ツニ忠効一ヲ則チ褒而寵スレ之ヲ此レ物部氏之遠祖也云々」とあるのとも大に相違してゐる。大和地方に於ける土豪等が、如何に强勢であり、慓悍であり、乃至策謀を廻らすといへども、餘り問題では無い。が只天神種こ稱して、權威を以て降つてゐる者のある事は、地上統治上の根本問題であるから、頗る面倒な譯である。饒速日命は瓊々杵命の皇兄に當らせられる上、詔命を奉じ、神器を持して降つてゐるものとすれば、單に壓伏するのみでは事が濟みますまい。で茲に最も根本的解決策として「表物《シルシモノ》」の比較といふ重大な一條件が決行されることに成つたのでした。「表物」の比較は根本解決の唯一の鍵で。この時饒速日命が先づ以て自覺して、乃ち天津瑞《アマツシルシ》を献つて仕へ奉ることゝなり、最も順當に事が運んだのでした。が、萬一この自覺無く、飽くまで爭ふことゝなれば、眞に困つた場面が再び展開されねばなりませんでしたでせう。故にどんな場合があるとしても、神統の正傍を定め、權威の保證が確立される爲めに、神寶の傳はつてゐると云ふことは、申すも尊く畏き次第と申さねばなりません。

次にいよ〳〵皇孫御降臨の段に相當する義として、書紀には「巳未年春二月壬辰朔辛亥、諸將に命《オホ》せて士卒を練《トトノ》ふ。是の時に層富郡の波多丘岬に新城戸畔《ニシキトベ》といふ者有り。又和珥《ワニ》坂《サカ》下に居勢祝《コセノハフリ》と云ふ者あり、臍見長柄丘岬に猪祝《ヰハフリ》といふ者有り、此の三處の土蜘蛛並に其の勇力を恃みて不レ肯ニ來庭一。天皇乃ち偏師を分ち遣して皆誅せしめたまふ。又高尾張邑に土蜘蛛有り、其の人と爲り身は短くして手足は長く侏儒と相類《ニ》たり、皇軍葛網《ツナ》を結ぎて掩襲ひ殺せり、因りて改めて其邑を號けて葛城《クツキ》と云ふ」とあります。これ必然天忍《アメノオシ》日《ヒ》命天津久米《アマツクメ》命の先登で、威儀凛々御降臨の道筋を掃ひ淸めた狀態に當ります。「夫れ磐余の地……我が皇師の虜を破るに逮むで大軍集りて其の地に滿《イハ》めり、因つて號を改めて磐余《イハレ》と爲す。」はいかに皇軍の堂々として其の地に壓倒したかを知ることが出來ませう。

次に日本書紀には「天皇前年の秋九月を以て潛に天香山の埴土《ハニ》を取り、以て八十《ヤソ》平瓮《ヒラカ》を造り、躬自ら齋戒して諸神を祭りたまふ。遂に區宇を安定《サダ》むることを得たまふ。故に土を取りし處を號けて埴安《ハニヤス》と曰ふ。三月亥酉朔丁卯、令を爲して曰く、我れ東を征ちしより茲に六年になりぬ。皇天の威を頼《カカフ》りて凶徒就戮《コロ》されぬ。邊土未だ淸まらず。餘妖尙梗《コハ》しと雖も、中洲の地に復た風塵無し。誠に宜しく皇都を恢廓《ヒラキヒロ》め大壯を規摹《ハカリツク》るべし。而して今運屯《トキ》蒙に屬ひ民心朴素なり、巢ニ棲ミ穴ニ住ム習俗惟レ常《ナリ》。夫れ大人の制を立つ、義必ず時に隨ふ、苟くも民に利有らば何ぞ聖造に妨《タカ》はむ。且《マ》た當に山林を披拂《ヒラキハラ》ひ、宮室を經營《ヲサメツク》りて、恭みて寶位に臨み、以て元元を鎭むべし。上は則ち乾靈の國を授けたまふ德に答へ、下は則ち皇孫正を養ひたまふ心を弘めむ。然して後に六合を兼ねて以て都を開き、八紘を掩ひて宇《イヘ》と爲《セ》むこと亦可からずや。夫《カ》の畝傍《ウネビ》山《ヤマ》の東南橿原《カシハラ》の地を觀れば、蓋し國の墺區《モナカ》か。治《ミヤコツク》るべし。是の月、既ち有司に命《オホ》せて帝宅を經始《ツクリハジ》む」とあります。これ當然皇孫の宮殿造營の御復演であらせられたことは申すまでもありますまい。

次に皇典には「かれかくのごと、荒ぶる神等《ドモ》を言向けやはし、伏《マツロ》はぬ人どもを掃ひ平げたまひて、畝火之《ウネビノ》白檮原宮《カシハラノミヤ》にまし〳〵て天下治《アメノシタシロ》しめしき」とあり。更に日本書紀には「辛酉年春正月庚辰朔、天皇橿原宮に即二帝位一、是歳を天皇の元年と爲す。……故に古語に稱《ホ》めまうして畝傍の橿原に底磐《ソコツイハ》之根《ネ》に太二立宮柱一、高天原に峻峙《ヒキ》搏風《タカシリ》、始馭天下之天皇《ハツクニシラススメラミコト》と申し、號を神日本磐余彦火火出見天皇《カムヤマトイハレヒコホホデミノスメラミコト》と曰す。初め天皇天基《アマツヒツギ》を草《ハ》創《ジ》めたまふ日、大伴氏の遠祖道臣命、大來目部を帥ゐて密策を奉りて、能く諷歌《ソヘウタ》倒語《サカシマゴト》を以て妖氣を掃《ハ》蕩《ラ》へり。倒語の用ゐられたること、始めて茲より起れりとあります。天皇御即位の日は暦律上から申せば、恐らく立春の日で（或は其に近い前後）あつたらうと考へられます。

又た古事記が立后の義を精しく傳へてゐるのは意義の極めて深い事と考へられます。こは皇孫瓊々杵命と木花之佐久夜毘賣との婚物語の再演と拜すべきであらう。故れ日向に坐《マ》した時、阿多之小椅君《アタノヲバシノキミ》の妹名は阿《ア》比良比賣《ヒラヒメ》を娶て生ませる御子多藝志美美命《タギシミミノミコト》——阿多は薩摩國阿多郡阿多の郷。小椅は更にその阿多郷の中にある地名で、小椅君はその地の君であり、その妹が阿比良比賣である。——次に岐須美美命《キスミミノミコト》——これは書紀には出てない人名だから。從來から多藝志美美命の御名が誤り傳へられたものであらうと云はれてゐる。——二柱坐せり。然れども更に大后と爲《ナ》さむ美人を求め給ふ時に、大久米命の申すには「此間《ココ》に神御子と謂ふ媛女《ヲトメ》があります。その神御子と謂ふわけは、三嶋湟咋《ミシマミゾクヒ》之女、名は勢夜陀多良比賣《セヤタタラヒメ》、容姿麗美であつたから、美和《ミワ》の大物主神が見感《ミメデ》て、其美人の大便する時に、丹塗矢《ニヌリヤ》に化《ナ》つて、そのかはやの下より其美人の富登《ホド》をお突きになりました。美人は驚いて立ち走り淨水で局部を濯《ス》ぎました。かくて其矢を持ち來て、床邊に置いたれば、忽ち麗壯夫《ウルハシキヲトコ》に成つて、乃ち其美人に婚ひ、生ませる御子、名は富登多多良伊須須岐《ホドタタライススギ》比賣《ヒメ》命、亦名は比賣多多良伊須氣余理比賣《ヒメタタライスケヨリヒメ》と申す。斯樣な譯で神御子と申すのであります」と申しました。さて七人の媛女が高佐士野《タカサジヌ》に遊べるに、伊須氣余理比賣《イスケヨリヒメ》も其中に居ました。大久米命其伊須氣余理比賣を見て、天皇に歌を以て申し上げました。

やまとの　たかさじぬを　なゝゆく　をとめども　たれをしまかむ

此歌の意義は大和の高佐士野を、七人行く乙女等の中で、誰れを婚する方となさいますかの意、まかむは纏き寢むの意。七人とあるのは第一圖のへ字形になつてゐる上部の七つの配列に當ります。其時伊須氣余《イスケヨ》理比賣《リヒノ》は其媛女等の先登に居ました。そこで天皇其媛女等を見て、御心に伊須氣余理比賣が先登に立つてゐることを知り給ひ、歌を以て答へたまはく「かつがつも、いやさきだてる、えをしまかむ」この歌の意義はほんの僅か先き立つて歩いてゐる、愛すべきものをまかむと欲すとの意です。そこで大久米命は天皇の命《ミコト》を其伊須氣余理比賣に詔る時に、其大久米命の黥《サ》ける利目《トメ》を見て、あやしく思ひて「あめつつち、とりましとと、などさけるとめ」と歌ひました。歌の意義はあめつつちは天つ槌で、この時大久米命の杖衝《ツエツイ》て居られた頭椎《クブツチ》を云ふのです。とりましととは執り給ふ敏父《トト》さんの義で、天津金木段階排列の下金木だけが排列されてゐる相で、若し上金木がこれにしつくり合致すれば、大八嶋の全相を成就する譯ですから、謂はゞ伊耶那岐命がアナニヤシエヲトメヲと呼びかけられた意義を保つものです。故に「などさけるとめ」と歌ひ、その要求の奈邊にあるかを確《タシカ》められた譯です。裂《サ》けるは一面が開けてゐるこ

第一圖

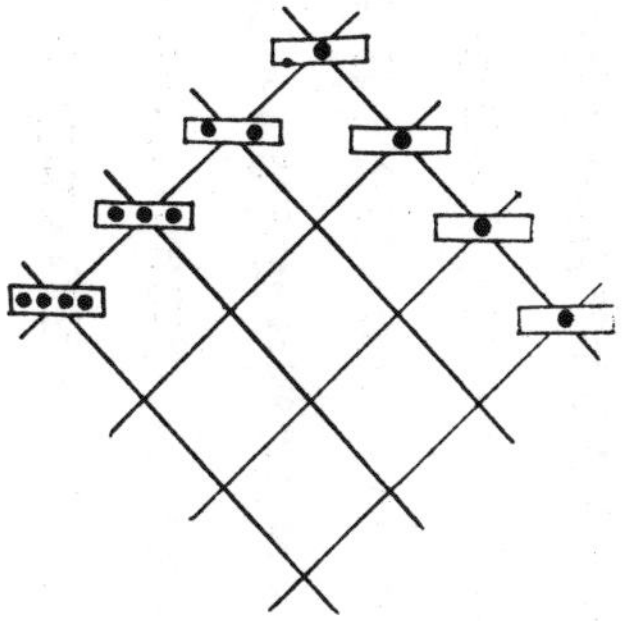

こ、とめは利目《トメ》又敏眼《トメ》で。心に強く閃く目乃至天津金木の黠目を指してゐるのです。その時大久米命が、「をとめにたゞにあはむこ、わがさけるとめ」と答へました。この意味は乙女にしつくりと遭はんこする爲めに、斯くは我が目が裂けてゐるよと申されたのです。（降魔こ招福との象相參照上卷第十九第二十一圖）

そこで其孃子《ヲトメ》が仕へ參らむと申しました。伊須氣余理比賣命の家は狹井河之上《サヰガハ》にありました。天皇其伊須氣余理比賣の許に幸行まして、一宿御寢になりました。――其河を佐韋河《サヰガハ》といふ由《ワケ》は、其河邊に、山由理《ヤマユリ》草《クサ》が多く在つた。故に其山由理草の名を取つて、佐韋河こ名けました。山由理草の本名を佐韋《サヰ》といひます。

狹井河は大和國添上郡にある春日山から出て佐保川に合する川で、今率川《サキガハ》といはれ、別に能登川、狹井川の名あり、又子守川とも云ふ。此の川の側に率川神社（今子守神社と云ふ）といふのがあつて、其地が伊須氣余理比賣の家趾と云ふ。山百合《ヤマユリ》け須佐之男家の因緣植物であり。且つ玉依比賣のヨリにも關聯し、天神系に婚するには極めて因緣深い名です。またヨリは天津金木學から謂つても、寄り添ふ意味を保つてその名も香も姿も、盡く揃つてふさはし名です。

後に其伊須氣余理比賣が、宮中に參入の時に天皇の御歌。

「あしはらの　しけこきをやに　すがたゝみ　いやさやしきて　わがふたりねし」

此歌の意義は、葦原の濕つぽい小屋に、菅疊を幾重にも敷いて吾が二人寢たことであるわいと仰せられたので、これは彼の彦火々出見命が海神の女豊玉毘賣に送り給ひし「おきつとり、かもどくしまに、わがゐねし、いもはわすれじ、よのことごとに」に最も深く聯想されるもので、單に二人寢たといふのみではなく、永遠の抱合を神統上から祝禍されたもので「あしはらの」と云ふ一語に深義があります。而して生れませる御子の名は、日子八井命《コヒヤ井ノミコト》、次に八井耳命《ヤヰミミノミコト》、次に神沼河耳命《カムヌナカハミミノミコト》でした。木花之佐久夜毘賣にも三皇子あらせられたが、今もまた三皇子あらせられます。而して多少事情は異りますが、庶兄の當藝志美美命《タギシミミノミコト》が三弟を殺して天位に即かんとされた事は、自ら山幸海幸の物語に對應するもので、阿比良比賣が阿多之小椅君の妹で隼人氏族である點等實に妙味が深い譯です。當藝志美美命の叛亂は次の通りです。

さて天皇崩御の後に其庶兄當藝志美美命《タギシミミ》、其嫡后伊須氣余理比賣《イスケヨリヒメ》に婚《タハ》けんとする時に、其三弟を殺さんとし、策謀してゐる間に、其御祖《ミオヤ》伊須氣余理比賣が患苦《ウレヒ》まして、歌よみして其御子等に知らしめられました。

「さゐがはよ　くもたちわたり　うねびやま　このはさやぎぬ　かぜふかむとす」

歌の意義は佐韋川よ、雲立ち亘り、畝傍山木の葉がさや〳〵と音立てゝ騷ぐことよ。風が吹かうとするのであらう。庶兄當藝志美美命が皇后の身元に關し暗雲を起してゐるから、畝傍の皇位に爭亂が起るかも知

れない。速に用心せなければならぬと申されるのです。又歌ひたまはく、

「うねびやま　ひるはくもとゐ　ゆふされば　かぜふかむとぞ　このはさやげる」

歌の意義は前の歌と同意味で、畝傍山には晝は雲が低迷としてゐるから、今にも風が吹き起らうとするけはひである、事は急に迫つた、速に之に應ずる策を立てよこの、切迫した旨の御暗示です。そこで其御子聞き知りまして、驚いて、乃ち當藝志美美を殺さんと爲したまふ時に、神沼河耳命《カムヌナカハミミノミコト》が其兄神八井耳命に申さるゝには「なね汝命《ナガミコト》、兵《ツハモノ》を持《ト》りて入りて當藝志美美を殺し給へ」と申されました。そこで武器を持つて入りて將に殺さんとし給ふたが、手足がぶる〳〵震へて殺すことが出來ませんでした。で其弟神沼河耳命其兄の持ち給ふ武器を乞ひ取つて、躍り入つて當藝志美美を殺されました。故に其御名を稱へて建沼河耳《タケヌナカハミミ》命《ミコト》と申します（なね＝人を親しみ尊んで云ふ語。今は兄命を敬つて呼ばれた語）そこで神八井耳命は弟なる建沼河耳命に讓つて申さるゝには「吾は仇を殺すこさが不能《デキナカ》つた、汝命既に仇を殺されたから吾は兄だけれども、上《カミ》と爲ることはできません。是を以て汝命上《ガミ》にお成り遊ばして天下を治《シロ》しめせ。僕は汝命を扶けて忌人《イミヒト》と爲りて仕へ奉らん」と申されました。そこで神沼河耳命が天下を統治あそばす事になりました。立后の義は實に重要で。多藝志美美命の野心を抱かれた奥底にも、神統上の深い策謀が廻らされたかとも想像されますが、其の野心は遂

げられませんでした。

神武天皇の巻には重要なる事項が種々ありますから、次に其二三を申し述べませう。先づ第一に、日本書紀に「三十有一年夏四月乙酉朔、皇輿巡幸《メグリイデ》ます。因りて腋上嗛間丘《ワキノカミノホヽマノテカ》に登りまして國狀を廻望して曰く、妍哉《アナニエヤ》、國之獲矣《クニヽエツ》、內木綿《ウツユフ》の眞迮國《マサクニ》と雖も、猶蜻蛉《アキツ》の臀呫《トナメ》の如くもあるか」とあります。このアキツトナメに就ては既に屢々述べたので、今は精しい解釋を要しないでせうが、これが單に狹い大和の國狀であるこのみ見て經過してはなりません。アキツトナメ!!そは恐らく、岐美《イザナギイザナミ》二神の國產《クニウミ》の際唱へられた神語でありませうが、それが今や東征の偉業を畢へさせられし天皇の御口から發せられたことを拜する時、更に我々は「然して後に六合を兼て以て都を開き、八紘を掩ふて宇《イヘ》と爲《セ》むこと、亦可からずや」の御聖勅を彌々《イヨヽ》尊く拜せざるを得ない次第でありませう。

第二有名な金鵄《キンシ》の瑞は、皇師遂に長髓彦《ナガスネヒコ》を擊ちて連《シキリ》に戰へども取勝《カ》つこと能はず。時に忽然天陰《シ》けて雨氷《ヒサメ》ふる乃ち金色の靈鵄有りて飛び來りて皇弓の弭《ハズ》に止れり。其の鵄光曄煜《テリカガヤ》きて狀《カタチ》流電《イナビカリ》の如し。是に由りて長髓彦が軍卒皆迷眩之《マドヒマキテ》、復た力戰《キハメタヽカ》はずとあるもので、解釋は種々附きませうが、皇軍から光の觀念を去る事は絕對に出來ません。光は即ち信念であり、神靈そのもの丶輝きである。八咫烏も高倉下の奉劍も、一に光觀念の發露です。光曄煜《ヒカリカガヤ》く所これ即ち皇威の輝く所です。故に名けて日本と云ひ、秋津嶋《アキツシマ》と云ふ。決してこれ偶然ではありません。但し此金鵄も史實的に見れば、天取船神の威力で賀夜奈流美《カヤナルミ》神の領有が歸伏した場面に相當致しますから、烏神族の來つて皇軍を援けた事に成るのでありませう。

第三神武天皇の御兵法とも申すべき戰鬪の根本方策が、徹頭徹尾敬神であらせられたといふ事。即ち敬神兵法が神武天皇の御策戰の根抵であつた事を申し述べて見ませう。

(1)日に向つて戰つたのは失策であつたと仰せられ、策戰の變更を遊ばす所に「若かず、退き還て弱を示し、神祇を禮祭して、日神之威を背負ひ、影の隨《マニマ》に壓《オソ》ひ躡《フ》まん。如此《カクラバ》則ち曾て刄に血ぬらずして虜必ず自ら敗れなむ」とあり。

(2)高倉下の神劔奉献の條並に八咫烏の來つた條等は、餘りにも明瞭なれば之を省く。

(3)國見岳上の八十梟帥大軍に應戰し給ふた時は、賊虜の據る所何れも要害で、道路絶塞、實に危急の場合であつた。その時天皇夜自ら祈つて寢ませる夢に、天神の訓あつて、天香山社中の土で天平瓮《アメノヒラカ》と嚴瓮《イツベ》を造り、天神地祇を敬祭し、また嚴の呪詛《カジリ》を爲したまへることあり。

(4)丹生川《ニフカハ》の水無飴《ミツナシアメ》の條には、その成功を歡び給ひて、乃ち丹生川上之五百箇眞坂樹《イホツマサカキ》を拔取て、以て諸神を祭り給ひ――乃ち道臣命に勅があつて重要なる祭儀を定められたとあり。

⑸その戰の終つて宮殿御造營の詔には、我東征してより茲に六年なり、皇天之威に賴るを以て凶徒就戮《コロサレヌ》云々。又四年春二月壬戊朔甲申　詔曰　我皇祖の靈也、天より降り鑒光《ヒカリ》て朕躬を助け給へりと仰せられ、靈時を鳥見山中に立てゝ大孝を申べさせられたとあり。

等算へ擧げれば限ない。斯く敬神即兵法、兵法即敬神であらせられたことは、國史上最も留意すべき點と存じます。

第四舊事記古語拾遺等に神武天皇御即位の盛典を精しく傳へ、頗る重要な事項が多數ありますが、今は其紹介を割愛致します。

第五古事記の本文に「日子八井命は茨田連、手嶋連之祖。神八井耳命は意富臣《オホノヲミ》、小子部連《チヒサコベムラジ》、坂合部連《サカヒベ》、火君、大分君《オホキタ》、阿蘇君、筑紫三家連《ミヤケ》、雀部臣《サヽギベ》、雀部造、小長谷造《ヲハツセ》、都祁直《ツゲアタヘ》、伊余國造《イヨ》、科野國造《シナヌ》、道奥石城《ミチノクイハキ》國造、常道仲國造《ヒタチノナカ》、長狹國造《ナガサ》、伊勢船木直《フナキ》、尾張丹羽臣《ニハ》、嶋田臣等之祖也」とあります。神八井耳命は神沼河耳命が皇位に即かせられたので、神武天皇の九州の御本據地即ち九州のヤマト（筑後、耶馬臺か）に封ぜられて、意富臣《オホノヲミ》（多臣）を名乘り、大に勢力を振はれました。魏志の耶馬臺《ヤバダイ》國女王卑彌呼《セミコ》はその承繼者で、開化崇神朝の人と云ふ說がある。また多臣《オホノオミ》氏族は關東から蝦夷地方までも征服に向はれたことが、その氏族分布の狀態や風土記等の上から知られてゐます。して見ると、この皇裔は單に臆病であつたから皇弟に位を讓られたといふ以外に、或は皇兄として先代からの習慣に倣ひ、遠く巡撫の任に當られたのかも知れません。

「凡此神倭伊波禮毘古天皇、御年壹佰參拾漆歲、御陵は畝火山之北方白檮《カシ》尾上也」書紀では「七十有六年春三月甲午朔甲辰　天皇橿原宮に崩《アガ》りましぬ。時に年一百二十七歲、明年秋九月乙卯朔丙寅　畝傍山東北陵に葬しまつる」とあります。この天皇を神武と諡し奉つたのは、易經繫辭上傳に「神以テ知リレ來ヲ知以テ藏サムレ往ヲ其レ孰カレ與ランレ之ニ哉。古之聰明叡智。神武ニシテ而不レ殺サル者夫カ」から、之を採つたものであらう。古事記と日本書紀とでは實壽、在位年數始め、相違點が頗る多いのですが、其の檢討は一切後日に讓ることに致します。

大和缺史時代

神沼河耳命《カムヌナカハミミノミコト》（綏靖天皇）より若倭根子日子大毘毘命《ワカヤマトネコヒコオホビビノミコト》（開化天皇）まで、九代の間を大和缺史時代と稱して皇都、立后、皇子、壽齡、在位、御陵等の外殆ど歴史的記事が傳はつてゐません。

神《カム》沼《ヌナ》河《ガハ》耳《ミミ》天皇（綏靖天皇）　坐葛城高岡宮　治天下也

師《シ》木《キ》津《ツ》日《ヒ》子《コ》玉手《タマテ》見《ミミ》天皇（安寧天皇）　坐片塩浮穴宮　治天下也

大《オホ》倭《ヤマト》日《ヒ》子《コ》鉏《スキ》友《トモ》天皇（懿德天皇）　坐輕之境岡宮　治天下也

御《ミ》眞《マ》津《ツ》日《ヒ》子《コ》訶《カ》惠《エ》志《シ》泥《ネ》天皇（孝昭天皇）　坐葛城掖上宮　治天下也

大《オホ》倭《ヤマト》帶《タラ》日《ヒ》子《コ》國《クニ》押《オシ》人《ビト》天皇（孝安天皇）　坐葛城室之秋津嶋宮　治天下也

大《オホ》倭《ヤマト》根《ネ》子《コ》日《ヒ》子《コ》賦《フ》斗《ト》邇《ニ》天皇（孝靈天皇）　坐黑田廬戸宮　治天下也

大《オホ》倭《ヤマト》根《ネ》子《コ》日《ヒ》子《コ》國《クニ》玖《ク》琉《ル》天皇（孝元天皇）　坐輕之堺原宮　治天下也

若《ワカ》倭《ヤマト》根《ネ》子《コ》日《ヒ》子《コ》大《オホ》毘《ビ》毘《ビ》天皇（開化天皇）　坐春日之伊邪河宮　治天下也

この時代は支那に於ては東周（春秋時代）簡王の末年から、靈王景王敬王元王貞定王考王威烈王を經て戰國時代に入り、更に安王烈王顯王愼靚王赧王惠王を經て、遂に秦の世に入り、莊襄王始皇帝を經て二世三世皇帝の世も過ぎ、西漢の世に遷り、高祖惠帝から少帝弘文帝景帝を經て武帝こ成り、當に昭帝の世に入らんとする頃までに當り、素晴らしい歴史的事件を繰返してゐる時代である。而して釋迦がカピラ城に生れたのは綏靖天皇の二十五年、孔子が魯に生れたのは同三十一年、孟子の生れたのは孝安天皇の二十二年アレクサンドル大王が波斯を滅したのは同六十二年、阿育王が即位したのは孝靈天皇の十九年、秦の統一も此天皇の御代、司馬遷の史記が成る頃が、丁度この時代の終であるから、支那は勿論東洋こしても文化の上に隆昌を極めた時代を含んでゐるし、西洋史としても既にこの時代はアツシリヤ滅亡の頃より、ソロンの立法、ペルシヤの統一時代を經、ギリシヤ及びマケドニヤがローマの屬州となるのを經て、マリウス對スラの內亂の前頃までに當るから、素晴らしい文化が既に開けて居たことが判りませう。

斯様な世界の狀態であつた時、獨り東海の孤島に平和の夢を貪つて居たとしても、周圍の事情が其儘には棄てゝは措かなかつたであらうし、好や隔絕した仙境に建國樹立後の少憩を夢て居たとしても、何等傳ふべき事件が皆無であつたとは信ぜられません。天津金木學から謂へば、大和の地即ち國の中樞に皇基の確立した以上は、必然オノコロジマに天御柱《アメノミハシラ》を見立《ミタテ》、八尋殿《ヤヒロドノ》を見立《ミタテ》、皇威四方に伸展し、以て大八州《オホヤシマ》國の完成を期せなければならない順序ですから、この時代には素晴らしい伸展があつたらうと想像される譯合です。

今日本歴史循律表を掲げて見れば次の通りです。

第一、登旭時代	自神武天皇紀元前三十三年		至紀元一二六年	安寧天皇丙寅十四年	百六十年間
第二、廢運時代	自紀元一二七年	安寧天皇丁卯十五年	至同二五四年	孝昭天皇甲戌六十九年	百二十八年間
第三、盛運時代	自同二五五年	孝昭天皇乙亥七十年	至同三九八年	孝靈天皇戊戌二十八年	百四十四年間
第四、獲得時代	自同三九九年	孝靈天皇己亥二十年	至同五七四年	崇神天皇甲午十一年	百七十六年間
第五、泰安時代	自同五七五年	崇神天皇乙未十二年	至同七三四年	景行天皇甲戌四年	百六十年間
第六、遠撫時代	自同七三五年	景行天皇乙亥五年	至同八七八年	應神天皇戊戌十八年	百四十四年間
第七、極盛時代	自同八七九年	應神天皇己亥十九年	至同九九〇年	仁德天皇庚寅十八年	百十二年間
第八、存治時代	自同九九一年	仁德天皇辛卯十九年	至同一一一八年	雄略天皇戊戌二年	百二十八年間
第九、爭奪時代	自同一一一九年	雄略天皇己亥三年	至同一二七八年	推古天皇戊寅二十六年	百六十年間
第十、興運時代	自同一二七九年	推古天皇己卯二十七年	至同一四七〇年	嵯峨天皇弘仁元年	百九十二年間
第十一、衰運時代	自同一四七一年	嵯峨天皇弘仁二年	至同一六四六年	花山天皇寛和二年	百七十六年間

第十二、失墜時代	自同一六四七年	一條天皇 永延元年	至同一七九〇年	鳥羽天皇 大治五年	百四十四年間
第十三、危殆時代	自同一七九一年	鳥羽上皇 天承元年	至同一九五〇年	伏見天皇 正應三年	百六十年間
第十四、廢亡時代	自同一九五一年	伏見天皇 正應四年	至同二一二六年	後土御門天皇 文正元年	百七十六年間
第十五、闇黑時代	自同二一二七年	後土御門天皇 應仁元年	至同二三三四年	靈元天皇 延寶二年	二百八年間
第十六、黎明時代	自同二三三五年	靈元天皇 延寶三年	至同二五二七年	明治天皇 慶應三年	百九十二年間

計　二千五百六十年間

この神律に照らして見れば、この缺史時代は登旭、廢運、盛運、獲得の四期を經たことに成つてゐます。

文獻の徵すべきものが無いので、一々この時代の詳細を立證することは出來ないが、斷片的の記事を漁つて、其一端を證して見れば、先づ三輪義凞氏著神皇紀には、

皇紀　八十年‖綏靖天皇即位。

同　一〇四年‖國賊の殘黨東北の國々に起る天皇親征。

同　一一二年‖綏靖天皇崩御。

同　一一三年‖安寧天皇即位。

同　一一三四年‖安寧天皇甲戌二十二年より七年間連歳五穀登らず。上下窮乏餓死するもの多し。（第二期廢運時代の眞相を傳ふるか）

同　一一六〇年‖懿德天皇庚子十年より三年間天下不作にして庶民餓死するもの多し。（同上）

同　一一六二年‖同天皇壬寅秋より尾岐佐渡島に潜伏し居たる國賊の殘黨大軍を催し北陸に亂入乃ち坂本日吉命丈夫諏訪武彥命に勅して之を征せしむ。七年にして平定す。（同上）

同　一二一五年‖孝昭天皇乙未三十年二月國賊の殘黨東南の島々に漸く集り來りて潜伏したるもの大軍を催して東海の國々に亂入す。天皇親征十五年にして平定天下泰平となる。

同　一二二九年‖同天皇己酉四十四年八月より海內浦々島々に至るまで熱病大に流行感染毒厚し、爾來每年人多く死す。人心胸々皆な其家業を忘れ、高天原始め諸々の山々國々の神社に禱祀すること數年に及ぶも容易に病勢鎭靜せざりき。

◉以上は廢運期に屬し。晩春多雨花爲めに散亂して落花の狼藉を見る。

同　一二六〇年‖孝安天皇己丑元年二月海內惡疫流行未だ鎭靜に至らず。高天原始め諸國の神々を奉幣して其鎭靜を禱祀し給ふ。其後惡疫漸く鎭靜す。天皇御感斜ならず。全國に大祭典を行はしめ給ふ。海內忻然安堵の思をなしぬ。四民天皇の德を頌して大御神を崇敬するが如し。

同　二六五年‖同天皇戊申八十年筑紫島西北の島々に潜伏したる國賊大勢を以て掠略す。筑紫大に亂る。天皇親征三年七月にして悉く平定、四海浪靜にして惡病も頓に平癒、諸作大に登り、豊年打ち續き民庶豐にして各其生を樂みき。

◉以上は盛運期に屬するもので、その如何に隆々たる世運を示す記事にあらずや。

同　四四四年‖孝靈天皇甲申七十四年秦人徐福歸化す。

次の孝元天皇の御世は天下泰平四海浪靜にして治まり、民庶亦豊かに富み連年豊作の萬歳を見るの記事あり。

又開化天皇の御世は天皇農作に大御心を向させ給ひ、皇后と共に四方の國々を巡幸ましますこと十三年勅して原野山澤を開墾して田畑を興すことを農民に勸め示させ給ふの記事見ゆ。又た池を穿ち給ふこと多數の記事も見える。

◉以上は獲得期に屬するもの、實に時代相の立證である。

斯う掲げて見れば、多少時代相の一班は判るやうですが、典籍それ自體が既に權威ありや否やが疑はしく、充分の考證とはならないのを遺憾とします。

支那の書物に徵すれば「桓靈の間倭國大に亂る」とあつて、朝威の振はなくなつたらしい記事があるが、桓帝は孝安天皇の二十七年に立ち、靈帝は孝靈天皇の十八年に立つたのであるから、桓靈と云へば我が孝靈孝元の時代に當りませう。倭國が日本の中央政府を指したものか乃至九州の狀態に止まるかは不明であるが、何れにしても、國內に擾亂のあつた事は想像される記事で。神話的に云へば、日本の中樞が頭部から胸部へ移つた爲めに、九州が今や陰影地帶に成り、種々の暗黑的事件が起つたと見るべきであらう。而して其の影響を受けて、大和朝廷も種々の災厄に遭遇されたと見ることが出來るかも知れない。彼の魏志に傳へてゐる耶馬台《ヤバダイ》國なるものは、神八井耳命の後裔多臣族の國であり、耶馬台國の南部は狗奴國で、これは恐らく手研耳命《タギシミミノミコト》の後裔の據つて居た吾田君《アタノキミ》の勢力範圍に屬し、例の熊曾國を指したものであらうと考證してゐる學者がある所を見ると、耶馬台國と狗奴國とが互に爭つてゐた事情も判るやうに思はれます。又耶馬台の北には投馬國がある。これは恐らく上妻下妻三瀦（水沼、水間）の地方でミツマ國であらう。其他多數の豪傑が割據して、魏志に倭國の百餘國とあるのは、夫等の狀態を指したものかも知れない。九州が斯樣な狀態であつた時、果して大和政府のみ拱して治まるといふ態度で居ることが出來たらうか。或は外部に手を伸ばすことの出來なかつたほど、文字通りの廢頽氣分が中央に漲つて居たのだらうか。今何等之を知るの便はないが。併しこの廢頽時代もいつしか過ぎて、世は陽春の期に向ひ、非常な隆運と伸展を迎へる事に成つたらうと察せられます。孝昭、孝安、孝靈、孝元天皇の御世は「盛運時代」、「獲得時代」に屬してゐるから、大なる伸展期であつたでありませう。その間に

(1)中央政府の基礎の定まつたこと。

(2)我が版圖が海を傳はつて、尠くも常陸邊まで及んだこと。

(3)支那本土へ直接使節を發したこと。

(4)三韓交通の盛んであつたらしいこと。

等の大事項を算へることが出來るかも知れません。特に我々の注意したいことは、支那三韓方面の問題で「九州朝廷の時代には都城から畿內へ行くよりも、三韓に行く方が近かつた。從つて彼我の交通は繁かつたに違ひない。その內馬韓は五十餘國に分れ、最も土地が廣かつたのであるけれども、西部にあつて箕氏朝鮮の滅後、その王は其の地に走つて王となつたと云ひ、次いで衛氏の滅後（前一〇八）は漢から置いた

樂浪郡の帶方縣に近かつたので、支那の影響を最も早く受けたが、辰韓辨韓は共に十二國脊椎山脈の東部にあつて、我國に近かつた故、馬韓とは反對に支那よりも我國の勢力を早く多く受けて、殆ど同域であつたらしく想像される。特に辨韓地方の如きは、何時から我國に屬したか探るによしない程、古い我國の一部なのである。辰韓としても素盞嗚《スサノヲ》尊五十猛《イタケル》命稻氷《イナヒ》命等が其の地へ渡られた事や、天日槍《アメノヒボコ》伊都國の祖先が其地から來朝したといふ事等は、事實が神話化されたものかも知れない。又仁德天皇以後支那へ使を發せられる際、我國では百濟新羅任那以外に秦韓慕韓等の宗主權を有する意味の稱號を書き添へられた事も、又た秦韓滅亡後其の王が萬餘の人を率ゐて歸化した事も、この古い緣古から考へられる事柄と思はれませう。其他對馬壹岐の國造が、高產靈の後裔と稱し、宗像《ムナカタ》三神を海の北道に祀つた如き、その原因が畿內朝廷時代の事とは解釋しにくい點があるから。恐らく三韓との交通の如きは餘程古い以前から開けて居り、神功皇后の三韓征討の如きも、決して突如として起つたものではなく、其伏線は非常に古く且つ濃厚なものがあつたであらうと思はれる。大和朝廷の偉大であつたことは、それから五十年餘たつた孝昭天皇が、其の十四年（一〇七）に漢の都へ使を遣はして居られる考證が成立するのでも明らかである。その次の天皇が孝安天皇で、秋津島に都せられたが、その宮名が我國の一名となつた處を見れば餘程盛んな時代だつ

たらしく觀察せねばなるまいと思ふ。またその頃九州で大勢力のあつた氏族として、

火君、阿蘇、大分君、三家連等は――神武天皇の後裔なる多臣族。

國前臣、豐國直、葦北君等は――孝靈天皇の後裔なる吉備氏族。

筑紫君は――孝元天皇の後裔なる安倍氏族。

等の活躍した狀況を見ると、決して大和缺史時代が、無爲閑散の時代でなかつた事が想像されませう。尙ほ開化天皇の皇裔に丹波氏あり、孝昭天皇の皇裔に春日氏あり、それに大伴物部氏等の東國活躍等を考へて見ると、國內的にも非常に盛時であり伸展時であつたことが窺はれやうと思ひます。崇神天皇の四道將軍の御派遣といふのも、あれが最初のものではなく、先蹤を承繼された感が濃厚で、孝安帝の皇子で孝靈帝の皇兄に吉備諸進命あり、孝靈皇子に兩吉備津彥が現はれてゐる所を見ると、四道の內吉備に皇子を封ぜられたが最も古い事で、また吉備氏が九州に進出したのも、可なり古い事と思はれる。北國及び東國に向つた安倍氏の祖大彥命は、孝元の皇子で開化天皇の皇兄である所を見れば、父天皇御在世中廣大なる地域に封ぜられたのであらう。山陰に向はれた日子坐丹波道父子の事は、開化期の事とされてゐます。天皇は現《フキ》つ御神《ミカミ》なれば、皇子下向も神の御子の降臨として地方豪族の仰ぐ處となり、彼等は爭ふて其配下に屬し

たのであらう。斯く皇別大藩の伸展を考へると、粗ぼその時代の一班が判るやうな氣がします。大伴氏の奥羽に於ける勢力は大きいもので、配下の廣いこと多いことは、安倍氏毛野氏のそれに劣らない――毛野氏は崇神天皇の皇裔で豊城入彦が東國に將軍として入り込んで勢力を張つた氏族――處を見ると、餘程以前にその礎地を築いたのかも知れない。要するに大國主系の一族が第一次有力民族として、恰も其祖が勢力を獲たと同方式を以て、それ以前に居た八十神族其他の族を滅し、新らしい土地に浸入して勢力を張つて居た處へ、次て國讓の方式に基いて、天菩比命《アメノホヒ》の氏族即ち多臣《オホノオミ》族がその地へ入り込み。次には天若日子に當る氏族がその後を襲ひ――これは恐らく天津彦根命の後裔と稱する大河内氏族――而して天若日子と同様な運命を繰返し、次には建御雷神並に經津主神を奉じた族――これは大伴氏物部氏――が入り込んで、その土地を征服的に平定した後へ、皇裔の諸族――安倍氏族、吉備氏族、毛野氏族等――が最後に入り込んだのではないだらうか。これは皇典の順序を、其儘に履行されたものとして述べて見たので、謂はゞ我々の信仰に屬するものだが、最も正しい順序に如上の通りには行かなかつたにしろ、その意味だけは必然存在して居たことゝ想はれるから、將來更に研究を重ねて、其の本義が闡明致したいと念ふてゐる次第である。尚ほ又池溝を堀られたといふ簡單な記事等の中から、農事振興の模様始め、文化伸展の模様等も研究されませうし、更に我等はアキツトナメの律則に基いて、世界文化の流れ、民族移動の狀態等が、日本と世界と、相似的ならざるべからざる事を信ずる上から、豐葦原水穗國の大史實を、相互の關係から闡明せんとも致してゐる次第です。

（諡　號）	（降誕序次）	（參考在位年數）	（寶　壽）	（御　陵）
綏　靖	（季）	三三	四五（八四）	衝田ノ岡（畝傍山ノ北）
安　寧	（獨）	三八	四九（五七）	畝火山ノ美富登《ミホト》（畝傍山南御陰井上陵）
懿　德	（仲）	三四	四五	畝火山ノ眞名子《マナコ》谷《ダニ》（畝傍山南纖沙谿上陵）
孝　昭	（伯）	八三	九三	掖上ノ博多山ノ上（掖上博多山上陵）
孝　安	（季）	一〇二	一二三	玉手ノ岡ノ上（玉手丘上陵）
孝　靈	（季）	七六	一〇六	片岡ノ馬坂ノ上（片丘馬坂陵）
孝　元	（嫡）	五七	五七	劒ノ池之中ノ岡ノ上（劒池嶋上陵）

開化〔叔〕	六〇	（一一五）	六三	伊邪《イザ》河《カハ》ノ坂ノ上	（春日率川坂本陵）

（　）内は書紀所載。

御眞木入日子印惠天皇（崇神天皇）

御眞木《ミマキ》入日《イリビ》子印惠命《コイニエノミコト》、師木水垣宮《シキノミヅガキノミヤ》にましくて天下治《アメノシタシロ》しめしき。

書紀では「御間城《ミマキ》入彦《イリビコ》五十瓊殖《イニエ》天皇《ノスメラミコト》は稚日本《ワカヤマト》根《ネ》子《コ》彦大日《ヒコオホビ》日《ビ》天皇の第二子なり。母を伊香色謎命と曰す、物部氏の遠祖、大綜《オホヘ》麻杵《ソギ》命の女なり。天皇年十九歳にして立ちて皇太子と爲りたまふ。識性聰敏、幼くして雄略を好みたまふ。既に壯にして寛博謹愼神祇を崇重《アガ》めたまふ。恒に天業を經綸《ヲサ》めむとおぼす心有します。六十年夏四月稚日本根子彦大日日天皇崩りましぬ。元年春正月、皇太子即二天皇位一云々。二月御間城《ミマキ》姫《ヒメ》を立てゝ皇后と爲たまふ云々。三年秋九月都を磯城《シキ》に遷したまふ。是を瑞籬宮《ミヅガキノミヤ》と謂ふ。四年冬十月詔して曰く「惟れ我が皇祖、諸天皇等宸極《アマツヒツギ》を光臨《シロシメ》すことは、豈一身の爲ならむや。蓋し人神《ヒトトカミト》を司牧《トムノ》へて、天下を經綸《ヲサ》めたまふ所以なり。故れ能く世《ヨ》玄功を闡《ヒロ》め、時に至德を流《レ》く、今朕大運を奉承《ウケタマハ》りて黎元《オホムタカラ》を愛育《メグミヤシナ》ふ。

何當《イカニシテカ》皇祖の跡に聿遵《ノベシタガ》ひ、永く窮り無き祚《アマツヒツギ》を保たむ。其れ群卿百僚爾の忠貞を竭して、共に天下を安にせむこと亦可からずや」云々とあります。この天皇の御代は獲得時代から泰安時代に亘つて居て、實に隆運の著しき御代に當つてゐます。

中央統制の實を舉げる爲めには(1)内部の官制を整頓する外に、(2)氏族の整理を爲して、中央地方共に秩序を立てる必要があるので、この御世には其點に力を注がれたらしく思はれます。垂仁朝以降頻々として民部を設立されたが、これは氏族世襲の結果、其氏族の勢力が擴大するので、部長としては其氏族の族裔を任命するとしても、之を朝命とされたので、根本的氏族統制があるが、まだ此の御代では、氏族の排置を考へ、皇族をなるべく多く地方へ出して、廣く民衆に接觸する機會を作る方針を立てられた位であつたらしい。入彦《イリヒコ》入姫《イリヒメ》といふのは、皇族たる籍を失ふことなくして、或氏族又は集團の奉養をうけるもので、幾人もの皇子女が、獨立の封地を得ることが困難な所から、斯ういふ手段を採られたものだが、これは餘り長くは續かなかつた。また其必要も無くなつたのであつた。後には武將又は皇胤を以て、諸國の國造又は別として任命されたので、崇神天皇の御劃策が漸次事實上の勢力と成つて行つたと見て宜しからうと思はれます。ワケ（和氣、別）は職掌上の名目で、地方政治上重要な任務を負て居ました。尙ほ大に此時代に緊要であつた事は、(3)祭神の統制といふ事でした。本來氏族には夫々氏族の奉祀神即ち氏神なるものが存在し、信仰を中心として思想的に割據する形勢があるので、朝廷としては幾多氏族の崇敬してゐる神々を祭られ、皇室があらゆる氏族の宗家たる旨を示し給ふたが、單に夫れだけでは宗家たる根本の權威が立ち難い點もあつた所から、玆にあらゆる氏族が崇敬する中心の主神として、天皇は天照大神の御神靈(寶鏡)を宮中から御遷しあそばされて、神殿を建てたまひ、宗教的思想的に國民信仰の統一を謀りたまふたやうに拜察されます。書紀に崇神天皇を頌して崇㆓重神祇㆒有㆘經㆓綸天業㆒之心㆖焉と錄してゐるのは、大に留意すべきことゝ考へます。宗教的意義を離れて上代史を究めることは出來ません。特にこの御代の殆ど中心とも云ふべき者は、この事項ではなかつたかと考へられます。

で、神祇制が(一)皇祖神の奉齋は天皇の御名代として、皇女の一柱をして擔當せしめられること、(二)爾餘の諸神の祭主は、其神裔または有緣のものが之に任ずること、(三)祭祀永續を必要とする神靈に對しては、神地神戶を定め、官社を設け、幣帛を贈進すること、(四)兵器を神幣とすること等が、この御代の前後に定まつたらしい。文献の表面には明瞭に現はれて居ないにしても、祭神を中心として、宗教的に朝廷に反抗した者もあつたので、神を討伐する事と人を討伐する事と、二重に書き別けて有る所が屢々あります。祭神を中心として思想的に集團するものと、土地人民を掠奪して威を振はんとするものとは、自然區別のあつたことで。こは記紀を讀む者の大に留意すべき點と思ひます。要するに此處數代間の重要眼目は、皇位繼承に關すること。政治的統制、宗教的統制（即ち祭政一致の伸展と其統一）に關すること。外國との關係等であらう。以下の記事はその積りで含味して戴きたい。

天津金木學から謂へば皇威の伸展は、先づ以て放線狀に氏族を統制し、整備することであらうと思ふ。圖示すれば次の如し。

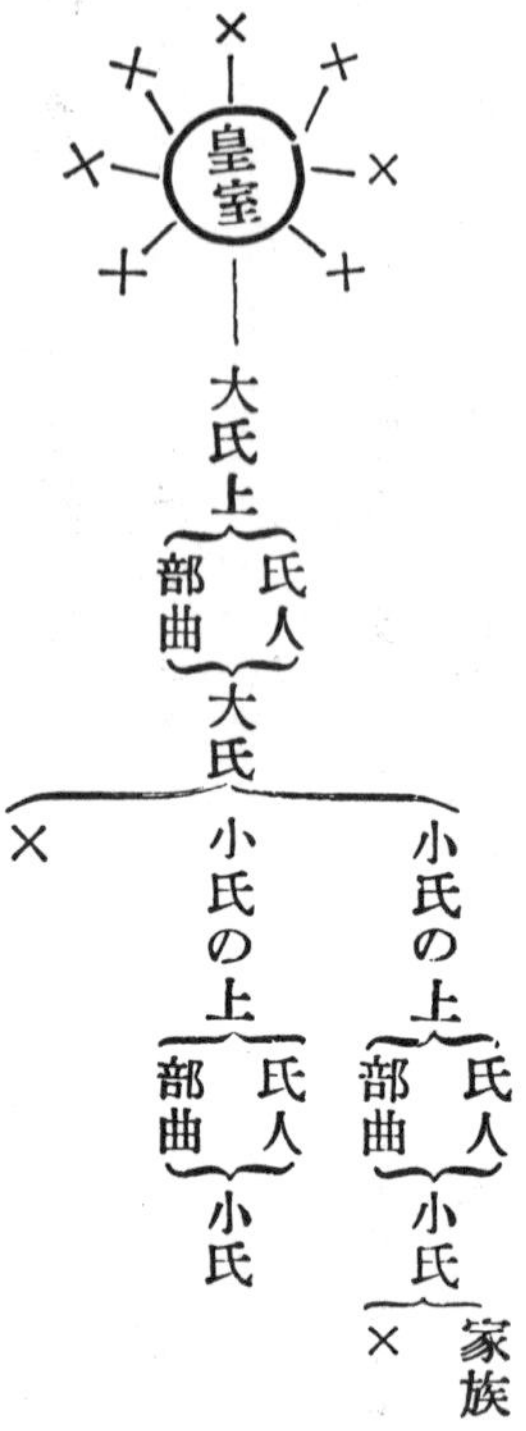

【註】皇室の御内部は天皇｛氏人・部曲｝皇室と成つてゐます。部曲《カキベ》は伴部《トモベ》とも稱し、ウヂは血族を同じくした家族の名稱だが、部曲は別血族のものが隷屬して職業等に從事するものである。

又地理的に皇居を本にして伸展する狀態を圖示すれば、

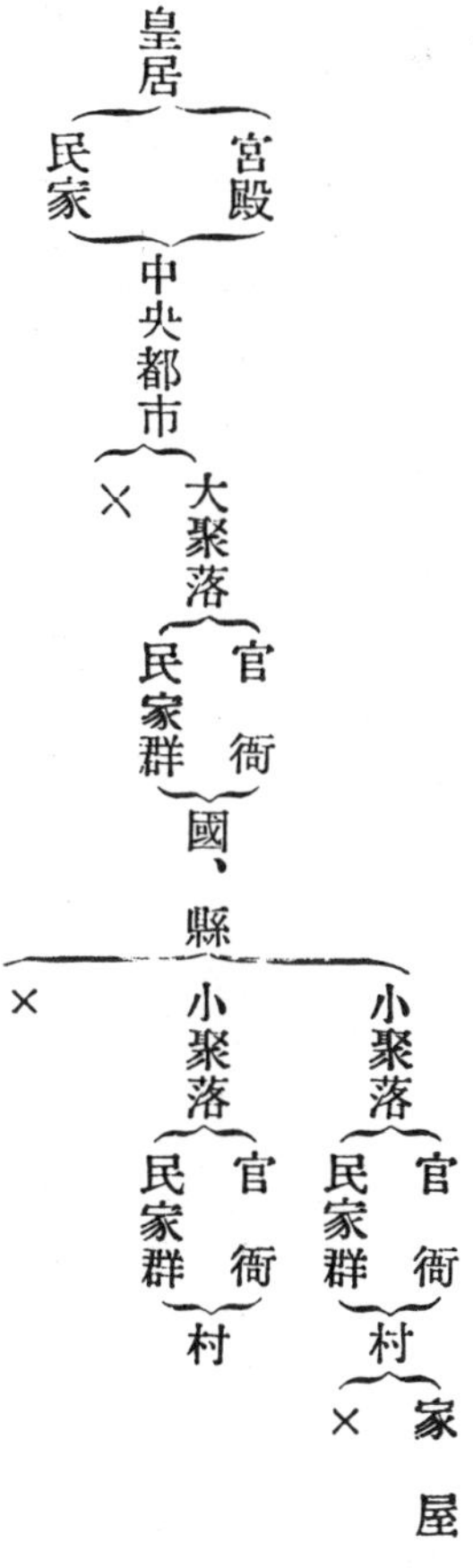

といふ事に成る。氏族制度の整備は必然御皇室の光華が無限に伸展する義であるから、大和朝廷の根本的大業は懸つて其の整理と發伸に在つたと申して宜しいのでありませう。而して其の大業の遂行は、一に祭政の上に存在したのであるから、神統に基くことゝ、神意に順つて一切を運ぶことゝは、其主要基礎であつたに相違ありません。意富多々泥古《オホタヽネコ》をして大物主神を祭らしめ給ふたのは、蓋し其の最も重要にして且つ中心を爲したものでありませう。其の事實は次の通りでした。

この天皇の御世に疫病多《サハ》に起り人民死《ウ》せて盡きむとす。こゝに天皇愁ひたまひて神牀《カミトコ》にましませる夜、大物主大神、御夢に顯はれてのたまはく、こは我が御心ぞ、故《カレ》意富多多泥古《オホタタネコ》をもて、我が御前を祭らしめたまはゞ、神氣起らず國平ぎなむとのりたまひき。是を以て　驛使を四方に班《ワカ》ちて、意富多多泥古《オホタタネコ》といふ人を求むる時に、河内の美努《ミヌ》村にその人を見得て貢けき、こゝに天皇汝は誰が子ぞと問ひたまひき。僕は大物主大神、陶津耳命《スヱツミミノミコト》の女、活玉依毘賣に娶ひて生みませる子、名は櫛御方命の子、飯肩巣見《イヒカタスミ》の子建甕槌命《タケミカツチ》の子、僕《オレ》意富多多泥古とまをしき。こゝに天皇大《イタ》く歡びたまひて、天ノ下平ぎ、人民榮えなむと詔りたまひて、即ちこの意富多多泥古命を神主として、御諸山《ミムロヤマ》に意富美和之大神《オホミワノオホカミ》の御前を齋き祭りたまひき。また伊迦賀色許男命《イカガシコヲ》に仰せて、天の八十平瓮《ヤソヒラカ》を作り、天神地祇の社を定めまつりたまひき。また宇陀墨坂神《ウダノスミサカ》（莵田郡と磯城郡の境）に赤色の楯矛を祭り、また大坂神（葛下郡大坂山口神社（神名帳）に在り。當時の都市から河内に通ずる坂路の麓に祀られ、今も北葛城郡二上村大字穴虫に祠あり、之に隣して逢坂（下田村の大字）といふ地がある）に黑色の楯矛を祭り、また坂之御尾神、河ノ瀬神まで、悉に遺ることなく幣帛たてまつりたまひき。これに因りて疫病悉に息みて天下平ぎき」とあります。書紀には四年冬十月詔して「其れ群卿百僚、爾の忠貞を竭くして共に天下を安にせむこと亦可からずや」と仰せられ。また五年の條に「國の内に疾疫多く民死亡者有り、且大半矣」とあり、尙ほ六年百姓流離《サスラ》へぬ。或は背叛《ソム》くもの有り、其の勢德を以て治め難し、是を以て晨に興き夕に惕《ヲソ》れて神祇を請《ノミ》罪《マヲ》す。是より先き、天照大神、倭大國魂二神を並に天皇の大殿の內に祭《イヤマ》ひまつる。然れども其神の勢を畏れて、共に住みたまふに安からず。故れ天照天神を以ては豐鍬入姫《トヨスキイリビメ》命を託《ツ》けまつりて、倭笠縫邑《ヤマトカサヌヒムラ》に祭りたまふ。仍《ヨ》りて磯城《シキ》神籬《ヒモロギ》を立つ、亦日本大國魂神を以ては渟名城《ヌナキ》入姫《イリヒメ》命に託《ツ》けて祭らしむ、然るに渟名城入姫命髮落ち體瘦《ヤセカ》みて祭ること能はず」とあります。眞に非常な時代でした。

而して更に七年春二月、詔して「昔、我が皇祖大に鴻基を啓きたまひき。其後聖業愈高く王風轉た盛なり。意《オモ》はざりき。今朕が世に當りて數《シバ〳〵》災害有らむとは、恐らくは朝に善政無くして、咎を神祇に取るか。盍《ナン》ぞ命神龜《ウラヘ》て以て災を致せる所由を極めざらむ。」と是に於て天皇乃ち淺茅原《アサヂハラ》に幸て、八十萬神を會《ツド》へて、以て卜問《ウラト》ひたまふ。是の時に倭迹迹《ヤマトトト》日《ヒ》百襲《モヽソ》姫《ヒメ》命に神命憑《カ》りて曰く「天皇何ぞ國の治まらざるを憂ふる。若し能く我を敬ひ祭らば、必ず當目平《タヒラギナ》矣《ム》。天皇問ひて曰く「かく教へたまふ者は誰の神ぞ。」答へて曰く「我は是れ倭國の城內に居る神、名を大物主神といふ。」時に神語を得て隨教《ヲシヘノマニ〳〵》祭祀りたまひぬ。然れども猶事に於て驗《シルシ》無し。天皇乃ち沐浴齋戒して殿內を潔淨めて祈《ノ》みて曰く「朕神を禮《イヤマ》ふこと尙未だ盡さざるか。何ぞ不享の甚き、冀はくば亦夢裏に教へて、以て神恩を畢《ツク》したまへ。」是の夜夢に一貴人有り、殿戶に對ひ立ち、大物主神と自稱して曰く「天皇復た國の治まざることを愁ましそ。是れ吾が意ぞ、若し吾が見大田《オホタ》田根子《タネコ》を以て吾を祭らしめたまはゞ則ち立ちどころに平ぎなむ。亦海外の國有りて自ら歸伏《マヰツタガ》ひなむ。」……天皇夢の辭を得て心に歡びたまひ、天の下に布告して大田田根子を求めたまふ。即ち茅渟《チヌ》縣陶邑《スヱムラ》に於て大田田根子を得て貢る。」天皇即ち親ら神淺茅原に臨《イデ》まして、諸王卿及び八十諸部を會へて、大田田根子に問ひ曰く「汝は其れ誰が子ぞ」對へて曰く「父をば大物主大神と曰ふ。母をば活玉依媛と曰ふ。陶津耳の女なり。」天皇曰く「朕當集樂《ワレサカエントスルカナ》乃ち物部連の祖伊香色雄《イカシコヲ》をして神班物者《カミノモノアカツヒト》と爲むと卜ふに吉し、又便《タヨリ》に他神を祭らむと卜ふるに吉からず。」十一月壬申朔己卯伊香色雄に命せて物部の八十手《ヤソテ》が作れる祭神の物を以て即ち大田田根子を以て大物主大神を祭る主と爲す。又長尾市を以て倭大國魂神を祭る主と爲す。然る後他神を祭ることを卜ふるに吉し、便ち別に八十萬の群神を祭りたまふ。仍つて天社國社《アマツヤシロクニツヤシロ》及び神地神戸《カムトコロカムベ》を定めたまふ。是に於て疫病始めて息み、國內漸くに謐《シツ》まり、五穀既に成りて百姓饒《ニギハ》ひぬ。」とあります。いかに宸襟を惱ましたまへるかを拜察することが出來るかと存じます。政治の根抵は祭祀に在る。いかに外形的の組織や整理が行屆いたとしても、國民信念の歸向する所が確定せなければ、眞の平安とは云はれない。信念の統一、それは遡つて神統の整理に出發する。大物主神崇敬は即ち一般諸神の崇敬整理であるから。意富多多泥古物語の一條は、單に國內疾病の鎭定のみではなく、政治上經世上特に宗教上の一大整理であり、確立であつたかと考へられます。乃ち八年冬十二月丙申朔乙卯天皇大田田根子を以て大神を祭らしめたまふ。是の日に活日《イクヒ》自ら神酒を擧げて天皇に献る。仍りて歌よみして曰く『このみきは、我酒《ワガミキ》ならず、やまとなす、大物主の釀《カ》みし酒、いくひさ、いくひさ。』かく歌ひて神宮に宴したまひき。即ち宴竟つて諸大夫等歌ひて曰く『うまさけ、みわのとのの、あさとにも、いでてゆかな、みわのとのどを。』茲に於て天皇歌よみして曰く『うまさけ、みわのとのの、あさとにも、おしひらかね、みわのとのぢを』即ち神宮の門を開きて幸行《イデ》ます。所謂大田田根子は今の三輪君等の始祖なり」とあります。いかに天皇の御叡慮の斜ならざりしかを拜することが出來ませう。古事記には意富多多泥古《オホタタネコ》が神の子であると云ふ事に就いて「この意富多多泥古と云ふ人を神の子と知れる故は、上にいへる活玉依毘賣《イクタマヨリビメ》それ顏好かりき。こゝに神《カミ》壯夫《ヲトコ》ありて、その顏姿世に比無きが、夜半に忽ち來つ、かれ相感《メ》でて住めるほどに、幾だもあらねば、その美人姙《ハラ》みぬ。こゝに父母その姙める事を怪みて、その女に汝は自ら姙めり、夫《ヲット》無きに如何にしてかも妊《ハラ》めるかと問へば、答へけらく麗はしき壯夫《ヲトコ》の、その名も知らぬが、夕毎に來て住めるほどに、自ら姙みぬといふ。是を以て其父母その人を知らまく欲《ホリ》して、女に誨《ヲシ》へつらくは、赤土《ハニ》を床の邊に散らし、巻子《ヘソ》紡麻《ヲ》を針に貫きてその衣の襴《スソ》に刺せと誨ふ。かれ敎へし如くして、且《アシタ》に見れば針つけたりし麻は、戸の鉤穴《カギアナ》より控《ヒ》き通り出て、唯遺れる麻は三勾《ミワ》のみなりき。かれこゝに鉤穴より出でし狀を知つて、絲のまに〳〵尋ね行きしかば、美和山《ミワヤマ》に至りて神の社に留りにき。かれその神の御子なりとは知りぬ。かれその麻の三勾《ミワ》遺《ノコ》れるによりて其地を美和《ミワ》とは謂ひける――意富多多泥古命は神君《ミワノキミ》、鴨君の祖なり――」神武天皇の皇后伊須氣余理毘賣《イスケヨリビメ》も大物主神の神子でした。而して今またこの意富多多泥古が大物主神の神子である。前者は天皇の皇后と爲り給ひ、後者は祭主の重任を負ふ事に成つた點から考へると、皇統と大物主系とは深遠な遠因のある御間柄であることが判りませう。これは靈系と體系との天地初發からの御關係で、立后は皇胤の上に於ける根本であり、祭祀は皇謨の上に於ける根本で、この二大根本事が、神武天皇並に崇神天皇の御世にその偉大なる保證を示されたことは、實に尊嚴な次第でありました。

靈體融合の根本的な大基礎が確立したので、徹底的に教化を布き以て信仰の統一と普及とを期すべきは、これぞ當然の順序でありませう。乃ち天皇は「十年秋七月丙戌朔已酉、群卿に詔して曰く民を導くの本は教化に在り、今既に神祇を禮《イヤマ》ひて災害皆耗《ツ》きぬ、然るに遠荒人等、猶正朔《ノリ》を受けず、是れ未だ王化に習はざるのみ、其れ群卿を選びて、四方に遣はして朕が意を知らしめよ。」と仰せられ、所謂四道將軍の御派遣と成つたのでした。古事記には「またこの御世に大毘古命《オホビコノミコト》をば高志《コシ》道に遣はし、その子建沼河別命《タケヌナカハワケ》をば東の方十二道に遣はしてその伏《マツロ》はぬ人どもを言向《コトム》け和《ヤツ》さしめ、また日子坐王《ヒコイマスノミコ》をば旦波國《タニハ》に遣はして玖賀耳《クガミミ》之《ノ》御《ミ》笠《カサ》を殺《ト》らしめたまひき」とあります。書紀には「大彦命を以て北陸に遣し、武渟川別《タケヌナカハワケ》を東海に遣し、吉備津彦を西道に遣し、丹波道主命を丹波に遣したまふ。因り詔して曰く若し教を受けざる者有らば乃ち兵を擧げて之を伐て、既にして共に印綬を授《タマ》ひて將軍と爲たまふ」とあります。四道將軍は軍兵を兼ねた敎化の使であつたのでした。皇室が敎化の御本體であらせられることは、我國體の一大特質です。

四道將軍の內、北陸に向はれた大彦命は孝元皇子で、開化天皇の御兄に當り、東海に向はれた武渟川別命はその御子である。此の兩命の後裔なる安倍氏族の分布から此の遠征を考へるに、父の命は大和より伊賀近江を經て越前に入り、北陸道を北に進み越後より會津に入り、子の命は伊勢尾張より東海道諸國を經由し、常陸より下野那須に出で、白河口より會津にて父命と會合せられたらしい。此道筋には後世父子の後裔たる安倍氏が分布してゐるから、以て此遠征が一時的のものでなかつたことも分るであらう。丹波に向はれたのは、開化皇子の彦坐王と其子丹波道主命とで、父子並び進んで、先づ久賀耳之御笠を誅し、三丹地方を征服せられた。後世此地方には此子孫たる丹波氏族が榮えてゐる。吉備には孝靈皇子の大吉備津彦命と若日子建津日子とが向はれた。御兄弟は播磨より吉備を平定せられた

孝靈 ─ 孝元 ─ 開化 ─ 崇神 ─ 豐城入彦命
　　　　孝元 ─ 大彦命 ─ 武渟川別命
　　　　崇神 ─ 垂仁
孝靈 ─ 大吉備津彦命
孝靈 ─ 若日子建吉備津日子命（稚武彦）
　　　　開化 ─ 日子坐王 ─ 丹波道主命

又崇神帝は皇子豐城入彦命を遣はして東國を治めしめ給ふ。これより命の子孫は毛野（上野下野）に居り、上毛野下毛野の二氏となり、長く東國の都督として關東諸國を統轄し、又陸奥方面の蝦夷の撃攘を其任とされた。（系譜＝豐城入彦――八綱田――彦狹島王、御諸別王――荒田別）彦狹島は景行朝東山道十五國の都督となつたが途中薨じた爲め、御子御諸別がこの遺業を繼ぎ大に蝦夷を撃つた。又崇神朝には五百木入彦命が尾張氏を率ゐて濃尾地方を征服せられた事や、出雲氏が朝命を奉ぜなかつたから、吉備津彦と武渟川別とを遣はして平げさせた事等もある。又此朝に但馬出石の天日槍の子孫も全く王威に服するに至つたと云はれてゐる。以ていかに此天皇の御代が國家統制上、劃時代的の効果を收めたかゞ判るであらう。特に皇裔をして常に遠征將軍として差遣はされたことは、地方豪族を制する上に、威力の大なるものがあつたことでせう。斯くて光華は四方に隆々として發射伸展を見たことであらう。

「かれ大毘古命高志國に罷り往《イデ》ます時に、腰裳服《コシモケ》せる少女、山代の幣羅坂《ヘラサカ》に立てりて歌ひけらく『こはや　御眞木《ミマキ》　入日子《イリヒコ》はや　御眞木《ミマキ》　入日子《イリヒコ》はや　己《オノ》が命《ヲ》を　竊《ヌス》み殺《シ》せむと　後《シリ》つ戸《ト》よ　い行き違《タガ》ひ　前《マヘ》つ戸よ　い行き違《タガ》ひ　窺《ウカガ》はく　知らにと　御眞木　入日子はや』――この歌の意義は「これは〳〵御眞木《ミマキ》入日子《イリヒコ》〳〵と御名は申せど、己を竊み殺さむと後戸をうろついて居り、前戸を窺つて居るのに、それも知らないで、夫を出して遣るとは、御眞木入毘古といふ名はあつても、入れることを知らず、出してやることよの意で、四道將軍を外へ出して、內部から起る禍亂を知らないことを諷したのであらう。

書紀には「みまきいりひこはや　おのが夫を　しせむと　ぬすまくしらに　ひめなそびすも』。一に云ふ『オホキトヨリ　ウカガヒテ　コロサムト　スラクヲシラニ　ヒメナソビスモ』とあり。この歌で見ること四道將軍を婦人に擬し、天皇を夫に擬し奉つて、四道將軍の國家の危機をも知らず、四方の國々に進發せんとするを、婦女の戯に諷して歌つたものと解せられます。

こゝに大毘古命怪しと思ひて、馬を返してその少女に「汝が謂へる言、如何に言ふことぞ」と問ひたまへば、少女「吾物言《モノイ》はず唯歌をこそ詠《ウタ》ひつれ」と答へて行く方も見えず忽に失せぬ。そこで大毘古命更に還りまゐ上りて、天皇にまをす時に、天皇詔《ノ》りたまはく、こは思ふに山代國なる汝が庶兄建波邇安王《タケハニヤスノミコ》の邪心を起せる表《シルシ》にこそあらめ、伯父軍を興して行かせと詔《ノ》りたまひて、即ち丸邇《ワニノ》臣《オミ》の祖日子《ヒコ》國夫玖命《クニフクノミコト》を副へて遣はす時に、丸邇坂《ワニサカ》に忌瓮《イハヒベ》を居《ス》ゑて罷《マカ》り往《イデ》ましき」とあります。書紀には大彦命が還つて少女の歌の件を奏上すると天皇の姑倭迹迹《ヤマトトヽ》日《ヒ》百襲《モヽソ》姫《ヒメ》、聰明叡智、能く未然を識りたまふ。乃ち其歌を恠みて、天皇に是れ武埴安彦《タケハニヤスヒコ》が謀反《ミカドカタブ》けむとする表《シルシ》ならむと申されてゐます。

「こゝに山代の和訶羅河《ワカラガハ》（泉川の舊名今の木津川のこと）に到れる時に、その建波邇安王軍を興して待ち遮り。各河を中にはさみて、對立《ムカヒタ》ちて相挑みき、こゝに日子《ヒコ》國夫玖《クニブク》命、其方の人先づ忌矢《イミヤ》を放てと云ふまゝに、建波爾安王射つれども中らなかつた。こゝに國夫玖命の放てる矢は、建波邇安王に射中てゝ斃しました。そこでその軍悉く破れて逃げ散つた。こゝにその逃ぐる軍を追ひ迫めて、久順婆《クスバ》之渡《ワタリ》（今の河内國北河内郡樟葉村と云）に到る時に、皆迫められ窘《タシナ》みて屎《クソ》出でて褌《ハカマ》に懸つた。またその逃ぐる軍を遮りて斬れば、鵜のごと河に浮いた。かく平げ訖《ヲ》へてまゐ上りて、覆奏まをした」とあります。書紀では武埴安彦が其妻の吾田媛と力を協せて大に闘ふたが、先づ吾田媛を誅して那羅《ナラ》山《ヤマ》に轉戰し、輪韓《ワカラ》河に戰ひ、遂に武埴安彦を誅したことを些細に述べてゐます。

この建波邇夜須毘古の事件は、其原因に就いて史家が種々說を立てゝゐますが、少女が歌で諷したといふのが、聊か神秘的に見え、倭迹々日百襲姫が神に仕へる身を以て、事件の判定をして居られる所から見ても矢張信仰上の行違ひから來た思想的の事件ではなかつたらうか。皇位爭奪の意義の含まれる、吾田族即ち熊襲隼人の反謀が考へられない事もないが、其の戰死のさまが屎の穢れや鵜の如く河に浮く狀態を述べてゐる點等から見て、信仰上の問題が中心を爲してゐた如く思はれてなりません。

尙ほ書紀には「是の後に倭迹迹日百襲姫命が大物主神の妻と爲る。然るに其の神常に晝は見えたまはずして夜のみ來《キマ》す。倭迹迹姫命夫に語りて曰く、君常に晝は見えたまはねば、分明に其の尊顏を視まつることを得ず。願はくば暫し留りたまへ。明旦《アクルアサ》、美麗之威儀を仰ぎて觀たてまつらむ。大神對へて曰く言理《コトハリ》灼然なり。吾れ明旦に汝が櫛笥に入りて居らむ。願はくば吾が形にな驚きましそ。爰に倭迹迹姫命心の裏に密に異《アヤシ》む。明くるを待ちて、以て櫛笥を見れば、遂に美麗しき小蛇《ヘミ》有り。其長大衣紐の如し。則ち驚きて叫《サ》啼《ケ》ぶ。時に大神耻ぢて忽に人の形に化《ナ》りたまふ。其の妻に謂りて曰く「汝忍びずして吾に令羞《ハヂミ》せつ、吾れ還りて汝に令羞《ハヂミ》せむといひて、仍りて大虚を踐みて御諸山《ミムロヤマ》に登ります。爰に倭迹迹姫命仰ぎ見て悔いて急《ツキ》居《ヴ》。則ち箸にて陰《ホド》を撞《ツ》きて薨《ミウ》せぬ。乃ち大市に葬る。故れ時の人其の墓を號けて箸墓と謂ふ。是の墓は日は人作り夜は神作る。故れ大坂山の石を運びて造る。則ち山より墓に至るまで人民相踵ぎて以手《テモテ》遞傳《ツギ》運《ハコ》ぶ、時の人歌ひて曰く『おほさかに、つぎのぼれる、いしむらを、たごしにこさば、こしがてむかも』といふ記事がある。

當時倭迹迹日百襲姫命は餘程老齢であつた筈だから、大物主神の妻となつても神子托生の任には堪へなかつたので落命されたのか。若しこの姫に御子（恐らく女子）あらば、當然皇后となるべき筋合の方であるから。其の箸で陰《ホド》を衝いて落命されたのが、或は宗教的意味に於ける、キリストの死と同様な、靈魂の不滅即永生の保證の爲めと云ふやうなものであつたかも知れぬと思ふ。故にその墓を日は人作り夜は神作りて一大靈蹟とし、大坂山の石を運んで、石位式《イハクラシキ》の墳墓を作つたのではないだらうか。手から手へ石を取續いて運んだ狀態、その歌の意味等から考へると、どうしても、大物主神の精靈的信仰を基礎とする、宗教團の成立したことを物語るものらしい氣がせる。倘崇神天皇が疫疾を鎭むる爲めに、意富美和之大神を祭られた外に、伊迦賀色許男命《イカガシコヲ》に仰せて、天之八十毘羅訶《アメノヤソビラカ》を作り、天神地祇之社を定め奉り、又宇陀墨坂神《ウダスミサカ》に赤色楯矛を奉り、又大坂神に黑色楯矛を奉り、又坂之御尾神及び河瀬神までに、悉く遺忘なく、幣帛を奉られたのは、恐らく宗教思想に對する鎭壓が、政治的統制に合致して行はれたものであらうかと思はれます。而してその祭政の方式が、また一面に軍事的要素を具へて居たのではあるまいかとも考へられます。祭政と軍事と教育と、それに産業の伸展、そんなものが一つに織り込まれて、王化の鴻基が著々その健實なる光を放つて往つたのでありませう。

次に「かれ大毘古命は先の命《ミコト》のまに〳〵高志《コシ》國に罷り往《イデ》ましき。こゝに東の方より罷《マ》けし建沼河別その父大毘古と共に、相津に往き遇ひたまひき。こゝを以て各罷けつる國の政《マツリゴト》言《コトム》向けて覆奏《カヘリゴト》まをしき」とあり、書紀には「十一年夏四月壬子朔己卯四道の將軍等戎夷を平げたる狀を以て奏す。是の歳、異俗多く歸《トツ》きて國内安寧なりとあります。世は隆盛時代の狀態を漸次如實に展開してゐます。

又書紀に「十二年春三月丁丑朔丁亥、詔して曰く「朕初めて天位を承けて宗廟を保つことを獲たり。明も蔽《サハ》る所あり、徳も綏《ヤス》むること能はず。是を以て陰陽謬《アヤマ》り錯《タガ》ひ、寒暑序を失へり、疫病多《サハ》に起りて、百姓災を蒙《ウ》く。然るに今罪を解《ハラ》へ過を改めて、敦く神祇を禮ひ、亦教を垂れて荒俗を綏《ヤス》くし、兵を擧げて以て不服《ロハヌ》を討つ。是を以て官に廢れたる事なく、下に逸民無し、教化流行《オコナ》はれて、衆庶業を樂む。異俗《アダシクニノヒトドモ》譯《ヲサ》を重《ツラ》ねて來、海外既に歸化《マキオモム》きぬ。宜しく此の時に當りて更に人民を校《カムガ》へて、長幼の次第及び課役の先後を知らしむべし」とあります。

次に古事記には「かれ天下平ぎ、人民富み榮えき」と簡單に記されてゐます。が泰安時代の全貌が、この一語の中に明瞭に現はれてゐるのを見ます。次に「こゝに初めて男の弓端《ユハヅ》の調《ミツギ》、女の手末《タナスヱ》の調《ミツギ》を貢らしめたまひき」とあり。書紀も同樣である。「是を以て天神地祇共に和享《ニゴ》みて風雨時に順ひ、百穀用《モ》つて成り、家給《ツ》ぎ人足りて、天下大に平なり。」とあり。「かれその御世を稱《タヽ》へて『初國知らし《ハツクニシ》御眞木天皇《ミマキノスメラミコト》』とまをす」書紀は「御肇國天皇《ハツクニシラススメラミコト》」と記してゐます。男の弓端の調は狩獵に依て獲たものを調とし、女の手末の調は機織に依り獲た織物等を調としたことで。これが納稅の最も原始的なものと史家は論じて居ます。がこは國家統制が大に進み、且つ朝廷の用度も追々增した證とすべきで。既に神武天皇を以て「始馭天下之天皇《ハツクニシラススメラミコト》」と申し上げたのに對して、再び斯く申し上げたのは、國家統制が大に進み新國家建設の感が國民に强つたからの事であらうと考へられます。

國家的事務が繁多に成り、從て財政上の必要から、國家の調役として、男弓弭調《ユハヅノミツキ》女手末調《タナスヱノミツギ》等を定められた事は、既にこの天皇の頃から、皇室と神社と國家の財政の區分が別たれる萠芽を認めることが出來、それが雄略天皇の朝に、三藏の制となつたものであらうから、崇神帝が其の基を開きたまへるものとして、世界財政史上大に留意の的と成るものでありませう。

それから書紀には「十七年諸國に令して船舶を造らしめられた」記事があり「四十八年春正月、天皇豊城命活目命に勅して曰く、汝等二子慈愛共に齊《ヒト》し、曷《イツ》れを嗣に爲さむことを知らず。各宜しく夢みるべし。朕夢を以て占《ウラ》へむ。二皇子是に於て命を被り、淨沐して祈《コヒノ》みて寢たまへり。各夢を得たまひつ。會明《アクルアシタ》に兄豊城命夢の辭を以て天皇に奏して曰さく、自ら御諸山の嶺に登りて、東に向きて八廻《ヤタビ》弄槍《ホコユゲ》し、八廻《ヤタビ》擊刀《タチカキ》す。弟活目命夢の辭を以て奏して言さく、自ら御諸山の嶺に登りて、繩を四方に絚《ハ》へて粟を食む雀を逐《カ》る。則ち天皇夢を相して、二子に謂つて曰く、兄は則ち一片に東に向きて當に東國を治すべし。弟は是れ悉く四方に臨みて宜しく朕が位を繼ぐべし。」とあります。これも或は長兄は巡撫の任に當り給ふ先蹤に倣つて東國に向はれたのを、後世長子が皇位繼承し給ふ例になつた後、斯く夢占の如く書き傳へたものであらうと云つてゐる學者もあるが、御諸山の上に立つての夢事であるから、我々は神占の一種として、本文のまゝ信ずべきものと存じてゐるものです。

また書紀に「六十年秋七月、群臣に詔して曰く武日照命《タケヒナテル》（一に云ふ武夷鳥、又云ふ天夷鳥）の天より將來《モチキタ》れる神寶、出雲大神の宮に藏む。是れ見ま欲《ホ》し、則ち矢田部造の遠祖武諸隅《タケモロスミ》を遣して（一書に云ふ一名大母品隅）献らしむ。是の時に當りて、出雲臣の遠祖出雲《イツモ》振根《フリネ》神寶を主《ツカサド》れり。是に筑紫國に往《イタ》りて遇はず。

其の弟飯入根《イヒイリネ》則ち皇命を被りて、神寶を以て弟甘美韓日狹《ウマシカラヒサ》と子鸕濡渟《ウカツクヌ》とに付けて貢つた。既にして出雲振根筑紫より還り來て、神寶を朝廷に献つたと聞いて、其の弟飯入根を責めて曰く數日當待《マテバヨイニ》、何を恐みてか、輙《タヤス》く神寶を許したか、是を以て既に年月を經れども猶恨忿を懷きて、弟を殺さむといふ志あり。仍りて弟を欺きて曰く、頃者止屋淵《コノゴロヤムヤノフチ》に於て多に萎《モ》生ひたり。願はくば共に行きて見ま欲《ホ》し、弟則ち兄に隨ひて行けり。是より先に、兄竊に木刀を作り、形、眞刀に似たり。當時自ら佩けり、弟眞刀を佩けり。共に淵の頭《ホトリ》に到りて、兄、弟に謂つて曰く、淵の水淸冷《イサギヨ》し、願はくば共に游沐せむと欲ふ。弟、兄の言に從ひて各佩かせる刀を解きて、淵の邊に措きて、水中に沐《ユハ》む。乃ち兄先づ陸に上りて、弟の眞刀を取りて自ら佩く、後に弟驚きて兄の木刀を取りて、共に相擊つ、弟木刀を拔くことを得ず。兄、弟飯入根を擊ちて殺しつ、故れ時の人歌ひて曰く『やくもたつ、いづもたけるが、はけるたち、つゞらさはまき、さみなしに（眞味無）あはれ』是に於て、甘美韓日狹、鸕濡渟朝廷に參向て、曲《ツブサ》に其の狀を奏す。則ち吉備津彥と武渟河別とを遣して、以て出雲振根を誅す。故れ出雲臣等是の事に畏れて、大神を祭らずして間有り、時に丹波の氷上《ヒカミ》の人、名は氷香戶邊《ヒカトベ》、皇太子活目尊に啓《マヲ》して曰く、己が小兒あり、自然言さく、玉萎鎭石《マタモシヅシ》、出雲人祭れ、眞種《マタネ》の甘美鏡《ウマシカガミ》、押羽振《オシハフ》れ、甘美御神《ウマシミカミ》の底寶御寶主《ソコタカラミタカラヌシ》、山河の水泳御魂《ミククリミタマ》、靜め挂《カ》けよ。甘美御神《ウマシミカミ》の底寶御寳主なり。是れ小兒の言に似ず、若しくば託言《ツキテイ》ふもの有るか。是に於て皇太子天皇に奏す。則ち勅して祭らしめたまふ。」とあります。出雲大神の神寳を檢し給ふ事は、出雲族に對する一種の牽制の如く思はれる筋があります。神武天皇の卷に於て述べた通り、神寳は神統の權威を示すものですから豫めその檢閲を行ふことは、變事を未前に防ぐ最も適當な手段であつたでありませう。其兄弟間の軋轢が普通で無いのを見ても、神寳奉献が大事件の伏在を物語るものではあるまいか。後に頑是ない小兒の言に託して、漸く之を祭るに到らしめられたのも、事件決着後の事とて、斯く平易に運んだ譯でありませう。古事記では出雲振根が弟を殺した仕方や、其歌が、日本武尊の出雲建《イヅモタケル》討として出てゐます。それ等を總合して考へると、神寳徵發は表面上の名義で、出雲族の宗教的跋扈に對する、平和的征討ではなかつたらうか。而して大國主神の祭祀を新らしい意味で復興され、鎭撫使下向の意味で、本牟智和氣命《ホムヂワケ》(垂仁天皇の皇子)の出雲神參拜、同皇子と肥長比賣《ヒナガヒメ》との婚並に其の徒族の伏兵を知つて逃走された物語を生んだのではあるまいか。當時出雲は韓地に近い關係上、其地と旺に交通して居り、從て大陸文化を輸入して居たので、頗る侮り難い勢力があつたに相違ない。出雲併呑の結果、從來同國とのみ交通した外人は、直接大和に入朝するやうになつたであらう。而して鐵器土器工業が勃興し、大和文化が大に發達した因を爲した事から見ても、出雲神族に對する關係は必然外國關係に聯關するので、大なる留意を要する譯合でありませう。

次に古事記には「またこの御世に依網池《ヨサミノイケ》（今攝津國東成郡依羅村）を作り、また輕之《カルノ》酒折池《サカヲリ》（大和國高市郡白橿村字大輕）を作らしき。書紀には「六十二年秋七月　詔して曰く、農は天下の大なる本なり。民の恃みて以て生くる所なり。今河內狹山の埴田水少し、是を以て其の國の百姓農事に怠れり。其れ多に池溝を開いて以て民の業を寬めよ。冬十月　依網池を造る。十一月苅坂池《カリサカ》、反折池《サカヲリ》を作る（一に云ふ天皇桑間宮に居まして、是の三池を造りたまふ）とあります。この天皇の御世の內治外政に關しては文献に現はれてゐる以上、もつと〳〵文化發展の著しいものがあつたらうし、外國との交通も意外に頻繁に行はれて居たことでもあらうし、民度も意外に高かつた事であらうから、將來幾多の發見があることが豫想されませう。上古史を單に原始時代とのみ考へて居るのは大なる誤であらう。

書紀に六十五年秋七月　任那國《ミマナ》　蘇那曷叱智《ソナカシチ》を遣はして朝貢らしむ。任那《ミマナ》は筑紫國を去る二千餘里北の方海を阻てゝ以て鷄林の西南に在り」とあるのは、前にも述べた通り、缺史時代にすら、既に朝鮮の一部は我が領有に歸して居た程だから、崇神天皇の御世には意外に交通が開けて居て、任那國の朝貢の如きも、一時絶えて居たものを再び復興したのか。或は恒例として居たものを文献として創めて載せたまでのものであるかも知れぬ。ミマナ（任那）は天皇の御名御間城《ミマキ》から採つたものとの說があるが、要するに神功皇后が三韓を內宮家《ウチノヒヤケ》とし或は百濟を渡屯家《ワタノミヤケ》と稱したと同樣、天皇の御料地を意味したものであらう。鷄林は新羅の西南倭人が占據した地方及び島嶼の總稱と解せられてゐる。

「この天皇御歲壹百六十八歲、御陵は山邊《ヤマノヘノ》道勾之岡上《ミチノマガリノヲカノヘ》にあり」とあり。書紀には「六十八年冬十二月崩りましぬ。時に年百二十歲。明年の秋八月　山邊道上陵に葬しまつる」とあります。又この天皇に限り記に戊寅年十二月崩と注記してゐるので學者間に種々の說がある。が今は論ぜず。

伊久米伊理毘古伊佐知命（垂仁天皇）

伊久米伊理毘古伊佐知命《イクメイリビコイサチノミコト》、師木玉垣宮《シキノタマガキノミヤ》にまし〳〵て、天下治しめしき。書紀には「活目入彥五十狹茅天皇は御間城入彥五十瓊殖天皇の第三子なり。母の皇后を御間城姬と曰す。大彥命の女なり。天皇、御間城天皇廿九年歲次壬子春正月己亥朔を以て瑞籬宮《ミヅガキノミヤ》に生れたまへり。生れまして岐嶷なる姿有《マ》し、壯に及びて倜儻大度、率性眞に任せて矯飾《ナホシカラザ》る所無し。天皇愛みて左右に引置たまふ。廿四歲にして夢の祥に因りて以て立ちて皇太子と爲りたまふとあります。

此天皇の御世の記事として、古事記は皇后の兄沙本毘古《サホビコ》王の事件並に皇子品牟都和氣《ホムツワケ》命の出雲大神御參拜、比婆須比賣《ヒバスヒメ》始め四柱を召された物語、並に多遲麻毛理《タヂマモリ》を常世國《トコヨノクニ》に遣はされた記事等が、主要題目と成つてゐます。而してこの四つの主要事項が、何れも生命の問題に基調を置いてゐる事は、大に留意すべき事柄と考へます。先づ第一に沙本毘古王の事柄から述べませう。

「この天皇　沙本毘賣《サホビメ》を后としたまへる時に、沙本毘賣命の兄、沙本毘古王、その同母妹に、夫と兄とは孰《イツ》れか愛《ハシ》きと問へば、兄ぞ愛《ハシ》きと答へたまひき。ここに沙本毘古王謀りけらく、汝寔に我を愛《ハ》しく思ほさば、吾と汝と天下を治《シ》りてむとすといひて、即ち八《ヤ》塩折《シホヲリ》の紐小刀を作りて、その妹に授けて、この小刀もて天皇の寐《イネ》ませらむを刺し殺しまつれといふ。かれ天皇その謀を知ろしめさずて、その后の御膝を枕きて、御寐ましき。こゝにその后、紐小刀もて、その御頸を刺しまつらむとして、三度まで擧《フ》りたまひしかども、忍《タ》へがてに哀しく思ほして、得刺しまつらずて、泣きたまふ御涙、御面に落ち溢《ナガ》れき。かれ天皇驚きまして、その后に問ひたまはく、吾は異《アヤ》しき夢を見たり。沙本《サホ》の方より、暴雨の零《フ》り來て、急に吾が御面を沾《ヌラ》しつ、また錦色なる小蛇、我が頸になも纒へりし、かくの夢は何の表《シルシ》にかあらましと問ひたまひき。こゝにその后、爭はえじとおもほして、白したまはく、妾が兄沙本毘古王、妾に、夫と兄とは孰れか愛《ハ》しきと問ひたりき。かく問ふには、え面勝《オモカ》たずても、兄ぞ愛《ハ》しきと答へつれば、妾に誂《アトラ》へけらく、吾と汝と天下を治《シ》らさむ。かれ天皇を殺《シ》せまつれといひて、八塩折の紐小刀を作りて妾に授けつ、是を以て御頸を刺しまつらむとして、三度擧《フ》りしかども、忽に哀しくなりて、得刺しまつらずて、泣きつる涙の落ちて、御面を治《ヌラ》しつる。必ずこの表《シルシ》にこそあらめとまをしたまひき」とあります。

國家としての生命も若々しい時代だし、文化も着々進んで來たので、思想上の種々な問題が、考慮される時に成つて來ました。丁度年齢十八九歳頃の青年に起り勝な、極端な空想的野望的な思想に驅られると同時に、一面には生命の問題に觸れて、獨り淋しみを感ずる時代が、恰もこの時代に該當してゐるやうです。沙本毘古王の叛も、その空想的な野望の發現で「夫と兄とは何れが愛慕されるか」が、事件の發端でした。書紀には「夫れ色を以て人に事《ツカ》ふるは、色衰へて寵緩《ヤ》む。今天下に佳人多《サハ》なり。各遞《タガヒ》に進みて寵を求む。豈に永に色を恃《タノ》むことを得むや。是を以て冀はくは、吾れ登鴻祚《アマツヒツギシラ》せば、必ず汝と天下に照臨《テラシノゾ》みて、則ち枕を高くして永に百年を終《ヘ》む、亦快《ヨ》からむや、願はくば我が爲に天皇を殺せまつれ、仍りて匕首を取りて皇后に授く」と、女性の最も痛切に感動する條件を持ち出して、其心を動かしてゐます。沙本毘賣は情にもろひ女性の常として、その言に動かされ、またてつぱり排斥するだけの心强さも無くて、自然に惹きこまれて行つたのは、頗る可憐な次第ですが、これがまた時代反影の好適例でもあつたのでせう、本文に在る通り沙本の方から暴雨が零《フ》り來て御面を沾《ヌラ》し、また錦色の蛇が御頸に纏つた御夢に因つて、遽然こして御寢より醒め給ひ、沙本毘賣もありし一切を純直に白狀したので、幸に事なきを得たのでしたが、最も愛し最も接近してゐる者が、害意を懷くほど怖ろしい事はありません。

「こゝに天皇　吾は殆《ホドホド》に欺えつるかもと詔《ノ》りたまひて、乃ち軍を興し、沙本毘古王を擊《ト》りにつかはす時に、その王稻城《イナギ》を作りて、待ち戰ふ。この時沙本毘賣命、その兄を思ほしかねて、後門より逃げ出でゝそれの稻城に納《イ》りましき」とあります。この時の沙本毘賣としては、この外の手段に出るこさは出來ませんでしたでせう。勿論兄に味方して大に奮戰し、若しも勝利を獲たらば、最初の約束通り、兄と共に天下統治の任に當らんなぞいふ心は毫頭無かつたのでせう。が最初兄こ共に謀つた――それは好しや止むに止まれぬ强要を默認し、心にもあらぬ擧に出でんとしたとしても――その內心の苦責は、宮中に安閑として居ることを許さなかつたのであらう。で罪を天に謝すには、兄こ共に命を棄てる外はないこ、稻城に向つて奔られたのであらう。

「このをりしもその后姙《ハラ》ましたりき。こゝに天皇、その后の、愛《ウツク》しみ重みしたまふことも、三年になりぬるに、姙《ハラ》ましてさへあることを、いと哀しこ思ほしき。かれその軍を休《イコ》はしめつゝ、急《スム》やけくも攻めたまはざりき。かく逗留《トドコホ》れる間に、その姙ませりし御子產れましぬ。かれその御子を出して、稻城《イナキ》の外に置きまつりて、天皇に白さしめたまはく、若《モシ》この御子をば、天皇の御子と思ほしめさば、治めたまへとまをさしめたまひき。こゝに天皇、その兄をこそ怨《キラ》ひたまへれ。猶后をばいと愛《カナ》しとおもほせりければ、それ得たまはむの心ましき。是を以て軍士の中に力士の捷《ハヤ》きを選り聚《ツド》へて、宣りたまひつらくは、かの御子を取らむ時、その母王をも掠《カツ》ひ取りてよ。御髮にまれ、御手にまれ、取り獲むまに〳〵、掬《ツカ》みて控《ヒ》き出でまつれとのりたまひき。こゝにその后豫めその御心を知りたまひて、悉《コトゴト》にその髮を剃りて、その髮もて御頭を覆ひ、また玉緒を腐《クサ》して、御手に三重纏かし、酒もて御衣を腐《クダ》して、全き衣のごと服《ケ》せり、かく設《マ》け備へてその御子を抱きて、城の外に刺し出でたまひき。かれその力士ども、その御子を取りまつりて、即ちその御祖《ミオヤ》を握《ト》りまつらむこ、その御髮を握れば、御髮自ら落ち、その御手を握れば、玉緒また絕え、その御衣を握れば、御衣便《スナハ》ち破れつ、是を以てその御子を取り獲まつりて、その御祖《ミオヤ》をば得とりまつらざりき。かれその軍士ども還りまゐ來て、奏しつらく、御髮自ら落ち、御衣また破れ、御手に纏かせる玉緒も絕えにしかば、御祖をば獲まつらず、御子を取り得まつりつこまをす。こゝに天皇悔い恨みたまひて、玉作りし人どもを悪《ニク》まして、その地を皆奪《ト》りたまひき。かれ諺に、地得《トコロエ》ぬ玉作《タマツクリ》とぞいふなる。」とあります。いかに皇后の敏《サト》い御性質であつたかゞ能く窺はれます。容色麗美なる上に聰敏な性質を具へ給へる麗人でありながら、この運命に遭ひ給ふは惜しき限りで、天皇のあきらめがてに思召すも、御尤の御事と恐察いたされませう。

「また天皇、その后に詔らしめたまはく、すべて子の名は、必ず母なもつくるを、この御子の御名をば、何とかつけむと詔《ノ》らしめたまひき。かれ御答白《マヲ》したまはく、今稲城を焼くをりしも、火中に生れませれば、その御名は、本牟智和氣御子《ホムヂワケノミコ》こそつけまつるべきとまをさしめたまひき。また如何にして養《ヒタ》しまつらむと詔らしめたまへるに、御母を取り、大湯坐若湯坐《オホユエワカユエ》を定めて、養《ヒタ》しまつるべしとまをしたまひき。かれその后のまをしたまひのまに〳〵、養《ヒタ》しまつりき。またその后に汝の堅めし美豆《ミツ》の小佩《ヲビモ》は、誰かも解かむと問はしめたまへば、旦波比古多多須美智能宇斯王《タニハヒコタタスミチノウシノミコ》の女、名は兄比賣弟比賣《エヒメオトヒメ》・この二柱の女王ぞ、淨き公民《オホミタカラ》にませば、使ひたまふべしとまをさしめたまひき。然ありて遂にその沙本比古王を殺《ト》りたまへるに、その同母妹も從ひたまひき。」とあります。本牟智和氣と申す御名は、火の中で生れましたから、その縁に因《チナ》んで名《ナツケ》けられたものとあるが、木花佐久夜毘賣の場合は、その生れます御子が、果して皇孫の御子であるかどうかの、疑を晴らす手段として採られたものでしたが、今この沙本毘賣の場合も、兄との子ではないかの疑がある。故に祖神の故事に倣つて、火中出産の義を保證されたと解すべきでありませう。またその養育の仕方に就ては魚族神話が聯想されて來て、本牟智和氣王《ホムヂワケ》が彼の阿遲鉏高日子根神《アヂシヤクカヒコネ》に聯想される點の多い事が感ぜられませう。阿遲鉏高日子根命にも八握鬚胸前に至るまで言語を發することの出來なかつた物語が傳はつてゐるが、本牟智和氣にもその物語が傳はつてゐるのは偶然ではないと思ふ。

又た美豆《ミツ》の小佩《ヲヒモ》とは此紐即ち小帶(佩)は、上衣の制式が尚簡略であつた當時、衽を合はせる爲めに男女共に必要としたものであるが、或時代には配偶者の外は手を觸れしめてはならぬといふ俗信が行はれたからこれを解く人を撰定することは、次の后を推薦することに當ります。で沙本毘賣はその最も適當と信ずる女性を推薦されたのでした。斯く最後の終焉に至るまで、天皇と后とのむつまじくおはしたことは、伊耶那岐伊邪那美の故事が聯想されて一入感激の深いものがあります。

この沙本比古の叛を「天皇は御即位によつて、入彥の地位から皇室に復歸せられたのに、依然として佐保家(舊春日氏)の世襲財産たるイクメ(活目)を領有せられることは、狹穗彥等が不可解とし不平とした所で、其返還を請願して容れられなかつた恨が、竊に天皇を失ひ奉つてイクメ家の手に回收せむことを考へたのであらう」と或學者は謂つてゐる。それも一種の見解であらう。が此時代を人生の青年期に比して考察することは、一層根本的な解説であらう。

この御代には殆ど國教樹立の意義にまで進んだ所の、天照大神中心の大思想運動が行はれたのではあるまいか。この事は崇神天皇の御代から既に其傾向はあつたが、此御代に最もそれが力強く實行されたかと思はれます。が併しこの大思想運動に對しては、幾多の難關が存在したであらう、特に一方の旗頭であり、或意味に於ける反抗的態度を執つたものは、出雲神族であつたであらう。或は出雲神族を擔いで其の盟主の下に反抗せんとしたものもあつたかも知れぬ。書紀に一云として是の時、倭大神、積積臣の遠祖大水口宿《オホミナクチノスク》禰《ネ》に著《カ》りたまひて誨へて曰く、太初の時に期《チキ》りて曰く、天照大神は悉に天原を治しめさむ、皇孫尊は專ら葦原中國の八十魂神を治《シ》らむ。我は親ら大地官《オホツチツカサ》を治《シ》らむ。言《コト》已に訖《ヲハ》りぬ。然るに先皇御間城天皇　神祇を祭祀ると雖も、微細《クハ》しくは未だ其の源本を探りたまはず。以て粗《オロソカ》に枝葉に留めたまへり、故れ其の天皇短命《イノチミジカ》し、是を以て今汝御孫尊、先皇の不及を悔いて愼み祭りたまはゞ、則ち汝尊壽命延長、復天下太平ならむ」とあるのは、最も露骨に之を現はしたものではあるまいか。

でこの時は「時に天皇是の言を聞きて、則ち中臣連の祖探湯主《クガヌシ》に仰せてトへしめたまふ。誰人を以て大倭大神を祭らしめむ。即ち淳名城稚姫命卜《ウラ》に食《ア》へり。因りて以て淳名城稚姫命に命せて、神地を穴磯邑《アナシノムラ》に定めて大市長岡岬に祠りたまふ。然るに是の淳名城稚姫命、既に身體悉に瘦弱く、以て祭ること能はず、是を以て大倭直の祖長尾市宿禰に命せて祭らしめたまふ」といふことになつて解決してゐます。が彼の本牟智和氣王の御生長時代の記事として「かれその御子を率て遊べる狀は、尾張の相津《アヒヅ》なる二俣榲《フタマタスギ》を二俣小舟に作りて、持ち上り來て、倭の市師《イチシ》池輕《カル》池に浮べて、その御子を率《ヰ》て遊びき。然るにこの御子・八拳鬚《ヤツカヒゲ》心《ムナ》前《サキ》に至るまで御言《マコト》とはず。かれこゝに高往《タカユ》く鵠《タツ》が音を聞かして、始めて吾君《アギト》問ひしたまひき。かれ山邊之《ヤマベノ》大鶙《オホタカ》を遣はして、その鳥を取らしめき。かれこの人その鵠《タツ》を追ひ尋ねて、木國より針間《ハリマ》國に到り、また追ひて稻羽《イナバ》國に越え、即ち旦波《タニハ》國多遲麻《タヂマ》國に到り、東の方に追ひ廻りて、近淡海《チカツアフミ》國に到り、乃ち三野《ミヌ》國に越え、尾張國より傳ひて科野《シナヌ》國に追ひ、遂に高志《コシ》國に追ひ到りて、和那美之水門《ワナミノミナト》に網を張り、その鳥を取りて、持ち上りて獻りき。かれその水門を和那美之水門とは謂ふなり。またその鳥を見たまへば、物言はむと思ほして、思ほすがごと言ひたまふ事なかりき。」とあるのは次の如き觀察のされるものではなからうか。即ち山邊之《ヤマベノ》大鶙《オホタカ》が鳥を捕へんとして、遠く各國を遍歷した事情は、普通の捕鳥とは大に異つた居て、或は其鳥が本牟智和氣の異狀な出生を奇貨とし、之と相通じ或種の策謀を爲さんとした、間牒の類を指したのではなからうか。本牟智和氣王が壯年に至るも言語を發しなかつたのも、その身の危險を氣遣つて、態こ斯うして居られたのかも知れないこ思ふ。間諜を追つて進むと、芋蔓的に諸國に延蔓してゐた同類が判り之を殲滅する爲めに、多大の努力を要したであらう、鳥取部鳥養部を定められたのも、間諜の乘ずる虛が無いやうにする手段ではなかつたらうか。それは兎も角も國教樹立に對する難礁はどうしても出雲の神に在つたので「こゝに天皇患ひたまひて、御寢ませる時に、御夢に覺《サト》したまはく、我が宮を天皇の御舍《ミアラカ》のごこ造りたまはば、御子必ず御言《マコト》とはむ。かく覺《サト》したまふ時に、太卜《フトマニ》に占相《ウラヘ》て、何れの神の御心ぞと求むるに、その崇は、出雲大神の御心なりき。かれその御子をして、その大神の宮を拜ましめに遣りたまはむとする時に、誰を副はしめば吉けむと卜ふに、曙立王《アケタツノミコ》（日子坐《ヒコイマス》王の孫で皇子の再從兄）卜《ウラ》に會《ア》へり。かれ曙立王に科《オホ》せて、うけひ白《マヲ》さしむらく、この大神を拜むによりて、誠驗《マコトシルシ》あらば、この鷺巢池《サギスノイケ》の樹に住める鷺やうけひ落ちよ。かく詔りたまふ時に、その鷺地に墮ちて死にき。又うけひ活きよと詔りたまへば、更に活きぬ。また甜白檮《アマカシ》の前《サキ》なる葉廣熊白檮《ハヒロクマカシ》をうけひ枯らし、またうけひ生かしき。かれその曙立王に倭老《ヤマトオユ》師木登美豐朝倉曙立王《シキトミトヨアサクラアケタツノミコ》と謂ふ名を賜ひき。即ち曙立王菟上王《ウナカミノミコ》二王をその御子に副へて遣はす時に、那良戸《ナラト》よりは跛《アシナヘ》、盲《メシヒ》遇はむ、大坂戸よりも跛、盲遇はむ。唯木戸ぞ掖戸《ワキト》の吉《ヨ》き戸《ト》と卜《ウラ》へて、出で行かす時に、到ります地毎に品遲部《ホムチベ》を定めき。」とあるのも、芋蔓的に蟠居して居た不逞漢が巢滅されたので、もはやこの上は大丈夫と見て取つて、最後的の交渉を爲すために、本牟智和氣王《オムチワケノミコ》の出雲出發があつたのではなからうか。その出發に際しての神秘的作法は、豫め斯樣な行事を爲して、出雲系を威壓し最も明快な解決を爲さしめる手段であつたかとも想はれます。出雲大神は幽界神であるから靈的作法に長じてゐた。故に之を奉ずる部族等も、必ずまたその術に長じてゐたであらう。そこで更に一段威力ある靈力を顯して、未だ相對せざるに、先づ他を制したのではなからうか。出雲大神側もこの威力には大に畏《オソレ》を爲したことであらう。が併し出雲系に對しては、靈肉和合の意義を以て常に相對せられるのだから、宮殿を建てゝその要求を容れ、遂に圓滿なる解決を見たのが、この物語の骨子であつたように想はれます。

「かれ出雲に到りまして、大神を拜み訖へて、還り上ります時に、肥河の中に黑樔橋《クロキノスバシ》を作り、假宮を仕へ奉りて坐《マサ》しめき、こゝに出雲國造の祖、名は岐比佐都美《キヒサツミ》、青葉の山を餝りて、その河下に立てゝ、大御食《オホミケ》獻らむとする時に、その御子詔りたまひつらく、この河下に青葉の山なせるは、山と見えて山にはあらず、若し出雲之石《イハク》𥑎之曾宮《モノソノミヤ》にます。葦原色許男大神《アシハラシコヲノオホカミ》をもち齋く祝《ハフリ》が太廷《オホニハ》かと問ひたまひき。かれ御供に遣はさえたる王たち、聞き歡び見喜びて、御子をば檳榔之《アヂマキノ》長穗宮《ナガホノミヤ》にませまつりて、驛使《ハユマツカヒ》を上りき。こゝにその御子一宿肥長比賣《ヒナガヒメ》に婚ひましき。かれその美人を伺みたまへば、蛇なりき。即ち見畏みて遁げたまひき。こゝにその肥長比賣患たみて、海原を光して船より追ひくれば、益見畏《ミカシコ》みて、山のたわより御船を引き越して、逃げ上りいでましつ。」とあります。この物語中には、例の出雲神族が、虚を窺つて長蛇の伏兵を備へて居たことが考へられ、實に危險な一場面であつたらしく、其逃げ方は尋常普通でなかつた事が知れませう。が併し其後圓滿解決を告げたものか「こゝに覆奏《カヘリゴト》まをさく、大神を拜みたまへるに因りて、大御子物語りたまへる故に、まゐ上り來つとまをす。かれ天皇歡ばして、即ち菟上王《ウナカミ》を還して、神宮を造らしめたまひき。こゝに天皇その御子に因りて鳥取部《トトリベ》、鳥甘部《トリカヒベ》、品遲部《ホムチベ》、大湯坐《オホユエ》、若湯坐《ワカユエ》を定めたまひき」とあります。

斯樣に幾多の難關はあつたが、二十幾年かの大奮鬪の結果、遂に思想的の大統制が成就し、天照大神中心の國教の大樹立を大體見られたことは、書紀に「この天皇の廿五年春二月、我が先皇御間城入彦五十瓊殖天皇、惟れ叡《サカ》しく聖《ヒジリ》に作《マ》します。欽明 聰達、深く謙損を執りて、志沖退を懷く。機衡を綢繆《スベヲサ》めたまひて、神祇を禮祭《イヤマヒマツ》り、己を尅《セ》め躬を勤めて、日に一日を愼む。是を以て人民富み足りて、天下太平なり。今朕が世に當りて神祇を祭祀《マツ》ること、豈怠ること有るを得むや」と詔せられて、三月には天照大神を豐耜入姫《トヨスキイリヒメ》命《ミコト》に離《ハナ》ちまつりて、倭姫命《ヤマトヒメ》に託《ツ》けたまひ、倭姫命は各地に大御神の御鎮座地を覓《モト》めて、遂に神風の伊勢國は則ち常世《トコヨ》の浪の重浪歸《シキナミヨ》する國なり、傍國《カタクニ》の令怜《ウマシ》國《クニ》なりの神勅を得、齋宮を五十鈴の川上に興てられました。而して次でまた神託に依りて倭大神《ヤマトオホカミ》の神地を穴磯邑《アナイソムラ》に定めて、大市長岡岬《オホイチナガヲカノミサキ》に祠りたまふ」

【註】　大神宮伊勢御鎮座の年は、基督誕生の前年に當る。

とあるので明瞭するかと拜察されます。彼の書紀の「廿六年秋八月、天皇物部十千根大連《モノノベトチネオホムラジ》に勅して曰く、屢使者を出雲國に遣して、其の國の神寶を檢校《カムガ》へしむと雖も、分明《クハ》しく申言《マヲ》す者なし汝親ら出雲に行《マカ》りて、宜しく檢校《カムガ》へ定むべし。則ち十千根大連神寶を校へ定めて分明しく奏言す。仍りて神寶を掌らしめたまひぬ」とあるは、もはや國教の威力が絶大で、出雲神族が全く順柔に悦服してゐた事情を物語るものではなからうか。

又書紀に「廿七年秋八月、祠官に令して兵器を神幣とせむことトはしむるに吉し。故れ弓矢及び横刀を諸神の社に納む。仍りて神地神戸を定めて時を以て祠る。蓋し兵器をもて神祇を祭るは始めて是の時に興る」とあり。又「卅九年冬十月、五十瓊敷命、茅渟の菟砥川上宮に居まして劍一千口を作る……石上神宮に藏む。是の後に五十瓊敷命に命せて石上神宮の神寶を主らしむ。」とあり。

又「八十七年春二月、五十瓊敷命妹大中姫命に謂つて曰く……然れども遂に大中姫命、物部十千根大連に授けて治めしむ。故れ物部連等今に至るまでに石上神宮を治む、是れ其の緣なり。昔丹波國の桑田村に人有り……則ち獸の腹に八尺瓊勾玉有り、因りて以て献る、是の玉は今石上神宮に在り」云々とあり。

又「八十八年秋七月、郡卿に詔して曰く、朕聞く新羅王子天日槍初めて來し時に、將來《モチ》る寶物今但馬に在り……朕其の寶物を見ま欲し、即日使者を遣はして天日槍の曾孫清彦に詔して献らしむ」云々の記事の見えるのは、神宮を中心として國家的統制あそばされた、其後の保證となるものではあるまいか。

次に書紀の「廿八年冬十月、天皇の母弟倭彦命薨せぬ。十一月倭彦命を身《ミ》狹《サ》桃花鳥《ノツキ》坂《サカ》に葬る。是に近習者を集へて悉に生きながらにして陵域に埋め立つ、數日死なず晝夜泣《イザ》ち吟《サケ》ぶ。遂に死して爛臰《タチクサ》りぬ。犬鳥聚り噉《ハ》む。天皇此の泣ち吟ぶ聲を聞きて、心に悲傷有す。郡卿に詔して曰く、夫れ生くるときに愛《イツク》みし所を以て、亡者に殉《シタガ》はしむ、是れ甚だ傷《イタマシキ》なり、其れ古風と雖も良からずば何ぞ從はむ。今より以後、議りて殉はしむることを止めよ」とあります。是に於て野見宿禰（天穗日命十四世の孫）の献策にかゝる、土偶を以て殉死者に換へる議が直に御採納され「仍りて令を下して曰く、今より以後、陵墓に必ず是の土物を樹《タテ》て、人をな傷《ヤブ》りそ、天皇厚く野見宿禰の功を賞したまふ」とあります。

これは本時代が生命の問題に觸れて居た適例で、思想問題就中生命の問題に深刻に觸れて、宗教的に一切が運ばれて往かうとする狀態が、明に看取されるように思はれるものです。野見宿禰《ノミノスクネ》が力自慢の當麻蹶《タフマノクヱ》速《ハヤ》と相撲を取つて、之を蹶殺したといふのも、單に腕力を以て誇るものに對する大なる警告であり、內面的生活の亦大なる一轉機を示したものと見ることも出來るかと思ひます。が更に一層生命の問題に對する切實なる現はれとして掲ぐべきものは、多遲麻毛理《タヂマモリ》を常世《トコヨ》に遣はして、非常香菓《トキジクノカグノコノミ》を採らしめられた一條でありませう。その記事は次の通りです。

「またこの天皇、三宅連等が祖、名は多遲麻毛理《タヂマモリ》を常世國《トコヨノクニ》に遣はして、非常香菓《トキジクノカグノコノミ》を求めしめたまひき。かれ多遲麻毛理遂にその國に到りて、その木實を採りて、縵八縵《カケヤカケ》（枝のまゝのもの）矛八矛《ホコヤホコ》（枝の葉を去つたもの）を將《モ》ちて、まゐ來つる間に、天皇既《ハヤ》く崩りましぬ。こゝに多遲摩毛理、縵《カケ》四縵矛《ホコ》四矛を分けて、大后に獻り、縵《カケ》四縵矛《ホコ》四矛を、天皇の御陵の戶に獻り置きて、その木實を擎《サヽ》げて、叫び哭びて、常世國の非時香菓を持ちてまゐ上りて侍ふとまをして、遂に哭び死にき。その非時香物といふは、今の橘なり。」とあります。常世觀は宗敎の終局であり。永遠生命の保證を求むる事は、肉體所有者の最後の欲求である。この爲めに多遲摩毛理は、常世の國に非時香果を求めに遣はされ、幾年もの辛勞を重ねて、漸く其國に到り、幸にその靈菓を獲て歸つて來たが、天皇は既に崩御の後であつたので、多遲摩毛理は感慨無量遂に哭び死んだと云ふのです。この物語はこの御世が、如何に生命に對する問題を以て徹して居たかを證する、頗る大切な一條であると存じます。我國民は宗敎的思索に於て、冷淡であつた彼の如く述べる輩もあるが、決してさうでは無く、永遠の生命に向つて、斯く燃ゆるが如き熱誠を以て臨んだことを、我々はこの御世に於て知り獲て、佛敎渡來以前、既にこの大思想の存在したことを、非常に誇りとするものです。

人間生活には、一面に於ては生命に對する根本解決の慾求があると同時に、一面に於ては美に對する强烈な憬《アコガ》れや、華麗な文化を慾求する爲めに、常に苦惱から脫することが出來ません。乃ち限身は其の短小な生命の中に、無限を逐ふ美的慾求を持つことが、木花之佐久夜毘賣の婚以來、非常にデリケートな妙趣とされてゐるものです。

常世國を地理的に解釋して、或は新羅或は支那の南部或は濟洲嶋ならんなどの說あり。書紀の文中に弱水の語ある上から、支那の北部ならんとし、或は遼東公孫氏の燕國又は燕浪地方ならん等とするものあり。又田道間守の常世行は、次の大遠征の準備行動で、日矛《ヒボコ》族が其任に當つたのも、韓地居住のアマ族(倭族)と聯絡があるから、往路も多少は心得て居たからであらうと謂つてゐる學者がある。兎も角も人生永遠の問題は、國家永遠の基調でもあるので、こは頗る見逃し難い問題である。

「またかの沙本毘賣の白したまひのまに〳〵、美智能宇斯王《ミチノウシノキミ》の女たち、比婆須比賣《ヒバスヒメ》命、次に弟比賣命、次に歌凝比賣《カゴリヒメ》命、次に圓野比賣《マドヌビメ》命、并せて四柱を喚《ヨビ》上げたまひき。然るに比婆須比賣命、弟比賣命、二柱を留めて、その弟王二柱はいと醜かりしに因りて、本土に返し送りたまひき。こゝに圓野比賣、同じき兄弟の中に、顏醜きによりて還されたる事、隣里に聞えむは、いと慚《ハヅカ》しといひて、山代國の相樂《サガラ》に到りませる時に、樹の枝に取り懸りて、死なむとぞしたまひける。かれ其地の名を懸木《サガリギ》と謂ひしを、今は相樂《サカラ》といふなり。また弟、國に到りませる時に、遂に深き淵に墮りてぞ死せたまひぬる。かれ其地の名を墮國《オチクニ》と謂ひしを今は弟國《オトクニ》といふなり」といふ事が起つたのでした。こは石長比賣物語に聯想すべき物語で、優生を追ひ優種を望む、極めて奥深い根柢から考察せなければならないものでせうが、また一面には生命の深刻な問題に觸れてゐた、本時代の矢張一特色でありませう。

外來者の交通に就て、書紀には「是歳（二年）任那の人蘇那曷叱智《ソナカシチ》請さく國に歸りなむ（蓋し先皇の世に來朝して未だ還らざるか）故れ敦く蘇曷叱智に賞したまふ。仍りて赤絹一百疋を齎《モダラ》せて任那王に賜ふ。然るに新羅人道に遮つて奪ひつ、其の二國の怨是の時に始起れり（一に云ふ御間城天皇の世に額に角有る人、一の船に乘りて越國の笥飯浦に泊れり。問ひて曰く何れの國の人ぞ、對へて曰く意富加羅《オホカラ》國の子、名は都《ツ》怒我阿羅斯等《ヌガアラシト》、亦の名は于斯岐阿利叱智干岐《ウシキアリシチカムキ》と曰ふ。傳に日本國に聖皇有すと聞きて、以て歸化《マキ》く、穴門に到る時に云々、北海より廻りて出雲國を經て此國に到れり、是の時天皇の崩に遇へり、便ち留りて活目天皇に仕へて三年に逮《イタ》りぬ。天皇都怒我阿羅斯等《ツヌガアラシト》に問ひて曰く、汝の國に歸らむと欲ふや、對《マヲ》へて諮《マヲ》さく、甚だ望まし云々、仍りて赤織絹を以て阿羅斯《アラシ》等に給ひて本土に返しつかはす。故れ其の國を號けて彌摩那《ヤマナ》國と謂ふ。是に於て阿羅斯等給はれる赤絹を以て己が國の郡府に藏む、新羅人之を聞きて兵を起して至り、皆其の赤絹を奪ひつ。是れ二國の相怨む始なり。一に云ふ初め都怒我阿羅斯等國に在りし時……これより阿羅斯等が日本へ來た原因が神話的に錄されてゐる。蘇那葛叱智《ソナカシチ》と阿羅斯等《アラシト》とは同人ならん。又た「三年春三月、新羅王の子天日槍《アマノヒボコ》來歸《マヰ》けり。」と天日槍の來朝を此御代の事と爲《シ》て居るが、古事記には次の應神天皇の御世に、昔さして記し、風土記には大國主神の時代に來朝したと錄し、頗る事實が不明であつてその考證は至難だが、兎も角我等は一先づこの御世の中から、天日槍の來朝を省くことに致します。けれども、この御世に外來者が多數來朝し、相互の關係も意外に複雜であり、交通上の便益もいよ〳〵頻繁であつたと見ることは、人一倍强く抱いてゐるものです。從て此時代は文化の程度も意外に進んで居たかと考へられます。

産業伸展の模様は些細には判らないが、書紀に「卅五年秋九月、五十瓊敷命を河内國に遣して、高石池茅渟池（和泉國泉南郡佐野村の北）を作らしむ。冬十月倭の狹山池（河内國南河内郡狹山村の中央）及び迹見池を作る。是の歲、諸國に令して多に池溝を開かしむること、數八百餘、農を以て事と爲す。是に因りて百姓富寛にして天下大に平なり」とあるなぞは、その例證の一つであらう。尙ほ刀劍始めの製作、織布始め工業品の進歩、埴輪《ハニワ》始め土器美術品の製作等詳細に調査したら漸次其眞相の明瞭する日がありませう。兎も角も此御代は歷史循律は「泰安時代の中期で、午前十一時頃の象、年曆としては立夏の候」に相當し隆々として萬事に伸展を見、國家機構も中正に向つたことは、疑はれない事實でありませう。

「この天皇　御年壹百五拾三歲、御陵は菅原之《スガハラノ》御《ミ》立野《タチヌ》中にあり。」

「またその大后比婆須比賣命の時、石祝作（石作部か。又石税作《イシツクリ》か）を定めたまひ、また土師部を定めたまひき。この后は狹木之《サキノ》寺間《テラマ》陵に葬しまつりき」とあり。書紀には「九十九年秋七月、天皇纏向宮に崩りましぬ。時に年百四十歲、冬十二月　菅原伏見陵に葬しまつるとあります。

大帶日子淤斯呂和氣天皇（景行天皇）

大帶日子《オホメラシヒコ》淤斯《オシ》呂和氣天皇《ロワケノスメラミコト》、纏向之《マキムクノ》日代宮《ヒシロノミヤ》にまし〳〵て、天下治しめしき。

この天皇の御世は古事記では倭建命《ヤマトタクノミコト》の御事蹟を以て、殆ど全部が埋められてゐます。こは惟ふに本期が遠撫時代に當つてゐるので、西征東伐の上にヒーローであらせられた、この命《ミコト》の御事蹟が、代表致したからのことでありませう。併し日本書紀では、天皇が親ら諸國に巡幸遊ばされ、廣く遠く人民を撫で治め、皇威の伸長を一意專念遊ばされた事が些細に傳へられて居て、頗る本時代の歷史的意義が明瞭してゐます。で先づその點を紹介してから、古事記の記事を檢討することに致しませう。

「三年春二月、紀伊國に幸して、群神祇を祭祀らむとトふるに吉からず、乃ち車駕止みぬ。屋主忍男武雄《ヤヌシオシヲタケヲ》心命《コヽロノミコト》（一に云ふ武猪心命）を遣はして祭らしめたまふ。爰に屋主忍男武雄心命詣《イデマ》して、阿備柏原《アビノカシハラ》に居て神祇を祭祀る、仍りて住むこと九年あり、則ち紀直が遠祖菟道彥《ウヂヒコ》の女影媛を娶りて武內宿禰を生ましむ」これは單に祭祀の記事に見えますが、その裏面には地方鎭撫の意味の含まれてゐた事は當然でせう。「四年春二月、天皇美濃に幸す。左右奏して言さく。茲の國に佳人有り弟媛と曰ふ。容姿端正、八阪入彥皇子の女なり、天皇得て妃に爲むと欲ひて、弟媛の家に幸す。弟媛乘輿車駕すと聞きて則ち竹林に隱る云々……爰に弟媛以爲《オモ》へらく云々則ち天皇に請ひて曰く、妾性交接の道を欲せず、今皇命の威に勝へずして暫らく帷幕の中に納《メ》されまゐれり。然るに意に快《ヨロコ》ばざる所なり。亦形姿穢陋し、久しく掖庭《ウチツミヤ》に陪《ツカヘ》まつるに堪へじ。唯だ妾が姉有り、名を八坂入媛と曰ふ。容姿麗美し、志亦貞潔《イサギヨ》し、宜《ム》べ後宮に納《ツカ》ひたまへ。天皇聽《ユル》したまふ。仍りて八坂入媛を喚《メ》して妃と爲たまふ。七男六女を生む。……又妃三尾氏磐城別《イハキワケ》の妹水歯郎媛《ミツハイラツメ》、五《イ》百野《ホノ》皇女を生む。次の妃五十河媛、神櫛皇子、稻背入彦《イナセイリヒコ》皇子を生む……夫《カ》れ天皇の男女前後幷せて八十子まします。然れども日本武尊、稚足彦《ワカタラシヒコ》天皇、五百城入彦《イホキイリヒコ》皇子を除きての外、七十餘の子は、皆國郡に封じて各其の國に如《ユ》かしめたまひき。故れ今の時に當りて諸國の別《ワケ》と謂ふは、即ち其の別王の苗裔なり。」とあります。天皇が多數の妃を召し給ひ、多數の御子を生み給ひしは、時代が遠撫の期に當り、廣く遠く皇威の伸張を期せなければならぬ所から、多數の御子を、廣く地方に分置し、以て統治の重鎭と爲し給ふことが、極めて肝要であつたからでありませう。

が併し古事記に「こゝに天皇、三野國造の祖、神大根《カムオホネ》王の女、名は兄比賣《エヒメ》弟比賣《オトヒメ》二孃子、それが顏好きをきこしめし定めに、その御子大碓命《オホウス》を遣はして喚《メシ》上げたまふ。かれその遣はさえたる大碓命、召上げずて、己《オノ》れと自らその二嬢子に婚《タハ》けて、更に他女を求めて、その嬢子とまをして貢りき。こゝに天皇それ他女なることを知ろしめして、恒に長眼《ナガメ》を經しめ（じつと眼を措ゑて一所を見つめること）、また婚《メ》しもせずて、物思はしめたまひき。かれその大碓命、兄比賣に娶ひて生みませる子、押黒之兄日子《オシクロノエヒコ》王、また弟比賣に娶ひて生みませる子、押黒弟日子《オシクコオトヒコ》王」と云ふ事件が起き、この事件から、次の事件が聯關して起つても來たのでした。乃ち「天皇小碓《ヲウス》命に詔りたまはく、何とかも汝の兄朝夕の大御食《オホミケ》にまゐ出來ざる。專ら汝ねぎ教へ覺《サト》せと詔りたまひき。かく詔りたまひて後、五日といふまでに、猶まゐ出たまはざりき。かれ天皇小碓命に問ひたまはく、何ぞ汝の兄久しくまゐ出來《デコ》ざる。若し未だ誨《ヲシ》へずありやと問ひたまへば、白したまはく、朝署《アサケ》に厠に入りし時、捕へて搤《ツカ》み批《ヒシ》ぎて、その枝を闕《カ》きて、薦《コモ》に裹みて投げ棄てつとぞまをしたまひける」その枝を闕《カ》くとは手足を捥《モ》ぎ取つたことと解せられるが、恐らくこれは從卒を肅く傍から遠ざけた義であらう。薦《コモ》に裹みて投げ棄つは、粗服を着せて都から鄙地に追放した事であらう。慘殺されたのでは決してあるまい。その證は書紀では尙ほ後にも兄命は生きて居られるから……「こゝに天皇その御子の建く荒き心を惶《カシコ》みまして、詔りたまはく、西の方に熊曾建《クマソタケル》二人あり、これ伏《マツロ》はず、禮《イヤ》無き人等なり。かれその人等を取れと詔りたまひて遣はしき」これから日本武尊の熊襲征討の擧が始まるものですが、その原因の如何は別問題として、今や遠征鎮撫の時代に當り、倭建命の如き、勇武絶倫の皇子の御出生遊ばされた事は、時代の生む神約的天則として、深く其畏さを感ぜさるを得ないのであります。

それは兎も角も、遠撫時代に於ける天皇は、實に御多端であらせられ、南船北馬席の溫まる御暇もあらせ給はなかつたように拝察されます。これより前十二年秋七月、熊襲反き朝貢《ミツギタテマツ》らず、八月、筑紫に幸す。九月周芳《ス、フ》の娑麼《サマ》に到ります。時に天皇南を望《ミ》そなはして郡卿に詔して曰く。南方に於て烟氣多《サハ》に起つ、必ず賊在らむ。則ち留まりて先づ多臣《オホノオミ》の祖武諸木《タケモロギ》、國前臣《クニサキノ》の祖菟手名《ウテナ》。物部氏の祖夏花《ナツハナ》を遣はして其狀を察せしめたまふ。爰に女人有り。神夏磯媛《カムナツシヒメ》と曰ふ。其徒衆甚だ多し。一國の魁帥なり。天皇の使者至ると聽きて、則ち磯津《シツ》山の賢木《マサカ》を抜《コジト》りて、上枝には八握劔を挂《カ》け、中枝には八咫鏡を挂け、下枝には八尺瓊を挂け、亦素幡《シラハタ》を船舳に樹て、參向きて啓して曰く、願はくば兵をな下しそ。我の屬類必ず違《ソム》きまつることあらじ、今將に歸徳《マヰデシタガ》ひなむ。唯殘賊有り、一を鼻垂《ハナタリ》と曰ふ。妄に名號《ナ》を假りて、山谷に響聚《オトナヒアツマ》りて菟狹《ウサ》の川上に屯結《イハ》めり。二を耳垂《ミミタリ》と曰ふ。殘賊貪婪、屢人民を略《カス》む。是れ御木《ミケ》の川上に居り、三を麻剝《アサハギ》と曰ふ。潜に徒黨を聚めて高羽の川上に居り、四を土折猪折《ツチヲリヰヲリ》と曰ふ。緑野《ミドリノ》の川上に隱れ住みて、獨り山川の險しきを恃み、以て多に人民を掠む。是の四人や、其の據る所、並に要害の地なり。故れ各眷屬を領《ツカ》ひて、一處の長たり。皆曰く、皇命に從はじ、願はくば急に撃ちたまへ。な失ひたまひそ、是に於て、武諸木《タケモロキ》等先づ麻剝《アサハギ》が徒を誘《オコツ》る。仍りて赤衣褌及び種種の奇物を賜ひて、兼て服《マツロ》はざる三人を撝《メ》さしむ。乃ち己が衆を率ゐて參來けり。悉に捕へて誅しつ。天皇遂に筑紫に幸して、豐前國長峽縣《ナガヲ》に到りて、行宮を興てゝ居ます。故に其の處を號けて京《ミヤコ》と曰ふ」と書紀には見えてゐます。又「冬十月、碩田國《オホキタ》に到ります。其地形廣く大にして亦麗し、因りて碩田《オホキタ》と名く。速見邑に到ります。女人有り速津媛《ハヤツヒメ》と曰ふ。一處の長たり。其れ天皇車駕すと聞きて、自ら迎へ奉りて諮《マウ》して言さく、茲の山に大なる石窟有り。鼠《ネズミノ》石窟と曰ふ。二の土蜘蛛有り。其の石窟に住めり。一を青《アヲ》と曰ふ。二を白《シロ》と曰ふ。又直入縣《ナホリ》の禰疑野《ネギノ》に於て三の土蜘蛛あり。一を打《ウチ》猨《サル》と曰ふ。二を八田《ヤタ》と曰ふ。三を國摩侶《クニマロ》と曰ふ。是の五人は並に其の人と爲り強力《チカラツヨク》して、亦衆類多し。皆曰く、皇命に從はじ、若し強《アナガチ》に喚《メ》さば、兵を興して距《フセ》がむ。天皇惡みたまひて、進行《イデ》ますことを得ず。即ち來田見《クタミ》邑に留りて、權《カリ》に宮室を興てゝ居ます。仍りて群臣と議りて曰く、今多く兵衆を動かして、以て土蜘蛛を討つ、若し其れ我が兵の勢に畏《オツ》りなば、將に山野に隱れて必ず後の愁を爲さむ。則ち海石榴樹《ツバキ》を採りて椎《ツチ》に作り、兵に爲《シ》たまふ。因りて猛き卒を簡みて、兵と椎とを授け、以て山を穿ち草を排ひて、石室の土蜘蛛を襲ひ、稻葉の川上に破りて、悉く其の黨を殺しつ。血流れて踝《ツブナギ》に至る……復た打猨《ウチサル》を討たむこして、徑《ミチ》に禰疑《ネギ》山を度《ワタ》る時に、賊虜の矢横しまに山より射る。官軍の前に流るゝこと雨の如し。天皇更に城原に返りまして、水上にトふ。便ち兵を勒《トヽノ》へて先づ八田を禰疑野に撃ちて破りつ。爰に打獲不可《エカチタ》勝《テマツルマジ》と謂ひ、服《シタガ》はむと請す。然れども聽したまはず。皆自ら洞谷に投《オチイ》りて死にぬ。」とあり。又「天皇初め賊を討たむとし、柏峽大野《カシハヲノ》に次《イタ》りたまふ。其の野に石有り。長さ六尺、廣さ三尺、厚さ一尺五寸、天皇祈ひて曰く、朕土蜘蛛を滅ぼし得むこならば、將に茲の石を蹶まむに、柏葉の如くて擧れとのたまふ。因りて蹶みたまふに、則ち柏葉の如くに大虛に上れり。故れ其の石を號けて踏石《ホミシ》と曰ふ。是の時に禱りまつる神は、則ち志我神、直入物部神、直入中臣神、三神ます。」この石を蹶つてト《ウラ》を爲し給へるは、自ら神威の偉大さを示し給ふ義が含まれて居て、石を祭る族を豫め壓伏し給ふたかこ拜察されます。石を祀る族はその系統が例の千引石《チビキイハ》に聯なるもので、石即ち神たることを知らねばなりません。この思想は世界的に研究して價値ある題目である。又「十一月、日向國に到りて行宮を起てゝ以て居ます。是を高屋宮と謂ふ。十二月、熊襲を討たむことを議る。是に於て天皇群卿に詔して曰く、朕聞く、襲國に厚鹿文《アツカヤ》、淺鹿文《セガヤ》といふ者有り、是の兩人熊襲の渠帥なり。衆類甚だ多し。熊襲八十梟帥《ヤソタケル》と謂ふ。其の鋒當る可からず。少く師を興さば則ち賊を滅ぼすに堪へず。多く兵を動かさば是れ百姓の害なり。何でか威を假らずして、坐ながらに其の國を平げむ。時に一の臣有り、進みて曰く、熊襲梟帥に二女有り、兄を市乾鹿文《イチフカヤ》と曰ふ。弟を市鹿文《イチカヤ》と曰ふ。容貌端正、心且つ雄武、宜しく重幣を示《ミ》せ、以て麾下に擒《メシ》納るべし。因りて以て其の消息を伺ひたまひ、不意の處を犯さば、則ち曾て刄を血《ヌ》らさずして賊必ず自らに敗れむとまうす。天皇詔して曰く、可なり。是に幣を示《ミ》せて、其の二女を欺きて幕下に納る、天皇則ち市乾鹿文《イチフカヤ》を通して、陽《イツハ》りて寵《メグ》みたまふ。時に市乾鹿文、天皇に奏して曰く熊襲の服はぬことをな愁ひたまひそ、妾良謀有り、即ち一二の兵を己に從はしめたまへと、而して家に返り、以て多に醇酒を設けて、己が父に飮ましむ。乃ち醉ひて寢ぬ。市乾鹿文密に父の弦を斷ち、爰に從兵一人進みて熊襲梟帥《クマソタケル》を殺しつ。天皇則ち其不孝の甚しきことを惡みて、市乾鹿文を誅したまふ。仍りて弟市鹿文を以て火國造に賜ふ。」とあります。

熊曾《クマソ》は隼人國で、其祖は火照命から出て居る。魏志に狗奴國とあるが夫であらう。この國の北には耶馬臺《ヤバタイ》國があり、これが神武天皇の皇子神八井耳《カムヤヰミミ》命の裔の治めて居た多臣《オホノオミ》族の國であらう。而してこの耶馬臺と狗奴國とは常に爭つてゐたらしい。熊曾はまた神武天皇が日向に居させられた時娶りたまひし、阿多之小《アタノヲ》椅君《バシノキミ》の妹阿比良比賣《アヒラヒメ》の國で、この后の腹に出來た多藝志美美命《タギシミミノミコト》が、天皇の崩御の後不軌を謀つた事があり、何處までも正系に對して、この族は反抗せんとするのが定まつた運命らしく考へられます。が併し永遠の奉仕を誓つた神約の通り、常に征討されて其暴威を揮ふことが出來なかつたのも、爭はれない天律でありませう。景行天皇が熊曾を征し給へる原因も、九州ヤマトが、熊曾の壓迫を蒙つて嘆願して來た結果ではなかつたらうか。耶馬臺國の女王卑彌呼《ヒミコ》は、北九州を併せ南九州の狗奴國と爭つた（これは開化崇神朝頃か）が後年は餘程困つたらしく、二代臺與（垂仁朝の人）は晋の秦始元年に最後の使者を支那に出して居るが、もはや昔の勢力は決して無かつた。そんな事で南方勢力の壓迫をうけて大に困つたのであらう。景行天皇の九州御出征は、要するに、舊民族の大整理に當り給ふた譯合であつたように拜察されます。

「十三年夏五月、悉く襲國を平けつ。因りて以て高屋宮に居ますこと已に六年なり。是に於て其の國に佳人有り、御刀媛《ミハカシヒメ》と曰ふ。則ち召して妃と爲たまふ。豐國別皇子《トヨクニワケ》を生む。是れ日向國造の始祖なり。十七年春三月、子湯縣《コユ》に幸して丹裳《ニモ》小野に遊びたまふ。時に東のかたを望《ミ》そなはして、左右に謂ひて曰く。是の國は直《タダ》に日の出づる方に向けり。故れ其の國を號けて日向《ヒムカ》と曰ふ。是の日、野中の大石に陟《ノボ》りまして、京を憶ひたまひて、歌ひて曰く『はしきよし、わぎへのかたゆ、くもゐたちくも。やまとは、くにのまほらば、たたなづく、あをがきやま、こもれる、やまとし、うるはし。いのちの、またけむひとは、たゝみこも、へぐりのやまの、しらがしがえを、うずにさせ、この子《コ》』是を思邦歌《クニシヌビウタ》と謂ふ。この歌は古事紀では倭建命の御歌として傳はつてゐます。所傳がいろ〳〵に混線するのは、文字の無かつた語繼《カタリツギ》時代の餘義ない事情でありませうし、また此歌がずつと以前から一般人口に膾炙して居たもので、遠く旅するもの丶好んで歌つたものとすれば、各所に夫が出るとしても何の不思議はない事になりませう。

「十八年春三月、天皇京に向まさむとして以て筑紫國を巡狩す。始めて夷守《ヒナモリ》に到ります、是の時に石瀬《イハセ》河の邊に於て人衆聚《ツド》へり、是に天皇遙に望《オセ》りて、左右に詔して曰く、其の集へる者は何人ぞ、若しくは賊か。乃ち兄夷守《エヒナモリ》、弟夷守《オトヒナモリ》二人を遣はし覩《ミ》せしめたまふ。乃ち弟夷守還り來て諮して曰く、諸縣君泉媛、大御食を献らむとするに依りて、其の族會《ツド》へり。夏四月、熊縣に到ります。其の處に熊津彦といふ者兄弟二人有先り、天皇づ兄熊を徴さしむ。則ち使に從ひて詣りたり。因りて弟熊を徴《メ》す。來ず。故れ兵を遣はして誅《ツミナ》はしむ。壬申、海路より葦北の小島に泊まりて進食《ミヲシ》したまふ。時に山部《ヤマベ》阿弭古《アビコ》の祖小左《ヲヒダリ》を召して冷水を進都しむ云々、五月、葦北より發船して火國に到る。是に於て日沒《ク》れぬ。夜冥《クラ》くして着岸を和らす、遙に火の光視ゆ……故れ其の國を名づけて火國《ヒノクニ》と曰ふ。六月、高來《タカク》縣より玉杵名《タマキナ》邑に渡ります。時に其の處の土蜘蛛津頰《ツツラ》といふものを殺したまふ。丙子、阿蘇國に到ります。秋七月、筑紫後國《シリノクニ》の御木《ミケ》に到りて、高田行宮に居ます。——筑後御木の巨木の傳說あり——丁酉、八《ヤ》女《ヒメ》縣に到ります。——八女津媛の事、八女《ヤメ》國の由來あり――八月、的邑《イクハノムラ》に到りまして進食《ミヲシ》す。十九年秋九月、天皇日向より至ります。」とあります。實に南船北馬席の暖まる御暇もあらせられぬ御狀態でありました。これで天皇の筑紫行幸は畢つたが、遠撫の義は決して終つたのでない。更に「二十五年秋七月、武內宿禰を遣して、北陸及び東方諸國の地形、且た諸姓の消息を察せしめたまふ。二十七年春二月、武內宿禰東國より還りまゐきて奏言《マヲ》さく、東夷の中日《ヒ》高見《タカミ》國有り、其の國人男女並に椎結《カミヲツケ》、身を文《モトロ》げて、人と爲り勇悍《イサミタケ》し。是を總べて蝦夷《エミシ》と曰ふ。亦土地沃壤《ヨクコ》えて曠し、擊ちて取るべし。秋八月、熊襲亦反きて邊境を侵すこと止ます。冬十月、日本武尊を遣はして熊襲を擊たしめたまふ」これから日本武尊の熊襲征討が始まる。次で東國征討に還り、最後に日本武尊の御薨去が錄されてゐるが、日本武尊の薨去後も、尙ほ天皇は諸國に巡幸して國土の平定を圖りたまふのでした。即ち「五十三年秋八月、天皇群卿に詔して曰く、朕愛子を顧《シノ》ぶこと、何日に止まむや。冀はくば小碓王の所平《コトム》けし國を巡狩むと欲ふ。是の月乘輿伊勢に幸して、轉《ウツ》りて東海に入ります。冬十月、上總國に至りて、海路より淡水門《アハノミナト》に渡りたまふ。是の時に覺賀鳥《カクカノトリ》の聲聞ゆ。其の鳥の形を見そなはさむと欲ひて、尋ねて海中に出でます云々。十二月東國より還りて伊勢に居ます。是を綺宮《カムハタノミヤ》と謂ふ。五十四年秋九月、伊勢より倭に還りて纏向《マキムク》宮に居ます。五十五年春二月、彦狹島王を以て、東山道十五國の都督に拜《マ》けたまふ。五十六年秋八月、御諸別王《ミムロワケ》に詔して曰く、汝の父彦狹島王、任所に向《マカ》ることを得ずして早く薨りぬ。故れ汝專ら東國を領《ヲサ》めよ。是を以て御諸別王、天皇の命を承りて、且た父の業を成さむと欲ふ。則ち行きて治めて早に善き政を得つ。時に蝦夷騷動《サワギトヨ》む、即ち兵を擧げて擊つ、時に蝦夷の首帥、足振邊《アシフリベ》、大羽振邊《オホハフリベ》、遠津闇男邊《トヲツクラヲベ》等叩頭《ノ》みて來て、頓首《ヲガ》みて罪を受《ウベナ》ひ、盡に其の地を獻る。因りて以て降者を免して不服を誅す。是を以て東のかた久しく無事なり。五十七年冬十月、諸國をして田部《タベ》屯倉《ミヤケ》を興さしむ。五十八年春二月、近江國に幸して志賀に居ますこと三歲、是を高穴穗宮《タカアナホ》と謂ふ。六十年冬十一月、天皇高穴穗宮に崩ります。」とあります。實に天皇の御一生は諸國鎭撫に御過しあそばされた感があります。が併し天皇の御代は、內政も、着々整備に就き、富源開發の方面にも大に御努力あらせられたことを忘れてはなりません。

さてこれから古事記所載の小碓命の熊襲御征討に就て述べませう。「こゝに天皇その御子の建く荒き心を惶《カシコ》みまして、詔りたまはく、西の方に熊曾建二人あり、これ伏《マツロ》はず。禮無《イヤナ》き人等なり。かれその人等を取れと詔りたまひて遣はしき」かく表面には小碓命の暴力を忌み給ふて、幾分懲しめの差遣の如く見えますが、こは前にも述べた通り、本時代が遠撫の週期に屬し、必然西征の必要に迫られての擧であり、書紀の傳ふるが如くば、天皇は既に親ら筑紫に幸したまひて、久しく親征あそばされた後の事であつて見れば、この御差遣が決して一片の御感情から出たものでない事は明瞭であらうと存じます「この時に當りて、その御髪御額に結はせり、こゝに小碓命その姨倭比賣命《ヤマトヒメ》の御衣御裳を給はり、劍を御懐に納れて幸でましき」これは後に起る誅殺の伏案となります。或は小碓命の苦肉の御策動は、姨倭比賣命の御獻策ではなかつたらうか。嚮には倭《ヤマト》迹迹《ト》日《ヒ》百襲《モヾソ》姫《ヒメ》命は未然を識りたまふ聰明さがあつて、武埴安彥の叛意を見拔かれた事蹟があり、齋宮倭比賣命が神に通じ給へる事は、倭姫世紀等にも明瞭だから、未然達識の御靈力を以てこの御獻策があつたのかも知れません。また書紀には景行天皇が熊襲八十梟帥を誅し給ふに當り、熊襲梟帥の二女を欺きて幕下に納れ、その姉女が父に醇酒を飮ませて醉るを刺したと云ふ事件が、既に一度行はれたものとすれば、さして奇策と云ふほどではないかも知れないが、自ら單身敵中に潛入し、大活劇を演じ給ふたことは、大なる御勇氣と御細心とを要したことは申すまでも無い事でありませう。

「かれ熊曾建が家に到りて見たまへば、その家の邊に軍三重に圍み、室を作りてぞ居りける。こゝに新室《ニヒムロ》樂《ウタゲ》せむと言ひ動《トヨ》みて、食物を設け備へたりき。かれその傍を遊行きて、その樂《ウタゲ》する日を待ちたまひき。こゝにその樂の日になりて、その結はせる髪を童女の髪のごと梳《ケヅ》り垂れ、その姨の御衣御裳を服《ケ》して、既に童女の姿になりて女人どもの中に交り立ちて、その室内に入りましき。こゝに熊曾建兄弟二人、その孃子《ヲトメ》を見感《メ》でて、己が中に坐《マ》せて、盛に樂《ウタ》げたり。かれその酣なる時になりて、御懷より劍を出だし、熊曾が衣の衿《クビ》を取りて、劍もてその胸より刺し通したまふ時に、その弟建《オトタケル》見畏みて逃げ出でき。乃ちその室の椅《ハシ》の本《モト》に追ひ至りて、その背を取り劍もて尻より刺し通したまひき。こゝにその熊曾建白しつらく、その御刀をな動したまひそ、僕白《マヲ》すべきことありとまをす。かれ暫許《シマシ》して押し伏せたまふ。こゝに白《マヲ》しつらく、汝が命《ミコト》は誰にますぞ。吾は纒向之《マキムクノ》日《ヒ》代宮《ジロノミヤ》にましまして大八島國知ろしめす、大帶日子《オホタラシヒコ》淤斯呂和氣天皇《オシロワケノスメラミコト》の御子、名は倭男具那王《ヤマトヲグナノミコ》にます。おれ熊曾建二人、伏《マツロ》はず、禮《イヤ》なしと聞しめして、おれを殺《ト》れと詔りたまひて遣はせりとのりたまひき。こゝにその熊曾建、信《マコト》に然かまさむ。西の方に吾二人を除きて、建く强き人無し。然るに大倭國に吾二人にまして建《タケ》き男は坐しけり。是を以て吾御名を献らむ。今より後倭建御子《ヤマトタケノミコ》と稱へまをすべしとまをしき。この事白し訖へつれば、即ち熟苽《ホチ》のごと、振り拆きて殺したまひき。かれその時よりぞ御名を稱へて、倭建命とはまをしける。」何といふ御勇武なる御振舞でせう。電光石火の御振舞はさることながら、威烈凛乎たる御振舞は眞に人か神かの感があります「然して還り上ります時に、山神河神また穴戸神を皆言向《コトム》け和《ヤハ》してまゐ上りましき。」とあります。其山神河神は、例の集團の思想的中心を指してゐるもので、景行天の御遠征も倭建命の御遠征も、そは單なる不順を征するのみではなくて、先代からの思想的統制即ち國教宣布の偉大な意義が、多分に含まれてゐたのでは無いかと拜察いたされます。

「即ち出雲國に入りまして、その出雲建《イツモタケル》を殺らむとおもほして、到りまして即ち結友《ウルハシミ》したまひき。かれ竊に赤檮《イチヒノキ》もて刀に作りまして、御佩《ミハ》かして、共に肥河に沐したまひき、こゝに倭建命河より先づ上りまして。出雲建が解き置ける横刀《タチ》を取り佩かして、易刀《タチカヘ》せむと詔りたまふ。かれ後に出雲建河より上りて、倭建命の詐刀《コタチ》を佩きき。こゝに倭建命いざ刀合はさむと誂《アトラ》へたまふ。かれ各その刀を拔く時に、出雲建詐刀《コタチ》を得拔かず。即ち倭建命その刀を拔かして、出雲建を打ち殺したまひき。かれ御歌よみしたまはく『八雲刺《ヤクモサ》す　出雲建《イツモタケル》が　佩《ハ》ける劒《ケチ》　黑葛《ツヽラ》多纒《サハマ》き　眞身無《サミナ》しにあはれ』かれかく撥《ハラ》ひ平げて、まゐ上りて覆奏まをしたまひき。」この一條書紀には崇神天皇の卷に出雲臣の遠祖出雲振根《イツモフリネ》の旅行中、天皇の命を奉じて弟飯入根《イヒイリネ》が神寶を献つたことを恨みて、肥河に誘ひ出して之を殺したとあるものと同方式でもあり、歌も同一であるから、一つの事件が二樣に傳へられたものであらうが、倭建命が出雲建を誅せられたことは、熊曾と出雲の聯絡も考へて見なければならないと思ふ。乃ち出雲神の宗教的集團に對する本據を衝かれ、日光映射を遮らんとする者に對する必致的排除と、本時代の無限に伸展する大威力とを示された、征服の一つであつたと見なければなるまいと思ふ。出雲建を指して「眞身無《サミナ》し」と呼ばれる所に、思想的權威の閃きがあるように思はれます。黒葛《ツヽラ》多纒《サハマギ》も暗示に富む語であるように思はれます。又書紀には「廿八年春二月、日本武尊熊襲を平げし狀を奏して曰く、臣、天皇の神靈に頼りて、兵を以て、一擧頓に熊襲の魁帥たる者を誅して、悉に其の國を平けつ、是を以て西州既に謐《シヅ》まりて百姓無事なり。唯吉備の穴濟《アナワタリ》神、難波の柏濟《カシホワタリ》神、皆害心有り、以て毒氣を放ちて路人を苦ましむ。並に禍害の藪《モト》たり。故れ悉に其の惡神を殺して、並に水陸の徑《ミチ》を開く。天皇是に於て日本武尊の功を美《ホ》めたまひて異愛《メグ》みたまひきとあります。

「こゝに天皇、また頻《シキ》て倭建命に東の方十二道の荒ぶる神、また伏はぬ人どもを言向け和せと詔りたまひて、吉備臣等が祖名は御鉏友耳建日子《ミスキトモミヽタケヒコ》を副へて遣はす時に、比比羅木之八尋矛《ヒヒラギノヤヒロホコ》を給ひき。」比比羅木之八尋《ヒヒラギノヤヒロ》矛《ホコ》は、その名から見て、八尋に伸展する×型のものであつたやうに拜察されるものです。果して然らば天沼矛を本基とする。大八嶋相を寫した、治亂興廢の神律を如實に示す矛であつたに相違なからう。書紀には「天皇斧鉞を取りて日本武尊に授けて曰く、朕聞く、其の東夷識性暴强、凌犯を宗と爲す。村に長無く、邑に首勿《ナ》し。各封堺を貪りて並に相盜略《ヌス》む。亦山に邪神あり。郊に姦鬼あり。衢に遮り徑に塞りて、多く人を苦ましむ。其の東夷の中に、蝦夷《エミシ》是れ最も强し。男女交居て、父子別無し。冬は則ち穴に宿《スミ》、夏は則ち樔《ス》に住む。毛を衣《キ》、血を飲みて、昆弟相疑ひ、山に登ること飛禽の如く、草を行《ハシ》ること走獸の如し。恩を承けては則ち忘れ、怨を見ては必ず報ゆ。是を以て箭を頭髻に藏め、刀を衣の中に佩けり。或は黨類を聚めて邊界を犯し、或は農桑を伺ひ以て人民を略《カス》む。擊てば則ち草に隱れ、追へば則ち山に入る。故れ往古以來未だ王化に染まず。今朕汝の人と爲りを察《ミ》るに、身體長大、容姿端正、力能く鼎を扛《ア》ぐ、猛きこと雷電の如く、向ふ所前無く、攻むる所必ず勝つ。即ち知る、形は則ち我子にて實は即ち神人なり。是れ寔に天、朕が不叡《ヲサナク》、且つ國の不平《ミダレ》たるを愍みたまひて、天業を經綸《ヲサ》め、宗廟を絕えざらしめたまふか。亦是の天下は則ち汝の天下なり。是の位は則ち汝の位なり。願はくば深く謀り遠く慮りて、姦を探り變を伺ひて、示すに威を以てし、懷くるに德を以てし、兵甲を煩さずして、自らに臣隸《シタガ》はしめよ。即ち言を巧みにして暴神を調《シタガ》へ、武を振ひて以て姦鬼を攘へ」とあります。以てこの御遠征の、如何に重大であり、至難事であつたかを拜知し得ませう。して見ると倭建命の使命や重しと申さねばなりません。斯樣な際の御差遣なるが故に、特に征夷の寶器を授けたまふた次第でありませうから、比比羅木之八尋矛《ヒヒラキノヤヒロホコ》が、いかに尊嚴なるものたるかゞ拜察されるかと存じます。

特に深く拜承しなければならないことは「即ち知る、形は則ち我が子にて、實は即ち神人なり。是れ寔に天、朕が不叡、且つ國の不平たるを愍みたまひて、大業を經綸め宗廟を絕たざらしめたまふか」と仰せら

第二圖

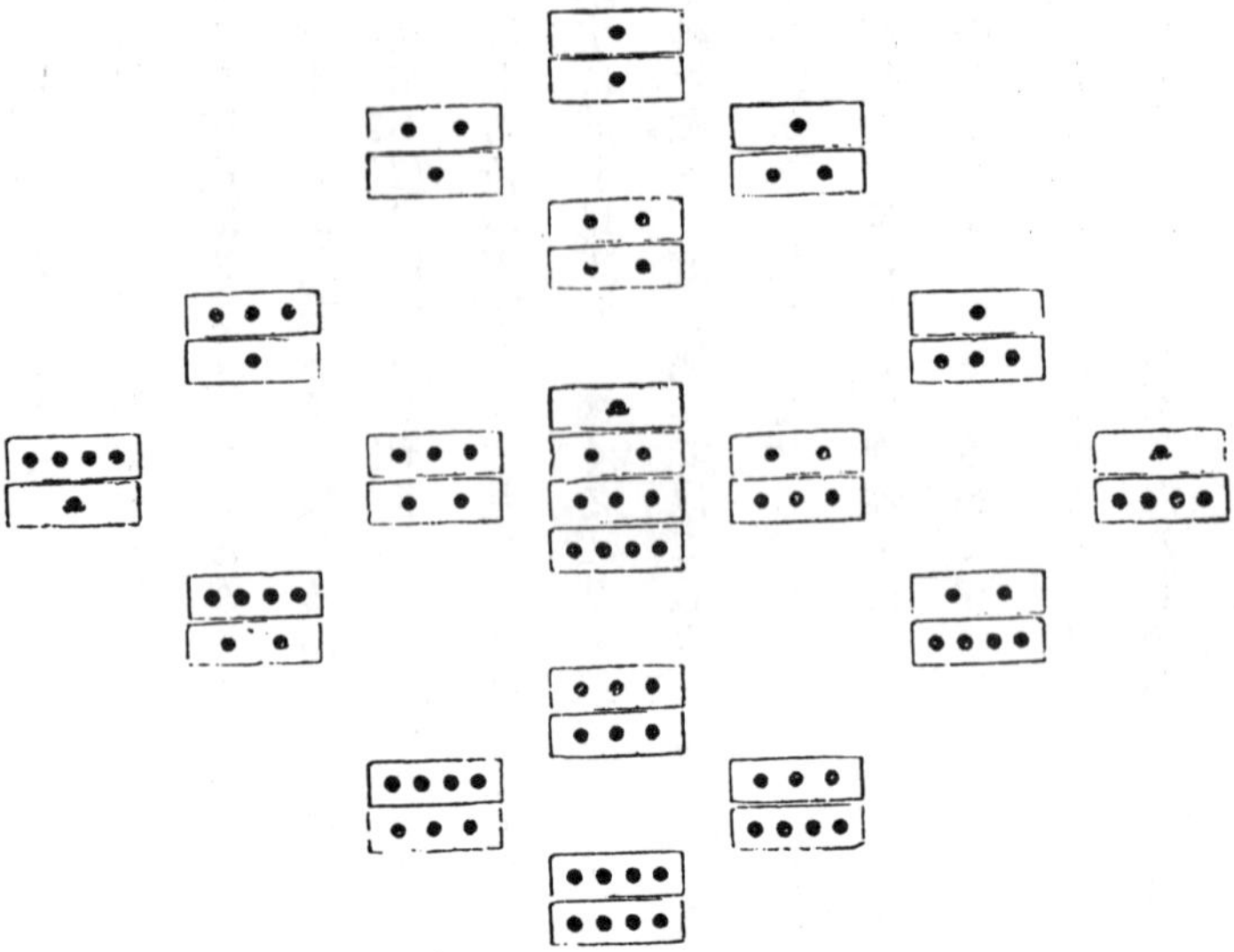

ヒビ（罅裂）ラギ（アル木）と見る説あり。又ヤヒロ（ヤヒラ八片）ホコとて今も南洋嶋民等は逆鈎を刻みつけた多數の物を一莖に束れた桙を持つてゐると云ふ。

れた御一言で、週期の天則は常に我が史實に的確に現はれますが、又その週律に應じて、最もその任に適し給ふ偉人の御出生あらせられる事は、實に不可思議と申す外はありません。日本は飽まで神國である。神を知らずして國史は決して解説されません。

「かれ命を受けたまはりて、罷り行でます時に、伊勢大御神の宮に參りまして、神の朝廷《ミカド》を拜みたまひて」この一節は特に留意して拜讀せねばなりません「その姨倭比賣命に白したまへらくは、天皇はやく吾を死ねとや思ほすらむ。如何なれか、西の方の惡人どもを撃《ト》りに遣はして、返りまゐ上り來し間、幾時もあらねば、軍衆をも賜はずて、今更に東の方の十二道の惡人どもを平げに遣はすらむ。これに因りて思へば、猶吾早く死ねと思ほしめすなりけりとまをして、患《ウレ》ひ泣きて罷ります時に」この一節はいかにも倭建命が天皇を恨み、東征を極めて悲觀的に見て居らるゝ如く聽えますが、書紀では全く之に反して「四十年秋七月、天皇群卿に詔して曰く、今東國安からずして暴神多く起る。亦蝦夷悉に叛きて、屢人民を略む。誰人を遣して以て其亂を平けむ。群臣皆誰を遣はすといふことを知らず。日本武尊奏言したまはく、臣は則ち先に西征に勞《イタハ》りき。是の役は必ず大碓皇子の事ならむ。時に大碓皇子愕然、草の中に逃隱る。則ち使者を遣はして召來しむ。爰に天皇責めて曰く、汝欲しからざらむを、豈強《アナガチ》に遣さむや。何ぞ未だ賊にも對はずして、以て豫懼《マダキオソ》る丶こと甚しき。此に因りて遂に美濃に封《コトヨ》さす。仍りて封地に如《ユ》く。是に於て日本武尊雄《タケ》誥《ケビ》して曰く。熊襲既に平けて、未だ幾年經ず、今更た東夷叛く、何日か太平に逮《イタ》らむ。臣勞《イタハ》しと雖も、頓に其の亂を平げむとまうす」とあつて、頗る勇猛果斷なる御決心から、自ら進んで其任に當りたまへる旨が傳へられてゐます。恐らく倭建命としては斯くあらせられたことでありませう。特に遠撫の時代に當つて、この神人に斯の御決意のあつた事は當然の義と存ぜられます。熊襲征討から東國征討は、年數も大分隔つてもゐるし。伊勢神宮御參拜の處でも「冬十月、日本武尊發路《ミチタチ》たまふ。戊午、枉道《ヨギ》りて伊勢神宮を拜みたまふ、仍りて倭姫命に辭したまひて曰く、今天皇の命を被りて、東に征きて諸の叛者を誅《ツミナ》へむとす。故れ辭す。是に於て倭姫命、草薙劔を取りて、日本武尊に授けて曰く、愼みてな怠りそ」とあつて、毫も怨みがましい事は申してありません。

又書紀では日本武尊が如何に勇猛にして且つ敬虔に富み給ふ態度で、東征に出で立ち給ふたかを記して、「是に於て日本武尊乃ち斧鉞を受けまし、以て再拜みたまひて奏して曰く、嘗、西を征ちし年、皇靈の威に賴り、三尺劔を提げて熊襲國を擊ち、未だ浹辰も經ず、賊首罪に伏しぬ。今亦神祇の靈に賴り、天皇の威を借りて、往きて其の境に臨みて、示すに德教を以てせむに、猶服はざること有らば、兵を擧げて擊たむ。仍りて頂ねて再拜みまつる。天皇則ち吉備武彦と大伴武日連とに命《オホ》せたまひて、日本武尊に從はしむ。亦七掬脛《ナナツカハギ》を以て膳夫《カシハデ》と爲す」とさへ申してあります。この命の御答辭を以て見れば、如何に勇ましくも亦た雄々しい御出發でありましたでせう。特に「皇靈の威に賴り、天皇の威を借りて、往きて其の境に臨み、示すに德教を以てせむに、猶服はざること有らば、兵を擧げて撃たむ」とありまして、單に武烈一點張ではなく、否却て寧ろ「德教を以て刄に血ぬらずして服せしめん」に其の本義のあつたことを知り、この東征が普通一片の遠征ではなく、德教流布の御大業であつたことが判るかと存じます。斯ういふ上から見て、更に一層比比羅木八尋矛が、德教の靈威を具へたまふ、寶器であつた事が拜察されませう。而してこの東征に更に尊嚴なる草薙劔を賜はせられた意義も、斯くて能く解せられるかと存じます。單なる征討には斯樣な大義は作はなかつた事でありませう。

「倭比賣命、草薙劍を賜ひ、また御嚢を賜ひて、若し急の事あらば、この嚢の口を解きたまへとなも詔りたまひける」倭比賣命が神に通じ給ふ靈格者であつたことは、前にも述べた通りですが、草薙劍と御嚢を賜へる所以も、必ず神靈のくしびに觸れ給ふて、前事を豫測し給ふた故かと拜察されます。又草薙劍を賜はりしは、德教の宣布を以て中心と爲し、普く神靈の威を蠻地に布いて、思想的に全國の統一を策したまふたかと、拜察致すべきでありませう。

「かれ尾張國に到りまして、尾張國造の祖、美夜受比賣《ミヤスヒメ》の家に入りましき。乃ち婚さむと思ほしゝかども、また還り上りたらむ時にこそ、婚さむと思ほして、契り置きて、東の國に幸でまして、山河の荒ぶる神又は伏はぬ人どもを悉に平げ和したまひき」神と人とを別けて述べてゐるのは、神は宗教的に見たもので、德敎の正面的對象に屬し、人を伏すは止むを得ぬ場合の副二的御行動であつたと解すべきであらう。倭建命が尾張國に立寄り給ふたのは、これから東方が蠻地に屬する境であつた關係もあらうが、斯國が草薙劍に根本的の因緣地であつた點を見逃してはなりますまい。東西兩地の×型《クサナリ》の中心地帶としての尾張は、必然に草薙劍の御因緣地である譯です。美夜受比賣《ミヤスヒメ》の婚を延期されたのは、尙ほ媛が餘りに若かつたからの事でありませう。

「かれこゝに相武國に到りませる時に、その國造詐りて白さく、この野の中に大沼あり、この沼の中に住める神、甚く道速振《チハヤフ》る神なりとまをす。こゝにその神を看そなはしに、この野に入りましつれば、その國造その野に火をなも著けたりける。かれ欺かえぬと知ろしめして、かの姨倭比賣命の給へる御嚢の口を解き開けて見たまへば、その裏《ウチ》に火打ぞありける。こゝに先づその御刀もて、草を苅り撥《ハラ》ひ、その火打をもちて、火を打ち出で、向火を著けて燒き退けて、還り出でまして、その國造どもを皆切り滅《ホロボ》し、即ち火を著けて燒きたまひき。かれ（其地をば）今に燒遣《ヤキツ》とぞ謂ふ。」倭建命の御事蹟から草薙劍の靈威を離して考へることは出來ません。彼の熊曾建の御征伐は、八俣遠呂智に酒を呑ませて、其醉るを切られた物語が聯想され、今この野中に於ける御危急は、須佐之男命が鳴鏑を大野の中に射入れ、大國主神に取りに這入らせた處を、周圍から火を著けて燒かれた故事に、聯關を保つ事が考へられませう。大國主神は洞穴に潜伏してその難を免れられたが、倭建命は草を薙ぎ向ひ火を著け、賊を燒き殺して其難を免れられました。その方式に於ては多少の相違を見ますが、之を×型の靈律に訴へて考察すれば、禍を轉して福と爲す上に於て、その規を一にする譯で、治亂興廢安危閑爭………の眞只中に立つて、その何ものをも自在に轉換し、以て出離の妙諦を示すものは×の威力である。倭建命は草薙劍を奉じ給ふて既に×型《クスナリ》そのもの丶御靈體に亘らせられました。故に如何に危急の死地に陥り給ふとも、忽ち轉換の術を廻らし給ふに、何等難きを覺え給はなかつたのでした。

書紀では一に云ふとして「王の佩かせる劍叢雲自ら抽《ヌ》けて王の傍の草を薙ぎ攘ふ。是に因りて免る丶ことを得たり。故れ其の劍を號けて草薙と曰ふ」と申してゐるが、これは大なる誤で、クサナギノタチの名は、古事記では既に八俣遠呂智から出た時の名とされてゐるし、草薙劍は神靈の宿る德教の御本體であらせられるから、草を苅るといふが如きここに御使用遊はすが如きものでは決してありません。自ら拔けてこあるのは、命の御自覺の上に草薙劍の御威靈が閃いた事で、その劍が草を薙ぎ攘つたと見る事は根本的の誤である。草を苅られたのは、御佩の他の太刀でしたでせう。

「それより入り幸まして、走水海《ハシリミヅ》（相摸國三浦郡から上總に渡る海峽）を渡ります時に、その渡の神が浪を興てゝ、御船廻《タユタ》ひて、得進み渡りまさず。こゝにその后名は弟橘比賣《オトタチバナヒメ》命の白したまはく、妾御子に易《カハ》りて海に入りなむ。御子はまけの政（まけはまかせで任命された東國平定の祭政）遂げて、覆奏まをしたまふべしとまをして、海に入りまをさむとする時に、菅疊《スガタヽミ》八重、皮疊《ミチタヽミ》八重、絁疊《キヌタヽミ》八重を波の上に敷きて、その上に下りましき。こゝにその暴浪自ら伏《ナ》ぎて、御船得進みき。かれその后の歌はせる御歌『さねさし、相摸の小野に、燃ゆる火の、火中《ホナカ》に立ちて、問ひし君はも』かれ七日ありて後に、その后の御櫛海邊に依りたりき。乃ちその御櫛を取りて、御陵を作りて治め置きる」この物語も矢張草薙の威靈から離して考へることは出來ません。弟橘比賣の悲壯の御決意は、何處から來たものかと云へば。これは自ら海中に入つて、海神を言向《コトム》け和《ヤハ》すにあつた事を忘れてはなりません。暴神の威力をも征服するのが皇軍の偉大な力である。

弟橘比賣が海神征服の爲め入海されたと云ふ立證は、入水の際に、菅疊八重、皮疊八重、絶疊《キヌタヽミ》八重を波の上に敷いたので明瞭です。この疊の敷き方は、嘗て火遠理命が大綿津見神《オホワタツミノカミ》の御所へ至られた時、海神が皇子を招じ入れた時そのまゝで、海神は菅疊八重皮疊八重絶疊八重を敷いてゐるとの思想は、能く知られて居たのだから、今ま弟橘比賣は勇躍して海神征服の爲めに海中に飛び込まれたのでした。書紀の謂ふ如く、海神の忿を解く爲めと說くのは決して當つて居ません。弟橘比賣の御歌は「相摸の野の火の中に在つても、無限の御威力を現はしたまふた君である。今やこれしきの暴れ海位が何でありませう。火難に贏ち獲た我等は、復た必ず水難にも勝ち獲ねばなりません。願くば妾、海中に入つて海神を征服せん。請ふ安んじ給へ。」との壯烈な御決意が、漲つてゐたかと存ぜられます。御櫛の一件も例の伊邪那岐大神が黃泉國へ入り給へる時、櫛に火を燭して入りました神事に聯關のある事で、何處までも神は神に對し、人は人に對して、根本的徹底的征服の御決行であつたことが、深く感ぜられます。

平家物語の劍卷は弟橘姬を「やうら姬」としてゐる。羅典語月桂樹をLaula《ラウラ》と謂ふ。ラ音のヤ音に變ずる時は是れ「ヤウラ」で、希臘語月桂樹をダフネ Daphune と謂ふ。アポローン神にダフネ姬あり。又た水に投じて死し給へり。橘はまた永遠の生命を保つ木の實なることは、田道麻毛理《タヂマモリ》の條で述べた通りだから乙橘比賣《オトタチバナヒメ》の入水も、生命の永遠を保證するものとして、倭建命のこの行軍には最もふさはしい物語なりと申さねばなりますまい。次に出る船に鏡を懸けられたのも、岩戸前で眞賢木の枝に鏡を懸けられた故事が聯想されて、神の御船、神の御軍、永生を保證する權威の皇師たることを現はすものではなからうか。書紀の記す所に依れば「爰に日本武尊則ち上總より轉りて陸奧國に入りたまふ。時に大なる鏡を王の船に懸けて、海路より葦浦に廻り、横に玉浦を渡りて蝦夷の境に至る。蝦夷の賊首、島津神、國津神等、竹水門に屯《イハ》みて距がむと欲す。然れども遙に王の船を視て豫め其の威勢に怖れて、心の裏にえ勝ちまつるまじきことを知りて、悉に弓矢を捨て望み拜みて曰く、仰ぎて君の容を視れば、人倫に秀れたまへり。若しくは神か。欲知姓名《ミナツケタマハラム》。王對へて曰く、吾れは是れ現人神《アラヒトガミ》の子なり。是に於て蝦夷等悉に慄《カシコマ》りて、裳《キモノ》を褰《カ》げ浪を披《ワ》けて自ら王の船を扶けて岸に着きぬ。仍りて面縛《ミツカラユハ》れて服《シタガ》ふ罪。故れ其の罪を免したまふ。因りて以て其の首帥を俘にして徒身《ミモトニツカマツ》らしむ。蝦夷既に平ぎ、日高見國より還り西南のかた常陸を歴て甲斐國に至りて酒折宮《サカヲリノミヤ》（甲斐國西山梨郡玉諸村大字坂折）に居ります」いかに其御威勢の旺であつたかを拜知すべきです。而してこの御威勢の内部に、弟橘比賣の御魂が輝を放つてゐます。靈に對するに靈、人に對するに人、其處に宗教的意義が漲つてゐます。この奧底の權威にこそ根本平定の基礎は確立するのでせう。

「それより入り幸まして、悉に荒ぶる蝦夷どもを言向《コトム》け、また山河の荒ぶる神どもを和して、還り上ります時に、足柄の坂下（書紀は碓氷峠としてゐる）に到りまして、御粮《ミカレヒ》聞し食《メ》す處に、その坂の神白き鹿になりて來立ちき。かれその咋《ミヲ》し遺りの蒜《ヒル》の片端もて、待ち打ちたまひしかば、その目に中りて、打ち殺さえたりき」こんな神くらゐもはや齒牙に懸けるほどのものでは無い。食ひさした蒜《ヒル》で打てば事足りることである。僅かの記事ですが、その當時の御威勢が明瞭するこ同時に、蒜に就ての研究課題が我等に提供されてゐるようです。足柄の坂神は萬葉集にも見えてゐるやうに、阪東人が最も崇敬した大靈神でした。「かれその坂に登り立ちて、ねもころに歎かして、「吾嬬《アヅマ》はや」と詔りたまひき。かれその國を阿豆麻《アツマ》とはいふなり」坂の上から海を望み見給ひて、懇に感歎遊ばされて「吾嬬《アヅマ》はや」と仰せられました。歎かしてを普通は悲歎の意に解して、實に氣の毒であつた吾嬬《ワカツマ》よこ感慨無量で仰せあそばされたと解しますが、「實にけなげなるかな、おん身の威靈に因つて、荒神も賊虜も忽ち征服された。天晴々々吾嬬よ」と讃歎遊ばされての、ねもころに歎かしてゞあり、吾嬬はやであつたのでした。神靈としての比賣を歎賞あそばす意義を忘れては、この一語は解されません。「即ちその國より越えて、甲斐に出でて酒折宮にまし〳〵ける時に、歌ひたまはく、

新治《ニヒバル》 筑波《ツクバ》を過ぎて、幾夜か宿《ネ》つる。

こゝにその御火焼《ミヒタキ》の老人《ヲキナ》御歌を續ぎて、

かがなべて、夜には九夜《コヽノヨ》、日には十日《トホカ》を。

とぞ歌ひける。こゝを以てその老人を譽めて、東國造《アヅマノ》にぞなしたまひける」とあります。この連歌式の一節は、古來單に老人の歌の句が巧妙に出來たから賞められたと單純に考へたのですが、それにしては、賞として東國造にされたのは仰山過ぎるのではないかと思ふ。書紀には「諸の侍者 不レ能二答言一としてゐるが、僅か九日や十日の日數を繰ることが出來ない筈はありますまい。惟ふに御行軍中も常に神祇祭祀の義が行はれ、例の火繼の神事が取り營まれて、神火の絶えず旺なるさまを祝福されたのではないでせうか。御火焼の老人を書紀に秉燭者とあり。單なる火燒爺の如くは見えないし、其實は神の御火焼たる神祇奉祀の主典ではなかつたか。かがなべての日々《カガ》に火《ヒ》を事よせて、夜には九夜、日には十日を、と晝夜に點火を怠らず、奉齋の誠を盡した老人の精勤を賞し給ふたのではないだらうか。(或はまた天文上に聯關ある律則を答へ奉つた歌かも知れない。倭建命の段は常に天文に深い關係があるやうに感ぜられる)

「その國より科野《シナヌ》國に越えまして、科野の坂神(美濃の惠那郡から信濃の伊那郡に越える國境の阪)を言向けて、尾張國に還り來まして、先に期《チギ》りおかしゝ美夜受比賣《ミヤスヒメ》の許に入りましつ。こゝに大御食《オホミケ》献る時に、その美夜受比賣大御《オホミ》酒盞《サカヅキ》捧げて献る。こゝに美夜受比賣それ襲《オスヒ》の襴《スソ》に月經《サハリノモノ》著ゐたり。かれそを見そなはして、御歌よみしたまはく、

久方の　天の香山　利鎌《トガマ》に　眞渡《サワタ》る鵠《クヒ》　弱細《ヒハボソ》　手弱《タワヤ》が腕を　枕《マ》かむとは　吾《ア》はすれど　眞寢《サネ》むとは　吾《ア》は思へど　汝《ナ》が著《ケ》せる　襲《オスヒ》の襴《スソ》に　月立ちにけり。」

この歌の意味は、普通は「天の香久山の立木を利鎌で苅るやうに、細くたをやかなそなたの腕をとつて、吾は纏り寢ようと思ふが、そなたの着てゐる襲の裾には月のものを見る事である。」と解して居るが、この歌は嚮に倭建命が美夜受比賣に遭はれた時は、美女ではあつたが、まだ年齢が若くてほんの處女であつた爲め婚期を延し、歸路にお立ち寄りに成つて見れば、年も加つて一人前の女に成り、今は月經を見るに至つたので、もはや婚期が至つたと見て、歡びのあまり歌ひたまふたもので。久方の天の香山に利鎌の如く懸つてゐる月は頗る美くしく愛らしいから、我はその弱腕を抱いて寢んとしたけれども、あまりに弱細いので、その時は見合せたが、今來て見ると、その月は太つて、肉附も豊かに成り、汝が着てゐる襲の襴にまで、輝いてゐることであるわいと仰せられたのでした。而してこの利鎌といふこと

ばが、矢張草薙劍に縁がある譯です。

「かれ美夜受比賣御歌に答へて歌ひけらく。

高光《タカヒカ》る　日の御子《ミコ》　安見《ヤスミ》しゝ　吾大君《ワカオホキミ》　新玉《アラタマ》の　年が來歴《キヘ》れば　新玉の　月は來經往《キヘユ》く　諸《ウベ》なうべな

君待ちがたに　吾著《ケ》せる　襲《オスヒ》の　襴《スソ》に　月立たなむよ。

この歌は命のお歌をうけて、高光る日の御子であらせられるから、吾が大君よ。日が重なれば年となり、年が重なれば、自然月も來經往くのでございますのよ。ほんとうにその通りでございまして、日を經月を經て君を待つてゐますうちに、妾の襲の襴にも月が立ちましたのでございますよ。吾君は利鎌と仰せられるが、妾は海神の女が持つて居るといふ、玉の所有者でございますから。どうか安心してお酒をお上り下さいませ。玉のような月を御賞美下さいませといふのです。

「かれこゝに御合ひまして、その御刀の草薙劔を、その美夜受比賣の許に置きて、伊服岐能山《イブキノヤマ》の神を取りに幸《イ》でましき」美夜受比賣に婚し給へる倭建命が、伊吹山の邪神を征服の爲め御出發あそばされた時、何故御神靈たる寶劍を御持參あらせれなかつたか。こは或は草薙劔を持たない時の逆證明を遊ばしたのではなからうか。さて「こゝに詔りたまはく、この山神は徒手《ムナデ》に直《タダ》に取りてむとのりたまひて」とある所を見れば、多少對者を侮り容易に之を降すべしの御心持があらせられたかと存ぜられます。倭建命の御勇武を以てぜば、斯かる御心構に毫も御無理はない事でありませうが「その山に騰ります時に、山の邊に白猪逢へり、その大さ牛の如くなりき。かれ言擧《コトアゲ》して詔りたまはく、この白猪になれるものは、その神の使者にこそあらめ、今殺さずとも、還らむ時に殺《ト》りてむとのりたまひて騰りましき」これが果して御油斷でした。「こゝに大冰雨《ヒサメ》を零《フ》らして、倭建命を打ち惑はしまつりき、（この白猪に化れる者は、その神の使者にはあらずて、その神の正身にぞありけむを、言擧したまへるによりて、惑さえたまへるなり」大變な事が突如として起つたので、さすがの倭建命も毒氣に中つて醉えるが如くお成りあそばされました。そこで「かれ還り下りまして、玉倉部《タマクラベ》の清水《シミツ》に到りて、息ひませる時に、御心稍寤めましき。かれその清泉を居寤清泉《ヰサメノシミツ》とこぞ謂ふ」と云ふ御狀態で、多少は神氣の御回復はあつたが、猶ほ未だ朦朧として充分の御覺醒には至らなかつた。「其處より發して當藝野《タギヌ》の上《ウヘ》に到りましゝ時に、詔りたまへるは、吾心恒は虛《ソラ》よりも翔《カ》けり行かむと念ひつるを、今吾足得《エ》歩まず、舵《タギシ》の形に成れりとぞ詔りたまひける。かれ其地を當藝《タギ》と謂ふ」殆ど翔《カケ》身神《ミリ》にも等しい命が、今は歩行すら充分出來ない御狀態にお成り遊ばされたので。また「其他より差《ヤヽ》少し幸でますに、甚く疲れませるに因りて、御杖を衝かして、稍《ヤヽく》に歩みましき。かれ其地を杖衝坂《ツエツキサカ》と謂ふ。」次で尾津前《ヲツノサキ》(今伊勢桑名郡多度村大字戸津說、又桑名町說あり)の一ツ松の許に到りませるに、先に、御食せし時、其地に忘らしたりし御刀、失せずて猶有りき。かれ御歌よみしたまはく、

尾張に　直《タダ》に向へる　尾津《ヲツ》の崎《サキ》なる　一つ松　吾兄《アセ》を　一つ松　人にありせば　大刀《タチ》佩《ハ》けましを　衣《キヌ》着せましを　一つ松　吾兄《アセ》を

この御歌は、吾が御刀を守つて居た功を賞して、人であつたならば、大刀を授けて、大に賞讃もするものを、衣も着せて甚く褒賞もするであらうものを、親愛なる一つ松よ。けなげな一つ松よと、恰も人にもの云ふ如く、その功勞を思召す御至情が、本當に能く現はれてゐる御歌です。身體の自由を失ひ給へる命も、御意識が御明確に成つたことが拜されます。而して倭建命の御一生が「肉に死して靈に活きる」といふ飽くまで宗教的であつた感が一入强く湧き出でるのを覺えます。

「其地より幸でまして、三重村に到りませる時に、また吾が足三重の勾《マガリ》なして、甚く疲れたりとのりたまひき。かれ其他を三重と謂ふ。そこより幸でまして、能煩野《ノボヌ》に到りませる時に、國思《シヌ》ばして歌ひたまはく、

倭《ヤマト》は　國のまほろば　たたなづく　青垣山　隱《コモ》れる　倭《ヤマト》し　美《ウルハ》し。

命《イノチ》の　全《マタ》けむ人は　疊菰《タヽミコモ》　平群《ヘグリ》の山の　隱白檮《クマカシ》が葉を　髻華《ウズ》に挿《サ》せ　その子

この歌は思國歌《クニシヌビウタ》なり」

この歌は書紀では景行天皇が十七年春三月日向でお歌ひ遊ばされたものとして傳へてゐます。或はこの歌は思國歌とてこの時代には他國に旅する者が、常に帝京を憶ふて歌つたもので、當時一般の慣用歌であつたかも知れません。歌の意味は、倭は國の中樞であつて、內木綿《ウツユフ》の眞拆國《マサキクニ》にはあれども、猶ほ蜻蛉《アキツ》の臀呫《トナメ》せるが如くにもあるかとある通り、旋廻狀を保つ麗くしい國であり、靑垣山の立ち繞らしてゐる、美くしい國である。吾はその美くしい國に生れ、その地を鄕里とし、無限に慕はしいことよ。こいふ御歌で、今現在の吾身は斯くも自由のきかないものに成つてゐるが。せめては心の內に國の光景を思ひ泛べ、その讚美が致したいといふ意が含まれて居るのではないでせうか。尙ほ衝き進めて考へて見れば、今吾身は三重に勾つた身體には成つたが、この勾れる肉體を其儘に、麗はしい倭のアキツトナメを觀じ、煩惱即菩提の境致に入りたいものである。否な這入つてゐる嬉しさよ、歡ばしさよこ達觀された意義さへ籠つてゐるのではないでせうか。

次の歌は旅をする者が、何等恙もなく健全で歸ることの出來た時は、平群《ヘグリ》の山（和名抄に大和國平群郡今の生駒郡）の隱白樫《クマカシ》が葉を頭の飾りに挿し、その生命を全うして歸つた歡喜を表せ。その恙なく歸つた誇りな示せ。而して神の守護のおろそかならざりしを感謝せよといふのでせうが、倭建命の場合は、さうすることの出來ないことを無限に悲しく思ふの意が含まれてゐると見るのが普通だが、倭建命の郷土觀は前の歌もさうである通り、もはや現世の郷土を超越し、永遠生命の樂土を吾が郷土と見、その樂土の莊嚴を讃美し、その美はしき本國へ歸つて、旅人もするように、榮冠の白檮の葉を髻華に挿すことを歎ぶとの、極めて宗教的な御歌ではないだらうか。

「また歌ひたまはく

はしけやし　吾家の方よ　雲居起ち來も

こは片歌《カタウタ》なり」は、前の歌の解釋を非常に裏書するもので、この吾家の方よと指されたのは、何處であらうか。これは決して地上倭《ヤマト》の御家ではなくして、本來永生の吾家の方であり、其處には瑞雲が立ち込めて、天の伎樂の音が響き亘る。その吾家であり、今や御迎への爲めの紫雲は此方へ徐々に近寄りつゝ來るのである。はしけやしはその來迎の華やかさ、その迎へとられる身の溢るゝ懌び、それは決して口には述べられず、無上歡喜に胸を躍らすばかりである。この歌が片歌と成つて居て、言辭に述べ盡くし難い意義を、言外に餘韻を殘す、もはやこれ以上は、歌ひ得ない永遠の片歌であるのでありませう。我等は佛教渡來以前、既にこの深遠なる思想の御確證を、身を以て示させ給へる倭建命を、如何に讃美し奉つたものでせうか。「この時御病急になりぬ。こゝに御歌を、

孃女《ヲトメ》の　床《トコ》の邊《ヘ》に　吾置きし　つるぎの大刀《タチ》　その大刀《タチ》はや

と歌ひ竟へて、即ち崩りましぬ。」倭建命から草薙劍を離して考へることは出來ません。深遠幽幻なる生命の大解決は、一に×型劔《クサナリ》の奇しびの内に藏せられてゐます「つるぎの大刀、その大刀はや」これより以外には、何ものもありませんでした。クリストはその死に臨んで「吾神《エリ》吾神《エリ》何《ラ》ぞ《マ》吾を遣《サ》て《バ》た《ク》ま《タ》ふや《ニ》」と叫びました。父神の無限の至愛がクリストのこの一語の内に盡されて居ます。「孃女《ヲトメ》の　床の邊に　吾置きしつるぎの大刀　その大刀はや」何と申す尊い御最後の御籤語でせう。生命の問題は×型のつるぎに盡きてゐます。今吾は寶劍の御偉德のまに〳〵、絕對信順して、永遠の靈に歸り、無窮の生命を獲得し、活きた基範を示し置くものぞ。一切の萬衆よ。このつるぎの大刀の御威德を拜し、專らその御示敎に信順して、吾が如く永生に入れよ。肉に死して靈に活きよ。萬人を征服せんとならば先づ己を征服せよ。殺人劍は即ち活人劍である。生死兩端の眞鈎極《マツルギ》は、×の中點に立つてこそ創めて行はるべき神則であるぞと、尊き御敎を垂れてゐらせられるやうに拜されます。

「かれ驛使《ハユマツカヒ》を上《タテマ》りき」倭建命の御薨去を奏達の使は急ぎました。書紀には「天皇聞しめして、寢ますこと席《ミマシ》安からず。食《ミモノ》たてまつること味甘からず、晝夜咽喉《ムセ》びて泣悲び標擗《ミムネウ》ちたまふ。因りて以て大に歎きて曰く、我が子小碓王、昔、熊襲叛きし日、未だ總角《アゲマキ》にもあらぬに、久しく征伐に煩ふ。既にして恒に左右に在りて　朕が不及を補ふ。然るに東夷騷動《ドヨ》み、討たしむる者勿《ナ》し、愛を忍び以て賊の境に入らしむ。一日も顧《オモ》はざる無し。是を以て朝夕進退《サマヨ》ひて還らむ日を佇《ツマダ》ち待つ。何の禍ぞも、何の罪ぞも、不意之間、我が子を倏亡《アカラメ》さすこと、今より以後誰人と與に鴻業を經綸《ヲサ》めむや。即ち群卿に詔し百寮に命せて、仍りて伊勢國の能褒野《ノボヌ》陵に葬しまつる」とあります。さもあつたことでありませう。

「こゝに倭にます后たちまた御子たち、諸《モロノヽ》下り來まして、御陵《ミサザキ》を作りて、其地の靡《ナツ》附き田に匍匐《ハラバ》ひ廻りて、哭《ミネナカ》しつゝ歌ひたまはく

靡《ナツ》附きの　田の稻幹《イナガラ》に　稻幹に　蔓延廻《ハヒモトホ》ろふ　薢葛《コトロツラ》

この歌の意味は、普通には單に命《ミコト》を葬つた陵の邊の、叢の間をあちらへこちらへと蔓草が匍ひ伸びるように、哭き廻るばかりであると解してゐますが、もつと深く考へて見る必要がありませう。

倭に坐した后もまた御子たちも、倭建命の偉大なる御終焉を知らずして、單に人間並の悲痛にのみ哭慟し

たが、併しだん〳〵命《ミコト》の宗教的御臨終の意義が判つて來て見れば、單なる悲痛では濟まされぬ事に成るのは當然で、彼の伊邪那岐命がその妹命の死を痛み、御枕方に匍匐《ハラバ》ひ御足方《ミアトベ》に匍匐《ハラバ》ひて哭《ナ》き給ひし故事に倣ひ、乃ち黄泉國までへも御跡を慕つて追ひ進まんと、焦慮痛心の極に達した時、命《ミコト》の神靈が忽ち后等に通じて、恰も電氣にでもうたれたやうに相感じた。その時精靈は白鳥に化《ナ》つて群れる者にその姿を示し給ふた。精靈を白鳥と見る思想は、東西共通のものである。古事記の本文は「こゝに八尋白智鳥《ヤヒロチトリ》になりて天に翔りて、濱に向きて飛び行《イ》ましぬ」

書紀には「時に日本武尊白鳥に化りたまひて陵より出で、倭國を指して飛ぶ。群臣等因りて以て其の棺櫬《ヒツギ》を開きて視れば、明衣空しく留まりて屍骨は無し」と記してゐます。こは倭建命の昇天を傳へたもので、靈が白鳥に化《ナ》つて翔り飛ばれたのは、×型《クサナギ》の第一奥底の眞諦を示された譯である。永遠生命の保證として、この白鳥物語は實に尊嚴なもので、死に對して慟哭した后や御子等も、今永生の保證に接し、無限の歡喜の餘り、その教義宣傳の使徒として、如何なる困難にも打ち克ち、如何なる荆棘の道をも、邁進せなければ措かない勇猛者となられたのでした。宗教的福音の使徒として、后や御子等が如何に活動されたかは、文献の證すべき何者をも持たないが、次の歌やその白鳥を追ひかけられる狀態の中に、その意義が充分含まれてゐるのではないでせうか。その熱狂的な追ひ懸け方は、決して普通狀態とは考へられません。どうしても宗教的熱狂者の宣傳的態度です。

「かれその后たち御子たち其地なる小竹《シヌ》の苅杙《カリクヒ》に、御足切り破れども、その痛さをも忘れて、哭《ナ》く〳〵追ひいでましき、この時の御歌、

淺小竹原《アサジヌハラ》　腰煩《コシナツ》む　虛空《ソラ》は行かず　足よ行くな。

またその海鹽《ウシホ》に入りて、煩み行きまし〻時の御歌、

海が行けば　腰煩《ナツ》む　大河原《オホカハラ》の　植草　海がは　いさよふ。

また飛びて其地の磯に居たまへる時の御歌、

濱つ千鳥　濱よは行かず　磯傳ふ。

この四歌は、皆その御葬《ミハフリ》に歌ひたりき。かれ今にその歌は天皇の大御葬《オホミハフリ》に歌ふなり」此の歌が天皇の大御葬に歌ふ俛歌と成つたといふ事は、若しこの歌が從來から解釋する如く「白鳥を追つて淺小竹原を驅け行けば、腰の邊が非常に疲れ苦しむことよ。虛空を行くことの出來ない我等は足で往くのでこれこの通り苦痛よ――海の上を追ひ駈けて往けば、非常に身體が苦しく、海岸の草などが、海水に漂ふ如く、たゞあち

らへこちらへと漂つて疲れ切ることよ——また海岸を追ひ駈けて往けば、濱千鳥が陸を歩むような工合で眞に歩行も苦しく、疲れてしまふことよ。

といふが如きであつたならば、その餘りにも俔歌としての意義の乏しいものではあるまいか。この歌をうたひつゝ、熱狂的に×型《クサナリ》教義の福音を宣べ傳へられたと見れば、最も御大葬にふさはしい宗教的意義の存在があるのではないでせうか。此等の后並に御子等の御宣傳が、どんな効果を奏したか。乃至その以後の人心にどう影響したか。其等は非常に大きい國史上の問題ではないのでせうか。若しも日本武尊の御一生、特に御終焉前後の御事情を、教法的意義を以て之を詳細に觀察すれば、恐らく偉大なる日本國教の大經典が出來得るかと想はれる程で、儒教も佛教も渡來以前の大思想問題として、深く我が熱誠なる國史研究者並に神道研究者等に、この點の研鑽を慫慂して止みません。

「かれその國より飛び翔《カケ》り行まして、河內國の志幾《シキ》（河內國南河內郡古市村大字輕墓）に留まりましき。かれ其地に御陵を作りて、鎭りまさしめき。その御陵を白鳥御陵とぞ謂ふ。然れどもまた其地より更に天翔りて飛び行ましぬ」とあつて、各所を御飛翔になつた事が錄され、書紀には「是に使者を遣はして白鳥を追ひ尋ぬれば、則ち倭の琴彈原《コトヒキハラ》に停れり。仍りて其の處に於て陵を造る、白鳥更た飛びて河內に至りて舊市邑に留まる。亦其の處に陵を作る。故れ時人是の三陵を號けて白鳥陵と曰ふ」とあるが、現に名古屋市熱田にも白鳥御陵があり、其他にも多く傳はつて居る處を見ると、古事記所傳の如く各處を飛翔されたもので、宗教的使徒の宣傳記事と見る見解が、必ずしも空想とのみは見ることが出來ないのでありませう。「因りて功名《ミナ》を錄《ツタ》へむと欲して即ち武部《タケルベ》を定む」書紀とあるのも教義的宣傳の部族ではなかつたらうか。

勿論「武部」は御名代で、これは天皇や皇族の御名を後世に傳へんが爲め定められたもので、それに隷屬する部曲《トモブベ》が御名代部《ミナシロベ》である。景行天皇は數多い皇子を諸國に分封されました。それは地方民が皇室に親みを保ち、其血液も地方民衆に分布されると同時に、一面又地方豪族に對する大なる鎭めともなつて、政治上の施設の不足を補ひ、皇威伸展上多大の光彩を添へる事も出來たでありませうが、日本武尊の「武部」には宗教的意義の存在が我々は深く認めたいと考へてゐるものです。史家は奥羽を除く外日本全國は、景行天皇の御代には、一旦盡く朝廷の治下に屬したのであると申してゐます。

「この大帶日子天皇の御年壹百參拾七歲、御陵は山邊之道上にあり」

若帯日子天皇（成務天皇）

「若帯日子天皇《ワカタラシヒコスメラミコト》、近淡海之志賀高穴穂宮にまし〳〵て、天下治しめしき。この天皇、穂積臣等が祖、建忍《タクヲシ》山垂根《ヤマタリネ》の女、名は弟財郎女《オトタカライラツメ》を娶して、御子和訶奴氣《ワカヌケ》王を生みましき（一柱）かれ建内宿禰を大臣《オホオミ》としたまひ、大國小國の國造を定めたまひ、又國國の堺、また大縣小縣の縣主《アガタヌシ》を定めたまひき。この天皇御年九拾五歳、御陵は沙紀之多他那美《サキノタヽナミ》にあり。」と古事記にはあるだけです。

書紀は「稚足彦天皇は大足彦忍代別天皇の第四子なり。母の皇后を八坂入姫命と白す。八坂入彦皇子の女なり。大足彦天皇四十六年に立ちて皇太子と爲り給ふ。年廿四。六十年冬十一月大足彦天皇崩りましぬ。元年冬十一月癸酉朔壬午、大足彦天皇を倭國の山邊道上《ヤマノヘノミチノウヘ》陵に葬りぬ。皇后を尊びて皇太后と曰す」云々とあり。

この天皇が近江の志賀高穴穂宮に在して天下を治《シロ》しめしたのは、皇威の伸展が倭の境域を脱したことを明に示すもので、この天皇の御世の御事蹟は、記紀共に頗る簡潔であるけれども、以て本時代の眞相が窺はれるかと思ひます。謂はゞ前代の非常な發展的な外征的な後を承けて、之を整理し、靜謐の基礎を建つる爲めに、全力を御傾注遊ばされたかこ拜察されます「かれ建內宿禰を大臣としたまひ、大國小國の國造を定めたまひ、又國國の堺、また大縣小縣の縣主を定めたまひき」こあるは、最も明にその事情を傳へた立證と見ることが出來ませう。又書紀に「三年春正月、武內宿禰を以て大臣と爲す。初め天皇武內宿禰と同じ日に生れたまふ。故に異に寵《メグ》むこと有り。四年春二月、詔して曰く、我が先皇大足彥天皇、聰明神武まして、籙《ツイデ》に膺《アタ》り圖《シ》を受けたまへり。天を治め人に順ひて、賊を撥ひ正しきに反り、德覆燾に侔しく、道造化に協ふ。是を以て普天率土莫レ不レ臣　稟氣懷靈　何非得處《イックカヤスカラザラム》　今朕嗣ぎて寶祚を踐《シ》りて、夙に夜に兢惕《ワナナキオソ》る、然れども黎元蠢爾にして野心を悛《アラタ》めず。是れ國郡に君長なく、縣邑に首渠無ければなり。今より以後、國郡に長を立て、縣邑に首を置く。即ち當國の幹了者を取りて、其の國郡の首長に任《マ》け、是を中區《ウチツクニ》の蕃屏《マモリ》と爲せ。五年秋九月、諸國に令して、以て國郡に造長《ミヤツコ》を立て、縣邑に稻置《イナギ》を置き、並に楯矛を賜ひて以て表《シルシ》と爲す。則ち山河を隔《サカ》ひて國縣を分ち、阡陌《タ・サノミチヨコサノミチ》に隨ひて、以て邑里を定む。因りて東西を以て日《ヒノ》縱《タテ》と爲し、南北を日横《ヒノヨコ》と爲す。山陽を影面《カゲトモ》こ曰ひ、山陰を背面《ソトモ》と曰ふ。是を以て百姓居に安じて天下無事なり」とあり。いかに國家の體制が、能く整つたことを明瞭にしてゐる記事でせう。政治的の整頓に連れて思想的即ち神を敬する教義的の普及も、亦必ず整つた事でせう。が其は殆ど何等知るべきものが無いのは遺憾である。併し「道造化に協ふ」と仰せられてゐる通り、常に敬神崇祖の大義に則り給ひし後を承け、特に倭建命の雄大深遠な大思想も現はれた直後であつて見れば、この御世に祭政共に整然たる伸展こ整備とを見たことは、疑の無いことゝ信ぜられませう。國郡配置に關する精しい説明は省略致します。

武内宿禰は景行天皇が紀直の遠祖菟道彦《ウヂヒコ》の女影媛《カゲヒメ》を娶りて生ました皇子で、非常に智勇兼備の偉人でした景行天皇の廿五年秋七月、北陸及び東方諸國の地形且た百姓の消息を察せしめたまふ爲めに巡察使として遣はされたのを始とし、五十年春正月天皇群臣を招《メ》して宴きこしめすこと數日、時に皇子稚足彦尊武內宿禰、宴庭に參赴《マキムキ》こず、天皇召して其の故を問ふ。因りて以て奏して曰く、其の宴樂《ウタゲ》の日には群卿百寮、必ず情を戯遊に在《ラ》きて、國家に存かず、若し狂生有りて、墻閤の隙を伺はむか。故れ門下に侍ひて非常に備ふ。時に天皇謂りて曰く、理灼然《イヤチコ》なり、則ち異に寵みたまふの至寵を享け、この歲棟梁之臣にまで昇つた。而して成務天皇の、三年に大臣と爲り、いよ〳〵寵愛を受けた。武内宿禰が成務の朝に在つて、國家の大整理と其の偉大なる組織の完成に努力したことは、蓋し多大なるものがあつたであらう、而して尙ほ續て仲哀天皇應神天皇の朝に歷事し、大功を建てられ、國家の棟梁こ爲られた。其の勳功を我々は見護らなければなりません。それは實に武内宿禰の功蹟を云々せるのみでなく、其子孫に因つて日本歴史が大なる幾多の波紋を描いた祖であるからの事です。武内大臣それは古事記中卷の後半から下卷の全部を掩ふ、主要なる中心の人物なのである。

帶中日子天皇（仲哀天皇）

帶中日子天皇《タラシナカヒコノスミラミコト》、穴門《アナト》之豐浦《トヨラ》宮また筑紫訶志比《カシヒ》宮にましく〳〵て天下治しめしき。この天皇大江王の女、大中津比賣に娶ひまして、生みませる御子、香坂《カゴサカ》王忍熊《ヲシクマ》王〔二柱〕また息長帶比賣《オキナガタラシメ》命に娶ひましき。この大后の生みませる御子、品夜和氣《ホムヤワケ》命、次に大鞆和氣《オホトモワケ》命また の名は品陀和氣《ホムダワケ》命〔二柱〕この太子の御名、大鞆和氣命と負はせる所以は、初め生れませる時に、御腕に鞆なせる穴ありし故に、その名を著けまつりき。是を以て御腹中にましく〳〵て、國(定め)たまへりと知らえたり。この御世に淡道の屯家《ミヤケ》を定めたまひき。書紀には「足仲彥天皇は日本武尊の第二子なり。母の皇后を兩道入姫《フタチイリヒメ》命と曰す。活目入彥五十狹茅天皇の女なり。天皇容姿端正、身長十尺。稚足彥天皇四十八年に立ちて皇太子と爲りたまふ〔時に年卅一〕稚足彥天皇男《ヒコミコ》ましまさず。故れ立てゝ嗣と爲たまふ。六十年、天皇崩ります。明年秋九月、倭國の狹城盾列陵《サキノタヽナミノミサキ》に葬しまつる。元年春正月、皇太子即天皇位、秋九月、母の皇后を尊びて皇太后と曰ふ」とあり、父命に似たまふて容姿端正、身長十尺と申す偉容を具へ給ひ、且つ父命の御遺志特に教義的御信念を抱き給ひ、その偉大なる思想を廣く一般に普及せしめ、以て政治的體制に對應して、信仰的統一を圖らんと爲したまへる旨が拜されるやうです。

書紀に「元年冬十一月、群臣に詔して曰く、朕未だ弱冠に逮《イタ》らずして父王既に崩りたまふ。乃ち神靈白鳥に化りて天に上りたまふ。仰望《シノ》びまつる情、一日も息むことなし。是を以て冀はくば白鳥を獲て陵の域の池に養はむ。因りて以て其の鳥を覩《ミ》て顧《シノ》びまつる情を慰めむと欲ふ。則ち諸國に令《ノ》りて白鳥を貢らしむ」とあるのは、白鳥即ち精靈の思想に基いて、諸國の信仰狀態を察する爲めに、この鳥を貢らしむる令が發せられたのではあるまいか。乃ち「閏十一月、越國白鳥四雙を貢る。是に於て鳥を送る使人菟道《ウヂ》河の邊に宿る。時に蘆髮蒲見別王《アシカミノカマミワケ》其の白鳥を視て問ひて曰く、何處に將去《モチ》く白鳥ぞ。越の人答へて曰さく、天皇父王を戀ひたてまつり、養狎《カヒナツ》けむとしたまふ。故れ貢る。則ち蒲見別王越の人に謂りて曰く、白鳥と雖も燒けば則ち黑鳥に爲りなむ。仍りて强ちに白鳥を奪ひて將去《モチ》ぬ。爰に越の人參赴きて請す」といふ事件が起た。それも蒲見別王《カマミワケ》は則ち天皇の異母弟であるから、事件が蕭牆の內から起つたのでした。蒲見別王の意見では「白鳥も燒けば黑鳥に成るのだ。永遠無窮の精靈は燒くことも漂はすことも出來るものでない所に尊嚴さがある。白鳥を精靈と思ふのは全く迷信で、それは偶像を崇拜することに成るのだ。父王の眞の御教は、物質を超越して、全く純靈に活きるに在る。然るに普通の白鳥を養つて、父王を慕ふといふ事は、寧ろ父王の眞敎を誤つて、世人に迷信を傳へ、却て信仰の分離を來たす所以である。奪ふに如かず」と考へられたのであらう。それで無くては、斯樣な大膽な擧に出ることは出來なかつたであらう。が若しさういふ意見であり、天皇を直諫する底心であつたならば、それにはそれに適した方法があるべき筈である。然るにその作法をまきまへず、越國人から白鳥を强て奪ひ去るなぞは、不法極まる仕方こ謂はなければならない。よく宗教上の爭ひには、理性を無視した、感情的な暴擧に出る者のあることは、昔も今も變りのない事であるが、この點大に後世思想家等の含味すべき事柄と思ふ。「天皇是に蒲見別王の先王に禮無きことを惡みたまひて、乃ち兵卒を遣したまひて誅さしめたまふ――時人曰く、父は是れ天なり。兄は亦君たり。其の天を慢りて君に違ひなば、何ぞ誅を免るゝことを得んや」とあります。宗教的の見解を異にする爲めに、人倫を紊り、天位の尊嚴を害するものは、當然の誅罰として時人が天皇の御處置を稱歎し奉つたのは、全く時代信仰の聲であつたでありませう。これが即ち我が國體の本義である。若し外國で斯様な事件が起つたら果してどんなであつたらうか、……

古事記はこの天皇の御事蹟を餘り傳へてゐないが、書紀には彼是れ錄されてゐる。「二年春正月、氣長足姫尊を立てゝ皇后と爲たまふ。是より先き叔父彦入大兄の女大中姫を娶りて妃と爲たまふ。麛坂《カコサカ》皇子、忍熊《ヲシクマ》皇子を生む。次に熊田《クマタ》造の祖大酒主《オホサカヌシ》の女弟媛を娶りて譽屋別《ホムヤワケ》皇子を生む、二月、角鹿《ツヌカ》に幸す。即ち行宮を興てゝ居ます。是を笥飯《ケヒノ》宮《ミヤ》と謂ふ。即月に淡路屯倉《ミヤケ》を定む。三月、天皇南國を巡狩す。是に皇后及び百寮を留めたまひて、駕に從へる二三の卿丈夫及び官人數百ありて輕行《トクイデ》ます。紀伊國に至りて徳勒津《トコロツ》宮に居ます。是の時に當り、熊襲叛きて朝貢らず。天皇是に於て將に熊襲の國を討たむとす。則ち徳勒津より發ちたまひて、浮海《ミフネヨリ》して穴門に幸す。即日、使を角鹿に遣して皇后に勅して曰く、便ち其の津より發ちて穴門に逢ひたまへ。夏六月、天皇豊浦津に泊ります。且た皇后角鹿より發ちて行まして、渟田門に到り、船の上に食す。時に海鯽魚《タヒ》多く船の傍に聚る……秋七月、皇后豊浦津に泊ります。是の日、皇后如意珠を海中に得たまふ。九月、宮室を穴門に興てゝ居ます。是を穴門豊浦宮と謂ふ。八年春正月、筑紫に幸す。時に崗縣主《ヲカノアカタヌシ》の祖熊鰐《クマワニ》、天皇の車駕するを聞きて、豫て五百枝《イホエ》の賢木《サカキ》を拔取り、以て九尋船の舳に立てゝ、上枝には白銅鏡を掛け、中枝には十握劍を掛け、下枝には八尺瓊を掛けて、周芳の沙麼《サマ》の浦に參迎へて、魚塩《ナシホ》の地を献る。因りて以て奏して言さく、穴門より向津野大濟《ムカツヌノオホソタリ》に至るを東門と爲し、名護屋大濟を以て西門と爲し、沒利島《モトリ》阿閇島《アヘ》を限りて御筥《ミハコ》と爲し、柴島《シバ》を割きて御甂《ミナヘ》と爲し、逆見海《サカミ》を以て塩地《シホトコロ》と爲さむ。既にして海路を導きまつりて、山鹿岬《ヤマカ》より廻りて崗浦に入ります。水門に到りて御船進《ユ》くこと得ず。則ち熊鰐に問ひて曰く、朕聞く、汝熊鰐は明き心有りて以て參來けり。何ぞ船の進《ユ》かざる。熊鰐奏して曰く、御船進くことを得ざる所以は、是れ臣が罪に非ず。是の浦の口に男女二神有り、男神をは大倉主《オホクラヌシ》と曰ひ、女神を菟夫羅《ツブラ》媛と曰ふ。必《フツ》に是の神の心かとまをす。天皇則ち禱祈みたまふ。挾杪者《カヂトリ》倭國の菟田の人伊賀彦を以て祝《ハフリ》と爲て祭らしめたまふ。則ち船進くことを得たり。皇后別船にして洞海より入りたまふ。潮涸て進くことを得ず。時に熊鰐更に還りて洞より皇后を迎へ奉る。則ち御船の進かざるを見て、惶懼《オヂカシコマ》りて、忽に魚沼鳥池《ウナイケトリイケ》を作りて、悉に魚鳥を聚む。皇后是の魚鳥の遊ぶを看そなはして、忿の心稍に解けたまひ、潮滿つるに及びて即ち崗津に泊ります。」

この記事は單なる歴史的事實とのみ見ることの出來ない點があると思ふ。即ち熊鰐が天皇を迎へるに五百枝の賢木に鏡、劍、瓊を掛けて來たことは、己等の信ずる神を奉じ、神と倶に參迎へたことを示したものと解せねばなるまいと思ふ。天皇の御進軍が既に教義的な深遠なるものであることを知つた熊鰐が、その御本義に適ふやうに斯く爲たのは、神を迎へるに神を以てした旨が察せられませう。五百枝の賢木を神籬として参迎へ、穴門より向津野大濟に至るを東門、名護屋大濟を以て西門、阿閇島を限りて御筥、柴島を割きて御甂とし、逆見海を以て塩地と爲さむと謂つたのも、單なる地域の献納を謂つたのみでなく、こは慥に神殿造營の方式を以て、その神域を定めたものと解すべきでありませう。或は兵法上の備へとも解せられますが、その双方がこの時は一つであつたと解するのが適當でせう。天皇の御船の進まなかつた時に、熊鰐は水門の口に居る男女二神の心ならんと奏したなぞも、大倉主《オホクラヌシ》菟夫羅《ツブラ》媛《ヒメ》を見、それと妥協的な交渉を終つて、船を進めたまふたと見る以上に、矢張大倉主菟夫羅媛は所謂「ヌシ」即ち靈媒者と見るのが適《アタ》つてゐるやうに思はれます。ヌシを征服して進むか、之を祭つて進むか、二つの途があつたことでせうが。この際は之を祭つて過ぎられたのでした。併し皇后の方の船の進まなかつた時は、魚沼鳥池を作つて、悉に魚鳥を聚めて、夫等の遊ぶのを見て、忿を解いて進んで居られます。この魚を船舶と見、鳥を飛行隊と見る時は、頗る現代的に解釋されて、船艦も飛行隊も聚り來つて、和順の旨を表したことに當りませう。皇后の御進軍には現代を暗示するものが頗る多いように感ぜられてなりません。又皇后のこの御行動が、彼の皇孫御降臨の際、參ゐ迎へた猨田毘古對天宇受賣命の御再演と見れば、魚の聚つて來たことも當然であり、而してこの事柄が現代又は後世にも、更に再演される事であらうと云ふような感さへ、深く湧いても參りませう。熊襲御征討並にそれに聯續せる新羅御征討の段を、現代に惹き當てゝ研究することは、頗る肝要な事でありませう。

「又筑紫の伊覩《イト》縣主の祖五十迹手《イトデ》、天皇の行ますと聞《シ》りて、五百枝の賢木を拔取りて、船の舳艫に立て、上枝には八尺瓊を掛け、中枝には白銅鏡を掛け、下枝には十握劒を掛けて、穴門の引島に參迎へて獻る。因りて以て奏して言さく、臣敢て是の物を獻る所以は、天皇、八尺瓊の勾れるが如くに、曲妙《タヘ》に御宰《ミヨシロシメ》せ。且た白銅鏡の如くに、分明に山川海原を看行《シラ》せ。乃ち是の十握劒を提げて天下を平げたまへとまをす。天皇即ち五十迹手を美《ホ》めたまひて、伊蘇志《イソシ》と曰ふ。故れ時人五十迹手が本國を號けて伊蘇國《イソノクニ》と曰ふ。今伊覩《イト》と謂ふは訛れるなり」この段も前と同樣五十迹手《イトデ》が五百枝の賢木を船の舳艫に立てゝ參迎へたのは、神と倶に參迎へたことの保證で、しかも此時は其說明を加へて、絕對信順の旨を明かして居る點が注目に價します。「天皇は即ち天神の御子で、先天的に地上統治の大權を掌握したまひ、神祖の依さし給へる神籬の道に則り、世を治《シロ》しめす方である。吾等如何なる神を奉じ、如何なる力を有すと雖ども今更抗し奉るべき何等の價値あるものでありません。」斯ういふ眞平純正の精神を以て參迎《マヰムカ》へたので、天皇も大に美《ホ》めたまひて、伊蘇志《イソシ》と仰せあそばしたと拜されます。繰返云ふ。偉大な思想的奧底を解しなくては、國史は決して判らないと。

「その大后息長帶日賣命《オキナガタラシヒメ》は、當時神歸《ガミカヽ》りたまへりき」息長帶日賣命即ち神功皇后は非常に神懸《カミカヽリ》に御堪能であらせられました。神武天皇や崇神天皇の御時には重に夢を媒介として、神人の交通が行はれたやうですが、この時代頃には神懸が神人交通の重なる條件であつたらしく想はれ、時代變遷の俤が感ぜられます。

「かれ天皇筑紫之訶志比《カシヒ》宮にましくて、熊曾國を平けたまはむとせし時に、天皇御琴を控《ヒカ》して、建內宿禰大臣、沙庭《サニハ》に居て、神の命《ミコト》を請ひまつりき。こゝに大后神がかりして、言教《コトヲシ》へ覺《サト》したまひつらくは、西の方に國あり。金銀をはじめて、目の耀《カヾヤ》く種種の珍寶その國に多《サハ》なるを、吾今その國を歸《ヨ》せたまはむと詔りたまひき」神懸には靈媒と御琴部と沙庭《サニハ》人とを要します。この時は皇后が靈媒にお成りあそばされ、天皇が御琴を控《ヒ》きたまひ、建內宿禰が沙庭《サニハ》に居て神命を承る役を務められました。神のおしめしは「西の方に國あり金銀をはじめ目の耀く種種の珍寶その國に多くあるを、吾今その國を歸向せしめん」と仰せられたのでした。金銀爲本とあるを、金銀をはじめと訓むのが普通ですが、之を金銀爲本《キンギンイホン》の義とし、金銀を本《モト》と爲《ナ》しと訓んだらどうでせう。金貨本位銀貨本位それが金銀爲本《キンギンイホン》だから。經濟生活の基本を金銀に置いてゐる國、そはこの時代に於て頗る進歩した文明國であつたのでありませう。今日に於ては何でもない事のようですが、西の方に國あり、資本主義を以て立國の大本と爲すと申すこ餘程新らしく聞えて參りませう。而して目の耀く種種の珍寶が先進國には澤山ある筈で、物質文化を本位こする、須佐之男大神の傳統を引いた西の方の國は、金銀も多く乃至自の耀く種種の珍寶が多かつたこでありませう。

「こゝに天皇答へ白したまはく、高き地に登りて西の方を見れば、國は見えず。唯大海のみこそあれと曰して、詐りせす神と思《オモ》ほして、御琴を押し退けて、控《ヒ》きたまはず。默《モダ》いましぬ」天皇は皇后の言を訝つて「そんな國があるものか、見えもしない處に空想な國を夢みるのは、却て我國を危する所以である。斯樣な事柄には關しない方が宜しい」と思召され、御琴を押し退けて默して居させられたかこ拜されます。

「かれその神大く忿らして、おほかた茲の天下は汝の知らすべき國にあらず。汝は一道《ヒトミチ》に向ひませと詔りたまひき。こゝに建內宿禰大臣白しけらく、恐し、我が天皇、猶その御琴あそばせとまをしき。かれ稍その琴を取り依せて、生生《ナマく》に控き坐ましけるに、時もあらずて、御琴の音聞えずなりぬ。かれ火を擧げて見まつれば、既に崩りましにき」これは非常の變事が起つた譯ですが、書紀ではその歸神の時には崩御あそばされたのではなく、翌年の春二月――神懸行事が前年秋九月だから四ケ月ほど間がある――天皇忽に痛身《ナヤミ》たまふこと有りて、明日崩りたまふ（一に云ふ。天皇親しく熊襲を伐ちて賊矢に中りて崩りたまふ）時に年五十二（即ち知る神の言を用ゐずして早く崩りたまふ。（即ち以下攙入ならむ））とあります、古事記は神懸に主力を措いて、御神事中に崩御の成つてゐます。

書紀では「便ち高き岳に登りて、遙に望《ミヤ》りたまふに、大海曠く遠くして國も見えず。是に天皇神に對へまつりて曰く、朕周望《ミメグ》らすに、海のみ有りて國無し。豈大虚に國有りむや。誰の神の徒に朕を誘《アザム》きたまふ」此處までは現實的に肉眼で視えない彼方に信は措けないといふ、常識的判斷と申しても宜しいのでせうが、次に更に「復た我が皇祖諸天皇等盡に神祇を祭《ヰヤマ》ひたてまつりたまふ。豈遺れる神有《ヲハ》さむや。」と仰せたまふ時其懸れる神が邪神ならば忽ち魂消けて奈落の底へでも逃げ込む外は無かつたであらう。然るに「時に神亦皇后に託《カヽ》りて曰く。天津水影《アマツミツカゲ》の如く、抑伏して我が見る所の國を、何ぞ國無しと謂ひて、以て我が言を誹《ソ》謗《シ》りたまふ。其れ汝王、かく言ひて遂に信《ウ》けたまはずば、汝共の國を得たまはじ云々」と有つて飽くまで鞏固に諭したまへるは、並大抵の神で無いと信ぜねばなりません。「然るに猶ほ信《ウ》けたまはずして、以て强ちに熊襲を擊ちたまふ。え勝ちたまはで還ります」と録してゐます。こは天皇の御勇武の然らしめた故かとも拜察されますが、神國日本としては、斯様な際に果してその何處まで神言を信じて善いか、神懸に關する問題は、非常な愼重細心の考慮を要し、三大皇學の深玄な研究に俟つべき問題でありませう。朝鮮が我國と交通したのは、既に古い時代の頃からの事であるから、天皇が海の外に國があるかどうかを知り給はぬ道理はない筈である。でこれは恐らく前から述べて來た通り、教義的意義を別にしては眞解されない事柄でありませう。正神か邪神か、こは祭政一致の根本を定める上に重大な問題であるから、天皇が頑强にその神託を斥け給ふた所に、却て神統御尊重の深い思召の在つた事が拜察されるかとも存ぜられます。

景行天皇巡狩當時は、倭人傳に相攻伐歷年とある時代で、耶馬臺國の勢力は尙未だ微弱であつたのみならず、多數の小國家が併立し、其間には鞏固なる團結が成立して居なかつたので、敢て抵抗を試みるものはなかつた。然るに女王卑彌呼《ヒミコ》の時代になるこ、倭人諸國は逐次其治下に統一せられ、盛に海外こ交通して富强殷賑となつたので、遂に朝廷の命令を聽かぬやうになつたのであらう。然るに此地方鎭撫の爲に殘留し、或は特に派遣せられた廷臣武將も、若干駐劄したものこ思はれるが、新興の倭人國を抑壓するに足るだけの大兵が配屬して居なかつたことは、他の方面の例によつて見ても明らかであるから、彼等は之を如何こもするここが出來ず、遂に退轉するに至つたものと思はれる。而して倭人は朝鮮南岸在住の同族と提攜し、樂浪（帶方）郡を介して魏朝に使節を派し、其正朔を奉ずるやうになつたので、尙朝廷の治下に屬した九州北岸始め其他接攘地も、逐次之に併合せられる危險を感ぜざるを得なくなつたであらう。仲哀天皇の遠征を促したのは、恐らく此形勢であつたからであらうと謂つてゐる學者がある。

「かれ驚き懼《カシコ》みて、殯宮《アラキノミヤ》にませまつりて、更に國の大幣を取りて、生剝《イキハギ》、逆剝《サカハギ》、阿離《アハナチ》、溝埋《ミゾウメ》、屎戸《クソヘ》、上通《オヤオカシ》、下《コ》通婚《オカシ》、馬婚《ウマオカシ》、牛婚《ウシオカシ》、鷄婚《カケオカシ》、犬婚《イヌオカシ》の罪の類を種種求ぎて、國の大祓《オホハラヒ》して」とあります。殯宮は喪祭を營む假殿です。この時「國の大祓」の決行された事は、頗る注目すべき事で、經濟的に思想的に國內には種々の變態が現はれて居た事であらうから、先づ以て至嚴至尊の作法に則つて、一切の罪惡醜穢を求《マ》ぎて、天《アマ》津《ツ》金木《カナギ》の御樋代《ミヒシロ》に宿し、天津《アマツ》菅曾《スガソ》の行事に因つて之を拂ひ、天津《アマツ》祝詞《ノリト》の太祝詞《フトノリトゴト》を奏して、悉く潔齋の行事を畢らせたまふたと信ぜられます。爰に求ぎたまへる罪に對して略解を施して見れば（生剝《イキハギ》）これは對者の意に逆ふと見せかけて其生命や所有を剝ぎ取る事（逆剝《サカハギ》）は對者に逆らつて、其生命や所有等を剝ぎ取ること（阿離《アハナチ》）は他人が大切に護つてゐる事業や秘密等を世間にぶちまけて大損害を與ふること（溝埋《ミゾウメ》）は他人が營んでゐる事業を遮斷し、又は妨害して損害を爲さしめること（屎戸《クソヘ》）は自分の惡事を隱蔽して之を他人になづり附け、または他人の名譽を毀損し、惡言を流布する等の行動（上通《オヤオカシ》）以下（犬婚《イヌオカシ》）までは一口に邪婬罪ですが、また馬や牛や鶏や犬等と撰ぶ所の無い動物的な行爲を爲すことで、謂はゞ動物の同族と見るのです。

「また建内宿禰沙庭《サニハ》に居て、神の命《ミコト》を請ひまつりき。こゝに教へ覺したまふ狀、具《ツブサ》に先日の如くにて、おほかたこの國は、汝が命《ミコト》の御腹にます御子の知らさむ國なりと教へ覺したまひき。かれ建内宿禰、恐し我が大神、その神の御腹にます御子い、何の御子ぞもとまをせば、男子ぞと詔りたまひき。かれ具に請ひまつりけらく、今かく言教へたまふ大神は、その御名を知らまくほしとまをせば、答へたまひつらく、こは天照大神の御心なり。また底筒男《ソコツヽノヲ》、中筒男《ナカツヽノヲ》、上筒男《ウハツヽノヲ》三柱の大神なり（この時にぞその三柱の大神の御名は顯したまへる）今寔にその國を求めむと思はさば、天神地祇、また山神海神河神たちに悉に幣帛奉り、我が御魂を御船の上にませて、眞木《マキ》の灰《ハヒ》を瓠《ヒサゴ》に納《イ》れ、また箸《ハシ》と葉盤《ヒラデ》を多《サハ》に作りて、皆皆大海に散らし浮けて、度《ワタ》りますべしとのりたまひき。」我國は本來に於て神國である。神は人より離れたまはず、人は神より離れません。神人合體して事に當る處に、根本のマツリがあります。故に「時に皇后、天皇の神教に從はずして早く崩りましゝことを傷みたまひて、以爲《オボシメ》さく、崇りたまふ所の神を知りて、財寶國を求めむと欲ふ書紀」と仰せれて、非常な御決意を以て、神教のまに／＼敬虔の御態度で、御行動を進めたまふたのでした。皇后に懸りたまへる大神は天照大神であらせられました。實に尊い限りで、國家危急の際なればこそと拜察されます。又底筒男中筒男上筒男三柱大神は、海神に亘らせられ、特に日本海から玄海灘にかけては緣故の深い神ですから、此際御出動になつたのは頗る意義あることでありませう。或學者は神教に託して叙述せられた征韓の議は、諸神の裔孫と稱する武將等の建白で、之が實行に任じたのも彼等であると論じてゐるが、勿論共の事實もあつたであらう。特に阿曇《アツミ》家が朝鮮にも同族の居た關係上、征韓に對して大なる聲援を與へたであらうと見なければならぬが、併し武將と云はずして共奉仕神を表面に出し、神力に因る征討の御軍で標榜してある意義を深く味はねばなりません。日本の歴史は單なる史實としてのみ意義を保つものでは決してありません。この御代は前からの宗教的信念が、殆ど高潮に達した時代であつて、神光映發四隣を光被する事を考へねばなりません。

眞木《マキノ》灰《ハヒ》を瓢《ヒサゴ》に入れて海に流した方式は、或は船のほかに、筏を多數造つて、之に浮袋として瓢を附けたものを、使用されたのであらうと見る事も出來るが、矢張これにも敎義的な神意奉戴の義が宿つて居たと見るのが適當であらう。(この事に就ては種々發表したい事あれど今は割愛す)玄海灘から日本海乃至朝鮮滿蒙へかけては、國家的並に世界的禊祓《ミソギ》の實行地として、永遠に記憶すべき地帶である。

斯様に萬般の用意を整へたまひ、祭祀等を取り營まされたので、書紀では「時に神の語を得て、教のまに〳〵祭りて然して後に吉備臣の祖鴨別《カモワケ》を遣して熊襲の國を撃たしむ。未だ浹辰《シバラク》も經ずして自らに服《シタガ》ひぬ」と記し、容易に熊襲が降伏した事を錄してゐます。また「荷持《ノタリ》田村《タノフレ》に羽《ハ》白熊鷲《シロクマワシ》といふ者有り。其の人と爲り強く健し、且身翼有りて、能く飛びて以て高く翔る。是を以て皇命に從はずして、毎に人民を略盜《カス》む。戊子、皇后熊鷲を撃たむと欲して、橿日宮より松峽宮《マツノヲノミヤ》に遷りたまふ。時に飄風忽に起りて、御笠墮風《フキオト》されぬ。辛卯、層增岐《ソソギ》野に至り、即ち兵を擧げて羽白熊鷲を撃ちて滅しつ」實に愉快なる御戰勝でした。羽白熊鷲は飛行機時代の現代では一種の新解釋もあらうし、熊、鷲に對しても亦た或種の解釋も附く事でありませう。

また「丙申、山門縣に轉至《イタ》りまして、則ち土蜘蛛田《タ》油津媛《アブラツヒメ》を誅《ツミ》なふ。……夏四月、北のかた火前國松浦縣《ヒノミチノクチマツラ》に到りて、玉島里（東松浦郡の一村）の小河（玉島川又松浦川ともいふ）の側に進食す。是に皇后針を勾げて鈎を爲り粒を取りて餌にし……（此處に細鱗魚釣の占事があります）既にして皇后則ち神の教の驗有ることを識《シロ》しめして、更に神祇を祭祀る。躬《ミツカ》ら西を征ちたまはむと欲して、爰に神田を定めて佃る……これから磐を蹴裂きて水を通穿されたことが傳へられて居り、次に皇后還りて橿日浦に詣りまして、髮を解き海に臨みて曰く、吾れ神祇の教を被け、皇祖の靈を賴り、滄海を浮渉りて躬ら西を征たむと欲ふ。（こゝに髮占の事が記してある）皇后は男裝を爲し給ひ、「因りて以て群臣に謂て曰く、夫れ師を興し、衆を動すことは國の大事なり。安危成敗、必に斯に在り。今征伐《ユキウ》つ所有らむ。事を以て群臣に付く、若し事成らずば、罪群臣に在らむ、是れ甚だ傷《イタマシキ》なり。吾れ婦女にして加以《マタ》不肖《フサナシ》。然れども暫く男貌を假りて、强ちに雄略を起し、上は神祇の靈を蒙り、下は群臣の助に藉りて兵甲を振して嶮浪を度り、艫船を整へて以て財《タカラ》の土《クニ》を求めむ。若し事就らば群臣共に功有り、事就らずば吾れ獨り罪有らむ。旣に此の意有り、其れ共に議《ハカ》らへ。群臣皆曰さく、皇后天下の爲に宗廟社稷を安くせむ所以を計ります。且つ罪臣下に及ばず、頓首、詔を奉る。」實に國家の一大事に直面して、この神々しい后皇の詔を聽いた群臣が、如何に感奮興起したことでありませう。「秋九月、諸國に令して、船舶を集へて兵甲を練らふ。時に軍卒集ひ難し。皇后曰く必ず神心ならむと。則ち大三輪社を立て、以て刀矛を奉りたまふ。軍衆自らに聚まる。」鄕に我々は神武天皇の御兵法が敬神兵法なることを申し上げましたが、今また皇后の御策戰が、悉く敬神に出づることを知つて、今更の如く敬虔の念禁ずる能はざるものがあります。

皇后は充分に外征の準備を整へさせたまひ、且つ愸に外征の將卒に對して戒めを與へられました。その時

「神誨ふること有りて曰く「和魂《ニギミタマ》は王身に服《シタガ》ひて壽命を守らむ。荒魂《アラミタマ》は先鋒として師船を導かむ。即ち神教を得て拜禮《ヰヤマ》ひたまふ。因りて依網吾《ヨサミノア》彦男《ヒコヲ》垂見《タリミ》を以て祭神主と爲す。時に適《タマ〳〵》皇后の開胎《ウムガツキ》に當れり。皇后則ち石を取りて腰に挿みて祈ひて曰く、事竟りて還らむ日に、茲土に產れたまへ……冬十月和珥津《ワニツ》より發《タ》ちたまふ。」とあります。この石に就ては種々の所傳がありますが、省略致します。

「かれ齎《ツブサ》に教へ覺したまへる如くして、軍を整へ、御船を雙《ナ》めて、度《ワタ》り幸《イ》でます時に、海原の魚ども、大きなる小き、悉に御船を負ひて渡りき」この御渡海の際に海原の魚が大小悉く出て來て、御船を負で渡つたといふ事を、アマ族の率ゐる大小の船舶が御軍を守護して進んだと說くのが歷史家の常で、勿論其も承認はされる事ですが、又海中のあらゆる大小の魚等が眞實御軍船を負で渡つたといふ神秘的な解釋も、承認したいものです。神人合力の御軍に、天祐神助の伴ふ事は餘りにも當然過ぎることです。日露の役に矢張この海で大海戰が演ぜられた際、誰か天祐冥護の著しかりしを信ぜないものがありませう。魚族の奉仕を誓つたこさは、遠く天宇受賣命の昔に遡るべき事柄です。

「こゝに順風盛に吹きて、御船浪のまに〳〵行きつ。かれその御船の波新羅《シラギ》の國に押し騰りて、既に國半まで到りき。」書紀には「即ち知る天神地祇の悉に助けたまふか」と「こゝにその國主畏ぢ惶みて奏しけらく、今よりゆくさき、天皇の命《ミコト》のまに〳〵御馬甘《ミマカヒ》として、年の毎《ハ》に船雙《ナ》めて、船腹乾《フナノヘホ》さず、柂檝乾《サヲカヂ》さず、天地のむたとことはに仕へまつらむとまをしき。」とあり。又例の有名な「東にいづる日更に西より出づるは且《シマラ》く除《オ》く、阿利那禮河《アリナレ》（新羅の大河といふ説、鴨綠江といふ説あり）の返りて以て逆に流れ、及び河の石の昇りて星辰に爲るに非ずして、殊に春秋の朝を闕き、怠りて梳鞭《クシムチ》の貢を廢めば、天神地祇共に討《キタ》へたまへとまをす」の語があります。古事紀には次を簡單に「かれ是を以て新羅國をば、御馬甘と定めたまひ、百濟國をば、渡屯家《ワタノミヤケ》と定めたまひき。こゝにその御杖を新羅の國主の門に衝き立てたまひき。即ち墨江大神の荒御魂を國守ります神と鎭め祭りて、還り渡りましき」とあるが、書紀には新羅王を誅すべしと主張する者あるを斥けたまひ「之を殺すは不祥とのたまひて、乃ち其の縛を解きて飼部《ミムマカヒ》と爲し、遂に其國中に入りまして、重寶府庫を封《ユヒカタ》め、圖籍文書を收めたまふ。即ち皇后の杖ける矛を以て新羅王の門に樹てゝ後葉の印と爲す。故れ其の矛今猶新羅王の門に樹てり。」とあります。杖ける矛を以て門に樹てるといふ御作法は、神社の鳥居に於ても見る如く、その根元は伊耶那岐伊耶那美二神の國產みの御神事にオノコロジマに天御柱《アメノミハシラ》を見立てたまひ、八尋殿を見立てゝ國土構成の業を創めたまへる故事に基きたまふもので、皇后の御矛が、天御柱の義を表《シメ》してゐる譯でありませう。

尙ほ書紀は「爰に新羅王波沙《ハサ》寢錦《ムキム》即ち微叱己知波《ミシコチハ》珍干岐《トリカムキ》を以て質と爲て、仍りて金銀彩色及び綾羅縑絹を賫の、八十艘船に載せいれて、官軍に從はしむ。是を以て新羅王八十船の調を以て日本國に貢る。其れ是の緣なり。是に高麗百濟二國の王、新羅圖籍を收め、日本國に降りぬと聞き、密に其の軍勢を伺はしむ。則ち不可勝を知りて、自ら營外に來りて、叩頭みて款《マヲ》して曰く、今より以後、永く西蕃と稱ひつゝ朝貢を絕たじ。故れ因りて以て內官家を定む。是れ所謂三韓なり。皇后新羅より還りたまふ」と記してゐます。

そのいかに威儀堂々の御凱旋であつたかを拜することが出來ませう。

墨江大神を祭られた事を書紀は「表筒男中筒男底筒男三はらしの神皇后に誨へて曰く、我が荒魂をば穴門の山田邑に祭らしめよ。時に穴門直の祖踐立《ホムタチ》、津守連の祖田裳見《タモミ》宿禰皇后に啓《マヲ》して曰く、神の居さまく欲《ホリ》したまふ地をば、必ず宜しく定め奉るべし。則ち踐立を以て荒魂を祭る神主と爲し。仍りて祠を穴門の山田邑に立つ」とあります。

「かれその政未だ竟へたまはざる間に、姙ませる御子、産れまさむとしつ、かれ御腹を鎭《イハ》ひたまはむ爲に、石を取らして、御裳の腰に纒《マ》かして、筑紫國に渡りましてぞその御子に生れましける。かれその御子生みたまへる地を、宇美《ウミ》とぞ名づけける。またその御裳に纒かせりし石は筑紫國の伊斗《イト》村になもある」――宇美は筑前國粕屋郡宇美村、宇美八幡宮あり、伊斗村は和名抄に筑前國怡土郡とある地、今糸島郡に入れらる。――胎兒を精神作用で臨月を遲らす事は、不可能でないことは精神科學の立證してゐる所です。產兒に母體の特殊の痕跡等の見られることも、精神科學で證明の出來る事で、鞆の穴のあつたこと云ふ記事も何等不思議でありません。

「また筑紫の末羅縣《マツラガタ》（今の東松浦郡）の玉島里（今の濱崎大村七山滿島の舊名ならん）に到りまして、その河の邊に御食《ミヲシ》せすをりしも、四月の上旬なりしかば、その河中の磯にまして、御裳の絲を拔き取り、飯粒を餌にしてその河の年魚《アユ》をなも釣らしける（その河の名を小河といふ。またその磯の名を勝門比賣といふ）かれ四月の上旬のころ、女ども裳の絲を拔き、飯粒を餌にして、年魚釣ること今に絶えず」この事が書紀では新羅御進軍の前に出て居て、新羅討征の占事になつて居る。恐らくその方が意義のある事でせう。新羅から歸り給ふて後に、斯樣な悠々とした御遊は何の爲めなりや解し難いからです。が併し更に考へると、國內の容子が平穩でないので、大に氣を靜める爲め、年魚釣の遊びにかこつけ、徐に御思慮をお練りあそばされたのではなかつたらうか。それが占事ではなく、單なる手づさみの戲れ事の如く記してある所に、却て一層底深い御心遣のほどが窺はれるかと拜察されます。御裳の絲を拔き取り、飯粒を餌にしたのでは、年魚は釣れなからうと思はれるから、彼の太公望が餌の無い鈎を垂れて、時代の趨勢をじつと見て居たといふ傳說と同樣、釣るが目的ではなくて、心を臍下丹田に鎭めて、遠大の策を靜に練りたまふたと考へる方が、遙に事實に近いのではないでせうか。

「こゝに息長帶日賣命、倭に上ります時に、人の心疑はしきに因りて、喪船を一つ具へて、御子をその喪船に載せまつりて、先づ御子ははやく崩《アガ》りましぬと言ひ漏らさしたまひき」果然奇想天外の策を立てたまひ、喪船を具へて九州から倭へ上らうとされるのでした。沈勇遠慮の御振舞ではありませんか。「かくして上り幸でます時に、香坂《カゴサカ》王忍熊《ヲシクマ》王聞きて、待ち取らむと思ほして、斗賀野《トガヌ》に進み出でゝ、祈狩《ウケヒカリ》したまひき。」書紀は「時に麛坂《カゴサカ》王忍熊《ヲシクマ》王、天皇崩りまして、亦皇后西を征ちたまひ、並に皇子新に生れませりと聞きて密に謀りて曰く、今皇后子有ます。群臣皆從へり。必ず共に議りて幼主を立てむ。吾等何ぞ兄を以て弟に從はむや。乃ち天皇の爲に陵を作ると詐りて」叛謀を企てたとあります。これで香坂王忍熊王の反謀の原因は判つたが、戰勝の如何を占ふために、狩を爲した所、「こゝに香坂王い、歷木《クヌギ》に騰りいまして見たまふに、大きなる怒り猪出でゝ、その歷木を堀りて、即ちその香坂王を喰ひつ」といふ大不詳事を惹起した。これは天罰覿面な譯で、祈狩を爲《シ》た結果、香坂王が怒れる猪に喰ひ殺されたので忍熊王は慓然としてその邪心を翻し、罪を悔いねばならぬに、その御弟忍熊王その態をも畏まずに、軍を興して待ち向へたまふことに成つたのでした。乃ち忍熊王は喪船には何等軍の準備はない筈だから、空船なりと承知して攻めようとした。がその時その喪船から軍隊が出て戰ふことになつた。

「この時忍熊王は難波吉師部の祖、伊佐比《イサヒ》宿禰を將軍としたまひ、太子の御方では丸邇《ワニノ》臣《オミ》の祖、難波根子《ナニハネコ》建振熊命《タケフルクマ》をば將軍としたまひける。かれ追《オ》ひ退けて山代に到れる時に、還り立ちて各退かずて相戰ひき。こゝに建振熊命權《タバカ》りて息長帶日賣命は、はやく崩りましぬれば、更に戰ふべきことなしといはしめて、弓絃を絶ちて、欺りて歸朝《マツロ》ひぬ。こゝにその將軍既に詐を信《タノ》みて、弓を弭《ハヅ》し、兵を藏めてき。こゝに頂髪《モトドリ》の中より設《マ》けたる弦を探《ト》り出で、更に張りて追ひ擊ちき。かれ逢阪（近江國大津市の南に在る坂）に逃げ退きて、對立《ムキタ》ちてまた戰ひけるを、追ひ迫めて敗りて、沙沙那美《ササナミ》に出でてなも、悉にその軍を斬りける。」とあります。書紀はその戰闘に就いて多少異つた記事を掲げて居る。特に忍熊王を詐り、奇策を以て最後の勝因を占めたのは、建振熊命ではなくて、建内宿禰としてゐる。その何れが果して事實か容易に定め難いことでせうが、兎も角も皇軍の大捷を占めた事は一つで、古事紀には、「こゝにその忍熊王、伊佐比宿禰と共に追ひ迫められて、船に乘り、海に浮びて、歌ひたまはく、

率吾君《イザアギ》　振熊《フルクマ》が　痛手《イタデ》負はずば　にほどりの　淡海の海に　潜《カツ》きせな吾《ワ》

と歌ひて、即ち海に入りて共に死せたまひぬ」とあり、歌で見ても、振熊が痛手負ふよりは、淡海の海に身を投じて吾は死んだ方がよいと振熊を敵將として歌つてゐるのに、書紀では「忍熊王逃げて入るゝ所無し。則ち五十狹茅宿禰を喚びて歌ひて曰く。

率吾君《イザノギ》　五十狹茅宿禰《イサチスクネ》　たまきはる　うちのあそが　かぶつちの　いたでおはずば　にはとりの　かつきせな。

とあつて、うちのあそは內朝臣で武內宿禰を指してゐる。而して則ち共に瀨田濟に沈みて死《マカ》りぬとし、時に武內宿禰歌ひて曰くとして、

あふみのみ　せたのわたりに　かつくとり　めにしみえねば　いきとほろしも」

とあります。歌の意味は近江の海、瀨田の渡に、身を潜めた鳥、それが何處へ行つたのか見えないので、頗る憤ろしい事であるといふので、是に於て其の屍を探せども得ず、更に然して後數日菟道河《ウヂカハ》に出でたりとあり。武內宿禰亦歌ひてとして、

あふみのみ　せたのわたりに　かつぐとり　たなかみすぎて　うぢにとらへつ

とあります。近江の海、瀬田の渡に、潜《カツ》ぐ鳥、田上《タナカミ》過ぎて（田上山の邊をいふ）宇治に捕へたこいふのです。

「かれ建内宿禰命その太子を率てまつりて、御禊せむとして、淡海また若狹國を經し時に、高志前《コシノサキ》（越前）の角鹿《ツヌガ》（敦賀）に、假宮を造りてませまつりき。かれ其地にます伊奢沙和氣《イザサワケ》大神之命、夜の夢に見えて、吾が名を御子の御名に易へまく欲しとのりたまひき。かれ言禱《コトホ》ぎて、恐《カシコ》し、命《ミコト》のまに〳〵易へまつらむとまをしき。またその神詔りたまはく、明日の旦《アサ》濱に幸《イ》でますべし。易名の幣献《キヤジリ》らむとのりたまひき。かれ旦濱に幸でませる時に、鼻毀れたる入鹿魚《イルカ》、既に一浦に依れり。こゝに御子神に白さしめたまはく、我に御食の魚給へりとまをさしめたまひき。かれまたその御名をたゝへて御食津大神《ミケツオホカミ》とまをす。かれ今に氣比《ケヒ》大神となもまをす。またその入鹿魚《イルカ》の鼻の血臭《クサ》かりき。かれその浦を血浦《チノウラ》といひしを、今は都奴賀《ツヌガ》とぞいふなる。」伊奢沙和氣大神の命《ミリ》は、敦賀にある官幣大社氣比神宮の祭神、氣比の大神の御名である。この事は矢張宗教的な關係記事だが、また一面には全軍の將士に戰捷の饗宴を開く爲めに、北海に大魚の漁を成し給ふたのではあるまいかと想ふ。易名はその大漁を將士が稱讃して、伊奢沙和氣神の神助とし、自然にいつとなくこの易名がさうなつてしまつたのではあるまいか。高志は感化の常に至難な地方であるので、或は思想統一の爲め、建内宿禰の深慮から出た、易名の神事であつたかも知れぬ。皇子の御出發が御禊の爲めの御巡啓であつたのも、その感を深くするっ但し入鹿魚漁は地方人の信を獲る保證と爲つたに相違ない。

「こゝに還り上りませる時に、そい御祖息長帶日賣命、待酒を釀みて献らしき。かれその御祖の御歌、

この御酒《ミキ》は　吾が御酒《ミキ》ならず　酒の上《カミ》　常世《トコヨ》にいます　石立《イハタ》たす　少名御神《スクナミカミ》の神壽《カミホギ》　壽狂《ホギクル》ほし　豐壽《トヨホギ》
壽廻《ホギモトホ》し　献《マツ》り來《コ》し　御酒《ミキ》ぞ　涸《ホサ》ずをせ　ささ

かく歌はして、大御酒献らしき。こゝに建内宿禰命、御子の爲に答へまつれる歌

この御酒《ミキ》を　釀《カ》みけむ人は　その鼓　臼に立てて　歌ひつつ　釀《カ》みけれかも　舞ひつつ　釀みけれかも
この御酒《ミキ》の御酒の　あやに　轉樂《ウタタヌ》し　ささ

こは酒樂《サカホガヒ》の歌なり。」とあります。この御酒が少名御神の釀みて祝ひ壽いではゐばる献つて來た酒であること歌はれた所に、戰勝を祝する以上に、宗教的思想的の意義の含まれてゐることを見逃してはなりますまい。出雲から越へかけては、大國主神少名毘古那の信仰深い地方であるから、その地方の恭順は、必然少名毘古那奉祝の酒と見て、御世《ミヨ》萬歳を祝《コトホ》がれたものでありませう。で建内宿禰の歌は、その酒を釀みけむ人、即ち越の地方の人々は、非常に歡んで歸服いたしました。歌ひつゝ舞ひつゝ、精神的歡迎を致しましたと、

酒を醸みし人に擬して歌はれたもので、これで專ら該地方が全く思想的に御禊《ミソギ》された事が判明致しませう。書紀には「冬十月癸亥朔甲子　群臣皇后を尊びて皇太后と曰す。是年太歳辛巳、即ち攝政元年と爲す」と記し、皇后の攝政期を二年三年と年次を追つて傳へてゐる。而してこの攝政期間の記事として、最も注目すべきものは、三韓に關する記事で概樣を錄せば次の通りである。

二年冬十一月　天皇を河内國の長野陵に葬しまつる。

三年春正月　譽田別皇子皇太子となり給ふ。因りて磐余若櫻宮をつくる。

五年春三月　新羅王子微叱許智を歸國せしむ—又た葛城襲津彦、新羅に詣りて草羅城を拔きて還る。是の時の俘人等は今の桑原、佐糜、高宮、忍海、凡て四邑の漢人等が始祖なり。

十三年春二月　皇太子笥飯大神を拜し給ふ——壽宴のことあり、壽宴の歌出づ。

三十九年　〔魏志に云ふ明帝景初三年六月、倭女王大夫難斗米等を遣して郡に詣り、天子に詣りて朝献らむことを求めしむ。太守鄧夏使を遣して將送りて京都に詣る〕の記事入る。

四十年　〔魏志に云ふ、正始元年に建忠校尉梯携等を遣して、詔書印綬を奉じて倭國に詣らしむ〕の記事入る。

四十三年〔魏志に云ふ、正始四年、倭王復た使大夫伊聲者掖耶約等八人を遣して上献る〕

四十六年春三月　斯摩宿禰を卓淳國に遣す。

卓淳王百濟の朝貢の意あるを告ぐ。

斯摩宿禰使を百濟に遣す。

四十七年夏四月　百濟王、久氐、彌州流、莫古をして朝貢らしむ。時に新羅國の調使久氐と共に詣る皇太后太子大に歡喜び先王を偲び給ふ。

百濟の使者新羅の其貢物を奪ふと訴ふ。

千熊長彦を遣はして其の虛實を檢せしむ。

荒田別を將として新羅を討たしむ。（四十九年春三月）

荒田別加羅等七國を平定す。

千熊長彦百濟肖古王と辟支山に盟ふ。

五十年春二月　百濟使を送りて忠誠を致す。

五十一年春三月　百濟に恩詔を賜ふ。

五十二年秋九月　百濟七枝刀其他の重寶を献ず。
五十五年　百濟の肖古王薨せぬ。
五十六年　百濟王子貴須立ちて王と爲る。
六十二年　新羅朝貢せず、即年に襲津彦を遣して新羅を撃ちたしむ。
加羅沙至比跪の侵暴を訴ふ。
六十四年　百濟貴須王薨じぬ。王子枕流王立ちて王さ爲る。
六十五年　百濟枕流王薨じぬ。王子阿花年少し。叔父辰斯奪ひて立ちて王さ爲る。
六十六年（是年、晋の武帝泰初二年、晋起居注に云ふ、武帝泰初二年十月、倭女王重譯貢献せしむ）
六十九年夏四月　皇太后稚櫻宮に崩りましぬ（時に年一百歳）冬十月　狹城盾列陵に葬しまつる。――（國家に重大事件のある時は朝廷は特に奉幣使を差遣して狹城盾列陵を拜せられた（續紀以下）こはいかに皇太后の御偉徳が顯著であつたかを證とするに足る事でせう。）
八幡宮の祭神が應神天皇に殆ど決定されたのを見ても、神功皇后が國內並に外國の靜謐に當つて、教義的意義を以て、八紘一宇の大理想に向つて邁進したまひしかを拜察することが可能《デキ》ようと存じます。八幡の思想的伸展は、皇威旺溢の立證であるから、本時代が國史週期の色彩を、いやが上に濃厚に描き出してゐるかが判明する次第でありませう。神功皇后は國民の大崇敬が此皇妃に聚つたので、歷代天皇に準じ神功皇后と謚せられました。

品陀和氣天皇（應神天皇）

品陀和氣《ホムダワケ》命、輕島の明宮にましまして、天下治しめしき。書紀は「譽田天皇は足仲彦天皇の第四子なり。母を氣長足姫尊《オキナガタラシヒメ》と曰す。天皇、皇后の新羅を討ちたまふ年、歲次庚辰の冬十二月を以て筑紫の蚊田に生れたまへり。幼くて聰達く、玄監深く遠し。動容進止、聖表異有り。皇太后攝政三年に立ちて皇太子と爲りたまふ（時に年三）初め天皇在孕《ハラマレ》たまひて、天神地祇三韓を授けたまへり。既に產ませるとき・宍《シヽ》、腕の上に生《オ》ひたり、其形鞆《トモ》の如し、これ皇太后雄裝を爲たまひて鞆を負きたへるに肖《ア》えたまへり。故れ其の名を稱へて譽田《ホムダ》天皇と謂す。（上古時俗鞆をホムタと謂ふ。一に云初め天皇太子として越國に行まして、角鹿《ツヌガ》の笥飯《ケヒノ》大神と名易への傳說から來るかの註記あり）とあります。此天皇の時代は遠撫時代の後を承けて、次の極盛時代のトップを切る、眞に隆々昇天の時代である。

「こゝに天皇、大山守《オホヤマモリ》命と大雀《オホサヽギ》命とに、汝等は、兄なる子と弟なる子と、孰れか愛《ハ》しきかと問はしたまひき（天皇のかく問はしける故は、宇遲能和紀《ウヂノワキ》郎子《イラツコ》に、天下治しめさしめむの御心ましつればなり）こゝに大山守命、兄なる子ぞ愛しきと白したまひき。次に大雀命は、天皇の問はし賜ふ大御心を知らして、白したまはく、兄なる子は、既に人と成りつれば、悒《ウ》きこと無きを、弟なる子はぞ、未だ若ければ、愛《ハ》しきとまをしたまひき。こゝに天皇詔りたまはく、雀《サヽギ》、吾君《アギ》の言ぞ、我が思ほすが如くなるとのりたまひて、即ち詔り別けたまへらくは、大山守命は山海の政をまをしたまへ、大雀命は食國《オスクニ》の政執りもちて白したまへ。宇遲能和紀《ウヂノワキ》郎子《イラツコ》は天津日嗣知らせと詔り別けたまひき。かれ大雀命は大君の命に違ひまつらざりき」

この事を書紀では四十年春正月の事に記して居るが、皇位繼承の義は、最も重要な事柄に屬しますから、古事記はこの記事を先づ劈頭に錄したのであらうと考へられます。數代前までは兄命は夙に家を出でゝ、遠くまつろはぬ輩の征服に向ひ給ふたから、皇位繼承者が自然末弟の方と成る順序に成つてゐたが、世の中が段々異つて來たので其の繼承者を定める上にも異つた考慮を要したことでありませう。皇位繼承に就て、學者等は種々の說を立てゝ論じ合つてゐるようですが、萬世一系の御皇統は如何なる時代に、如何なる狀態が發生するとしても、決して斷切するもので無い保證として、殆どあらゆる場合を到來せしめ、以て之を御保證あらせられるのではないかと拜察いたしてゐる我々は、特に求めて至難であり、變態とまで見えさうな場合までをも現はして、いよ〳〵其尊嚴さを示させ給ふものと信じてゐます。故に彼是論ずることを超越して、其の如何に保證が示されるかを拜知すれば、それで宜しいものと存じてゐます。「斯くありしが故に斯くありき」の探鑿が、全然不必要とは考へないから、時々は其の點にも觸れる事もありませうが、要は皇位繼承の御事は、上述の信念を基礎として國史を解するのが、最も正しく且最も徹底したものであらうと信じます。で崇神天皇の夢占の御決定も、今また皇子の御意見を徵して之を定めたまふたのも、あらゆる場合を盡させ給ふ一つとして、我々は頗る意義深く拜してゐる次第です。

「或時、天皇、近淡海國に越え幸でます時、宇遲野《ウヂヌ》の上に御立たして、葛野《カツヌ》を見放けまして、歌はしけらく、

千葉《チバ》の　葛野を見れば　百千足《モヽチタ》る　家庭《ヤニハ》も見ゆ　國の富《ホ》も見ゆ

かれ木幡村（山城宇治郡宇治村字木幡）に到りませる時に、その衢《チマタ》に顏好き乙女遇へり。こゝに天皇その

乙女に、汝は誰が子ぞと問はしければ、答へ白さく、丸邇之比布禮能意富美《ワニノヒフレノオホミ》が女、名は宮主矢河枝比賣《ミヤヌシヤガハエヒメ》とまをしき。天皇その乙女に吾明日還りまさむ時、汝の家に入りまをさむと詔りたまひき。かれ矢河枝比賣その父に具《ツブサ》に語りき。こゝに父が曰《イ》ひけらく、こは大君にましけり。恐し。我が子仕へまつれといひて、その家を嚴しく飾りて、候《サブラ》ひ待てば、明日入りましぬ。かれ大御饗を献る時に、その女矢河枝比賣に大御酒盞を取らしめて献りき。こゝに天皇その大御酒盞を取らしめながら、御歌よみしたまはく、

この蟹《カニ》や　何處《イツコ》の蟹　百傳《モヽツト》ふ　角鹿《ツヌガ》の蟹　横去《ヨコサラ》ふ　何處に到る　伊知遲島《イチヂシマ》　美嶋《ミ》にとき　みほどりの　潛《カツ》き

息衝《イキツ》き　坂路《シナ》だゆふ　佐々那美道《サヽナミチ》を　すく〳〵と　吾が行ませばや　木幡《コハタ》の道に遇はしゝ乙女　後方《ウシロデ》は

小楯ろかも　齒並喙《ハナミハン》　菱《ヒシ》なす　櫟井《イチヒヰ》の　丸邇坂《ワニサ》の土《ニ》を　初土《ハツニ》は　膚赤らけみ　底土《シハニ》は　鈍《ニ》黑き故　三栗

の　その中土を　頭衝《カブツ》く　眞日には當てず　眉畫《コヨガ》き濃《コ》に　畫垂《カキタ》れ　遇はしし女《オミナ》　かもかと　吾が見し兒

等　かくもがと　吾が見し兒に　轉宴《ウタタゲ》に　向ひ居るかも　い副《ソ》ひ居るかも

かくて娶ひまして、生みませる御子ぞ、宇遲能和紀郎子に坐《マ》しける。」歌の意味は、千葉の葛野をの御歌は、千羽は恐らく鳥羽ならんと謂はれてゐる。鳥羽の葛野を見れば、百千足る家造の立ち並んで居るのも見える。國の中原も一面に見えるこ申すことで、いかにも其の邊り眺望の美くしく豊けきさまを見そなはして

お懌のあまりお歌ひあそばされたものであらうし、その美くしく豊けき土地に美女に遇ひ給ひし前景となるもので、情景兼ね備へた、鳥羽の葛野となる譯である。この蟹やの御歌は御自身を蟹に譬へてお歌ひあそばされたもので、その意味は、蟹よ汝は何處の蟹であるか、遠い道を傳はなければならぬ敦賀の蟹である。横に横にと這つて何處へ行くのか、伊知遲嶋から美島にと辿り來て、息苦しさに丁度鳰鳥《ニホトリ》が水を潜《クグ》り水面に浮び出て息づくやうに、息を切らせて近江路の坂路をひたすらに來て、木幡村にかゝる時、出會つた少女の美しさ。後姿は小楯のやうにすらりとして居り、齒並は椎の實をならべたやうに美しく、その顏には和珥坂の良い土を、上土は赤すぎ、下土はうす黑いので、中土の青いのを取つて、穩かな日光に乾した黛で、濃く眉を作り粧うた美しさよ。その少女に出會つた時から、あゝもしたい。かうもしたいと思つてゐたが、この少女に、今はかく酒盞を取らせて、轉宴して差向に寄り副ふて居ることよ。

と申されるのです。斯うした御心に特に強く印象された際に、娶りたまひし妃の御子なれば、宇遲能和紀郎子の御慈愛が一入深かつたことが拜察されませう。

「天皇日向國の諸縣君の女、名は髮長比賣《カミナガヒメ》、それ顏美しと聞こしめして、使ひたまはむとして喚上げたまふ時に、その太子大雀命《オホサヽギ》、その乙女の難波津に泊《ハ》てたるを見たまひて、その顏美きに愛《メ》でたまひて、即ち建内宿禰大臣に誂《アトラ》へたまはく、この日向より喚上げたまへる髪長比賣をば、天皇の大御所に請ひ白して、吾に賜はしめよとのりたまひき。かれ建内宿禰大臣大命を請ひしかば、天皇即ち髪長比賣をその御子に賜ひき。賜へる狀は、天皇の豊明《トヨノアカリ》聞こしめす日、髪長比賣に大御酒の柏《カシハ》を取らしめて、その太子に賜ひき。

こゝに御歌よみしたまはく、

いざ子ども　野蒜《ヌビル》摘みに　蒜《ヒル》摘みに　わが行く道の　香ぐはし　花橘は　上枝《ホツエ》は　鳥居枯らし　下枝《シヅエ》は

人取り枯らし　三栗《ミツクリ》の中枝の　ほつもり　赤ら乙女を　いざささば　好《ヨ》らしな。

また

水渟《タマ》る　依網《ヨサミ》の池の　堰杙《ヰクビ》打ち　菱殼《ヒシガラ》の　刺しけるしらに　蓴繰《ヌナハク》り　延《ハ》へけくしらに　吾が心し　いや

をこにして　今ぞ悔しき

かく歌はして賜ひき。」この御歌の意味は、さあ子等、野蒜を摘みに行く道のほとりに、咲いてゐる香ばしい橘の、上枝は鳥が花や實を散らし、下枝は人が取つてしまつて、中枝に殘つてゐる熟しそめた實のやうに、美しい少女を、汝が誘ふたのは、まことに好ささうに思はれる、さあさあ、つれて行きなさい。

また。依網の地に堰杙を打たうとしても、水底の菱殼に足を刺されるのも知らず、蓴蒜の根が長く延びたのも知らないで、降り立つた事のやうに、大雀の命が姫にひそかに心を寄せてゐたのも知らずに、我ものとしようと思つてゐたのは、まことに愚な事であつた。今こそ後悔する。

と申されたのであります。父子お睦ましき様がよく窺はれる御歌です。

「かれその乙女を賜はりて後に、太子の詠みたまへる、

道の後《シリ》　古波陀《コハダ》乙女《オトメ》を　神のごと　聞こえしかども　相枕纏《アヒマクラマ》く。

また

道の後《シリ》　古波陀乙女は　爭はず　寢しくをしぞも　愛《ウルハ》しみ思ふ。

この歌の意味は、西のはての日向の髮長比賣の名は、今まで遙かに聞いて居た事であるが、今こそ相互に枕して寢ることよ。

また。日向の古波陀少女は、わが意に背かず、此に寢るこさの愛しく思はれる事よ。と申されるのであります。御滿足のさまが寔に能く窺はれます。

「また吉野の國主《クズ》ども、大雀命の佩かせる御大刀を見て、歌ひけらく、

邑陀《ホムダ》の　日の御子　大雀《オホサヽギ》　大雀　佩かせる大刀《タチ》　本《モト》劍　末《スエ》振ゆ　冬木のす　枯《カ》らが下樹の　さやさや

この歌の意味は、邑陀天皇の日嗣の皇子、大雀の命の佩き給ふ劒を拜すると、本は諸刃で先は氷の如く、譬へば冬の木の葉の落ちつくした下木が、霜に冴えてきらめくやうに、冴々ときらめいてゐる。」といふので、これは一般人民が大雀命を慕ひまゐらせて、その御勇武やら御仁愛などを讃へた歌で、いかにも御威風のさまが明瞭に窺はれる歌です。

「また吉野の白檮生《カシフ》に横臼を作りて、その横臼に大御酒を釀みて、その大御酒を献る時に、口鼓を撃ち、伎《ワザ》を爲して、歌ひけらく、

白檮《カシ》の生《フ》に　横臼《ヨクス》を作り　横臼に　釀みし大御酒　甘《ウマ》らに　聞こしもちをせ　我《マロ》がち

この歌は、國主ども大贄《オホニヘ》献る時、恒に、今に至るまで歌ふ歌なり。」

歌の意味は、白檮の木蔭に酒糟を設けて、その酒糟に心をこめて造つた大御酒でありますから、美味に召し上つて下さいませ。わが大君よ」といふのです。伎を爲してとは、口鼓を撃つ態《サマ》を演ずることで、我が‖ちのち‖は男子の尊稱で我が君よと云ふほどの義。大贄《オホニヘ》は御饌物です。

「この御世に、海部、山部、山守部、伊勢部を定めたまふ。また劍池（大和國高市郡白梅村大字石川）を作る。また新羅人まゐ渡り來つ。是を以て建内宿禰命引き率て、堤池に役だたせて、百濟池（大和國北葛

城郡高濟村）を作る。」これはこの御世の農事御奬勵の記事で前々の時代よりも更に一層大規模の發展があつたことが察せられます。

「また百濟國主照古《セウコワ》王、牡馬壹疋、牝馬壹疋を阿知吉師《アチキシ》に付《ツ》けて貢りき（この阿知吉師は阿直史《アデチノフヒト》等が祖）また大刀と大鏡とを貢りき。また百濟國に若し賢人あらば貢れと仰せたまふ。かれ命を受けて貢れる人、名は和邇吉師《ワニキシ》、即ち論語十卷、千字文一卷、併せて十一卷《マキ》を、この人に付けて貢りき（この和邇吉師は文首等が祖）また手人韓鍛《カラカヌチ》名は卓素《タクソ》、また呉服《クレハトリ》西素《サイソ》二人を貢りき。」とあります。

照古王は百濟の始祖溫祚王から六代目に當る王。吉師は新羅の官名である。阿直史《アチキノフヒト》の史《フヒト》は姓で書人《フミヒト》の意である。論語は何晏の集解である。千字文は周興嗣の次韻は此の當時よりも約二百年後のものであつて、これは魏の鍾繇の原本であるといふ。呉は支那の江南の地。服《ハトリ》は機織である。呉服《クレハトリ》は呉國の機織の意、外來文化が一時に潮の如く入り來た狀況が能く判ります。恐らく明治の御世に泰西文化の渡來を見たような狀態であつたでせう。記事は簡單だがその裏面を察して時代相を觀察すべきであらう。この御代に於ける外國關係は大に研究する必要があると存じます。

「また秦造《ハタノミヤツコ》の祖漢直《アヤノアタヘ》の祖、また酒を醸むことを知れる人、名は仁番《ニホ》、またの名は須須許理《ススゴリ》等、まゐ渡

り來つ。かれこの須須許理《スヽコリ》大御酒を釀みて獻りき。こゝに天皇この獻れる大御酒に浮立《ウラ》けて、御歌はしけらく、

須須許理が　釀みし御酒に　われ醉ひにけり　事慰《コトナ》ぐ酒　咲《エ》ぐ酒に　われ醉ひにけり。

かく歌はしつゝ幸でませる時に、御杖もちて、大坂（大和から河内に越える坂）の道中なる大石を打ちたまひしかば、その石走り避《サケ》ぬ。かれ諺に堅石《カタシ》も醉人を避るとぞいふなる。」この歌は須須許理が釀みし御酒に吾は醉つたわい。心が浮き立つように萬事を忘れてしまふ酒、また心が愉快におもしろくなる酒に、吾は醉つたわいと申されるのです。堅石も醉人を避けるこ云ふ諺の出來たのは、、酒の醉が強いので、忘我的狀態に成ることをおもしろく比喩したものには相違ないが、大坂の道中の大石が或はその當時ヌシの宿るものとして怖れられて居たものではあるまいか。その石を杖で擊たれたので、ヌシが逃げ出したことを諷して、斯くは申したものかも知れない。これまた醉にまぎらしてヌシ放逐の擧に出でられたものではなからうか。

「かれ天皇崩りまして後に、大雀命はさきの大命のまに〳〵、天下を宇遲能和紀郎子に讓りたまひき。こゝに大山守命は、大命に違ひて、猶ほ天下を獲むこして、その弟王を殺さむの心ありて、竊に兵士を設け

て攻めむとしたまひき。こゝに大雀命、その兄王の軍を備へたまふことを聞かして、即ち使を遣りて、宇遲能和紀郎子に告げしめたまひき。かれ聞き驚かして、兵士を河の邊に隱くし、又その山の上に、絁垣《キヌカキ》を張り、帷幕《アゲハリ》を立てゝ、詐りて舍人《トネリ》を王になして、露《アラハ》に呉床《アグラ》にませて、百官敬ひ往き來《コ》ふ狀《サマ》、既に王のます所の如《ゴト》して、更にその兄王の河を渡りまさむ時の爲めに、船檝《カヂ》を具へ飾り、また佐那葛《サナカツラ》の根を臼に搗き、その汁の滑《ナメ》を取りて、その船の中の簀椅《スハシ》に塗りて、蹈みて仆るべく設《マ》けて、その御子は、布の衣褌を服て、既に奴の形になりて、檝を取りて船に立ちませり。こゝにその兄王、兵士を隱し、鎧を衣の中に服《ケ》せて、河の邊に到りて、船に乘りまさむとする時に、かの嚴しく飾れる處を見遣りて、弟王をその呉床《アグラ》に居ますと思ほして、檝を執りて船に立ちませることをば、都て知らずて、即ちその檝執れる者に問ひたまはく、この山に怒れる大猪ありと傳《ツテ》に聞けり。吾その猪を取らむと思ふを、若しその猪獲てむやと問ひたまへば、檝執れる者、え獲たまはじといへば、また如何なればと問ひたまへば、時時《ヨリ〳〵》往往《トコ〳〵》にして、取らむとすれどもえ得ず。是を以てえ獲たまはじと白すなりといひき。渡りて河中に到れる時に、その船を傾けしめて、水の中に墮て入れき。こゝに乃ち浮き出でて、水のまに〳〵流れ下りたまひき、即ち流れつゝ歌ひたまはく、

千早振《チハヤフ》る　宇治の渡《ワタリ》に　棹取りに　速けむ人し　わが許《モト》に來む。

こゝに河の邊に隱れたる兵士、彼方此方、一時に興りて、矢刺して流しき、かれ訶和羅前《カワラサキ》に到りて沈みたまひぬ。かれ鉤を以ちて、その沈みたまひし處を探りしかば、その衣の中なる甲に繋りて、訶和羅《カワラ》と鳴りき。かれ其所の名を訶和羅前とは謂ふなり。こゝにその骨を掛き出だせる時に、弟王の御歌、

千早人《チハヤヒト》　宇治の渡《ワタリ》に　渡瀬《ワタラセ》に立てる　梓弓檀《アツサユミマユミ》　射伐《キ》らむと　心は思《モ》へど　射取らむと　心は思《モ》へど
本方《モトヘ》は　君を思ひで　末方《スエヘ》は　妹を思ひで　苛無《イラナ》けく　そこに思ひで　悲しけく　こゝに思ひで　射伐《イキ》らずぞ來る　梓弓檀《アツサユミマユミ》。

かれその大山守命の御骨をば、那良山《ナラヤマ》に葬しき。この大山守命は（土形《ヒヂカタ》君、幣岐《ヘキ》君、榛原《ハリハラ》君等が祖なり）

この千早人の歌の意味は、宇治川の渡り瀬の堤には、梓も檀も生ひ立つて居るが、今その名の梓弓や檀の弓を持つて、矢を放つて殺してしまふと心に思つたものゝ、上は亡き父君應神天皇の御事を思ひ出し、又一方には妹達の悲しみも思ひやられて、あれこれにつけて痛々しく悲しく、遂に矢を射放つことも出來ずに歸つて來たのである。

と申すのです。兄王の謀反に對する太子の御振舞は鮮かなもので、一種の劇を見る感があります。こは皇

位継承の上より起れる惨事として史家の算へるもので、神武天皇の崩御後に多藝志美美命の反あり崇神天皇の朝には武埴安彦の反、仲哀天皇崩御後に香坂忍熊の反、應神天皇の崩御後には大山守命の反あり。これ等は何れも種々なる事情特に外戚の方面に多大の原因があるのではないかと謂はれてゐます。

「こゝに大雀命と宇遲能和紀郎子と二柱、天下を相讓りたまふ程に、海人い大贄を貢りき。かれ兄王は辭《イナ》みて、弟王に貢らしたまひ、弟王はまた兄王に貢らしめて、相讓りたまふ間に、既に許多《アマタ》日經ぬ。かく相讓りたまふこと一度二度にあらざりければ、海人は既に往還に疲れて泣きけり。かれ諺に『海人《アマ》なれや、己が物から音泣《ネナ》くぞ』といふ。然るに宇遲能和紀郎子は早く崩りましぬ。かれ大雀命ぞ天下治しめしける」

この段は、弟命は兄命の功勞ありしを念ふて皇位を讓らんとし、兄命は先帝の遺志を重んじて位に即き給はず、貢するものがその何れに納むべきかに大に惑つて、海人の中には泣くものもあつたといふのです。諺の『海人なれや』は、ものからは海草の一種だから、そのものからを採る海人が、己がもの即ち自分のもので自分が泣くと戯れた譯です。書紀には兄命が弟命の自刄を聞しめして永訣し給ふ一節がある。非常な惨事と申すべきで。一面宗教的意識が倫常的意識に移る過渡期として、深く考へさせられる問題かとも存ぜられます。大山守皇子の事件も、長子崇重の思想に其原因が在つたように申してゐる學者もあります。

「また昔新羅國主の子、名は天之《アマノ》日《ヒ》矛《ボコ》と謂ふあり。この人まゐ渡りけり。まゐ渡りける故は、新羅國に一の沼あり。名を阿《ア》具《グ》沼《スマ》といふ。この沼の邊に、ある賤の女晝寢したりき。こゝに日の光虹のごと、その陰《ホド》を指したるを、またある賤の男、その狀を異しと思ひて、恒にその女の行を伺ひけり。かれこの女、その晝寢したりし時より妊みて、赤玉をなも生みける。こゝにその伺へる賤の男、その玉を乞ひ取りて、恒は裹みて腰に著けたりき。この人谷邊に田を作れりければ、田人どもの食物を牛に負ほせて、谷の中に入りけるに、その國主の子天之日矛遇へり。かれその人にいひけらく、何ぞ汝食物を牛に負ほせて、谷へは入るぞ、汝必ずこの牛を殺して食ふならむといひて、即ちその人を捕へて、獄内に入れむとすれば、その人答へけらく、吾れ牛を殺さむとにはあらず。唯田人の食物を送るにこそあれといふ。然れども猶赦さざりければ、その腰なる玉を解きて、その國主の子に幣《マ》ひしつ、かれその賤の男を赦して、その玉を持ち來て、床の邊に置けりしかば、即ち顏美き乙女になりぬ。かれ婚して嫡妻としたりき。こゝに乙女常に種種の珍味を設けて、いつも〳〵その夫に進めき。かれその國主の子心奢りて、妻を詈れば、その女、おほかた吾は、汝の妻に爲るべき女にあらず。吾が祖の國に行なむといひて、竊《シノ》びて小船に乘りて、逃げ渡り來て、難波になも留りける（こは難波の比賣碁曾社にます。阿加流比賣とまをす神なり）」とあります。

なぜ古事記が天之日矛に關する昔物語を斯くも長々と此處に書き傳へたか。これは大に考へて見ねばならぬことゝ思ひます。日矛の妻となつた女は、日の光が陰を虹の如く照らし、而して其母が赤玉を生み、その赤玉を新羅の國主の子天之日矛が獲、その赤玉から女人が化成し、天之日矛に婚して嫡妻と成つたといふのです。此物語から推斷される事は、これがどうも大物主神の神子說に外ならぬといふ事です。その證は女の言として「おほかた吾は、汝の妻に爲るべき女にあらず、吾が祖の國に行なむ」と云つて、日本へ渡つて來たので明瞭であらう。神子托生の順序なぞも、他の大物主神物語の場合と同一轍で、大物主神の女は地上人類の母を標榜し靈肉和合の一方の大立物である。で物語の筋は、新羅國主の嫡妻となるべき身分ではないが、新羅が旣に日本の隷屬に歸し、日本と新羅とが恰も靈肉和合の關係に直面した以上、この神子が一度新羅に現はれて、國主の子の妻と成り、終にはその本國を名乘つて、その夫君を日本に歸化せしめる、それが正鵠に中つてゐると云ふ譯で描き出されて居ると考へられるものです。

【註】比賣碁曾《ヒメコソ》の社＝神名帳に攝津國東生郡比賣許曾神社と見えて居る。後世廢絕して社址が詳かでなかつたので、今の高津宮が此の社であるともいはれてゐる。大日本地名辭書によれば、東成郡鶴橋村字小橋の南に產湯淸水といふがあつて其の地が社址であるとある。ヒメコソは織女神であらう。阿加流比

賣=比賣碁會社の神號である。猶此の社を下照比賣社とも云ふが、神代の卷にある下照比賣命とは混同すべきでない。

「こゝに天之日矛、その妻の遁れしことを聞きて、乃ち追ひ渡り來て、難波に到むさする程に、その渡の神塞《サ》へて入れざりき。かれ更に還りて多遲摩《タヂマ》の國に泊《ハ》てつ。即ちその國に留りて、多遲摩の俣尾《マタヲ》が女、名は前津見《マヘツミ》に娶ひて生める子、多遲摩母呂須玖《タヂマモロスク》、これが子多遲摩斐泥《タヂマヒオ》、これが子多遲摩比那良岐《タヂマヒナラキ》、これが子多遲摩毛理《タヂマモリ》、次に多遲摩比多訶《タヂマヒタカ》、次に淸日子《キヨヒコ》〔三柱〕この淸日子、當摩之咩斐《タヂマノヒメ》に娶ひて生める子、酢鹿之《スガノ》諸男《モロヲ》。次に妹菅竈由良度美《スガカキユラトミ》、かれ上にいへる多遲摩比多訶《タヂマヒタカ》、その姪由良度美《ユラトミ》に娶ひて生める子、葛城之高《カヅラキノタカ》額比賣命《ヌカヒメ》（こは息長帶比賣命《オキナガタラシヒメ》の御祖）」これでこの長物語の意義が能く判るように思はれます。即ち神功皇后の御系統が遡つて大物主神に出でたので、その最も正系的な神律に基いて、事件の運んだ立證がされたようです。天日矛の系統が――勿論大物主神の神女を透して――頗る靈的威力の强かつたことは、常世に遺はされた多遲摩毛理がさうであり、今また息長帶比賣命が爾《シカ》あらせられます。この點がこの物語の主眼でありませう。書紀では天日矛は垂仁天皇の朝に來朝してゐます。が多遲摩毛理は天日矛の曾孫であるから、もつと前（孝元朝の頃か）に來朝したものであらうと謂はれてゐます。

「かれその天之日矛の持ち渡り來つる物は、玉津寶といひて、珠二貫、また振浪比禮《ナミフルヒレ》、切浪比禮《ナミキルヒレ》、振風比《カゼフルヒ》禮《レ》、切風比禮《カゼキルヒレ》、また奥津鏡《オキツカヾミ》、邊津鏡《ヘツカヾミ》、幷せて八種なり（こは伊豆志《イツシ》の八前の大神なり）」この天日矛の持つて來たといふ八種の神寶は、比禮は航海に要する船具かと思はれます。大國主神との戰鬪を傳へる風土記の所載等に見ても、天日槍は海軍操縱には特殊の威力を備へて居たらしく、航船上の秀れた方式を心得て居た事も判りますから、其航海用の要具を寶としたに相違ありません。珠二貫も錨《イカリ》のような種類のもの、奥津鏡邊津鏡も船に具へる反射鏡の如きものではなかつたか。書紀ではその寶物を羽太玉《ハフトノタマ》一箇、足高《アシタカ》玉一箇、鵜鹿《ウガ》赤石玉一箇、日鏡《ヒノカガミ》一面、熊神籬《クマノヒモロギ》一具、唯小刀一口としてゐます。而して出石《イツシ》の小刀を淸彥《キヨヒコ》（天日槍の曾孫）が隱したこと等を傳へ、この出石刀子が淡路島に祀られた由來を述べてゐます。（木村鷹太郎氏はこの日矛は天文學者ヒツパーコス。阿利叱智干岐も天文學者アリシタルコスであるといふ世界的研究をしてゐます。秋津騎呫の上からは一顧に値する說であらう）

伊豆志の八前の大神＝但馬國出石郡神美村大字宮内鎭守の國幣中社出石神社、八前は八座と云ふに同じ。

「かれこの神の女、女は伊豆志袁登賣《イツシヲトメ》神ませり。かれ八十神この伊豆志袁登賣を得むとすれども、皆え得ず。是に二人の神あり。兄を秋山之下氷壯夫《アキヤマノシタヒヲトコ》といひ、弟を春山之霞壯夫《ハルヤマノカスミヲトコ》とぞいひける。かれその兄その弟に謂ひけらくは、吾れ伊豆志袁登賣を乞へどもえ得ず。汝この乙女を得てむやといへば、易く得てむといふ。こゝにその兄の曰く、若し汝この乙女を得てあらば、上下の衣服を避り、身高を量りて甕に酒を釀み、また山河の物を悉に備へ設けて、うれづくをこそせめといふ。こゝにその弟、兄のいへる如、具にその母に白せば、即ちその母、布遲葛《フヂカヅラ》を取りて一夜の間に、衣、褌、襪沓《クツシタクツ》まで織り縫ひ、また弓矢を作りて、その衣褌等を服せ、その弓矢を取らせて、その乙女の家に遣りしかば、その衣服も弓矢も、悉に藤花とぞ成れりける。こゝにその春山之霞壯夫、その弓矢を乙女の厠に繫けたるを、伊豆志袁登賣その花を異しと思ひて、持ち來る時に、その乙女の後に立ちて、その屋に入りて、則ち婚しつ、かれ子一人生みたりき。」

これは例の植物神話に屬するもので、春山之霞壯夫は春の人格化、秋山之下冰壯夫は秋の人格化ですが。どうして斯樣な神話が此處へ這入つたか。想ふにこれも神靈系統を高調する爲め、古き物語を引證したのであらう。（又想ふ。是は國史上の將來を豫證する物語か。藤は藤氏を寓すか）

「こゝにその兄に、吾は伊豆志袁登賣を得たりといふ。こゝにその兄い、弟のえつることを慨《ウレタ》みて、かのうれづくの物を償はず。かれその母に愁ひ白す時に、御祖《ミオヤ》のいへらく、我が御世の事能《ヨ》けれこそ神習《カミナラヒ》、またうつしき青人草《アヲヒトクサ》習ふを。その物償はぬといひて、その兄なる子を恨みて、乃ちその伊豆志河の河島の節竹を取りて、八目の荒籠を作り、その河の石を取り、塩に合《ア》へて、その竹葉《サヽバ》に裹み、詛言はしめけらく、この竹葉の青むかごと、この竹葉の萎むがごと、青み萎め。またこの塩の盈ち乾るがごと、盈ち乾よ。またこの石の沈むがごと、沈み臥《コヤ》せや。かく詛ひて竃の上に置かしめき。こゝを以てその兄八年の間干《カハ》き萎《シボ》み病み枯《コヤ》しき。かれその兄患ひ泣きて、その御祖に請へば、即ちその詛戸《トコロド》を返さしめき。こゝにその身本の如くに平ぎき」(こは神うれづくといふ言の本なり)うれづくは賭事すること。我が御代の事善いからこそ神の行爲を習ひもすれ。又一般人民も順ひまつる譯であるのを、なぜ償はぬかと叱責した。返さしめきは呪を取り去ることができた。この神統族が神秘力に優れて居た事は、これで能く判りませう。だから斯様な血脈を引いた神功皇后に偉大な神靈力の具はつてゐらせられたのも當然ではないかと云ふのが此物語の結局の目的であつたらうと想はれます。天日矛族はアマ族又は倭族(倭人族)として、內地に於て、偉大な發展したのみならず、海の彼方の對岸にも同族が居たので、我が國史上重要な位置を占めてゐた。日矛族と皇室及他民族との姻籍關係は仔細に究むべき課題と考へます。

書紀はこの天皇の御世の記事を次の如く錄してゐる。

元年春正月　皇太子即位。

二年春三月　仲媛を立てゝ皇后と爲す。——皇妃及び皇子女。
三年冬十月　東の蝦夷朝貢、即ち役ひて廐坂道を作らしむ。
同　十一月　海人の宰を置く。
紀角等を遣はして百濟辰斯王の無禮を責む。
五年秋八月　海人部、居守部を定む。
同　冬十月　船枯野成る。
六年春二月　天皇近江國に幸して菟道野の上に至りて御歌あり。
七年秋九月　高麗人、百濟人、任那人、新羅人並に來朝。
乃ち韓人池を作らしむ。
八年春三月　百濟人來朝、これ百濟王子直支といふものなり。
九年夏四月　甘美內宿禰武內宿禰を譏す。
武內宿禰探湯に依りて寃を雪ぐ。
十一年冬十月　劒池、輕池、鹿垣池、廐坂池を作る。

十三年春　三月　天皇專使を遣はして日向國より髮長媛を徵し給ふ。
大鷦鷯尊に髮長媛を賜ふ。

十四年春　二月　百濟王縫衣工女を貢る。
弓月君百濟より來朝し歸化す。

十五年秋　八月　百濟王阿直岐を遣はして良馬二匹を貢る。
太子菟道稚郎子阿直岐を師としたまふ。
阿直岐王仁を薦む。

十　六　年　王仁來けり。太子之を師と爲し給ふ。
直支王をして百濟の王位に就かしむ。
平群木菟宿禰等をして新羅を討たしむ。

十九年冬　十月　吉野宮に幸す。國樔人酒を献りて歌よみす。
吉野の國樔の風習等の記事あり。

二十年秋　九月　倭漢直の祖阿知使主其の子都加使主並に巳が黨類十七縣を率ゐて來歸せり。

二十二年春三月　天皇難波に幸して大偶宮に居ます。丁酉高臺に登りて妃兄媛の溫情を聽き、吉備に歸省せしめ給ふ。

同　秋九月　天皇淡路島、吉備の小豆島等に遊びたまふ。庚寅亦葉田葦守宮に移つてゐます。御友別の子弟を吉備に封ず。

廿　五　年　百濟の直支王薨せぬ。即ち子久爾辛立ちて王と爲る。王年幼し。木滿致の專權。

廿八年秋九月　高麗王使を遣はして朝貢る。菟道稚子その表狀の無禮を責めたまふ。

卅一年秋八月　船枯野の功を紀念せしむ。新羅船匠を貢す。

卅七年春二月　織工女を吳に求む。

卅九年春二月　百濟王其妹を朝廷に仕へしむ。

四十年甲子　菟道稚郎子を立てゝ皇太子と爲す。

四十一年春二月　天皇明宮に崩りましぬ。時に年一百一十歲。

呉の織工女筑紫に來着す。

應神天皇は八幡宮の祭神として崇敬されたまふ天皇であらせられますが、古事記日本書紀共に敬神に關する記事が比較的寡いのは何故であらうか。そは一面神功皇后の段で高調されたから、其方へ讓つたとい關係もあらうが、また敬神思想が上下に行亙つた結果と見る事も出來ようし、又一面時代が宗教思想から倫理思想に遷る過渡期に這入た關係があつかも知れないと思ふ。外國の學者が皇子の教育係であつた事なぞを考へると、其感が深く致すのも無理からぬ事でありませう、がそれは兎も角も八幡神社が尙武の神、國威伸展の神として、我國に廣く祀られてゐることは、イヤハタ（八咫）觀念の全國的普及だから、本時代が如何に國民的思想の上に、其の威力が及んだか、乃至その中樞の思想確立が、海の外までも強く及んだか。これは頗る愉快な研究課題でありませう。官國幣社にして八幡神を祭神とするものに、石淸水八幡宮（京都市綴喜郡八幡町）。宇佐八幡宮（大分縣宇佐町）。筥崎八幡宮（福岡縣箱崎）。鶴岡八幡宮（神奈川縣鎌倉）。函館八幡宮（北海道函館）。柞原八幡宮（大分縣大分郡八幡町）。大隅八幡宮（現在は鹿兒嶋神宮と云ふ）があります。これだけの分布に見ても、我邦の頭部胸部腹部足部に最も意義深く配置されて居るのを見るではありませんか。若し夫れ官國幣社以外の八幡社に至つては、其數の多きこと果して何程であらうか。以て思想的教義的の大統一を想像することが出來ませう。神皇正統記には「欽明天皇の御代に始めて神と顯はれ、筑紫の肥後の國菱形の池と云ふ所に顯はれ給ふ」と云ひ、種々の說を述べて居るが、勿論僧徒の捏造說には極つてゐる、併し其等を見ても、如何に佛者が日本固有のイヤハタ思想、八幡宮信仰に對する歸向を、佛敎に轉換せしめんとして、苦慮したかゞ窺知されるかと思ふ。是神の示現を佛敎渡來の（欽明天皇）御代とし、何とか彼とか巧に垂迹說を案出した苦心に見ても、二所宗廟として八幡崇敬の强かつたことが、逆證明的に論證されることでせう。神武朝以來崇神、垂仁、景行、應神の御代に於て、國民精神の基礎として築き上げられたイヤハタ信念が、如何なる時代に遭遇し如何なる變遷を經るとしても、日本國民の頭の中から絕對に拔き去ることの出來ない事は當然でありませう。古事記中卷の大生命は其處に在るのでせう。國史硏究の眼目も亦其處に在るのでせう。此信念は、實に天地を通貫し時空を超越した、永遠無窮の日本精神なのである。

國史の週期的時代相

我國は萬世一系天壤無窮の御國體であるが、永遠の歴史がまた必然時代相變轉の法則的色彩を現じて、極めて幽玄な妙諦を物語るのである。時代相變轉の法則的考察は、幾多の學者に依て試られ、從て其學說も種々多樣であるが、我々は三大皇學に基いて、嚴密な研究の結果、二千五百六十年を以て週期とする、國史の旋轉律を發見したのである。併しこの週期測定に關する理論は、今之を述べる遑を持ちませんから、一時省略いたしますが、既に本卷に於て發表した通り、二千五百六十年間が十六時代に分れ、各時代が夫々の年次と特殊の意義とを保つてゐる事を見られるであらう。而してこの週期律の現代に最も近く起つたものは、神武天皇即位前三十三年に始まり、明治維新第一年前までを含む者で、其の週期的旋轉相が、極めて妙趣に富むことは、本書の講述に依て或程度含味された事でせう。が、第一期登旭時代より第十六期黎明時代までの史實を保證して置くことは、本卷の解說を一層確實ならしむる上に必要なばかりでなく、次卷即ち古事記下卷（仁德天皇より推古天皇に至る）を講述する序論として、亦た頗る有意義なことに屬しませう。以下簡單ではあるが、各時代の特色をくつきりと讀者の前に展開して見たいと思ひます。

尙ほ明治維新以後、即ち週期が最初へ戻つて、第二循登旭時代からの講述は、之を後日に譲ることに致します。謂はゞ神武天皇から明治維新迄の國史は、週期が極東日本の國內を本位として發現したが、明治以後は世界を對象として發現する次第で、年々歳々花相似たりの感は勿論あるのではあるが、また自《オノヅカ》ら同じからざる、光景を展開することは、當然の譯柄でありませう。何は兎《ト》まれ、神武天皇以後二千五百六十年間の、週期的時代相の實際を此處に述べることに致しませう。〔前掲本書第四三頁國史循律年表御參照を乞ふ〕

〔第一期〕登旭時代　自神武紀元前三十三年至紀元一二六年　百六十年間

この時代は、朝陽に當り、天津金木は上火下水である。これ海洋上に太陽の登る象で眞に勇ましい時代である。年曆は初春に當る。

この時代の史實として、最も時代的色彩を鮮明に表はしてゐるものは、「神武天皇の御東征」である事は云ふまでもない。紀元前三十三年は神武天皇が皇太子にお立ち遊ばされた後四年の事で、當にこの時から黎明を終へて、旭日登天の期を迎へたのである。

神武天皇御東征のいかに神勇神武に亘らせ給ひしかは、本講に於て精しく述べた所である。神武天皇御東征を終へ給ひて、下《シテ》レ令《ヲ》曰はく自《ヨリ》二我東征《レ》一 於レ茲六年矣 賴《ヨルヲモツテ》二以皇天之威《ニ》一 凶一徒就一戮《レヌ》 雖《ドモ》下邊一土未《ダ》レ淸《マラ》 餘妖尚《ホ》梗《シト》一 而《モ》中洲之地 無《ナシ》二復《タ》風塵一 誠《ニ》宜下恢《シ》二廓皇都《ヲ》一 規中摹大壯《ヲ》上 而《モ》今運屬《シ》二此屯蒙《ニ》一 民一心朴一素 巣《ニ》棲《ミ》 穴《ニ》住《ム》 習俗惟《レ》常《ナリ》 夫大人立《ツ》レ制《ヲ》 義必《ズ》隨《フ》レ時《ニ》 苟《モ》有《ラバ》利《スル》レ民《ヲ》 何《ゾ》妨《ゲン》二聖造《ヲ》一 且當《ニ》披《キ》二拂《ラヒ》山林《ヲ》一 經《シ》二營宮室《ヲ》一 而《シテ》恭《ツクミ》臨《ミ》二寶位《ニ》一 以鎭《テム》二元元《ヲ》一 上則《ハチ》答《ヘ》二乾靈授《クル》レ國之德《ニ》一 下則《ハチ》弘《ム》二皇孫養《フ》レ正之心《ヲ》一 然後《シテ》 兼《テ》二六合《ヲ》一 以開《テキ》レ都《ヲ》 掩《フテ》二八紘《ヲ》一而爲《シテ》レ宇《スト》 不《ラズ》二亦可《タ》一乎《ヤ》 云々 と眞に登旭時代の意氣が躍如として發揮されてゐるではないか。

紀　元　元　年＝朔、天皇大和橿原の宮に即位し給ふ。

同　　二　年＝功を定め賞を行ひ、可美眞手命《ウマシマデノミコト》を以て國政大夫と爲し、道臣命《ミチノオミノミコト》を以て將軍とす。

同　　六　年＝神籬《ヒモロギ》を建て、皇祖天神を鳥見山《トミヤマ》に祭る。

同　　五　年＝天富命《アメノトミノミコト》に命じて織業を起さしむ。乃ち阿波に赴き楮麻を殖え、志呂多閇《シロタヘ》、阿良多閇《アラタヘ》を製す。房總に往き織業を起す。

同三十一年＝天皇高丘に登りて地勢を見、アキツトナメの聖語あり。

同三十八年‖天日方《アメノヒガタ》　奇日方命《クシヒカタノミコト》を以て食國《オスクニ》政《マツリゴト》申《マヲス》太夫《タイフ》と爲す。

同四十一年‖神渟名川耳尊《カミヌナカハミミノミコト》を立てゝ皇太子と爲す。

同七十六年‖神武天皇崩御。

同七十九年‖手研耳命《タギシミミノミコト》不軌を謀り誅に伏す。

同八十一年‖綏靖天皇即位。

同一〇四年‖國賊の殘黨東北の國々に起る天皇親征。

同一一二年‖綏靖天皇崩御。

同一一三年‖安寧天皇即位。

同一二五年‖乙丑二月國賊の殘黨大軍を催し、奥の國々に亂入して國造を殺し掠略を肆にす。陸奥大に亂る。天皇東國の軍將に令して之を征せしむ。

〔第二期〕　廢運時代　自紀元一二二七年（安寧天皇丁卯十五年）至二一五四年（孝昭天皇甲戌六十九年）　百二十八年間

この時代は、一日の中では晡陽に當り、一年の曆では中春、上火下天の廢象である。總ての人々は暖氣に惰眠を覺ゆる時である。この時代の記錄は傳はつてゐるものが極めて寡ないので、本時代の特色を最も鮮明に傳へる事は川來ないけれども、史實の重なるもの概略次の如し。

紀元一三四年＝安寧天皇甲戌二十二年より七年間連歳五穀登らず、上下窮乏餓死するもの多し。

同一六〇年＝懿德天皇庚子十年より三年間天下不作にして庶民餓死するもの多し。

同一六二年＝同天皇壬寅秋より壹岐佐渡島に潜伏し居たる國賊の殘黨大軍を催し北陸に亂入。

乃ち坂本日吉命大夫諏訪武彥命に勅して之を征せしむ。七年にして平定す。

同二一五年＝孝昭天皇乙未三十年二月國賊の殘黨東南の島々に漸く集り來りて潜伏したるもの大軍を催して東海の國々に亂入す。天皇親征十五年にして平定天下泰平となる。

同二二九年＝天皇己酉四十四年八月より海內浦々島々に至るまで熱病大に流行感染毒厚し。爾來每年人多く死す。人心胸々皆な其家業を忘れ、高天原始め諸々の山々國々の神社に禱祀することと數年に及ぶも容易に病勢鎭靜せざりき。

陽春多雨、花爲めに散亂して、落花の狼籍を見る。眞に廢象を表現するの感あり。

〔第三期〕盛運時代　自紀元二五五年孝昭天皇乙亥七年至三九八年孝靈天皇戊戌二十八年　百四十四年間

この時代は、一日の中には溫極熱源に當つて、八時九時頃の象。年曆は晩春に當る。少壯十九歲迄の旺盛の象である。史實の重なるもの次の如し。

紀元二六九年＝孝安天皇己丑元年二月海內惡疫流行未だ鎭靜に至らず。高天原始め諸國の神々に奉幣して其鎭靜を禱祀し給ふ。其後惡疫漸く鎭靜す天皇御感斜ならず。全國に大祭典を行はしめ給ふ。海內忻然安堵の思をなしぬ。四民天皇の德を頌して大御神を崇敬するが如し。

同二六五年＝同天皇戊申八十年筑紫西北の島々に潜伏したる國賊大勢を以て掠略す。筑紫大に亂る。天皇親征三年七月にして悉く平定。四海浪靜かにして惡病も頓に平癒、諸作大に登り、豊年打ち續き民庶豊にして各其生を樂みき。

〔第四期〕獲得時代　自紀元三九九年孝靈天皇己亥二十九年至五七四年崇神天皇甲午十一年　百七十六年間

この時代は、一日中では煦陽に當り、年曆は立夏の候である。上火下地の「得」象である。此の時代の史實も精しくは知り難いが、紀元四四四年孝靈天皇甲申七十四年に秦人徐福の歸化があり、孝元天皇の御代は「天下泰平四海浪靜にして治まり、民庶亦豊かに富み連年豊作の萬歲を見る」の記事が見え、最も本期の特質を發揮してゐる。又た開化天皇の御代は「天皇農作に大御心を向させ給ひ、皇后ご共に四方の國々を巡幸ましますこと十三年勅して原野山澤を開墾して田畑を興すことを農民に勸め示させ給ふ」の記事見え、又た「池を穿ち給ふこと多數」の記事も見え是亦本期特色の發揮と見るべきである。崇神天皇の御代の初めは、疫癘流行頗る猛烈なりし事を傳へてゐるけれども、四道將軍御差遣等の事もあつて、頗る緊張した時代の相を語つてゐる。

〔第五期〕 泰安時代 自紀元五七五年崇神天皇乙未十二年至七四三年景行天皇甲戌四年 百六十年間

この時代は、一日中には中亭正午に當り、一年中には立夏、天地中正の位を保ちて「安」の象である。皇威いや榮えて世は安泰の時代である。

史實としては崇神天皇の御代が大部分を占めてゐて、〔一〕崇神天皇乙未十二年歳稔り人々足り家々給す。始めて人民の戸口を按じ、男女に調役を課す云々。〔二〕又た船舶を造らしめ給ふ。〔三〕又た皇太子豊城命をして東國を治めしめ給ふ。〔四〕又た河内國依羅池を作り農事御奬勵あり。〔五〕任那國入貢。〔六〕天皇崩御。時人稱して「御《ミ》肇國《ハツクニシラス》天皇《スメラミコト》」と申し奉る。

斯く崇神天皇を尊稱して御肇國天皇と申し奉れるは、本期がいかに安泰であつたか、いかに人民が至福を享けた御代であつたかを、明かに物語つて餘蘊なきものと見てよいであらう。

垂仁天皇の朝には〔一〕新羅王子天日槍の歸化あり。〔二〕皇后の兄狹穂彦の反あり。〔三〕筑紫人聘を漢に通ず、刻文印章有りの記事等見え。〔四〕又新羅人清彦寶物を献ず。〔五〕又た田道間守を常世國に遣はし給ふの記事あり。〔六〕特に外國との交通記事が最も深く吾人の注目を惹く。若し夫れ史實の詳細なるものが傳はつて居たならば、本期のいかに泰安時代なりしかを充分立證し得た事であらう。

〔第六期〕遠撫時代　自紀元七三五年（景行天皇乙亥五年）至八七八年（應神天皇戊戌十八年）　百四十四年間

この時代は、一日の中には昳陽に當り、年暦は中夏、上天下水の存象である。水天髣髴として萬里遠征の猛々しい意氣を發揮する時代で。人生三十一歳より三十四歳までの血氣盛りの狀態である。この時代の重なる史實左の如し。

紀元七五五年＝武内宿禰東方及び北陸諸國を巡廻す。

同　七五七年＝熊襲反す。皇子日本武尊を遣はして之を討たしむ。

同　七七〇年＝日本武尊東夷を征す。東國大に定まる。
同　七八三年＝天皇東山東海諸州に幸す。
同　七八七年＝池を築かしむ。諸國に令して田部の屯倉を興さしむ。
同　八五三年＝仲哀天皇熊襲親征の爲め穴門に幸す。
同　八五九年＝天皇橿日宮に崩ず。
同　八六〇年＝神功皇后三韓を征し冬還る。
同　八六一年＝神功皇后攝政、任那に内宮家を置きて鎭撫す。新羅王八十艘の方物を献ず。

以上の史實が如何に本期の特質を發揮するかを見よ。「國史八面観」に

景行天皇は日本武尊の西征東伐の後を受けて、御自身も更に東國地方に御巡幸ありたるが、猶一層力を東方に用ひんが爲め、近江の志賀の穴穂の宮に遷らせられたが、三年にして崩御あり。成務天皇御位を承け、同じく志賀に都し、武内宿禰を始めて大臣と爲し、既に征服されて皇化に浴した地方に國縣の制を定められた。これが日本に於ける國縣制の始めである云々。仲哀天皇は御名から謂へば幼弱なる君主なるが如きも、西國の熊襲を震怖せしめた日本武尊の模範的の大和童男の御子であつて、景行天皇もそ

の英邁なるを愛でさせられて擧げて成務帝の太子こせられた程の帝であつた云々。實に景行應神成務仲哀四天皇の頃は壯氣潑々こして心持ちの良い時代である。

〔第七期〕極盛時代　紀元八七九年應神天皇己亥十九年至九九〇年仁德天皇庚寅十八年　百十二年間

この時代は熱極凉源に當り、一年中には晩夏に當る。上天下天の榮象、皇位隆昌の極盛を表はす。人生三十六歲までの極盛年齡に當る。

この時代を最も鮮明に立證する記事は「國史八面觀」に「高等批判を要すべき黃金時代」と題し、「明治以前極度の盛世こ爲し」曰く　かくて神功皇后は武內宿禰を攝政こして政事を行はしめ、應神天皇を護り立てゝ頗る泰平な御代を導き出された。此時に至り韓地では百濟國からも使を遣はして我國に歸順する事を申し來りたるを以て、將軍を彼地に遣はし。遂には馬韓辨韓等の地迄も征服し、爲に國威は益々韓地に揚り應神天皇御自身の御政治になる頃には、傲頑なりし高麗國までも我に歸順して、國威は隆々として韓土に輝いた。去る明治二十年の頃、修史局に於て今上陛下以前の歷代の天皇中、國威の最も盛なりしは何天皇の御代であつたらうこ問題が起つた事がある。予は其時それは仁德天皇の御代であるこ斷言した。此御代は景行天皇以來應神天皇迄の餘烈を受けて日本の版土は遠く蝦夷地より西は遙に韓土の長白山に迄及び諸國よりの貢の船舶が難波の津に群を爲して集まつた時代である。歴史を通觀するに恐らく此時代以上に國威の盛んであつた御代はない事は予の說を何人も承認した」云々

もはやこれ以上は何事も云はないでよからう

〔第八期〕存治時代　自紀元九九一年（仁德天皇辛卯十九年）一一一八年（雄略天皇戊戌二年）　百二十八年間

この時代は、一日中の吁陽で、年曆は立秋、人生三十九年迄の象である。天津金木は上天下火の「治」。天日は稍々西方に傾いたけれども、天高くして上に榮え、大臣は其の手腕を充分に發揮して、存治の本質を發揚する時代である。

存治時代百二十八年間は、史實を外面から見れば、最もよく治まつた時代で。仁德天皇の後半世に次て、履中反正允恭安康の御代を含み、雄略天皇の初めに懸つてゐるが、しかし其内面には既に立秋の色があらはれた事を見逃す事は出來ぬ。「國史八面觀」に曰く　泰平とは言へど此時代にも亦西國を始め韓地等に每々將軍を派して鎭壓を加へられた事があり、その反動として一時は南海中國邊の海部が叛亂を起した事が

ある。その時天皇は海部の總統海神家の裔安曇連大臣宿禰に命じて是を打ち鎭めしめた。云々。また上述の如く皇室の權威が漸次强大となるに從つてそれに伴ふ皇族の勢力も次第に增大し世を趁ふて權勢爭奪の傾向甚だしく、當時朝廷に於ては既に阿部家和邇家丹波主家武內家の四大族を生じ而して稚郎子の外戚は和邇家にして大鷦鷯命の妃即仁德天皇の皇后は武內家の本家たる葛城家の出である等の事を思ひ合すれば其帝位讓り合ひの裏面には皇室と輔佐家、輔佐家と權勢等の種々複雜なる事情の纒綿せるを考へる必要がある。云々とも述べてゐる。

しかし治《ぢ》期の特質は嚴乎として存在し、仁德天皇の御代は八十七年の長きに亘り、履中反正允恭の世を通じて頗る平穩である。が此期の終に當つて眉輪王の變が起り、次代の俤を既に此の頃から髣髴せしむるものがあつた。

〔第九期〕 爭奪時代　自紀元一一一九年略雄天皇己亥二年至一二七八年推古天皇戊寅二十六年　百六十年間

この時代は、一日の中では夕陽で、年曆は初秋、人生は四十四歲迄、上水下火の「爭」象である。俗云人生四十二三歲の厄年に當つてゐる。此の時代を最も的確に立證する史實は次の數項である。

第一、舍人采女の勢爭。第二、新羅征伐の不成功。第三、皇統斷絶の危機。第四、筑紫磐井の叛。第五物部守屋の滅亡。第六、崇竣天皇殺逆の慘禍。

第一、舍人采女の勢爭。

大和朝廷の繁榮が盛になるにつれて、諸國に住む豪族は皆光榮を欣慕し、緣故を賴りて主君に奉じ、京師の邸內に伺候し、若くばその門を守衛するを榮譽とし、舍人采女を進献させらるゝを相競ひ望んだのである。かくして京師には諸國の兵士多く集り、貴族は各その邸宅を壯大にして尊嚴を競ふたものである。此樣にして京師の繁榮するにつれて、人氣も次第に荒くなり、兵士等各黨派を立てゝ相爭ふに至り、自然に皇子達の殺戮を助長された理由が存するのである。簡單に筆記すれば某皇子が某皇子を殺すといふに止まれども、其周圍に帳內兵衛あるを知れば、是等の兵士が其主に奉ずる權勢爭奪が伴つて、言ふに忍びざる悲劇を幾度も繰返した事になるを知るのである。

第二、新羅征伐の不成功

仁賢の朝に至り、紀の大磐、任那府に據り高麗と謀を通じ韓地に王たらんと圖る。百濟の爲めに破られて歸る。爾後百濟も亦貢献を闕き、武烈の朝に來貢す。因て其使を拘留す。田狹大磐相踵ぎて外叛し、諸將屢々韓人の心を失ひ、韓地の形勢甚だ艱難なり。云々。又た紀の小弓を大將軍となし、蘇我の韓子、大伴の談、紀の龜鹿火の三將軍と共に韓地に發向した際の如きは、先つ新羅を破り、高麗に向はんとする時、諸將の間に不和を生じ、これが爲めに新羅に乘ぜられて、大伴の談は戰死し、大將軍小弓は老病にて薨れ、不成功に終つた。而して高麗百濟新羅は鼎立して相軋轢し、爭亂絶え間なくなつたから、我國に於ても時々軍を送らねばならぬ有様となつて、國威は非常に失墜したのである。欽明天皇二十三年に至り新羅は遂に任那の宮家を滅ぼし、韓土は之より我國から離るゝことゝなつた。

第三、皇統斷絶の危機

雄略天皇が例の狩場の大悲劇を演じ給ふた爲めに、安康天皇は履中天皇の皇子市邊の押磐を太子に立てる御志であつたが、押磐皇子は殺され玉ひ、皇子の御弟御馬皇子も亦殺され給ふたので、押磐の皇子億計弘計の兩王は其踪跡を闇まされた。其處で雄略天皇には御子はなし、皇統を繼ぐべき方が一方もないといふ非常な場合に及んだのである。此の點本期の最も代表的事件である。

第四、大臣平群眞鳥の謀叛は要するに數代の權威增長したる爲めの結果であつて、皇統の危機に際して、大臣家の異常なる權勢を加へた立證とも見らるべきものである。

第五、筑紫磐井の亂は、畢竟新羅王の誘惑に陷つたものであるが、兎も角も皇威は昔日の如くならず乘すべきの餘地を謀叛者に與へるに至つた現象と見るべきであらう。

第六、物部守屋の滅亡は大臣と大連との大なる爭鬪であり、本時代の後期を代表する爭亂で、佛教を背景とする興味深き爭奪事件である、これも元は用明天皇の崩御後起つた太子と叔父皇子たちとの例の帝位爭ひから起つたもので、敏達天皇は任那府再興について三輪の君逆を内臣として信任あつたが、崩ずる後に大連物部の守屋は竊に穴穗の皇子と謀り、位を奪はんとするを、逆は早く覺悟して、殯宮を閉して皇子を入れざりしに、守屋は兵を率ゐて磐余の帝室を圍みて、遂に逆を殺したから、大臣蘇我馬子は此事を太后に告げ、共に深く穴穗部の皇子の野心を悟られたのが起りである。

第六、崇峻天皇弑逆の慘禍は、蘇我氏の横暴が、その極點に達した結果で、本時代の特質が此處にも明に窺はるゝのである。

しかしこの數項の事件に對應して、本時代の特質を寧ろ否定せんとするが如き史實が本期に現はれてゐる。其中の重なるものは

第一、雄略天皇の御代に於ける農工業の發達。

第二、顯宗、仁賢、兩帝の德政。
第三、安閑、宣化、兩帝時代の安泰。
第四、聖德太子の御偉業。
第五、佛敎傳來に伴ふ文化の發達。

等である。しかし此等は爭奪期に於ける寧ろ副産物であつて、いかに爭奪時代と謂つてもそは大なる本質を指すのみで、文化の發達等は斯樣な時代にもあるべきを毫も妨げないのである。誰か此時代に如上の如き發展的事件ありしといふを楯にして、爭奪時代の名を沒却するものがあらうか。

〔第十期〕 興運時代　自紀元一二七九年 推古天皇巳卯二十七年 至一四七〇年 嵯峨天皇弘仁元年　百九十一年間

この時代は、一日の中には薄暮に當り、年暦は中秋の好季である。人生四十五歳より五十一歳までの初老期で、天津金木は上水下地の「興」象に當る。

此の時代は、前期爭奪の惡時代を經て來たのであるが、中興の意義を現じ、再び皇威の隆昌を來たす時代である。しかし日は既に薄暮である。古の如き壯氣潑溂たる時代は到底之を生み出す能はざるは當然である。世の一般の史學者は奈良朝を以て大宮人の櫻かざして悠々として遊んで居た有様から推して、日本歴史の陽春期と定めてゐるものが多いようであるが、曷ぞ知らん奈良朝は初秋の候であつて、凉風に月を眺めてゐたといふのが、本質たることを知らねばならぬ。

此時代は推古天皇の末期から舒明、皇極、孝德、齊明、天智、弘文、天武、持統、元明、元正、聖武、孝謙、淳仁、稱德、光仁、桓武、平城、嵯峨の十九代を包含し、奈良朝全部と、平安朝の初期を含む時代で主なる史實は左の如し。

〔一〕蘇我氏の滅亡。〔二〕大化の改新。〔三〕皇化の發展。〔四〕國史の編修。〔五〕律令格式の制定。〔六〕天武の朝政整理。〔七〕持統天皇の二大事業。〔八〕奈良朝の盛觀。〔九〕平安奠都。〔一〇〕蝦夷征討。〔一一〕天台眞言二大宗教起る。

等である。此時代の最も目立つ一事實は女帝の多い事である。

●は女帝
○は男帝

●推古 ○舒明 ●皇極 ○孝德 ●齊明 ○天智 ○弘文 ○天武 ●持統 ○文武 ●元明 ●元正 ●聖武 ●孝謙 ○淳仁 ●稱德 ○光仁 ○桓武 ○平城 ○嵯峨

尚ほ女帝の多い許りでなく上野形名《カミツケヌノカタナ》の妻の如き、鏡女王の如き、橘三千代の如き女傑をも多く出した時代である。本時代の史實を一々詳記する事は之を省略する事にする。何れも名高い事柄のみであるから……

此の中興時代に當つても、之に反するが如き史實は寡くない。例せば

〔一〕上宮王家の悲痛なる最期。〔二〕東夷北狄の動搖、韓地の分離。〔三〕壬申の亂〔四〕大津皇子山邊皇女の悲命〔五〕長屋父子六人の慘死。〔六〕藤原廣嗣の亂。〔七〕奈良朝の闇黒面。〔八〕殘酷なる皇儲廢立の悲劇〔九〕惠美押勝の隱謀。〔一〇〕弓削道鏡の隱謀

等之である、しかし尚ほ以て「興③」期の意義を決して覆ふ事は出來ないのである。而してまた一面から謂へば、此等の事實あるが故に、薄暮の意義が鮮明し、陽春ではなくて、初秋の涼味を混じてゐる現象を窺ふに、最もよい立證であるとも謂はるゝのである。

〔第十一期〕 衰運時代 自紀元一四七一年 嵯峨天皇弘仁二年 至一六四六年 花山天皇寛和二年 百七十六年間

この時代は、一日には京極寒源で、年暦は晩秋に當る。午後十時頃の夜で、町々はまだ人の通りも絶えず、夜業の人々も割合に仕事のはかどる時である。人生老成期五十七歲迄の象である。天津金木は上水下水で「退」の象、小臣跳梁して婦人活躍の時代と見るべきであらう。本期は嵯峨、淳和、仁明、文德、清和

陽成、光孝、宇多、醍醐、朱雀、村上、冷泉、圓融、花山の十四朝を含む。

嵯峨天皇と淳和天皇との御氣質を伺ひ奉るに、嵯峨天皇は活潑で豪華な事を好み給ひしに反し、淳和天皇は謙遜で質樸な天性であらせられたやうに見受けらるゝ。嵯峨天皇は大に京都を修飾して、桓武天皇の御遺業を成し給ひ、或は花の宴秋の宴などの御催をはじめ、文藝の隆興目を驚かすばかりで、御自身も亦當時の學者であらせられた。然るに淳和天皇は固より學問にも長じ給ふたけれども、御即位後の大嘗會がいかに質素なりしこと、崩御後山陵を立て給はず、たゞ散骨せよとの遺詔し給ひしことなど、その一般を推すべきであらう。從つて天皇の御代は實は平安奠都期に於ける風紀振肅時代ともいふべきである。又光孝天皇の御代基經迎立の功あるを以て、特に優遇し給ひ「萬機の政先づ諮稟せよ朕は垂拱して成を仰がん」と詔あつた程で。これが關白內覽といふことの起つた始まりで、後に天皇幼冲の間は攝政御元服後は關白に任ぜらるゝことゝなつた。

さて醍醐天皇の御代は、菅公流竄の如き事件も起つたが、延喜の聖代と稱し、古代の太平をいふもの、必ず延喜天暦(村上)とを幷稱するのである。いはゞ平安朝に於ける文化の頂點に達したところで第一に勅撰集の嚆矢たる古今和歌集の撰集第二延喜式などその徵證と見るべきものである。されど文物の整頓はたゞ時代の装飾に過ぎず。その實質はまさに公家時代の衰微期に入らむとし醍醐天皇の御代は實に其分水嶺であつた。（京極寒源の意義明白）その事情は當時三善清行の意見封事に詳かに出て居るから參照されたい。されど大鏡にもある通り天皇は寒夜に御衣を脱し給ひ民の疾苦を偲ばれた程の仁君で鋭意治を圖らせ給へることもまた少なくなかつた。（國史の研究より）

前紀より天子屢々大臣の第に幸し、大内造營の後は王公土木の巧を競ひ、府庫空虚し、此紀の初兵を東陲に用ひて、諸國疲弊し、京師連に火あり、而して奢靡の風は愈々甚し、淸和陽成の朝王公は絹紗絁袴を用ひしに、醍醐の朝には諸司史生も縑衫絹袴するに至る……三善淸行封事を上り、驕泰の極用度の空耗を切諫す。村上帝文學を好み詩歌管絃善せざるなし。其治寛を主とす。帝も亦朝臣の衣服制に超ゆるを禁戒して、儉約の令を發す。然れども京都の驕奢は此に極まる。菅原文時封事を上り、時事を切諫す。後世稱して延喜天曆の盛時と曰ふは奢泰の光華に眩迷せるのみ、識者は泰否の運を推して天慶保元の亂旣に兆するを知る。（國史眼より）

さて安和元年から二年にかけ、左大臣高明に對する藤原氏の他族排斥の功を奏する一事件あり、安和の變以後は他族の朝廷に立つもの一人もなしといふ有樣にまで立ち到つた。大鏡に評して曰く、「世の衰ふることもその御代よりなり」と以て本朝の特質の奈邊にありしかを知る事が出來る。

〔第十二期〕 失墮時代　自紀元一六四七年一條天皇永延元年至一七九〇年鳥羽天皇大治五年百四十四年間

此時代は、一日の中には就寢十時半前後で、年曆は立冬に當る。人生老成期六十一歳迄の象である。天津金木は上水下天の「失」象で。朝權の失墮を意味し、地方の小官天威を凌ぎ、最早如何とも挽回の望みなき有樣である。この時代は一條、三條、後一條、後朱雀、後冷泉、後三條、白河、堀河、鳥羽、崇德の十代を包含し、藤原氏擅政の極、武士勃興の初期を迎へてゐるのである。

藤原兼家の豪奢の有樣は「大鏡」に、兼家東三條の第を清涼殿に擬し、時の人から潛上と評せられた。六十賀宴などは實に希代の盛況であつたと傳へてゐる。兼家から道隆となつては、威勢實に隆々、淑景舍をその宿直所とし、天皇を此所に遷し奉る程であつた。こゝに於て藤原氏と皇室とはその住所まで一處といふやうな有樣で、全く公私の區別を存せず、藤原氏の子弟なども後宮に宿泊することゝなり、婬蕩の風宮中に滿つるに至つた。道長に至つては專橫も其極に達して「この世をば我が世とぞ思ふ望月のかけたることのなしと思へば」と詠むに至る。道長の薨後藤原氏は後朱雀後冷泉の二代、賴道について弟敎通關白こなり、猶ほ榮華を誇りしが、後三條天皇の御代に入るに及んで、敎通をして「春日の神威もこれまでぞ」と揚言せしむる程、その權力は抑へらるゝに至り、こゝに歷史は一轉して院廳政治期に入つた。けれども院廳政治は藤原氏の政所政治の變形したもので、從來外戚たりし藤原氏に代り、父君又は祖父君に當らせらるゝ上皇が政權を掌握せらるゝのみで、遂には堀河、鳥羽、崇德の御三代に跨つて、上皇の間に權力爭奪を生ずる因を爲し遂に保元の亂ともなつた譯である。而してこの時代の一特色と見るべきものは武士が權勢を得て來た事である。武士が權勢を得るに至つた原因は、

1. 藤原氏の他族排斥によつて、名門多く地方に土着するに至りしこと。
2. 地方政治の紊亂により、國司の政令行はれざりしこと。
3. 大寶令兵制の弛廢。
4. 文弱なる京都に對し、剛健なる氣風地方に盛なりしこと。
5. 莊園の支配者として、武士が經濟的方面に於ける勢力を有するもの多くなりしこと。
6. 盜賊追捕其他叛亂鎭壓に武士の實力益々發展せしこと。
7. 藤原氏がその苟且宴安を貪らんが爲めにその爪牙として之を引立てたること。

等である。本期の特質は最も鮮明に現はれて、衰運の悲哀が痛切に感ぜられるのである。

〔第十三期〕 危殆時代 自紀元一七九一年（鳥羽上皇攝政天承元年）至一九五〇年（伏見天皇正應三年） 百六十年間

この時代は、一日中では夜半十二時前後、年曆初冬に當る。人生老熟期六十六歲迄。天津金木は上地下天の「危」象で。「易經」に云ふ天地否に當る。天は黑雲に覆はれて雨か風か將に至らんとする有樣である。皇威危殆の時代を徵證する爲めに天運の爲す史實を見よ。この時代は近衞、後白河、二條、六條、高倉、安德、後鳥羽、土御門、順德、仲恭、後堀河、四條、後嵯峨、後深草、龜山、後宇多、伏見の十七朝を含む。史實の重なるものを擧ぐれば、實に左の如くである。

第一、保元の亂。第二、平治の亂。第三、平清盛の專橫、福原遷都。第四、以仁王の擧兵＝源賴朝、義仲の擧兵＝義仲入京、平氏西奔（東西兩帝）＝義仲戰死、平氏滅亡、安德帝崩御。第五、鎌倉幕府の創立第六、北條時政の辣腕。第七、承久の亂。第八、蒙古襲來。

單に項目を揭げたのみでも本期がいかに危殆時代なりしかを直に知る事が出來る程である。保元の亂は皇室藤原氏より武將まで父子叔姪兄弟の間で互に戰はれたもので我國史で多少之と類似してゐる戰爭は、應仁の亂位のものであらう、これ實に平安朝の政弊極まつたもので、また隋唐文明の積弊重なり重なつて藤原氏の擅權となり、院政の放縱となり、道義も倫理もその間に觀るべからざることゝなつて遂に大破裂したのである、云々。

鎌倉幕府の創立といふ事が、また大なる史上の出來事で、政治の權力が全く武門に遷つたのは、この時代の特質の一面を正しく保證したと見るべきであらう。特に承久の亂の如きは、外臣兵を擧げて禁闕を犯し天子を放流するは振古以來未曾有の大變たり。是より皇威陵夷し、幕府繼統の大議に預り、天下の政權盡く武人の手に歸したり。云々。又後嵯峨天皇冷泉萬里小路の第を以て皇居と爲し、西園寺實氏の女を中宮に立つ、後に大宮院こ號す。帝每事道家實氏に咨て决し、大事は成るを鎌倉に仰ぎ自ら專にせず朝威愈々降れり。(國史眼)

彼の蒙古襲來の一事の如きは、我が國に執つて實に危殆の大事件であつた。しかしかゝる危殆の時代なるにも拘らず、皇室の御繼統は決して搖ぐ事なく、萬世に通じて絕えざりしは、何たる尊嚴窮なき事であらう。京都の賀茂の正傳寺文書中に、蒙古襲來の折の歌が一首ある。

末の世の末のするまで我が國は萬の國にすぐれたる國

〔第十四期〕 廢亡時代 自紀元一九五一年伏見天皇正應四年至二一二六年御土御門天皇文正元年 百七十六年間

この時代は、一日中には深更午前二時前後、年暦は中冬の候。人生老熟期七十二歳までの象である。天津金木は火を土で壓し消すの象である。この時代は伏見、後伏見、後二條、花園、後醍醐、後村上、長慶、後亀山、後小松、稱光、後花園、御土御門の十二朝を含む、この間光嚴、光明、崇光、後光嚴、後圓融、後小松の北朝の帝があつて、史上に於ける本期の意義を最も適確に物語つてゐるやうである。此の時代の重なる史實は左の如し。

第一、皇位繼承の問題＝兩統迭立＝兩統の軋轢。第二、後醍醐天皇＝關東討伐＝建武中興＝南山巡狩。第三、足利尊氏の叛。第四、天下再亂＝湊川の戰。第五、吉野遷幸＝南北朝。第六、足利義滿の專横。第七、足利義政の驕奢。第八、應永の亂。第九、永享の亂。第十、嘉吉の亂。

單に項目を見ただけでも、本期の特質が直に窺はれるのである。

大覺寺持明院兩統已に不和なり。加ふるに兩院皆才藝の天子出で、其文藝の趣向又大に異なり、是に於て公卿の和歌二條京極の兩派に分れ、二宮の黨炎を煽り、其軋轢益々甚し云々（國史眼）承久の亂より朝權益々替れ、幕府至尊繼統の議に與り、九十八年間十帝を立つ。高倉の院政より後嵯峨の院政まで五十年間は天下泰平なり、亀山帝の親政より外冦を受け、諸國海防に疲れ、皇室は兩統相爭ひ、幕府は訴訟紛起し、四十八年の間、駸々として衰微に趨けり。(同上) 而して建武中興も一時の閃光に過ぎなかつた。鎌倉時代に於ては、幕府の權力盛なりしさはいへ、猶ほ朝權を挽回する潜勢力を有せられたのであるが、此時代となれば建武中興の頓挫は、遂に永く武家の權力を確保せしむる事となつたばかりでなく、更に悲慘なる境遇に沈淪せらるゝこといなつた。殊に鎌倉時代までは皇室の所領猶ほ多く御經濟も豐富なりしに、此の時代に入りて漸次諸國の武家に横領せられ、戰國の頃に至つては供御すら缺乏する御有様であつた。從つて政治の實權などは、最早や皇室から離れて仕舞ひ、僅かに名譽の權力者として國民の上に置かれたに過ぎなかつた。云々

〔第十五期〕 闇黑時代　自紀元二一二七年後土御門天皇應仁元年至二二三二四年靈元天皇延寶二年　二百八年間

この時代は、一日中には寒極溫源午前三時前後で、年曆は嚴寒。人生大老期八十歳までの象。天津金木は上地下地の「枯死」の象で、土民が上下に勢力を得て天地全く暗迷の時代である、しかし其の内部には既に

寒極まつて溫の源を見る時である。この時代は御土御門、御柏原、後奈良、正親町、後陽成、後水尾、明正、後光明、後西院、靈元の十朝で、本期の前半は史上の闇黑時代なるものである。

後花園帝位を皇子成仁親王に讓る。是を後土御門天皇とす。踐祚の明年文正と改元し又明年應仁と改元す。其年京師に亂起れり、皇室の式微一世は一世より甚し、應仁より天下壞亂の季運となり隨て朝章國典地を掃て蕩盡せり（國史眼） その皇室の式微の極點に達した有樣は、京都の騷亂うちつゞきて皇室の御衰微は申すも畏れ多きばかりなり。御料所より收納絶え果てゝ、常の御儀式など固より行はせられず後土御門天皇の崩じ給ふや資用缺乏の爲め四十餘日の間大葬を行ふこと能はず、後柏原天皇ついで立ち給ひしかど亦即位の大典を擧げ給ふことかなはず二十二年目にして纔に之を行はせ給へり。次に立たせ給ひし後奈良天皇の御代に至りては更に甚しく日々の供御にさへ差支へ給へり。三條西實隆忠勤の志あつく、諸方を奔走して豪族に遊說し、錢穀を得て纔に之に充てたり。內裏の垣は破れたれども之を繕ふこと能はず、三條の橋上內侍所の御燈を拜し、紫宸殿前市人茶店を開いて客を待つものあり。殿上の床には小兒等土を練りて遊び、天皇は御筆の色紙短冊を賜ひ、其謝禮を納めて用度を補ひ給ひしといふ。

（新撰國史教科書）

あゝこは何たる衰微の極であらう。應仁戰亂後の京都の有様は「なれや知る都は野邊の夕ひばりあがるを見てもおつる涙を」であつた。しかし斯様な衰微の極にまで立ち至つた時に於ても、皇統の一系は窮りなく傳はりまして、神勅の保證が却ていやちこに拜せられ、一層尊く感ぜらるゝのである。歴史循律の至嚴なる事を證する上から謂つても、この戰國時代が一等的確に感ぜられ、我が國史は全く旣に書き下され脚本の緣起物語の感があるではないか。神劇の幕々が斯くも順當に現はれて來るのは、何だか空恐ろしいやうな氣もする。

寒極溫源の意義から謂へば、最早冬枯れの草の根には春を待つ新芽の準備が出來て居なければならぬ。三條西實隆が忠節を擢んだのを始め、山科言繼の如きもその隨一に數ふべきものであり、織田信長の父の代から皇室を尊崇した事、信長の忠勤の振舞、次て豊臣秀吉の忠勤等もその例證の中に數ふべきであらう。

德川家康が天下を取つた後は、世の中も漸次平靜に赴き、靈元天皇の御代までを闇黑時代中に入れる事は多少如何の感があるが、家康の爲した事を深く察して見ると、尙ほこの德川初期が寒極溫源に入るべきを承認せねばならぬであらう。

初め家康は皇居を造營し御料を献じ、陽に朝廷を尊崇したりと雖ども、陰には之を抑へ、土地兵馬財用訟獄等の實權はすべて幕府に於て之を占めたり。又所司代を置くこと、昔の六波羅の探題の如く、陰に朝廷を監視し、諸大名と朝廷との親密なるを忌みて、その出入を戒めたり。家康また機を以て屢々皇室の大事に容喙したり。御陽成天皇之を御不滿に思召して、終に御讓位を決せられ、後水尾天皇御即位あらせられしが、天皇の御時に至りて、朝廷幕府の間柄は益々事むつかしくなれり。天皇はつね〴〵幕府の專横を面白からず思召したが、幕府は藤原氏の例に倣ひて秀忠の女和子(東福門院)を納れて中宮と爲し、かくて外戚の權を以て朝廷に對し奉らんと欲せり。で矢張これまでを闇黑時代とするのが適當であらう。寒極溫源が丁度戰國時代の終を分水嶺としてゐるのは頗るおもしろい。

〔第十六期〕　黎明時代　自紀元二三三五年靈元天皇延寶三年至二五二七年明治天皇慶應三年　百九十二年間

この時代は、一日中には黎明期、年曆は立春、天はまだ暗いけれども海洋が白々と明け叻める時である。天津金木は上地下水の「亂」象であるが、この亂は暗が明に變ずる過渡期の變革で當に曉明の意義を表はすものである。この時代は頗る安泰の有樣で、外面は頗る平穩であるが、しかし德川五代將軍以後元祿の遊惰な風習が、江戶幕府滅亡の先驅を爲して、黎明期の眞相が密かに窺はれるのである。

徳川時代の後半は、(1)通商條約の調印。(2)國學の發達。(3)勤王論の勃興。(4)討幕攘夷の論盛に起る。(5)特に諸外國よりの强烈なる刺戟に『泰平のねむりをさます正喜撰たつた四杯で夜も寢られず』の狀態を惹起し、尊王の志士また起ちて悠々たる隋眠を許さず、何れも雨戸を排して起き出でねばならぬ朝の空を迎へる事となつたのである。徳川の末期は黎明期の特色が顯然たりである。外國船の來航が全く黎明の曉鐘だつた。斯くて長かつた二千五百六十年を一晝夜とした其の夜が明けたのである。明治維新は眞に壯烈な登旭明の空を迎へたのである。

〔第二循〕

〔第一期〕 登旭時代 自紀元二五二八年 明治天皇明治元年 百六十年間

一陽來復して世は千古の古に復つたのである。國史順律は神武紀元前三十三年に始まつて二千五百六十年の星霜を閲し、春花秋葉一循環して、茲に再び登旭を迎へ、第二循の第一歩を起す事となつたのである。明治維新は、當然これ神武紀元への復活である。併し年々歳々花は相似たれども、歳々年々人は同じからず。同じく神武への復古であるとしても、今一つ其上を循環する‖世界歴史循律‖が同一でないから、繰り返す歴史の花が相等しくないのである。明治、大正、昭和の史實は自から本期の眞實を立證せん。

古事記眼（下）

國史解説の要諦

（本書講述の態度）

五種神身は、隱身《カクリミ》（中主性）、假凝身《カゴリミ》（創造性）、燿身《カケリミ》（統一性）、翔身《カガリミ》（自在性）、限身《カギリミ》（限定性）で、この五種身神の事柄が、全く秩序正しく傳へてゐるのが古事記上卷である。而して古事記中卷並に下卷は、五種神身が限身《カギリミ》を本位として地上に活躍し給へる萬華鏡と申して宜しからう。別言を以てせば、古事記中卷下卷は、五種神が人間界を舞臺とし、人間業に即して、その本質を現はし給ふ、物語の記述と見て宜しからう。で今古事記下卷を講述するに方つて、その史實や傳說等が、いかに夫々の神性を發揮してゐるかを、充分確實に認めんが爲めに、茲に五種神性の檢討をしてから、徐に出發することに致しませう。

【第二】 中主性の權威

中主性精しくは中主隱身性は、天之御中主神《アメノミナカヌシノカミ》の御本質で、創造統一自在限定等の諸性も、皆悉くこの中主性から發するのである。中主隱身性は、有無を超越し、顯幽生死あらゆる相對を脱却し、⦿《スメ》中樞を保つ位だから、所謂不壞《フエ》常立《トコタチ》の絶對境である。法華經には、この境致を、

衆生劫盡きて大火に燒かるゝと見る時も、我が此土は安穩にして、天人常に充滿せり。園林諸《モロモロノ》堂閣、種々の寶を以て莊嚴せり。寶樹花果多くして衆生の遊樂する所なり。諸天天鼓を擊て常に衆の伎樂を作《ナ》し、曼陀羅華《マンダラゲ》を雨《フラ》して、佛及大衆に散ず。我が淨土は毀《ヤブ》れざるに、而《シカ》も衆は燒け盡て憂怖諸の苦惱、是の如き悉く充滿せりと見る。是の諸の罪の衆生は、惡業の因緣を以て、阿僧祇劫《アソウギコフ》を過れども三寶の名《ミナ》を聞かず云々

と申してゐる。我國は天之御中主神《アメノミナカヌシノカミ》の直系を繼承し給ふ、中主隱身の國であるから。既に本來に於て不毀の淨土であるが、而も衆は憂怖諸の苦惱が悉く充滿せりと見るのである。歴史家は鈍眼の故を以て、事件々々の末梢をのみ論じ合つて、此等一切の諸事件が、三寶種々相の發現である眞相を、毫も把握し得ない

で居るのである。史實や傳說の表面に現はれてゐるものを見れば、或は嫉妬或は爭鬪或は殺害或は譎詐或は姦計或は痴戲……等、所謂これ憂怖諸の苦惱の充滿である。が之を達觀する時は、これ則ち靜かなる水面に、時々刻々波紋が起り、乃至激浪怒濤が興ると異らないもので。萬世一系天壤無窮の御保證は、如何なる時代にも、また如何なる事變にも、毫末微塵の障碍も動搖も無いのである。この眞相を正見する時、我國史こそ慧光照らすこと無量にして壽命無數劫たるの意義が、完全に摑み得らるるであらう。國史を解說するには特殊の眼を要するのである。徹底的に謂へば、國史は議論を超越してゐるものである。史論を離脫した所に、眞實國史の大生命があるのである。中主隱身は、因果觀も善惡觀も超越したものであるから、論ずる限りではないのである。（古事記中卷綏靖天皇より開化天皇迄、古事記下卷安閑天皇より推古天皇までは、單なる帝王系譜の記錄である。この點に却て國史の尊嚴は宿る。深く究めよ）再び法華經の語を借りて述べんに、

如來《ニョライ》は如實《ニョジツ》に三界之相を知見す。生死の若《モシク》は退、若《モシク》は出あること無く、亦た在世及び滅度の者無し。非ズレ實ニ 非ズレ虛ニ 非ズレ如ニ 非ズレ異ニ 三界の三界を見るが如くならず。如斯之事、如來明かに見て錯謬有ること無し。諸の衆生に種々性、種々欲、種々行、種々憶想分別有るを以ての故に、諸善根を生ぜしめんと欲

して、若干の因緣譬諭言辭を以て、種々に法を說く云々とある通りで、種々に解說を降し、所見の披攊はするものゝ、要は中主隱身の側面觀を云々するに過ぎないものである。この理を正しく握つて、國史を取扱はないと憶想妄見の網の中に囚はれませう。又〈自主性〉の强いことは、我國の一特質で、聖德太子は當時亞細亞大陸に覇を唱へた、隋の帝王に對して「日出づる處の天子、書を日沒する處の天子に致す。恙なきや」と云ふ文書を送られた。好しや文化の先進國として敎化は受けるにしても、國際的には對等であるべき見知に立つて、毫も讓らない所に、我が自主性の輝きがあるのである、建國以來未だ嘗て一度も外侮を受けたことの無いのも、自主性の威力が、事ある每に本來の面目を發揮するからでありませう。併し自主性の確持が、固陋に陷つて偏狹性《ヘンキョウ》を負ぶことは、全く其の本義に違ふものであるから、創造、統一、自在、限定が、渾然として中主性の大根抵に立つて全活躍する大根元を忘れてならないのは當然である。

【第二】　創造的無限の展開

伊耶那岐《イザナギ》伊耶那美《イザナミ》二神の、永遠より永遠に亘る、假凝身《カイリミ》神統の直系を繼承した我國が、創造的無限の展開を國是としてゐることは當然である。神武建國以後の歴史に見るも、無限の創造を逐つて進んだことが、萬事に的確に證明されませう。無限の創造性は、刹那も停滯を許さぬ潑々たる生命そのもので、無限に新らしく活きること、それが創造性の特質である。日新日進の展開は、我が肇國と共に確立された一大信念で、それが內部的にも外部的にも、隆々として伸展を續ける所に、天壤無窮の皇運が保證されるのである。我等は古事記中卷に於て、日本精神の躍動する、創造性の展開を頗る明瞭に觀察し得たのであつた。而して今我等は下卷の討檢に入るに方つて、一入深く創造的展開に對する、事實と意義とを新らしい記錄の上に認めんとしてゐるものである。が併し古事記中卷は、謂はゞ純然たる獨自性の發展が、其儘現はれた時代であるから、創造的展開の意義を見出すに頗る容易であつたが、下卷は(1)獨自の伸展以外に、他から傳來せる思想文化の影響を受ける複雜性が考慮に入る上、(2)更に創造的展開が阻止され又は歪められて、外見上甚だしく反對に感ぜられる場合すら發現するので、古事記下卷は創造的展開に對し、聊か疑惑を招くこともあるが、夫だからとて我等は毫も狼狽はしないのである。例せば一たん獲得した三韓の領地を手放すに到つたからとて、それが必ずしも創造的展開に反して居るとは判定されないからである。飛鳥文化、奈良文化、平安文化の建設の爲めには、一時吾國は、その荷厄介な副二的事物を放棄して、主目的の爲に之を犧牲にする要があつたであらう。して見れば、爲《ナ》すあらんが爲《タメ》に或時期の犧牲を餘義なくすることは、永久更新の法則（Dez satz von dem ewig Nenen）に適ふもので、單に在來の所有を所有として支持する爲めに、他日の大なる躍進を阻止するが如きは、却て創造性の意義には適せないものである。我等は恒久に活きる力を有するものは、どんな壓迫や變態に對しても、必ず撥ね反るだけの力の伏在を信じ、寧ろその間に深化の過程（prozeess der vertiefung）を味ふ、好機會の提供されてゐることを歡ぶべきほどに思ふものである。德川三百年間の鎖國の如きも同一樣に解して宜しからう。—往々それは無自覺の間に運ばれる事もあるが、それで差支ないのである—。思想的に見ても古事記下卷は日本々來の信仰が、支那思想の影響を享け、大に理智的に赴き、宗教より道德への變遷が急であり、それに伴つて、政治上には信賞必罰主義を誘起し、社會的には個性が高まつて、その結果として排他的と成り、或は猜疑或は嫉妬或は更に大々的な爭鬪をも卷き起し、殺戮が旺に行はれる悲劇の連續とも成つたのである。がそれだからとて、是亦た達觀すれば、矢張創造的展開の一過程と見られないことは無からうと想ふ。が併し斯樣な事實に對しては、嚴正な批判の尺度を謬ると、大變なことになるから、如何に創造を尙び、日進日新の國是に遵ふからとはいへ、深く愼まなければならないのは當然である。只吾等は、永久の生命が如何に神の試練に耐へて、伸展に伸展を重ねて往つたかを、靜かに凝視し、その深遠なる御神慮に、敬虔な禮拜が捧げたいと念じてゐるのみである。

大化改新は正しく古事記下卷を大精算したものと見て宜しからう。創造的展開には起伏があり、山水が一時は木葉《コノハ》の下潜《クヾ》る底《テイ》の時代もあらうけれども、不斷の展開は止まる所を知らず、無限の創造は其の威力ある適應の大改新を敢て爲すものである。我邦に大化改新明治維新等の起つたのは、之を創造性展開の底力に因るものと見るべきであらう。創造的展開力の乏しい國は、七顚八起の撥ね力が弱い爲めに、滅亡を餘義なくするのである。いかなる國難に遭遇すとも、いかなる變態に陷るとも、新生面に活躍の途を見出し、復活又復活し得るものは、その奧底に必ず創造的展開の偉力が漲つてゐるのである。どんなに極度に歪められても、尚ほ撥ね反る我國の創造性は、眞に尊嚴さを感ずる外はない。古事記下卷は特にこの點の留意が肝要である。

【第三】 統一性の嚴立

創造的展開といふも、創造的綜合（Sohopferiscne Synthese）の外に出でないのである。天照大御神の直統を繼承する我國は、あらゆるものを統一する使命を負でゐるのである。内部の統一は勿論、外部から來るものを攝取して之を統一體に完成し、乃至遠く手を外方に伸して、其の統一にまで威力を及ぼす力すら持つてゐるのである。この事は國史上頗る明らかなる事實で。三韓を隷屬せしめ、外來の思想文化を思ふさま吸收し、之を咀嚼し同化したことは勿論、印度の佛教を始め、後には歐米の文化並に思想等をどん〳〵採り容れて、之を日本精神に統一完成した威力は、眞に驚異に價するものがある。が我等の特に留意したいと思ふ點は、統一に相反するが如き事情事件の到來に際して、我が統一性がどう働いて行くかと云ふ事である。我が國史を統一眼で見ることの必要なことは論を俟たないが、種々の變態が、どうして現はれ、それが更にどうして本來に復歸するか。それこそ眞に我等の究めんとする國史上の一大要件であるべきであらう。

古事記下卷には、皇統斷絶の危機、三韓の離叛、外來思想の旺溢といふような事件等が起つて、寧ろ統一性を裏切つてゐる彼の如き感もするが、併し通觀すれば、統一の威力は牢として益々發揮してゐることを知るであらう。政事組織も經濟組織も、此期間に統制的に完成に向つたことは、史乘之を證するに難くない所で、國家機構が古事記下卷の終に近附くに連れて、いよ〳〵完備を現はしたとは、一般史家の認めてゐる所である。又思想に於ても美術工藝に於ても、着々として伸展を見ると共に、統一に赴いたことは、幾多の事實が之を明に物語つてゐるのである。中主隠身の無限に底深い大洋は、荒塩《アラシホ》の塩《シホ》の八百路《ヤホジ》の八塩《ヤシホ》道《チ》の、塩《シホ》の八百會《ヤホアヒ》を現ずるとしても、それが毎時《イツ》でも「大祓《オホハラヒ》」作法の過程であるに過ぎないことを悟る時、想像するには餘りにも偉大な統一が、常恒に我等を掩ひ、國土を覆ひ盡してゐることを感ずるであらう。たゞ我等は大中臣《オホナカトミ》が祭政の樞機を握つて、天津宮事《アマツミヤコト》以《モチ》て、邦家經綸の妙用を謬らず、堅磐《カキハ》に惟神《カムナガラ》のいや榮えまさむことを、切望して止まないのみである。

統一性に包容性は附物である。包容の無い統一性は力のないものである。いかに我國が外來物に對して、包容の偉大さを發揮したかは、史乘明白な所である。其の外來歸化人に對しても、識らぬ間に日本民族に統一して、肉體的に結合した許りでなく、不思議なことには、我邦へ歸化した民族が、いつしか日本精神の發揮者と成つて、在來日本人と毫も異《カハ》らぬものに成つて居ることである。

「我が朝家、神明統を傳へ、天險疆を開く、土壌膏腴にして人民庶富なり」

は三善清行《ミヨシキイツラ》の「本朝文粋」の起筆ですが、その淸行はこれ百濟系の碩學である。平安朝に「やまとたましひ」の提唱者であつた、女歌人赤染衛門《アカソメエモン》の家系は燕族であり、桓武天皇の御代に大異彩を放つた、無二の忠誠武人たる坂上田村麿《サカノウヘタムラマロ》も亦たこれ百濟系であつた。斯樣な例を擧げれば際限のないことであるが、また以ていかに我が同化力包容性の偉大なことを立證するものでせう。

花より明くる三芳野の、春の曙見渡せば、もろこし人も高麗人も、やまと心になりぬべし。

【第四】 自在性の伸展

我國ほど自由の尊重された國はない。「我に自由を與へよ。然らざれば死を與へよ」と叫ぶが如きは、いかに其國民が自由の與へられない爲めに、餓鬼の如く之を渴望してゐるかが判《ワカ》るであらう。然るに我國は本來に於て、無限創造の展開を以て理想とする國であり。其の統一といふも、創造的統一であるから、決して自在を拘束し自由と衝突するが如き統一ではない。而して秩序を保ち安寧を維持する爲めに、時代に適應する限定が令布されることは當然であるが、その限定と云ふも、安寧秩序を保つ以外には決して出たことがないのである。要するに我國は統一的自由國家であり、自由的統一國家である。だからして外來文化も之を自由に取入れ、婚姻の如きも自由に之を認めて、殆ど世界のあらゆる民族の混血兒と謂はれてゐるほどである。血液に於ても、文化に於ても、自在に之を取入れ之を同化し切つた日本は、自由に於て理想的な國である。

我國に於ては、大改新が殆ど平和の裡に決行されたのである。大化改新の如き明治維新の如き皆然りである。斯樣な事柄は決して外國に於ては夢にも見られないことで。長い歲月間、血を以て鬪はれた要求が、我國では頗る平和裡に行はれた例は幾らもある事である。改新は自在性が勃然として擡頭する結果であるが、それが絕對統一的自由國であればこそ、かくも我國に於ては不可思議なくらゐ忽ち成就するのである。單なる自由の要求は、眞の自由でないから危險である。無限創造の威力が根柢を爲す自由であり、その自由が絕對統一に不離なる場合、その自由は偉功を奏するのである。統一的の自由は、遡つて常に自己の容を回想する。故に我國の革新は必ず肇國の大精神に立ち還り、歷史を回想して決行されたのである。建國の第一義に還つて、其中心から無限創造の威力を驅つて、淸新自在の建設が創まるのである。歷史の回想を怠る時、創造も自由も統一も枯渴萎微を免れないのである。視よ「修史事業の旺盛なりや否やが、國運の隆否を決定する基準と成る」といふことを。仁德天皇の御代は、國史の大分水嶺とも見るべき時代であるから、從つて「自由」が頗る鮮明に現はれてゐた時代である。然るにその「自由」が如何に變遷を重ねたか。これが下卷硏究のまた大なる眼目と成るべきものであらう。

（公共性）も自から亦た自在性と一聯のもので、昔、一般の人民は百八十《モヽヤソ》部《トモベ》及び天下公民《アメノシタノオホミタカラ》と稱せられた。部民はもとよりオホミタカラであつたが、部民ばかりでなく、廣くは臣《ヲミ》、連《ムラヂ》、伴造《トモノミヤツコ》、國造《クニノミヤツコ》等の有姓族も、皆なオホミタカラと稱せられた。古事記には皇族をもオホミタカラと稱した例がある。ヤツコと云ふ語と同樣に、オホミタカラの稱は、諸階級に通じて用ひられた。

君はたゞ一君にて、天照大御神の御子孫、天地の共《ムタ》、とこしへに知《シロ》しめし、民はたゞ一民にて、貴きも賤しきも皆農（一君一民辨）

昔は武家のやうな階級もなかつたので、「皆農」で一般人民の義である。もとより上代の社會にも幾多の階級の差別はあつたけれども、他の一面から見ると、どの階級に屬する者も、一君に對して皆一樣のオホミタカラであつたといふ點に於て、一切に通ずる平等性が存在した譯である。

抑々一天下、いづれか王土にあらざらむや。九州の內、誰れか公民にあらざらんや（本朝文粋）

日本の國家は、御皇室の伸展擴大されたもので、所謂一君萬民の國體なるが故に、一切が皇室のもので、私領私有といふことは本來無い國柄である。國史の上では豪族の土地人民を私するといふ事實が現はれたが、夫は元より變態であるから、大化の改新や明治維新といふが如き場合は、全く古に復つて、土地人民の私領を禁ぜられた。兵役納税の起源といふものも、歐米とは全く異つて居て、國家は一切のもの〻國家であるといふ公共心の發露から出たのである。だから國民皆兵であり、納税は自からを遮へ、强め、鞏固にし、偉大ならしむべき糧こ心得たのである。國史の上では兵農が分離した變態や、納税に對しても武家專橫の變態を現はしたことがあるのではあるが、夫が再び本源に立ち還る際には、また毎時でも「改新」「復古」が決行せられたのである。

古事記下卷は「公共性」を正面から認める部分も多いけれども、大化改新の前奏曲として、反面的の事實に我等はより多く接するやうである。だから一歩を誤ると反面の事實に惹きづられて、正面の本筋を忘却し、而も得々こして覺らないものすらあるに到るのである。表面からはどう見えるにしても、中主隱身の本流に棹して、大斷案を下す覺悟が必要である。事實よりも奥底の精神を摑むことが肝要である。色眼鏡を懸けた人々の著はしてゐる國史を讀む者は、特にこの峻嚴なる用意が緊要である。

古事記下卷を自在性の上から眺めると、種々面白い觀察がされるやうである。先づ第一には、あの時代が海上を自在に驅け廻つた、大々的爽快な時代では無かつたかといふ事である。これには慥な文献が無いので遺憾であるが、戰爭の爲め許りでなく、自由民が自由に大海を活歩した、雄々しい事實が想像されないでせうか。幾多學者の研鑽に俟たう。次には餘り自由な爲めに、其羈絆を脫して、往々にして無謀な擧にさへ出たものがありはしなかつたかと云ふ事である。氏姓の檢匡は、或はその中の大なる一つであつたかも知れない。自在は脫線勝ちな性能である。特に男女間の戀愛問題の如きは、餘りにも自由で、夫が放縱であると認めらるべき狀態にすら陷つたものがあつたやうである。皇孫御降臨が、一面には靈體和合に在つたので、我國は男女の間柄が頗る其かみから自由であつたが、併し其の關係から起る事件ほど、重大性を持つものは無いのだから、戀愛は思想の大分野を劃する一方の驍將のやうに思はれるのである。自在の天國たる我國は、國民が小禽の如く愉快に戲れ、樂んで生活したのであるが、又それが時々は放縱に流れた爲めに、爲政者をして幾度か頭を痛ましめたこともあつた事であらう。統一を忘却して自在が放逸に赴くことは、自在の爲めにも悲しまねばならないことである。

【第五】 限定性の理法

國家の安寧秩序を保つために、時々適應の限定を要することは云ふまでもない。無限創造の展開とても、絕對統一に不離に行はれる以上、限定と相容れないものではなく、否寧ろ時々相應の限定こそ、其儘に創造的展開と見て宜しいのであらう。自由も亦たその通りで、安寧秩序を無視した自由は、放縦であり、氣儘勝手であつて、眞の自由ではない。眞の自由は服從と一致するものである。して見れば、限定性に立脚してこそ、創造性も自在性も眞乎の發揮がある事になるから、祭政の本義は限定を以て本位とすることに成るべきであらう。が併し限定と固定とは等しくはない。時々適應は言を換へれば、不斷の創造であり、自由である。故に日新日進の國是は、寸時の停滯を許さぬ無限創造の潑々たる生命そのものである。限定が固定に陷つた時、其處には忽ち腐敗の因が生ずるのである。が併しいかに無限の創造展開の理性が旺盛に働き、自在伸展の轉向が流れるとしても、一定の狀態から他の狀態への轉移は、常に充足的な原因や影響の下に行はれるもので、そこに固定の法則を見出すのである。歷史上に於ける保守主義の運動はこの法則のあらはれである。そしてこの傾向が强まつて、順應性や潑溂性が乏しくなると、はじめの狀態を支持した充足理由が消滅しても、なほその狀態を繼續し、こゝに制度や風習の所謂硬化を呈して來るのである。又文化は單一化すると共に次第に固定して來るもので、ローマの後代も、總てが秩序正しく、灰色の一樣な姿に整頓せられて、次第に硬化して往つたのであつた。だから歷史は、統一向上發展の過程で、普遍的精神の法則に依り、不斷に現在を超越して進むものである。茲に限定に對し固定に對し、創造自在がどう、調節統制を執つて進むか。鬪爭破壞を敢てして進むかの問題が起る。が我が國史は、その最も基準的なものであり、理想的なものである。勿論それは我が絕對統一的國體に於てのみ見られるもので、之を外に移して其儘律することの出來ないのは當然である。

【第六】時代相變轉の法則的考察

普通歷史家は時代相變轉の法則的考察として、(1)錯綜增加の理法、(2)創造的綜合の理法、(3)連續の理法、(4)單一化の理法、(5)固定の理法、(6)深化の理法、(7)擴張の理法、(8)徹底轉換の理法、(9)相對分化の理法、(10)永久更新の理法、(11)反復の理法、等を揭げてゐるが、此等は上述五種神身に基く根本理法中に、何れも包容され盡されてゐるものであるから、今更これ等の理法に遵つて、本書を講述すべき約束を爲す必要は、毫も無いことでありませう。が歷史家が、國家の滅亡に關する考察を(1)精神の頹廢、(2)武力衰退、(3)武將跋扈、(4)人口減衰、(5)自然力の减退、(6)外國文化接觸、(7)官紀不振、(8)屬州叛亂、(9)制度の缺陷、(10)道德衰退(以上はローマ衰亡を基準として建てたもの)等としてゐるのは、國史研究上に、幾分他山の石となるものでありませう。

尙ほ歷史の發達と個體の進化とを比較することは、夙に試みられたところで、キリスト敎的年代記錄家たちの如きは、世界史の數十世紀を人の一生の各階段に對應させたことがある。ヘルデルはギリシヤ以前を少年の時代とし、優麗な文學藝術の靑年時代をギリシヤ人とし、そしてローマ時代を人間の元氣努力が充ち滿ちた壯年時代に擬して居る。ヘーゲルは東方世界を幼年並びに少年時代に比し、ギリシヤを靑年時代に、ローマを壯年時代とし、ゲルマンを老年時代に擬してゐる。大類伸氏は中世の思想は靑年期の心理そのまゝであることを指摘し、戰爭を好み武力に誇つた武士も、婦人の前に跪いては優しい若人である。かくいろ〳〵な矛盾は、これ靑年期の矛盾であると述べてゐる。ラムプレヒトも古代史と野蠻人の現狀と人の幼年時代とは Parallel であるとした。又ヨーロッパに於て十六世紀に解剖學の革新が起り、十七世紀には生理學が發揮し、十八世紀に病理學が起り、十九世紀に基礎醫學が發達し、實地醫學の發達したのは、近代個人の醫學修業に於ける順序と全くその揆を一にして居ると見られてゐる。これ等は民族發展の必然的變化であつて、即ち進化としての變化である。生物學者は進化を定義して「祖先の形が周圍の事情に順應し、次第に變化しゆく意味」であるとして居る。さて其の變化は果して進歩かどうかは夙に議論のあることで、カントは理想的社會狀態は人類の間に徐々に開展するものと考へる。が、ヘルデルは人類は常に依然として唯人類で、たゞ前進努力の計畫が認めらるゝのみとし、ウインデルバンドも歴史的進歩を否定し、現代文明の特色は量的に進歩し生活狀態の社會化されたに過ぎない。智的にも道德的にも進歩を認めないとするのである。兎も角も歴史が個體の進化に類似すると認める說は、我が三大皇學も充分之を承認してゐる處で、「古事記眼」中卷が、人生の週期律に基いて講述されたことは、讀者の記憶に新たなる所でありませう。然らば則ち本書が、其の點に更に一層の努力を傾注して講述さるべきは、今更申すまでもない所でありませう。

【第七】週期に對する硏究的態度

「歴史は繰返す」といふ事を云ふが、若し之を個化的若くば自然科學的の意味に採るならば、そは大に誤つて居る。けれども若しそれを普遍化的に考察すると通例繰返さぬと見られて居る歴史現象も、たしかに繰返すのである。而もそれは螺旋的に繰返すのである。古へツキヂデスも過去の事件は繰返されないまでも人間生活の進行中に於て、必ず類似したものが起るに相違ないと云つた。又ウインデルバンドさへ、歴史界は普遍的合法性に支配せられ個別的のものが、一般的のものに順ふといふ根本關係は、世界歴史に於ても妥當であると認めた。皇學から云へば、創造、統一、自在、限定が、四巴と成つて、螺旋的廻轉を爲す。それが人間界に在ては歴史といふものであると見るのである。國史の週期的研究は、前卷に相當具體的に述べて置いたから、本卷には省略するが、この研究は更に専攻して深く精査されんことを慫慂して止まないものである。

【第八】氏族制に對する考察

本來國家には（一）族制國家＝同一の祖先より分れて出た血族團體がつくつた國である。故にまた血族國家とも云ふ（二）神制國家＝主權者が神格を有することによつて臣民を治めて行く國である。故にまた宗教國家ともいふ（三）隷制國家＝權力の强いものが、その弱いものを抑へて作つた國である。故にまた權力國家ともいふ（四）約制國家＝契約によつて出來た國である。其の契約は法律といふ名で呼ばれるものである。故にまた法治國家とも云ふ。我國家の體制は

日本國家の體制
- 本質的要素
  - 族制的要素
  - 神制的要素
- 附加的要素
  - 隷制的要素
  - 約制的要素

であると云はれてゐる。然るに本質的要素としての族制が紛亂を來たし、遂には其の崩壞をすら餘義なくする場合、加ふるに神制の權威が多少でも衰微を示し、其の繼承上の斷絶をさへ見るが如き場合があるとしたならば、こは實に國家の一大危機に直面してゐるものと見てどうして過言でありませう。特に其の根本的信念に動搖を來たして、思想的に壞廢を見るが如きことがあつたならば、眞にこれ國家非常の時で、歷史上大なる留意を要する時代たるは當然である。尙ほ加ふるに、附加的要素たる隷制的に從屬する領土に變亂が起き、その領有をすら放棄するの止むなきに至るが如きことがあつたならば、本質附加共にこれ危急の時と謂はねばなりますまい。幸にも我國は神の建國として、萬世一系に天壤無窮に、如何なる變亂の時代に遭遇するとしても、其根本々質には微動も無いのであるから、達觀すれば時代相の變遷は、單に春夏秋冬の遷り易《カハ》るが如きものに外ならぬのである。が若し古事記下卷の如き重大事が、外國で興つたとしたならば、それは必然其運命が豫想されるに難くない事に屬しませう。氏族制度は我國の如き血族國家には、必然の狀態として其の永續的發展を望むべきものでせうが、遂にその大變革を餘義なくされる事も是亦運命轉換の然らしめた所でありませう。

氏族制度が理想的統制を失ふと、忽ち封建の狀態を出現し、各氏族は其の當該氏族のみの繁榮を冀ふ餘り、排他的と成り、大は益々大に、强は益々强に、大小强弱の差が著しく隔り、更に强は弱を虐げ、大は小を壓して、勢力の均衡が破れるやうになる。すると爭奪戰が必然に勃發することになるのである。また世襲年久しくなれば、因襲的の權力が濫用され、腐敗が愈々甚しく、階級的差別があらゆる進歩發展を阻害し、潑々たる氣勢を萎微せしめ、世を擧げて單に機械的な壓仰的な空氣に浸り、反面不平の徒が虚に乘じて、革正を策するに到るであらう。これが封建に對する通弊であると謂つて宜しからう。

氏族制度は決して封建制度と一致するものではない。否寧ろ氏族制は國家をして最も有機的組織に建設するに適したものであらう。が、それが變態に陷ると、それこそ頗る危險なもので、何事にも一利一害は免れないのが常であらう。我邦には邦家經綸上の種々相が顯はれて、あらゆる試練を積ませ給ふ譯であるから、如何なる時代相（思想潮流）を迎へるとしても、中正の態度を確持し、極めて冷靜に之に處する道を講ずべきである。現代の思想問題の如きも、我國としては既に業に幾度も我等の祖先に依て嘗め盡されたもので、決して新らしいものでは無いと申して宜しからう。我等の歷史は我國民が常に幾多の試練に打ち克つて、永遠に新生命に活きる術を學び得た記錄である。日本國民はこの尊き敎訓を服膺し、祖先より鍛へられたる血の繼承者として、深く自重し、中正至嚴のイヅノミツルギを揮ひ、以て如何なる危機をも解決する、大覺悟が緊要でありませう。

【參考記事】　本邦氏姓の組織概要

古事記解說上、氏姓《ウヂカバネ》のことが解《ワカ》らないでは、史實が判明し難からうから、參考の爲め、簡單ながら其一班を次に掲げませう。

氏《ウヂ》は内の義で、家々の世襲の官職若くば其居住の地名等に基き、他家より區別して一家を呼ぶ名である。故に私稱に屬する。カバネ（姓）は必ず朝廷より賜はる上古諸家の家筋の尊卑等級を分つ一種の資格で、公稱に屬するものである。例せば武器を執つて禁闕警衛の事に當る職を代々せる家を物部《モノノベ》氏と呼び、祭祀の事に與かる家を齋部《イムベ》氏といひ、或は宮内に在りて近侍の職に在るを中臣《ナカトミ》氏といひ。又平群《ヘグリ》氏蘇我《ソガ》氏の如きは、其住地の名に基いて名けたもので、何れもウヂ（氏）である。これ等の諸氏にしてカバネ（姓）は別に朝廷から賜はる。よりて物部連《モノノベノムラヂ》、齋部宿禰《イムベノスクネ》、蘇我《ソガノ》臣《ヲミ》などいふのである。連、宿禰、臣等は何れもカバネ（姓）である。

臣《ヲミ》は多く皇別の家に賜ひ、連《ムラヂ》は神別の家に賜はつたようである。中央地方の政治に當る職である。臣、連は又各々其一族及び部曲《トモベ》の民を統べ、又た臣、連の上には大臣《オホヲミ》、大連《オホムラヂ》ありて、大臣は臣姓の家々の人を率ゐ、大連は連姓の家々の人を率ゐ、朝廷に在りて大政に參與した。大臣は武內宿禰に始まり、大連は仲哀天皇が大伴武以を以て任ぜられたに始まる。臣は大身の義、連は群主《ムラヌシ》の義で部族の群を統率する主の義と謂はれてゐる。カバネは姓の外に尸、骨の字等を充てる事がある。一骨族の義とされてゐる。

アタヒ（直）は新撰姓氏錄に佐伯直の下に古注「直者謂レ君也」と見え、又其地名を冠らすもの多きは、所在の君長であつたであらう。白鳥博士の說にアタヒのアとヒとは添音で、タは尊稱の詞である。高貴をアテ頭をアタマと云ふも同意にて、アタヒは長官の義だと云はれる。天武天皇の朝に定められし八色の姓には、直姓を加へず。なほ此姓の諸氏は、拾芥抄に木村、大阪、等禰《トネ》、尾津、地邊、山代、火撫《ヒナデ》、物忌、浮穴《ウテナ》、津島、內原、荒田、壹岐、水主《ミヌシ》、吾川《アカハ》、朝倉、但馬海、長谷山、役《フフセ》、臺《ウテナ》、太田稅等と見ゆ。別《ワケ》、國造《クニツコ》、縣主《アガタヌシ》、稱置《イナキ》、村主等は專ら地方官に賜はり、中にも別《ワケ》は皇族より出でて、地方官に賜はつたようである。又使主はオミと讀み、其義は臣と異らないが、歸化人の子孫を稱するために書き分けたものであらうと謂はれてゐる。阿知使主《アチノオミ》、都加使主《ツカノオミ》等これである。又た皇室の直轄の長官に屯倉《ミヤケ》を賜はつたことがある。

斯の如く上代のカバネは後世の官名に類するもので、族制政治に伴ふ緊要なるものであつたが、時勢の進むと共に次第に其意義に變化を生じ、又朝廷より賜はらずして、臣民隨意に稱するものを生じ、或は又氏こ相伴うて漸く混亂を生ずるに至りしと見え、允恭天皇の御代に、探湯《クガタチ》に依て姓氏を檢匡されたことが傳はつてゐる。尋で大化の改新成るに及び、其制は全く改められ、大臣大連等は之を廢し、代ふるに左右大臣を以てし、地方も亦た國造縣主の制を更めて、郡縣としたれば、カバネはこゝに全く家格の尊卑を分つの標準を變じて、文字も姓の字を以てし、天武天皇の十八年に至り、遂に八色の姓を制定された。一眞人《マヒト》、二朝臣、三宿禰、四忌寸、五導師《ミチノシ》、六臣、七連、八稻置、がこれで、臣・連も稻置も末席に落ちてしまつた。新撰姓氏錄其他に現はれた姓の稱類は、眞人、朝臣、宿禰、忌寸《イミキ》、臣、連、公、首、國造、作造、縣主、直、村主、史、稻置、神主、祝《ハフリ》、椋人《クラヒト》、吉士《キシ》、勝《マサル》、王《コニキシ》、我孫《アビコ》、使主《オミ》、日佐《ヲサ》、神人《ミワヒト》、藏人《クラウド》、藥師《ヤクシ》、宍《シヽ》人《ヒト》、隼人《ハヤト》、漢人《アヤヒト》等である。

氏の組織は一戸百餘人で、氏人こ氏上こがあり、氏の祖神或は守護神たる氏神を祀るこごを司つた。又氏には部曲《トモベ》こて血族關係なき團體が附屬してゐて、各々一定の職業を世襲して居た。中臣部、齋部、大伴部、物部、鏡造部、玉造部、弓削部、矢作部、服部、土師部、酒部等はこれである。又直屬の人民には多くの部曲の外に御名代《ミナシロ》、御子代《ミコシロ》等の民があつた。これは天皇や皇族の御名を後世に傳へんが爲め定められたものである。又た王仁《ワニ》の子孫は東文氏《ヤマトノフミウヂ》を名乘つて大和に居り、阿知使主《アチオミ》の子孫は西文氏《カハチノフミウヂ》を名乘つて河內に居た。又歸化人で工藝の進歩に功勞ありしものに、月君の子孫に秦《ハタ》氏あり、阿知使主の子孫に漢《アヤ》氏があつた。

更に「部」に就いて簡單に述べて見れば、部は八十部と云ふほど多數であり、記錄に載つたものでも三百を下らない。此等多數の部は、其名稱及び設置の記錄等から大凡次の四種に大別する事が出來る。

第一、職業名を帶びたる者、弓部、矢部、鍛部等はこれで、各其職業に從事してゐた。

第二、御子代部御名代部、これは天皇皇后及び皇子達が御自身の御名を後世に傳へる目的の爲に設置せられたもので、御名若くば御住居の地名を負ふのが常であつた。品遲部《ホムチベ》、建部《タケルベ》、葛木部《カラキベ》の如き其に屬する。

第三、豪族の氏名を帶びたる者、巨勢部、曾我部、平群部、紀部、穗積部の如きを云ふので、これは巨勢臣なり、蘇我臣なり、又は平群臣紀臣等、著名の豪族私有の部民が、其領家の氏名を負うたものである。

これを帶豪族氏名部と名附けてよい。

第四、外國又は異人種名を帶びたる部、これは百濟部、漢部、佐伯部のやうな、歸化した若くば捕虜さなつた異人種から組織された品部を云ふ。但し第一に屬する者は省くのである。

以上は大體の上から區別したのであるから、實際にあつては、何れに屬するか不明な者も少くない。殊に起原も意味もわからぬ者は云ふまでもない。

皇孫御降臨に從ひ奉つれる天兒屋命太玉命天忍日命の子孫は、中臣氏、齋部氏、大伴氏を名乘り、饒速日命の子孫は物部氏を名乘つて、神武朝以後はこの四族が最も其勢力を揮つた。が併し中臣齋部の二氏は先づ衰へ、大伴氏は大伴金村《オホトモノカナムラ》の對韓政策の失敗以來衰へた。物部氏は荒鹿火《アラカビ》が磐井《イハヰ》の討伐後益々勢を張り、欽明朝以後尾輿《ヲコシ》守屋の出づるに及んで全盛を極めた。蘇我氏は孝元天皇から分れた皇別の家柄で、天皇の曾孫武內宿禰が景行天皇以來五朝に歷任して大功を立て、繁榮の基を開いた。その一族平群《ヘグリ》、葛城《カツラギ》、蘇我《ソガ》、等の諸氏、何れも朝政に與つて大臣に列して居たが、特に蘇我氏は滿智が雄略天皇の朝、齋藏大藏內藏の三藏を兼ね掌つてから、財政の權を握つて勢力を振つた。稻目馬子に及んで物部氏と覇を競ひ、佛敎を媒介として盛に爭鬪を演じた。が用明天皇の朝に至り、物部氏の滅亡により、馬子獨り勢力を擅にするやうになつた。が馬子の後を繼いだ入鹿が中大兄皇子（即天智天皇）に誅せられて、これで全く我國の豪族は盡く滅亡し、次で大化の大革新を見ることゝなつたのである。

【第九】　朝鮮半島に於ける我が勢力の消長

朝鮮半嶋に於て百濟は忠實に我が國への朝貢を續けたが、高麗は勢力の强大を恃んで我國に從はず。雄略天皇の朝には百濟に浸入してその都を陷れ、百濟は我國の援によつて僅かにその國を維持した有様であり。新羅も天險に據つて勢漸く强く、屢々我に叛いて、百濟及び任那を壓迫してゐた。而も半嶋に於ける我が將士の中には、吉備田狹《キビタサ》の如く、新羅と結んで本國に叛く者も出たので、この頃から我が對韓政策は漸く困難となつた。其後顯宗の朝には、紀大磐《キノオホイハ》が高麗と通じて叛き、繼體の朝には大伴金村が百濟の請に任せて、任那の四縣を割讓したゝめ、任那の怨を買ひ、益々半嶋の形勢を不利にした。これに乘じて新羅は任那に浸入し、朝廷は近江毛野を遣はして新羅を討たしめられたが、其兵は新羅に應じた筑紫國造磐井《ツクシノクニツコイハホ》の爲に阻まれ、物部麤鹿火《アラカビ》が磐井を討つて、毛野は漸く任那に渡つたけれども、失政を重ねるのみで、何等の效もなかつた。この間に新羅は益々勢を盛にし、欽明天皇の十五年その眞興王は百濟を攻めて聖明王を殺し、更に任那を侵した。而して同二十三年日本府を滅してしまつた。我が將紀男麻呂等はしきりにその回復を企てたが、遂に及ばず。朝鮮半嶋に於ける我國の根據地は全く廢絕に歸し、永くその勢力を失墜するに至つた。これは極めて荒筋の紹介である。

【第十】皇統斷絶の危機に關する考察

仁德天皇の御後裔は、武烈天皇に到つて全く斷絶したのであるが、遡つて應神天皇の御脉統が、其後を繼承し給ふて、幸に皇統の斷絶することは無かつたのである。我等は一切を神の試練と信ずるが故に、極端な場合すら屢々現はして、逆證的に其の本義本質を示させたまふことを、深く畏んでゐるものである。國史の週期的意義をも解せず、中主隱身の無限の妙諦に富ませ給ふ律則すら心得ない者が、肆に自家の小さい頭で國史を解說せんとするが如きは、そも〳〵淤許《オコ》の沙汰《サタ》と申さねばならない。愼むべきことである。

仁德天皇の御系譜は、次に掲ぐる通りであるが、その如何に悲慘なる經過を物語るものぞ。誰かこの血を以て彩られた本御系譜に對して、感慨禁ずる能はざるを覺えない者がありませう。

大雀命（仁德）

- ◎大江之伊邪本和氣命（履中）（石之日賣皇后の御腹）
  - ●市邊之忍齒王
    - ◎意富祁王（仁賢）
      - 高木郎女（女）
      - 財郎女（女）
      - 久須毘郎女（女）
      - 手白髮郎女（女）
      - ◎小長谷若雀命（武烈）御子マサズ
      - ○眞若王
      - 春日山田郎女（女）
    - ◎袁祁王　顯宗（御子マサズ）
  - ●御馬王
  - 青海郎女（女）
- ●墨江之中津王
- ◎蝮之水齒別（反正）
  - 甲斐郎女（女）
  - 都夫良郎女（女）
  - ○財王
  - 多訶辨郎女（女）
- ◎男淺津間若子宿禰命（允恭）
  - ●木梨之輕王
  - 長田大郎女（女）
  - ●境之黑日子王
  - ●穴穗命（安康）
  - 輕大郎女（女）
  - ●八爪之白日子王
  - ◎大長谷命（雄略）
    - ◎白髮命（淸寧）御子マサズ
    - 若帶比賣命（女）
  - 橘大郎女（女）
  - 酒見郎女（女）
- ●波多毘能大郎子（亦名大日下王）（髮長比賣の御腹）
- 波多毘能若郎女（女）

●御變死
○早逝後裔ナシ
◎皇位ニ即キ玉フ

大雀天皇(仁徳天皇)

大雀命《オホサザギ》、難波《ナニハ》の高津宮(大阪市天王寺區東高津北之町に宮趾あり)にましくて、天ノ下治しめしき。この天皇、葛城之曾都毘古《カツラギノソツビコ》の女石之日賣命《イハノヒメ》(大后)に娶ひまして、生みませる御子、大江之伊邪本和氣命《オホエノイザホワケ》、次に墨江之中津王《スミノエノナカツミコ》、次に蝮之水齒別命《タヂヒノミツハワケ》、次に男淺津間若子宿禰命《ヲアサツマノワクコスクネ》(四柱)また上にいへる日向の諸縣君《ムラガタ》牛諸《ウシモロ》が女、髮長比賣《カミナガヒメ》を娶して、生《ウ》みませる御子、波多毘能大郎子《ハタビノオホイラツコ》、またの名は大日下王《オホクサカノミコ》、次に波多毘能若郎女《ハタビノワキイラツメ》、またの名は長日比賣命《ナガヒヒメ》、またの名は若日下部命《ワカクサカベ》(二柱)また庶妹《マヽイモ》、八田若郎女《ヤタワキイラツメ》に娶ひまし。また庶妹宇遲能若郎女《マヽイモウヂノワキイツラメ》に娶ひましき。この二柱は御子まさざりき。すべてこの大雀天皇《オホサヽギ》の御子たち幷せて六柱ましき(男王五柱、女王一柱)かれ伊邪本和氣命《イサホワケ》、は天下治しめし、次に蝮之水齒別命《タヂヒノミツハワケ》も天ノ下治しめし、次に男淺津間若子宿禰命《ヲアサツマノワクコノスクネ》も天ノ下治しめしき。

この天皇の御世に大后石之比賣命《イハノヒメ》の御名代《ミナシロ》として葛城部《カツラギベ》を定めたまひ、また太子伊邪本和氣命《イサホワケ》の御名代さして壬生部《ニブベ》を定めたまひ、また水齒別命《ミツハワケ》の御名代さして蝮部《タヂヒベ》を定めたまひ、また大日下王《オホクサカ》の御名代として大日下部《オホクサカベ》を定めたまひ、若日下部王《ワカクサカベ》の御名代として、若日下部《ワカクサカベ》を定めたまひき。

この御代を文化史的に紹介すれば次の通りである（日支歐世紀比較文化史中より）

政治　國家統一　民族意識勃興　外國交通　外民族の集團的歸化

仁德天皇（三九五—四二七年となす說あり）は難波に遷都し、君は民を以て本となすといふ方針の下に國を統治された。これは一種の支那思想である。民族制度は本世紀に入つて勃興し、大臣大連の勢力が益々高まり、權門に倚賴せぬこ事をなし得ぬやうになつた。現在の制度を覆すべき時代の潮流が漸く漲つて來た。そして地方の土豪に動搖が數々あつた。そして仁德天皇の御代に飛彈や吉備に、諸郡を置いた。難波朝廷始置㆓諸郡㆒と類聚國史國造の條にある。開墾と聚落の發達につれて、又名代部子代部を置くこと繁くなつた。國家組織國民生活の變革に對する活動力が充實した。仁德天皇六十二年に「遠江國司表上言」とある。東方に聖主ありといつて歸化人團は來る位であるから國家が能く治つて居つた證據である。（宋書に永初二年（四二一年）に倭王（仁德天皇）讚遣使の記事あり）

註　對曰、夫民、神之主也、是以聖王先成民、而後致力於神（大家文會第一桓公の條）

三六五年新羅が叛し田道《タミチ》を遣はしてこれを撃つた。高麗入貢した。本世紀には韓半島に對して事件は非常に多く起つたのである。應神天皇の十四年に弓月君(融通王)は百二十七縣に亘る民、樂浪帶方の漢人の大集團を率ゐ同二十年には帶方郡に久しく移住して居つた阿知使主其の子都加使主は十七縣の漢人を率ゐて來朝歸化した。何れも帶方の漢人で晉に往來した。この事あつたのは四世紀の末頃である。南史夷貊傳に晉安帝時有二倭王讃一遣レ使朝貢二とあるが讃を仁德帝と比定する學者がある。

註　漢書地理志によると前漢代の樂浪郡は二十五縣で後漢代には十八縣であつた。

經濟　經濟逼迫　商業發達　農業發達

仁德天皇は人民の窮迫をあはれんで先づ三年の課役を免じた。仁德天皇時代の經濟的逼迫は三國征伐の結果であると見るべきである。課《ミツキ》(御供給)役《エダチ》の外に田租《タチカラ》がある。物品交換が行はれ其の方法も割合に整頓し物價の標準となるものは最初は稻、次は布帛などである。

難波は四世紀後半から既に海外渡航の要港であつたらしい。船舶出入して賑はしく三韓よりの貢進船が集まつた。外港である墨江津も益々繁榮した。この頃支那南朝との交通がひらかれて居つた。蓋し本世紀の後半から百濟は南支那と交通したのである。大溝を感玖《コムク》に堀り、乃ち石河の水を引いて上ツ鈴下ツ鈴鹿上豐沛四處の郊原に潤《ツ》けこれを墜《ツ》つて四萬餘頃の田を得た。灌漑法が進步し郊原開墾が發達したのである。仁德天皇の御代に許久波母知の語が用ゐられ居り橋守部は小さい鍬と解するが古事記傳の說の如く木鍬と解すべく、兎に角、鍬を用ゐて耕作して居つたのである。

宗教　神社發達　犧牲思想

住吉神の神威が益々顯揚せられた。後に墨江津に遷宮したのである。仁德天皇は茨田《マムタ》の堤《ツツミ》を修められた時に夢に神の告を得河伯《カハノカミ》を祭つた。その時强頸《コハクビ》と袷子《コロモノコ》を祭牲にし强頸は溺牲し袷子は免れた。

趣味　釆女　遊獵

儀容秀麗な女をあつめて家庭を裝飾する傾向が盛であつた、釆女《ウネメ》はこれである。男女交際に榮輝を競ひ或は淡路から吉備まで遊獵することが行はれた。一般に遊獵が流行した。
仁德天皇の御代に百濟から鷹狩が傳はつた。歸化人の子孫秦酒公《ハタノオモト》をしてこれを養ひ馴らして鳥を獲らせ鷹《タカ》甘部《ガイベ》を定められた。氷室《ヒムロ》が發見せられこれより盛んに利用された。

學問　漢學發達

漢學發達す。宋の元嘉暦がこの頃用ゐられて居つたらしい。

土木工藝　工藝品渡來　土木工事頻發　陵墓　工藝品

仁徳天皇の御代に百濟の歸化人奴理能美は三色に變る不思議な蟲を飼つて居ることが記されて居るがこれは蠶であらう。仁徳天皇は秦君が献じた絹帛などを服用せられて柔軟で肌を溫めると仰せられた。そこで詔して波多公の姓を賜つた。キヌ(絹)はイキヌノ生布の略である。仁徳天皇は阿知使主都奴使主を呉國に遣はし縫工を求めた。

仁徳天皇の御代には茨田堤《マムダノツヽミ》を築いた。これは河内の國北河内郡牧方町から攝津國東成郡野田村に至る淀川左岸の堤防である。河内に和珥《ワニ》池を掘り横野堤を築き猪甘津《ヰカイツ》(攝津國東成郡)に橋を架した。仁徳天皇は千木ある民家を見、除去を命ぜられた。

近畿地方を中心とする前方後圓式の墓制は本世紀の前後に發達の盛時に達した。應神天皇の譽田《ホムダ》の陵は相當大きいもので埴輪や馬などが建つて居る。仁徳天皇の大仙陵は延喜式によると兆域東西八町南北八町麓の周圍七百二十間で前方後圓である。そして仁徳天皇の御陵から玻璃器を發見する。農耕には已に木鍬を用ゐて居つたことは仁徳天皇の御歌にも許久波の文字がある。即ち「つぎ苗生《ネフ》山代女《ヤマシロメ》の木鍬《コクハ》もち打ちし大根《オホネ》さわ〳〵に汝《ナ》が言へせこそ、打ち渡すやがはえなす、來入りまゐ來れ、」がそれである。三七四年倭直吾子籠をして御船を造らせた。これよりさき新羅は良船工を貢したのであつた。高麗は鐵盾鐵的を貢した。甲冑や刀劍の類はこの世紀に相當作成せられたらしい。そしてそれは支那式を模造したものであつた。

軍事　武器庫

仁徳天皇の朝に武器庫を創設した。本世紀は征戰が多く本世紀の終りに於て武器が武庫に收められたのである。征戰には漢式の武具が行はれたらしい。仁徳紀に於ける「鎧」については日本書紀通釋はカワラと訓じこれはコウラの意味で、もと革を綴つてゐたものであると說く。

註　仁徳朝に於ける武器庫の創設は我々が武具の觀察に於て見當をつけた如くこれらの武具が四世紀の精神を現はすものであつて五世紀の精神を現はすものでないこといふことの一證である。和辻哲郎著　日本古代文化（PP 107―1(8)）

戰術は奸計と詐欺を中心としたもので、當時の人々は如何に知慧を物珍しがつたかを物語つて居る。

日本書記は大鷦鷯《オホサヽギ》天皇は譽田《ホムダ》天皇の第四子なり。母を仲姫命と申す。五百城《イホキ》入彦《イリヒコ》皇子の孫なり。天皇幼くて聰明叡智、貌容美麗、壯に及びて仁寛慈惠まします。と錄してゐる。この天皇の御代は、歷史循律が極盛期に相當し、明治維新前に於ける最高繁榮の黃金時代であつた。則ち此御代は景行天皇以來應神天皇迄の餘烈を受けて、日本の版土は、東は遠く蝦夷地より西は遙に韓土の長白山に迄及び、諸國よりの貢の船船が、難波の津に群を爲して集まつた時代である。歷史を通觀するに、恐らく此時代以上に國威の盛んであつた御代はないであらう。

當時我國と韓國との交通路は二條あつて、難波《ナニハ》から瀨戶內海を經て那津《ナノツ》に至り、韓國へ向ふ本線と、北陸山陰地方から韓國へ向ふ通路があつた。難波は大體今日の大坂の地で、大和平野に對する主要な門戶である。この頃の貢献といふのは、租稅とは稍趣を異にして、租稅も含まれてはゐるが、其中には自から商賣と云ふ意味も含まれてゐる。貢船はだから貿易と云つた意味がある。貢船の棹桅《サホリギホ》干さず參り來るのは、交通商賣の殷盛を物語つて、當時の難波《ナニハ》のいかに繁榮したかゞ察せられる。『住吉の大倉《オホクラ》向きて飛ばゝこそ速鳥《ハヤトリ》といはめ何か速鳥《ハヤトリ》』の謠は、速力の勝れた快船が、難波住江の國庫に馳せ向ふ有樣を形容したもので、實に天下第一の要津として內外船舶の出入甚だ繁く、舳艫相含んで輻輳した狀況は、全く我々の想像以外であつたであらう。その上天皇は、橋を架け、道を通じ、交通を便にし、堀江を開き、堤を築いて、水害を除き、池溝を掘り、荒地を拓いて、農業を進めなどしたまひ、大に民業の發達をはかられたから、人民は皆ありがたい皇恩に感激し、樂んでその業を勵み、天下はます／＼富み榮えた。

古事記は先づ次の記事から書き起してゐる。又秦人《ハダビト》を役して茨田《マムタ》堤（河內國北河內郡枚方町から大阪市の東北部に至る堤）及び茨田三宅《ミヤケ》（御耕地から上る物を納めておく御倉）を作りたまひ、又丸邇《ワニ》池依網《ヨサミ》池を作りたまひ、又難波之堀江（大阪市中を流れる大川）を掘りて海に通し、又小椅《ヲバシ》江（大阪城の東方を北流して大川に合した大川）を掘り、又墨江《スミノエ》之津（大阪市住吉區の海岸に出來た港）を定めたまひき。書紀には十一年夏四月、群臣に詔して曰く、「今朕是の國を視れば、郊澤曠く遠し、而して、田圃少乏《スクナ》し。且つ河水橫に逝《ナガ》れて、以て流末駛《ト》からず。聊か霖雨に逢へば、海潮逆上りて巷里《ムラサト》船に乘る。道路亦塗《ウヒヂ》あり。故に群臣共に視て、橫源を決《サク》りて海に通し、逆流を塞ぎて、以て田宅を全うせしめよ。冬十月宮北の郊原を掘りて、南の水を引きて以て西の海に入る。因りて以て其の水を號《ナツ》けて堀江と曰ふ。又北の河の澇《コミ》を防がむとして、以て茨田《マムタ》堤を築く、とあり。又十二年冬十月大溝を山背の栗隈縣に掘りて以て田に潤《ツ》く、是を以て百姓每に豐年。十三年秋九月始めて茨田屯倉を立つ、因りて舂米部《ツキヨネベ》を定む。冬十月和珥《ワニ》池を造る。是の月横野堤を築く。十四年冬十一月猪甘津《ヰカヒノツ》に爲橋《ハシワタ》す。即ち其の處を號けて小橋と曰ふ。是の歲大道を作りて京中に置く。南の門より直に指して丹比《タチヒ》邑《ノ》に至る。又大溝を感玖《コムク》に掘る。乃ち石河の水を引きて、上鈴鹿下鈴鹿上豐浦下豐浦四處の郊原に潤《ウ》け以て墾《ツク》りて四萬頃の田を得たり。故れ百姓寛饒ひて凶年之患無し。六十二年夏五月大井河より流れたる大木を以て船を造らしめたまふ。南海より運らして難波津に將來《ヒキキタ》りて、以て御《ミ》船《フネ》に宛《ア》つ。この歲また氷室《ヒムロ》を置き給ふ。是より以後季冬に當る每に、必ず氷を藏め、春分の始に至りて氷を散《ワカ》つ。云々とあり。斯樣にして難波京は實に是迄に無き大規模なる帝都となつた。これ恐らく我國に於て、支那の都城の制を模して作られ、都らしき規模を備へたもの〻最初のものであらう。眞に殷盛な時代であつた。この御代に住吉神の神威が益々顯揚されたのも、海運の隆昌を立證するもので、最初は氏族の崇敬神であつた是神が、今は一般水運者の崇敬神と爲り、その神威の發揚が自らまた海運の隆盛と相伴つたことであらう。彼の「枯野《カラヌ》」(輕快の義でカルヌならんと云ふ說あり)と云ふ快速力の船の出來たことも、此時代に見逃せない事件ではなかつたらうか。「枯野《カラヌ》」の傳說は次の通りである。

此の御世に兎寸河（所在不詳）の西方に一高樹有り、其樹の影、旦日《アサヒ》に當れば、淡道嶋に逮《オヨ》び、夕日に當れば高安山（河内國中河内郡の東部の山、後世には志貴山を云ふ）を越えた。そこで是樹を切つて、船に造つたに、甚だ快速に行く船であつた。時に其船を號けて「枯野《カラヌ》」と呼んだ。この枯野を以て、旦夕に淡道嶋の寒泉を酌んで、大御水《オホミモヒ》献つた。然るに此船も老朽して破壞したので、其材で鹽を燒き、而して其燒遺《ヤケノコ》る木を取つて琴に作つたのに、其音響が七里に響いた。そこで歌に

「からぬを、しほにやき、しがあまり、ことにつくり、かきひくや、ゆらのとの、となかの、いくりに、ふれたつ、なづのきの、さやさや。」歌の意味は「枯野の船材を取つて燒いて塩を製し、その燃え殘りの船材で琴を作り、之を搔き鳴らして見たら、由良《ユラ》の港の其中の海の中から、にゆつと立つてゐる岩に、水に浸つて生えてゐる海藻が、浪に搖られてさや〱と鳴るやうに、誠にさわやかな良い音を立てる」といふのです。

此は志都歌《シツウタ》の返歌《カヘシウタ》也。

書紀では「枯野」は應神天皇五年冬十月、伊豆國に科《オホ》せて船を造らしむ。長さ十丈。船既に成り、試に

海に浮ぶ、便ち輕く泛きて疾く行くこと馳するが如し、故れ其船を名づけて枯野《カラヌ》と曰ふ」とあり。次て「卅一年秋八月群卿に詔して曰く、官船名は枯野《カラヌ》は伊豆國の貢る船なり。是れ朽ちて用ふるに堪へず。然れども久しく官用と爲《ナ》りて功忘るべからず。何でか其の船の名を絶えずして後葉に傳ふることを得む。群卿便ち詔を被《ウ》けて、以て有司に令して、其の船の材を取りて薪として塩を焼かしむ。是に五百籠の塩を得、則ち施して周く諸國に賜ふ。因りて船を造らしむ。是を以て諸國一時に五百の船を貢ぎ上る。悉に武庫水門《ムコミナト》に集ふ。是の時に當りて新羅の調使共に武庫に宿る。爰に新羅の停《ヤドリ》に於て忽に失火《ヒツ》きて即ち引びて聚へる船に及びて、多くの船焚かれぬ。是に由りて新羅人を責む。新羅王聞きて讋《オヂテ》然大に驚きて、乃ち能き匠者を貢る。是れ猪名部等の始祖なり。次に餘燼を以て琴に造ること、天皇の御歌として古事記所載のものと同じ歌が錄してある。「枯野」は官船の記事であるが、當時民間に於ても、いかに造船術の進歩を見、從つて海上を大膽に往來するものゝあつたことが想像に難くなからうと思ふ。

記事が頗る美的に出來て居て、海洋の怒濤を乘り切つて、四隣に其威を揮つたようには見えないが、斯様な時代には、必然邊際を勇猛果敢に探見せんとする氣魄の勃發するものであるから、快速力の船を造つて、萬里の波濤を征服したことが滿更無かつたとは斷言されなからう。して見ると應神天皇から仁德天皇へかけ、更に次々の御代にも、異常な發展が航海上に現はれたように思はれてならない。彼の後世「八幡《ババン》船《セン》」の活躍したのも、或は遠くこの前蹤を逐つたものかも知れないと思ふ。歴史週期は今や三十九歳の壯年である。又書紀に「六十二年夏五月、遠江國司表上言さく、大なる樹有りて、大井河より流れて河曲に停る。其の大きさ十圍、本は一にして末は兩なり、時に倭直吾子籠《ヤマトノアタヒアココ》を遣はして船に造らしめたまふ。南海より運らして難波津に將來《ヒキキタ》りて以て御船に宛《ア》つとあるのも、造船事業の進歩した立證の一つであらう。

この時代は舊來の思想信仰に活きるものと、外來思想に刺戟されて新らしく擡頭した理智的な生活を擇ぶものとの、分水嶺を爲した時であるから、頗る妙味に富む事件を認め得るのである。純情的な信仰生活が、理智的な道德生活乃至惡るくすれば奸智にすら進まんとする、時代相の變遷は、次に掲ぐる茨田《マムタ》堤を築く時、兩處の絕間を塞いだ物語の如きは、その代表的なものであらう。

「茨田《マムタ》堤を築く時、兩處の絕間有りて乃ち壞れて塞ぎ難し。時に天皇夢みたまはく、神有り誨へて曰く。武藏の人强頸《コハクビ》、河內の人茨田連衫子《コロモノコ》二人をして、以て河伯を祭らしめば、必ず塞ぐことを獲むと、則ち二人を覔《モト》めて得たり。因りて以て河神を禱る。爰に强頸《コハクビ》泣き悲みて水に沒りて死《マカ》りぬ。乃ち其の堤成りぬ。唯衫子全匏《ヒサゴ》兩箇を取りて、塞ぎ難き水に臨みて、乃ち兩箇の匏を取りて水中に投げいれて請《ウケ》ひて曰く、河神崇りて吾を以て幣《マヒナヒ》と爲す。是を以て今吾來れり、必ず我を得むとならば、是の匏を沈めて、な泛ばせそ則ち吾れ眞の神と知り、親ら水中に入らむ。若し匏を沈むることを得ずば、自ら僞の神こ知らむ。何んぞ徒に吾が身を亡《ウシナ》はむや。是に飄風《ツムジ》忽ち起りて、匏を引き水に沒むに匏浪の上に轉《マロ》びつゝ沈まず、則ち瀚《スミヤ》々泛以《カニウキヲドリツヽ》遠く流る。是を以て衫子死なずと雖も、其の堤且た成りぬ。是れ衫子の幹《イサミ》に因りて其の身亡びざらくのみ。故れ時人其の兩處を號けて强頸斷間《コハクビノタエマ》 衫子斷間《コロモノコノタエマ》と曰ふ。是の歲、新羅人朝貢る。則ち是の役に勞《ツカ》ふ。」といふのである。幹《イサミ》は理智才幹である。

又戸田宿禰が鐵の的《マト》を射た物語も、この中に入れて宜からう「十二年秋七月、高麗國鐵の的を貢る。八月高麗の客を朝に饗《ミア》へたまふ。是の日群臣及び百寮を集へて、高麗の献る所の鐵の盾的を射《イク》はしむ。諸人的を射通すことを得ず。唯的臣《イクハノ》の祖盾人宿禰鐵の的を射て通しつ、時に高麗の客等見て、其の射ることの勝《ス》巧《グ》れたるに畏れて、共に起ちて以て拜朝す。明日盾人宿禰を美《ホ》め、名を賜ひて的戸田宿禰《イクハノトタノ》と曰ふ。同日小《ヲハ》泊瀨造《ツセノミヤツコ》の祖、宿禰臣に名を賜ひて賢遺臣《サカシノコリノオミ》と曰ふ。とあり。賢遺をサカシノコリと云ふ。最も面白い名ではないか。又この御代に始めて氷室《ヒムロ》の置かれたのも人智の進んだ證であらう。

史家は仁德帝以後の戰術が「奸計こ詐欺を中心としたもので、當時の人々は如何に知慧を物珍しがつたかを物語つて居る」と云つてゐるが、之を神武天皇や神功皇后の戰術が、敬神即兵法なりしに比する時、その變遷の著しきを感ずるであらう。が併し理智を重んずる結果、土木や工藝等の發達を必然たらしめ、一般經濟上の發展を見たことは當然であらう。仁德天皇は頗る自由を尙ばれ、國民を愛して上下和睦の理想境を實現せんと思召させられたように拜されますが、併し彼の三年間の課税免除を、書紀の云ふが如く、支那道德的に解することは、大なる誤りで、理智の尊重が國體の大本までを搖がすに至つては大變である。警戒を要することであらう。

於是《コヽニ》、天皇高山に登りまして四方之國を見たまひて、詔《ノ》りたまひつらく、國中に煙發《タ》たず、國皆な貧窮《マヅ》し、故れ今より三年に至るまで、悉く人民之課税を除《ユル》せとのりたまひき。是を以て大殿破れ壞《コハ》れて、悉《コトゴト》に雨漏れども、都《カツ》て修理たまはず。樋《ヒ》を以て其漏雨を受けて、漏らざる處に遷り避けましき。後に國中を見たまひしかば、國に煙滿ちたりき、故れ人民富めりとおもほして、今はと課役科《オホ》せたまひき。是を以て百姓榮えて役使《エタチ》を苦しまざりき。故れ其御世を稱へて、聖帝世《ヒジリノミヨ》と謂《マヲ》す也。書紀では「治世四年春二月に起り三月課役免除の詔出で、七年夏四月天皇臺上に居まして遠く望みたまふに、煙氣多に起つ、是の日皇后に語りて曰く、朕すでに富めり、豈愁有らむや。皇后對へて諮《マヲ》さく、何をか富めりと謂ふ。天皇曰く烟氣國に滿てり百姓自ら富めるか。皇后且《マ》た言《マヲ》さく、宮垣壞れて修むることを得ず、殿屋破れて衣被露にうるほふ。何ぞ富めりと謂ふや。天皇曰く其れ天の君を立つることは是れ百姓の爲なり。然らば則ち君は百姓を以て本と爲す。是を以て古の聖王は、一人も飢ゑ寒れば、顧みて身を責む。今百姓貧しきは即ち朕が貧しきなり。百姓富めるは則ち朕が富めるなり。未だ百姓富みて君の貧しきこと有らず。九月諸國悉に請して曰さく、課役並に免されて既に三年に經《ナ》りぬ。此に因りて以て宮殿朽壞れて府庫已に空し、今黔首《オホミタカラ》富饒ひて遺《モノ》を拾はず、是を以て里に鰥寡無く、家に餘儲有り。若し此の時に當《アタ》りて、稅調を貢りて以つて宮室を修理《ツクロ》ふに非ずば、懼らくは其れ罪を天に獲むかと、然れども猶忍びて聽したまはず。十年冬十月甫《ハジ》めて課役を科《オホ》せて以て宮室を構造る。是に於いて百姓領《ウナガ》されずして、老を扶け幼を携へて、材を運び簣を負ひ、日夜を問はずして力を竭して競ひ作る。是を以て未だ幾時も經ずして、宮室悉に成りぬ。故に於今　聖帝と稱めまをす。」これは堯舜などの支那聖帝の思想が輸入された影響が、其原因の主なるものであらうが、我國體に反した思想たることは、多くの學者の既に論じ盡くしてゐる所である。「天の君を立つるは民の爲めなり」は　皇孫御降臨の大義に適《カナ》つて居ない。「國は民を以て本と爲す」と云ふ民本思想は我國體とは相容れないものである。主師親三德の神權を繼承して、天下に君臨し給ふ我が御皇統は、支那の聖帝等とは根本に於て異つてゐるのである。支那思想に感《カブ》れて國史までが斯うなることは、最も慨《ウレタ》むべきことである。國史を解說する者は、嚴正なる批判力を要するのである。

聖代には種々の瑞祥がある。仁德天皇の御代には雁が卵を生んだ瑞祥がある。飯田武卿は日本書紀釋通に「雁の卵を産むことを、事々しく傳へられたのは、漢土の祥瑞（彼の獲麟の如き）の思想に出たものではないか」と謂つてゐるが、それも一理はあらう。が併し聖代を祝ぐ爲めに、瑞祥の數々が掲げられることは、國の歷史として頗る歡ばしいことである。故に斯樣な事柄に對しては彼是論ずる以上に瑞を瑞として祝ぐ國民の至情を逸してはなるまいと思ふ、雁の孵化した記事は次の通りである。

「また或時、天皇豐樂《トヨノアカリ》したまはんとして、日女《ヒメ》嶋に幸行《イデマ》せる時に、其嶋で雁が卵を生みました。そこで建內宿禰を召して、御歌以て雁の卵生める狀《サマ》を問ひたまふ。

「たまきはる、うちのあそ、なこそは、よのながひと、そらみつ、やまとのくにゝ、かりこむと、きくや。」御歌の意味は「我が敬愛する建內宿禰よ。お前さんは世にも稀な長命者で、いろ／＼な事を見聞してゐるであらうが、日本國內で雁が子を産んだのを聞いたことが有るか」。

そこで建內宿禰が歌を以て語り向《マヲ》す。

「たかひかる、ひのみこ、うべしこそ、とひたまへ、まこそに、とひたまへ、あれこそは、よのながひと、そらみつ、やまとのくにゝ、かりこむと、いまだきかず」この意味は「御聰明なる我が皇子よ、誠によくも御問ひなさいました。御仰せの通り私は世にも稀らしい長命者でありますが、そして隨分いろいろの事も存じて居りますが、日本國内で雁が子を產んだ話は、未だ嘗て聞いたことが有りません」。

かく白して、御琴たまはりて、歌ひけらく、

「ながみこや、つひにしらむと、かりはこむらし」この意味は「畏敬する我が皇子よ。あなたが聽て天下を御統治なされる吉兆として、あなたの御目にとまる所に雁が子を產むのでありませう。」

此者、本岐歌《ホギウタ》(祝歌)の片歌《カタウタ》也。」

共の大后、石之日賣命《イハノヒメ》甚だ嫉妬深かつた。で天皇に仕へる妾達は、宮中を窺くことさへ憚かりました。若し噂が立つような事があれば、大后は足摩《アシヅ》りして嫉妬なさいました。石之日賣命の御系譜は次の如し。

雄柄(巨勢氏祖)
石川(蘇我氏祖)―滿智―韓子―高麗―稻目―馬子―蝦夷―入鹿

武内宿彌
- 木菟（平群氏祖）—眞鳥（雄略、清寧、顯宗、仁賢四朝の大臣）—鮪
- 角（紀氏祖）
- 襲津彦（葛城氏祖）
  - 玉田—円（安康朝大臣）—韓姫（雄略天皇妃清寧天皇御母）
  - 磐之媛（仁徳天皇后、履中、反正、允恭三天皇御母）

嫉妬は猜忌を伴ひ、猜忌は諸惡の源と爲る。戒むべきは嫉妬である。が、併し嫉妬が善巧方便として使用される場合が無いでもない。大后石之日賣命の場合は果して如何であつたか。

（1）　大后石之日賣命の嫉妬の强かつた事は、殆どこの御世の大部分を埋めてゐるのであるが、これも本時代の特色としての、理智の發達が其原因であつたのではあるまいか。史家等は、石之日賣命は外戚の勢力が强かつた爲めに、それが原因を爲して嫉妬が强かつたのであらうと云つてゐる。それも一面是認される事であらう。が、併し理智の進んだ結果、種々なる事件を、理路を逐つて深慮する時、必然に嫉妬の焰が燃え立たざるを得なかつたのでは無からうか。何事をも舊來の慣例として、一切忍從することが婦德であると云ふ考でのみ居られない場合に遭遇する時、女として最も適切な噴出口を求めるものは嫉妬である。石之日賣命はこの過度期に當つて、時代的苦惱を嘗めさせられたのではあるまいか。

(2) 嫉妬は愛の一變形である。仁德帝の御代を分水嶺として、愛と憎とが分れた事は留意に値する。仁德帝は菟餓野《トガヌ》の鹿にすら、深き愛情を賜つた程の仁慈博愛の君であつたが、この御代に既に大后の嫉妬といふ一面の萠芽が發生し、それが漸次度を高めて往き、憎嫉猜忌等にまでも變じて行つて、竹の園生に屢々不祥な事件すら起き、遂には大雀《オホサザギ》系の斷絕をさへ見るに至つたのである。斯う考へて見ると、大后の嫉妬が、次て起るべき事件の豫證の如くにも想はれて、深い感慨を惹くやうに感ぜられるのである。尙ほ大后の嫉妬が仁德時代の自由思想、自由行動の旺溢が、放縱に流れ行かんとする分岐點に立つて、陰にその統制の一手段として、嫉妬が撰ばれたものではないかとも考へられ。普通以上意義の複雜したものゝやうに思はれてならないのである。次々に起る事件をこの眼で見て行かれたいものである。

(3) 石之比賣は非常に頭腦が慧敏で、未前を察知するの明が在《アハ》したのではなからうか。世の治亂興廢が、後宮帷帳の裡に因由することは、東西古今の史乘に於て、餘りにも明白な事實である。石之比賣は前代までに起つた、帝位繼承に關する幾多の事情を知り給ひ。而して其の因が常に多く閨門に出てゐることを識りたまふ時、極度の警戒と、その絕滅とを期せんの御志が、確として岩よりも固かつたことであらう。特にこの頃から「釆女《ウネメ》」と稱する美女の採用が盛になる傾向が現はれる時に當つて、それが將來怖るべき禍因たらずやと考へる時、嫉妬の意義は更に強く更に深いものがあつたのではあるまいか。後日「女難」の弊より起る禍亂の夥しかつた事を見るもの、后の嫉妬に就て今一段の考慮を拂ふべきであらう。

（4）　支那の道徳經が石之比賣の嫉妬に何程の關聯を保つかは明瞭には判らない。が、比較的其の影響は輕度であり、或は殆ど關係を保たなかつたと見るのが、一般の觀測らしい。けれども理性に敏き婦人が一夫一婦の常則を心の奥深く抱いてゐたとしても、それは穴勝ちに突飛な推測ではあるまいと想ふ。が併し當時の思想として左樣な考を抱くことは、餘りにも突飛であつたと許する外はあるまい。

爾《コヽ》に天皇吉備《キビ》海部直《アマノアタヘ》之女、名は黒日賣《クロヒメ》その容姿端正なる由を聞しめして、召して之を使はれました。が併し其大后の嫉妬を畏みて、黒日賣は本國へ逃げ下りました。天皇は高臺に登つて、其黒日賣の船出するのを遙に望み膽《ミ》て、歌ひたまはく。

おきへには、をぶねつらゝく、くろざきの、まさづこわぎも、くにへくだらす。

この歌の意味は、はるか沖の方を見渡せば、多くの船が集り浮んでゐる。そして其の中にはソレあそこに、吉備の黒崎から來た紅顏の美人が、即ち吾が親愛する黒日賣が船に乘つて故鄕さして下り行くよ。といふのです。

〔註〕 本國＝吉備國である。吉備は後に備前備中備後美作の四箇國に分れた。黑崎＝備中國淺口郡黑崎の地で黑日賣の生地であらう。

さて大后が、この御歌を聞かれて、大に忿りまして、人を大浦《オホウラ》（難波の海上を指したものであらう）に遣はして、船から追ひ下して、徒歩で追ひ去らしめられました。

是に天皇其黑日賣を戀ひて、大后を欺いて、淡道嶋を見たいと仰せられて、幸行《イデマ》せる時に、淡道嶋に坐して、遙に望みまして歌ひたまはく、

おしてるや、なにはのさきよ、いでたちて、わがくにみれば、あはしま、おのごろしま、あぢまさのしまもみゆ、さげつしまみゆ。

この御歌の意味は、「難波の崎から船出して、此の淡路の島に辿り着き、吾が國々を見渡せば、淡島や淤《オ》能《ノ》碁呂《ゴロ》島《シマ》を始こし、檳榔《アヂマサ》の島もよく見える。いや夫ればかりではなく佐氣都島《サケツシマ》までも見えるわい」と吉備の嶋を遙に望んで戀しく思はれたのです。

乃ち其嶋より傳ひて吉備國に幸行《イデマ》しき。爾《カ》れ黑日賣、其國の山方地（備中國窪屋郡山手村か）に天皇を迎へ入れ奉つて大御飯《オホミケ》を献りました。是に大御羹《オホミアツモノ》を煮《ニ》んこして、其地の菘菜《アヲナ》を摘んだ時、天皇其孃子の菘《ナ》を採る

處に到りまして、歌ひたまはく、

やまがたに、まけるあをなも、きびひとゝ、ともにしつめば、たのしくもあるか。

この御歌の意味は、「山の畠に種子を蒔いて、いま青々と生えてゐる青菜も、吾が愛する黑日賣と共に摘めば、賤しい仕事とも、苦しいとも感じないで實に樂しい事だ」といふのです。

天皇上幸《ノボリマ》す時に黑日賣の献れる御歌、

やまとへに、にしふきあげて、くもばなれ、そきをりとも、われわすれめや。

又た

やまとへに、ゆくはたがつま、こもりづの、したよはへつゝ、ゆくはたがつま。

この二つの歌の意味は「西風が強く吹いて、離れ離れになる雲のやうに、今あなたは私と離れて都の方へお歸りになりますが、たとへ遠く離れてゐても、私をお思ひ下さる大御心をどうして私が忘れませうか。決して忘れは致しません」次のは「いま都を指して歸り往かれるのは、一體いかなる婦人の夫であらうか。物の陰を流れゆく水のやうに、忍び隱れて契をこめ給ふ、何と親切な夫であらう。あゝ忍んで歸られるお方は、誰の夫であらうか。其れは言ふ迄もなく我が夫と仕へまつる天皇である。」といふのです。

此より後、大后豐樂《トヨノアカリ》(御宴會)したまはむとして、御綱柏《ミツカシハ》(葉の先が尖つて三つに分れた柏で、酒饌を盛る具)を採りに、紀伊國に行啓ませる間に、天皇八田若郎女に婚《ミア》ひましつ、こゝに大后は御綱柏を御船に積《ツミ》盈《ミ》てゝ、還幸《カヘリマ》す時に、水取《モヒトリ》の司《ツカサ》(飲料水を司る役所)に駈使《ツカハ》れる、吉備國兒嶋の仕丁《ヨボロ》、是れ已國《オノガクニ》に退出せるに、難波の大渡(難波から兵庫へ渡る間の海)に、後れたる倉人女《クラビトメ》(藏司の女官)の船に遇へり、乃ち語りけらく、天皇は此頃八田若郎女に婚《ミアヒ》まして、晝夜戯遊《タハレ》ますを、若し大后は此事御存知ありませんのでせうか。靜に行啓《イデマ》し遊びますこゝよと語りました。そこで其倉人女が、此語れる言を聞いて、乃ち御船に追着いて、仕丁《ヨホロ》が言つたことを、有のまゝに具に申しました。すると大后が大に恨み怒つて、其御船に載せた御綱柏をば、悉く海中へ投棄てられました。故に其地を御津前《ミツノサキ》(大阪市南區島之內御津八幡社の邊)と申します。そこで宮殿へはお這入り遊ばされずして、其御船を引寄せて堀江を泝つて、河《ガハ》(淀川)に隨つて、山《ヤマ》代《シロ》に上幸《オノボリ》になまりした。此時に歌ひたまはく、

つぎねふや、やましろがはを、かはのぼり、わがのぼれば、かはのべに、おひ立てる。さしぶを、さしぶのき、しがしたに、おひ立てる、はびろ、ゆつまつばき、しがはなの、てりいまし、しがはの、ひろりいますは、おほきみろかも。

そこで山代より迴りて、那良山口（山城國相樂郡から大和國添上郡に越える奈良山の入口）に到りまして、歌ひたまはく、

つぎねふや、やましろがはを、みやのぼり、わがのぼれば、あをによし、ならをすぎ、をだて、やまとをすぎ、わがみがほしくには、かづらき、たかみや、わぎへのあたり。

かく歌ひて還りまして、暫く筒木《ツツキ》（山城國綴喜郡）韓人《カラヒト》、名は奴理能美《ヌリノミ》（百濟の貴族で應神帝の時歸化した人）の家にお入り遊ばされました。歌の意味は「山城川すなはち木津川を吾が溯つて來ると、川の兩岸にはさしぶの木が生ひ茂つてゐる。そして其のさしぶ（後世のサセボ）木の下には、葉の廣く枝の繁つた椿が生えてゐる、其椿の花の照り輝くやうに、また、椿の葉の廣濶であるやうに、美しくもゆつたりと吾が大君は平氣で構へて居られることよ」次のは「難波の宮のある地から、山城川すなはち木津川を溯り、こゝ那良山から見渡すにつけても、私の見たい行きたい其の船は、奈良を過ぎ倭を過ぎて、遙なる葛城の高宮（今の南葛城郡吐田鄕村の地）にある我が生家のある邊と盡きぬ怨を述べられた歌です。

〔註〕この歌につき書紀の傳へ稍々異れり。

天皇大后が山代から上り幸ましたと聞しめして、舍人名は鳥山《トリヤマ》を使はしたまふ時に、送りたまへる御歌

「やましろに、いしけとりやま、いしけいしけ、あがはしづまに、いしきあはむかも、」この意味は、

「山城國に追ひかけて行け鳥山よ。さあ追ひかけよ追ひかけよ。愛して止《ヤ》まさる我が妻に、必ず追ひついて遇へるだらう。」こいふのです。

又續ぎて丸邇《ワニ》臣口子《クチコ》を遣はして歌ひたまはく、

「みもろの、そのたかきなる、おほゐこがはら、おほゐこが、はらにある、きもむかふ。こゝろをだにか、あひおもはずあらむ。」この意味は、「我が愛する皇后よ、あなたが宮中に歸つて來ないのは、あの三室山のあたりの高城にある大井子が原に、時々出てくるこころの猪の腹にある肝と同じく、あなたの心までが、朕を思はなくなつてしまつたからであらうか。といふのです。

又歌曰

つぎねふ、やましろめの、こくはもち、うちしおほね、ねじろの、しろたゞむき、まかずけばこそ、しらずこもいはめ。

「山城國の女達が、鍬を持つて畠を打ち、堀り出した大根の夫れのやうに、如何にも白いあなたの腕を、伸べて卷いて抱いて寢た事がない仲ならば、私は知りません勝手にしなさいと言ひもしようが、あんなに夫

婦として睦み合つた仲であるのに、使をやつても知らぬ存ぜぬで歸らないのは、どう考へても餘りひどいではないか」といふのです。

是の口子《クチコ》臣が此御歌を申しあげる折もをり、雨が大に降りました。然るに其雨も避けず、前殿戸《マヘトノド》に參り平《マ井》伏《フ》すれば、違ひて後戸《シリツト》に出でたまひ、後殿戸《シリツトノド》に參り伏せば、違ひて前戸《マヘツト》に出でたまふ。そこで匍匐《ハラバ》ひて進み赴いて、庭中に跪き居る時に、水潦《ニハタツミ》が腰まで到りました。其臣、紅紐《アカヒモ》の著いた青摺衣《アヲスリノキヌ》を服《キ》て居ましたから、水潦が紅紐に觸れて、青摺衣が全部紅色に變りました。そこで口子臣の妹の口日賣《クチヒメ》が大后に仕へてゐましたが、この時歌ひました。

　やましろの、つゝきのみやに、ものまをす。あがせのきみは、なみだぐましも、

歌の意味は「山城國綴喜の宮に居られます我が皇后樣に、手をついて、雨に濡れながらも物を申す。我が兄の姿を眺めるこ、如何にも可哀さうで氣の毒で、誠に涙ぐましい次第であります」こいふのです。爾に大后が其所以をお問ひあそばされた時、吾が兄口子《クチコ》臣でありますとお答へ致しました。そこで口子臣また其妹口比賣及び奴理能美《ヌリノミ》三人が議りて、天皇に奏上いたしますには、大后の行啓《イデ》ませる所以は、奴理能美が養つてゐる蟲、一度は匐ふ虫になり、一度は殼《カヒコ》になり、一度は飛鳥になりて、三色に變る奇蟲であ

ります。此蟲を見そなはしに、參ゐられたゞけでございませう。別段異心はおありあそばされたのではありません。斯く奏上《マヲ》します時に、天皇の仰せには、然らば吾もそれは不思議に思ふから、見に行かうと仰せられて、大宮（難波の皇宮）より上り（淀川を遡り）幸行まして、奴理能美《ヌリノミ》の家に入りませる時に、其奴理能《ヌリノ》美《ミ》が、己が養つてゐる三種虫《ミクサノムシ》（蠶のこと）を大后に献りました。そこで天皇が其大后の居させられる殿戶にお立ちになつて歌ひたまはく、

つぎねふ、やましろめの、こくはもち、うちしおほね。さわさわに、ながいへせこそ、うちわたす、やがはえなす、きいりまゐくれ。

歌の意味は「山城國の女達が鍬を持つて畠を打ち、そして掘り出した大根が、いかにも清爽な感を與へてさわ〳〵であるやうに、あなたが騷がしく言つて嫉妬したからこそ、見渡す限り木が多く生えてゐるやうに、澤山の從者を引きつれて、自分はわざ〳〵此處まで出かけて來たのであるぞ」といふのです。

此天皇大后と取り交《カハ》された六の歌は、志都歌《シツウタ》之返歌といふのである。

〔註〕志都歌の返歌＝靜かに歌ふ場合の歌で、歌ふ聲の調子が變つて、呂の律にかへる際に歌ふものか。徐に打返して歌ふ歌か明瞭しない。

天皇八田若郎女《ヤタワカイラツメ》を戀ひて御歌を遣《ヤ》り賜ふ。其歌は

やたの、ひともとすげは、こもたず、たちかあれなむ、あたらすがはら、ここをこそ、すげはらといはめ、あたらすがしめ、

その意味は、「八田に生えてゐる一株の萱は、後を繼ぐべき子も持たずに淋しく立つて居り、榮えることもなしに荒れてゆき、やがては其のまゝに枯れ果てるのでもあらうか。あゝ惜しむべき萱原よ。口でこそ斯のやうに萱原こ言つてゐるが、それは單なる譬であつて、實を言ふと淸《スガ》々しい八田若郎女可哀さうな惜むべき者なのである。」こいふのです。

そこで八田若郎女答への歌。

やたの、ひともとすげは、ひとりをりとも、おもきみし、よしときこさば、ひこりをりとも、

その意味は、「八田に生えてゐる一本萱は、子供が無くて一人で居りましても、お慕ひ申す陛下さへ、子が無くても夫れで宜しいと御仰せ下さいますならば、たとへ一人で暮しませうとも、滿足この上なく淋しがりは致しません」といふのです。

故れ八田若郎女の御名代こして八田部《ヤタベ》（攝津國八田部郡に置かれた部族と和名抄に出てゐる。今は武庫郡

の内に入れられてゐる。)を定めたまひき。

また天皇、其弟速總別《ハヤフサワケ》王を、媒介として庶妹女鳥《メドリ》王を乞はれました。すると女鳥王が速總別王に語つて云ふには、大后が强情であらせられ、八田若郎女《ヤタワカイラツメ》をも納得されないのですから、仕へ奉ることは出來ません、吾は汝命の妻に成りませうと申されて、乃ち婚されました。是を以て速總別《ハヤフサワケ》王が復奏を致しませんでした。爾に天皇が直接女鳥王の所へ幸行あそばされて、其殿戶の閾上に坐しておいでになりました。この時女鳥王は機《ハタ》に懸つて、布を織つて居ました。そこで天皇御歌よみたまはく、

めどりの、わがおほきみの、おろすはた、たがかねろかも。


その意味は、「我が親愛なる女鳥王よ、あなたが今織つて居られる御衣は、一體誰に着せるための物かねー。」

女鳥王答へ歌つて、

たかゆくや、はやぶさわけの、みおすひがね、

その意味は、「私が今織つて居りますものは、あの可愛い速總別王の御襲《オスヒ》を作らんがための物で御座います。」

故れ天皇は其情を知つて、宮殿へお還りあそばされました。此のゝち其の夫の速總別王が來た時に、其妻の女鳥《メトリ》王が歌ひました。

ひばりは、あめにかける、たかゆくや、はやぶさわけ、さゞきとらさね。

意味は、「あの小さな雲雀さへも勢よく天に翔りますものを、あなたは大空高く飛びゆく隼《ハヤブサ》でありますから、一層のこと鷦鷯《ミソサザイ》である天皇をお弑しなさいね。」天皇が此歌をお聞きあそばして、乃ち軍を興して殺さむとなさひました。そこで速總別王女鳥王、共に逃げ退いて倉椅山《クラハシヤマ》（大和國磯城郡多武峯の東口の山）に登りました。

この時速總別王歌ひたまはく

はしたての、くらはしやまを、さがしみと、いはかきかねて、わがてとらすも。

その意味は、「倉椅山の嶮岨さに、岩に手を掛けることさへ出來ず、登りかねて困つてゐられる女鳥王が、我が手に縋りつかれるこそ痛はしい次第である。」又歌曰

はしたての、くらはしやまは、さがしけど、いもとのぼれば、さがしくもあらず。

その意味は「倉椅山は嶮しいけれど、愛するそなたと二人で登れば嶮しいとも何とも思はないよ」といふ

のです。

そこで其地より逃《ニ》げて、宇陀の蘇邇《ソニ》（大和國宇陀郡曾爾村の地と御杖村の地）に到りませる時に、御軍追ひ到りて、殺しまつゝた。鳥名の聯想から、飛だ大事件が起つたものである。天皇が餘り多くの美女に娶《ミア》ひましたのと、大后の嫉妬とから、遂に斯かる重大な悲劇を產むに到りました。而して此悲劇が終に後日次々に起る大悲劇の序幕と成つたかの感あるを考へると大后の嫉妬の意義が大に考へさせられる譯ではなからうか。其將軍山部《ヤマベノ》大楯連《オホタテノムラヂ》、其の女鳥《メトリ》王の御手に纒せる玉釧《タマクシロ》を取りて、己が妻に與へました。此後宮中で豊樂《トヨノアカリ》を爲さらうとする時、氏氏の女等、皆な朝參致しました。その時大楯連《オホタテムラヂ》の妻が其王の玉釧を己が手に纒いて參りました。さて大后石之日賣命が、自ら大御酒盃を取つて、諸氏氏の女等に賜ひました、が大后は其玉釧を御承知に成つて居て、御酒盃を賜はず、乃ち引退《ヒキノ》けたまひて、其《ソレ》夫の大楯連を召出して、「其の王等は無禮なんだから、誅罰されたまでゝ。別段不思議は無い事だが、然るに夫の奴《ヤツコ》は、己君《オノガキミ》の御手に纒せる玉釧《タマクシロ》を肌もまだ冷えないのに剝ぎ持ち來て、能くも己が妻に與へたことよ」と仰せられて、乃ち死刑を賜はりました。

書紀は多少事情を異に傳へて居る。是に天皇隼別《ハヤブサワケ》皇子逃走《ニゲハシリ》ぬと聞きて、卽ち吉備の品遲部《ホムヂベノ》雄鯽《ヲフナ》、播磨の佐伯直阿俄能胡《アガノコ》を遣して曰く、追ひて逮かむ所に即ち殺せ。爰に皇后奏して曰く、雌鳥《メトリ》皇女寔に重罪に當れり。然れども其の殺さむ日、皇女の身露《アラハ》にせむことを欲《ホリ》せず。乃ち因りて雄鯽《ヲブナ》等に勅すらく、皇女の齎《モタ》る所の足跡玉手玉をな取りそ。雄鯽等追ひて菟田《ウタ》に至りて素珥《ソニ》山に迫る。時に草の中に隠れて僅に免るゝことを得。急に走りて山を越ゆ、是に皇子歌よみて曰くハシタテノサガシキヤマモ、ワギモコト、フタリコユレバ、ヤスムシロカモ。爰に雄鯽《ヲフナ》等免るゝことを知りて、以て急に伊勢の蔣代野《コモシロノ》に追ひ及《シ》きて殺しつ、時に雄鯽等皇女の玉を探りて裳《モ》の中より得つ、乃ち二王の屍を以て廬杵《イホキ》河の邊に埋め復命しぬ。皇后雄鯽等に問はしめて曰く、皇女の玉を見きや。對へ言さく、見ず。是の歳新嘗の月に當りて、宴會の日を以て、酒を内外の命婦《ヒメトネタチ》等に賜ふ。是に近江山君稚守山《ワカモリヤマ》の妻《メ》と采女磐坂媛《イハサカヒメ》と、二女の手に良き珠を纒くこと有り。皇后其珠を見たまふに、既に雌鳥皇女の珠に似たり。則ち疑ひたまひて、有司に命《ノリコ》ちて、其の玉を得し由を推問《カムガヘト》はしめたまふに、對へて言さく、佐伯直阿俄能胡《アガノコ》が妻の玉なり。仍りて阿俄能胡を推鞫《カウガヘト》ふ。對へて曰く、皇女を誅しゝ日に探りて取りき。即ち將に阿俄能胡を殺さむとす。是に阿俄能胡乃ち己が私地を献りて、死を赦されむと請ひぬ。故れ其の地を納めて死罪を赦したまふ。是を以て其の地を號けて玉代《タマテ》と曰ふ。としてゐる。何れにしても、禍因絶滅に對する嚴乎たる御意志を持たせたまへる皇后の、鋭い理性の閃きをこの物語が最も直截に物語つてゐるようで。嫉妬必ずしも單なる嫉妬ならざることを裏書きする、是亦一證となりませう。此天皇、御年捌拾參歳《ヤソヂマリミツ》、御陵在毛受之耳原《モズノミミハラ》也。天皇の御陵は大阪府堺市の東方舳松《ヘノマツ》村に在り。大仙陵《ダイセンリャウ》と申してゐるが、その總面積は十四萬坪で、御陵中の最大なるものである計りでなく、世界的にも實に宏大な御陵である。この御陵は、既に御在世中に行幸して親しく其の地を相し、築造せられた壽陵であるから、これによつて見ても、當時皇室の御威光の甚だ盛んであつた一班が窺はれると思ふ。應神仁德朝を以て絶頂とする祭事中心時代は、傳統として推古時代の近くまで續いてゐる。それは高塚式古墳の遺物が明らかに證示してゐる。そして其の古墳の規模の大小廣狹等が、其の御代々々の祭事の隆替を物語つてゐるらしくも思はれる。

伊邪本和氣天皇(履中天皇)

伊邪本和氣命《イザホワケ》、伊波禮之若櫻宮《イハレノワカサクラ》(大和國磯城郡安倍村池内の地)に坐《マシ》して、天下治しめしき。

この天皇葛城之曾都毘古《カツラギノソツビコ》の子、葦田宿禰《アシタノスクネ》の女、名は黑比賣命《クロヒメ》に娶ひまして生みませる御子、市邊之忍齒王《イチノベノオシハ》、次に御馬王《ミマ》、次に妹青海郎女《アヲミノイラツメ》、またの名は飯豐郎女《イヒトヨイラツメ》(三柱)。

先づこの御代から約百年間（一世紀）を文化史的に紹介して、次に各御代の解説に移りませう。

政治　帝王權威發揮　中央政府　對外的緊張

氏や姓はもと單なる敬稱であつたのが、政事組織社會組織が完成して、團結や階級を示す大事なものに變化し家格の意識が强まつて來た。かくて氏を詐稱するものが出て來たために四一五年允恭天皇は「人民得所、姓名勿論、今朕踐祚於茲四年矣、上相爭百姓不安、或誤失己姓、或故認高《キ》氏、其不至於治者、蓋由是也、朕雖不賢《ヨサナシ》宣非正其錯《タダサザラム》乎、羣臣議定奏《リ》之（日本書紀卷十三）と詔し探湯の方法を以て姓氏の詐冐を正された。（日本紀五三〇年の條に或る裁判官が自己の勞を省くために探湯の刑をしばしば行つたために湯に投込まれ爛死するものが多かつたと記して居る。）探湯《クガダチ》は汚斷《ケガダチ》の轉かも知れぬ。當時氏人は凡て共同の連帶責任を負ふた。法の公信力が發揮された。

履仲天皇の御弟住吉仲皇子は叛して宮を燒いたので天皇は平群木菟と共に事を平げられた。仁賢天皇（四八八－四九八年）の御時御皇室に屬しない一皇別大氏は其氏の上《カミ》平群大臣に從ひ天皇に叛して誅せられた。

本世紀末に氏の制度に對する內部の動搖は遂に外部にあらはれた。

筑紫の磐井は新羅に通じて謀叛し加羅王は新羅と結黨した。六萬の兵を率ゐて行つた新羅征伐の將軍近江毛野も亦叛した。四一三年國內統一を完うして進んで朝鮮半島に勢力を扶植する必要上東晉に使を出して交渉を開始した。四七八年倭王武即ち雄略天皇は順帝に上表しその上表文の如き實に堂々たるものであつた。

天皇讃歌に君主の權威の强調があらはれ應神天皇から仁德雄略の兩天皇にかけて、帝王の權威の意識が高まつて來た。けれども雄略天皇は大臣大連を重用し政務執行の組織をなし專制的に行はずに貴族との會議によつてされた。中央政府は組織的となり天皇は最早や專制君主ではなく政爭を超越した調和の要石となつた。臣連の敬稱を以て呼ばれた首長が優勢であつて高貴な姓を意味し縣主稻置の敬稱は權力の少い首長に用ゐられ卑しい姓を意味すやうになつたらしい。

雄略天皇の御代に支那から歸化した秦氏の數を調査したに九十二部一萬八千六百七十人ほどあり、混血兒は對外的行動に於て國家意識が乏しい觀がある。

經濟　大藏屯倉の設置　貨幣

風雨時に順ひ五穀内に熟し人民富饒で海內平和である。履仲天皇の朝に齋藏こ內藏の二つに分れて神物と官物との區別が生じたが、こゝに至つて雄略天皇の御代に大藏(四七一年)が出來て皇室の用度がまた分れるやうになつた。人民も屯倉を頻に設けはじめた。雄略天皇は后妃をして躬ら桑を植えさせられた。

四一三年反正天皇の二年に銅錢が行はれた。

四八〇年には支那から貨幣が輸入せられた。この時代の貨幣は價値保存の要具であつたのみで人々は物品交換で滿足して居つた。

宗教　祖先教

各氏が其の祖先こして祭ゝ、氏の上《かミ》が永遠の生命を保たんために供物を捧げた。けれども此の上《かミ》の支配下にあるものは來世に於て其の生命を保ち得ぬものと考へた。祖先神は自然神の靈威を合せて神の一神格は高められ淨められた。本世紀の後半に顯宗天皇の朝、日神月神の託宣により壹岐縣主及び對馬下縣道の祖神を顯彰された。

四七八年に豊受大神を伊勢に祀つた。これ伊勢外宮で養蠶の神である。雄略天皇の二十二年に皇大神の託宣により、御饌都神《ミケツカミ》として丹波から迎へたのである。この神は皇大神の御靈と共に歴代天皇御齋殿に奉齋せられて居つたのを崇神天皇の御代に丹波に祀つたのである。丹波は復分國として丹後の地、與謝郡の比沼眞名井の地である。四八一年に清寧天皇は大甞の儀を行はる。雄略天皇は新羅を征し給はんとして大河內直香賜をして先づ胸方神を祭られた。これは皇大神と素戔嗚尊が誓約の際生れた三女神田心姫《タコリヒメ》、織津姫《オリツヒメ》、市杵島姫命で、大御神の御神勅の條に海北の道中に居給ひ道主貴と稱し筑紫を治め天孫を助けられた神である。

趣味　短歌　享樂的氣分肉感的興味の物語流行　鉛華使用

本世紀の後半にいたり短歌の形式は漸く整ひ來つた。世は享樂的の氣分が漲り美醜善惡の差別がなく熱情に陶醉する戀愛歌が流行した。日本最初の叙情詩人木梨之輕皇子は衣通姫を戀し道德習慣と熱情の矛盾に悶死し心中劇こゝに始まる。男女の關係はやゝ醇化せられたが雄略天皇及び其の後數朝に至つて戀愛關係をはなれた姦淫邪淫と殘酷性の織りなした異性關係の物語が輩出した。これ肉感的興味の昂進しつゝあつたため心淫或は思考的オナニー（Gedankenonanie）であるかも知らぬ。貴族の奢侈生活が高まつた。

註　和辻哲郎氏はこれは肉感的興味の强かつた歸化人が記述したためであらうといふ。（日本古代文化PP. 124—5）

雄略天皇の御代に婦人は鉛華を用ゐたと傳へらる。古事記の清寧天皇の條に八絃琴の名が見える、顯宗天皇元年三月上巳の條に「幸二後苑一曲水宴」と書紀にある。

學問　史官設置　醫者渡來

四〇三年はじめて史官を置き四方の誌を奉らせた。雄略天皇の朝に歸化人は重用されて宮廷に於ける文書を司つた。本世紀のはじめ履仲天皇の御代に內藏の出納を記させ、こゝに算術の用が起つた。允恭天皇は新羅からはじめて醫師を召し給ふた。それまでは禁厭と祈禱のみ行はれて居つたのである。

工藝　宮邸　織物工業發達

當時貴人の宮邸は籬を匝した花園の中に建てたものらしい。雄略天皇は磯城縣主が人臣として其屋に葛緖木を上げたのを僭越であるとてお責めになつたから、當時宮殿は千木葛緖木を冠せしめ屋蓋は茅藁木皮で葺いた直線形の建築であつたらしい。四六八年に歸化人の子孫身《ム》秋青《サノアヲ》、檜隈博德《ヒノクマノハカトコ》を南支那の呉に遣はして、漢織呉織の織工や縫工を求めた。四七〇年には支那から裁縫女が來た。漢織即を綾を織るから「あや」といふ用語が出來たと說くが反對に漢といふ字の變で「あや」の音が出たのである。(呉は東晉)四七三年に雄略天皇は土師連等に詔して淸器を作らせられた。淸器は陶器である。要するにその世紀は美術工藝の發展は一轉期を示した。

(以　上)

この天皇、もと難波宮にましまし丶時、大嘗《オホニヘ》にまして、豊明《トヨノアカリ》したまふ時に、大御酒に酩酊し給ひて、大御《オホミホ》寝《イネ》ましき。こゝにその弟墨江《スミエノ》中王が、天皇を弑しまつらむとして、大殿に火を著けました。書紀では「大《オ》鷦鷯《サヽギ》天皇崩《アガ》りましぬ。皇太子諒闇より出でまして、未だ尊位に即きたまはざる間に、羽田矢代宿禰《ハタノヤシロノスクネ》が女黒《クロ》媛《ヒメ》を以て妃と爲むと欲す。納采既に訖りて、住吉仲皇子《スミヨシノナカノミコ》を遣はして吉日を告げたまふ。時に仲皇子太子の名を冐《タガ》へて以て黒媛を姧しつ。是の夜仲皇子手鈴を黒媛《クロヒメ》が家に忘れて歸れり。明日の夜、太子仲皇子の音ら姧《タハ》くることを知しめさずして到ります。乃ち室に入りて、帳を開けて玉床に居ます。時に床頭に鈴の自有り、太子異《アヤシ》みたまひ、黒媛に問ひて曰く、「何の鈴ぞ。」對へて曰く、「昨夜太子の貰《モ》ちたまひし鈴に非らざるか。何ぞ更に妾に問ひたまふ」。太子自ら仲皇子が名を冐《タガ》へて以て黒媛を姧すことを知しめし、則ち默して避りましぬ。爰に仲皇子事有らむことを畏れて、將に太子を殺せむとし、密に兵を興して太子の宮を圍む。時に平群《ヘグリ》木菟《ツク》宿禰、物部大前《オホマヘ》宿禰、漢直《カラノアタヘ》の祖阿知使主《アチノオミ》、三人太子に啓《マヲ》す。太子信《ウ》けたまはず。(一に云ふ太子醉ひて以て起きたまはず)故れ三人太子を扶け、馬に乘せまつりて逃げつ(一に云ふ大前宿禰太子を抱きて馬に乘せまつれり)仲皇子、太子の在らざることを知らずして、太子の宮を焚き、通夜火滅せず云々」とあり、古事記は是に倭漢直《ヤマトアヤノアタヘ》の祖阿知直《アチノアタヘ》、盗み出でて、御馬に乘せまつりて、倭《ヤマト》に幸でまさしめき。かれ多遲比野《タヂヒヌ》(河内國南河内郡の地名)に到りまして(書紀は河内國の埴生阪と云)寤《サ》めまして、「此處は何處ぞ」と詔りたまひき。かれ阿知直白さく、墨江中王大殿に火を著けたまへり、かれ率《ヰ》てまつりて倭に逃げゆくなりとまをしき。こゝに天皇歌はしけらく

たぢひぬに、ねむとしりせば、たつごもも、持ちて來ましものを、寢むと知りせば、

歌の意味は「思ひがけない所へ來たものだね。こんな多遲比野あたりに出かけて來て寢るといふことが最初からわかつてゐたら、夜風を防ぐ爲に、防壁も持つて來たであらうに、こんな所に寢ると知つたなら

ばね」。といふのです。

波邇賦坂(河内國南河内郡埴生村から古市町に出る道に在る阪)に到りまして、難波宮を見遣りたまへば、その火猶炳《アカ》く見えたり。かれまた歌はしけらく。

波邇布坂《ハニフサカ》、吾が立ち見れば、炬火《カギロヒ》の、燃る家群《イヘムラ》、妻が家《イヘ》のあたり。

歌の意味は、「我れ今埴生坂に立つて望めば、難波の京の多くの家々は、ちら〳〵と焔を見せて焼けてゐる。而も其れは愛する妻の居る邊りであるよ」。

かれ大坂の山口(河内國から大和國北葛城郡下田村に出る道にある逢阪の登り口)に到りませる時に、女人遇へり。その女人の白さく、兵器を持たる人ども、許多《アマタ》茲の山を塞ぎをり、當岐麻道《タギマヂ》(今の竹内峠)より廻りて、越え幸《イ》でますべしとまをしき。かれ天皇歌はしけらく、

大坂に、遇ふや乙女《ヲトメ》を、道問へば、直《タダ》には告《ノ》らず、當岐麻路《タギマチ》を告《ノ》る。

其意味は、「大坂峠にさしかゝり、逢うた乙女《オトメ》に道問へば、直ぐに行かれる近道の大坂路を教へずに、わざ〳〵遠くの當岐麻道を廻つて行けよと教へて呉れた」。といふのです。

かれ上り幸《イ》でまして石上神宮《イソノカミジングウ》にましましき。

書紀には「則ち更に還りて、當縣の兵を發して從身《ツカマツ》らしめて、龍田山より踰えたまふ。時に數千人兵器《ツハモノ》を執りて追來る者有り。太子遠く望み見まして曰く「其の來る者は誰人ぞ。何ぞ歩行急なる。若しくは賊人か」。因りて山中に隱れて待ちたまふ。近づきぬるとき、則ち一人を遣はして問ひて曰く、「曷人《ナニヒト》ぞ、且《マ》た何處へ往く」、對へて曰く、「淡路の野嶋の海人なり。阿曇連濱子《アヅミノムラジハマコ》（一に云ふ阿曇連黑友）仲皇子の爲に太子を追はしむ」。是に伏兵を出してこれを圍み、悉く捕ふることを得たり。是の時に當りて倭直吾子《アコ》籠素より仲皇子に好し。豫め其の謀を知りて、密に精兵數百を攪食栗林《カキハミクルス》に聚めて、仲皇子の爲に、將に太子を拒ぎまつらむとす。時に太子兵の塞げることを知しめさずして、山より出でて、行きますこと數里、兵衆多に塞ぎて進み行くことを得ず。乃ち使者を遣はして問ひて曰く。「誰人ぞ。」對へて曰く、倭直吾子《アコ》籠なり。便ち還つて使者に問ひて曰く。「誰が使ぞ。」曰く、「皇太子の使なり。」時に吾子籠其の軍衆多に在るを憚り乃ち使者に謂つて曰く、「傳へ聞く、皇太子非常之事有りと。將に助けまつらむとして、以て兵を備へて待ちたてまつる」といふ。然るに太子其の心を疑ひて殺したまはむと欲す。則ち吾子籠愕ぢて已が妹日之《ヒノ》媛《ヒメ》を献りて、仍りて死罪を赦されむと請《マヲ》す。乃ち免したまふ。其の倭直等が采女を貢るは、蓋し此の時に始まるか。太子便ち石上振《イソノカミフルノ》神宮に居ます」。とあり。

是にその同母弟水齒別命《ミツハワケ》、參ゐ來ましてまをさしめたまふ。かれ天皇詔らしめたまはく、吾《アレ》汝《ナ》が命《ミコト》、若し墨江中王《スミノエナカノミコ》と同じ心ならむかと思ほせば、相言《イ》はじ」とのらしめたまへば、「僕は穢き心なし。墨江中王と同じ心にもあらず」と、答へ申したまひき。また詔らしめたまはく、「然らば、今還り下りて、墨江中王を殺して上り來ませ。その時にこそ、吾必ず相言はめ」とのらしめたまひき。かれ即ち難波に還り下りまして、墨江中王に近く事へまつる隼人《ハヤト》、名は曾婆加里《ソバカリ》を欺きて、「若し汝吾が言ふことをきかば、吾天皇こなり、汝を大臣になして、天下治らさむとす、如何に」とのりたまひき、曾婆訶里《ソバカリ》「命《ミコト》のまにまに」と白しき。かれその隼人に物多《サハ》に賜ひて、「然らば汝の王を殺《ト》りまつれ」とのりたまひき、是に曾婆訶里《ソバカリ》己が王の厠に入りませるを伺ひて、矛もちて刺して殺せまつりき。かれ曾婆訶里を率て、倭に上り幸でます時に、大阪の山口に到りまして、思ほさくは、「曾婆訶里己が爲に大き功あれども、既に己が君を殺せまつれば、不義なり。然れども、その功に報いずば、僞せしになりぬべし。既に契《チギ》りしごと行はゞ、かへりてその心こそ恐けれ、かれその功は報ゆとも、その正身《ムザネ》をば滅してむ」とぞ思ほしける。是をもて曾婆訶里に詔りたまはく、「今日は此處に留りて、先づ大臣の位を賜ひて、明日上りまさむ」とのりたまひて、その山口に留りまして、即ち假宮を造りて、俄に豐樂《トヨノアカリ》せして、乃ちその隼人に大臣の位を賜ひて、百官をして拜ましめたまふに、隼人歡びて、志遂げぬとぞ思ひける。こゝにその隼人に、「今日大臣と同じ盞の酒が飮みたいよ」と詔りたまひて、共に飮ます時に、面を隱す大鋺《マリ》に、その進むる酒を盛りたり。こゝに御子先づ飮みたまひて、隼人後に飮む。かれその隼人の飮む時に、大鋺面《オモテ》を覆ひたりき。かれ席の下に置かせる劍を取り出でゝ、その隼人が首を斬りたまひき。かくして明日ぞ上り幸《イ》でましける。かれ其地を近《チカ》ツ飛鳥《アスカ》と名づく。倭に上り到りまして詔りたまはく、今日は此處に留りて、祓禊して、明日まゐ出でて、神宮を拜まむ」とのりたまひき。かれ其地を遠《トホ》ツ飛鳥《アスカ》と名づけき。かれ石上《イソノカミ》神宮にまゐ出でて、天皇に「政既に平げ訖《ヲ》へてまゐ上りて侍ふ」とまをさしめたまひき。かれ召し入れて語らひたまひき。」とあります。

書紀では瑞齒別皇子が太子の元を辭して難波に赴く時、忠直者を得て、臣が不欺《サダカ》なることを明さむと欲すといふので、則ち木菟《ツク》宿禰を同道せしめたまふたとある。而して仲皇子を殺した隼人を刺領巾《サシヒレ》と爲し、その刺領巾を殺したのは木菟《ツク》宿禰としてゐる。其他多少づゝ相違の點はあるが、筋は異つてゐない。

中卷の時代に起つた事件中にも、理智の閃きの見えるものは無いではないが、下卷に較べると大に其趣を異にしてゐる。宇遲能和紀郎子《ウヂノワキイラツコ》が大山守命《オホヤマモリ》を討たれた方式等は、殆ど下卷に入るべき程の理智的のものであるが、それでも尙ほ味へば其間に初々《ウイく》しさが多分に認められる。然るに墨江中王の事件の如きは徹頭徹尾一切が埋智で運ばれて居る。先づ最初墨江中王が太子の名を冐《タガ》へて黒比賣を姧した仕方、それは淺慮なものではあるが、頗る惡辣なもので、餘りにも理智を弄ばれたとも云へやう。が併し鈴を置き忘れたとはまさか氣附かれなかつたであらう。姦策は如何に巧に運んでも拔目のあるものである。事露れたりと知つて、太子を殺さむとするに至つたのは、當然の理路だが、密に兵を興して宮を圍むに至つて、平群木菟宿禰、物部大前宿禰、漢直の祖阿知使主《アチノオミ》の三人が、太子を盜み出して御馬に乘せて倭に赴いた機敏さ、宮殿の燒けるのを後に、難を逃れ、而して徐に善後策を講ぜんとした深慮、逃げ給ふ途で、淡路野島の海人を捕へ給ふ用意周到なる手際《テギハ》、倭直吾子籠《ヤマトノアタヒアココ》の歸順するまでの毫も油斷の無い運び方等、實に整然たる理路が立つてゐる。特に同母弟の水齒別命が、味方せんとして態々御來訪ありしにも係らず、若し墨江中王に同心には非らずやと疑つて、容易に信を措かず、「墨江中王を殺して來たら創めて、眞實忠誠であることを知らう」と仰せらるゝ御深慮のほど、いかに鋭い理智の閃きを拜することが出來ませう。水齒別命が、難波に還り下りまして、墨江中王に近く事へまつる隼人、曾婆加里《ソバカリ》をしてその主を殺さしめ、その目的を達せられたが、曾婆加里が功を恃んでどんな後難があるかも知れないことを思へば、捨てては措けない「曾婆訶里吾が爲に大き功あれども、旣に己が君を殺せまつれば、不義なり。然れどもその功を報いずば、僞せしになりぬべし。既に契りしごと行はゞ、かへりて其の心こそ恐けれ。かれその功は報ゆとも、その正身をば滅してむらぞ思ほしける」そこで細密な策謀を廻らして曾婆訶里に大臣に成つたと歡ばせ、大鋺《オホマリ》の爲に顏の隱れた處を刺したまふた奇策、實に周到な計劃を以て實行されてゐるではないか。これを詐刀を取代へて敵を刺したり、酒に醉はしめ其の虛に乘じて之を刺す等に比して、如何に進んで來たかを知ることが出來ませう。

併し、奇策を弄せんとして奇策を立てるのでは無く、また單に敵を倒して己が勝利を欲《ネガ》ふと云ふのでもなく、徹頭徹尾正を正とし理を理とし、大義明分に立脚して一切が運ばれて往く點に大なる留意を要します。天位は絕對至上のものである。故に理否曲直正邪善惡の基準は、千古を通じて牢として不變不動である。若し夫れ外國の思想を以てすれば、正邪曲直の判定は事件そのものに存在して、常に動搖を免れない。所謂勝てば官軍負くれば賊である。然るに我國は大義明分嚴乎として不易である。故に其の事件や劃策や推移や乃至其結果等をのみ些細に研究したり、一般人道上の基準等を持ち出して、之を判定せんとするが如きは抑もの末である。

宗教的信仰が道德的律則に移らうとする過渡期の事件として「墨江中王《スミノエナカノミコ》に味方して、太子を途に擁し捕へ奉らんとした阿曇連濱子《アツミノムラヂハマコ》は、捕へられて召し出され。汝、仲皇子と共に逆を謀りて、將に國家を傾けむとす。罪死に當れり、然るに大なる恩を垂れて、死を免し墨《ヒタヒキザム》を科す。即日黥《メサキヽザ》ましむ。此に因りて時人阿《アツ》曇目《ミノメ》と曰ふ。亦濱子に縱《シタガ》へる野島の海人等の罪を免《ユル》して、倭の蔣氏《コモシロ》屯倉に役《ツカ》ふことにされた。」とあるのは、海軍家の勢力が暗々裡に偉大であつたので、特殊待遇されたと云ふ觀察もされ、また一面にはこれを我が特有の德政の致す所であるとも解されませう。

我國は皇室を宗家とする一大家族國で、無限の鴻慈が常に萬民の上に及んでゐます。而してまた優雅にして常に情趣の漲つてゐる樂土である。「三年冬十一月天皇兩枝船《フタマタフネ》を磐余《イハレ》市磯池《イチシノ》に泛べて皇妃と各分れ乘りて遊宴《ウタゲ》たまふ、膳臣余磯《カシワデアレシ》酒を獻る。時に櫻花御盞に落《チリイ》れり。天皇異《アヤシ》みたまふ。則ち物部長眞膽連《ナガマイノムラヂ》を召して詔して曰く。「是の花非時《トキジク》に來れり、何處の花ぞ、汝自ら求むべし」。是に長眞膽連《ナガマイノムラヂ》獨り花を尋ねて、掖上《ワキリ》室《ムロ》山《ヤマ》に獲て獻る。天皇其の希有を歡びたまひ、即ち宮の名としたまふ。故に磐余稚櫻宮《イハレノワカサクラノミヤ》と謂ふは共れ此の縁なり。是日に長眞膽連の本姓を改めて稚櫻部《ワカサクラ》造と曰ふ。又膳臣余磯《アレシ》を號けて稚櫻部臣と曰ふ」何たる御優美なことでせう。櫻咲く日本は斯く麗はしいうまし國である。

また人の欲しないことは、强て之を强要したまはず、その自由を尊びたまへることは「鯽魚磯別王《フナシワケ》の女太《フト》姫郎姫《ヒメノイラツメ》、高鶴郎姫《タカツルノイラツメ》を喚して后宮に納れて並に嬪《ヒメ》と爲たまふ。是に二嬪恒に歎きて曰く、「悲しき哉、吾が兄の王何處にか去りましけむ」。天皇其の歎くことを聞しめして問ひて曰く、「汝何をか歎息《ナゲ》く」、對へて曰く「妾が兄鷲住王《ワシスミノミコ》人と爲り力強くて輕捷《ト》し、是に由りて獨り八尋屋を馳せ越えて遊行《イ》にき。既に多くの日を經て面言《アヒカタラ》ふことを得ず。故れ歎く」とまをしき。天皇其の强力を悅び、以て喚《メ》したまふ。參來ず。亦使を重ねて召せども參來ず。恒に住吉邑に居り。是れより以後、廢めて以て求めず。是れ讚岐國造、阿波國の脚咋別《アシクヒワケ》凡て二族の始祖なりとあるに見て、明に拜せられる所でせう。

が併し我國は飽くまで神祇の國である。故に宗教的信仰が、道德的實踐に移るとしても、神祇に對しては特別の御思召が常に失はれませんでした。この點は最も留意すべき條件で、過度期に際しては、特に其の奥底を見失はないことが肝要でせう。この天皇の時、次の如き事件が起つた。筑紫に居ます三神、宮中に見はれて言《ノタマ》はく、「何ぞ我が民を奪ひたまふ。吾れ今汝に慚《ハヂ》みせむ」。是に禱して祠らず、秋九月天皇淡路島に狩したまふ。是の日に河内の飼部等從駕の轡執れり。是より先に飼部の黥《メサキノキズ》皆未だ差《イ》えず。時に島に居ます伊奘諾《イザトギ》神祝《ハフリ》に託《カ》りて曰く、血の臰《クサキ》に堪へず。因りて以て卜ふに、兆に云ふ。飼部等の黥の氣を惡む。故れ是より後、頓絶《ヒタブル》に以て飼部を黥せずして止む。癸卯、風の如き聲ありて、大虛に呼びて曰く、劒刀太《ツルギタチ》子王《ヒツギノミコ》なりき。「亦呼びて曰く、鳥往來《カヨ》ふ羽田《ハタ》の汝妹《ナニモ》は、羽狹《ハサ》に葬《ハソ》り立往《イ》ぬ。亦曰く狹名來田蔣津命《サナキタノコモツノミコト》、羽狹《ハサ》に葬り立往ぬ。俄にして使者忽に來りて曰く、皇妃薨《ア》れましぬ。天皇大に驚きて、便《スナハ》ち命駕歸りたまふ。丙午、淡路より至りたまふ。冬十月皇妃を葬ります。既にして天皇神の祟を治めたまはずして皇妃を亡ふを悔いたまひて、更に其の咎を求む。或者の曰く車持君《クルマモチノキミ》筑紫國に行《マカ》りて、悉に車持部を校《カト》り、兼て充神《カムベ》者《タミ》を取れり、必ず是の罪ならむ。天皇則ち車持君を喚《メ》し、以て推問ひたまふ。事既に實なり。因りて以て數《セ》めて曰く、爾、車持君と雖も、縱に天子の百姓を檢校《カト》れり。罪一なり。既に神祇に分寄《クバリノテ》たる車持部を、兼ねて奪取れり。罪二なり。則ち惡解除《アシハラヘ》、善解除《ヨシハラヘ》を負せて、長渚崎《ナガスノサキ》に出でて祓禊《ハラヒミソ》がしむ。既にして詔して曰く、今より以後、筑紫の車持部を掌ることを得じ。乃ち悉に收めて、以て更に分《クバ》りて三神に奉る」。この記事は下卷としては一異彩を放つもので、思想轉向期に於ける、意義深いものと云つてよからう。中卷に出るならば、全く普通平凡な事實でせうが、今は過渡期を示す記事として味ふべきものでせう。

この天皇の御代は歷史循律の上では「存治時代」で、頻る太平な時代であるのですが、古事記の記事は、單に仲皇子の事件のみを傳へて、他は殆ど何等傳へて居ない。日本書記は、元年夏四月阿曇連濱子を黥刑に處す。二年春正月瑞齒別皇子を立てゝ儲君と爲す。冬十月磐余に都したまふ。是の時に當りて平群木菟

郵便はがき

料金受取人払

大崎局承認

1522

差出有効期間
平成13年9月
30日まで
(切手不要)

141-8790

115

東京都品川区上大崎2－13－35
ニューフジビル2階

八幡書店 行

■読者の皆さまへ

ご購入ありがとうございます。誠にお手数ですが裏面の各欄にご記入の上、ご投函ください。
もれなく最新の小社出版案内をさしあげます。

お名前	男 女	才
ご住所 〒		
ご職業	学校名・会社名	

八幡書店愛読者カード

ご購入図書（ＣＤ）名

ご購入書店名

※あなたの関心のある分野に○をつけて下さい（複数回答可）。	※本書を何でお知りになりましたか。
マルチメディア　サイバーパンク　心理学 脳科学　潜在能力開発　予言　占い　政治 ニューエッジ　瞑想　英会話　セラピー ＳＦ　立体音響　アロマテラピー　アニメ ニューサイエンス　魔術　コンピュータ 古史古伝　ＵＦＯ　ヒーリング　人工生命 武道　瞑想　ゲームソフト　エコロジー 戦記　古神道　トランスパーソナル心理学 気功　超能力　ヴァーチャルリアリティ 幻想文学　旅行　風水術　シャーマニズム 時事問題　ミステリー　漫画　立体映像 ハウスカルチャー　ブレインマシン　健康 ペット　インターネット　手話　ロック 神話　シミュレーション小説 その他（　　　　）	イ　店頭で（店名　　　　） ロ　新聞・雑誌等の広告を見て （　　　　） ハ　書評・紹介記事を見て （　　　　） ニ　友人・知人の推薦 ホ　小社ＤＭを見て ヘ　その他（　　　　） ※他に小社の書籍・ＣＤ等を購入したことがあれば、品名をお書き下さい。 （品名　　　　） ※本書（ＣＤ）について 内容　（大変良い　良い　普通　悪い） デザイン（大変良い　良い　普通　悪い） 価格　（大変良い　良い　普通　悪い）
※本書についてのご感想（お買い求めの動機）	※コンピュータはお持ちですか？ （機種名　　　　）

※今後小社より出版をご希望のジャンル・著者・企画がございましたらお聞かせ下さい。

宿禰、蘇我滿智宿禰、物部伊莒弗《イコフツ》大連、圓大使主《ツブラオホミ》共に國の事を執れり。十一月磐余池を作る。三年冬十一月市磯池の御遊宴より、宮の名を磐余稚櫻宮と名けたまふ由來物語あり、四年秋八月始めて諸國に國史を置き、言事を記して四方の志《フミ》を達《イタ》す。冬十月石上溝を掘る。五年秋九月飼部の黥刑を廢す。同年冬十月車持君筑紫三神の車持部を檢校す。六年始めて藏職を建て、因りて藏部を定む。等の記事が掲げられて稍々時代色を明瞭にしてゐるようである。其の內特に天皇の四年「始めて諸國に國史を置き言事を記して四方の志を達す」とある點は、大に留意すべき事で、それまで朝廷には史官を置いて記錄に當らせられたが、この時諸國に國史を置いて、地方の事情が大小となく中央に達するやうになつたのは、文藝の普及發達を證明すると同時に、修史事業に對する歷朝の深き思召を拜することを得るものとして、史乘重要な事項である。

又天皇是に阿知直《アチノアタヒ》を、始めて藏官《クラノツカサ》にめしたまひ、また粮地《タドコロ》をも賜ひき。またこの御世に若櫻部臣等に若櫻部といふ名を賜ひ、また比賣陀君《ヒメダノキミ》等に、比賣陀之君といふ姓を賜ひき。また伊波禮部《イハレベ》を定めたまひき。古語拾遺には「後磐余稚櫻朝に至りて三韓貢献變世絶ゆること無かりしかば、齋藏の傍に更に內藏を建て、官物を分收《ヲサメ》き。仍《カレ》阿知使主と百濟の博士王仁とをして、其出納を記さしめ、始めて藏部を定めたまひき」とある。齋藏の外に内藏を建て、祭祀費と皇室費とを區分されたのは、古語拾遺所傳の理由の通りであつたらうが、また以て是の一事が、一切の制度が「限定」に向つた表徴と見ることが出來るかと思はれます。安寧と秩序を保持する爲めに、漸次朝政の組織が區分され始めたことは、恐らくこの御代頃からであつたであらう。

この天皇の御年六拾四歳、御陵は毛受《モズ》にあり。書紀では稚櫻宮に崩ります〔時に年七十〕冬十月　百舌鳥《モズノ》耳《ミミ》原陵《ハラノミサヽキ》（和泉國泉北郡神石村上石津にあたる）に葬めまつるとあり。御陵の面積は五萬二千四百餘坪ある。

水齒別天皇（反正天皇）

水齒《ミツハ》別《ワケ》命、多治比《タヂヒ》之柴垣宮《ノシバカキノミヤ》（河内國南河内郡松原村上田）にまし〳〵て、天下治しめしき。この天皇御身の長九尺二寸半、御齒長さ一寸、廣さ二分、上下等しく齊《トヽノ》ひて、既に珠《タマ》を貫《ヌ》けるが如くなりき。書紀には瑞齒別天皇は去來穗《イザホ》別《ワケ》天皇の同母弟なり。去來穗別天皇二年に立ちて皇太子と爲りたまふ。天皇初め淡路宮に生れます。生れまして齒一骨の如し、容姿美麗《ウルハ》し。是に井有り、瑞井《ミツノヰ》と曰ふ。則ち汲みて太子に洗《アム》しまつる。時に多遅比《タヂヒ》の花落ちて井の中に在り。因りて太子の名と爲す。多遅比《タヂヒ》の花は今の虎杖《イタドリ》の花なり。故れ稱へまをして多遅比《タヂヒ》瑞齒別《ミツハワケ》天皇と謂ふ。とあり。

履中天皇には市邊押磐皇子以下の御子がおはすのに、それを措いて皇弟を儲君にお立てになつたのは何故であらう。けだし瑞齒別皇子が仲皇子を誅して靖難の大勳功があり、且つ葛城氏磐之媛の出であつたからであらうと史家は云つてゐる。

天皇、丸邇之許碁登臣《ワニノコゴトノオミ》の女、都怒郎女《ツヌイラツメ》を娶して生みませる御子、甲斐郎女《カヒノイラツメ》、次に都夫良郎女《ツブラノイラツメ》(二柱)また同じ臣の女、弟比賣を娶して、生みませる御子、財王《タカラ》、次に多訶辨《ダカラ》郎女《イラツメ》幷せて四柱ましき。書紀には大宅臣《オホヤケ》が祖木《コ》事《コト》の女津野媛《ツヌヒメ》を立てゝ皇夫人と爲し、香火姫《カホヒメ》皇女、圓《ツブラ》皇女を生みたまふ。又夫人の弟弟媛を納れて財《タカラ》皇女と高部《タカベ》皇子とを生む。とあり。

この時代は歴史循律は、「存治時代」に當り、頗る治安の象である。書紀に元年冬十月河内の丹比に都つくる。是を柴籬宮《シバガキノミヤ》と謂ふ。是の時に當りて、風雨時に順ひて五穀成熟り、人民富饒ひて天下太平なりとあり。以て本時代の全貌を證すべし。

この天皇御年六拾歳、御陵は毛受野《モズヌ》(和泉國堺市の東郊、)に在り。御陵面積一萬一千餘坪。あり。

男淺津間若子宿禰天皇（允恭天皇）

男《ヲ》淺津《アサツ》間《マ》若子宿禰《ワクゴノスクネ》命、遠飛鳥宮《トホツアスカノミヤ》（大和國高市郡飛鳥村大飛鳥の地。）にまし〳〵て、天下治しめしき。この天皇、意富本杼《オホホト》王の妹、忍坂之大中津比賣《ヲサカノオホナカツヒメ》命に娶ひまして生みませる御子、木梨之輕王《キナシノカルノミコ》、次に長田大郎女《オサダオホイラツメ》次に境之黑日子《サカヒノクロヒコ》王、次に穴穗《アナホ》命、次に輕大郎女《カルオホイラツメ》、またの御名は衣通《ソトホシ》郎女（御名を衣通王と負はせる所以は、その御身の光衣より通り出でつればなり）。次に八爪之白日子《ヤツリノシロヒコ》王、次に大長谷《オホハツセ》命、次に橘《タチバナ》大郎女、次に酒見《サカミ》郎女（九柱）すべてこの天皇の御子たち九柱（男王五、女王四）この九柱の中に、穴穗《アナホ》命は天下治しめしき、次に大長谷《オホハツセ》命も天ノ下治しめしき。

「天皇初め天津日嗣《アマツヒツギ》知ろしめさむとせし時に、辭《イナ》びまして、我は打延《ウチハ》へたる病しあれば、日嗣《ヒツギ》え知らさじと詔《ノ》りたまひき。然れども大后（忍坂之太中津比賣命）を始めて、諸卿たち堅くまをしたまへるに因りてぞ、天下治しめしけるとあり。書紀には「雄朝津間稚子宿禰《ヲアサツマワクコノスクネ》天皇は瑞齒別天皇の同母弟なり。天皇岐嶷《カブロ》より總角《アゲマキ》に至りて、仁惠儉下、壯に及びて篤病《オモクヤマヒ》して容止不便。五年春正月、瑞齒別天皇崩りましぬ。爰に群卿議りて曰く、方《マサ》に今、大鷦鷯天皇の子《ミコ》は雄朝津間稚子宿禰皇子と大草香《オホクサカ》皇子となり。然るに雄朝津間稚子宿禰皇子、長にして仁孝、即ち吉き日を選びて、跪きて天皇の璽を上る。雄朝津間稚子宿禰皇子《ヲアサツマワクコノスクネノミコ》謝《イナ》びて曰く、我が不天《サイハヒナキコト》久しく篤疾に離《カヽ》りて歩行くこと能はず。且つ我れ既に病を除《ヤ》めむと欲ひて、獨り奏言《マヲ》さずして、密に身を破りて病を治むるも、猶差《イ》ゆること勿《ナ》し、是に由りて先皇責めて曰く、汝患病《ヤマヒ》と雖も、縱に身を破れり。不孝孰れか茲より甚しからむ、其れ長生《ナガラ》ふとも、遂に繼業を得じ。亦我が兄の二天皇、我を愚なりとして輕しめたまひしこと、群卿共に知れる所なり、夫れ天下は大器なり、帝位は鴻業なり、且つ民の父母は斯れ則ち聖賢の職、豈下愚の任へむや。更に賢王を選びて宜しく立つべし。寡人敢て當らじ。」とあります。天下は大器なり帝位は鴻業なり。民の父母は斯れ則ち聖賢の職と仰せたまふ豈に畏き次第ではありませんか。併し群臣再拜して言さく、「夫れ帝位は以て久しく曠《ムナ》しかるべからず。天命は以て謙距《ユヅリフセ》ぐべからず。今大王時を留め衆に逆ひて、號《ナ》位を正さずば、臣等百姓の望絶えなむことを恐る。願はくば大王勞《イタ》はしと雖も、猶天皇の位に即きたまへと」再願したのは、臣としての至誠が溢れてゐて、頗る感激の深いものがあります。が併し尙ほも「宗廟社稷を奉《ウ》くるは重事なり。寡人篤疾《オモクヤマヒ》して以て稱《カナ》ふに足らず」と猶辭びて聽《ユル》したまはず。是に群臣皆固く請《マヲ》して曰く「臣伏して計りみるに、大王皇祖の宗廟を奉けたまふに最も宜宜《カナ》へり。天の下の萬民と雖も、皆以て宜しと爲す。願はくは大王聽したまへ」

と請ひて止みません。「元年冬十二月、妃忍坂大中姫《ヲサカオホナカヒメ》命、群臣の憂吟に苦《ヨ》りて、親ら洗手水《オホミテミツ》を執り、皇子の前に進み、仍りて啓して曰く、大王辭びたまひて位に即きたまはず、位空しくて既に年月を經ぬ。群臣百寮之を愁ひて所爲《セムスベ》を知らず。願はくは大王群《モロ〳〵》の望に從ひて强て帝位に即きたまへ」と奏上されたが、皇子は聽したまはずして、背き居て言《モノイ》はず。是に大中姫命惶《カシコ》まりて退かうこもせず、侍《ハベ》りたまふこと四五刻を經た。此時に當りて、季冬の節に風亦裂寒《ハゲ》しく、大中姫命の捧ぐる鋺《マリ》の水溢れて腕に凝《コ》り、寒さに堪へずして、以て將に死なむとするに至つた。皇子顧みて驚き、則ち扶け起して謂《カタ》りて曰く「嗣位は重事なり、輙《タヤス》く就くことを得ず。是を以て於今《イマニ》從はず。然るに今群臣の請ふこと事理灼然なり。何ぞ遂に辭せむや」と仰せられました。爰に大中姫命仰ぎ歡びて、則ち群卿に謂りて曰く「皇子將に群臣の請を聽したまはんとす。今天皇の璽符《ミシルシ》を上るべし」と申された。是に群臣大に喜びて、即日天皇の璽符を捧げて、再拜して上る。そこで皇子は「群卿共に天下の爲に寡人を請《コ》ふ。寡人何ぞ敢て遂に辭《イナ》まむ」とのたまひて、乃ち帝位に即きたまふ。實に感激の深い一條である。史家は云ふ。有力な氏族の數が增したので、その邊の心遣ひから、踐祚の義が決し兼ねるに至つたのであらうこ。果して然るか愼重研究を要す。

この時新良《シラギ》國主、御調物八十一艘献りき。こゝに御調《ミツギ》の大使、名は金波鎭漢紀武《コムハチムカムキム》（金は姓、波鎭は爵、漢紀は王族の號、武は名）とぞいひけ。るこの人藥の方《ミチ》を深く知りき。かれ天皇が御病を治めまつりき。書紀では三年春正月使を遣して良醫を新羅に求む。秋八月醫新羅より至れり。則ち天皇の病を治めしむ。未だ幾の時を絶ずして、病已に差《イ》えぬ。天皇歡びたまひて厚く醫に賞して以て國に歸したまふ」とあり。

この天皇は最も賞罰を重んぜられ、特に禮讓を重んぜられたやうに拜察されます。今其例として、書紀に「初め大中姫命《オホナカヒメ》母に隨ひて家に在しき。獨り苑中に遊びたまふ。時に闘鷄國造《ツゲクニツコ》が徑《ミチ》の傍から馬に乘り乍ら籬を窺き込んで、嘲り口調で、「おめへ能く園を作りますねえ。その蘭を一莖くんねえ」と云ふから、皇后は一根の蘭を與へたまふた。而して「それは何にするのか」とお訊ねになると「山へ行き蠛《マグナキ》を撥《ハラ》ふためさ」と頗る無禮な態度で答へた。後日皇后に登りたまふた時、先年馬に乘つて蘭を乞つた者を覓めて、昔日の罪を數《セ》めて以て殺さうとされた。蘭を乞ひし者、額《ヒタヒ》を地に搶《ツ》きて叩頭《ノ》みて「臣が罪萬死に當れり、然れども其の日に當りて貴者といふことを存じませんでしたから」とひたあやまりに謝したので、死刑を赦して其姓を貶して稻置とされた。これは皇后に就ての事であるが、其頃の國造等が如何に傲慢なものであつたかゞ判り、之を懲らすことに因つて、一般の風儀を矯め且つ横暴を戒めやうとの思召も含まれて居たのではなからうか。

この御代に最も重要な事項として、氏姓の錯綜したのを匡《タヾ》されたことを擧げるのが當然でせう。氏姓を匡《タヾ》された事に就いて、史家は種々に論じてゐる。當時は氏族制が漸次整頓して來た時代ですが、氏長相續制が徹底して來ると、所領の爭奪問題が當然起つて來る。所有の爭奪の爲めには、種々の手段が講ぜられ、中には惡辣な方法を採らなければ目的が達せられないこともあつたであらう。斯うして氏姓を勝手に詐る者も續々出て、爭奪がだん〳〵激しくなつて往つた。允恭天皇の氏姓を匡されたのは、この弊風を防止しやうとされたと見るのが普通一般の解說で、其の義は第一承認されやうが、尙ほ時代そのものが、何等かの組織ある制度を欲し、その準備行程として、先づ以て時弊匡正を斷行された意味の有つたことを忘れてはなるまいと思ふ。この理想は後に至つて、聖德太子を經、中大兄皇子を經、大化改新に到つて實現した譯でせうが、併しその萠芽は旣にこの頃から存在したやうに思はれます。

「是に天皇、天下の氏氏、名名の人どもの、氏姓《ウヂカバネ》の忤《タガ》ひ過てることを愁ひまして、味白檮《アマカシ》の言八十禍津日《コトヤソマカツヒノ》前《サキ》（大和國高市郡飛鳥村豐浦の地）に、玖訶瓮《クカベ》を据《ス》ゑて、天下の八十友緒《トモヲ》の氏姓を定めたまひき。また木《キ》梨之輕《ナシノカル》太子の御名代として、輕部《カルベ》を定めたまひ、大后の御名代として、刑部《オサカベ》を定めたまひ、大后の弟田井《タヰ》中比賣《ナカヒメ》の御名代として河部《カハベ》を定めたまひき。書紀には四年秋九月　詔して曰く「上古の治、人民所を得て、姓名錯《タガ》はず、今朕踐祚茲に四年になりぬ。上下相爭ひて百姓安からず。或は誤りて己が姓を失ひ。或は故《コトサラ》に高き氏に認む。其の治の至らざることは、蓋し是に由りてなり。朕不賢こ雖も、豈其の錯を正さざらむや。群臣議り定めて奏せ。群臣皆言さく 陛下失を擧げ 枉《マガレル》を正して氏姓を定めば、臣等冒死《カムカムツカマツラム》と奏すに、可《ユル》されぬ。戊申詔して曰く、群卿百寮及び諸國造等皆各言さく・或は帝皇の裔、或は異《アヤ》しくして天降《アマクダ》れりこ、然れども三才顯分《ワカ》れてより以來《コノカタ》、多く萬歲を歷ぬ。是を以て一氏蕃息《ウマハ》りて、更に萬の姓と爲れり。其の實を知り難し。故れ諸氏姓の人等沐浴《ユカハア》み齋戒《キヨマハ》りて、各盟神探湯《クガタチ》をせよ。則ち味橿丘《アマカシノヲカ》の辭禍戸岬《コトノマガトノサキ》に於て探湯瓮《クカベ》を坐《ス》ゑて、諸人を引きて赴かしめて曰く、實を得ば則ち全く、僞れる者は必ず害《ソコナハ》れなむ。是に諸人各木綿襷《ユフタツギ》を著《カ》けて釜に赴きて探湯《クガタチ》す。」とあります。則ち實を得る者は自らに安く、實を得ざる者は皆傷れた。故に詐る者は愕《オドロ》いて豫め退いて進むことをしなかつた。是より後氏姓自らに定まりて、更に詐る人無し」と云ふことに成つてゐる。勿論徹底的に匡正はされなかつたでせうが、其の時代的精神だけは深く含味すべきでせう。

玉田宿禰《タマダノスクネ》が殯事を掌る主司であり乍ら、禮無きために誅せられたのも、亦た不禮を糾彈された大なる事件の一つでありませう。五年秋七月、地震《フ》る、是より先に葛城襲津彥《カツラギソツヒコ》の孫玉田宿禰に命《オホ》せて、瑞齒別《ミツハワケ》天皇の殯《ミモガリ》を主らしむ。則ち地震る夕に當りて、尾張連吾襲《アソ》を遣はして殯宮の消息を察せしむ。時に諸人悉く聚まりて闕《ヒマ》無し。唯玉田宿禰無之《ハベラズ》。吾襲《アソ》奏して言《マヲ》さく、殯宮大夫玉田宿禰殯の所に見えず。則ち亦吾襲《アソ》を葛城に遣はして玉田宿禰を視しむ。是の日玉田宿禰方《マサ》に男女を集へて酒宴す。吾襲狀を擧《ア》げて具《ツブサ》に玉田宿禰に告ぐ。宿禰則ち事有らむことを畏れて、馬一匹を以て吾襲に授けて禮幣《イヤノシロ》と爲し、乃ち密に吾襲を遮りて道路に殺して、因りて以て武内宿禰の墓域に逃隱《ニゲカク》れぬ。天皇聞しめして玉田宿禰を喚《メ》さしむ。玉田宿禰疑ひて甲《ヨロヒ》を衣《コロモ》の中に服して參赴《マヰキ》けり。甲《ヨロヒ》の端衣の中より出でたり。天皇分明に其の狀を知らしめさむと欲して、乃ち小墾田《ヲハリタノ》采女《ウネメ》をして酒を玉田宿禰に賜はらしむ。爰に采女分明に衣の中に鎧有りと瞻《ミ》て、具に天皇に奏す。天皇兵を設《マ》けて將に玉田宿禰を殺さむとす。乃ち密に逃げ出でゝ家に匿る。天皇更に卒を發して玉田宿禰が家を圍み、捕へて乃ち誅さしめたまふといふのがそれである。玉田宿禰の行爲は實に不都合究まるもので、そのづるさ加減は言語同斷な次第ですから、誅罰されたのは當然以上當然ですが、人心の墮落や豪族の驕慢が、この爲めに警告されたことも亦大であつたでありませう。これ等は何れも天皇が不禮を痛く糾彈し給へる實話ですが、爰に禮を徹底せんとして、一篇の悲話の生まれた事は、餘儀ない次第でした、事の起りは「七年冬十二月、新宮に讌《トヨノアカリ》したまふ。天皇親ら撫琴《ミコトヒ》きたまふ。皇后起ちて舞ひたまふ。舞既に終りて禮事《ウケコト》を言はず。當時の風俗として宴會に於て舞者舞ひ終つて、則ち自ら座長に對つて「娘子奉らむ」と申すべきでしたのに、皇后は仰せられない。そこで天皇は「何ぞ常の禮を失へる」と仰せられた。皇后は復た起つて舞ひ、今回は「娘子奉らむ」と仰せられた。「奉る娘子は誰ぞ」と云ふことに成つて、皇后は絶體絶命、「妾の弟名は弟姫即ち衣通郎姫《ソトホリイラヒメ》でございます」と申し上げられたので、天皇は歡びて、早速一舍人中臣烏賊津使主《イカツノオミ》を遣はして、衣通姫を喚し給ふた。が衣通姫《ソトホリヒメ》は皇后の嫉を畏れて參向す、烏賊津使主はそこで奇智を廻らして遂に衣通姫を承認させ、之を率《ツ》れて復命した。乃ち藤原宮を稱《ツク》りて衣通姫を居らしめ給ふ。併し皇后は頗る御不平で、恒に悶々として天皇を怨みたまふた。そこで今度は都から遠い河内の茅渟《チヌ》に宮を與造《ツク》りて居らしめられた。がこの事件は永く苦惱の種子と成つた。

この御代には玉田宿禰の如き不忠者もないではなかつたが、忠誠自ら後世の範とするに足る如き人物の多かつた事は、忍坂大中姫《ヲサカオホナカヒメ》が嚴寒の候に御即位を勸めまゐらす際、大中姫の捧ぐる鋺《マリ》の水、溢れて腕に凝り、寒さに堪へずして將に死なむとされた態度。烏賊津使主《イカツノオミ》が、衣通姫を迎へに行つた時、容易に衣通姫が應諾しないので、仍りて七日を經るまでも庭の中に伏して、飲食を與ふれども食はず。遂に姫をして、「妾、皇后の嫉に因りて既に天皇の命を拒む。併し君の忠臣を亡はむ。是れ又妾が罪なり。」と則ち烏賊津使主に從ひて參向《マヰク》と云ふ運びになつた如き。又た十四年秋九月天皇淡路島に獵したまふ。其時不獵でした。こは島神の祟りごあつて、赤石海底の球を取つて祠らば獵あらんといふ、そこで男狹磯《ヲサシ》といふ海人に海底の珠を取らしめられた。所が男狹磯は、懸命に海底に降り、大鰒を抱いて泛き出たが、乃ち息絶えて浪の上に死んだ。海の深さ六十尋あつたと云ふ。天皇は男狹磯《ヲサシ》が海に入りて死ぬることを悲みて、則ち墓を作りて厚く葬られた。其の墓猶今に存《ア》りとあります。一介の海人にもこの至忠の精神はあつた。この御代は國史循律は「存治時代」であり、人生三十九歳迄の象に當ります。

この天皇御年七拾八歳、御陵は河内之惠賀長枝（河内國南河内郡道明寺村國府の地）にあり。書紀には寶壽八十一。陵は河内の長野原陵としてゐる。御陵面積一萬八千七百餘坪。

天皇崩りまして後、木梨之《キナシノ》輕《カル》太子、日嗣知ろしめすに定まれるを、未だ位に即きたまはざりしほどに、その同母妹輕大郎女《カルノオホイラツメ》に姧《タハ》けて、歌よみしたまはく。

足曳《アシビキ》の、山田をつくり、山高み、下樋《シタヒ》をわしせ、下聘《シタト》ひに、吾が聘《ト》ふ妹《イモ》を、下泣きに、吾が泣く妻《ツマ》を、

今日こそは、休《ヤス》く肌觸《ハダフ》れ。

此歌の意味は「山の中の田を作ると、山が高いものだから、田に水を注ぐにも、隱れた地中に下樋を通

じ、さうして水を迸るのであるが、丁度その下樋の水のやうに、人目を隠れ忍んで通つた我が愛人、忍び泣きに泣いて通つてゐた我が戀人と、今日こそは首尾よく容易に肌を觸れることが出來る。」といふのです。

こは後擧歌《シラゲウタ》なり。また、

笹葉《ササバ》に、打つや霰《アラレ》の、たしだしに、率寢《キネ》てむ後は、人議《ハカ》ゆとも、愛《ウルハ》しと、眞寢《サネ》し眞寢《サネ》てば、刈薦《カリコモ》の、亂れば亂れ、眞寢し眞寢てば、

歌の意味は「笹の葉に霰が勢よく音を立てゝ降つて來るやうに、確に我が愛人を伴れ出して同衾することが出來た以上は、人々が如何に論議誹謗しようとも、世評なんかは問題でない。可愛いからと云ふので、二人の仲が斯んなになつて、既に添寢をしてしまへば、我が心が亂れるなら勝手に亂れよ。戀人と一緒に寢た以上は、我が心身の破滅なにものぞ」といふのです。

こは夷振《ヒナブリ》の上歌《アゲウタ》（上古の雅樂の名で歌の末節を高く調子をあげて歌つたもの）なり。

是を以て百官をはじめて、天下の人ども、輕太子に背きて、穴穗御子に歸《ヨ》りぬ。かれ輕太子畏みて、大前《オホマ》小前宿禰《ヲマヘ》（物部大前宿禰、物部小前宿禰との兄弟二人の名）大臣の家に逃げ入りて、兵器を備へ作りたまひき（その時に作れる矢は、その箭の前を銅にしたり。かれその矢を輕箭《カルヤ》といふ）穴穗御子も兵器を作り

たまふ（この王の作らせる矢は、即ち今時の矢なり。之を穴穂箭《アナホヤ》といふ）是に穴穂御子軍を興して、大前《オホムヘ》小前《ヲマヘ》宿禰の家を圍みたまふ。かれその金門《カナト》に到りませる時に、大氷雨《ヒサメ》降りき。かれ歌ひたまはく、

大前小前宿禰が、金門陰《カナトカゲ》、かく倚《ヨ》り來《コ》ね、雨立ち止《ヤ》めむ」

歌の意味は「大前小前宿禰兄弟の門のそばに、斯く立ち寄つた我れの如くに、軍兵共も集つて來て雨宿りせよ。そのうちには雨も止むであらうから。それと同じ事だが、我が軍兵この家に攻め寄せよ。さうしたなら、間もなく惡徒を平げることが出來るであらう。」といふのです。

こゝにその大前小前宿禰、手を擧げ、膝を打ち、舞ひかなで、歌ひゐ參來《ク》、その歌は、

宮人《ミヤヒト》の、足結《アユヒ》の小鈴、落ちにきと、宮人動搖《トヨ》む、里人もゆめ。

其の意味は、「輕太子が逃げ込まれたからと云つて、それは脚帶の鈴が落ちた位の小事で御座る。されば宮人も里人も決してお騷ぎなさいますな、大騷ぎなさらずとも、太子は私が容易に捕へて進ぜよう」といふのです。この歌は宮人振《ミヤヒトブリ》なり。かく歌ひつゝまゐきて、白《マヲ》しけらく、我が天皇の御子、同母兄の御子を攻めたまふな。若し攻めたまふならば、必ず人咲《ワラ》はむ。僕捕へて献らむとまをしき。かれ軍を罷《ヤ》めて去りましき」

かれ大前小前宿禰、その輕太子を捕へて、率てまゐ出て獻りき。その太子、捕へられて歌ひたまはく、

天飛《アマト》む、輕《カル》の乙女、甚《イタ》泣かば、人知りぬくべし、波佐《ハサ》の山の、鳩の、下泣《シタナキ》きに泣く。

歌の意味は、「輕の媛女の衣通媛よ、そんなに悲しみ泣くと、我々二人の戀仲を、人々が感づき知つてしまふであらう。願はくは媛よ。あの羽狹山に鳴く鳩のやうに人に知れないやうにこつそりと泣いて呉れ。」

天飛《アマダ》む、輕乙女《カルヲトメ》、したたにも、倚《ヨ》り偃《ネ》てとほれ、輕乙女ども。

歌の意味は、「輕媛女よ衣通媛よ、泣くにしても忍びに忍んで泣いて呉れ、道を行くにも身を淸め屈み隱れて行くのだよ。泣く樣を人に見られないやうにし給へ。ネ輕媛女。」

かれその輕太子をば、伊余湯《イヨノユ》(伊豫國の溫泉の涌き出る所)に放流されました。

また放たれたまはむとせし時に、歌ひたまはく、

天飛《アマト》ぶ。鳥も使ぞ、鶴《タツ》が音《ネ》の、聞えむ時は、吾が名問はさね。

歌の意味は、「我が妻の衣通媛よ。此のうへ遠く離れては、再び會ふことも出來なからう。然し空飛ぶ鳥も使となる者だ。若し鶴の聲でも聞いたなら、どうか我が事を思ひ出して貰ひたい」といふのです。

この三歌は天田振《アマタブリ》なり。また歌ひたまはく、

大君を、島に放《ハフ》らば、船餘《フナアマ》り、い歸りこむぞ、吾が疊《タタミ》ゆめ、言をこそ、疊《タタミ》と言はめ、吾が妻はゆめ。

歌の意味は、「苟くも我は皇太子であるぞ、此の我を島流しにするなれば、忽ちにして我は歸り來るぞ、されば我が敷き慣れた疊を、留守中だからとて疎略にするな。今こゝに疊といふ言葉を使つたが、實は疊よりも我が妻に就て言つたのである。我が妻よ。我の歸り來るまで過失なくかへすぐ\も身を全うせよ。其の身を疎略にしないで待つて居れ」といふのです。

この歌は夷振《ヒトブリ》の片下《カタオロシ》なり。

その衣通王歌を献る、その歌、

夏草の、あひねの濱の、蠣貝《カキガヒ》に、足蹈ますな、明《アカ》して通れ。

その意味は、「伊豫國の濱邊には、夏草が茂つて靡き伏してゐるでありませうが、其の草に隠れて見えない蠣貝をウツカリ蹈みつけて怪我をなさらないやうに、よく道草を撥き分けて御通り下さい。あなたも御からだを御大切にね」といふのです。

かれ後にまた思ひかねて、追ひ往ます時に、歌ひたまはく、

君が行き、け長くなりぬ、山釿《タツ》の、迎へを行かむ、待つには待たじ。」

其意味は、「我が戀ひ慕ふ太子が、御出かけになつてから既に長い月日が經ちましたよ。もうとても待つては居られませんから、さあ御迎へに出かけませう」こいふのです。

かれ追ひ到りませる時に、待ち懷《オモ》ひて、歌ひたまはく、

隱國《コモリク》の、泊瀬《ハツセ》の山の、大峽《オホヲ》には、幡《ハタ》張りだて、眞小峽《マヲヲ》には、幡《ハタ》張りだて、大峽にし、なかさだめる、思ひ妻《ツマ》あはれ、槻弓《ツクユミ》の、伏《コヤ》る伏《コヤ》りも、梓弓《アヅサユミ》、立てり立てりも、後《ノチ》も取り見る、思ひ妻《ツマ》あはれ。」

その意味は、「大和の人の墓所となつてゐる初瀬の山の、大峽小峽にも葬儀用の幡を立て、死んだら共に彼處へ葬られようと云ふので、おほよそに墓所を貴女は選定したと言ふが、あゝけなげにも我が思ふ妻は、二人の死の用意までしてゐるが、手馴れた槻弓や梓弓も、横樣に置いたり縱に立てかけたりして置いて來て、淋しく手持無沙汰に苦しんでゐたが、あゝ今や我が信望する妻は、死の覺悟までして逢ひに來て呉れたか。再會の悦は譬へんに物も無いぞ」こいふのです。

また、

隱國《コモリク》の、泊瀬《ハツセ》の川の、上ッ瀬に、齋杙《イクヒ》を打ち、下《シモ》ッ瀬に、眞杙《マクヒ》を打ち、齋杙《イクヒ》には、鏡を掛け、眞杙には眞玉を掛け、眞玉なす、吾が思《モ》ふ妹、鏡なす、

吾が思《モ》ふ妻《ツマ》、在りと、いはばこそに、家にも行かめ、國をも偲《シヌ》ばめ。」

歌の意味は、「墓所となつてゐる初瀨の地の川の上流にも下流にも齋杙眞杙を打ち立てゝ其の杙に或は鏡を掛け、或は玉を掛け、人々は亡き靈を祭るけれども、其の玉のやうに鏡のやうに美しい我が思ひ妻が故鄉に殘り居ると思へばこそ、我が家にも行つて見たいと思つたり、故鄉も思ひ出されてならなかつたのであるが、あなたが今かうして此處に來てくれた以上は家も故鄉も何も思ふ事は無い。」といふものです。かく歌ひて、即ち共に自ら情死をされた。かれこの二歌は讀歌《ヨミウタ》（普通の歌の如く聲に曲節なく朗讀風に誦したものならん。）なり。

史家は云ふ「世は享樂的の氣分が漲り、美醜善惡の差別がなく、熱情に陶醉する戀愛歌は流行した。日本最初の叙情詩人木梨之輕皇子は衣通姬を戀し、道德習慣と熱情の矛盾に悶死し心中劇こゝに始まる」と。又「日本國民性の一面に感受性の强烈な分子があつた。それが罪穢を極端に嫌ふ潔癖の現はれと成り、神道に結び附いて祓始め種々の作法を生み出しもした。また疾病に對しても同樣な筋合を保つて、病疫驅除には非常な努力を拂ひ、これがまた神道に結合して種々の作法を生んだのである。戀愛に對しては、更にこの感情が强く働いて、或は嫉妬問題、情死問題までも惹起し、又歌舞の發達とも成り、殆ど大事件と認めるもの丶裏面には、戀愛問題の關聯しないものは無い程の狀態であつた。斯樣な感受性は悅樂には雀躍して歡び、悲哀には慟哭して悲しんだ。だから生の享樂の爲めには、それが爽快な朗らかさに合流して、一切を忘れて歡樂に耽つたが、また其半面死に對しては、非常に深い哀痛を感じた。だから遊獵を好みて獸を射殺する快味を滿喫すると同時に、現實の人生の不完全を感じて、儘ならぬ世を怨む念も亦た强かつた。斯樣に感受性の强い國民が、忠孝の念の强かつた事も當然であるが、或は時には甲の端から乙の端に一足飛びに遷るような事をも敢てして怪まなかつた。」と。

穴穗天皇（安康天皇）

穴穗《アナホ》御子、石上《イソカミノ》之穴穗宮《アナホノミヤ》（大和國山邊郡山邊村大字田村の地に在つた）にまし〱て、天下治しめしき。天皇同母弟大長谷《オホハツセ》王の爲に、坂本《サカモト》臣等が祖根臣《ネノオミ》を、大日下《オホクサカ》王の許に遣はして、詔らしめたまへらくは、汝が命の妹若日下《ワカクサカ》王を、大長谷王に合せむとす。かれ獻るべしとのらしめたまひき。こゝに大日下王四び拜みて白したまはく、若しかゝる大命もあらむかと思へる故に、外にも出さずて置きつ、これ恐《カシコ》し。大命のまに〱獻らむとまをしたまひき。然れども言もて白す事は、禮《キヤ》なしと思ほして、即ちその妹の禮物こして、押木の玉縵《タマカツラ》を持たしめて、献りき。根臣即ちその禮物の玉縵を盗み取りて、大日下王を讒しまつりけらく、大日下王は、大命を受けたまはずして、己が妹や、等族《ヒトシウガラ》の下席にならむやといひて、大刀の手上取り《タカミトリシバ》て、怒《イカ》りましつとまをしき。かれ天皇大く怒《イタ》りまして、大日下王を殺して、その王の嫡妻長田《ナガタ》大郎女を取り持ち來て皇后としたまひき。書紀では「大草香《オホクサカ》皇子の妹名を幡梭《ハタヒ》皇女と云ひ、玉縵の名を押木玉縵《オシキタマカツラ》（一に云ふ立縵、又云ふ磐木縵）と云つてゐる。而して押木の不義に因て大日下王の變事のあつた時、難波吉《ナニハノキ》師日香蚊《シヒカカ》父子並に大草香皇子に仕ふ。共に其君の罪無くて死《ミマカ》りたまふことを傷《イタ》みて、則ち父は王の頸を抱き、二子は王の各足を執りて、唱へて曰く、吾が君罪無くて以て死《ミマカ》りたまふ、悲しきかな、我父子三人、生きますときは之に事へ、死にますときは殉はず、是れ臣ならず、即ち自ら刎《ハ》ねて皇子の尸の側に死りぬ。軍衆悉く流涕《カナシ》ぶ。爰に大草香皇子の妻中蒂《ナカシ》姫を取りて宮中に納れ、因りて妃と爲したまふ。復た遂に幡梭《ハタヒ》皇女を喚して、大泊瀨《オホハツセ》皇子に配せたまふ。」とあります。實に憎みても餘ある押木《オシキ》の振舞である。この一事が原因を爲して、重大な悲劇が生れ、國史上稀に見る慘劇が續々現はれることになつたのである。

小人罪無し珠を抱いて罪あり。

「これより後に、天皇神牀《カミトコ》にまし〳〵て、晝寢ましき。かれその后と語らひて、汝思ほすこと有りやとのりたまひければ、吾が天皇の寵の深ければ、何の思ふことか有らむとまをしたまひき。是にその大后の先の子（大日下《オホクサカ》王との間に生ませる）目《マ》弱《ヨワ》王、是年七歳になりたまへり。この王、その折しも、その殿の下に遊びませりき。かれ天皇、その少王《ワカキミコ》の殿の下に遊びませることを知ろしめさずて、大后に詔《ノ》りたまはく、吾は恒思ほすことあり。何ぞといへば、汝の子目《マ》弱《ヨワ》王、人と成りたらむ時、吾がその父王を殺せしことを知りなば、還して邪《キタナ》き心あらむかとのりたまひき。是にその殿の下に遊びませる目弱王、この言を聞き取りて、便《スナハ》ち天皇の御寢ませるを伺ひて、その傍なる大刀を取りて、その天皇の御首を打ち斬りまつりて、都《ツ》夫《ブ》良《ラ》意《オ》富《ホ》美《ミ》（圓は武內宿彌の曾孫で家は大和國葛城にあつた）が家に逃げ入りましき。」

「こゝに大長谷《オホハツセ》王、その時童男にましける。この事を聞かして、慨《ウレタ》み怒りまして、乃ちその兄黑日子王の許《ミモト》にいまして、人天皇を取りまつれり。如何にせましとまをしたまひき。然るにその黑日子王、打ちも驚かずて、怠緩《オホロカ》におもほせり。更に大長谷王その兄を詈《ノ》りて、一つには、天皇にまし、一つには兄弟にますを、何だも恃《タノ》もしげなく、人のその兄を殺《ト》りまつれることを聞きつゝ、驚きもせずて、怠《オホロカ》に思ほせるといひて、即ちその衣の衿《クビ》を取りて控《ヒ》き出でて、刀を拔きて打ち殺したまひき。またその兄白日子王にいまして、前のごと狀《アリサマ》告げまをしたまふに、この王も、また黑日子王のごと、緩《オホロカ》に思ほせりしかば、即ちその衣の衿を取りて、引き率て來て、小治田《ヲハリダ》（大和國高市郡飛鳥の別名）に到りて、穴を掘りて、立ちながらに埋みしかば、腰を埋む時に至りて、二つの目走り拔けてぞ失せたまひぬる。」何といふ悲痛無殘な場面でせう。

「また軍を興して、都夫良意美《ツブラオミ》の家を圍みたまひき。かれ軍を興して待ち戰ひて、射出づる矢葦の盛りに散るが如くなりき。是に大長谷王、矛を御杖につかして、その內を臨みまして詔りたまはく、我が相言へる乙女は、若しこの家に有りやとのりたまひき。こゝに都夫良意美この大命を聞きて、自らまゐ出て、佩《ハ》ける兵器を解きて、八度拜みて白しけるは、先に問ひたまへる女子訶良比賣《カヲヒメ》は、侍《サモラ》はむ。また五處の屯倉《ミヤケ》を副へて献らむ（所謂五處の屯倉は今の葛城の五村の苑人朝廷御所有の御苑に使はれたる人民を云ふなり）然るに、その正身《ムザネ》まゐ來ざる故は、古より今に至るまで、臣連の王の宮に隱ることは聞けど、王子の臣の家に隱りませることは聞かず。是を以て思ふに、賤奴意富美《ヤツコオホミ》は、力を竭して戰ふとも、更にえ勝ちまつらじ。然れども已を恃《タノ》みて、奴の家に入りませる王子は、命死《イノチシ》ぬとも棄てまつらじ、かく白して、またその兵器を取りて還り入りて戰ひき。かれ力竭き、矢も盡きぬれば、その王子に白しけらく、僕は痛手負ひぬ。矢も盡きぬ。今は得戰はじ。如何にせむとまをしければ、その王子、然らば更にせむ術なし。今は吾を殺せよとのりたまひき。かれ刀もてその王子を刺し殺せまつりて、乃ち已が頸を切りて失せにき。」

「これより後、淡海の佐佐紀山《ササキヤマ》君（近江國蒲生郡安土村及び其附近の地、其地名を姓とした陵守）の祖、名は韓帒白《カラフクロ》さく、淡海の久多綿之蚊屋野《クタワタノカヤヌ》（近江國の蒲生、愛知、神崎の三郡に跨る野）に猪鹿多かり。その立てる足は、荻原《ススキ》の如く、指擧《ササ》げたる角は、枯樹の如しとまをしき。この時市邊之忍齒王《イチノベノオシハ》を、相誘ひて、淡海に幸でまして、その野に到りませば、各異《ト》に假宮を作りて、宿りましき。かれ明旦、未だ日も出でぬ時に、忍齒王何の御心も無く、御馬に乘らしながら、大長谷王の假宮の傍に行き立たして、その大長谷王の御伴人に詔りたまはく、未だ寤《サ》めまさぬにこそ、早く申すべし。夜は既に曙《ア》けぬ。獵庭に幸でますべしとのりたまひて、乃ち馬を進めて出で行ましぬ。こゝに大長谷王の御所に侍ふ人ども、うたて物いふ御子なれば、御心したまへ、御身をも堅めたまふべしとまをしき。かれ衣の中に甲を服《ヨロヒキ》まし、弓矢を取り佩かして、馬に乘らして出で行まして、忽に馬より往《ユ》き雙《ナラ》ばして、矢を拔きて、その忍齒王を射落して、乃ちまたその身を切りて馬槽《ブネ》に入れて、土と等しく埋みき。」悲劇の連續何ぞそれ慘たる。仁德朝に發した猜忌嫉妬が、此處に其の頂點に達したと見るべきであらうか。併し事件の奥には常に伏因が有るものである。彼の「大和朝廷の繁榮の盛なるにつれて、諸國に住む豪族は皆光榮を欣慕し、緣故を頼りて主君に奉じ、京師の邸內に伺候し若くばその門を守衞するを榮譽となし、舍人釆女を進献させらるゝを相競ひ望んだのである。かくして京師には諸國の兵士多く集り、貴族は各その邸宅を壯大にし、尊嚴を競ふたものである。此様にして京師の繁榮するにつれて人氣も次第に荒くなり、兵士等各黨派を立てゝ相爭ふに至り、自然に皇子達の殺戮を助長された理由が存するのである。簡單に筆記すれば某皇子が某皇子を殺すといふに止まれども、其周圍に帳內兵衞あるを知れば、是等の兵士が其主に奉ずる權勢爭奪が伴ふて、言ふに忍びざる悲劇を幾度も繰返すに至つたことを知るのである。側使の釆女も亦裏面に於て、暗々裡に悲劇の種子を播いたことであらうと想はれる。」といふ記事が思合されませう。

「是に市邊王の王子たち、意富祁《オホケ》王、袁祁《ヲケ》王(二柱)この亂を聞かして、逃げ去りましき。かれ山代の苅羽《カリハ》井《ヰ》(山城國綴喜郡大住村の東方)に到りまして、御粮《カレヒ》きこしめす時に、面黥《メサ》ける翁來て、その御粮を奪《ト》りき。かれその二柱の王、粮は惜まぬを、汝は誰ぞとのりたまへば、我は山代の猪甘《ヰカヒ》なりとまをしき。かれ玖須婆之河《クスバノカハ》(河內國北河內郡楠葉村の地そこを流れる川は淀川)を逃げ渡りて、針間《ハリマ》國に至りまし、その國人名は志自牟《シジム》が家に入りまして、身を隱して馬甘牛甘《ウマカヒウシカヒ》にぞ役《ツカ》はえいましける。」

或傳說に「二王の隱れ給ひしは、丹後國余社《ヨサ》郡の仙人の岩窟で、久米《クメ》の若子《ワクコ》として居られた。この仙窟は恐らく久米仙人達の宗教團體の住居で、斯様な所に隠れて居れば、全く安全であつたからであらうとある。久米仙人の團體は、祭祀をも爲し、宗教的の歌舞等をも爲したのものらしい。天武天皇が大海人《オホアマ》皇子時代、美濃の豪族家に隠れられたと云ふ傳説も、夫が仙人の宗教團、（彼の「役小角」が中心と爲つて活動した修験者流）の家であつたらうと云ふ説がある。吉野地方には特にこの團體の中樞があつたらしい。仙人が長壽な爲めに、古代の傳記等を能く知つて居て之を傳へたことも想像され、夫が後日國史編纂上に、重要な資料と爲つたことも、或は寡なくはなかつたかも知れない。神皇正統記の天瓊矛《アマノヌボコ》を云ふ一節に、「寶《ホウ》山《ザン》に留りて不動のしるしとなりけむ事や正説なるべからん。龍田も寶山近き所なれば龍神を天柱國柱といへるのも、深秘あるべきにや」と謂つてゐるのも、寶山は大和平群郡の寶山寺で役小角の修行場である所を見れば、これが何等かの暗示を與へてゐるかも知れない。和辻哲郎氏は古事記の神話は、重に歸化人が雄略天皇頃までに創作したもので、極めて意義の曖昧な資料に據つたものであると申してゐるが、古事記（日本書紀）の神話傳説が、寧ろより多く仙窟行者に聯關の深いものがあるのではなからうか。この事は遽に推斷はされないけれども、研究すれば非常に妙味あるものなることが深く感ぜられるものです。

尚ほこの御代はまだ歴史週期は「存治時代」に屬しますが、爭奪期が數年早く訪れた感があります。

この天皇御年五拾六歳、御陵は菅原之伏見岡（大和國生駒郡伏見村寶來の地）にあり。御陵面積七千百餘坪ある。

大長谷若建天皇（雄略天皇）

大長谷《オホハツセ》若建《ワカタケ》命、長谷朝倉宮《ハツセアサクラノミヤ》（大和國磯城郡朝倉村黑崎に宮趾がある）にまし〳〵て、天下治しめしき。この天皇大日下王の妹、若日下部王に娶ひましき（子ましまさず）また都夫良意富美《ツブラオホミ》が女、韓比賣《カラヒメ》を娶して生みませる御子、白髮《シラカ》命、次に妹若帶比賣《ワカタラシヒメ》命〔二柱〕かれ白髮の太子の御名代として、白髮部《シラカベ》を定めたまひ、また長谷部《ハツセベ》舍人《トネリ》を定めたまひ、また河瀬《カハセ》舍人《トネリ》を定めたまひき。

この御代は書紀の記載に依れば、現今の流行語たる、エロ、グロ、ナンセンスを以て盈されてゐるのである。而して「天皇心を以て師と爲し、誤りて人を殺したまふこと衆《オホ》し、天下誹《ソシ》り謗《ソシ》りて言《イハ》く、大《ハナハ》だ惡くまします天皇なりと」極論するに至つてゐる。然るに古事記の記載は頗るなごやかで、伸び〳〵したものである。蓋し時代は「爭奪期」に入り、理智的旺溢は最頂點に達した時である。而して國内には幾多因襲の陋習が繁く、外國のことまた頗る多事、眞に一刻の偸晏をも許さぬ、文字通りの内外多事多難の秋であつた。斯の如き時に際して、天皇の如き雄略果敢な御天質であらせらるゝ御方が、一切を裁斷し給ふに、主観的に直截果斷に御決行あそばされるのは御當然のことで、「天皇產れまして神光殿に滿てり、長《ヒトトナ》りて伉健《タケク》ましますこと人に過ぎたり」とは、いかに當時の荆棘な世態に對して、竣烈な掃蕩的態度でおはしたことを物語るものでせう。そこで或る側からは寡からぬ誹謗の聲も起つたかも知れないが、純情皎潔の御心であらせられる天皇は、書紀の記事の如きを超越した、英雄的典型とも申し上ぐるやうな、極めて爽快な豁達さで在はしたことであらうと拜察されます。次に古事記の本文を主位に置き、書紀の記事中、考慮に値するものを採用して、この御代の解説を致して見ませう。

「初め大后（若日下部皇后）日下《クサカ》（河內國中河內郡日根市村日下の地）にましける時、日下《クサカ》の直越道《タダコエ》（近道を云ふ）より河內に幸でましき。かれ山の上に登りまして、國見しせれば、堅魚《カツヲ》を上げて屋を作れる家あり。天皇その家を問はしめたまはく、「かの堅魚を上げて作れる屋は、誰が家ぞ」と問はしめたまひしかば、志幾《シキ》（今の中河內郡から南河內郡にかけての地）之大縣主が家なりと白しき。こゝに天皇詔りたまへるは、「奴や、己が家を、天皇の御舍《ミアラカ》に似て造れり」とのりたまひて、即ち人を遣はして、その家を燒かしめたまふ時に、その大縣主懼ぢ畏みて、稽首白さく、奴にあれば、奴ながら覺らずて、過ち作れり。

いと畏しとまをしき。かれ稽首の御幣物《キヤシリ》を献る。白き犬に布を繋《カ》けて、鈴を著けて、己が族《ウカラ》、名は腰佩《コシハキ》と謂ふ者に、犬の縄を取らしめて献りき。かれその火著くることを止めしめたまひき。何たる恬澹な御性格でせう。そして若日下部王の御許に幸でまして、その犬を賜ひ「この物は、今日道に得つる奇《メヅラ》しき物なり、かれ妻問《ツマトヒ》の物」といひて、賜ひ入れき。是に若日下部王、天皇に奏さしめたまはく、「日に背《ソム》きて幸でませる事、いと恐《カシコ》し。故れ己れ直接まゐ上りて仕へまつらむ」とまをさしめたまひき。是を以て宮に還り上ります時に、その山の坂の上に行き立たして、歌ひたまはく、

日下部《クサカベ》の、此方《コチ》の山と、疊薦《タタミコモ》、平群《ヘグリ》の山の、此方此方《コチゴチ》の、山の峡《カヒ》に、立ち榮ゆる、葉廣《ハヒロ》久麻《クマ》白檮《カシ》、本《モト》には、いくみ竹《タケ》生ひ、末には、たしみ竹生ひ、いくみ竹、入籠《イクミ》は寝ず、たしみ竹、慥《タシ》には率寝《ヰネ》ず、後《ノチ》も組み寝む、その思妻《オモヒツマ》、あはれ。

その意味は、「日下部山のこちら側、平群山のこちら側、即ち二つの山の間には、葉の廣がり茂つた白檮が、勢よく生え繁つてゐる。其の下の方にも、また上の地にも、葉の繁つた竹が入り交つて生えては居るが、自分は今度、妻と定めた人と交はり寝ることが出來なかつた。たしかに寝ないで空しく歸るが、後日に至れば我が思ふ妻と、一緒に籠り寝ることも有るだらう。それを思ふとあゝ可愛い。」といふのです。

「また或時、天皇遊ばしつゝ美和《ミワ》河（大和國磯城郡初瀬川の下流の三輪川）に到りませる時に、河の邊に衣洗ふ乙女あり。それ顔いと好かりき、天皇その乙女に、「汝は誰が子ぞ」と問はしければ、「已が名は引田《ヒケタ》部《ベ》（大和國磯城郡初瀬村が古昔の引田、其の地名に依つた姓）赤猪子《アカヰコ》こまをす」と白しき。かれ詔らしめたまへらくは、「汝嫁《トツ》がずてあれ。今召してむ」とのらしめたまひて、宮に還りましき。かれその赤猪子《アカヰコ》、天皇の命を仰ぎ待ちて、既に八十歳を經たりき。是に赤猪子思ひけるは、命《オホセ》を仰ぎ待ちつる間に、已に幾許の年を經て、顔容痩《ヤサカ》み萎《カジ》けてあれば、更に恃《タノ》みなし。然れども待ちつる心を顯はしまをさずては、悒《イブセ》くてえあらじと思ひて（心が晴々しくなくて、耐へられない）百取《モ・トリ》の机代物《ツクヱシロモノ》を持たしめて、まゐ出で獻りき。然るに天皇、先に詔りたまへりし事をば、早く忘らして、その赤猪子《アカ井コ》に問はしけらく、「汝は誰やし老女《オミナ》ぞ、何すれぞまゐ來つる」と問はしければ、赤猪子白しけらく、「その年のその月に、天皇の命を被りて、今日まで大命を仰ぎ待ちて、八十歳を經たり。今は顔既に老いて更に恃みなし。然はあれども、已が志を顯はし白さむとしてこそ、まゐ出つれ」とまをしき。是に天皇太く驚きまして、「吾は早く先の事を忘れたり。然るに汝操に命《オホセ》を待ちて、徒に身の盛を過ぐしゝこと、いといとほし」とのりたまひて、召さまく思ほせども、その甚く老いぬるに憚りたまひて、得召さずて、御歌を賜ひき。

その御歌、

御室《ミムロ》の、嚴白檮《イツカシ》が本《モト》、白檮《カシ》が本《モト》、忌忌《ユユ》しきかも、白檮原媛女《カシハラオトメ》。

その意味は、「大三輪の神社の木として、齋ひ祭つてゐる白檮の木は、人々の忌み畏むものであるが、吾は昔の契約を忘れ、甚だ畏むべき過をしてしまつた、おゝ氣の毒な赤猪子よ」

また、

引田《ヒケタ》の若栗栖原《ワカクルスバラ》、若くへに、率寢《ヰネ》てましもの、老にけるかも。

その意味は、「お前さんの住む里の引田には、若い栗の木の林が澤山あるといふが、其の栗の木と同じく、お前さんの若い時分に、一緒に寢たかつたものを、今ぢや惜しいことに年とつてしまつたね」

かれ赤猪子が泣く涙に、その服せる丹摺《ニスリ》の袖透りて濕れぬ。その大御歌に答へまつれる歌、

御室《ミムロ》に、築《ツ》くや玉垣、築き餘し、誰にかも依らむ、神の宮人。

その意味は、「大三輪の社の宮人が、其の御靈垣をいつも〳〵祭り來つて、今更に何れの神に依られませうか、それと同じことで、今此の赤猪子も、君の契り給うた仰せを恃みにし、久しくお待ち申した身でありながら、たとひ此のまゝに果てるとも、其の恃み來つた心の殘りをば、今更誰に依せませうや。餘所な

がらも陛下を思ふ眞情は、今後とも變りは御座いません」また、

日下《クサカ》江《エ》の、入江の蓮《ハチス》、花蓮、身の盛人《サカリビト》、乏《トモ》しきろかも。

その意味は、「河内國日下江の、入江に咲いてゐる蓮の花、あの花のやうに美しく、若盛りの身の人こそ、美ましい限で御座います」

かれその老女に物多《サハ》に給ひて、返し遣りたまひき。かれこの四歌は靜歌《シヅウタ》なり。この一條も、天皇が單に武斷殘忍な御性格ではなく、愛情に富ませ給へることを、能く證してゐるものである。

「天皇吉野宮（應神天皇の時から離宮になつてゐたもので大和國吉野郡吉野に在つた）に幸でませる時、吉野川の邊に、乙女に遇へる。それ顏好かりき。かれこの乙女を召して、宮に還りましき。後に更にまた吉野に幸でませる時に、その乙女の遇へりし所に留りまして、其處に大御《オホミ》呉床《アグラ》を立てて、その御呉床にましく〳〵て、御琴を彈かして、その乙女に舞せしめたまひき。かれその乙女好く舞へるに因りて、御歌よみしたまへる、その御歌、

呉床《アグラ》座《ヰ》の、神の御手もち、彈く琴に、舞する女《ヲミナ》、常世にもかも。

その意味は、「椅子に倚つてゐる我が輩が、手づから彈く琴の音に合せて、ひらり〳〵と舞ふ乙女よ、お

前は如何にも上手である。どうか何時々々までも變らずに、永久に樂しく舞つて呉れよ」といふのです。即ち阿岐豆野（大和國吉野郡國樔村にある野）に幸でまして、御獵せす時に、天皇御呉床にまし〳〵けるに、虻《アブ》御腕を咋《ク》ひけるを、蜻蛉《アキツ》來て、その虻を咋ひて、飛びいにき、是に御歌よみしたまへる、その御歌、

御吉野の、袁牟漏《ヲムロ》が獄に、猪鹿《シシ》伏すと、誰ぞ、大前に申す、安見《ヤスミ》しし、
吾が大君の、猪鹿《シシ》待つこ、呉床《アグラ》に居まし、白服《タヘ》の、袖著具《ソデキソナ》ふ、手腓《タコムラ》に、
虻掻著《アブカキツ》き、その虻《アブ》を、蜻蛉《アキツ》早や咋《ク》ひ、かくのごと、名に負はせむと、空見《ソラミ》つ、
倭《ヤマト》の國を、蜻蛉島《アキツシマ》といふ。

その意味は、「大和國吉野の小牟漏が岳に猪や鹿が隱れてゐるこ吾が前に申したのは誰か。天下を治める天皇の吾が、猪や鹿の出てくるのを待つために、椅子に坐して待つてゐたら、袖に隱れてゐる我が腕を、虻が飛んで來て突き刺した。そこに蜻蛉が飛んで來て、其の憎らしい虻めを忽ちに喰ひ殺して呉れたが、此のやうにして大和國といふ名を蜻蛉めが、自身の名にして而うして吾に仕へようとするところから、此の日本の國を蜻蛉島といふのである。」といふので、洒落曠懷な御歌です。かれこの時よりぞ、その野を阿岐豆野《アキツヌ》とは謂ひける。

また或時天皇葛城山の上に登り幸でましき。こゝに大猪出でたりき。即ち天皇鳴鏑をもちて、その猪を射たまへる時に、その猪怒りて、うたき(うなり迫ること)寄り來《ク》、かれ天皇そのうたきを畏みて、榛《ハリノキ》の上に登りましき。かれ御歌よみしたまはく、

安見《ヤスミ》しし、吾が大君の、遊ばしし、猪《シシ》の、病猪《ヤミシシ》の、うたき畏み、
朕《ワ》が逃げ、登りし、荒岳《アリヲ》の、榛《ハリ》の木の枝。

その意味は、「天下を統治する天皇の吾れが、射たところの猪は、手負ひ猪となつてうなり迫り、それを恐れて朕は、其處に在りあはせた丘の上の榛《ハリ》の木の枝に辛うじて逃げ登り、一命が助かつた。あゝ有難い榛の木の枝よ。」といふのです。

「また或時天皇葛城《カツラギ》山に登り幸《イ》でませる時、百官人ども、悉に紅紐《アカヒモ》著ける青摺《スリ》の衣を給はりて著たりき。彼の時に其向ひの山の尾より、山の上に登る人あり。既に天皇の鹵簿に等しく、其裝《ヨソヒ》の狀《サマ》、又人どもも、相似て別れず。是に天皇見遣らして問はしめたまはく、この倭の國に、吾を除《オ》きてまた君は無きを、今誰ぞかくて行くゝ問はしめたまひしかば、答へまをせる狀も、天皇の大命の如くなりき。是に天皇いたく忿らして、矢刺したまひ、百官の人どもも、悉に矢刺しければ、かの人どもも皆矢刺せり。かれ天皇また問

はしめたまはく、然らばその名を告らさね。各名を告りて、矢放たむとのりたまひき。是に答へまをさく、吾先づ問はれたれば、吾先づ名告りせむ。吾は惡事《マカコト》も一言《ヒトコト》、善事《ヨコト》も一言《ヒトコト》、言離《コトサカ》の神《カミ》、葛城之一言主大神《カツラギノヒトコトヌシオホカミ》なりとまをしたまひき。こゝに天皇畏みて白したまはく、恐し、我が大神、現御身《ウツシミミ》まさむとは、覺らざりきと白して、大御刀また弓矢を始めて、百官の人どもの服せる、衣服を脫がしめて、拜み献りき。かれその一言主大神《ヒトコトヌシ》、手打ちてその捧物を受けたまひき。かれ天皇の還ります時、その大神も山を降り來まして、長谷の山の口に送りまつりき。かれこの一言主大神は、その時にぞ顯れませる。」

この傳說を天皇が葛城山に於て蜃氣樓を御覽になつたのであるとか、山彥《ヤマビコ》を傳へたものであらうなぞ論じてゐる。その見方は別に誤ではなからうが、我々は吉事《ヨコト》も一言《ヒトコト》、凶事《マガゴト》も一言《ヒトコト》の一言主神の御神格が、天皇の御性格に映射した物語として頗る意義深いものと考へてゐるものです。神話的に解すれば、一言主神の神格始めが、天皇の御身の上に發動したと拜察すべきでせうが、一言主神と雄略天皇とには、畏くも似通つた幾多の御性格や御事業があるやうに思はれます。この事は論ずれば長くなるが、今は省略いたします。が此物語を單に蜃氣樓的の記事とのみ見ないで、明暗交替（晝夜交替）の時代に入るに當つて、この現象の起つたことを、國史循律の保證として深く味はねばなるまいと思ひます。

「また天皇、丸邇之佐都紀《ワニノサツキ》臣が女、袁杼《ヲド》比賣を婚《ヨバ》ひに春日に幸でませる時、道に逢へる乙女が、幸行を見て、岡邊に逃げ隠れた、かれ御歌よみしたまへる。その御歌、

乙女の、い隠る岡を、金鉏《カナスキ》も、五百箇《イホチ》もがも、鉏《ス》き撥《バ》ぬるもの。

その意味は、「乙女心の耻づかしさに、あの娘が逃げ隠れてゐる岡を、澤山の金鉏が今有るならば、土を掘りかへし撥ねかへして崩さんものを、そしたら今一度可愛いあの娘を見ることが出來よう。」

かれその岡を、金鉏岡《カナスキノヲカ》とぞ名づけける。

「また天皇長谷の百枝槻《モヽエツキ》の下にまし〱て、豊樂《トヨノアカリ》きこしめす時に、伊勢國の三重の婇《ウネバ》、大御盞を捧げて献りき。こゝにその百枝槻の葉落ちて、大御盞を浮べりき。その婇落葉の御盞に浮べるを知らずて、猶大御酒献りけるに、天皇その御盞に浮べる葉を看そなはして、その婇《ウネベ》を打ち伏せ、御佩刀をその頸に刺し當てて、斬りたまはむとする時に、その婇天皇に白しけらく、吾が身をな殺したまひそ、白すべき事ありとまをして、即ち歌ひけらく、

纒向《マキムク》の、日代宮《ヒシロノミヤ》は、朝日の、日照る宮、夕日の、日陰《カゲ》る宮、竹の根の、
根足《ネダ》る宮、木《コ》の根の、根蔓《ネバ》ふ宮、八百土《ヤホニ》よし、い杵築《キツキ》の宮、眞木拆《マキサ》く、

檜《ヒ》の御門、新嘗屋《ニヒナヘヤ》に、生ひ立てる、百足《モモタ》る、槻《ツキ》が枝《エ》は、上枝《ホツエ》は、天を覆《オ》へり、
中ッ枝は、吾妻《アヅマ》を覆《オ》へり、下枝《シヅエ》は、鄙《ヒナ》を覆へり、上枝の、枝《エ》の末葉《ウラハ》は、
中枝に落ち觸《フ》らばへ、中枝の、枝の末葉は、下枝に、落ち觸らばへ、
下枝の、枝の末葉は、鮮衣《アリギヌ》の、三重の子が、指擧《ササガ》せる、瑞玉盃《ミツタマウキ》に、浮し脂《アブラ》、
落ちなづさひ、水《ミナ》こをろ、こをろに、是《コ》しも、あやにかしこし、高光る、
日の御子、事の、語りごとも、こをば、

その意味は、「景行天皇の皇居でありました纒向の日代の宮は、朝日夕日のよく照り輝く宮で、竹や木も充分に根を張り延ばして土は堅く、そこに堅固に造られた立派な宮殿でありました。其の日代の宮に有つた槻の木は、如何にも大木で名高く語り傳へて居りますが新嘗の御殿と見るべき芝生にも、其れと同じやうな槻の大木が生ひ立つて枝葉を繁らして居ります。そして上の方の枝は天を覆はんばかりであり、中ほごの枝は東方の部落を覆はんばかりであり、下の方の枝は西方の村里を覆はんばかりであります。今かうやつて御宴會を開いて居られますと、上の枝の梢の葉は落ちて來て中の枝に觸れ、中の枝の梢の葉は落ちて來て下の枝に觸れ、下の枝の梢の葉は落ちて來て、三重の釆女の私が捧げまつる立派な御盃の中に飛び込み

ました。そして御酒の上に浮んで居ります有様は、どこも皆水に浮いてる脂のやうにどろ〳〵して固まらなかつた國土の出來初め、國土の誕生を聯想して誠に芽出度い感じが致します。これも陛下の御治世を壽ぐ瑞兆では御座いませんでせうか。こんな事を申し上げるとこぢつけのやうで甚だ恐れ多い次第でありますが、我が大君よ左樣では御座いませんでせうか。大君よこれが大君の御德の後世への遺例となるもので御座いませう。」といふのです。いかにも能く歌つた歌です。

かれこの歌を献りしかば、その罪赦さえにき。

こゝに大后歌はしける。その御歌、

倭《ヤマト》の、この高市《タケチ》に、小高《コダカ》る、市《イチ》の高處《ツカサ》、新嘗屋《ニヒナヘヤ》に、生ひ立てる、葉廣《ハヒロ》、五百箇《ユツ》眞椿《マツバキ》、そが葉の、廣《ヒロ》り坐《イマ》し、その花の、照り坐す。高光る、日の御子に、豊御酒《トヨミキ》献らせ、事の語りごとも、こをば。

その意味は、「大和國の大都會にあつて、市のある地面の小高い所、これが今日の新嘗の宴會場となつてゐます。此の宴會席の芝生には、枝葉の繁つた椿が生ひ立つてゐます。其の葉の廣いやうに、其の花の美しいやうに、我が大君の御心も潤く美しくあらせられて、三重の釆女を赦されました。かういふ寛大な美情ある我が大君に、さあ御酒を一つ誰かお酌しなさい。後世への語りごととして」

「即ち天皇歌はしけらく、
百敷《モヽシキ》の、大宮人は、鶉鳥《ウヅラトリ》、領巾《ヒレ》取り掛けて、鶺鴒《マナバシラ》、尾行き合へ、
庭雀《ニハスズメ》、群《ウ》ず統《スマ》り居て、今日もかも、酒《サカ》みづくらし、高光る、日の
宮人、事の、語りごとも、こをば。

その意味は、「此の大宮に仕へ居る宮女達は、恰も野原に遊ぶ鶉のやうに、誰も彼も白い領布を掛け、また川に遊ぶ鶺鴒のやうに、皆が美しい裳を長く垂れ、そして木々に遊ぶ庭雀のやうに、嬉しく多く集りゐて、今日しも酒に酔ふらしい。ねエそうだらう宮女達、これが宮人の語りごとゝして傳はりませう」

この三歌は、天語歌《アマコト》なり、かれこの豊樂《トヨノアカリ》に、その三重の婇を譽めて、物多《サハ》に給ひき。

「この豊樂の日、また春日之袁杼比賣《カスガノヲドヒメ》が大御酒献つる時に、天皇の歌ひたまへる、
水灌《ミナソソ》ぐ、臣《オミ》の乙女、秀罇《ホダリ》取らすも、秀罇《ホダリ》取り、堅く取らせ、下堅《シタカタ》く、
上堅く取らせ、秀罇《ホダリ》取らす子。

その意味は、「丸邇之佐都紀臣の娘の袁杼比賣よ、その可愛い手で酌をしてくれるか。嬉しく飲むぞ。銚

子を持つに就ては、ソレしつかり持つてくれよギユッとしつかり持てよ。誠心こめてしつかり持てくれ、銚子を持つた乙女よ。」といふのです。

こは宇岐《ウキ》歌（盃に酒をつぐ時に歌ふもの）なり。こゝに袁杼《ヲド》比賣歌を献れる。その歌、
安見《ヤスミ》しゝ、吾が大君の、朝戸《アサト》には、い倚《ヨ》り立たし、夕戸には、い倚《ヨ》り立たす、脇息《ワキヅキ》が、下《シタ》の、板にもが、吾兄《アセ》を。

その意味は、「御仁慈に富む我が大君が、朝な夕な常に倚りかゝられる、あの脇机の板にでも私はなりたいものであります。そうすれば御やさしい陛下の御側にいつも〳〵御接近致すことが出來ますから、陛下御用の脇机よ。お前さんは實に幸福ですね。」こいふのです。

こは志都歌《シツウタ》なり。

この御代に續々歸化人の來たことは、我邦の「包容性」の偉大さを示したもので、「歴史上若くは人類學なごの上から言つたならば、種々なる血統關係の者が這入つて來ても、其等に對する取扱は何等差別的でなく、全體が一族であり、同族であると云ふ概念を一様に適用し、恰も國民全體が一族一家であるが如き觀念を馴致したのである」この包容的偉大性が、我が固有民族の伸展上に、優秀な結果を將來したこは留

意すべき事である。我國へ歸化した者が非常に優遇され　中には大なる勢力を得たものもあつたことは、史上明らかな所である。かうした多數の歸化民族が諸國に散在し、日本國家の建設に力を與へたことは、丁度歐洲に散在してゐる猶太族が、財力を把握して、列國の平和と戰爭とを決する動力になつてゐるのに似てゐる」と謂つた學者さへある。

履中天皇の御代に齋藏《イミクラ》の外に內藏《ウチクラ》を建てゝ神物と官物とを區別されたが、今雄略天皇の朝には、更に大藏《オホクラ》を設けて、皇室と政府との用度を區別せられた。こは產業の進步に伴ひ、財政の擴大した結果には外ならないが、また國柄の特殊性の然らしめたことを見逃してはならない。歐洲に於ては、斯樣な狀態を見たのは、全く近世の事に屬してゐるが、それが日本に於ては、既に上古（西紀四六八年）に於て見られたことは、世界財政史上の奇蹟と謂はれてゐる。雄略天皇が「內藏」を置かれたのは、秦氏が蠶桑の貢調を進めた以來、諸國の貢調が年々增加したので、蘇我麻智宿禰《ソガマチノスクネ》をして出納を檢察せしめ、物品の實の取扱は之を秦氏に一任された爲めであつたとされてゐるが、この時代は非常に出納が頻繁に成つたので、從來は東の史《フヒト》（王仁の子孫、大和に居る）西の史《フヒト》（阿知使主、河内に居る）とに命じて、帳簿に記入せしめ、漢氏の姓を與へて居たが、今や漢氏と秦氏とを內藏大藏の主鑰《カギツカサ》とされたのである。又應神天皇の朝には、百濟から織縫鍛工、新羅からは船工を献じてゐるが、此の朝には、再び百濟から陶、鞍、畫、錦等の工匠、高麗からは醫師の渡來があり、南支那にも使を遣はして縫織の工女を招かれた爲め、工藝產業が急速に發達を見た。樓閣建築もこの御代に有つたといふ事である。弓月君の子孫(秦氏)阿知使主の子孫(漢氏)が工藝の進步に功勞ありしは特記する必要りとされてゐる。

天皇が大に御心を產業に用ひられたことは、皇后をして親しく蠶を養はせて、その業を奬勵したまへるほどで、豊受大神を丹波の眞名井《マナヰ》から伊勢にうつし祀られたのも、豊受神が產業の神である所から、その發達を圖りたまふ御思召から出たものであらう。是に天皇、后妃をして親ら桑こきて蠶事を勸めしめむと欲す。爰に螺臝《スガル》に命《オホ》せて、國内の蠶を聚めしめたまふ。是に於て螺臝《スガル》誤りて嬰兒《ワカコ》を聚めて、天皇に奉る。天皇大に咲《エ》まし、嬰兒を螺臝に賜ひて曰く、汝宜《ウ》べ自ら養へ、螺臝即ち嬰兒を宮檣《ミカキ》の下《ホトリ》に養ふ。仍りて姓を賜ひて少子部連《チヒサコベノムラヂ》と爲すといふことも起りました。實に愉快な一揷話までを遺してゐる譯です。又この御代の記事として九年三月、天皇親ら新羅を伐たむと欲す。神天皇に戒めて曰く、な往《イデ》ましそ。天皇是に由りて行ますことを果さず。とあるは、當時將士の内には征韓の任に就くことを、餘り好まなかつたものがあつたからであらうと史家は云つてゐるが、士氣は隳落し、凡河内直香賜《ヒエカタフ》の如きは胸方神《ムナカタ》を祠る使臣として遣はされながら、神聖なる壇所《ユムニハ》で釆女を姦したるが如き事件あり、人心は婬靡に陷り、外征の事は頗る意の如くならざるに至つたことが深く感ぜられるようです。內外實に多事であつた。

この天皇、御年壹百廿四歲、御陵は河內之多治比高鷲《タヂヒノタカワシ》（河內國南河內郡高鷲村の地）にあり。御陵は面積八千餘坪。

書紀に「この天皇の御崩御に當つて、丹比高鷲原陵《タチヒノタカワシハラ》に葬りまつる。時に隼人晝夜陵の側に哀號《オラ》ぶ。食を與《アタ》へど喫はず、七日にして死ぬ。有司墓を陵の北に造りて、禮《コトワリ》を以て葬る」と記してゐる。果敢雄武の天皇は崩じ給ふた。書紀には大作室屋《ムロヤ》、東漢掬直《アツマノアヤノツカノアタヒ》に遺詔を賜へることを傳へ、また星川皇子の覬覦に備へしめ給ふことを傳へ、更に「是の時に征新羅將軍吉備臣尾代《ヲシロ》、行きて吉備國に至りて家に過《ヨギ》れり。後に率ゐたる五百の蝦夷等、天皇崩りましぬと聞きて、乃ち相謂《ハカ》りて曰く、吾國を領制《スベヲサ》めたまふ天皇既に崩りましぬ。時失ふべからずと。乃ち相聚結《イハ》みて傍郡を侵し寇《アタ》なふ。是に於て尾代家より來りて、蝦夷に娑婆水門《サバノミナト》に會ひて合戰ひて射る。蝦夷等或は踊り或は伏し。能く箭を避け脫る。終に射るべからず。是を以て尾代海濱上に空彈弓絃《ユミツルウチ》す。踊り伏した者二隊を射死し、二嚢《ヤナクヒ》の箭既に盡きぬ。卽ち船人を喚びて箭を索《コ》ふ。船人恐れて自ら退きぬ。尾代乃ち弓を立て末《ユハズ》を執へて歌ひて曰く、道に遇ふや、尾代子、天にこそ聞えずあらめ、國には、聞えてな。
唱ひ訖り、自ら數人を斬り、更に追ひて丹波國浦掛《ウラカケ》水門に至り、盡く逼め殺す。」とあり。國家のこと愈々急迫を告げるの感がある。

白髮大倭根子天皇（淸寧天皇）

白髮《シラガ》大倭根子《オホヤマトネコ》命、伊波禮《イハレ》之甕栗宮《ノミカクリノミヤ》（大和國磯城郡安倍村池內に在つた）にまし〳〵て、天下治《シロ》しめしき。この天皇大后ましまさず、御子もましまさざりき。かれ御名代として、白髮部《シラガベ》を定めたまひき。かれ天皇崩りまして後、天下治らすべき御子ましまさず、こゝに日嗣知ろしめさむ御子を問ふに、市邊忍齒別王《イチノベノヲシハワケノミコ》の妹、忍海《ヲシヌミ》郎女、またの名は飯豐《イヒトヨ》王、葛城忍海之高木角刺宮《カツラギノヲシヌミノタカキノツヌサシ》（大和國南葛城郡忍海村忍海に宮趾があるといふ）にましましき。

こゝに山部連小楯《ヲタテ》、針間《ハリマ》國の宰《ミコトモチ》に罷れる時に、その國の人氏名は志自牟《シジム》が新室に到りて宴す。こゝに盛りに樂《ウタ》げて、酣《タケナハ》なるとき、次第のままに皆舞ひぬ。かれ火燒き童二人、竈の傍に居たる。その童どもに舞はしむるに、その一人の童、汝兄《ナセ》先づ舞ひたまへといへば、その兄も、汝弟《ナセ》、先づ舞ひたまへといふ。かく相譲る時に、その會へる人ども、その譲らふ狀を嗤ひき。かれ遂に兄先づ舞ひ、訖りて次に弟舞はむとする時に、詠《ナガメゴト》しつらく、（舞のときに、聲を長く引いて唱へる詞）

物部《モノノベ》の、わが夫子《セコ》が、取り佩《ハ》ける、大刀の手上《タガミ》に、丹畫《ニカ》き著《ツ》け、その緒には、

赤幡《アカハタ》を裁《タ》ち、赤幡立てて、見ゆればい隱る、山の御尾の竹を、

（本《モト》）掻《カ》き苅り、末押《オ》し靡かすなす、八絃《ヤツヲ》の琴を調《シラ》べたるごと、天下治《オサ》めたまひし、

伊邪本和氣《イザホワケ》天皇《ノスメラミコト》の御子、市邊之押齒王《イチノベノオシハノミコ》の、奴《ヤツコ》、御末《ミスヱ》、

歌の意味は、「我が敬親する武勇なる人が、其の腰に帯びてゐる大刀の柄に、赤い土を塗りつけて飾とし、其の大刀の緒としては赤い布を裁つて用ひ、斯ういふ有様をして出て見れば、繁茂して猛威を奮ふ山裾の竹も、威厳に打たれて隱れてしまふであらう。其竹の根本を刈り取り、葉末までも押し靡かす如く、また八絃の琴の調子を整へるが如く、立派に天下を治められた履中天皇、その皇子である市邊之押齒王の、その末裔であるぞ、吾々は、」

とのりたまへば即ち小楯連《ヲタテノムラヂ》聞き驚きて、床より墜《オ》ち轉《マロ》びて、その室なる人どもを追ひ出して、その二柱の御子を、左右の膝の上に坐《マ》せまつりて、泣き悲みて、民どもを集へて、假宮を作りて、その假宮に坐せま

つり置きて、驛使《ハユマツカヒ》上《タテマツ》りき、こゝにその御姨飯豊《イヒトヨ》王、聞き歡ばして、宮(角刺宮)に上らしめたまひき。かれ天下治しめさむとせしほど、平群臣《ヘグリノヲミ》の祖、名は志毘臣《シビノオミ》、歌垣に立ちて、その袁祁《ヲケ》命の婚さむとする乙女の手を取れり。その乙女は、菟田首《ウタノオビト》等が女、名は大魚《オフヲ》といへり。かれ袁祁《ヲケ》命も、歌垣に立たしき、こゝに志毘臣歌ひけらく、

大宮《オホミヤ》の、彼《ヲト》つ鰭手《ハタデ》、隅傾《スミカタブ》けり。

その意味は、「王子よ、あなたの御殿の屋根のあの軒は、見苦しくも傾いて壞れかゝつてゐるではありませんか。其の淋しさと同じく、美人も携へないで只一人で立つて居られるのは、如何にも淋しくお可哀さうですよ。」

かく歌ひて、その歌の末を乞ふ時に、袁祁命歌ひたまはく、

大匠《オホタクミ》、拙劣《ヲヂナ》みこそ、隅傾《スミカタブ》けれ。

その意味は、「なるほどお前の言ふとほり軒は傾いてゐるが、此れは大工の仕事が拙劣であつた爲に、軒の隅が傾いたのであつて、我れに何等の責任なく何等やましい點は無い。建物に託して可哀さうだなどゝ言つて貰ふまい。」

かれ志毘臣はまた、歌ひけらく、
大君の、心を寛《ユラ》み、臣《オミ》の子の、八重の柴垣、入り立たずあり。
その意味は、「こらよく聽けよ。我が心が寛大であればこそ、今すぐに女を我がものにしようとは致さないのである。若し一たび乙女を得ようと我れが思ふ時は、お前が如何に嚴重な垣根を廻らして防いでも、ず打ち破つて乙女を手に納れて見せるんだが、まあ暫らくお前の領域には侵入しないで置くんだ。」
こゝに御子また歌ひたまはく、
潮瀬《シホセ》の、波折《ナヲリ》を見れば、遊び來る、鮪《シビ》が鰭手《ハタデ》に、妻立てり見ゆ。
その意味は、「おやツ、沖の潮の流れる所に立つ波がしらを見ると・そこに遊び寄る鮪の鰭のところに、いやさ志毘臣の袖のところに・我が愛する乙女の立つてゐるのが見える。」
かれ志毘臣、愈忿りて歌ひらく、
大君の、王《ミコ》の柴垣、八節結《ヤフジマ》り、結《シマ》り廻《モトホ》し、截《キ》れむ柴垣、燒けむ柴垣。
意味は、「あなたが假に乙女を手に入れたとしても、其のまゝでじつとしてゐる私ではありませんよ。いかに垣根を嚴重に結ひ堅めてお護りにならうとも、忽ちにして切り破り燒き拂つて、思ふ乙女を取り返しますよ」
こゝに王また歌ひたまはく、歌の順序が誤つた爲め、次の歌は志毘のが王の歌となつてゐる。
〔註〕この歌垣の歌の順次は、第一潮瀬、第二大魚、第三大宮、第四大匠、第五大君の心、第六大君の王の柴垣とするのが自然であらう。

大魚《オフヲ》よし、鮪衝《シビツ》く海人《アマ》よ、其《シ》が荒《ア》れば、心《ウラ》戀《コホ》しけむ、鮪衝《シビツ》く鮪《シビ》。

意味は、「おゝ私のことを鮪だとお言ひですが、その鮪を突いてゐる漁師よ。言ひ換へれば、私を打ち負かして乙女を得ようとなさる王子よ。あなたの慕はれる大魚は實に美人ですね。其の美人が私の手にありますと、あなたは今迄よりも以上に乙女が戀しいでせうね。ヘン、どんなものです。鮪突く漁師。」

かく歌ひて、鬪ひ明して散《アラ》けましぬ、明旦《ツトメテ》、意富祁《オホケ》命、袁祁《ヲケ》命二柱議りたまはくすべて朝廷の人どもは、旦には朝廷に參り、晝は志毘《シビ》が門に集ふ。かれ今は志毘必ず寢ねたらむ。その門に人も無けむ、かれ今ならずば、謀り難けむとはかりて、即ち軍を興して、志毘臣が家を圍みて、殺《ト》りたまひき。

こゝに二柱の御子たち、互に天下を讓りたまひて、意富祁命、その弟袁祁命に讓りたまはく、針間《ハリマ》の志自《シジ》牟《ム》が家に住めりし時に、汝が命《ミコト》名を顯はしたまはざらましかば、更に天下知らさむ君とはならざらましを、既に汝が命《ミコト》の功にぞありける。かれ吾れ兄にはあれども、猶汝が命先づ天下を治しめしてよといひて、堅く譲りたまひき。かれ得辭《イナ》みたまはずて、袁祁命ぞ、先づ天下治しめしける。

この御代の記事を書紀には(元年)磐余甕栗宮《イハレミカクリノミヤ》のこと、葛城韓媛《カツラギノカラヒメ》を皇太夫人と爲す。雄略天皇の御陵に隼人殉死す。(二年)白髮部舍人《シラガベノトネリ》、同膳夫《カシハデ》、同靱負《ユキベ》を置く、伊與來目部小楯《イヨクルメベヲタテ》をして億計弘計《オホケヲケ》二王を迎へしむ。(三年)億計王を皇太子と爲す。臣連をして風俗を巡省せしむ。(四年)射殿の試射(五年)春正月天皇宮に崩りましぬ。時に年若干(國史辭典によれば御年四十一とある)、冬十一月庚午朔戊寅河內の坂門原陵《サカトノハラ》(河內國南河內郡浦村西浦に其陵が在つて面積は七千餘坪)に葬しまつる。

この天皇の御代は史的循律は「爭奪期」であるが、御在位年數も短く、且つ記錄が簡であるから、明瞭には時代相が味はれない。が臣連を大庭に宴したまひて綿帛を賜ひ、皆其の自ら取ること盡力次第と云ふ事に任せられたり、又は海表の諸蕃の使者を朝堂に宴し、物を賜はつたり。大に酺すること五日といふ記事あり、特に臣連を諸國に遣はし、風俗を巡省せしめられ。天皇親ら囚徒を錄ひたまひ、蝦夷隼人並に內附《マヰシタガ》ふ。また天皇射殿に御し、百寮及び海表の使者に詔して射しめ、物を賜ふこと各差有り等の記事あり。無事平安にして、海表の諸蕃並に使を遣はして調を進り、內外共に嵐の前の靜けさと云つた感があります。

週期の天律も、人事を以て或程度之を防止し乃至は全くその反對の現象を呈せしめる可能を許さねばならないと思ふ。夏は暑しとて、暑氣を避ける工夫はあらう。冬は寒しとて寒氣を防ぐ策はあらう。この點は邦家經濟上最も深い考察を要する事柄で。爭奪期は日暮は夕陽が海面に沒した間際《マギハ》だから、夕凪の光景が考へられない事もなからう。この御代から數代は、斯うした上から考察する必要があらう。

袁祁之石巢別天皇（顯宗天皇）

袁祁《オホケ》之《ノ》石巢《イハス》別《ワケ》命、近飛鳥宮《チカツアスカノミヤ》（大和國高市郡飛鳥村八釣の地にあつた）にまし〳〵て、八歳天下治しめしき。この天皇、石木《イハキ》王の女難波王に娶ひましき。御子はましまさざりき。

この天皇、その父王市邊王の御骨を求ぎたまふ時に、淡海國なる賤き老媼まゐ出でて白しつらく、王の御骨を埋みたりし所は、專ら吾れ能く知れり。またその御齒もて知るべしとまをしき。（御齒は三枝《サキクサ》なす押齒坐せりき）かれ民を起《タ》てて、土を掘りて、その御骨を求《マ》ぎて、即ちその御骨を獲たまひて、その蚊屋野《カヤヌ》の東の山（今の近江國蒲生郡市邊村市邊にある）に、御陵作りて葬めまつりて、韓帒《カラフクロ》が子どもに、その御陵を守らしめたまひき。かれ還り上りまして、かの老媼を召して、その地を忘れず、見置きて知れりしことを譽めて、置目老媼《オキメオミナ》（よく見置きたる目の所有者たる老媼）といふ名を賜ひき。かくて宮の内に召し入れて、敦く廣く惠みたまひき。かれその老媼の住む屋をば、宮の邊《へ》近く作りて、日毎に必ず召しき。かれ大殿の戸に鐸《スズ》を掛けて、その老媼を召さむとする時は、必ずその鐸を引き鳴らしたまひき。かれ御歌よみしたまへる、その御歌、

淺茅《アサヂ》原《ハラ》、小谷《ヲダニ》を過ぎて、百傳《モヽツタ》ふ、鐸《ヌテ》搖《ユ》らくも、置目《オキメ》くらしも。

この意味は、「おゝ、鈴がゆれるよ合圖の鈴が、どうやら置目老女が來るらしい。淺茅原小谷を過ぎてはる〳〵と、」といふのです。いかにも嬉《ウレ》しいさまが明瞭に窺はれます。

こゝに置目老媼、僕《アレ》甚く老にたれば、本國に退《マカ》らまほしとまをしき。かれ白せるまに〳〵遣りたまふ時に、天皇見送らして、歌ひたまはく、

置目《オキメ》はや、淡海の置目、明日よりは御山隱《カク》りて、見えずかもあらむ。

この意味は、「なつかしい置目老女よ。近江國の置目老女よ。それではもう歸り行くか。いよ〳〵明日からは、山に隔てられ隱されて、お前の姿も見られないことであらう。さても名殘惜しいぞ」といふのです。

初め天皇、難に逢ひて、逃げまし〳〵時に、その御粮《ミカレヒ》を奪つた猪甘《ヰカヒ》の老人《オキナ》を求めたまひき。こゝに求め得た

るを喚び上げて、飛鳥河の河原に斬りて、皆その族どもの膝の筋を斷ちたまひき。是を以て今に至るまで、その子孫倭に上る日、必ず自ら跛《アシナヘ》くなり、かれその老(人)の所在を能く見しめき。かれ其處を志米須《シメス》といふ。

天皇、その父王を殺したまひし大長谷天皇を深く怨みまつりて、その御靈に報いむと思《オモ》ほしき。かれその大長谷天皇の御陵を毀《ヤブ》らむと思ほして、人を遣はす時に、その同母兄意富祁《オホケ》命のまをしたまはく、「この御陵を壞《ヤブ》らむには、他人を遣はすべからず。專ら僕自ら行きて、大君の御心のごと、壞りてまゐ出む」とまをしたまひき。かれ天皇、然らば命《オホセ》のまに〳〵幸でませ」と詔りたまひき。是を以て意富祁命自ら下り幸《イ》でまして、その御陵の傍を少し掘りて還り上らして、既に掘り壞りぬとまをしたまひき。

こゝに天皇、その早く還り上りませることを怪みまして、「如何に壞りたまひしぞ」と詔りたまへば、「かの御陵の傍の土を少し掘りつ」とまをしたまひき。天皇詔りたまはく、「父王の仇を報いむと思ふなれば、必ずかの御陵を悉く壞《ヤブ》りてむを、何ぞ少し掘りたまひしぞ」と詔りたまへば、まをしたまはく、「然しつる故は、父王の仇を、かの御靈に報いむと思ほすは、誠に理なり。然れどもかの大長谷天皇は、父王の仇にはあれども、還りては我が從父《ヲヂ》にまれ、また天下治しめしゝ天皇にますを、今單に父王の仇といふ志をのみ取りて、天下治《シロ》しめし丶天皇の御陵を悉く壊りなば、後の世の人必ず誹りまつりませう。ただし父王の仇は、報いずばあるべからず。かれかの御陵の邊を少し掘りつ、既にかく耻みせまつりてあれば、後の世に示すにもあへなむ」かくまをしたまひつれば、天皇、「これも亦いと理なり。命の如くて可し」とぞ詔りたまひける。」仁賢天皇の「幼くて聰款、才敏多識、壯にして仁惠、謙恕溫慈にます」と書紀に記す御人格がいかにも躍如としてゐるのを拜します。目にて目を償ひ、齒にて齒を償ふさいふことは、理知時代の常識ではあらうけれども、我が尊嚴なる國史を考へる時、意富祁命の御深慮こそ畏き極みと申すべきである。

この天皇の御代の記事は、書紀に掲ぐるもの「近飛鳥八釣宮に即位、難波小野女王を立てゝ皇后と爲す。天下に赦したまふ。老嫗置目《オキメ》市邊押磐皇子の墓の所在を奏す。新に押磐皇子佐伯部《サヘキベ》仲子の墓を營む。置目に殊遇を賜ふ。曲水宴、來目部小楯を山官に任ず。狹狹城山君《ササキヤマキミ》韓帒《カラフクロ》を罪して陵戸と爲す。御父の復讐を皇太子と議し給ふ。皇太子之を諌め奉る。置目致仕を請ふ。稻解に銀錢一文、百姓殷に富めり。月神日神の神託、紀生磐《キノオフイハ》任那に據りて叛を謀る。生磐任那より歸る。等がある。此の朝は史的循律は矢張「爭奪期」であるが餘り著しい時代相は見えない。併し平群氏を誅殺された事は大なる事件と見なければなるまい。當時平群氏の勢力は實に飛ぶ鳥を落すほどで、鮪の父の平群眞鳥は專ら國政を擅にして、日本に王たらんと欲し。太子の爲めと陽《イツ》りて宮を營《ツク》り了りて乃ち自ら居る。觸事《コトゴト》に驕慢にして都て臣節無しといふ狀態書紀に依るで、其子の鮪も父に增した驕慢な者であつた。而して書紀では大伴金村連が、眞鳥をも討つべくば請ふ討たむと奏したので、太子（書紀は此等の事件を專ら武烈天皇の太子時代の事としてゐる）曰く、天下將に亂れなむとす。世に希なる雄に非ずば濟ふこと能はざらむ。能く之を安んずる者は、其れ連に在らむかと。即ち與に謀を定めて大臣の宅を圍み、火を縱ちて焔く、撝《シマネ》く所雲のごとく靡く有樣で、眞鳥は遂に殺戮された。とある。これは如何にも大事件であつて、蘇我氏の滅亡は史家がやかましくいふが、斯く容易に平群氏を滅亡せしめられたのは、大伴氏の援助はさることゝ乍ら、本期中の留意すべき事件に屬しませう。海外の事情も頻に急を告げて、天皇崩御の歲、紀生磐《キノオフイハ》宿禰任那に跨據りて高麗に交通ふ。將に西三韓に王たらむとして、官府を整《トトノヘ》修《オサ》め、自ら神聖《カムツヒジリ》と稱《ナノ》る。任那の左魯《サロ》那奇《ナキ》、他甲肯《タカウシヨウ》等の計を用ひて百濟の適莫爾《チヤクマクニ》解《ケ》を爾林《ニリム》に殺す。帶山城《シトロムレサシ》を築きて東道を距ぎ守り、粮を運ぶ津を斷ちて、軍をして飢ゑ困《タルシ》ましむ。百濟王大に怒りて、領事古爾解《コニケ》、內頭莫古解《マクコケ》等を遣して、衆を率ゐて帶山に趣きて攻めしむ。是に於て生磐宿禰軍を進めて逆擊し、膽氣益壯にして向ふ所皆破る。一を以て百に當る。俄にして兵盡き力竭き、事の濟《ナ》らさるを知りて任那より歸る。是に由りて百濟國佐魯那奇、他甲肖等三百餘人を殺す」といふ狀態を演じた。かれ天皇崩りまして、即ち意富祁命天つ日嗣知しめしき。この天皇、御年三拾八歳、八歳天下治しめしき。御陵は片岡之石坏《イハツキ》岡上(大和國北葛城郡下田村北今市にある)にあり。御陵は面積千三百餘坪ある。

意富祁天皇(仁賢天皇)

意富祁《オホケ》命、石上廣高宮(大和國山邊郡山邊村の地に在つた)にまし〳〵て、天下治しめしき。この天皇、大長谷《オホハツセ》若建《ワカタケ》天皇の御子、春日大郎女《カスガオホイラツメ》に娶ひまして、生みませる御子、高木郎女、次に財郎女、次に久須毘《クスビ》郎女《イラツメ》、次に手白髮《タシラガ》郎女、次に小《ヲ》長谷《ハツセ》若雀《ワカサヽギ》命、次に眞若《マワカ》王、また丸邇《ワニ》日爪《ヒツマ》臣の女、糠若子《ヌカワクコ》郎女を娶して生みませる御子、春日山田郎女、この天皇の御子たち、并せて七柱ます。この中に小長谷若雀命は、天下治しめしき

この天皇の御代も尙ほ「爭奪期」であるが、御在位も短く、何等其の現象が見え無い。特に書紀に「是時に國中事無く、吏其の官に稱ひ、海內仁に歸《ツ》き、民其の業に安んず。是の歲五穀登衍《トシエテ》、蠶麥善く收り、遠近清平ぎ、戸口滋殖《マスマスウマ》はるとある」のは、太平無事を示して、全く時代循則には反してゐる。併し海外の事

情は、愈々急迫を告げてゐたのは當然であらうし、國內無事の記事も、後漢明帝紀に據りて之を爲《ナ》せりと云つてゐる學者もあるほどであるから、何處やら落着かない氣分が感ぜられるようである。

この御代の書紀の記事は「石上廣高宮に即位、春日大娘皇女を立てゝ皇后と爲す。皇妃及び皇子女、難波小野皇后自盡し給ふ。諸國に散亡の佐伯部を求む。日鷹吉士を高麗に遣して工匠を求む。飽田女其夫の高麗に赴くを悲しむ。日鷹吉士高麗の工匠を献ず。小泊瀬稚鷦鷯尊を立てゝ皇太子と爲す。」等である。古事記には崩御の事が記されてゐない。御年齢も古事記書紀共に記されてゐない。が、國史大辭典には御年五十としてゐる。御陵は河內國南河內郡藤井寺村野中の地に在つて面積五千餘坪ある。

この御代の終より向ふ約百年（一世紀）間を文化史的に紹介すれば次の通りである。（日支歐比較文史より）

政治　國家完成　個人思想勃興　王土

本世紀の初め武烈天皇の御代に大きい擾亂が起つた。けれども祖先崇拜に依つて支持された社會上の結合は猶ほ鞏固で又皇室の權威は諸氏族共同の上に打ち立てられて居る。本世紀に入つて氏族制度は固つてしまつた。國民の精神は次第に作興し成熟して來り、統一體としての日本國の完成は政治的組織の裡に遂行せられた。

佛教傳來は氏の制度を支へ得た宗教思想を覆へして崩壞を助長し、又佛教によつて個人が覺醒し個人的存在と日常生活の行爲及び衝動に對す個人的責任の思想が起つた。これから從來の共産的社會秩序が動揺して來た。物部氏蘇我氏は次第に勢力をふるつて來た。國土は王土であるといふ思想は、安閑天皇の朝に著しくあらはれた。

五五三年に百濟は援兵を乞ひ五六〇年に新羅が朝貢した。欽明天皇に於ける調査に據ると支那から歸化した秦氏の數は七千五十三戸で人口十三四萬に及んだ。この御代に朝鮮の動亂に對する備へとして九州に中央政府の出張所として要害の地に極めて大規模な大宰府を設けた。

經濟　商業經濟　經濟的組織の發達　賑給

氏族時代には商業の中心は海拓榴市などのやうに京師の附近に別區域をなし必ずしも遷都毎に移轉しなかつた。即ち政治の中心と商業の中心は別々であつた。商業は依然として物品交換で所謂市によつて行はれた。欽明の朝に諸國の船税を調査収錄した。罪を得た貴族の土地を朝廷に収め朝廷の意志によつて貴族をして領土を朝廷に献じさせることは漸く多くなり、近畿は勿論關東や九州にも斯様なことは續發した。國家は經濟的にも組織的となりつゝあることを示すものである。

欽明帝の御代に賑給《シンギウ(シゴウ)》といひ賤しき民に米塩など給することがはじまつた。

宗教　誓盟　神社　佛教傳來　觀音崇拜

天又は神は數々誓約の制裁を依頼せられた。五六二年の告訴人は「これは僞である。眞實でない。若し之は眞實であるならば私は甘んじて天罰を受ける」と言つた。住吉神（海神）は異域鎭護の神として普く世上に流布して居る。（繼體記六年の條欽明天皇は新羅親征の際にもこの神に奉幣した。）五五二年に豊前宇佐に八幡神を祭つた宇佐神宮が出現した。神佛習合の機運の結果として現はれたもので二十年足らずに非常に盛になつた。五二二年に梁人司馬達等は來朝して大和に居て佛教を傳へそが民間に次第に流布した。五五二年には百濟は佛像經論を献じた。當時一般の人心は佛教反對で、神道主唱の物部氏中臣氏と佛教崇拜の蘇我氏との間に葛藤が起り五八七年至り蘇我氏は物部氏を滅して佛教は大いに弘通した。本世紀末用明天皇の頃に佛教は上流社會にはじめて基礎を有つやうになつた。漢人夜菩の娘豊や錦織壺の娘、石《イシ》は尼僧としてはじめて百濟に留學した。當時歸化人の子女は多く尼僧となつた。全員的神道觀は個人的宗教觀に移り出した。觀音像の崇拜行はれた。

註 佛教公傳は欽明天皇十三年でなく宣化天皇三年

趣味 神話 音樂 短歌完成

神代史の述作は六世紀の中頃欽明朝前後に一通り出來たらしい。（津田左右吉著 神代史の研究（p. 575—p. 579）

五五四年百濟から樂人施德三斤、李德己麻次、季德進奴、對德進陀等を貢した。寺院の壁畫は極彩色で古來の單純な風情が少くなつた。短歌はほゞ完成の域に進み 本世紀の中頃から格律を意識するやうになつた。

學問 曆學醫學傳來 五經博士渡來

五五〇年代に干支を以て年を記する制が定まつた。五五三年には百濟から曆本を傳へた。コヨミ（曆）は日《カ》

數《コ》ミの轉であらう。五一三年に百濟から始めて五經博士段楊爾を貢し五五四年には五經博士の柳貴が來た
五經とは當時尙書周易詩經禮記である。
同年百濟から卜易博士王道良や醫博士が來た。卜占に龜甲が鹿肩骨に代つたのは是等の學者の影響である。
又採藥師などが百濟から來た欽明の朝に吳國の智聰は儒佛二典と藥書、明堂圖等百六十四卷を齎した。北魏の文化は漸く我國に入り來つたのである。

土木工藝　毛織物　佛師瓦工等渡來　石城　佛寺建立　造船

孝德天皇は長安城に摸し最新式の長柄豊碕宮(難波)を造營せらる。五五三年に百濟王聖明は髦𣯴一領を献ず。これは本邦人がはじめて獸毛を以て衣服を製することを知つた事實である。同年勅命により百濟人は大和の正尊寺の本尊を造つた。五六八年に茅渟《チヌ》の海に樟木が浮び來り、これで佛像二軀(長谷觀音像)を作つたのは日本人彫刻の初めである。奈良時代には觀音像の慈悲の美妙な容姿を理想とした。

百濟から五八八年に瓦博士畫工鑪盤工を献じた(日本書紀)。欽明天皇の頃から繪畫彫刻が支那から入つて

來た、五〇一年に石城《シキ》を大和の廣瀨郡の水派村に築かせた、五八四年に蘇我馬子は佛殿を經營し寺塔を立てた。五八九年には百濟國から寺工鑪盤工瓦工が來り造寺造佛が盛んになつた。寺院の屋根は瓦葺にされた。五九三年に難波に四天王寺を建立した。敏達天皇の朝に瀨戶內海諸國に船舶を造らせた。

小長谷若雀天皇（武烈天皇）

小長谷若雀命《ヲハツセワカササギ》、長谷《ハツセ》之《ノ》列木宮《ナミキノミヤ》（大和國磯城郡朝倉宮出雲の地に在つた）にまし〱て、八歲天下治しめしき。この天皇太子ましまさず。かれ御子代として、小長谷部を定めたまひき。御陵は片岡之石坏岡《イハツキ》あり。天皇既に崩りまして、日續《ヒツギ》知ろしめすべき王ましまさず。かれ品太《ホムダ》天皇五世の孫、袁本杼《ヲホド》命を近淡海國より上りまさしめて、手白髮《タシラガ》命に合はせまつりて、天下授けまつりき。

書紀所載の暴虐の記事は、古事記に載せず。書紀を踏襲せる舊事本紀にも見えず、內山眞龍氏の「百濟王の無道暴虐を奏上したる百濟記の轉じて本文となりしならむ」といへる說は、既に學者の定說と認むべき所で、御寶壽も十八歲であつたとすれば、古史の傳ふるが如き、殘虐の御行爲があつたとは、どうしても考へられません。

小中村淸矩翁は大日本史武烈天皇崩の下の分註に「本書享年闕、水鏡、神皇正統記、並白年十八、歷代皇紀、皇年代略記、皇代記、帝王編年記、幷五十七、今按主二前說一、則帝未二即位一、挑二影媛一時、方十歲、豈有二此事一哉、主二後說一則帝在位八年、應下以二四十九歲一即上レ位、仁賢帝壽五十、或五十一、是二三歲而生レ帝也、豈復有二此理一二說共不レ可レ信」とあるに對し天皇十歲御即位、十八歲崩御の事を論證し、さて進んでかかる幼主にして、さる殘忍の御處行はあるべしとも思はれずと辨じて委曲を盡して、もはや論ずる餘地は無い若し強て申して見れば「書紀に小泊瀨稚鷦鷯天皇は億計天皇の太子なり。母を春日大娘皇后と申す。億計天皇七年に立ちて皇太子と爲し給ふ長《ヒトヽナ》りて刑理を好み、法令分明し、日晏《ヒクダ》りても坐朝し、幽枉《カクレタルコト》必ず達す。獄を斷ること情を得たまふ」とある通り、理否曲直に對して、嚴密なる批判を下し、信賞必罰に徹底し給ふたかも知れません、時代は渾沌として內外實に多事である。竣嚴を以て臨まなければ、一世を革正することは出來なかつたでありませう。年少氣銳の天皇であらせられ、利刄の如き理智の御所有者であらせられたならば、驕慢なる大氏族も、陰に策動する魍魎等も、颯爽たる御竣烈さに、懼《オソレ》をなして畏慴したかも知れない。それが誤つてあんな傳說として後世に傳はつたかも知れない。それにしても御年が若きに過ぎる。此天皇の御年齢は、記紀共に記してゐないが、十八歳とする說が有力である。片岡之石抔岡《イハツキヲカ》は大和國北葛城郡志都美村今泉の地、御陵面積は九千餘坪あり。

袁本杼天皇（繼體天皇）

袁本杼《ヲホド》命、伊波禮之玉穗宮《イハレノタマホノミヤ》（大和國磯城郡安倍村地内にあつた）にましく＼て、天下治しめしき。

この天皇三尾君《ミヲノキミ》（今の近江國高島郡大溝村に居た部族の長）等が祖、名は若比賣を娶して生みませる御子、大郎子《オホイラツコ》、次に出雲郎女《イツモイラツメ》二柱また尾張連が祖凡連《オフシ》が妹、目子郎女を娶して、生みませる御子、廣國押建金日《ヒロクニオシタケカナヒ》命、次に建小廣國押楯命《ダケヲヒロクニオシタテ》（二柱）また意富祁天皇の御子、手白髮命（こは大后にます）に娶ひまして、生みませる御子、天國押波流岐廣庭命《アマクニオシハルキヒロニハ》（一柱）また息長眞手王《オキナガマテ》の御女、麻組郎女《マクミ》を娶して、生みませる御子、佐佐宜《ササゲ》郎女（一柱）また坂田大俣王《オホマタ》の御女、黑比賣を娶して、生みませる御子、神前郎女《カムサキ》、次に茨田郎女《マムタ》次に（馬《ウマ》求）田郎女《クタ》（三柱）また茨田連小望《ヲモチ》が女、關比賣《セキ》を娶して生みませる御子、茨田大郎女《マムタ》次に白坂活日郎女《シラサカイクヒ》、次に小野郎女《ヲヌ》、またの名は長目比賣《ナガメ》（三柱）また三尾君加多夫《ミヲカタブ》が妹、倭比賣《ヤマト》を娶して、生みませる御子、大郎女、次に丸高王《マロコ》、次に耳王《ミミ》、次に赤比賣郎女（四柱）また阿部之波延比賣《アベノハエ》を娶して生みませる御子、若屋郎《ワカヤ》女、次に都夫良郎女《ツブラ》、次に阿豆王《アツ》〔三柱〕この天皇の御子たち、幷せて十九王（男王七、女王十二）この中に天國押波流岐廣庭命《アマクニオシハルキヒロニハ》は天下治しめしき。次に廣國押建金日命《ヒロクニオシタケカナヒ》も天下治しめしき。次に建小廣國押楯命《タケヲヒロクニオシタテ》も天下治しめしき。次に佐佐宜王《ササゲ》は、伊勢神宮をいつきまつりたまひき。

國家多事多難の際、武烈天皇崩じ給ふて、後繼ましまさず。實に非常の時である。大伴金村は「方今絶えて繼嗣無し。天下何所にか心を繫がむ。古より今まで、禍斯に由りて起れり」と群臣に對して述へてゐるのは道理である。そこで衆議一決して、足仲彥天皇五世の孫倭彥王を推戴することにし、迎へ奉ることにしたが、懼れて山谿に遁入《ニゲイリ》て行方不明となつた。で更に議つて男大迹王《ヲオホト》を推戴することに決し、三國から迎へ奉つた。併し皇子は「民を子とし、國を治むるは重大事なり、寡人不才、以て稱ふに足らず。願くは請ふ、慮を廻して賢者を擇《エラ》べ」こ仰せられて固く謝し給ふ。併し大伴大連始め再三請ひ奉つて止まないので、遂に天皇の位を踐みたまふこことなつた。大伴金村《オホトモカナムラ》大連を以て大連《オホムラヂ》に、許勢男人《コゼノヒト》大臣を大臣《オホヲミ》と爲し、物部麁鹿火《モノノベアラカビ》大連を大連《オホムラヂ》と爲すこと、並に故《モト》の如く、各職位の依《マヽ》にす。大臣大連《オホヲミオホムラヂ》鼎立の姿である。この天皇の御世に起つた重要事項を書紀に依て揭ぐれば次の如し。

第一には「金村等皇嗣の斷絕を憂ひ、皇后を勸めたまふ條の中に、神祇伯等を遣はして神祇を敬ひ奉りて、天皇の息を求め、允に民の望に答へむ」と申して居り、天皇は詔して「神祇に主乏しかる可からず。宇宙に君無かる可からず云々」と仰せたまひ、後に荳角皇女をして伊勢大神に侍らしめられたほどで、神祇崇敬が底力強くこの御世に現はれた事が知れるようです。次には「御即位の年、詔して曰く、朕れ聞く、士當年に耕さざること有れば、則ち天下其の飢を受くること或《ア》り、女當年に績《ツ》まざること有れば、天下其の寒を受くること或《ア》り、故れ帝王躬ら耕して農業を勸め、后妃親ら蠶《コカ》ひて桑序を勉めたまふ、況や厥《コ》の百寮より萬族に曁《イタ》るまで農績を廢め棄てゝ殷富に至らむや。有司普く天下に告げて、朕が懷《コヽロ》を識らしめよ」と仰せられ農桑の御奬勵あらせられたこと。次には七年十二月詔して曰く「朕れ天緒を承けて宗廟を保つを獲たれども、兢々業々、間者《コノゴロ》、天下安靜に、海内清平に、屢々豐年を致して、頻に國を饒《ト》ましむ。懿きかな摩《マ》呂《ロ》古《コ》、朕が心を八方に示し、盛なるかな勾大兄《マカリノオヒネ》、吾風を萬國に光らす。日本邕々《ヤハラギァ》、名天下に擅なり、秋津赫々、譽王畿《ウチックニ》に重し、寶とする所は惟れ賢、善を爲すを最も樂みとす。聖化茲に憑りて遠く扇ぎ、玄功此に藉りて長く懸れり。寔に汝が力、宜べ、春宮のくらゐに處て、朕を助けて仁を施し、我を翼《タス》けて闕《アヤマチ》を補へ」と仰せられ、勾大兄皇子を立てゝ皇太子と爲したまふ。眞に聖代の狀態と申さねばなりません。が併し時代は一寸の油斷をも許さない、國家の非常時でした。遠くは三韓に絶えざる擾亂あり、近くは國内に不軌を企てんとする亂臣あり、多事多難は文字通りの時代でしたが、德政は當にこの難關を突破し、國運は每に時代を征服して、進まんとする狀態が見えます。あゝ時代律の征服、それが果して何處まで出來得得るものかを我等は凝視するものです。が併し、この時代は內外共に多事であり。特に三韓の事情は切迫してゐた。今は精しい報導は避けなければならぬが、その題目を見るだけでも、その如何に切迫してゐたかを知る事が出來ませう。

二年南海の中の耽羅《ムトラ》人初めて百濟國に通ふ。六年百濟任那の四縣を請ふ。物部麁鹿火《アラカビ》四縣割讓の宣勅を辭す。勾大兄皇子《マガリオホエ》四縣の割讓を阻止せんとす。金村等百濟の賄賂を受く、七年百濟五經博士段楊爾《ダンヤウニ》を貢る。巳汶帶沙《コモンタサ》を百濟に賜ふ。伴跛の離叛、九年物部連伴跛と戰ひ敗れて百濟に入る。十年百濟使を以て物部連等を巳汶《コモン》に迎へ勞ひ引導きて國に入る。百濟洲利《ツリ》即次將軍を遣はして物部連に副へ來りて巳汶の地を賜ふことを謝す。又漢高安茂《アヤノ》を以て段楊爾に代ふ。二十一年近江毛野臣南加羅の恢復を謀る。筑紫國造磐井の叛(こは別に精しく述べる)二十三年加羅の多沙津を百濟に賜ふ。加羅新羅に通ず。新羅加羅の諸城を拔く。毛野臣新羅百濟の使を安羅に會せしむ。任那王來朝して新羅の侵略を訴ふ。毛野臣羅濟二國の王を熊川に招く。毛野新羅の勢に懼れ宣勅する能はず。新羅任那の四村を抄掠す。二十四年任那毛野臣の失政を訴ふ。毛野の歸朝を命ず。任那離叛して羅濟二國の援を求む。羅濟の軍任那を寇掠す。毛野臣對馬に到り病を以て卒す。

この御世に、筑紫君石井（孝元天皇の後裔）、大命に從はずして禮《イヤ》無きこと多かりき。かれ物部《モノヽヘ》荒甲《アラカ》火《ヒ》大連（書紀には麁鹿火と書く）大伴之金村連二人を遣はして、石井を殺らしめたまひき。筑紫國造磐井の叛は特にこの御代の重大事件であつた。物部麁鹿火大連は、「あゝ磐井は西戎の姧猾なり。川の阻《サカシキ》を負《タノ》みて庭《ツカマツ》らず。山の峻《タカキ》に憑《ヨ》りて亂を稱《ア》ぐ。德を敗りて道に反き、侮り慢りて自ら賢とおもへり。在昔、道臣《ミチノオミ》より爰に室屋《ムロヤ》に及《イタ》るに、帝を助けて罰《ウ》ち、民を塗炭に拯ふこと、彼も此も一時なり。唯天の贊《タスケ》の《マヽ》所に、臣が恒に重んずる所なり。能く恭みて伐たざらむや」と奏するに對して、天皇は詔して曰く「良將の軍は、恩を施して惠を推し、己を恕《オモヒハカ》りて人を治む。攻むること河の決《サ》くるが如く、戰ふこと風の發《タ》つが如し」「重ねて詔して曰く「大將は民の司命なり。社稷の存亡、是に於てか在り、勗めよや。恭みて天罰を行へ」と仰せられた。あゝ實に國體の精華は斯様な難關に臨んで、一層其の光輝が放たれることを感じます。彼は逆賊であり、北勢力は三韓に聯絡を保つて、眞に侮り難いものがあつた。されど我が德光的國家としては、飽くまで恩を施して惠を推し、己を恕《オモヒハカ》りて人を治むの本義に基きたまふたのであつた。鏡の如く明らかに、玉の如く仁慈に、劍の如く武勇であることは、一貫して我が根本の偉大な大精神であつたのである。

書紀には二十二年冬十一月、大將軍物部大連麁鹿火親ら賊帥磐井と筑紫の御井郡に交戰ふ。旗鼓相望み、埃塵相接げり、機を兩陣の間に决めて、萬死の地を避けず。遂に磐井を斬りて、果して彊場を定むとあります。天皇二十四年二月詔を降して曰はく「朕れ帝業を承くること今に二十四年。天下淸泰にして內外虞無し、土壤膏腴、穀稼實有り、竊に恐るゝは、元元《オホミタカラ》斯に由りて俗を生じ、此に藉りて驕を成さむことを、故れ人をして廉節を擧げしめて、大道を宣揚《ノベア》げ、鴻化を流通《シキカヨ》はさむ。能官《ツカサメシ》する事古より難しと爲す。爰に朕が身に曁《オヨ》びて、豈愼まざらむや」と仰せたまへり、聖慮深遠寔に感激に堪へないものがある。國事多端にして君臣共に非常の覺悟を要すべき秋、この大命に接して、賢臣勇將は一意至誠の奉公を誓つたことでありませう。が併し時代は尙ほ「爭奪期」で、實に容易ならぬ秋であつた。

吉田東伍氏の「倒叙日本歷史」に「仁德の正統武烈に至りて絕え、男大迹皇子胎中天皇五世の孫を以て越の國(今越前坂井郡)より入りて皇緖を承ぐ。之を繼體帝と爲す。顧ふに雄略帝の宏圖未就《ナ》らずして、中道に崩殂したまへり、四主を更《カ》へたりと雖も皆短祚、國家の事振作するに及ばずして止めり。而も今男大迹帝外より入り朝に臨ませらるゝも、威望驟に繫ぎ難し。此の際にあたり、中外覦窬の心豈に動かずして已まむや。是れ誠に禍亂の伏する所、時運變革の期なり。任那の割裂、筑紫の背叛、果然現れ出づ。之に加ふるに、帝の在位も亦長からず、嫡子（欽明）なほ幼沖、此を以て庶長子勾大兄（安閑）檜隈皇子（宣化）並びに天位に登り、以て嫡子の長ずるを待たせたまふ。その二帝も亦久しからず。嫡子遂に幼年を以て立つ之を欽明天皇と爲す。欽明崩壽亦缺けたりと雖、其の幼少と云ふを見れば丁年以下にやましけん。之を推すも繼體帝在位の長からざりしを見るに足る。古事記に繼體帝丁未歳崩御年肆拾參歳と明記す。其元年は戊戌にして梁武帝天監十七年西暦五一八年に當る歟。繼體の前妃尾張連草香の女、目子媛は勾大兄皇子檜隈《ヒクマ》高田皇子を生む。其勾大兄は春日山田皇女（仁賢の皇女）に婚したまへるも子女なし。檜隈皇子は橘仲皇女（仁賢の皇女）を娶り子女ありしも早世したまふ。皇儲は欽明の一系に外なし」とあります。

この天皇、御年四拾參歳（書紀には八十二とあつて甚だしい差がある）、御陵は三島之藍《ミシマノアヰ》（攝津國三島郡三島村太田の地）にあり。御陵の面積は一萬九千八百餘坪ある。

廣國押建金日天皇（安閑天皇）

廣國押建金日《ヒロクニオシタテカナヒ》命、勾之金箸宮《マカリノガナハシノミヤ》（大和國高市郡曲川金橋村の地にあつた）にまし〳〵て、天下治しめしき。

この天皇御子ましまさざりき。御陵は河内之古市高屋村《フルイチノタカヤ》(河内國南河内郡古市町古市に在る)にあり。御陵面積約五千坪ある。

書紀の所載は「勾金橋宮《マガリカナハシノミヤ》に遷す。春日山田皇女を立てゝ皇后と爲す。伊甚屯倉《イジミノミヤケ》を定む。皇后の爲めに屯倉を定む。大河内《オフシカフチノ》直侏張《アヂハリ》勅使を欺く。皇妃の爲めに屯倉を定む。三島縣主飯粒《ミシマアガタヌシイヒボ》良田四十町を献ず。味張罪を謝し春秋各五百の钁丁を献ず。廬機部《イホキベ》枳莒喩《キコユ》物部尾輿《ヲコシ》屯倉部氏を献じて罪を贖ふ。笠原使主《オミ》一族小杵《ヲキ》と武藏國造を爭ふ。諸國に屯倉を置く、櫻井田部連等屯倉の租税を掌る。牛を難波に牧す。」等こす。

古事記はこの安閑天皇以下宣化、欽明、敏達、用明、崇峻、推古の七代を、丁度綏靖天皇から開化天皇までの記述こ同樣、帝紀のみ傳へて、他は一切載せて居ないのである。日本書紀には精しい記事を載せてゐるし、古事記編纂の年次にも近い御代でありながら、なぜ斯樣な樣式を採つたのであらうか。史家は種々見解を述べてゐるやうであるが、我々はこの記述方を寧ろ頗る尊く思つてゐるものである。本來古事記は其序文にもある通り「斯乃王化之鴻基、邦家之經緯焉」で、王化の鴻基、邦家之經緯の指導原理を探究するのが主眼であるのである。だから史實を精査したり、一般的評論を加へたりすることは、之を通常史家に委せて然るべきことであらう。若し夫れ古事記下卷の史實が、安閑天皇以後記載なき爲めに、古事記の眞價が判らないと云ふならば、夫は恐らく、如何に精しい記事が滿載されてゐたにしろ、矢張同樣其眞價は摑めないのでありませう。安閑天皇以下を、帝紀のみ錄して超然たる態度こそ、實に古事記の尊嚴たる所と申すべきであらう。國民史に非らざれば歷史に非らずと妄信してゐるものは、それで往くを敢て妨げない。が併し古事記は全くその立場を異にしてゐるのである。シュペングラーは「歷史は永遠の生成であり、永久の將來も亦たさうである」と言明し（Bd. I. S. 504）而も彼は歷史としての世界を飽くまで運命と見て居り（Bd. II. S. 448）西歐の沒落も亦た天の命數と見、これを普遍妥當の眞理として設定せんとした。三大皇學は國史の內面を週期的律則が流れてゐることを闡明してゐる。我等は史實の正確なるものを要すること、史家と同然ではあるが、要は史實に終始するのみを以て足るものとせず、その生成伸展の內面に漲り流れる、邦家經緯の指導原理を確保せんとする者である。古事記は天皇哲學であると同時に、祭政の根本的無上經典であるのである。國史を即ち經典とすることは、我國の一大特質であり、亦以て萬世不磨の保證が成立する所以でもある。

如上の見解に基いて、本書はこの御代以後を、一切論じないで通過して結構でせうが、併し氣附いた點を述べて見ることも、全く贅にはならなからうかと考へ、書紀等の記事に基き簡單に所見を述べることに致しませう。

この御代は歴史週期は尙ほ「爭奪期」であるのに、表面に現はれてゐる史實は頗る安閑で、全く時代律を否認してゐるようである。が屯倉の記事が瀕に見えるのは、氏族間に土地爭奪の劇しいものがあつた爲めに其の統制に備へられたと考へられないことも無からう。笠原使主一族小杵と、武藏國造との爭ひは、其一例ではあるまいか。三島縣主の良田の献上、味張が謝罪の爲めに钁丁を献じたること、物部尾輿の屯部民を献じて罪を贖つたこと等も、其目的が國を擧げて、王土に歸せしむる方針の顯ではなかつたらうか。

乃ち大伴大連勅を奉りて宣べて曰く「率土之上《クニノウチ》、王の封《トコロ》に匪《アラザ》るは莫《ナ》し、普天之下《アメノシタ》、王の域《トコロ》に匪《アラザ》るは莫《ナ》し。故《カ》れ先の天皇顯號を建て、鴻名《ミナ》を垂る。廣大乾坤に配《ナラ》び光華日月に象《カタド》れり。長く駕《ユ》き遠く撫で、横《ヨコ》に都の外に逸《コエイ》で、區域《クニノウチ》を瑩鏡《ミカキテラ》し、垠《カギリ》無きに充塞《ミチフサガ》り、上は九垓《ココノミチ》に冠らしめ、旁《アマネ》く八表に濟《ワタ》る。禮《ノリ》を制《サダ》めて以て成功を告し、樂を作して以て治定を彰《アラ》はす。福應允に臻《イタ》りて祥慶往歳に符合《カナ》へり。」といふ狀態であつたのである。が併し史家中には皇室を他の氏族と同樣な見方をして、天皇氏と呼ぶものあるは、我が國體を解せざるものである。天皇は氏《ウヂ》では無いのである。「國家組織が完成して往つたのは、恰も天皇氏の勢力擴大の如く見え、他の有力な氏族が皇室を擁護して、其の擴大を謀つたのも、要は自家保全の共同的繁榮策であつた」と見てゐるものもある。が、本來我が國は天皇の統治あそばさるべき國であつて、國家組織が完成したのも、斯くあるべきが先天の約束であり、本來の姿であつたまでゞある。本來の儘で最初から整備した姿が永久に繼續し、毫も變動を顯はさないものなら、何等問題は無いのであるが、其處には發達の階段が在り、また種々の變態が現はれるもするので、解說上に誤謬を生ずるのである。變態を變態と認め、それがどんな狀態で變遷せるかを明瞭に見分けるのが所謂國史眼である。兎角色眼鏡をかけて見ると、變態が常態に見えたり、主客本末を轉倒して顧みないような事にもなるのである。國史の研究は事實を事實の儘に知る以上に、國體國性から見てどんな事件が、どんな意義を以て現はれるかを、嚴正に甄別するに在るのである。謂はゞX劔の威力のみが、國史を根本的に批判する力を持つてゐると云ふべきであらう。

建小廣國押楯天皇（宣化天皇）

建小廣國押楯命《タケヲヒロクニオシタテ》、檜坰之廬入野宮《ヒノクマノイホリヌノミヤ》（大和國高市郡坂合村檜前にあつた）にましくて、天下治しめしき。この天皇、意富祁《オホケ》天皇の御子、橘之中比賣《タチバナノナカヒメ》に娶ひまして生みませる御子、石比賣《イハヒメ》命、次に小石比賣命、次に倉之若江《クラノワカエ》王、また川内之若子比賣《カフチノワクコヒメ》を娶して生みませる御子、火穗《ホホ》王、次に惠波《エハ》王、この天皇の御子たち丼せて五王（男王三、女王二）かれ火穂《ホホ》王は（志比陀《シヒダ》君の祖）恵波《エハ》王は（韋那《ヰナ》君多治比《タヂヒ》君の祖なり）書紀の所載は「檜隈盧入野《ヒノクマノイホリヌ》宮に遷す。橘仲皇女を立てゝ皇后と爲す。諸國屯倉の穀を筑紫那津《ナツ》に運ばしむ。大伴磐《オホトモノイハ》、狹手彦《サデヒコ》を遣はし任那を援けしむ」等があるのみである。

さきに紀大磐《キノオホイハ》が任那を擾亂して、大いに任那日本府の威信を墜してから、大伴金村がまたかの四縣に對する處置をあやまつて、任那の人心を失ひ、物部連は伴跛に敗れ、終に毛野の不才傲狼によつて韓土はます〳〵紛擾に陷つた。安閑天皇を經て宣化天皇の御代になると、天皇は諸國の屯倉の穀を筑紫の那津《ナノツ》即ち博多に集め遙かに海表の日本府に應じて、萬一に備へしめられた。また筑紫、肥、豊、三國の屯倉は遠隔に散在し、運輸倉卒に備へがたきを以て、諸郡に課して那津《ナノツ》の口に分け移して、非常に備へしめられた。これが即ち太宰府の濫觴であると云つてよからう。斯く對外關係はいよ〳〵急迫を告げるに至つたのである。決して安靜な時代ではなかつた。

崩御に就て少しも書かれてゐないが、紀によれば御年七十三歳で崩せられ。御陵は大和國高市郡新澤村鳥屋に在ることがわかり、面積は約七千坪ある。

天國押波流岐廣庭天皇(欽明天皇)

天國押波流岐廣庭《アメクニオシハルキヒロニハ》天皇、師木島《シキシマ》之大宮(大和國磯城郡島村の地に在つたやうである)にまし〳〵て、天下を治しめしき。この天皇檜坰《ヒノクマ》天皇の御子、石比賣命に娶ひまして、生みませる御子、八田《ヤタ》王、次に沼名倉《ヌナクラ》太玉敷《フトタマシキ》命、次に笠縫《カサヌヒ》王(三柱)またその弟小石比賣《ヲイシヒメ》命に娶ひまして、生ませる御子、上《カミ》王(一柱)また春日之《カスガノ》日爪《ヒツマ》臣の女、糠子郎女《ヌカコイラツメ》を娶して、生みませる御子、春日《カスガ》山田《ヤマタ》郎女、次に麻呂古《マロコ》王、次に宗賀之倉《ソガノクラ》王(三柱)また宗賀之稲目《ソガノイナメ》宿禰大臣の女、岐多斯《キタシ》比賣を娶して、生みませる御子、橘《タチバナノ》之豊日《トヨヒ》命、次に妹石坰《イハクマ》王、次に足取《アトリ》王、次に豊御毛炊屋比賣《トヨミケカシヤヒメ》命、次にまた麻呂古《マロコ》王、次に大宅《オホヤケ》王、次に伊美賀古《イミカコ》王、次に山代《ヤマシロ》王、次に妹大伴《オホトモ》王、次に櫻井之玄《サクラヰノユミハリ》王、次に麻奴《マヌ》王、次に橘本之若子《タチバナノモトノワクコ》王、次に泥杼《トネ》王(十三柱)また岐多志《キタシ》比賣命の姨、小兄比賣《ヲエヒメ》を娶して生みませる御子、馬木《ウマキ》王、次に葛城《カツラド》王、次に間人穴太部《ハシヒトノアナホベ》王、次に三枝部《サキクサベ》穴太部《アナホベ》王、またの名は須賣伊呂杼《スメイロド》、次に長谷《ハツセ》部若雀《ベワカササギ》命(五柱)すべてこの天皇の御子たち、并せて廿五王。この中に沼《ヌ》名倉《ナクラ》太玉敷《フトタマシキ》命は天下治しめしき。次に橘《タチバナノ》之豊日《トヨヒ》命も天下治しめしき。次に豊御氣炊屋比賣《トヨミケカシヤヒメ》命も天下治しめしき。次に長谷部之若雀《ハツセベノワカササギ》命も天下治しめしき。并せて四王なも天下治しめしける。

新羅は此朝の二十三年に至つて、兵を擧げて任那を滅ぼし日本府をもうち倒した。天皇は男紀《ヲノキ》麻呂《マロ》を大將軍とし、河邊瓊缶《カハベノニヘ》を副將として新羅問罪の師を起され、男麻呂は 新羅の 大軍を逆へ擊つてこれを破つたが、瓊缶《ニヘ》等は軍令を守らず、勝に乘じて輕々しく進み、その婦と共に捕へられ、婦を與へて免れ歸つた。この時調伊企儺《ツキノイキト》もまた捕へられたが、屈せずして殺され、その子男子《ヲヂコ》も父の屍を抱いて死んだ。かくして任那は遂に全く亡び、爾後日本府の復興と新羅の膺懲とは終始一貫した歷朝の政策であつたが、時運は既に去つて、その志を達することが出來なかつた。

この御代の重要事項の一つとして、佛像傳來を忘れてはなるまい。佛教傳來の年月は典籍が區々に成つてゐるが、其考證は史家に委せむ。書紀に百濟の聖明王、西部姫氏《セイホウキシ》達率《タツソツ》怒唎斯致契《ヌリシチケイ》等を遣はし、釋迦佛の金銅像一軀、幡蓋《ハタキヌガサ》若干、經論若干卷を献る。別に表して、流通、禮拜、功德を讚して曰く、是の法は、諸法の中に於て最も殊勝《スグ》れて爲《イマ》す。解り難く入り難し、周公孔子も尙知ること能はず。此の法は能く量無く邊無き福德果報を生じて、乃至、無上菩提を成し辨《ワキマ》ふ。譬へば人の意《ココロ》に隨ふ寶を懷きて、用ゐるべき所に逐《シタガ》ひて、盡く情《コヽロ》の依《マヽ》なるが如し。此の妙法の寶も亦復然なり。祈《モト》め願ふこと、情《コヽロ》の依《マヽ》に乏しき所無し。且つ夫れ遠きは天竺より爰に三韓に泊《オヨ》ぶ。教の依《マヽ》に奉《ウ》け持ち、尊び敬はざるは無し。是に由りて百濟の王、臣明、謹みて陪臣怒唎斯致契《ヌリシチケイ》を遣はして、帝國に傳へ奉り、畿内に流通《アマネ》はす事、佛の所說、我が法は東に流《ツタ》へむといふ事を果すなり」云々とあり。天皇は佛像禮拜の可否を群臣に諮詢せらる。蘇我稻目の禮拜說、物部尾輿中臣鎌子の排斥論が主張されたので、天皇は「宜しく情願《ネガ》はん人、稻目宿禰に付《サツ》けて、試に禮ひ拜ましめむ」との御賢明なる御裁判に、稻目は其家を寺となして佛像を拜す。後ち國に疫氣行《ハヤ》りて民の夭折するもの多し。物部尾輿中臣鎌子は、これ佛像を禮拜する故なりとし、佛像を難波の堀江に棄て」む。併し斯くしても疫病は息まず、其後佛像禮拜は漸次隆昌に赴くことに成つた。

この天皇の崩御に就いては書かれてゐないが、國史大辭典には御年六十三こしてゐる。御陵は今の大和國高市郡阪合村平田に在り。面積は八千四百餘坪ある。

沼名倉太玉敷天皇（敏達天皇）

沼名《ヌナ》倉《クラ》太玉敷《フトタマシキ》命、他田宮《ヲサタノミヤ》（大和國磯城郡纒向村太田に在つた）にまし〱て壹拾四歳、天下治しめしき。

この天皇、庶妹豐《トヨミ》御食《ケ》炊屋《カシヤ》比《ヒ》賣《メ》命に娶ひまして、生みませる御子、靜貝《シヅカヒ》王、またの名は貝鮹《カヒダコ》王、次に竹田《タケタ》王、またの名は小貝《ヲカヒ》王、次に小治田《ヲハリタ》王、次に葛城《カツラギ》王、次に宇毛理《ウモリ》王、次に小張《ヲハリ》王、次に多米《タメ》王、次に櫻井《サクラ井》

玄王《ユミハリ》（八柱）また伊勢大鹿首《オホカノオビト》の女、小熊子郎女《ヲクマコ》を娶して生みませる御子、布斗比賣命《フト》、次に寶王、またの名は糠代比賣王《ヌカデ》（二柱）また息長眞手王《オキナガマデ》の女、比呂比賣命《ヒロヒメ》に娶ひまして、生みませる御子、忍《サ》坂日子人太子《サカヒコヒトノミコノミコト》、またの名は麻呂古王《マロコ》、次に坂騰王《サカノノボリ》、次に宇遲王《ウヂ》（三柱）また春日中若子《カスガナカワクコ》が女、老女子郎女《オミナコイラツメ》を娶して、生みませる御子、難波王《ナニハ》、次に桑田王《クハタ》、次に春日王《カスガ》、次に大俣王《オホマタ》（四柱）この天皇の御子たち并せて十七王ませる中に、日子《ヒコ》人 太子《ヒトミコノミコト》、庶妹田《マヽイモタ》村《ムラ》王またの御名は糠代比賣命《ヌカシロ》に娶ひまして生みませる御子、岡本宮《ヲカモトノミヤ》にましくて天下治しめしし天皇、次に中津、次に多良王《タラ》（三柱）また漢王《アヤ》の妹、大俣王《オホマタ》に娶ひまして、生みませる子、智奴王《チヌ》、次に妹桑田王（二柱）また庶妹玄王《ユミハリ》に娶ひまして、生みませる御子、山代王《ヤマシロ》、次に笠縫王（二柱）并せて七王。

御陵は川内の科長《シナガ》（河内國南河内郡磯長村太子の地）にあり。御陵面積三千百餘坪ある。

此の條の終の方に、忍坂日子人太子の事が詳しく記してある。これは古事記は三十三代推古天皇までしか書いてゐないが、次の三十四代舒明天皇の御血統を明にし、更に永久に皇統の連綿たることを匂はした餘韻ある文章と見ることが出來、決して餘計な事を書いた駄文では無い。

この天皇の御代に稲目の子馬子が大臣となり、大連物部守屋と共に國政を執つた。守屋は尾輿の子である。天皇は佛法を信じたまはず。文史を好ませられた。文史とは蓋し漢學の歴史詩文の類を意味するのであらう。かように天皇は佛法を信ぜられなかつたが、朝鮮からの献佛は息《ヤ》まなかつた。天皇の六年（一二三七）大別王《オホワケ》等が百濟から歸へる時、百濟の威徳王は、これに付して經論若干卷、幷に律師、禪師、比丘尼、呪禁師、造佛工、造寺工六人を献じた。よつてこれを難波の大別王寺に安置された。大別王はその所出が詳かでないが、この年の五月に、小黑吉士《ヲグロノキシ》と共に百濟國に宰となつて赴いたものである。八年に新羅の進調使も、また佛像をたてまつゝた。馬子は父の志をついで篤く佛法を信じ、十三年に鹿深臣《カフカノオミ》が百濟からもたらした彌勒の石像一軀と佐伯《サヘキ》連がもちかへつた佛像一軀とを請ひ受け、司馬達等と池邊直氷田《イケノベノアタヘヒタ》とを四方に遣はし、これを護持する修行者を求めさせた。その結果、播磨に於て、高勾麗の僧惠便といふ在俗生活をしてゐるものを見つけ出したので、乃ちこれを招いて師とし、司馬達等の女島《シマ》といふものを度せしめた。島は、わが國尼僧の最初の人で、善信尼と稱した。これと同時に、善信尼の弟子として二人の女を出家させた。馬子は、三尼を崇敬し、佛殿を宅の東に經營し、そこに彌勒《ミロク》の佛像を安置し、三尼を請じて佛會を設け、ついで石川の宅に佛殿を修治した。これから佛法がわが國に起るに至つたといはれてゐる。

石川は大和國高市郡白橿村大字石川で、石川精舍の遺址は、今の本明寺で、馬子塚と稱する五輪の石塔ある。

天皇の十四年に疫疾がまた流行して死ぬ者が多かつた。大連物部守屋は中臣勝海と共に「疫疾の流行は蘇我臣が佛法を興し行ふによる」と奏して、勅許を得、守屋みづから寺に詣り、胡床に踞坐してその塔を倒し、佛像佛殿を焼き、焼餘の佛像を難波の堀江に棄てしめた。そして佐伯連御室《ミムロ》を遣はし、馬子が崇敬してゐる善信等三尼の引渡しを迫らせた。馬子は、啼泣しつゝ、三尼を喚んで、御室に付した。三尼は、法衣を奪はれ、海石榴市《ツバキノ》の亭に禁錮楚撻された。海石榴市は大和國磯城郡三輪町の東部、大字金屋《カナヤ》にあつた常設市場である。

この時瘡を發して死んだものゝ言ふ所によると、身は焼かれ、打たれ、摧かれるが如くであつたとのことである。それで老少ひそかに、これは佛像を焼いた罪かとさゝやいたのであつた。馬子もまた病に罹つたので「臣の病は三寶の力を蒙らざれば救治し難し」と奏した。天皇は「汝ひとり佛法を行へ餘人を斷つべし」と仰せられ三尼を還付せられた。馬子は悅んで三尼を禮し、新たに精舍を營み、迎へ入れて供養した。

この年、天皇は崩ぜられ、殯宮を廣瀬に起てたてまつつた。馬子は、刀を佩いて誄詞を奏したが、守屋は、嘲り笑つて獵箭《シシヤ》に中つた雀鳥の如しといつた。しかるに、次に進み出た守屋は手脚が搖震したので、馬子は笑つて鈴を懸くべしといつた。兩人の相容れざることは、かくの如くで、その確執は、日を經てます〳〵はげしくなつた。敏達天皇には皇子、皇女合せて十七人ましまして、御嫡子押坂彥人大兄王の如き、御年も、既に長じたまへるに、しかも皇太子に定めたまはなかつたのは、その御母家（息長眞《オキナガマ》手《デ》王）の權勢が、遠く蘇我氏に及ばなかつたためであらう。それで馬子が、その妹堅塩媛の所生である皇弟大兄皇子をお立て申さうとすると、堅塩媛の妹小姉君の御腹である穴穗部皇子は、これに抗して、皇位を爭はうとし守屋が馬子と不和であるのを利用して、遂にこれと結んだ。かうして蘇我、物部兩氏の對抗は、皇位繼承に關する黨爭となつたが、穴穗部皇子は、遂にその志を果し得ず、大兄皇子がお立ちになつた。これが第三十一代の用明天皇でいらせられる。

三輪君逆《サカシ》と云ふ者、先帝の時より寵任せられ、炊屋姬皇后（敏達天皇の皇后で堅塩媛の御腹でいらせられる）につかへて、內外の事を執つてゐた。たまたま穴穗部皇子が先帝の殯宮に至り、皇后に逢はんとしたが。逆はその意中を知り、兵衛を喚び宮門を重鎖して入れなかつた。皇子は怒つて、逆の無禮を數へ、これを斬らんとする旨を大臣と大連とに告げ、逆を殺すに託して、守屋と共に兵を率ゐて、皇居の地（磐余池邊）を圍んだ。逆はひそかに出でて、炊屋姬皇后の別業海石榴市宮に隱れたが、その在處を告げたものがあつたので、守屋は、皇子の命を受け、直に兵を率ゐて、これに赴き、逆等を斬つた。馬子は惻然として「かくては天下の亂れんこと、久しからじ」と歎じた。守屋はこれを聞いて「汝小臣の識らざる所なり」といつたといふことである。

かうして黨爭の禍がいよ〳〵大きくなりつゝある際に、天皇は御病にかゝらせられ、佛に歸せんと思召され、群臣をしてこれを議せしめられた。守屋は「何ぞ國神に背いて、他神を敬せんや」とて、否みたてまつつたが、馬子は「詔のまに〳〵助けてまつらん」とて、皇弟と共に豐國法師を內裏に引き入れた。この時、押阪部史毛屎《オサカベノヒトケクソ》といふものが、急ぎ來つて、密かに守屋に語つて「今、群臣、卿を圖る。復、將に路を斷たれんとす」と告げた。守屋は、これを聞いてその別莊の所在地阿都《アト》（河內國內或は大和國磯城郡の內といふ）に退き、人を聚めて自ら衛つた。中臣勝海も家に歸つて衆を聚め、守屋を助けたが、迹見赤檮《トミノイチビ》といふものに要殺された。天皇は御病いよいよ篤くならせられ、ほどなく崩ぜられた。

守屋はまたも穴穗部皇子を立てようとして、しきりに、その手くばりをした。しかるにその謀が漏れると、馬子は炊屋姫尊を奉じ、佐伯連丹經手、土師連磐村等に命じて、穴穗部皇子と宅部皇子とを誅殺せしめた。宅部皇子は、宣化天皇の御子で、穴穗部皇子と親善なるために、この禍にかゝられたのである。馬子はさらに諸皇子及び群臣に勸めて、守屋を滅さんことを謀り、泊瀬部皇子（穴穗部皇子の御同弟）竹田皇子、難波皇子、春日皇子（以上敏達天皇の皇子）廐戸皇子（用明天皇の皇子）及び紀臣麻呂宿禰、巨勢臣比良夫、膳臣賀陀夫《カシハデノカタフ》、葛城臣烏奈羅《ウナラ》等と進んで守屋を討つた。大伴連囓《クヒ》、阿陪臣人、平群神手、坂本臣糠手《ヌカナ》、春日臣某もこれに應じ、志紀《シキ》より進んで守屋の澀河（河內國中河內郡龍華村の內か）の家に迫つた。守屋はよくこれを禦ぎ、その軍勢が强盛であつたが、迹見赤檮のために射殺されたので、全軍遂に大敗し、可美眞手命以來、綿々とつづいて來た物部大連家も、こゝに亡びた。「上宮太子傳曆」の注「四天寺本願緣起」に據れば、守屋の子孫從類二百七十三人を四天王寺の奴婢とし、田園十八萬六千八百九十代《シロ》、河內の地十二萬八千六百四十代《シロ》、攝津の地五萬八千二百五十代《シロ》、居宅三箇所並に資財等を悉く寺分さなすとある。大連家の財產のいかに夥多であつたかゞ想像されるであらう。

物部氏滅亡の後、炊屋姬尊は、群臣とはかり、泊瀬部皇子をお立てになつた。これが第三十二代の崇峻天皇でおはします。當時物部氏は既に仆れて世はまさに蘇我氏の獨舞臺さなつたから、馬子の專橫は益々甚しかつた。天皇は漸くこれを厭ひたまへるをりしも、たまたま山猪を献ずるものがあつたので、その猪を指して「いづれの時にか、この猪の頭を斷つが如く、朕が嫌ふ人を斷るべき」とおほせられ、その後は多くの兵仗を設け、宮中の有様も常とは變つて來た。紀大伴小手子《サテコ》（大伴糠子の女）はその寵のやゝ衰へて來たのを恨んでゐた際であつたから、密かに人を馬子の許に遣はしてこれを告げた。馬子は天皇の已れを嫌ひたまふを知つて、且驚き、且怖れ、遂に東漢直駒《アツマアヤノアタヒコマ》をして天皇を弑したてまつらしめた。この稀世の大逆を敢てした馬子の女河上娘はさきに入内してゐたのであるが、駒はこの騷動に乘じてこれを偸み隱して妻とした。馬子はこれを知つて駒を殺した。

橘豐日天皇（用明天皇）

橘豐日《タチバナトヨヒ》命、池邊宮《イケベノミヤ》（大和國磯城郡安倍に在つた）にまし〳〵て、參歲天下治しめしき。

この天皇、稲目《イナメ》宿禰大臣の女、意富藝多志《オホギタシ》比賣に娶して、生みませる御子、多米《タメ》王（一柱）また庶妹間人穴太部《ハシヒトアナホベ》王に娶ひまして、生みませる御子、上宮之《ウヘノミヤノ》（父の天皇が御愛しになつて、此の皇子を皇居の南方の上殿、すなはち上宮に居らしめられたから、上宮太子と申し上げるわけである。）廐戸豐聰耳《ウマヤドトヨトミミ》命、次に久米《クメ》王、次に植栗《エクリ》王、次に茨田《マムタ》王（四柱）また當麻之倉首比呂《タギマノクラビトヒロ》が女、飯女《イヒメ》の子を娶して、生みませる御子、當麻《タギマ》王、次に妹須賀志呂古郎女《スガシロコイラツメ》（一柱）。

御年に就ては紀記共に記してゐないが、例の國史大辭典には四十六か六十九かと出てゐる。又この天皇御陵は石寸《イハレ》池上《イケノベ》（皇居の池邊宮と同じ地）にありしを、後に科長中陵《シナガノナカミササキ》（河內國南河內郡磯長村春日の地）に遷しまつりき。面積は二千八百餘坪ある。大和から改葬せられたのは推古天皇の朝である。

長谷部若雀天皇（崇峻天皇）

長谷《ハツセ》部若雀《ベソカササギ》天皇、倉椅柴垣宮《クラハシシバカキノミヤ》（大和國磯城郡多武峰村倉橋）にましまして、四歳天下治しめしき。御陵は倉椅岡上《クラハシノヲカノヘ》（皇居と同じ地）にあり。面積は九百餘坪である。御年は國史大辭典には七十二か七十三かと出てゐる。

この御代の大事件としては、蘇我馬子の弑逆で、臣下として天皇を弑逆したのは、我が國史上之が初である。大逆無道の此の大事件が、爭奪期の最後を告げる挽鐘のごとく響くのであるが、當時の人心が如何に大義の精神に痲痺してゐたかは、書記の文を見るに「五年冬十月癸酉朔丙子、山猪を献るもの有り、天皇猪を指して詔して曰く、「何れの時にか、此の猪の頸《クビ》を斷《キ》るが如く、朕が嫌《ネタ》しとおもふ所の人を斷《キ》らむ」。多《サハ》に兵仗を設けたまひ、常のときに異なること有り。壬午、蘇我馬子宿禰、天皇の詔りたまひし所を聞きて、己れを嫌《キラ》ひたまはんことを恐れ、儻者《ヤカラビト》を招き聚めて、天皇を弑しまつらむことを謀る。是の月、大に法興寺の佛堂と歩廊とを起す。十一月癸卯朔乙巳、馬子宿禰、群臣を詐《イツハ》りて曰く、今日、東國の調を進る。乃ち東漢《アツマアヤ》直駒《コマ》をして天皇を殺したてまつらしむ。是の日、天皇を倉梯岡陵《クラハシノヲカミササキ》に葬めまつる。」とあり。斯く事件は疾風迅雷的に運ばれてゐるが、國民一般は勿論、近臣中にも誰一人何等この凶變に對して、大に驚き、其の不逞を鳴らすものが無かつたのは何故であらうか。聖德太子すら「これ過去の業報のみ」と仰せられたと傳へられてゐる。實に感慨窮り無き次第で長大息する外はないのである。丁未、驛使《ハユマツカヒ》を筑紫の將軍の所に遣して曰く、「內亂に依りて、外事を莫怠《ナオコタリソ》」と、こは外征の將士に訓令して、事件の擴大を防いだものであらうが、もはや魂の拔き去られてゐる將士等は、外に對して無力なるが如く、內に對しても、更に奮然として反撥するような氣力の有るものは、一人も無かつたのは遺憾である。思想の變動ほど怖るべきものは無いのである。

豐御食炊屋比賣天皇（推古天皇）

豐御食《トヨミケ》炊屋比賣命《カシキヤヒメノ》、小治田宮《ヲハリタノミヤ》（大和國高市郡雷土村の地）にまし〳〵て、參拾七歲天下治しめしき。

御陵は大野岡上（諸陵式に大和國平群郡に在りと記し、大和志には高市郡和田村に在りと記してゐる。）にありしを、後に科長《シナガ》大陵（河内國南河内郡山田村山田）に遷しまつりき。面積二千四百餘坪ある。

崇峻天皇凶變の後、群臣の勸進に依り、用明天皇の御同母妹で、敏達天皇の皇后におはしました豐御食炊屋姫尊が豐浦宮に於て、天皇の御位に即きたまふた。これがわが國女帝のはじめにまします。第三十三代の推古天皇でいらせられる。敏達天皇には御嫡子、御庶子共に多くましましたが、推古天皇は用明天皇の第二皇子厩戸（上宮豐聰耳）皇子を定めて、皇太子とし、これをして政を攝せしめ、萬機を委ねられた。蘇我馬子は相かはらず大臣であつた。女帝の御即位に就いて種々論ぜられてゐる。

吉田東伍氏は倒叙日本史に「近世、儒家排佛の病毒は、徂徠の女帝論となり、遂に「我舊史　稱神祖天照大神爲女主者、出於太子豐聰及蘇我馬子之所撰、而以此掩其立女主推古帝之姦計也」といふに至る。古傳の虚實を詳にせず、事情の巨細を認めず、漫に猜疑欺罔す。奇矯の壯は、以て世を駭かすに足らむも、史學に大益無し、推古女帝の登極、何ぞ多く神祖に關係せむや。專欽明、敏達以後の推移の事情に因るのみ、而も今、之を審にせず　或は指斥して「天照大神、以象日、日者太陽也、而謂之陰神可乎」と呼ぶ、誣も亦甚し。漢土陰陽の理談を以て、我太古の舊事を一律に論斷せむとす。已に物の本末を失ふ。」と云ひ。久米氏は「上宮太子實錄」に於て抑も女帝を立るは、上古祭政一致の時は、男女耦して主權者たりし習俗あり。又近くは神功皇后の攝政もあり。白髮天皇崩後に飯豐青王の顯宗仁賢兩帝を迎へられしこともあり。欽明天皇の踐祚に弱年にて山田皇后に讓られしこともありて、其傾向は由來あることなれど、實施したるは此を始めとす。事故あることは前に言ふ如く、彥人、竹田、廐戶の三皇子いづれを立るにも決し難く、天位は至重なり。先帝の事に懲て、是まで太后の命を奉じたる習例を追て、其まゝ即位を勸進したる姑息の事にてあるべし」と云つてゐる。又伊藤公爵の「憲法義解」には、「我邦、皇統は男系に限り、女系の所出に及ばざるは、皇家の成法なり。上代、獨女系を取らざるのみならず、神武より崇峻に至るまで三十二世、曾て女帝を立つるの例あらず。故に神功皇后は國に當ると雖、終に攝位を以て終へたまへり。飯豐青尊、政を攝し、淸寧天皇の後を承けしも、亦皇位に即きたまはず。其の後、推古天皇以來、皇后、皇女即位の例なきに非ざるも、當時の事情を推考するに、一時國に當り、幼帝の歲長ずるを待ちて、位を傳へたまはんとするの權宜に外ならず」と云つてゐる。

餘論六題

第一、文武の抗爭に就て。第二、佛教の傳來に就て。第三、聖德太子に就て。第四、中興期の意義。第五、中臣氏の擡頭に就いて。第六、天皇本尊論。

【第一】文武の抗爭に就いて

文武の抗爭は歷史上重要な問題で、遡つては神性神業の根本から出發するのであらう。伊耶那岐《イザナギ》神伊耶那《イザナ》美《ミ》神は、勿論文武の神といふ譯では無いが、併しその黃泉界《ヨモツクニ》に於ける鬪爭は、必然文武抗爭の意義を保つてゐるものであるし、天照大神對須佐之男神の事件も、文武の抗爭こ見るべき、幾多の要素を備へてもゐるのである。大國主神こ八十兄弟神との抗爭にも、文武對立の意義は充分備はつてゐるから、古事記を文武抗爭の上から廣く眺め、細に解說したら非常におもしろい研究がされることであらう。文武は車の兩輪の如く、鳥の兩翼の如くでありながら、しかも相互に鬪はなければならないことを考へる時、天律の妙諦がさまぐこ味はれることであらう。文武抗爭を單なる人間の上にのみ起る衝突と見るのでは、徹底した

の時代が、いつしか祭政分離の氣運を招來し、曾て祭事の總攬として立てられた統一を、更に經濟的兵力的な權力によつて確保しようと努力するに至つた。これが即ち大臣《オホフミ》大連《オホムラヂ》の政治で、是時から文武の區分が自から明瞭に現はれたのである。雄略朝以後特に繼體朝以後推古時代までの間には、これらの大臣大連は、西方文化との按配と、中央集權の努力とをその活動の樞軸としてゐたのである。中央主權は主として屯倉(直轄地)の設置によつて行はれた。大作金村蘇我稻目等はこの屯倉の設置に熱心に努力した。而してこの努力の武器として西方より輸入された智識を以てした。斯うして中央政府は經濟的實力を蓄積し、統一的な兵力を養ひ、國家としての組織を徐々に發育せしめて行つた。斯く文武の協同作業に依る國家の發達は、實力として漸次完成に赴いて行つたのであるが、自然兩雄相立たずの諺の如く、大臣と大連との軋轢が豫想されるに難からざる事と成つたのである。特に皇別と神別、大臣と大連、文官の統領と武官の元帥、一は保守で一は進歩、一は國粹保存のちやき／＼で、一は外來文化の心醉者、斯うなると必ずしも佛教の渡來を待たずして、二者の間には感情の衝突もあり、趣味の相容れざるものあるも當然である。武官派の物部氏は事を用ふるに總て急で、頗る愼重の態度を缺いてゐた。少なくとも其黨與を作ることに於ては、遠く蘇我氏の下に出てゐたのみならず、時勢を洞察するの明がなかつた。蘇我氏は其職掌柄、大藏を司る

解說はされないであらう。その奥深い二氣の抗爭が、人間を透して、地上に發現するものなることを知る時、あらゆる抗爭の因が乃ち明瞭するであらう。古事記中卷下卷に記載された抗爭の如きは、抗爭の基準とも云ふべき、神業と人間業との連鎖を語るもので。物部氏對蘇我氏の抗爭は、文武抗爭の著しい例證たるものであらう。史家が物部氏と蘇我氏との抗爭始め、「藤原氏の遊戲政治と源平の武力」「保元の亂に於ける公武關係」「鎌倉時代の公武の抗爭」「風俗史の方面から見た鎌倉時代の公武對立」「宗教史上に於ける文武抗爭の一面」「南北朝時代の公武抗爭」「室町時代に於ける公武の抗爭」「大内氏の滅亡史上に於ける文武の爭」「秀吉の天下統一と公武の關係」「加藤清正と石田三成」「近世における公武の關係」「明治時代文武對立問題」「王政復古と文武兩派の軋轢」「明治維新以後に於ける文武の鬪爭」「征韓論の分裂」「伊藏博文と山縣有朋」「政變史より見たる軍部大臣制」等を論じてゐるのは、先づ以て好個の課題と申すべきものであらう。神武天皇から仁德天皇に至るまでの間は、内部的にも對外的にも、一致協力して事に當らなければならなかつた時代であるから、文武の抗爭といふが如きは、發生する餘裕が無かつたであらう。特に祭政一致の方式は、政事を爲すのも神を祭ることであり、外征に向ふのも祭事の延長に過ぎない譯であるから、元より文武の區別などは立たなかつたのであらう。然るに應神仁德朝を以て絕頂とする祭事

歸化人其子孫などにも接觸してゐた者だから、夙に海外の事情にも通じたこころもあるべく、從つて進取的氣象に富み、時勢に通曉してゐた。特に外戚ごなりて威望あり、又士心を得たので、常に滿を持して發せず、着々として物部氏の人望の落ちるのを待ち設けてゐた。で、率直にして思慮淺薄なる守屋は、自づと共術策に陷りて悟らなかつたのである。その覆滅を取つたも決して偶然でない。馬子の狡猾にして計略の深重なるとは最初から相撲にはならなかつた。

祭政が分離して政治組織が漸次完成して往つた時、最も注目すべきものは「經濟」であつたのは當然であらう。經濟と政治とは離すことの出來ないもので。富國强兵とは、換言すれば經濟的の富裕を冀待することゝ、その冀待を安全に且つ充分にする爲めに、之を衛護し乃至他に對しては防禦攻撃の任務を完うすることを云ふのであらう。富國の任には大臣之に當り、强兵の任には大連之に當つた。而して富國の策としては諸國に屯倉を置き、中央には政廳(内藏)を置いて、組織を立てたが、その政廳には文筆に堪能なものを要したので、歸化人を以て之に充てる外はなかつた。此に於て歸化の大藏長官は非常な勢力を獲、その生活を豪華にしたのであつた。そのいかに威張つたものであるかは、文献にも見えてゐるけれども、事實は恐らく想像以上であつたであらう。勿論大藏の職は大臣の管下に屬するので、大臣家の豪勢なことは又格別で、蘇我氏が三藏の實權を握つて、政治上の統領であつた時、定めて大連家が目の上の瘤の如く感ぜられ、その衝突の避くべからざることは、殆ど明瞭な事であつたであらう。經濟の實權が一豪族の氏長に屬することは、專權橫暴の因たること火を睹るよりも明らで、祭政分離後の唯一の癌でなければならぬ。是に於てか文武の衝突は必然に來なければならなかつた。がその何れが勝利を得何れが滅亡するとしても、倶にこれ不死身《フジミ》の存在であるから、何とか彼《カ》とかして八俣遠呂智《ヤマタノロチ》の如く、幾つもの頭が、時代々々の隙々《スキ〳〵》、事件々々の間々《アヒダ〳〵》へ、出ずには措かないのであらう、單に何れが勝つて、何れが敗れたといふのみでなく、彼の水が地中に浸潤するが如く、火が其火種を永久に絕えさないが如く、蜒々として或は榮え或は衰へて、盛衰榮枯を交替して行くのであらう。で我等はその抗爭の狀態、勢力の消長を深く見詰めることを忘れないであらう。武を以て征服して文を以て治め、文が文弱婬靡に陷つて、武が再び起つて文を倒し、而して武家繁榮を來たすか。智略の將軍が學識ある文官を巧に採用して、その生存を長からしめるか、或は武が識らぬ間に文に流れて、滅亡を疾くするか、こゝに奧底洞察の明を要し、律則達觀の智を要するのである。タカアハラの光明遍照、タアマハラの攝取堅縛、カアマハラ圓融無障碍、この三大神力の靈妙なる神作を解せずては、邦家經綸のことは論ずる資格なく、治亂興亡の史論を爲すも根なし草に終ることであらう。
時人云ふ蘇我大臣の妻は物部守屋の妹で、大臣妄りに妻の計を用ひて大連を殺すと、大連の同胞は夫の爲めに兄を殺したのであるが、閨門問題も此紛紜の間に關係してゐたことは必然であらう。抗争に女性が加入して、問題は此處に複雜を加へ更に姦醜を增すのである。併し文武の政治的抗争を外にして、我が國民の勇武果敢なる國民性は中卷に劣らず下卷に於ても、其の異常な發揮と見たのであつた。萬葉集中の古歌に屬する部は、多く仁德天皇以後のもので、恰も古事記下卷に一致するものであるから。此等の歌から推して、日本國民の雄渾なる純眞性を論ずることは頗る容易な業であらうし、特に武人が其の勇武果敢な心情を赤裸に述べてゐるものなぞ、實に胸の透く感の深いものがある。大伴家の人々の忠誠を吐露した歌は勿論、偏境を防禦する爲めに赴く防人《サキモリ》なぞの歌にすら、忠魂の溢るゝものが寡くない。

　このたびは、かへりみなくて、大君の、しこのみたてと、いで立つわれは、

は其一つである。三韓の鎭壓は容易ならず、國内の思想は萎微頽廢に赴かんとする際にすら調伊企儺《ツギノイキナ》の如き忠烈者はあつた。彼は欽明天皇の朝、河邊臣瓊缶《カハベノオミナヘ》に率ゐられて新羅の軍と闘つたが、戰利あらずして遂に虜にされた。伊企儺《イキナ》、人と爲り勇烈《タケ》くて、終に降服《シタガ》はず。新羅の闘將、刀を拔きて斬らむと欲し、逼り

て褌《ハカマ》を脫がしめて、追つて尻臀《シリ》を以て日本に向け、大に號叫《サケ》びて、日本の將、我が尻臀《シリ》を噉《クラ》へこ曰はしむ。即ち號叫《サケ》びて曰く、新羅王、我がシリを噉《クラ》へ、苦逼《セメタシナ》まると雖も、尙前の如く叫ぶ。是に由りて殺されぬ。斯の如き忠烈武勇の氣魄は、我が國個有の一大國民的大信念であつて、超然として政治抗爭等の上に聳えてゐるものである。がそれが事實こしては、或は文に味方し武に味方して現はれ、時には大義名分をすら誤つて、小節の信義の爲めに、大綱の順逆を紛《ミダ》り、あたら英雄豪傑等が、屍の上の汚名を後世にまで遺すものも無いでは寡くないのである。この點は特に國民精神の指導上大なる留意を要する所である。斯樣な事柄は詳細に紹介する必要があることでせうが、紙面の關係上割愛致す外はありません。

【第二】佛教の傳來に就て

我邦に佛教の傳來したことを單純に考へれば、印度に起つた佛教が、支那に傳はつたが、我邦が支那こ交通するやうになつたので、支那の文化を輸入することが盛に成るに連れて、支那で崇拜せられて居た佛教が、自然の順序こして輸入されるに至つたといふだけの事であるが、我國には國教こも見做さるべき教法が、一時は非常に旺盛な勢で國內に普及したであらうと思はれるのに、何故比較的容易に佛教が國民の信仰を獲るに至つたのであらうか。こは大に研究して見る必要がある事でありませう。左にその見解を列擧して見やう。

(1)現今に於てすら神道は形式重視の傾向があつて、內質には餘り觸れないでゐる。勿論上古の人々が、佛教の哲學的意義を味つて、その深遠なる教理を崇敬したのではあるまいけれども、どう考へて見ても、從來爲し來つてゐる事柄が、淺薄としか見られない。智識の眼は一切の迷信を排除せんこ努める。單に習慣こして傳統を重んずる國民性の爲めに、一切が破壞はされないまでも、意義の上に疑念を生じ、それに滿足しない時、それが先進國に於ても既に信ぜられ、今までは木や石に託して非人間的にのみ行つてゐた事柄が、今や人間の姿をした美しい神々しい意味深い佛に依つて現はれ、魅力的な儀式——一切の美的な魅力がこゝでは宗教的な力に變形して、彼らはその憧憬するところの完全な世界を、これらの佛のなかに、或はそれを通じて豫感したのである。斯うなつて來れば、單に形式的な作法にのみ囚はれ、純眞卒直な時代相にのみ適した神道が、共儘では佛教の敵でなかつたのは止むを得ないことであらう。

(2)秦河勝《ハダノカハカツ》は推古天皇の十一年十一月、皇太子(聖德太子)が、諸大夫に謂つて曰く、我れに尊き佛像有り、將に誰か是の像を得て恭《イヤマ》ひ拜《オロガ》む。時に秦造《ハダ》河勝《カハカツ》進みこ曰く、臣拜みまつらむ。便ち佛像を受けて、因りて以て蜂岡《ハチヲカ》寺を造ると書紀に出てゐる人物であるが、一般に迷信が廣く行はれ、中でも常世神《トコヨノカミ》と稱して、橘等に生《ワ》く蟲を祭つて、福徳長壽を禱る風が盛であつたのを見。秦河勝《ハダノカハカツ》はその迷信たることを痛く憤慨し、片ツ端から常世神を排撃し、毀却して、その迷信から脱せしめることを得た。時人歌つて曰く「秦《ウツマサ》は神とも神ときこえくる常世《トコヨ》の神をうちきたますも」と。この物語は、一面には當時の一般大衆が、迷信に彷《サマヨ》つて居た狀態が能く判るし。また一面それでも常世神《トコヨノカミ》と云ふ名には、日本人の誰もが永久に忘れ難い憧憬を覺えての信仰であつた事も判り、嘗て祖先の體驗した偉大なる常世觀が、永い享樂生活の爲めに、忘れ果てゝは居たものゝ、それが今や何とかいふ形で、再び目醒める機運に遭會した時、折もをり佛敎の思想は、この國民の要望に、外面はいかにも緣遠い感はありながら、內面的の接觸に意外の信じ易さを覺えしめた佛敎の弘通には斯うした遠因近因の然らしめたものがあつたからであらうと、考へられる點があるのである。

(3)又天理人道を標榜する支那の無上命令的な儒敎の觀念は、理性を滿足せしむる爲めには、大なる力を與へたらうけれども、何處にか矢張空虛な盈されない或るものがある。この理性尊重の思想を一轉換せしむるものは、情意を本位とする圓融無碍な、熱であり愛でなくてはならぬ。佛敎はこの時代の要求に應じて入り來つたのであらう。勿論儒敎も父子夫婦兄弟等の肉親の情愛に、その本基を置いてゐる點はあるけれども、爭奪期にはその關係が痛く傷けられたのであつた。さうなつて見れば、人は人間の賴りなさを感じ、親交に疑惑を抱いて遂に天理天則の隱れたる批判に訴へんとするに至るものである。がそれも屢々天道是か非かの嘆が起らざるを得ない時。大慈大悲の佛陀の像が齎らされたので、その溢るゝが如き慈眼に惹きつけられ、人格的な偉大なる救濟に全身をうち任す感情を抱くに至つたのも當然であらう。史家の多くは當初佛敎の渡來した頃は、現世利益を祈つた「祈禱」敎に外ならなかつたと論ずるけれども、具眼の士は彼らは現世利益を願つたには相違ないが、それがまた精神的福利と一つであつたと論じ、信仰によつて死の悲哀を慰められる思想は、佛敎渡來の初期からあつたもので、天壽國繡帳には世間虛假、唯佛是眞の文字が見えてゐる。死後に眞實の生活がある。佛は我等の靈魂に永遠の保證を與へるといふ信仰を彼らは持つて居たとも云つてゐる。佛像藝術それは飛鳥朝から初まつて、白鳳天平と遷り進むものであるが、その佛像藝術は、人世の悲哀と佛への憧憬の結晶で、既に此時代に外來の摸倣に非らざる日本特有の藝術品をさへ見るのだから、單なる現世利益の祈念の外に、功利的な觀念を全然去つた崇高な信仰の閃きを認めざるを得ないであらう。斯うして我國民は現世を否定せずして、しかもより高き完全な世界への憧憬を持つに至つたのである。無上命令的な道義觀と人格的な救濟の宗教觀とは、斯うした交替的な關係を保つものであらう。

(4)爭奪期に當つて、幾度かの悲劇が演ぜられた。元來日本國民は、朗らかな純眞な國民性の持主で、悲哀の感情には割合に感受性が鈍いと云はれてゐるが、併し再々の悲慘な出來事を見せ附けられると、勢ひ悲哀の念慮が誰の心にも起るのであらう。特に理性が富んで來るに從つて、生命に對する考も深まつて往き、從て死後の靈魂問題にも觸れて來るのが當然で、既に我が上古（崇神朝より應神朝まで）の祖先は、靈魂の問題に就ては、非常に深遠な意識を持つて居たのである。永遠の生命を信じ、神人一體神人冥合の點まで充分心得て居た程である。が、それが仁德朝以後は物質的に富裕の生活が營まれたのと、現實的な支那大陸の文化に眩惑し、靈魂の故郷を忘れて畢《シマ》つて居たけれども、併しその素質としては、深い宗教的信念に活きることの出來る國民なので、度々の悲劇の目擊やら人生問題の回顧やらから、佛教の如き豐かな感情に活きる教法に、國民の意の向つたのも偶然ではあるまいと思はれる。

(5)また佛教傳來は氏の制度を支へ得た宗教思想を覆へして崩壞を助長し、又佛教によつて個人が覺醒し、個人的存在と日常生活の行爲及び衝動に對する個人的責任の思想が起つた。これから從來の社會秩序が動揺して來た。謂はゞ氏族制の頽廢の因と結び附いて、佛教思想の普及が其力を得た譯である。永い因襲的な惰性に轉向の機が動いて來た時、國性の一なる自在性が發動を起し始めたと見ても宜しからう。またを固陋な人間生活を脱脚して、より偉大なる生命の慾求を満足すること、一定の桔梏に齷齪することが出來ずして、自由な永久な生命に活きること、從つて因襲的な氏族制から離脱して、自我の覺醒に向はんとする思想。さうしたものが佛教渡來の主因であると同時に、佛教を誘引して國内に導き入れた方便でもあつたのであらう。之を神約上から見れば小日本をして大日本たらしむる、準備的試練の段階として、遠き未來の完成に備へたと云つても宜しいのであらう。佛教思想の爲めに、小さく固まつて往かうとする日本國家が、更に大なる生命生長の目標に向つて、第二第三の歩武を執ることに成つた譯で。斯うして未來大成の準備として佛教の渡來を迎へたことは、頗る意義の深い事であつたのであらう。

(6)我國は時代に即して活躍し給ふ大偉人を、常に御皇室に降し給ふことを拜知すべきである。遠撫期に於ける倭建命《ヤマトタケノミコト》の如きその御一例である。聖德太子が中興期の初頭に方つて御降誕ありし如きも、亦たその一例ではあるまいか。その人を得なければ何事も發達を見ることは殆ど不可能である。佛教の興隆は聖德太子の御力であつたとは萬人の信じてゐる所である。又當時の大氏族に有力な信者を得たこと、換言すれば蘇我氏に依て佛教が其の勢力を獲たのは、爭へない事實である。物部氏は大連家で、武人の代表的大族。蘇我氏は大連家の首領で文官派の代表的大族で、文武の大官が佛教を中心に政爭の爲めに鬪つたのではあるが、武人が國粹派で、文官が進歩派の先登を做すことは、多くの世に見る所である。中臣鎌子並に勝海等が武家大連の力に合流して、佛教の阻止に努めんとしても、それは及ばぬことであつたであらう。若しも物部氏が戰勝して、蘇我氏が滅亡したと假定しても、夫が爲めに神道の隆昌が昔の如く期せられたかどうかは大なる疑問である。中臣勝海の奮戰は一面賞讃に値するけれども、思想的には偉大なものを果して持つてゐたかどうか疑はしい。して見れば佛敎擁護の進歩派が、この際勝利を占めたことは、或は意義のあることであつたかも知れない。視よ中臣鎌足は中大兄皇子をお助けして蘇我氏を滅亡せしめた功臣で、藤原氏が大權力を得る基を開いた祖であるが、病氣の時、百濟の尼法明は維摩經の問疾品を誦すれば病癒ゆと教へられ、それを實行して病が急に治したので大いに徳としたとある。加之《シカノミナラズ》其の長子を僧となした。こゝに僧侶といふ特別の階級が出來て貴族に劣らない勢力を生じた。斯樣な譯でもはや中臣の宗家が長子を僧とするやうに成つては、神道のことは何と云つて論ずるのも、役に立たない時運の到來と見るべきであらう。

(7)儒教の渡來も佛教の渡來も、我が民族の思想を偉大にした。今までは單に民族が一切の主體であつた爲めに、其の崇敬する神も民族の神であつた。然るに儒教が來つて天の思想を與へ、理念を促がした爲めに、思想が餘程大きくなつたのである。所謂博愛の觀念の如きは民族を超越して、禽獸蟲魚にも及び、正義の觀念は、非常に曠範に亘り、時間を超越する思想にまで導いたのである。然るに更に佛教は層一層思想の範圍を擴大し、惹ては神の觀念に對して、特殊の意義を見出したのである。勿論其の高潮に達したのは、天台眞言宗等の渡來後、鎌倉時代に亘つての事であるが、我が民族の思想を擴大し乃至精緻に至らしめた點は、決して忘れてはならないと思ふ。宗教が國家に及ぼした害毒に對しては、我等は充分にその事實を認める。けれどもその功果も亦之を認めなければならないと思ふ。斯くてあらゆる世界の思想が、殆ど全部渡來し盡くした昭和の現代こそは、あらゆる過去の一切を精算して、全く清新な國教の樹立を爲《シ》なければならぬ時と思はれるのである。この時に當り古事記皇典の研鑽は實に緊要缺くべからざるものでなければならぬ。

(8)神皇正統記には欽明の朝、八幡大菩薩始めて垂迹しましますとしてゐる。これは勿論僧侶の造り出した說であらうが、併し斯く八幡神宮即ち應神天皇の神靈を、やかましく謂はねばならなかつた原因を究めて見る必要があらう。佛教が日本の國民性にしつくりと結合する爲めに、神明の本地を云々したことは、蓋し力強い縁故を國民に與へたものであらう。がその當時の國民の心理狀態が、二百年餘の享樂生活に慣れ、祖先が嘗て發揚した、偉大雄渾な八紘光被の大思想を、今は忘れ盡くして居たとはいへ、併しまだ何と云つても、底深い祖先の血のたぎりは、之を失ひ盡しては居なかつた。國民は幾多の試錬を經、再び心靈が目覺めんとするに際して、八正の幡をたてゝ、八方の衆生を濟度し給へる八幡神こそ、本地佛の應迹にして、本誓よく〳〵思ひ入つて、眞の道に入れよと勸めた佛敎こそ、實にその時機の宜しきに適したものと云つて宜しからう。若し夫れ國民にこの下知が無かつたならば、どうして佛教が斯くも容易に我が國に入ることを得たであらう。本來固有の大思想大信念が、再現の機會を佛教に求めたことが、果して幸なりしや不幸なりしや今は論ずる問題では無い。只我等は、日本精神は萬古を通じて、その必然の生命を、種々の形に於て躍動するものであると云ふ意義を味はへば宜しいのである。

(9)佛教の渡來は一面「日本の包容性」の然らしめた所であり。また佛教の傳來は、我國の國史週期が晝の時代を終つて、夜の時代に入る際であつた爲めに、月氏國の佛教が、夜の暗黑を照らす月として。我國に顯はれたのであると見ることも出來ませう。いかに包容性に富んで居たからこそ、また理智の行詰りを來たしてゐたからとて、天律神則に相應しないものは、到底入り込むことが出來ないであらう。

【第三】聖德太子に就て

聖德太子に就いて詳細に論ずれば、多數の紙面を要することでせうが、その內重なるものだけについて申して見れば、太子は、才智殊にすぐれたまうて、內典即ち佛典を高麗僧惠慈《エシ》に學び、外典即ち儒敎の經典を博士覺哥《カクカ》に學び、共に悉く達せられた。その攝政中、天皇の十一年(一二六三)に、はじめて朝官の冠位を定めて、大德、小德、大仁、小仁、大禮、小禮、大信、小信、大義、小義、大智、小智の十二階とせられた。蓋し、これまでは、民族の長が、各々その部族を委ね來りて、尊卑の別も、しぜんに立つてゐたのであるが、建國以來、既に千數百年の久しきを歷て、世相も、だん〳〵複雜に赴いて來たから、茲に別に貴賤尊卑を分けて、人材登庸の新たな途を開く必要上、かやうに冠位の制が定められたものであらう。氏族制の因襲は極點に達して、人材登庸の途は毫も開けなかつたが、聖德太子の英斷は先づ以て、朝政から其革正の火蓋を切られたのであつた。推古天皇の十二年四月、太子みづから十七條の憲法を筆作せられた。これはわが國に於ける成文法の始見であるが、主として儒佛兩敎を折衷混和して、官人の率由すべき信仰上、操守上の一大標準を示したもので、現今の憲法とは大いに趣を異にしてゐる。しかも氏族政治の弊を正し、一王萬民統屬の大義を宣べ、陰然政治革新の機運を促進し、以て大化新政の先驅をなしたのは、最も注目すべきであらう。この憲法は純粹の漢文で書かれて、その全文が書紀に載せてある。その第一條は上下相和することの大切なるを述べて、天下太平、利世安民の大綱に及んでゐる。その第二條は篤く三寶を敬すべきを述べてゐる。その第三條は君臣の關係を述べて君は天、臣は地なりとし、詔を承けては、必ず謹むべきことを誨へてゐる。その第四條は群卿百僚は禮を以て本と爲すべく、君臣禮あれば、位次亂れず、百姓禮あれば國家はおのづから治ることを述べてゐる。その第五條は聽訟の公明なるべきを戒めてある。その第六條は勸善懲惡の大切なることを説いてある。その第七條は官職は人を得るにあることを述べてゐる。その第八條は群卿百僚は早く朝し、晏く退き、朝參を嚴正にすべきことを述べてゐる。その第九條は群臣共に信の重んずべきことを擧げ、群臣共に信あらば何事か成らさらん。群臣信無くば萬事悉く敗ると述べてゐる。その第十條は憤怒を戒めてある。その第十一條は賞罰を正しくすべき事を述べてゐる。その第十二條は國司國造の百姓を收斂すべからざるを戒め、國に二君なく民に兩主なし、率土の兆民、王を以て主と爲すといふ大義を明かにしてゐる。その第十三條はもろ〳〵の官吏はその責任を明かにすべきを論じてゐる。その第十四條には群卿百僚の嫉妬を戒めてゐる、その第十五條は公事を先にし私事を後にすべきことを述べてゐる。その第十六條は民を使ふに時を以てすべきことを述べてゐる。その第十七條は大事を獨斷すべからず、必ず衆議に附して決定すべく、小事は獨斷するも可なるを述べてゐる。以上が十七條憲法の大綱である。元より十七條憲法は其辭句も思想も尙書、論語、禮記、詩經、文選、左傳等から採つたもので、論議すべき點も、亦た自づから存在するのである。

有賀長雄氏の「日本古代法釋義」に曰はく。聖德太子十七條憲法は斯く簡古にして之を法律と謂はんよりは寧ろ道德格言と謂ふの適當なるに如かざるものとす。……然れども其の言ふ所を以て推考するときは當時の情勢に關し甚だ重大なる事實を發見し難きに非ず。左に其の二三を擧げん。

(一)十七條の中崇神敬祭の條一も無し、蔑神の胸臆見る可しとは舊來の歷史家も旣に論じたる所なり。

(二)抑も神武建國以來日本天皇が庶民に君臨するは、祖宗の遺訓を繼て此の攝を代々に傳へ給ふに因れり。我が君權の源は祖宗に發す。然るを何ぞや聖德太子は其の憲法第三に於て、詔を承くれば謹で必ず之を奉ずべきことを說きながら、一言祖宗に及ばず(第六に國家永久社稷勿レ危とあるは漢文の常言にて特に日本の祖宗を重するの言とも見えず)却て支那古代の哲學に見えたる天覆地載の理に依て君主の尊戴すべきを説かんとす。是れ最も奇異なる一點にして、又一方より見れば、祖宗より傳ふる所の君權に關する理論に於て、早晩變動の起らんとするを證するに足れり。其の義他なし。夫の大伴、物部、蘇我の諸氏が、相繼で權勢を得て終に制す可からざるに至りしは、全く族制の上より多くの土地人民を私有したるに因るなり。故に族制を重ずるは大臣大連が過分の權勢を得るに至りたる源因を重するに外ならざれば、是れ固より得策に非ず。是に於て太子は易理を援引して君權を説かんとしたるものなり。其意の在る所は明なりといへども、亦日本に於て一時に族制の關係を全廢するは國民團結の根本を拔くに等しかりしなり。

(三)次に最も著しきは國中の土地人民を擧げて一の團體を結成するものとなし。此の團體の利益の爲には一氏一家の利益を犧牲にするの義務あることを明示せるに在り。從來は天皇所領の人民と云へば、御名代の民、歸化の民、沒收の民等あるのみ。其の他は諸氏の私民にして之を國家の公民と看做すこと無かりしを、十七憲法に至り、始めて頻りに百姓の字を用ゐ、諸氏の私民に至るまでも、國家の公民の如く論じたるは甚だ注目すべき一點なり。此の點は當時の社會の組織と大に趣を異にする所なるを以て、若日本書紀に十七憲法を載せざりつらんには、後世の歷史家は殆ど其の實物たるかを疑ふに至るべきか。例せば第四に「百姓禮あれば國家自ら治る」と云ひ第五に「百姓の訟」と云ひ、第六に國家を覆すの利器と爲し、人民を絶つの鋒劔と爲す」と云ひ第七に「國家永久」と云ふは皆一氏一族よりも國家全體人民一般の重すべきを言ふものなり、第十二に「國に二君靡く、民に兩主無し、率土兆民王を以て主とす、任する所の官司は皆是れ王臣なり」と云ふに至りては斷然當時の事實に相違せるの文なりと謂はざるを得ず。何となれば土地も屯田を除く外は天皇の外に領主(即ち國造縣主)あり人民も御名代の民、歸化の民等を除く外は天皇の外に主長(即ち伴造、首直等)あるを上古一般の制としたる事前に述べたるが如くなればなり。蘇我氏の物部氏を滅するや。物部守屋の土地を寺領と爲し、其子孫従類凡二百七十三人を寺の奴婢としたり。是れ物部氏の私領地たり私有地たりしを以てなり。國家の公領公民たりつらんには必ず他の策あらん。法令を以て私民を廢したるは明に大化二年の大詔に在り。然れども實際は推古天皇の時に於て既に之を廢し、或は廢し得可きの勢を有したるものなりや。未だ詳ならず。叉案ずるに應神仁德の時より本朝に入りて、佛教傳來と共に益々隆盛に赴きたる漢土天下國家の論は大に新主義の進歩を助けて大化改新の豫因を爲したるものか。」と云つてゐるのは當つてゐると思ふ。

聖德太子が崇神敬祭の大義を忘却ざれたことを痛撃した文書は頗る多い。我々も其の點を頗る遺憾至極に思ふものであるが。併しこれをしも、時代思想變遷の證と見る時、いかに我等は思想變遷の怖ろしさを痛感せざるを得ないであらう。身は高貴なる太子であらせられる厩戸皇子が、我が國體の宗源たる崇神敬祭の義を忘れらるるに至つたことを思ふと、その當時の一般の朝臣始め國民の抱いてゐた思想信仰がどんなであつたかゞ推度されやうではないか。聖徳太子は佛教に耽溺された餘り、國體には盲目に成つて居られたとのみ見ることは出來なからう。蘇我氏の智謀が巧に人士の心を惹き附けて、以て戰勝の榮譽を占め得たのは事實であらう。が、併し單にそれのみの力ではあゝした戰勝は得られなかつたであらう。時代一般の思想の趨向が、大なる背景を爲して、事は成就するものである。我々は吉野に於ける南朝の御運命に對して、常に悲憤の涙を絞るものであるが、當時に於ける一般の思想傾向は、吾人のそれを去ること遠かつたのが、蓋し普通であつたであらう。同じ祖先であり、同じ民族の血を承けてゐながら、爾《シ》かも一天の君を戴く我が國にして、既に百年乃至二百年乃至三百年の歳月が隔たると、もはや其處には、殆ど聯續を缺いたような思想信仰の顯現を見ることが決して稀ではないのである。實に怖るべきは思想信仰の變遷である。憲法を作る程の太子が、崇神敬祭の義を忘却し、我が君權の源が祖宗に發する旨をも忘れて、支那哲學の思想を以て、治教の本義に立てられた如きは、どうしても常識的には考へ得べからざることである。憲法を以て單に文辭を衒《テラ》ふものであると見るものは、餘りにも太子を卑しむものであらう。太子は謂はゞ時代の代表的大立物で、時代の先覺であると同時に、時代を最も明白に剝《ム》き出《ダシ》に示した象徴者であつたと見て宜からう。して見れば太子の思想信仰は、當時大多數の思想であり、當時大多數の信仰であつたであらう、推古朝の頃は我が國の思想信仰は、崇神敬祭を忘れ、皇祖皇宗の遺詔を忘れて、國の根本大義を寡からず失つて居たのであらう。物部氏や中臣氏等が、いかに聲を嗄らして崇神の義を唱導したからとてそれはもう全く駄目である。聖德太子の思想信仰が一世を風靡したのは當然であらうが、また一世の思想信仰が聖德太子を動かしたことも見られるのである。重ねて云ふ思想信仰の變遷こそ、實に怖るべきものであること。太子が蘇我氏と力を協せて編纂された、天皇紀國記等の書は、蘇我氏滅亡の際不幸にして灰燼に歸したので、その內容は全く不明であるが、既に國史を編纂せんとする程の太子であつて見れば、國體の本義も敬神の大義も、能く分つてゐた筈である。然るに憲法上に毫もそれに觸れられないのは、單に氏族制に對する遠慮とのみは見られないから、其重なる原因は、佛教の無常觀厭世觀から、祖國までを厭ひ、遠離穢土を感ぜられたと見るのが當つて居るかも知れぬ。兼行法師の徒然草《ツレヅレクサ》には、太子が生前墓を築かれた時、四方の道を絶ちて、子孫無からしめんと云はれたと記してゐる。が、偉人の心境は複雜で容易には解し難いものである。要は聖德太子は一面には社會の最尖端を切る勇猛精進な進歩家であり、一面には靜慮沈思の底深い青潭であつたであらう。この二面が錯綜して、政治に宗教に時代の精神を充分に考慮し乍らも、澎湃として旺溢を見たのが、その御一生であつたと見るべきであらう。

聖德太子は非常な進歩主義の方であつた。その佛教を崇敬されたのも、思想上率先してその偉大な點を闡明せんとされたからで。自から經典を講述されたなどは、明に之を證明するものであらう。國史上中興期の劈頭に當つて。太子の御出生遊ばされたのは、蓋し天意であつたであらう。太子は學問に秀でさせ給へるのみならず、その識見も威力も內外を壓したまふたようである。太子の御在世中は、蘇我氏も、その横暴振を現はし得ず、太子を補佐して共に國事に盡くし、教法の流布にも當つてゐたし。三韓も餘り目に立つ事件が起つてゐないばかりでなく、辭を低くして參ゐ來てゐる狀態である。聖人日本に生れますの聲は、恐らく海外にも強く響いたことであらう。太子が單なる外來文化の模倣にのみ滿足せず、我國固有の大精神を以て、創造的に一切の伸展を圖られたことは、國史の華として、學術に建築に工藝に燦として輝いてゐる所である。憲法十七條の如きも、神儒佛の三教を綜合して、その精華を展開せんとされたと見るのが適當ではなからうか。彼の四天王寺始めの寺塔の建築に、日本の特殊性を發揮したまへる其手御腕が、太子の一切を物語つてゐるのでは無いだらうか。太子の事業はその表面を當時のモダンな形式に採られはしたが、その内部精神は日本固有の偉大性を無限に旺溢せしめんとされたのではなからうか。隋帝に書を送られて「日出天子」を以て對等を示された等も、それで明瞭するやうであるが。併し太子の御一生は、西の空に輝いて暫くして其光を沒する明星の如く、中興期の尖端を進む第一人者であらせられたのである。だから太子の御一生を後に來る中興期から切り離して考へては要を盡さない事に成るのであらう。聖德太子の御傳記「法王帝說」には中大兄がその蘇我氏を亡ぼし、政治の大改新に邁進されたのは、蘇我氏が太子の薨後、その御一族を殲滅し奉つた敵仇をなされた如き暗示的文字に接する。乃ち大化改新は、聖德太子の着手された內部精神の具體的樹立に向つたものであると見るべきではあるまいか。

【第四】中興期の意義

推古天皇から歷史循律は中興時代に入る。この中興時代は分けて三期とする事が出來るやうである。

中興時代
- 第一期＝(飛鳥　時　代) 自推古天皇 至持統天皇
- 第二期＝奈良　時　代) 自元明天皇 至稱德天皇
- 第三期＝(平安初期時代) 自光仁天皇 至嵯峨天皇

して見れば飛鳥時代は、中興時代の初期で、この時代に於ける大企劃が、次の第二期奈良朝を中心とする時代に於て大成され、平安朝の初期はその成熟期であると同時に、次の時代即ち衰運時代に屬する時代であつたことが判りませう。飛鳥時代は日本文化上に、一種の黎明的光を與へた時代であつた。聖德太子は氏族制度の爛熟して、政治上社會上に幾多の害毒を流しつゝある時代に出られて、慊らず思召す餘り、外來文化を御取入れになり、斷乎たる改革を行はれようとなされた。一大改革家であつた。而して其大改革の理想が、大化改新と成つて現はれたのである。多くの史家は國史を時代別して、奈良朝以前を黎明期、奈良期は「百敷《モヽシキ》の大官人は暇《イトマ》あれや、櫻かざして今日も暮らしつ」で櫻花爛漫の陽春時代、平安朝は夏の時代……と見てゐるようであるが、三大皇學は推古朝に始まる中興期は、文字通りの中興期であつて、四季に充てゝ謂へば「秋」に當るのである。日晷は一日の晝間を終つて黃昏に入り、秋の名月を迎へんとしてゐる時である。であるから、隆運の中にも何處にか人生の淋しみが感ぜられて、景行天皇時代の如き、壯氣潑溂の氣魄はもはや存在しないのである。が併し一年中では最も好季と謂はれる秋季を迎へて、世は中興の隆盛を見んとするのである。斯ういふ意味で推古朝並にその以後の國史は見るべきである。古事記下卷は實に妙味ある處でその終を告げて居るのである。

は晝を精算して夜の舞臺に入る、非常に意義深長な閉幕である。

【第五】中臣氏の擡頭に就て

蘇我氏を倒すに預て力ありしは中臣鎌足であつた。大伴氏先づ勢力を失墜し、次で物部氏滅亡し、最後に蘇我氏が滅亡した。斯う成つて見ると、皇孫御降臨の御隨伴を承つた神族、神武天皇の東征に隨ひまつりし氏族、饒速日命から出た氏族、神武帝以後の皇族より出でし氏族中、今は廟堂に立つて勢力を揮ひ得るものは全く無くなつたのである。此の時に當つて中臣氏が擡頭するに至つたことは、頗る意義あることではないだらうか。中臣氏は本來祭祀の家筋であり、根本の使命は中主性の發揚にその天職があるのである。今や世の中は前半世期を精算して後半世期の發端を歩み出す時に當つて、中臣氏が勳功の臣として、中央に勢力を獲たことは偶然では無いやうに思はれる。中卷の最後段に伊豆志袁登賣《イジシヲトメ》の物語を載せて、竹が萎んで（竹内家の凋落を意味し）藤花の榮える（藤原家の隆運を意味す）詛言《カシリ》の一條が、今更の如く思ひ浮べられるのである。

彼の慈鎭和尚の作と謂はれる愚管抄に「皇祖の神勅に依つて皇統の定まつたと同じく、天兒屋命の子孫が天皇を輔佐して萬機を攝行するに定まつたのであつて、」と、徹頭徹尾攝家擁護に努めてゐるので、この書は、不贊成の點が頗る多いけれども、中臣氏の脈統に目を注いだ點は、贊意を表して良いと思ふ。が併し中臣家は神道の家なるにも係らず、其子孫は神に習はずして人に習ひ、全く蘇我氏の二の舞を更に一層極度に演じて、國家に大變亂を到來せしめるに至つたことは、返す〳〵も遺憾至極の次第であつた。神を忘れ肇國宏遠樹德深厚の大義を忘れる時、其の家は亡び其國は亂れる。深く誡め厚く心せなければならない事である。

我が御世の事、能くこそ神習《ガミナラ》はめ。またうつしき青人草《アヲヒトグサ》習《ナラ》へや 伊豆志袁登賣神の語

藤原氏の滅亡する頃に、天下に威名を顯はしたものに、源平の二家があつた。この二家は、前者は淸和天皇の後裔に出で、後者は桓武天皇の後裔で。藤原氏が最初勢力を得初めたのと、餘り遠からさる時代に、其脈統の出發を見て居るのも、一脈理路因緣の伏在を、物語るものではあるまいか。藤原氏に續いて武家政治の起つたことも、其が或は遠き神代の神約ではなかつたらうか。

この竹葉の青むがごと、この竹葉の萎《シボ》むがごと、青み萎《シボ》め。
またこの鹽の盈《ミ》ち乾《ヒ》るがごと、盈ち乾よ。またこの石の沈むがごと、沈み臥《コヤ》せや。

【第六】天皇本尊論

本尊《ホンゾン》と云ふは宗教上の語で、教法の根本主體を指すのである。本尊には法本尊《ハフホンゾン》と人本尊《ニンホンゾン》とがある。法本尊は眞實の理法を以て、宇宙の根本主體であり、從て信仰の標的となるものが、眞理原則となりますが、人本尊は神とか佛とか云ふ、人格的の尊體となります。この人法の本尊優劣論は、古來囂しく唱へられてゐるが、古事記は御承知の通り天之御中主神《アメノミナカヌシノカミ》がタカアマハラの發動を起し給ふて、一切萬有の發現を見たと說くのであるから、宇宙そのものを一大人格の發動、神の意思そのものであると云ふ、純「人本尊」の經典です。だからタカアマハラは直に高御產巢日《タカアミムスビ》大祖神(靈系)と眞神產巢日《マアカミムスビ》大祖神(體系)の二大神統のミスビに基いて、あらゆる萬神萬生萬有の發現を見るのである。斯く皇典は徹頭徹尾神を離れず、否な神以外には何物をも認めないのですから、徹底的の有神論であり、本尊に人格的な存在であらせられますが、併しその本尊が發動を起して、ミムスビを營まれます根本の發動要素たる「タカアマハラ」は、一面眞實の理法であるので、法と人とが不離一體であつて、人を離れて法なく、法は人の內に即在してゐるのですから、皇典の本尊は「人法一體」又は「人法不離」の本尊と申してよろしいのです。

斯く「人法一體」に立脚して皇典は出發してゐるが、その本位として表面に立てるのは、人格的な神であつて、虚空な眞理等ではありません。本來天之御中主神は二線交叉する×《クス》の中點を本據とされるので、相反する二面の中樞に位し、從つて其二面が、生と死との場合には、生に非らず、死に非らず、爾《シカ》も生の始元であり、また同時に死の始源でもある。實に不可思議な「隱身《カクリミ》」であらせられます。有と無との對象で見れば、有に非らず、無に非らず、しかも有無發現の極樞なんです。光明と闇黑、生と滅、靈と體……等い、い、あらゆる對象の中樞に中主《ナカヌシ》は在《ヲハ》しますのです。斯樣な譯であるから、いかに萬神萬生萬有（佛も一切衆生も）が發現するとしても、恒常に中主《ナカヌシ》から出ないものは無く、萬神萬生萬有は三世を通じ、十方を掩ふて、盡く中主の子《ミコ》であり、臣であるに外ならないのです。だからして中主《ナカヌシ》の一神が即ち八百萬神ですから、一神即萬神、一君即萬民、一親即萬子といつた狀態に成つてゐる譯です。

諸宗教では種々の本尊を建てゝゐるのですが、既にそれが容相《スガタ》を顯はし、世に出現した以上は、もはや根本の隱身《カクリミ》たる中主《ナカヌシ》ではなくて、御子であり御民である譯です。だからして阿彌陀佛と云ふも、我々の根本の君父ではありません。況や觀世音菩薩や地藏菩薩等が、本尊の位を覩觀することの出來ないのは當然のこと、藥師如來とても、大日如來とても、クリスト教のゴッドとても、本尊の資格の無いこゝは當然でせう。中主《ナカヌシ》は永遠無窮にその容を顯はし盡くすといふことが無いのです。斯様な本尊を認めてゐるのは、恐らく「皇典」と「法華經の壽量品」のみでせう。だから法華經の壽量品では、

釋加牟尼の久遠實成を顯示し、衆生を度脫せしめんが爲めに、或は已身を說き或は佗身を說き、或は已事を示し或は他事を示し、諸の言說する所は皆な實にして虛しからず——我《レ》常《ニ》住二於此《ニ》一以《テ》二諸《ノ》神通力《ヲ》一令《シム》二顚倒《ノ》衆生《ヲシテ》一雖《ドモ》レ近《シト》而《モ》不《ザラ》レ見《エ》

こ謂つて、隱身《カクリミ》を立證せんとしてゐるのです。勿論中主《ナカヌシ》であれば、未だ過去に於ても生ぜず、未來に於ても永久に出世しない譯なんだから、見ることの出來ないのは當然だが、爾《シ》かも我々は其の實恒常に之を見てゐるのです。何となれば三世に亘り十方を通じて、ありとしあらゆる存在も發動も、盡く中主そのものゝ發現なんですもの。中主の永遠の發動はタカアマハラなんですから、中主とタカアマハラとは勿論不離であり一體なんです。だから永遠より永遠に亘つての創造が何時《イツ》でも、中主の御容《ミスガタ》なんです。創造展開を司る神は、カゴリミ(假凝身)神であつて、伊邪那岐《イザナギ》神妹伊耶那美《イザナミ》神ですから、伊耶那岐妹伊耶那美神が天之御中主神の創造的展開神に外ならぬ譯です。而して創造がいかに無限にいかに複雑に發動するとしても、本來が中主の隱身に根基があるのですから、絕對統一が存在してゐるのです。そしてその絕對統一を

掌りたまふ大神は、天照大神《アマテラスオホミカミ》であらせられるから、天照大神は天之御中主神の現實の表現神と申し上げてよろしいのです。ですから天之御中主神を法身とすれば、天照大神は報身であらせられます。が根本に於て御一體なんですから、別々の御名で呼ばないで、一體の御名で呼ぶのが徹底してゐるのです。が併し天之御中主＝伊耶那岐妹伊耶那美＝天照大神は、通じて不離一體の神であらせられるので、御通名は夫等を一切具備した完全圓滿なるものであらせられねばなりません。その御名を

スメ（皇）タカアマハラ（高天原）ミコト（命）

と申し上げるのです。斯う申せば、完全圓滿具足の大御名です。ですから我々は皇道の御本尊を「皇高天《スメタカアマ》原命《ハラミコト》」と申しあげるのです。「皇高天原命」は天之御中主神であらせられ（⦿の絶對隱身）同時に伊耶那岐妹伊耶那美神であらせられ（無限創造の假凝身）同時に天照大神であらせられ（統對統一の燿身）るのであり、しかもどの神もこの御名の中へ御身を隱したまふのです。だから天照大神と申せば、天照大神の御個性が本位の御名と成りますが、「皇高《スメタカアマ》天命《ハラミコト》」と申せば御個性は其儘でありながら、主師親の大神と成らせ給ふて、祖孫を一體としたまふ「大本尊」とお成りあそばすのです。この點は充分研究して明瞭に致して頂きたいものです。皇《スメ》といふのは×《クス》が無量に集まつて、所謂タマ（球）を爲した相を申すのですか

ら、×と⊙《スメ》とは一體なんです。×は劒の本質であり、⊙《スメ》は鏡と玉との本質なんですから、㊉とすれば鏡劒一如の意義を明瞭にいたします。我々は之をスメラと唱へてゐます。スメラにミコトを附けますれば「スメラミコト」でありまして、普通漢字を充てゝ「天皇」と致してゐます。ですから皇道の本尊は天皇《スメラミコト》であらせられるのです。「天皇本尊論」といふのは、斯うした根柢を保つてゐるのです。

天皇の御本質は、斯らした深遠な意義を保つのですが、どうもそれが宗教の本尊論に成ると徹底しない感があるのです。例せば阿彌陀本尊といふものが、何故に承認されてゐるか、天上に獨在する唯一の神といふのが、一切衆生に對して根本に於て、どう云ふ位置關係乃至脉統上の連絡があるかと云ふような事柄が、頗る顧みられて居らない感が深い。大凡我々には、唯一の御親しが無い筈である。我々には唯一の君より無い筈である。忠臣は二君に仕へずと云ふが、現今の宗教界の如く種々雑多の本尊があつては、神佛界の群雄割據、封建の世であると云つて決して過言ではない。子はその眞の親を失ひ、臣はその眞の君を求め得ずして、まごついてゐる狀態である。成程これでは當然「思想國難」も「經濟國難」も來る筈であらう。思想國難經濟國難の救濟は、その根本は宗教の大確立大改革に在るのである。この根本から出發せなければ、本當の解決は附かないであらう。要するに萬民が君父の元へ還ることである。眞實の君父を本尊とする信仰に還るこ〻である。眞實の君父とは誰ぞ、それは「皇高天原命《スメタカアマハラミコト》」であらせられる。斯様な本尊を顯示するこ〻は、他國では出來ないことである。どうしてもこれは日本でなくては出來ないのである。だから日本國は、この大本尊を世界萬民に知らしめる使命があるのである。本尊に對する信仰の方式は、自ら教義教法と成るから、日本國は「皇教《スメミノリ》」の護持とその宣傳弘布とを天職としてゐると申してよろしいのです。本來日本國の建國そのものが、高天原を地上に建設するに在るのであつて、その國體そのものが、大本尊の嚴立しまします戒壇を爲してゐるのです。畏くも皇孫の御降臨は「皇高天原命」として御降臨あそばされたので、

天之御中主神（法身）天照大神（報身）皇孫並其御尊裔（應身）

と申す意義に成つてゐるのです。だから宗教的の本尊名は、地上統治の現人神《アラヒトガミ》の御尊名であつて、「天皇《スメラミコト》」は祭政の兩面に亙る御尊名であり、茲に祭政一致の國體が成立せるのです。宗教と國體とが合致して、天上と地上とのマツリが成立せるのです。「天皇本尊」は宗教の根元であると同時に、地上に於ける邦家經綸上の根本であるのです。

天照皇大神《アマテラススメオホミカミ》が直接に具象的に地上に御出現あそばされるのが、日本天皇であらせられるこ〻申してよろし

いのです。ですから「天皇」は必ず三位一體であらせられる譯です。その保證とし、萬世を通じての權威として、お傳へ遊ばされたのが、畏くも「三種神器」であらせられて、高天原の保證が地上に傳はり、祭政の權威が天上と地上とに、不離に存立した譯柄です。斯様な譯であるから、我國は根本に於ける地上蒼生の御親の國であり、一切の萬民を根本的に救濟し指導すべき、宗教國であり、スメシラス(皇治)國であるのです。斯様な日本國に種々雜多の教義が分立してゐるといふことは、おかしい事であつて、變態この上ない事ですが、併しこれも必定萬民を指導救濟する所以であつて、斯うした變態を我等は意義深く考へるものです。餘り變化のない生活には、人間は胞《ア》いて來るものです。いかに尊嚴ないかに仁慈な御親の御德光こしても、それが慣ればその鴻恩を忘れて來るものです。故に屢々御親はその子等に試練を與ふるために、種々な變態を現出したまふのです。この事も法華經に、

衆、我が滅度を見て、廣く舍利を供養し、咸く皆な戀慕を懷ひて、渇仰の心を生ず。衆生既に信伏し、質直にして意柔輭に、一心に佛を見奉らんこ欲して、自ら身命を惜まず。時に我れ及び衆僧倶に靈鷲山に出づ。我れ時に衆生に語る。常に此に在て滅せず。

とあるのがこれです。現代の如きは、實に嚴しい試練に遭つて世界中が苦しんでゐる秋です。これは正し

く試練です。常態が破れた所から起る必然の苦練です。この苦練は併し萬衆をして大自覺を起さしめて、本來の御親こその國とを見しめん爲めの大慈大悲ですから、その内には必ず夜が明けて、萬民が齊しく救ひの光の中に攝取されるに相違ありません。この苦難は全く宗教上の本尊の誤から來たものであるから、その根柢を覺るのが第一着です。目を洗ふこと、本來の相を知ることが先決問題です。目前の事にのみ狼狽し、その彌縫策にのみ齷齪しても駄目です。いかに大政治家が出て、政策を考へても、經世家が出て救濟策をふり廻しても、根本を突かないものでは全く駄目です。根本とは「本尊論」の徹底です。「天皇本尊」の大顯示です。

我々は人間の世界に興つた種々の歷史傳說等を味はつて參りました。がそれは既に地上の「天皇」が、隱身の大義を現じて、極東の地に隱れたまふて、時を俟つために、萬民に苦練の幾時かを甞めしめたまふ時にしか過ぎないのですから、本來の實相が知られず。徒らに治亂興亡……の狀態を見るのみで、闇黑黎明にしか過ぎなかつたのでした。が、漸く地上に旭日の登臨を見る時を迎へたので、稍々本當の事柄が判明して來たように感ぜられるのです。暗黑黎明を本位の宗教、歷史哲學、さう云ふものに魅し盡された私共の頭は、容易には改らないので、尚ほ明瞭な光を望むことは難からうが、併し漸次其の明確度を加へるのは必然であらう。東西古今の歷史は、盡く君父を忘れた憐むべき人間の悲痛な物語を傳へたに過ぎないものです。勿論或種の進步が認められないことは無いけれども、達眼を以てすれば、それとても眞實は進步ではなくて、賽《サイ》の河原で子供等が石を積んでゐるが如きものであらう。あゝ餘りにも痛ましい人間の記錄である。或は時には聖者が出でゝ之が救濟に苦慮辛酸を盡されることがあるとしても、時代は未だ到らずして、その徹底が期し難くて畢つたのは餘義ないことでした。

玆に私は古事記下卷の講述を當に畢らんとしてゐるのですが、流石《サスガ》は我が國史は他國のものとは異つて、本來の本尊を失つた爲めに、種々の苦練は受けるにしても、萬世一系の御皇統は嚴として御承繼あらせたまふので、或程度の變態には陷るとしても、その回復改新を爲して、本來の面目を決して失はないのであつたが、それにしても冷々《ひやく》するほどの場面に接しない譯でも無い。斯樣な譯であるから「本尊」に徹底して居ない歷史家等が、思ひ〳〵の所説を立て、史論を爲してゐるのは當然ではあるが、もはや昨年の曆《コヨミ》こ同樣、棄てゝ顧なくなるであらうことを考へると、淋しい感が深いのである。「天皇本尊」に徹底せねば、我が國史は決して解説されるものではないのである。

特に國史は勿論、世界の歷史を見る場合に於て、最も重要なることは、地上の人事上に週期の見舞ふことです。週期は十六期の旋廻するもので、恰も春夏秋冬が地上を見舞ふと同樣、之を脱することは出來ないのである。が併し我々が寒暑を調節して、その生活に適應の策の講ぜられると同樣、この週期を巧に調節することは決して不可能ではないのである。が既にその週期の存在をすら知らないものが、その調節や利用等の出來るものでないことは論ずるまでも無いことであらう。週期の存在を知悉して、巧に之に應じて行くのが「マツリゴト」の根柢で、祭政一致の行事としては、これが中心を爲すのである。故にこの行事に携はるものを、大中臣《オホナカトミ》と申したのである。

順流の歴史よりも、或意味に於ては逆流の歴史即ち變態の推移の方が、一層妙味があることも見られるのである。健康體よりも變態の場合が、研究に多大の資料や便宜を與へることの多いことがあるのも、これと同樣である。就中王化之鴻基を明徴にし、邦家之經緯を策する上には、極度の變態に遭遇する經驗を必要とするのである。難病や難問題にぶつかつた者が、その方面の事柄に對する力強い信念や、技術に長ずることを見ること、我等の苦練は實にありがたいものであることも申されるのである。我々は長い間の苦練の歴史を見て來たのであり、現に尙ほ苦難の浪の中に揉まれてゐるのである。この苦練この苦難は蓋し決して無意義では無く無價値なものではないであらう。

「天皇本尊論」から申せば、時代を超越して、萬世一系天壤無窮を以て一單位と見て、臨まなければならないのであるから、餘りにも各時代を輕視する感があるのであるが、一面からは現實の刹那々々の發現こそ、眞實生命の本體であるのであるから、その現實々々の事態を、我々は本位として、之を尊重せなければなりません。恒常現在の信念の下に永生を立證するのが、皇道の本義です。がそれは決して現實主義や享樂主義ではなくて、永遠を刹那の中に宿し見る仕方なんです。故に我等の事業は刹那に移り行く生命の連續であるけれども、併しそれは常に御親と離れないものであるから、永遠の行爲、無窮の事業であるのです。

「天皇本尊論」からは、一君萬民、父子一體の信念が起ります。故に萬民の事業行爲そのものは、常に大君を離れません。常に綜合せられて、一君の御事業なんです。個人の獨在といふものゝ無い境致、其處には萬民が畏くも一君の業を分任して致してゐるのであり、忠孝一本に徹底してゐる譯です。克く忠に克く孝に、億兆心を一にして世々其美を濟せる、これ我が國體の精華たる所以です。國民道德としての忠孝が、宗教としての忠孝に合致して、宗教と倫理との一致するのが皇道です。我々は史上に各種の事件を見、乃至種々の人物に接しました。がその各事件が「天皇本尊論」の上から明確に降されねばならない事を知つてゐるものが幾人あるであらうか。地上のあらゆる人間の歴史を、根本的な史眼を以て批判する者の出づる時、必然根本の宗教的信念の革正の叫ばれる秋であり、光明の世を招來する魁となる譯であらう。政治家は宜しくこの大信念に基いて、邦家之經綸に當らなければならないし。宗教は全く改新されて眞實の君父を本尊とする皇道に歸されなければならないのである。宗教と政治、即ち治教の道が明らかに成つて、創めて地上萬國の歴史の歩みは正調と成るべきであらう。それには何と云つても、その教法教義の根本國であり、地上に高天原の具象的眞實を傳へてゐる尊嚴なる日本國が、地上の日輪こして世界の萬衆に君臨し、之を指導しなければならないのである。日本國はその爲めに地上に建設され、日本民族はその爲めに使はされたる撰民であるのである。

古事記上卷は王化之鴻基、邦家經緯の根本指導原理を傳へ、そして中卷は本位こして順位伸展の事實的保證を示し、而して下卷は本位として逆位變態の具體的保證を與へて、歴史に對する我等の學ぶべく究むべき、大様の全般を告げられたのである。我等はこの根本原理を維鍼こして、順逆二道の資料に依つて究めた所を鑰《カギ》とし、以て人間の歴史を批判し、乃至世の指導に對する正策を献じ、我等の命ぜられた使命を果さなければならないのである。古事記眼中下二卷は頗る簡略であり、一層突き込んで詳細の解説を要する點も多いであらうし、古事記三卷を以て治教の根本寳鑰として國史を始め廣く世界の歴史を批判する等の事は更に盡さないものがあるのは當然ですが、そは何れ漸次後々の著述や乃至後進の士に依て爲されるであらうことを信じ、之に擱筆する次第である。

定価：本体一一、〇〇〇円＋税

古事記眼

平成十二年一月二十八日　初版発行

著者　水谷　清

発行所　八幡書店

〒141-0021 東京都品川区上大崎二丁目十三番三十五号
ニューフジビル２Ｆ
振替　〇〇一八〇―一―九五一七四
電話　〇三（三四四二）八一二九

印刷／日経印刷
製本・製函／難波製本

——無断転載を固く禁ず——

ISBN4-89350-273-5 C0014 ¥11000E